선화 상인
능엄경 강설 下

반라밀제 번역
선화 상인 강설
각산 정원규 편역

불광출판사

Copyright © DRBA/BTTS, 2009
All rights reserved.

Korean Translation Copyright © 2012 by BULKWANG
Korean edition is published by arrangement with Dharma Realm Buddhist
Association - Buddhist Text Translation Society('DRBA/BTTS').

이 책의 한국어판 저작권은 DRBA/BTTS와 독점계약한 불광출판사에 있습니다.
저작권법에 의해 한국 내에서 보호받는 저작물이므로 무단전재와 무단복제를 금합니다.

선화상인
능엄경 강설

서문

능엄경이 존재하면 불법이 존재한다

선화 상인(宣化上人)

『능엄경』은 불교에서 요마를 비추는 거울과 같은 경이며, 모든 천마외도(天魔外道)와 이매망량(魑魅魍魎)이 『능엄경』을 한번 보면 원래의 모습이 드러나 숨을 방법이 없으며, 어떤 곳이라도 도망가지 못한다. 따라서 과거에 지자 대사(智者大師)께서 이 경이 있다는 이야기를 듣고 입적하기 전까지 인도를 향하여 18년 동안 절하였다. 18년 동안 이러한 간절한 지성심으로 이 경이 중국으로 올 수 있도록 기원하신 것이다.

　　과거의 고승대덕과 지혜를 가진 모든 고승들께서는 이『능엄경』을 찬탄하지 않은 분이 한 분도 없었다. 따라서 『능엄경』이 존재하면 불법이 존재하고, 『능엄경』이 없어지면 불법도 없어지는 것이다.

　　어떠한 것이 말법인가? 말법은 바로 『능엄경』이 먼저 소멸하여 없는 것이다. 누가 『능엄경』을 훼멸하는가? 바로 천마외도(天魔外道)들이다. 이러한 천마외도는 『능엄경』을 보면 마치 눈 안의 못과 살 속의 가시와 같아서 앉아도 앉아 있지 못하고, 서도 잘 서지 못하는 것과 같다. 그래서 그들은 반드시 삿된 말을 지어내어 『능엄경』은 가짜라고 말하는 것이다.

우리는 불교도로서 마땅히 진리를 인식하고 『능엄경』에서 말하는 도리와 매 글자마다 모두 참된 경전임을 알아야 할 것이며, 하나의 글자도 진리를 말하지 않는 것이 없다는 것을 알아야 할 것이다. 따라서 우리는 지금 이 오십 가지의 음마(陰魔)에 대하여 연구하고 있으며, 더욱 『능엄경』의 이러한 중요성과 사마외도(邪魔外道)들이 가장 두려워하는 것이 『능엄경』이라는 사실을 알아야 할 것이다.

근세 중국 선종의 태두이신 허운(虛雲) 노스님께서는 120세를 사셨는데, 그분은 일생 동안 다른 어떤 경전도 주해(註解)하신 적이 없지만 오직 이 『능엄경』만 주해를 하셨다고 한다. 『능엄경』을 주해하신 원고를 그분께서 매우 소중하게 간직하여 몇 십 년을 보관해 오다가 운문사변 당시 잃어버렸다고 한다. 이것은 허운 노스님의 일생 중 가장 애석한 일이었다. 그분께서 주장하시기를 우리가 출가한 몸이 되었으면 마땅히 『능엄경』을 읽어 외울 수 있을 정도가 되어야 할 것이며, 앞에서 뒤에까지 뒤에서 앞으로 외울 수 있어야 한다고 하였다. 그래서 나는 허운 노스님께서 일생 동안 『능엄경』에 대하여 특별히 중시하였다는 것을 안다.

어떤 사람이 허운 노스님께 말하였다.

"어떤 사람은 『능엄경』이 위조된 것이라고 말합니다."

노스님께서 말씀하셨다.

"어째서 말법이라고 하는가? 바로 이러한 사람들이 있어 가짜로 속이며, 옳고 그름을 구별하지 못하기 때문이다. 그리하여 당신 같은 사람들을 미혹하여 불법을 바로 인식하지 못하게 하는 것이다. 이러한 사람들은 진짜를 가짜로 여기며, 가짜는 또 진짜로 여기게 된다. 이런 마의 사람들이 한 부의 글을 쓰면 사람들은 가져가서 보게 되지만, 진정한 부처님의 경전은 높은 서가에 꽂아두고 보지 않는다."

따라서 이것 또한 중생의 업장이 매우 중하다는 것을 알 수 있다. 그들은 만약 삿된 지견을 들으면 매우 믿으면서 당신이 바른 지견의 법을 이야기하면 그들은 믿지 않는다. 무엇 때문인가? 이것은 바로 선근이 부족하고 근기가 미치지 못하기 때문이다. 그래서 바른 법에 대하여 일종의 의심하는 마음을 가지며, 믿지 못하는 마음을 가지게 되는 것이다.

우리 만불성(萬佛城)은 이곳에 능엄의 단(壇)을 세우려고 한다. 그러기 위해서는 너희들이 발심하여 이『능엄경』을 매일 독송하고 혹은 한두 시간 그것을 독서하듯이 읽어 기억하고 또한 외울 수 있게 되어야 할 것이다.『능엄경』,『법화경』심지어『화엄경』을 외워 독송할 수 있어야 가장 좋다. 누가『능엄경』,『법화경』,『화엄경』을 모두 외울 수 있으면 그 세계는 여전히 정법이 존재하는 시기이다. 따라서 우리 만불성의 이렇게 좋은 장소에서 모두들 큰 보리심을 발하여 이러한 일을 해야 할 것이다. 이것은 우리가 다른 사람들과 시합을 하려고 하는 것을 말하는 것이 아니라 우리들이 같은 무리 중에서 뛰어나 이러한 일들을 해야 하는 것이다.

나는 이전에 마음속에 하나의 원이 있었는데,『법화경』을 외우고, 다시 더 나아가『능엄경』을 외우는 것이었다. 홍콩에서『능엄경』을 외울 수 있는 제자가 있어서, 나는 그에게『법화경』을 가르쳤다. 마지막에 그는 완전히는 다 외우지 못하고 말았는데, 이것은 매우 유감스런 일이었다. 이 좋은 곳에서 모두들 큰마음을 발하여 불경과 계율 즉『능엄경』,『법화경』,『사분율(四分律)』,『범망경(梵網經)』을 모두 외울 수 있어야 할 것이다. 이것이 가장 좋은 것이다. 그러면 우리의 이곳은 반드시 정법이 오래 머물 것이다.

편집부 서문

『능엄경』은 직지인심(直指人心) 견성성불(見性成佛)하는 경전이다. 1968년 선화 상인께서 미국 샌프란시스코에 있는 불교강당에서 96일간의 '능엄경 하계연수반'을 열어 30여 명의 미국 대학생을 위하여 『능엄경』 전체를 강설하여 서양인에 대한 홍법의 시초로 삼았다. 강설의 내용은 맨 처음의 경전현담(經前懸談)으로부터 삼번파식(三番破識), 십번현견(十番顯見), 이십오성원통장(二十五聖圓通章), 사종청정명회(四種淸淨明誨), 능엄신주(楞嚴神呪), 오십음마(五十陰魔) 등 전체 내용을 포괄하였으며, 우리들로 하여금 근본상(根本上)에서 입수하여 자성상(自性上)에서 자성을 닦게 하신 것은 우리들 각자의 전도된 망상을 제거하고 미혹을 타파하여 바름을 드러내고 미혹함을 돌이켜 깨달음으로 돌아가게 하는 데 뜻이 있었다.

이 능엄 강좌는 매일 아침 6시부터 저녁 9시까지 하였으며, 매일 경의 강의를 한 차례 하시다가 점차 두 차례, 세 차례, 내지 네 차례까지 하게 되었다. 그 기간 동안 학생들은 실제의 수행인 좌선을 병행하였다. 경을 강의한 후 상인께서는 학생들과 더불어 깊이 토론하고 의문이 나거나 어려운 곳에서는 질의문답을 진행하였으며, 아울러 좌선에 관하여 지도를 하였다. 이러한 이해와 수행을 다 같이 중시하고,

경전연구와 실제의 선 수행을 융합하는 지도방법은 서방세계에서는 처음이었다.

　상인께서는 학생들로 하여금 오로지 한마음으로 학습하게 하기 위하여 매일 서너 번의 능엄경 강의 외에 절 안팎의 대소 사무는 물론이고 반찬거리를 사고 청소하고 밥하는 것도 모두 혼자 책임지고 하였다. 이러한 위법망구(爲法忘軀)의 정신은 당시의 학생들을 감동시켜 심지어 발심하여 출가하게 하였다. 지금의 사람들이 그런 일을 들으면 감탄하지 않을 수 없다.

　당시 법을 듣는 학생들이 중국어가 모국어가 아닌, 초심의 서양 청년임을 비추어 상인께서는 역대 대덕들의 강의 방식을 바꾸어 쉬운 백화문으로 구절에 따라 강의하고 번역 해설하였다. 서양의 청년들이 중국어를 인식하게 되었을 때는 그 가운데서 불법의 정수를 해부하였으며, 이것은 바로 소위 '깊이 들어가 얕은 곳으로 나온다'는 것이다.

　상인의 『능엄경』 강의 해설은 원래 중국어로 된 9권이 한 질이나, 지금 상인의 강의 해설서가 처음으로 한국에서 출판되고, 한국에서의 유통성을 고려하여 먼저 정선한 2책으로 출간하며, 만약 상세한 해설을 보려면 중국어 판본(1질 9권)을 구입하여 보기를 바란다.

　『능엄경』이 널리 전해져 후인들로 하여금 의지할 바가 되고, 정법이 영원히 세상에 머물기를 기원한다.

2012년 9월
법계불교총회 불경번역위원회

목 차

- 004 • 서문
- 007 • 편집부 서문

十二 스물다섯 성인(聖人)의 원통법문

- 025 1. 아난이 원통법문을 청하다
- 028 2. 삼매에 들어가는 방편법문
- 029 1) 육진(六塵)의 원통
- 029   (1) 성진(聲塵)으로부터 원통을 얻다
- 032   (2) 색진(色塵)으로부터 원통을 얻다
- 034   (3) 향진(香塵)으로부터 원통을 얻다
- 036   (4) 미진(味塵)으로부터 원통을 얻다
- 039   (5) 촉진(觸塵)으로부터 원통을 얻다
- 041   (6) 법진(法塵)으로부터 원통을 얻다

044   2) 오근(五根)의 원통
044   (1) 안근(眼根)으로부터 원통을 얻다
046   (2) 비근(鼻根)으로부터 원통을 얻다
048   (3) 설근(舌根)으로부터 원통을 얻다
051   (4) 신근(身根)으로부터 원통을 얻다
054   (5) 의근(意根)으로부터 원통을 얻다

056   3) 육식(六識)의 원통
056   (1) 안식(眼識)으로부터 원통을 얻다
058   (2) 이식(耳識)으로부터 원통을 얻다
061   (3) 비식(鼻識)으로부터 원통을 얻다
063   (4) 설식(舌識)으로부터 원통을 얻다
066   (5) 신식(身識)으로부터 원통을 얻다
068   (6) 의식(意識)으로부터 원통을 얻다

070   4) 칠대(七大)의 원통
070   (1) 화대(火大)로부터 원통을 얻다
073   (2) 지대(地大)로부터 원통을 얻다
077   (3) 수대(水大)로부터 원통을 얻다
083   (4) 풍대(風大)로부터 원통을 얻다
086   (5) 공대(空大)로부터 원통을 얻다
090   (6) 식대(識大)로부터 원통을 얻다
093   (7) 근대(根大)로부터 원통을 얻다

十三　관세음보살의 이근원통(耳根圓通)

103　1. 이근원통(耳根圓通)
109　2. 삼십이응신(三十二應身)
123　3. 열네 가지의 두려움 없음[十四無畏]
138　4. 네 가지의 부사의[四不思議]

十四　문수보살의 원통의 선택

149　1. 가장 성취하기 쉬운 방편은 어떤 법인가?
158　　1) 육진(六塵)의 여러 방편을 선택하다
163　　2) 오근(五根)의 여러 방편을 선택하다
166　　3) 육식(六識)의 여러 방편을 선택하다
171　　4) 칠대(七大)의 여러 방편을 선택하다
174　　5) 오직 이근원통(耳根圓通)을 선택하다
192　2. 돌이켜 자성을 듣는 공부를 권하다

十五　네 가지의 청정한 밝은 가르침

203　1. 근본의 세 가지 무루학(無漏學)
208　　1) 음욕을 끊어야 한다

214	2) 살생을 끊어야 한다.
223	3) 훔치는 것을 끊어야 한다
234	4) 거짓말을 끊어야 한다
242	2. 마(魔)를 멀리 떠나다

十六 능엄신주(楞嚴神呪)

247	1. 능엄도량을 세우는 법
261	2. 능엄신주를 설하다
265	1) 능엄신주
298	3. 능엄신주의 공덕

十七 열두 종류의 중생 [十二類衆生]

337	1. 중생이 전도된 원인
348	2. 세계가 전도된 원인
352	3. 12류 중생의 모습
352	1) 난생(卵生)
354	2) 태생(胎生)
355	3) 습생(濕生)
357	4) 화생(化生)

358	5) 유색	(有色)
359	6) 무색	(無色)
361	7) 유상	(有想)
362	8) 무상	(無想)
363	9) 비유색	(非有色)
364	10) 비무색	(非無色)
365	11) 비유상	(非有想)
367	12) 비무상	(非無想)

六 수행의 단계

371	1. 세 단계의 점진적인 수행
372	1) 윤회를 일으키는 원인을 제거하다
377	2) 업장의 성질을 제거하다
382	3) 나타나는 업을 거스르다
384	2. 보살수행의 단계
384	1) 건혜지(乾慧地)
386	2) 십신(十信)
393	3) 십주(十住)
398	4) 십행(十行)
406	5) 십회향(十廻向)
413	6) 사가행(四加行)

418	7) 십지(十地)
425	8) 등각(等覺)
427	9) 묘각(妙覺)

十九 경의 이름을 밝히다

| 433 | 1. 문수보살이 경의 이름을 묻다 |
| 433 | 2. 이 경의 다섯 가지 이름 |

二十 일곱 종류의 중생계 [七趣]

439	1. 일곱 종류의 중생계가 생기는 원인
458	2. 일곱 중생계의 인과의 차별
458	1) 지옥취(地獄趣)
458	(1) 지옥에 떨어지는 열 가지의 원인
472	(2) 지옥의 여섯 가지의 과보
492	2) 귀신의 세계
501	3) 축생의 세계
508	4) 인간의 세계
515	5) 신선의 세계
524	6) 여러 천상의 세계

524	(1) 욕계천
533	(2) 색계천
549	(3) 무색계천
557	7) 아수라의 세계
559	3. 삼업[殺盜婬]을 끊어야 중생계를 떠난다

二十一 오십 가지의 음마(陰魔)

565	1. 마의 경계가 오면 알아차려라
586	2. 색음(色陰)의 마
589	1) 몸의 장애를 벗어나는 경계
591	2) 몸 안을 비추는 경계
593	3) 정(精)과 넋[魄]이 떨어지고 합하는 경계
597	4) 마음의 광명으로 부처님이 나타나는 경계
599	5) 허공이 보배의 색을 이루는 경계
600	6) 어둠 속에서 사물을 볼 수 있는 경계
602	7) 몸이 초목과 같아지는 경계
603	8) 두루 보는 데 장애가 없는 경계
604	9) 먼 곳의 모습이 보이고 소리가 들리는 경계
605	10) 허망한 견해를 내고 설하는 경계

608	**3. 수음(受陰)의 마**
610	1) 슬픔의 마[悲魔]
611	2) 용맹의 마
615	3) 기억의 마[憶魔]
616	4) 날뛰는 지혜의 마[狂魔]
619	5) 근심걱정의 마[憂魔]
624	6) 기쁨의 마[喜魔]
625	7) 큰 아만의 마[慢魔]
627	8) 경청(輕淸)의 마
628	9) 단멸의 마[空魔]
631	10) 음욕의 마[淫魔]
634	**4. 상음(想陰)의 마**
638	1) 중생교화의 선교방편을 탐하여 오는 마
644	2) 몸을 벗어나 두루 다니기를 탐하여 오는 마
649	3) 부처의 법과 계합하기를 탐하여 오는 마
652	4) 물질의 근본을 분석하기를 탐하여 오는 마
657	5) 보이지 않는 감응을 탐하여 오는 마
663	6) 적막하고 고요함을 탐하여 오는 마
668	7) 숙명통 얻기를 탐하여 오는 마
681	8) 신통력 얻기를 탐하여 오는 마
684	9) 깊은 공의 이치를 탐하여 오는 마
691	10) 장생불사를 탐하여 오는 마

708   5. 행음(行陰)의 마

714   1) 두 가지의 무인론(無因論)

722   2) 네 가지의 변상론(遍常論)

726   3) 네 가지의 전도된 견해

729   4) 네 가지의 유변론(有邊論)

733   5) 네 가지의 변계허론(遍計虛論)

739   6) 열여섯 가지의 유상(有相)

741   7) 여덟 가지의 무상(無相)

743   8) 여덟 가지의 구비론(俱非論)

746   9) 일곱 가지의 단멸론(斷滅論)

748   10) 다섯 가지의 열반론(涅槃論)

751   6. 식음(識陰)의 마

756   1) 인이 아닌데 인으로 생각하는 집착[因所因執]

757   2) 할 수 없는 일을 할 수 있다는 집착[能非能執]

759   3) 항상하지 않는 것을 항상한다는 집착[常非常執]

760   4) 모르는 것을 안다고 생각하는 집착[知無知執]

761   5) 생사를 그칠 수 없는 것을 그칠 수 있다는 집착[生無生執]

763   6) 귀의할 수 없는 것을 귀의처로 삼는 집착[歸無歸執]

764   7) 탐하지 않아야 할 것을 탐하는 집착[貪非貪執]

765   8) 참되지 않은 것을 참된 것으로 구하는 집착[眞無眞執]

766   9) 정성성문[定性聲聞]

767   10) 정성벽지불[定性辟支佛]

773   7. 마의 경계에 빠지지 않는 법

17

二十二 오음(五陰)의 생멸상

781	1. 오음이 발생하는 근본원인
788	1) 색음의 망상
791	2) 수음의 망상
792	3) 상음의 망상
793	4) 행음의 망상
795	5) 식음의 망상
797	2. 오음의 한계와 돈오점수(頓悟漸修)

二十三 유통분(流通分)

803	1. 능엄경을 가르치는 공덕
805	2. 능엄경과 능엄신주를 독송하면 마업을 떠난다
815	• 선화 상인 소개
822	• 선화 상인의 18대원(大願)
825	• 법계불교총회 소개
828	• 편역자 후기

개경게 (開經偈)

무상의 매우 깊고 미묘한 법이여
백천만겁에도 만나기 어렵습니다.
저는 지금 듣고 보아 받들어 지니면서
여래의 진실한 뜻 이해하기를 원하옵니다.

無上甚深微妙法
百千萬劫難遭遇
我今聞見得受持
願解如來眞實義

스물다섯 성인(聖人)의 원통법문

관세음보살의 이근원통(耳根圓通)

문수보살의 원통의 선택

네 가지의 청정한 밝은 가르침

능엄신주(楞嚴神呪)

열두 종류의 중생 [十二類衆生]

수행의 단계

경의 이름을 밝히다

일곱 종류의 중생계 [七趣]

오십 가지의 음마(陰魔)

오음(五陰)의 생멸상

유통분(流通分)

十二

스물다섯 성인(聖人)의 원통법문

1
아난이 원통법문을 청하다

阿難及諸大衆, 蒙佛開示, 慧覺圓通, 得無疑惑. 一時合掌, 頂禮雙足, 而白佛言. 我等今日身心皎然, 快得無礙. 雖復悟知一六亡義, 然猶未達圓通本根.

아난과 모든 대중들은 부처님 법문의 혜택을 입어 지혜와 깨달음이 원통하여 의혹이 없는 경계를 얻었다. 이때 합장하고 부처님의 두 발에 절을 하고 말하였다. "저희들은 오늘 몸과 마음이 분명하여 매우 즐거우며, 장애가 없는 경계를 얻었습니다. 비록 우리들이 지금 '여섯 개의 매듭을 풀면 하나도 남지 않는다'는 도리를 이해할지라도 아직 원통의 본근을 통달하지 못했습니다."

慧覺圓通, 得無疑惑 이때 지혜도 원명하고, 깨달음도 원통을 얻었으며, 아무런 의혹심이 나지 않았다.

我等今日身心皎然, 快得無礙 저희들은 오늘 몸과 마음이 분명하여 매우 즐거우며, 장애가 없는 경계를 얻었습니다. 교연(皎然)이란 명백하다, 분명하다는 뜻이다.

雖復悟知一六亡義, 然猶未達圓通本根 비록 우리들이 지금 '여섯 개의 매듭을 풀면 하나도 남지 않는다'는 도리를 이해할지라도 아직 원통의 본근을 통달하지 못했습니다. 즉 무엇이 원통한 본근인지를 이해하지 못했다는 것이다.

■

世尊! 我輩飄零, 積劫孤露. 何心何慮, 預佛天倫. 如失乳兒, 忽遇慈母. 若復因此際會道成. 所得密言還同本悟, 則與未聞無有差別. 惟垂大悲, 惠我祕嚴. 成就如來最後開示. 作是語已, 五體投地. 退藏密機, 冀佛冥授.

■

"세존이시여! 저희들 유학의 성문은 생사의 고해에서 정처없이 떠돌면서 영락하여 윤회를 벗어나지 못했습니다. 수많은 겁 동안 마치 고아와 같이 부모의 보살핌도 못 받고 노천에서 거주하였습니다. 저희들이 생각지도 않게 부처님을 만난 것은 마치 자애로운 부친을 만난 것과 같으며, 마치 엄마 젖을 잃은 아이가 갑자기 자애로운 어머니를 만난 것과 같습니다. 만약 저희들이 이 기회에 부처님의 설하신 법으로 인하여 도업을 이룰 수 있을 것입니다. 저희들이 비록 이러한 비밀한 말씀을 얻었지만, 자기가 깨달은 것과 아직 이 법을 듣지 않았을 때와 비교해 봐도 아무런 차별이 없습니다. 부처님께서는 큰 자비심을 발하시어 저희들에게 비밀의 법을 내려주셔서 여래 최후의 법문을 성취하게 하여 주십시오." 이 말을 마치고 오체투지로 절을 하였으며, 물러나 자기의 자리로 돌아가서 이심전심(以心傳心)의 법을 부처님께서 비밀리에 전수해 주실 것을 기다렸다.

我輩飄零, 積劫孤露 저희들 유학의 성문은 생사의 고해에서 정처 없이 떠돌면서 영락하여 윤회를 벗어나지 못했습니다. 수많은 겁 동안 마치 고아와 같이 부모의 보살핌도 못 받고 노천에서 거주하였습니다.

何心何慮, 預佛天倫 저희들의 마음속에서도 생각한 적이 없고 사려해 본 적도 없이, 즉 생각지도 않게 부처님을 만난 것은 마치 자애로운 부친을 만난 것과 같습니다. 천륜이란 한 가족과 같다는 뜻이다.

所得密言還同本悟, 則與未聞無有差別 저희들이 비록 이러한 비밀한 말씀을 얻었지만, 자기가 깨달은 것과 아직 이 법을 듣지 않았을 때와 아무런 차별이 없다. 이 뜻은 이 법은 비록 부처님께서 말씀하신 법이지만, 그래도 우리들 각자가 자기의 본심을 깨달아야 한다. 자기의 본심을 밝히고 자기의 본성을 보는 것은 밖에서 오는 것이 아니다. 그렇지 않으면 듣지 않은 것과 같은 것이며, 구별이 없다.

惟垂大悲, 惠我祕嚴. 成就如來最後開示 부처님께서는 큰 자비심을 발하시어 저희들에게 비밀의 법을 내려주셔서 여래 최후의 법문을 성취하여 주십시오. 비밀한 법은 무슨 법인가? 바로 능엄대정(楞嚴大定)이며, 능엄의 선정의 체이다.

退藏密機, 冀佛冥授 퇴장(退藏)이란 물러나 자기의 자리로 돌아간다는 뜻이다. 밀기(密機)란 이심전심(以心傳心)의 법을 말한다. 기불명수(冀佛冥授)란 부처님께서 이러한 묘법을 비밀리에 전수해 주실 것을 기다린다는 뜻이다. 기(冀)란 기다리다, 바라다는 뜻이다. 명수(冥授)란 비밀리에 말로 하지 않고 마음으로 전수하는 것을 말한다.

2
삼매에 들어가는 방편법문

爾時世尊, 普告衆中諸大菩薩, 及諸漏盡大阿羅漢. 汝等菩薩及阿羅漢, 生我法中, 得成無學. 吾今問汝, 最初發心, 悟十八界, 誰爲圓通? 從何方便, 入三摩地?

■ 이때 세존께서는 대중 가운데의 대보살과 모든 누진을 얻은 대아라한들에게 널리 말씀하셨다. "너희들 보살과 아라한은 나의 법 가운데서 무학위를 이루었다. 내가 지금 너희들에게 묻겠다. 너희들은 최초에 발심하여 십팔계를 깨달을 때 어떤 근(根)과 계(界)가 원통하였으며, 어떤 방편법문으로 삼마지[正定正受]에 들어갔는가?"

■ 最初發心, 悟十八界, 誰爲圓通   너희들은 최초에 발심하여 십팔계(十八界)의 도리를 깨닫는 데 있어, 어떤 근이, 어떤 계가 원통한가?

從何方便, 入三摩地   어떤 방편법문으로 삼마지[正定正受]에 들어갔는가?

1) 육진(六塵)의 원통

(1) 성진(聲塵)으로부터 원통을 얻다

■ 時憍陳那五比丘, 卽從座起, 頂禮佛足, 而白佛言. 我在鹿苑, 及於雞園, 觀見如來最初成道. 於佛音聲, 悟明四諦. 佛問比丘, 我初稱解. 如來印我, 名阿若多. 妙音密圓, 我於音聲, 得阿羅漢. 佛問圓通, 如我所證, 音聲爲上.

■

그때 교진나 등 다섯 비구는 즉시 자리에서 일어나 부처님의 발에 절을 하고 부처님께 말하였다. "저는 녹야원과 계원에서 여래께서 최초에 성도하시는 것을 보고, 저희들에게 법을 설하시는 음성에서 사제의 법을 밝게 깨달았습니다. 부처님께서 지금 모든 비구들에게 물으시는데, 저는 최초로 깨달은 사람이며, 최초로 해탈을 얻은 사람으로서 여래께서는 저를 인증하셔서 '아야다'라고 이름지어 주셨습니다. 저는 부처님의 미묘한 음성을 들었기 때문에 저의 비밀한 원통의 자성에 계합하였으며, 저는 음성에서 아라한을 증득한 것입니다. 부처님께서 '어떻게 원통을 얻게 되었는가'라고 물으시니, 제가 증득한 바와 같이 음성으로부터 아라한과를 얻었기 때문에 저는 음성이 가장 좋은 수행방법이라고 생각합니다."

■

我在鹿苑, 及於鷄園　계원(鷄園)은 이전에 수목이 많고 닭이 많이 있었다고 한다. 그런데 한번은 숲속에 불이 났을 때 닭들은 자기의 날개에 물을 묻혀 불을 껐다고 한다. 그래서 이곳은 신령하고 성스러운 기운이 있다고 전한다. 즉 풍수가 매우 좋은 곳이었다. 수도하는 사람은 전문적으로 영기(靈氣)가 있는 곳을 찾으려고 하며, 풍수가 좋은 곳을 찾아서 수행하려고 한다. 왜 그런가? 이러한 곳에 머물면, 인걸은 지령(人傑地靈)이라고 하듯이 깨달음을 열기가 쉽다.

觀見如來最初成道　그 당시 우리들은 여래께서 보리수 아래에서 밤에 밝은 별을 보고 도를 깨달은 것을 보았으며, 그런 연후에

녹야원에 이르러 우리 다섯 명의 비구를 보게 되었다.

於佛音聲, 悟明四諦 우리들은 부처님께서 설법하시는 음성을 듣고 사제(四諦)의 법을 깨달은 것이다.

사람의 음성도 매우 중요한 것이다. 음성은 반드시 소리가 우렁차야 한다. 당신의 음성이 만약 우렁차면 법을 설할 때 일반인들이 듣기를 좋아한다. 당신의 음성이 만약 우렁차지 못하고 맑지 못하면, 사람들이 경을 들을 때 좋아하지 않을 것이다. 따라서 사람의 음성도 매우 중요하다. 부처님의 음성은 가장 우렁차기 그지 없었다. 마치 사자가 포효하는 것과 같이 아무리 많은 사람들이 들어도 들을 수 있으며, 또한 분명하게 들리며, 또한 이해할 수 있었다. 사람만이 이해할 뿐 아니라 일체의 축생들도 모두 부처님의 설하시는 법을 이해하였다. 그래서 "부처님은 하나의 음으로 법을 연설하시지만, 중생들은 각각의 무리에 따라서 이해한다."고 하는 것이다. 부처님의 법은 이와 같은 것이다.

佛問比丘, 我初稱解. 如來印我, 名阿若多 부처님께서 지금 모든 비구들에게 물으시는데, 저는 최초로 깨달은 사람이며, 최초로 해탈을 얻은 사람으로서 여래께서는 저를 인증하셔서 '아야다'라고 이름지었습니다.

妙音密圓, 我於音聲, 得阿羅漢 저는 부처님의 미묘한 음성을 들었기 때문에 저의 비밀한 원통의 자성에 계합하였으며, 저는 음성에서 아라한을 증득한 것입니다.

佛問圓通, 如我所證, 音聲爲上 부처님께서 '어떻게 원통을 얻게 되었는가'라고 물으시니, 제가 증득한 바와 같이 음성으로부터 아라한과를 얻었기 때문에 저는 음성이 가장 좋은 수행방법이라고 생각합니다.

교진나 존자는 성진(聲塵)으로부터 도를 깨달았다. 이 경의 후반부에 관세음보살은 바로 이근원통(耳根圓通)을 수행하였다. 스물다섯 분의 성인이 각각 원통을 말씀하신 후에 문수보살께서 선택하신 것은 이근원통이며, 이근의 이법이 아난에게 가장 상응한다고 말하였다.

(2) 색진(色塵)으로부터 원통을 얻다

■

優波尼沙陀, 卽從座起, 頂禮佛足, 而白佛言. 我亦觀佛最初成道. 觀不淨相, 生大厭離, 悟諸色性, 以從不淨, 白骨微塵, 歸於虛空. 空色二無, 成無學道. 如來印我, 名尼沙陀. 塵色旣盡, 妙色密圓. 我從色相, 得阿羅漢. 佛問圓通, 如我所證, 色因爲上.

■

우파니사타는 즉시 자리에서 일어나 부처님의 발에 절하고 말하였다. "저 역시 부처님께서 최초에 도를 이루신 것을 보았으며, 부처님께서는 저에게 부정관을 가르쳤으며, 저는 몸을 보고 크게 싫어하고 떠나려는 마음을 내었습니다. 저는 모든 색상의 체성이 모두 부정한 그곳에서 오는 것을 깨달았으며, 따라서 백골은 미진으로 변하여 허공으로 돌아간다는 것을 알았습니다. 공과 색 이 두 가지는 없다는 것을 보고,

이때 무학의 도를 이루었습니다. 부처님께서는 저를 인증하셔서 니사타라는 이름을 지어주셨습니다. 깨끗하지 못한 먼지와 때의 이러한 색상이 없어지니, 저는 진공의 안에서 미묘한 색으로 변하여 저의 비밀하고 원통한 자성과 계합하였습니다. 저는 색상으로부터 아라한을 증득하였으므로 부처님께서 '어떻게 원통을 얻게 되었는가'라고 물으시니, 제가 증득한 바와 같이 색상의 인연이 가장 좋은 수행방법이라고 생각합니다."

觀不淨相, 生大厭離 부처님께서는 저에게 부정관을 가르쳤으며, 저는 몸을 보고 크게 싫어하고 떠나려는 마음을 내었습니다. 무엇을 부정관이라고 하는가? 몸이 부정하다고 관하는[觀身不淨] 것이다. 자기의 몸과 모든 사람의 몸이 모두 깨끗하지 못하고 청정하지 못하다고 관하는 것이다. 부정관에는 아홉 가지의 관상법이 있다.

悟諸色性, 以從不淨, 白骨微塵, 歸於虛空 저는 모든 색상의 체성이 모두 부정한 그곳에서 오는 것을 깨달았으며, 따라서 백골은 미진으로 변하여 허공으로 돌아간다는 것을 알았습니다.

如來印我, 名尼沙陀 부처님께서는 저를 인증하셔서 니사타라는 이름을 지어주셨습니다. 니사타란 색성이 공하다[色性空]는 뜻이다. 이 색을 저는 간파하여 색성이 공하고 없다는 것을 알았습니다. 따라서 저는 이러한 집착이 없습니다.

塵色旣盡, 妙色密圓 깨끗하지 못한 먼지와 때의 이러한 색상이 없어지니, 저는 진공의 안에서 미묘한 색으로 변하여 저의 비밀하고 원통한 자성과 계합하였습니다.

(3) 향진(香塵)으로부터 원통을 얻다

■

香嚴童子, 卽從座起, 頂禮佛足, 而白佛言. 我聞如來, 敎我諦觀諸有爲相. 我時辭佛, 宴晦淸齋. 見諸比丘燒沈水香, 香氣寂然來入鼻中. 我觀此氣, 非木非空, 非煙非火, 去無所著, 來無所從. 由是意銷, 發明無漏. 如來印我, 得香嚴號. 塵氣倏滅, 妙香密圓. 我從香嚴得阿羅漢. 佛問圓通, 如我所證, 香嚴爲上.

■

향엄 동자는 즉시 자리에서 일어나 부처님께 정례하고 말하였다. "저는 여래께서 저로 하여금 모든 유위의 상을 깊이 관하게 하시는 말씀을 듣고, 그때 부처님을 떠나서 조용한 방에 머물며 청정하고 담백한 음식을 먹으면서 수행하였습니다. 그 당시 어떤 비구 스님께서 침수향을 태우니 향기가 고요하게 콧속으로 들어왔습니다. 제가 이 향기의 근원을 관찰해 보니, 그것은 나무에서 나오는 것도 아니며, 허공에서 나오는 것도 아니고, 연기에서 나오는 것도 아니며, 불에서 나오는 것도 아니었습니다. 그것이 갈 때도 머무는 바가 없고, 올 때도 오는 바가 없습니다. 저는 이와 같이 관찰하니, 저의 생멸심과 분별하는 의념이 사라지고, 무루의 과를 증득하게 되었습니다. 이 향진의 기가 갑자기 사라지자, 묘한 향기가 나와 저의 비밀하고 원통한 자성과 계합하였으며, 저는 향기의 장엄으로 아라한과를 증득하였습니다. 부처님께서 지금 '어떤 근이 원통한가'라고 물으시니, 만약 제가 증득한 곳으로 말하자면, 향기의 장엄이 최상이라고 생각합니다."

■

香嚴童子 향엄이란 향기로 장엄한다는 뜻이며, 동자는 결코 이분이 어린애라는 것이 아니라 동진(童眞)으로 도에 들어왔으며, 동진으로 출가하였다는 것이다. 즉 결혼하지 않고 출가한 것이다.

我時辭佛, 宴晦淸齋 그때 부처님을 떠나서 조용한 방에 머물며 청정하고 담백한 음식을 먹으면서 수행하였다는 것이다. 연회(宴晦)란 조용한 방에 머무는 것을 뜻하며, 청재(淸齋)란 청정한 음식, 담백한 음식을 먹는다는 뜻이다.

我觀此氣, 非木非空, 非烟非火 이 향기의 근원을 관찰해 보니, 그것은 나무에서 나오는 것도 아니며, 허공에서 나오는 것도 아니고, 연기에서 나오는 것도 아니며, 불에서 나오는 것도 아니다.

由是意銷, 發明無漏 이와 같이 관찰하니, 저의 생멸심과 분별하는 의념이 사라졌으며, 무루의 과를 증득하게 되었다.

塵氣倏滅, 妙香密圓. 我從香嚴得阿羅漢 이 향진의 기가 갑자기 사라지자, 묘한 향기가 나와 저의 비밀하고 원통한 자성과 계합하였으며, 저는 향기의 장엄으로 아라한과를 증득하였습니다. 숙멸(倏滅)이란 갑자기 사라진다는 뜻이다.

佛問圓通, 如我所證, 香嚴爲上 부처님께서 지금 '어떤 근이 원통한가'라고 물으시니, 만약 제가 증득한 곳으로 말하자면, 향기의 장엄이 최상이라고 생각합니다.

(4) 미진(味塵)으로부터 원통을 얻다

■

藥王藥上二法王子, 并在會中五百梵天, 卽從座起, 頂禮佛足, 而白佛言. 我無始劫, 爲世良醫. 口中嘗此娑婆世界草木金石, 名數凡有十萬八千. 如是悉知, 苦醋鹹淡甘辛等味, 幷諸和合俱生變異, 是冷是熱, 有毒無毒, 悉能遍知. 承事如來, 了知味性, 非空非有, 非卽身心, 非離身心. 分別味因, 從是開悟. 蒙佛如來印我昆季, 藥王藥上二菩薩名. 今於會中爲法王子, 因味覺明, 位登菩薩. 佛問圓通, 如我所證, 味因爲上.

■

약왕·약상의 두 법왕자와 법회 가운데에 있던 오백의 범천들은 즉시 자리에서 일어나 부처님께 절하고 말하였다. "저는 무시겁 이래로 세상의 양의가 되어 이 사바세계의 초목금석을 입으로 맛을 보고, 이름과 수가 십만팔천이나 많은 것을 모두 다 그 맛을 알며, 쓰고 시고 짜고 담백하며 달고 매운 등의 맛을 알며, 아울러 화합하여 변이가 발생하는 모든 것을 알며, 냉한 것인지, 열성인지, 독이 있는지 없는지를 다 알 수 있습니다. 여래의 가르침을 이어받아, 맛의 성질은 공에서 오는 것도 아니고, 유(存在)에서 오는 것도 아니며, 혀와 맛에 즉한 것도 아니고, 혀와 맛의 느낌을 떠난 것도 아니라는 것을 알며, 제가 맛의 근원을 자세히 관찰해 보니, 분별하는 것이 극점에 이르러 분별함이 없는 때에 이르는 것으로부터 깨달음을 얻었습니다. 부처님께서 저희들 형제에게 인증해 주셔서 약왕·약상보살이라는 이름을 지어 주시는 은혜를 입어, 지금 법회 가운데서 법왕자가 되었습니다. 맛으로 인하여 저는 깨달았으며, 보살의 과위에 올랐습니다. 부처님께서 지금 '어떤 근이 원통한가'라고 물으시니, 만약 제가 증득한 곳으로 말하자면, 맛의 인연이 최상이라고 생각합니다."

■

약왕·약상의 두 보살은 형제이다. 숙세에서 약왕보살은 세상의 양의(良醫)가 되기로 발원하여, 모든 병이 있는 사람들이 그를 만나면, 어떤 병이든지 좋아졌다. 이전에 유리광 부처님 때 일장(日藏) 비구께서 불법을 선양할 때 성숙광(星宿光)이라는 큰 부자가 있었는데, 그는 일장 비구 앞에서 발원하기를 "저는 세계의 양의가 되어 세상 사람의 병을 치료해 줄 것을 원합니다."라고 하였다. 그에게 형제가 있었으며, 그도 이러한 원을 같이 발하였다.

마치 중국에 신농(神農) 황제가 있는 것과 같다. 그분은 세상의 수많은 풀의 맛을 보고 중국의 약재의 약성에 대하여 밝혀놓았다. 그는 각각의 약초가 어떤 작용이 있는지를 맛을 보고, 먹어 보고 자기 스스로 점검하였던 것이다. 지금 중국의 젊은 사람들은 중국 고대의 역사에 대하여 완전히 이해하지 못하고, 이것은 신화라고 말한다. 사실 이것은 매우 평상적인 일이다. 나는 의약서를 읽어 보았기 때문에 신농 황제는 확실히 약왕보살이 오신 분이라는 것을 안다. 중국에서 태어나 중국 의학의 개척자가 되신 것이다.

五百梵天 오백 명의 범천은 약왕·약상보살의 권속이다.

幷諸和合俱生變異 아울러 모든 화합하여 변이가 발생하는 것을 안다. 어떤 약의 성질은 어떤 약과는 서로 화합하는데, 다른 약과는 화합하지 않는다. 서로 합한다는 것은 함께 섞었을 때 병을 치료할 수 있으며, 화합하지 못하면 서로 상반되는 약은 함께 섞으면 사람을 죽일 수 있는 것이다. 구생변이(俱生變異)란 이러한 화합하는 것과 화합하지 못하는 것은 그것이 생긴 이래로 만약 상반된 약과 만나면 변이를 발생시킨다는 것이다.

了知味性, 非空非有, 非卽身心, 非離身心 맛의 성질은 공에서 오는 것도 아니고, 유(존재)에서 오는 것도 아니며, 혀와 맛에 즉한 것도 아니고, 혀와 맛의 느낌을 떠난 것도 아니라는 것을 안다. 여기서 신심(身心)은 몸의 혀와 마음으로 느끼는 맛이라는 뜻이다.

分別味因, 從是開悟 제가 맛의 근원을 자세히 관찰해 보니, 분별하는 것이 극점에 이르러 분별함이 없는 때에 이르는 것으로부터 깨달음을 얻었습니다. 무엇을 깨달았는가? 이 맛이라는 것이 원래 맛이 없는 것이라는 사실을 깨달았다.

蒙佛如來印我昆季, 藥王藥上二菩薩名 부처님께서 저희들 형제에게 인증해 주셔서 약왕·약상보살이라는 이름을 지어주시는 은혜를 입는다. 곤계(昆季)는 형제라는 뜻이다.

因味覺明, 位登菩薩 맛으로 인하여 저는 깨달았으며, 보살의 과위에 올랐습니다.

(5) 촉진(觸塵)으로부터 원통을 얻다

■

跋陀婆羅, 幷其同伴十六開士, 卽從座起, 頂禮佛足, 而白佛言. 我等先於威音王佛, 聞法出家. 於浴僧時, 隨例入室. 忽悟水因, 旣不洗塵, 亦不洗體, 中間安然, 得無所有. 宿習無忘, 乃至今時, 從佛出家, 今得無學. 彼佛名我跋陀婆羅. 妙觸宣明, 成佛子住. 佛問圓通, 如我所證, 觸因爲上.

■

발타바라보살은 같이 온 열여섯 분의 보살과 함께 즉시 자리에서 일어나 부처님께 절을 하고 말하였다. "저희들은 위음왕 부처님 때에 법을 듣고 출가하였으며, 목욕할 때 관례에 따라 목욕탕에 들어갔을 때, 갑자기 물의 인연에 대하여 깨닫게 되었는데, 이 물은 먼지를 씻지도 않으며 몸을 씻지도 않습니다. 이 물이 때를 씻을 수도 없고 몸을 씻을 수도 없는 중간에 평온하여 아무것도 없었습니다. 저는 그때 목욕하면서 물의 이러한 정황을 느끼고는 영원히 잊지 않았으며, 지금에 이르러 부처님을 따라 출가하여 무학의 보살위를 얻었습니다. 저 부처님께서는 저에게 '발타바라'라는 이름을 지어주셨으며, 저는 이러한 촉진이 없으나 묘한 촉이 발명되어 현재 보살의 과위를 이루었습니다. 부처님께서 지금 '어떤 근이 원통한가'라고 물으시니, 만약 제가 증득한 곳으로 말하자면, 감촉의 인연이 최상이라고 생각합니다."

跋陀婆羅 발타바라는 현수(賢首)라고 번역하며, 현호(賢護)라고도 부른다. 이분은 처음에는 매우 교만하였다. 그때 상불경보살이 있었는데, 오로지 다른 사람을 공경하였다. 『법화경』에 상세하게 설해져 있다. 어떤 사람을 보아도 절을 하고는 말하였다. "나는 감히 당신들을 경시할 수 없습니다. 당신들은 모두 부처가 될 수 있습니다." 그러나 발타바라는 그때 상불경보살을 욕하며 말하였다. "너 이 하천한 놈아!" 그는 상불경보살을 때리고 괴롭히다가 지옥에 떨어져 장구한 세월이 지나 다시 사람이 되었다.

十六開士 개사란 보살의 다른 이름이다. 발타바라와 같이 온 열여섯 분의 보살을 말한다.

我等先於威音王佛, 聞法出家 위음왕불은 최초의 부처님이다. 이 발타바라보살은 위음왕 부처님 당시에 출가했다는 것이다.

於浴僧時, 隨例入室 승가의 제도에 따르면 출가인은 보름에 한 번 목욕을 하도록 하였다. 총림에서는 목욕탕이 있으며, 보름마다

한 번씩 목욕을 한다. 관례에 따라 목욕하는 방에 들어갔다는 뜻이다.

忽悟水因, 既不洗塵, 亦不洗體, 中間安然, 得無所有
갑자기 물의 인연에 대하여 깨닫게 되었는데, 이 물은 먼지를 씻지도 않으며 몸을 씻지도 않는 것이다. 이 물이 때를 씻을 수도 없고 몸을 씻을 수도 없는 중간에 평온하여 아무것도 없었다. 이때 공한 것이다. 촉이 없는 것이다. 어떻게 물이 때를 씻지도 않고 몸을 씻지도 않은가? 묘함은 이곳에 있다. 당신이 만약 이해가 되지 않으면 참구해 보아라. 그러면 당신도 이 촉진(觸塵)으로부터 깨달을 것이다.

宿習無忘, 乃至今時 저는 그때 목욕하면서 물의 이러한 정황을 느끼고는 영원히 잊지 않았다. 발타바라는 본래 지옥에 떨어졌지만 이러한 깨달음을 잊지 않았으며, 위음왕 부처님으로부터 지금까지 얼마나 오랜 세월인지 모른다. 앞에서 상불경보살은 바로 석가모니 부처님이시다.

妙觸宣明, 成佛子住 저는 이러한 촉진이 없으나 묘한 촉이 발명되어 현재 보살의 과위를 얻었습니다. 불자는 보살이라는 뜻이다. 선명(宣明)은 밝음을 발하다[發明]는 뜻이다.

(6) 법진(法塵)으로부터 원통을 얻다

摩訶迦葉, 及紫金光比丘尼等, 即從座起, 頂禮佛足, 而白佛言. 我於

往劫, 於此界中, 有佛出世, 名日月燈. 我得親近, 聞法修學. 佛滅度後, 供養舍利, 然燈續明. 以紫光金塗佛形像. 自爾已來, 世世生生, 身常圓滿紫金光聚. 此紫金光比丘尼等, 卽我眷屬, 同時發心. 我觀世間六塵變壞, 唯以空寂, 修於滅盡, 身心乃能度百千劫, 猶如彈指. 我以空法, 成阿羅漢. 世尊說我, 頭陀爲最. 妙法開明, 銷滅諸漏. 佛問圓通, 如我所證, 法因爲上.

■

마하가섭과 자금광 비구니 등은 즉시 자리에서 일어나 부처님께 절하고 말하였다. "저는 지나간 겁에서 이 세계에 부처님이 출세하였는데 일월등이라고 이름하였습니다. 저는 부처님을 친근하여 법을 듣고 수학하였습니다. 부처님께서 멸도하신 후에 사리를 공양하고 법의 등불이 계속 이어지게 하였습니다. 자금광 비구니는 불상에 금을 입혔으며, 그러한 일이 있은 후로부터 지금까지 세세생생 몸은 항상 원만하고 자금광의 빛이 모였습니다. 이 자금광 비구니 등은 저의 권속으로서 동시에 발심하였습니다. 제가 모든 세간을 보니, 육진이 변하여 무너지며, 그것의 본성은 공적한 것으로 아무것도 없으며, 저는 멸진정(滅盡定)을 닦았습니다. 그리하여 지금 저의 신심은 백천 겁이 경과되어도 마치 손가락 한 번 튕기는 시간과 같습니다. 저는 공의 방법으로 아라한을 이루었으며, 세존께서는 저를 두타제일이라고 말씀하십니다. 허망한 법이 소멸되니 미묘한 법이 나타나며, 일체의 새는 것[漏]이 소멸되었습니다. 부처님께서 지금 '어떤 근이 원통한가'라고 물으시니, 만약 제가 증득한 곳으로 말하자면 이 법진, 법의 인연이 최상이라고 생각합니다."

一

摩訶迦葉, 及紫金光比丘尼等 마하가섭은 대가섭이라고 한다. 가섭이라는 이름이 많기 때문에 '대' 자를 붙여 구별하는 것이다. 자금광 비구니는 대가섭의 부인이다. 이 당시 대가섭은 120세 정도였다.

가섭 부처님 당시 부서진 절에 한 분의 불상이 있었는데, 몸에 있던 금이 다 떨어져 나가고 없었다. 그래서 자금광 비구니는 이 절과 불상을 보수하려고 생각하였다. 그러나 많은 돈이 들어야 하기 때문에 그녀는 도처로 가서 돈을 구하였다. 몇 년에 걸쳐 많은 돈이 마련되자 금을 붙이는 기술자를 고용하여 부처님 몸에 금을 입혔다. 금을 붙이는 기술자가 보면서 말하였다.

"이렇게 가난한 당신이 혼자서 이런 불사를 하시다니, 나도 돕겠으니 우리 두 사람이 이런 공덕을 지읍시다."

그래서 절도 조성되고 불상에도 금을 입혔다. 그녀가 불상에 금을 입혔기 때문에 세세생생 몸에서 자금광의 빛이 나타났으며, 그래서 그녀는 자금광이라는 이름을 얻게 되었다. 금을 입히던 기술자가 바로 마하가섭이다.

我觀世間六塵變壞 제가 모든 세간을 보니, 육진이 변하여 무너진다. 이것은 본래 하나의 법진이나, 그는 지금 육진을 말하는 것은 법진은 형상이 없기 때문이다. 뜻은 전오진의 그림자이다. 앞의 다섯 가지의 진이 있기 때문에 뜻이 있을 수 있다. 만약 전오진이 없으면 법진도 없다. 따라서 그는 이곳에서 육진이 변하여 무너진다고 한 것이다.

唯以空寂, 修於滅盡 그것의 본성은 공적한 것으로 아무것도 없으며, 저는 관상하는 힘으로 멸진정(滅盡定)을 닦았습니다. 멸진정이란 제6의식이 다 소멸되어 분별하는 마음이 일어나지 않는다.

身心乃能度百千劫, 猶如彈指 신심은 백천 겁이 경과되어도 마치 손가락 한 번 튕기는 시간과 같습니다. 따라서 지금 마하가섭존자는 여전히 중국 운남성 계족산에서 선정에 들어 있다. 무슨 정에 들어 있는가? 멸진정에 들어 있는 것이다. 그는 분별하는 마음이 없기 때문에 몇 천 년이 지나도 마치 손가락 한 번 튕기는 시간과 같은 것이다.

妙法開明, 銷滅諸漏 허망한 법이 소멸되니 미묘한 법이 나타나며, 일체의 새는 것(漏)이 소멸되었다.

2) 오근(五根)의 원통

(1) 안근(眼根)으로부터 원통을 얻다

阿那律陀, 卽從座起, 頂禮佛足, 而白佛言. 我初出家, 常樂睡眠. 如來訶我爲畜生類. 我聞佛訶, 啼泣自責, 七日不眠, 失其雙目. 世尊示我, 樂見照明金剛三昧. 我不因眼, 觀見十方. 精眞洞然, 如觀掌果. 如來印我, 成阿羅漢. 佛問圓通, 如我所證, 旋見循元, 斯爲第一.

▬

아나율타 존자가 즉시에 일어나 부처님께 절하고 말하였다. "저는 처음에 출가하여 항상 잠자는 것을 좋아하였습니다. 그래서 여래께서 저를 축생류와 같다고 책망하였습니다. 저는 부처님의 책망을 듣고 눈물을 흘리며 스스로 자책하였으며, 그 후 7일간 잠을 자지 않아서 두 눈이 실명되었습니다. 그리하여 세존께서는 저에게 낙견조명이라는 금강삼매를 수행하게 하였습니다. 그 선정을 오래 닦게 되자 저는 육안을 사용하지 않고 시방세계를 볼 수 있게 되었으며, 정미하고 진실하고 분명하게 볼 수 있으며, 마치 손바닥 안에 있는 암마라의 열매를 보는 것과 같았습니다. 여래께서는 제가 이미 아라한과를 증득하였다고 인증하였습니다. 부처님께서 원통을 물으시니, 제가 증득한 것과 같이 이 보는 것[見]을 되돌려 자기의 본성을 따라 수행하는 것이 제일이라고 생각합니다."

▬

我不因眼, 觀見十方 제가 이러한 정을 닦아 오래되자, 천안(天眼)을 얻어 육안을 사용하지 않고 시방을 볼 수 있게 되었다.

精眞洞然, 如觀掌果 가장 정묘하고 가장 진실한 것이 매우 분명하게 보이게 되었으며, 마치 손바닥 안에 있는 암마라의 열매를 보는 것과 같았다.

旋見循元, 斯爲第一 이 보는 것을 되돌려 자기의 본성을 따라 수행하는 것이 제일이라고 생각한다.

(2) 비근(鼻根)으로부터 원통을 얻다

■

周利槃特迦, 卽從座起, 頂禮佛足, 而白佛言. 我闕誦持, 無多聞性. 最初値佛, 聞法出家. 憶持如來一句伽陀, 於一百日, 得前遺後, 得後遺前. 佛愍我愚, 敎我安居, 調出入息. 我時觀息, 微細窮盡, 生住異滅, 諸行刹那. 其心豁然, 得大無礙, 乃至漏盡, 成阿羅漢. 住佛座下, 印成無學. 佛問圓通, 如我所證, 返息循空, 斯爲第一.

■

주리반특가 존자께서 즉시 자리에서 일어나 부처님께 절한 후 말하였다. "저는 외우는 지혜가 부족하고 많이 듣는 성질이 없어 어리석기 그지없었습니다. 저는 처음에 부처님을 만났을 때 법을 듣고 출가하였습니다. 부처님의 게송 한 구를 외워 기억하려고 하였으나, 백 일 동안 앞 구절을 기억하면 뒷 구절을 잊어버리고, 뒷 구절을 기억하면 앞 구절을 잊어버렸습니다. 부처님께서는 저의 어리석음을 불쌍히 여겨서 저에게 안거하면서 나가고 들어오는 호흡을 조절하라고 하였습니다. 저는 이때 출입식을 관찰하는데, 미세한 호흡에 이르러 이치를 궁구하기를 다하자, 호흡의 생주이멸 속에서 모든 행이 찰나 사이에 있음을 깨달았습니다. 이때 그 마음이 활짝 열려 큰 무애를 얻게 되었으며, 깨달은 이후 곧 누진에 이르렀으며 아라한과를 이루었습니다. 저는 항상 부처님의 법좌 아래에 앉아 법을 들으며, 부처님께서는 저에게 무학의 과위를 얻었다고 인증하셨습니다. 부처님께서 원통을 물으시니, 제가 증득한 것과 같이 출입식을 돌이켜 공의 경계로 돌아가는 것이 제일이라고 생각합니다."

我闕誦持, 無多聞性 저(주리반특가)는 외우는 지혜가 부족하고 많이 듣는 성질이 없어 어리석기 그지없습니다.

憶持如來一句伽陀, 於一百日, 得前遺後, 得後遺前 부처님의 게송 한 구를 외워 기억하려고 하였으나, 백 일 동안 앞 구절을 기억하면 뒷 구절을 잊어버리고, 뒷 구절을 기억하면 앞 구절을 잊어버렸습니다. 그리하여 결국에는 한 구절도 기억하지 못하였습니다. 이 주리반특가 비구는 전생에 제자들이 법을 청하였지만, 법을 설하지 않아서 그 과보로 이렇게 어리석은 과보를 받은 것이다. 즉 법을 베푸는 데 인색하였다.

佛愍我愚, 教我安居, 調出入息 부처님께서는 저의 어리석음을 불쌍히 여겨서 저에게 안거하면서 나가고 들어오는 호흡을 조절하라고 하였습니다. 즉 수식관(數息觀)을 닦게 하였다.

我時觀息, 微細窮盡, 生住異滅, 諸行刹那 저는 이때 출입식을 관찰하는데, 미세한 호흡에 이르러 이치를 궁구하기를 다하자, 호흡의 생주이멸 속에서 모든 행이 찰나에 있음을 깨달았습니다.
　호흡에도 생주이멸이 있다. 이 기가 처음에 호흡을 할 때 최초에 들이쉬려고 할 때 이것이 생(生)이며, 이 호흡의 기가 나가고 들어오기를 끊임없이 할 때를 머무는[住] 시기이며, 호흡의 기가 없어지려고 할 때가 바뀌는[異] 시기이며, 호흡이 없어지면 사라짐[滅]이라고 한다. 우리의 한 생각 속에는 90개의 찰나가 있다. 하나의 찰나 속에는 900개의 생멸이 있다. 미세하고 미세한 호흡은 육안으로는 알 수 없는 것이다. 따라서 모든 행이 찰나라는 것이다.

주리반특가 존자께서 이르시기를, 내가 출입식을 관하여 남도 없고 나도 없고 중생도 없고 수명도 없는 데에 이르자, 내쉬는 숨도 내쉬는 것을 모르고, 들이쉬는 숨도 들이쉬는 것을 모른다. 이때 마음은 하나로 되어 한 덩어리로 뭉쳐 분별하는 마음조차도 없어지며, 반연하는 마음도 없어져서 어떤 마음도 정지되었다.

其心豁然. 得大無礙 이때 반본환원되어 그 마음이 활짝 열려 큰 무애를 얻게 되었다. 즉 깨달은 것이다. 어떤 장애도 없게 되었다.

(3) 설근(舌根)으로부터 원통을 얻다

■

憍梵鉢提, 卽從座起, 頂禮佛足, 而白佛言. 我有口業, 於過去劫輕弄沙門, 世世生生有牛呞病. 如來示我一味淸淨心地法門. 我得滅心, 入三摩地. 觀味之知, 非體非物. 應念得超世間諸漏. 內脫身心, 外遺世界. 遠離三有, 如鳥出籠. 離垢銷塵, 法眼淸淨, 成阿羅漢. 如來親印登無學道. 佛問圓通, 如我所證, 還味旋知, 斯爲第一.

■

교범바제 존자께서 즉시 자리에서 일어나 부처님께 절을 하고 말하였다. "저는 구업이 있는데, 과거 겁에서 사문을 희롱하여 세세생생 소가 되새김하는 병이 있습니다. 여래께서는 저에게 한 맛의 청정한 심지법문을 가르치셨습니다. 저는 이 분별심을 소멸하여 삼매에 들어갔으며, 맛을 아는 것을 관찰해 보니, 이 맛은 혀에서 오는 것도 아니며, 음식에서 오는 것도 아님을 알았습니다. 저는 이렇게 관찰한 후에 일념이 청정할 때 세간의 모든 누(漏)를 초월하여 안으로는 몸과 마음에서 벗어나고 밖으로는 세계를 잊어버렸으며, 삼계를 멀리 떠난 것이 마치 새가 새장을 벗어난 것과 같았습니다. 때[垢]를 떠나고 번뇌[塵]를 소멸하여 법의 눈이 청정하여져서 아라한을 이루었습니다. 여래께서는 친히 제가 무학의 도에 올랐다고 인증하였습니다. 부처님께서 원통을 물으시니, 제가 증득한 것과 같이 이 맛을 분별하지 않고 맛을 아는 분별심을 돌이키는 것이 제일이라고 생각합니다."

我有口業, 於過去劫輕弄沙門, 世世生生有牛呞病 저는 구업이 있는데, 과거 겁에서 사문을 희롱하여 세세생생 소가 되새김하는 병이 있습니다.

이전에 나이 드신 스님이 이빨이 빠져서 먹는 것이 매우 느려 이 스님을 희롱하여 말하기를 "노스님! 당신이 먹는 것은 마치 소가 풀을 먹는 것과 같군요!"라고 하였다. 그런데 이 노스님은 아라한을 증득한 분이라, 젊은 스님에게 말하였다. "너는 그렇게 말해서는 안 된다. 장래에 과보를 받을 것이다. 빨리 참회를 해라." 그래서 그는 참회를 하였다. 비록 참회를 하였지만 소로 태어나 고통을 받다가 사람이 되어서도 소의 습기는 남게 되었다. 따라서 그의 혀는 소의 혀와 같이 되새김질을 하게 된 것이다. 부처님께서는 다른 사람들이 그를 비방할까 염려되어 그를 천상에서 머물게 하였다. 천상인들은 숙명통이 있으므로 감히 그를 경시하지 않기 때문이다.

如來示我一昧淸淨心地法門 여래께서는 저에게 한 맛의 청정한 심지법문을 가르치셨다. 일미청정이란 한 생각의 청정함을 말하는데, 맛에 대하여 청정해야 하는 것이다. 왜냐하면 너의 혀가 맛을 분별하지 않으면, 식심이 없으며, 식심이 없으면 이 맛은 청정함으로 돌아간다. 이것도 분별하지 않는 정을 닦는 것이다.

我得滅心, 入三摩地. 觀味之知, 非體非物 이 분별심을 소멸하여 삼매에 들어갔으며, 맛을 아는 것을 관찰해 보니, 이 맛은 혀에서 오는 것도 아니며, 음식에서 오는 것도 아니다. 여기서 체는 몸의 혀를 가리키며, 물이란 씹는 음식을 가리킨다.

內脫身心, 外遺世界. 遠離三有, 如鳥出籠 안으로는 몸과 마음에서 벗어나고 밖으로는 세계를 잊어버렸으며, 삼계를 멀리 떠난 것이 마치 새가 새장을 벗어난 것과 같았다.

離垢銷塵, 法眼淸淨, 成阿羅漢 때[垢]를 떠나고 번뇌[塵]를 소멸하여 법의 눈이 청정하여져서 아라한을 이루었습니다. 법안이 청정하다는 것은 법안이 열렸다는 것이다.

還味旋知, 斯爲第一 이 맛을 분별하지 않고 맛을 아는 분별심을 돌이키는 것이 제일이라고 생각합니다.

(4) 신근(身根)으로부터 원통을 얻다

畢陵伽婆蹉, 即從座起, 頂禮佛足, 而白佛言. 我初發心, 從佛入道. 數聞如來說, 諸世間不可樂事. 乞食城中, 心思法門. 不覺路中毒刺傷足. 擧身疼痛, 我念有知. 知此深痛, 雖覺覺痛, 覺清淨心, 無痛痛覺. 我又思惟, 如是一身, 寧有雙覺? 攝念未久, 身心忽空. 三七日中, 諸漏虛盡, 成阿羅漢, 得親印記, 發明無學. 佛問圓通, 如我所證, 純覺遺身, 斯爲第一.

필릉가바차 존자가 즉시 자리에서 일어나 부처님께 절하고 말하였다. "저는 처음 발심하여 부처님을 따라 입도(入道) 출가하여 여래께서 세간에서 즐거워하지 않아야 할 모든 일에 관하여 여러 차례 들었습니다. 성안에서 걸식할 때 마음으로 부처님의 법문을 생각하면서 가는데, 느끼지 못하는 가운데 독가시에 발을 찔려 온몸이 아프게 되었습니다. 이때 나는 마음으로 알았습니다. 이 깊은 통증이 비록 발이 아프다고 느꼈지만, 저의 청정한 깨달음에서는 통증도 없고 통증을 느끼는 감각도 없다는 것을 알았습니다. 이때 저는 또 사유했습니다. 이 하나의 몸에 어찌 두 개의 감각이 있겠는가? 저는 마음을 관찰한 지 얼마 지나지 않아서 몸과 마음이 갑자기 공해졌으며, 21일 가운데 일체의 누(漏)가 다하여 아라한과를 증득하였습니다. 부처님께서 친히 저에게 무학의 과위를 깨달았음을 인증하였습니다. 부처님께서 원통을 물으시니, 제가 증득한 것과 같이 깨달음의 마음을 전일하게 하여 순수해

지니 몸도 잊어버렸는데, 이것이 제일이라고 생각합니다."

■

畢陵伽婆蹉 필릉가바차는 남은 습기[餘習]라고 번역한다. 다생겁으로 무시이래로부터의 습기를 언제나 벗어나지 못한다는 뜻이다. 그는 비록 아라한을 증득하였지만, 강을 건널 때 강물의 흐름을 멈추려고 하면 멈출 수 있었다.

한번은 그가 강을 건너는데, 어떤 강에 이르러 강의 신[河神]을 보고 말하였다.

"하인은 흐름을 멈추어라!"

강의 신은 비록 강물의 흐름을 멈추었지만 마음속으로는 불쾌하게 생각하였다. 그래서 부처님께 가서 호소하였다.

"부처님, 당신의 제자는 어쩌면 그렇게도 규칙이 없고 예의가 없습니까?"

부처님께서 물었다.

"무슨 일이 있는가?"

신이 말하였다.

"저는 그곳에서 강을 다스리고 있습니다. 그런데 저분은 이곳에 이르러 저를 보고 '하인은 흐름을 멈추어라[小婢住流].'라고 말합니다. 그분은 아라한으로서 마땅히 이렇게 저를 부르면 안 될 것입니다."

부처님은 필릉가바차 존자로 하여금 강의 신에게 사과를 하게 하였다. 그는 합장하면서 강의 신에게 말하였다.

"하인은 나를 나무라지 말게! 하인은 화내지 말게나!"

이렇게 말하자 아라한들이 큰 소리로 웃게 되었다.

필릉가바차는 왜 이렇게 '하인[小婢]'이라는 칭호를 하였는가? 왜냐하면 이 강의 신은 과거 무량겁 이전에 필릉가바차의 하인이 된 적이 있었다. 그는 그녀를 '하인[小婢]'이라고 부르는 것이 습관이 되었기 때문에 지금 그녀가 강의 신이 되었어도 그렇게 부른 것이다. 사과를 할 때도 마땅히 '하인[小婢]'이라고 해서는 안 될 것인데, 또 그렇게 부른 것이다.

諸世間不可樂事 세상의 어떤 일도 모두 괴로움이며, 공하며, 무상하며, '나'가 없는 것이다.

乞食城中, 心思法門. 不覺路中毒刺傷足. 擧身疼痛 성 안에서 걸식할 때 마음으로 부처님의 법문을 생각하면서 가는데, 느끼지 못하는 가운데 독가시에 발을 찔려 온몸이 아프게 되었다.

覺淸淨心, 無痛痛覺 청정한 깨달음에서는 통증도 없고 통증을 느끼는 감각도 없다는 것을 알았다. 몸과 마음이 청정해진 것이다. 신심이 청정하므로 누가 아픈지를 알지 못한다.

我又思惟, 如是一身, 寧有雙覺 이때 저는 또 사유했습니다. 이 하나의 몸에 어찌 두 개의 감각이 있겠는가? 즉 아픔을 느끼는 감각과 아픔을 느끼지 않는 감각이 있는가? 없다.

純覺遺身, 斯爲第一 깨달음의 마음을 전일하게 하여 순수해지니 몸도 잊어버렸는데, 이것이 제일이라고 생각합니다.

(5) 의근(意根)으로부터 원통을 얻다

■

須菩提, 卽從座起, 頂禮佛足, 而白佛言, 我曠劫來, 心得無礙. 自憶受生如恒河沙. 初在母胎, 卽知空寂. 如是乃至十方成空. 亦令衆生證得空性. 蒙如來發性覺眞空, 空性圓明, 得阿羅漢. 頓入如來寶明空海, 同佛知見, 印成無學, 解脫性空, 我爲無上. 佛問圓通, 如我所證, 諸相入非, 非所非盡, 旋法歸無, 斯爲第一.

■

수보리는 즉시 자리에서 일어나 부처님께 절하고 말하였다. "저는 장구한 겁 이래로 마음에 무애함을 얻어 스스로 항하사 겁과 같이 많은 생을 받아왔음을 기억합니다. 처음 모태에 있을 때 저는 공적함을 알았으며, 이와 같이 시방의 세계가 모두 공을 이루고 있음을 알며, 또한 중생으로 하여금 공성의 도리를 함께 증득하도록 합니다. 저는 여래의 덕분으로 성품의 깨달음은 진공이며, 공성이 원명함을 깨달아 아라한과를 증득하였습니다. 즉시 여래의 여래장성의 큰 바다 속으로 들어가서 부처의 지견과 같으며, 부처님께서 저에게 무학의 과위를 이루었음을 인증하였습니다. 성품의 공함을 해탈하는 도리를 저는 최상으로 생각합니다. 부처님께서 원통을 물으시니, 제가 증득한 것과 같이 모든 상은 없는 것이며, 없앨 수 있는 공[能非]과 없어지는 공[所非]은 모두 다 하였습니다. 이 법의 성품을 되돌려 없음으로 돌아가는 것이 제일이라고 생각합니다."

蒙如來發性覺眞空, 空性圓明, 得阿羅漢 저는 여래께서 이러한 허공의 성품을 밝게 깨달은 은혜를 입어서 이 성품과 허공은 같은 것이며, 여래장성의 이러한 깨달음이 진공(眞空)이며, 이 허공과 여래장성 모두 원만하게 밝은[圓明] 것입니다. 저는 이 여래장성의 본체를 이해하였기 때문에 아라한을 증득하였습니다.

頓入如來寶明空海, 同佛知見, 印成無學 즉시 여래의 여래장성의 큰 바다 속으로 들어가서 부처의 지견과 같으며, 부처님께서 저에게 무학의 과위를 이루었음을 인증하였습니다. 보명(寶明)이란 여래장성을 말하며, 공해(空海)란 큰 바다와 같다는 것이다.

諸相入非 모든 상은 없는 것이다. 입비(入非)란 없다는 뜻이다.

非所非盡 없앨 수 있는 공과 없어지는 공은 모두 다하였다. 즉 능비(能非)와 소비(所非)가 모두 없다는 것이다. 공하다는 것조차도 없다는 것이다. 이것을 도교에서는 '소공기무(所空旣無)'라고 하며, 불교에서는 '비소비진(非所非盡)'이라고 한다. 이 비(非)는 아니다[不是]라고 말할 수 있다.

旋法歸無, 斯爲第一 이 법의 성품을 되돌려 없음으로 돌아가는 것이 제일이라고 생각합니다.

3) 육식(六識)의 원통

(1) 안식(眼識)으로부터 원통을 얻다

■

舍利弗, 卽從座起, 頂禮佛足, 而白佛言. 我曠劫來, 心見淸淨, 如是受生如恒河沙. 世出世間種種變化, 一見則通, 獲無障礙. 我於路中, 逢迦葉波兄弟相逐, 宣說因緣, 悟心無際, 從佛出家, 見覺明圓, 得大無畏, 成阿羅漢, 爲佛長子, 從佛口生, 從法化生. 佛問圓通, 如我所證, 心見發光, 光極知見, 斯爲第一.

■

사리불 존자께서 즉시 자리에서 일어나 부처님께 절하고 말하였다. "저는 아득한 겁 이전부터 저의 마음과 보는 것이 매우 청정하였습니다. 이와 같이 생을 받은 것이 항하사 겁과 같이 장구합니다. 세간법과 출세간법의 모든 변화에 대하여 저는 한 번 보면 즉시 통달하였으며, 따라서 장애 없음을 얻게 되었습니다. 저는 길에서 가섭 형제를 만나 함께 동행을 하는데, 그들은 길을 가면서 인연법을 말하였습니다. 저는 인연법을 한 번 듣고 이 마음이 끝이 없음을 깨달았습니다. 그리하여 부처님을 따라 출가하였으며, 저의 보는 견과 깨달음의 본체는 밝고 원만하였으며, 곧 큰 무외(두려움 없음)를 얻고 아라한을 이루었습니다. 저는 부처님의 장자가 되었으며, 마치 부처님의 입에서 태어나고 법으로부터 화생하여 나온 것과 같습니다. 부처님께서 '어떤 방편법문으로 원통을 얻었는가'를 물으시니, 제가 증득한 것과 같이 이 마음의 보는 것이 광명을 발하여 극에 이르면 지견이 공하게 되는 이 법문이 제일이라고 생각합니다."

我曠劫來, 心見淸淨 저는 아득한 겁 이전부터 저의 마음과 보는 것이 매우 청정하였습니다.

我於路中, 逢迦葉波兄弟相逐, 宣說因緣, 悟心無際 저는 길에서 가섭 형제를 만나 함께 동행을 하는데, 그들은 길을 가면서 인연법을 말하였습니다. 저는 인연법을 한 번 듣고 이 마음이 끝이 없음을 깨달았습니다.

從佛出家, 見覺明圓, 得大無畏, 成阿羅漢 그리하여 부처님을 따라 출가하였으며, 저의 보는 견과 깨달음의 본체는 밝고 원만하였으며, 곧 큰 무외(두려움 없음)를 얻고 아라한을 이루었습니다.

爲佛長子, 從佛口生, 從法化生 저는 부처님의 장자가 되었으며, 마치 부처님의 입에서 태어나고 법으로부터 화생하여 나온 것과 같습니다.

心見發光, 光極知見, 斯爲第一 이 마음의 보는 것이 광명을 발하여 극에 이르면 지견이 공하게 되는 이 법문이 제일이라고 생각합니다.

(2) 이식(耳識)으로부터 원통을 얻다

■

普賢菩薩, 卽從座起, 頂禮佛足, 而白佛言. 我已曾與恒沙如來爲法王子. 十方如來敎其弟子菩薩根者, 修普賢行, 從我立名. 世尊! 我用心聞, 分別衆生, 所有知見. 若於他方恒沙界外, 有一衆生, 心中發明普賢行者, 我於爾時, 乘六牙象, 分身百千, 皆至其處. 縱彼障深, 未合見我, 我與其人暗中摩頂, 擁護安慰, 令其成就. 佛問圓通, 我說本因, 心聞發明, 分別自在, 斯爲第一.

■

보현보살께서 즉시 자리에서 일어나 부처님께 절하고 말하였다. "저는 과거에 이미 항하사 수처럼 많은 부처님의 법왕자가 되었으며, 시방의 여래께서 그의 모든 제자들을 가르칠 때 만약 보살의 근기가 있는 제자에게는 보현의 십대원왕을 닦게 하시는데, 이것이 저의 이름으로 성립된 것입니다. 세존이시여! 저는 귀로 듣지 않고 마음으로 들어 중생의 마음과 모든 지견을 분별합니다. 이 세계뿐 아니라 타방의 항하사 세계 밖의 세계에서 마음으로 보현행을 발심하는 어떤 중생이 있으면, 저는 이때 여섯 상아의 흰 코끼리를 타고 백천만억의 분신으로 모두 그곳에 이르러 설령 그 중생이 업장이 매우 깊어 저를 보지 못하더라도, 저는 그 사람을 보이지 않는 가운데서 마정(정수리를 만짐)을 하며 보호하고 안위하여 그로 하여금 성취하게 합니다. 부처님께서 원통을 물으시니, 저의 본래의 인지(因地)의 수행관계로 말하자면, 마음으로 들어 밝게 발하게 되면(즉 깨닫게 되면), 진심의 분별이 자재하게 되는데,

저는 이 법문이 제일이라고 생각합니다."

■

普賢菩薩 보현보살의 행은 가장 크며, 그분은 열 가지의 큰 원왕[十大願王]을 가지고 있다. 이 십대원왕을 아침 · 저녁 예불시 독송한다. ① 예경제불(禮敬諸佛) ② 칭찬여래(稱讚如來) ③ 광수공양(廣修供養) ④ 참회업장(懺悔業障) ⑤ 수희공덕(隨喜功德) ⑥ 청전법륜(請轉法輪) ⑦ 청불주세(請佛住世) ⑧ 상수불학(常隨佛學) ⑨ 항순중생(恒順衆生) ⑩ 보개회향(普皆廻向). 이 열 가지를 보현행의 십대원왕이라고 한다.

『화엄경(華嚴經)』에 「보현행원품」이 있으며, 그분의 이러한 원력은 특별히 크며, 행력도 특별히 크다. 따라서 중생과 인연이 매우 많다. 그분은 이빨이 여섯 개인 흰 코끼리를 탄다. 흰색은 결백한 유일의 불승(佛乘)을 표시하고 여섯 상아는 보살의 육바라밀을 나타낸다.

十方如來教其弟子菩薩根者, 修普賢行, 從我立名 시방의 여래께서 그의 모든 제자들을 가르칠 때 만약 보살의 근기가 있는 제자에게는 보현의 십대원왕을 닦게 하시는데, 이것이 저의 이름으로 성립된 것입니다.

我用心聞, 分別衆生, 所有知見 저는 귀로 듣지 않고 마음으로 들어 중생의 마음과 모든 지견을 분별합니다. 즉 진심으로 중생의 모든 근성과 마음속에서 생각하는 것이 무엇인지를 분별한다는 것이다.

若於他方恒沙界外, 有一衆生, 心中發明普賢行者 이 세계뿐 아니라 타방의 항하사 세계 밖의 세계에서 마음으로 보현행을 발심하는 하나의 중생이 있으면,

縱彼障深, 未合見我, 我與其人暗中摩頂, 擁護安慰, 令其成就 설령 그 중생이 업장이 매우 깊어 저를 보지 못하더라도, 저는 그 사람을 보이지 않는 가운데서 마정(정수리를 만짐)을 하며 보호하고 안위하여 그로 하여금 성취하게 합니다.

우리들 수행하는 사람은 어떤 때는 머리 위에 마치 벌레가 기어가는 것 같은 감각을 느낄 때가 있다. 혹은 얼굴 위에 벌레가 기어가는 것 같기도 하다. 이럴 때는 손으로 잡으려고 하지 말 것을 권한다. 무엇 때문인가? 이것은 마치 불보살께서 오셔서 우리들에게 마정(摩頂)을 해 주는 것이다. 당신이 세밀한 마음이 되면 이러한 느낌을 알 수 있다. 당신이 한 번 만지면 근본적으로 아무것도 없다. 이때는 바로 보살께서 오셔서 우리에게 가지(加持, 가피)를 내려주시는 것이다. 따라서 당신은 손으로 그것을 잡으려고 하지 않아야 한다. 여러분들 각자가 만약 조그만 성심이 있으면 모두 이러한 감각이 있게 될 것이다. 이것이 암중마정(暗中摩頂)이다.

我說本因, 心聞發明, 分別自在, 斯爲第一 저의 본래의 인지의 수행관계로 말하자면, 마음으로 들어 밝게 발하게 되면(즉 깨닫게 되면), 진심의 분별이 자재하게 되는데, 저는 이 법문이 제일이라고 생각합니다.

(3) 비식(鼻識)으로부터 원통을 얻다

孫陀羅難陀, 卽從座起, 頂禮佛足, 而白佛言. 我初出家, 從佛入道, 雖具戒律, 於三摩提, 心常散動, 未獲無漏. 世尊敎我, 及俱絺羅, 觀鼻端白. 我初諦觀, 經三七日, 見鼻中氣, 出入如煙. 身心內明, 圓洞世界, 遍成虛淨, 猶如瑠璃. 煙相漸銷, 鼻息成白. 心開漏盡, 諸出入息化爲光明, 照十方界, 得阿羅漢, 世尊記我, 當得菩提. 佛問圓通, 我以銷息, 息久發明, 明圓滅漏, 斯爲第一.

손타라난타는 즉시 자리에서 일어나 부처님께 절하고 말하였다. "저는 처음에 출가하여 부처님을 따라 수행하였는데, 비록 저는 계율을 잘 지켰으나, 선정을 수행하는 데 있어 마음이 항상 산란하고 요동하여 무루를 얻지 못했습니다. 그래서 세존께서는 저와 구치라에게 코끝의 흰점을 관하게 하였습니다. 저는 처음으로 깊이 관하기를 21일이 경과하자, 코 가운데서 나오는 호흡의 기가 마치 연기와 같음을 보았습니다. 이때 몸과 마음이 안으로 광명이 있어 밝아지면서 모든 세계의 일을 다 통찰하게 되었으며, 저의 신심이 허공의 청정한 본체를 이루어 저의 몸과 이 세계가 마치 유리와 같이 분명하게 보였으며 연기의 모습이 점차 사라지고 흰색으로 변했습니다. 이때 마음이 활연히 열려 모든 누(漏)가 다하였으며, 출입하는 호흡이 광명으로 변하여 시방의 세계를 비췄으며, 저는 곧 아라한과를 증득하였습니다. 세존께서는 저에게 장래에 부처를 이룰 것이라고 수기를 주셨습니다. 세존께서 원통을 물으시니, 저는 호흡이 사라지고 오래되자 출입하는 호흡이 지혜의 광명을 발하여, 광명이 시방을 원만히 비추고 새는 것[漏]도 다 소멸되는 이 법문이 제일이라고 생각합니다.”

■

孫陀羅難陀 손타라난타는 부처님의 친동생이다. 손타라는 난타의 부인의 이름이다. 난타라는 이름이 많기 때문에 손타라를 붙여서 구별하는 것이다. 손타라난타를 번역하면 염희(艶喜)라고 한다.

雖具戒律, 於三摩提, 心常散動, 未獲無漏 비록 저는 계율을 잘 지켰으나, 선정을 수행하는 데 있어 마음이 항상 산란하고 요동하여 무루를 얻지 못했습니다.

我初諦觀, 經三七日, 見鼻中氣, 出入如煙 저는 처음으로 깊이 관하기를 21일이 경과하자, 코 가운데서 나오는 호흡의 기가 마치 연기와 같음을 보았습니다.

身心內明, 圓洞世界, 遍成虛淨, 猶如瑠璃 이때 몸과 마음이 안으로 광명이 있어 밝아지면서 모든 세계의 일을 다 통찰하게 되었으며, 저의 신심이 허공의 청정한 본체를 이루어 저의 몸과 이 세계가 마치 유리와 같이 분명하게 보였습니다.

烟相漸銷, 鼻息成白 이 코의 출입하는 기가 본래는 연기로 변했는데, 연기의 모습이 점차 사라지고 흰색으로 변했습니다.

心開漏盡, 諸出入息化爲光明, 照十方界, 得阿羅漢 이 때 마음이 활연히 열려 모든 누(漏)가 다하였으며, 출입하는 호흡이 광명으로 변하여 시방의 세계를 비췄으며, 저는 곧 아라한과를 증득하였습니다.

世尊記我, 當得菩提 세존께서는 저에게 장래에 부처를 이룰 것이라고 수기를 주셨습니다. 당득보리(當得菩提)란 성불하는 것을 뜻한다.

我以銷息, 息久發明, 明圓滅漏, 斯爲第一 저는 호흡이 사라지고 오래되자 출입하는 호흡이 지혜의 광명을 발하여, 광명이 시방을 원만히 비추고 새는 것[漏]도 다 소멸되는 이 법문이 제일이라고 생각합니다.

(4) 설식(舌識)으로부터 원통을 얻다

富樓那彌多羅尼子, 卽從座起, 頂禮佛足, 而白佛言. 我曠劫來, 辯才無礙. 宣說苦空, 深達實相. 如是乃至恒沙如來祕密法門. 我於衆中微妙開示, 得無所畏. 世尊知我有大辯才, 以音聲輪, 敎我發揚. 我於佛前, 助佛轉輪, 因師子吼, 成阿羅漢. 世尊印我, 說法無上. 佛問圓通, 我以法音, 降伏魔怨, 銷滅諸漏, 斯爲第一.

부루나 존자께서 즉시 자리에서 일어나 부처님께 절하고 말하였다. "저는 아득한 겁 이전부터 변재가 막힘이 없어 고와 공을 선설하고 실상을 깊이 통달하였습니다. 이와 같이 내지 항하사같이 많은 여래의 비밀한 법문에 이르기까지 저는 대중 가운데서 미묘하게 법문하여 두려움 없음을 얻게 되었습니다. 세존께서는 저에게 큰 변재가 있음을 아시고 저에게 음성륜으로써 불법을 널리 펴게 하셨습니다. 저는 부처님 앞에서 부처님을 도와 법륜을 굴리고 부처님을 대신하여 법을 설하였으며, 저의 음성은 마치 사자후와 같아서 일체의 천마외도들이 이 소리를 듣고 모두 항복하였으며, 저는 아라한과를 이루었습니다. 세존께서는 저를 설법제일이라고 인증하였습니다. 부처님께서 원통을 물으시니, 저는 설법하는 음성으로 천마를 항복받고 모든 원적(怨賊)을 제압하여 모든 누를 소멸하는 이것이 제일이라고 생각합니다."

富樓那彌多羅尼子 일반적으로 부루나 존자라고 부른다.

如是乃至恒沙如來祕密法門. 我於衆中微妙開示, 得無所畏 이와 같이 내지 항하사같이 많은 여래의 비밀한 법문에 이르기까지 저는 대중 가운데서 미묘하게 법문하여 두려움 없음을 얻게 되었습니다.

부루나 존자는 그의 설식으로 도를 이룬 것이다. 이것은 설법으로부터 도를 이룬 것이다. 설법도 깨달을 수 있으며, 과를 증득할 수 있다. 따라서 불법 안에는 단지 당신이 하나의 문으로 깊이 들어가 수행하기만 하면, 방법이 있게 되는 것이다. 어지럽게 수행하지 않아야 한다. 오늘은 이 법을 닦고 내일은 저 법을 닦고 모레는 또 다른 것으로 바꾸면 시간을 헛되이 보내는 것이다. 그러면 무슨 법이든지 성취할 수 없게 된다.

以音聲輪, 教我發揚 부루나 존자는 설법하는 음성이 매우 우렁차 몇 천 명, 몇 만 명도 들을 수 있었다. 그래서 부처님께서는 그에게 음성륜으로써 불법을 널리 펴게 하신 것이다.

我於佛前, 助佛轉輪, 因師子吼, 成阿羅漢 저는 부처님 앞에서 부처님을 도와 법륜을 굴리고 부처님을 대신하여 법을 설하였으며, 저의 음성은 마치 사자후와 같아서 일체의 천마외도들이 이 소리를 듣고 모두 항복하였으며, 따라서 저는 아라한과를 이루었습니다.

我以法音, 降伏魔怨, 銷滅諸漏, 斯爲第一 저는 설법하는 음성으로 천마를 항복받고 모든 원적(怨賊)을 제압하여 모든 누를 소멸하는 이것이 제일이라고 생각합니다. 마원(魔怨)이란 오욕의 마를 말하며 오욕이란 무엇인가? 재물·색·명예·먹는 것[食]·잠을 말한다. 이 오욕은 사람의 원수이고 마이다. 소위 천마외도라고 하는데, 오욕이 바로 사람의 원적이며, 사람의 보배를 훔쳐간다.

(5) 신식(身識)으로부터 원통을 얻다

■

優波離, 卽從座起, 頂禮佛足, 而白佛言. 我親隨佛踰城出家, 親觀如來六年勤苦, 親見如來降伏諸魔, 制諸外道, 解脫世間貪欲諸漏. 承佛敎戒, 如是乃至三千威儀, 八萬微細, 性業遮業, 悉皆淸淨, 身心寂滅, 成阿羅漢. 我是如來衆中綱紀. 親印我心, 持戒修身, 衆推無上. 佛問圓通, 我以執身, 身得自在, 次第執心, 心得通達, 然後身心一切通利, 斯爲第一.

■

우바리 존자께서 즉시 자리에서 일어나 부처님께 절하고 말하였다. "저는 몸소 부처님을 따라 성을 넘어 출가하였으며, 친히 여래께서 6년간 고행하시는 것을 보았으며, 여래께서 모든 마를 항복하고 외도를 제지하시는 것을 친히 보았습니다. 부처님께서는 세간의 탐욕과 모든 누에서 해탈하셨으며, 저는 부처님께서 계율을 가르치시는 것에 힘입어 이와 같이 삼천의 위의와 팔만의 세세한 행에 이르기까지 엄정하게 준수하여, 성업과 차업이 모두 청정하게 되어 몸과 마음이 적멸하여 아라한과를 이루었습니다. 저는 대중 가운데서 기율을 관장하는 사람으로서 부처님께서 친히 지계하고 몸을 닦는 데 있어서 대중 가운데 제일이라고 인증하셨습니다. 부처님께서 원통을 물으시니, 저는 몸으로 계율을 집지하여 몸이 자재함을 얻고, 다음으로 마음으로 계를 집지하여 마음이 통달되었으며, 그런 연후에 몸과 마음이 모두 매우 자재하고 즐거우니, 이것이 제일이라고 생각합니다."

優波離 우바리 존자는 지계제일이라고 한다. 우바리를 번역하면 상수(上首)이다. 그의 원래 이름은 차익(車匿)이다. 석가모니 부처님과 함께 궁으로부터 나와 설산까지 갔다. 그래서 부처님의 일생의 일에 대하여 가장 분명하게 알고 있다. 그는 부처님을 따라 가장 오래 지낸 사람으로서 다섯 비구가 모두 부처님 곁을 떠나간 후에는 그는 떠나지 않고 함께 부처님을 모셨다.

性業遮業 성업이란 계의 대상은 바로 죄악으로서 그것을 제지하지 않으면, 즉 한 번 범하면 업을 이루는 것이다. 그래서 살생·도둑질·음란함·거짓말의 이 네 가지 근본계는 당신이 수계의 여부에 관계없이 범하면 모두 계를 범한 것에 속한다. 이것을 성계(性戒)라고 한다. 이 네 가지의 계를 범하면 참회가 통하지 않는다. 그러나 말은 이렇게 하지만 당신이 진정으로 앞의 잘못을 통절히 바꾸고 참회하는 마음을 내면, 또한 참회할 수 있는 것이다. 따라서 성계는 성품의 업이 지은 죄를 대상으로 한 것이다.

어떠한 것이 차업(遮業)인가? 본래 당신은 죄를 저지르지 않을 것인데, 다른 물건을 사용하면 그것이 범죄로 인도하는 것을 말한다. 예를 들면 술을 마셔서 살생을 하게 되거나 거짓말을 하게 되는 것을 말한다. 술을 마셨기 때문에 다른 많은 계를 범하게 되는 것이다. 따라서 부처님께서는 우리들로 하여금 술을 마시지 말라고 하신 것이다. 술을 마시는 것을 차업이라고 한다. 오신채를 먹는 것도 차업이며, 땅을 개간하는 것도 차업이다. 계를 받은 사람은 땅을 개간하여 식물을 심을 수 없다. 왜 그런가 하면, 나무를 심고 개간을 하면 많은 중생을 죽일 수 있기 때문이다. 따라서 이러한 것이 차계이다.

　　然後身心一切通利, 斯爲第一　그런 연후에 몸과 마음이 모두 매우 자재하고 즐거우니, 이것이 제일이라고 생각합니다. 통리(通利)란 매우 자재하고 즐거운 것을 뜻한다.

　　(6) 의식(意識)으로부터 원통을 얻다

■

大目犍連, 卽從座起, 頂禮佛足, 而白佛言. 我初於路乞食, 逢遇優樓頻螺, 伽耶, 那提三迦葉波, 宣說如來因緣深義. 我頓發心, 得大通達. 如來惠我袈裟著身, 鬚髮自落. 我遊十方, 得無罣礙, 神通發明, 推爲無上, 成阿羅漢. 寧唯世尊, 十方如來歎我神力, 圓明淸淨, 自在無畏. 佛問圓通, 我以旋湛, 心光發宣, 如澄濁流, 久成淸瑩, 斯爲第一.

■

대목건련 존자께서 즉시 자리에서 일어나 부처님께 절하고 말하였다. "저는 처음에 길에서 걸식하면서 우루빈라, 가야, 나제 등 세 분의 가섭 형제를 만났으며, 그들은 여래의 인연법의 깊은 도리를 선설하였습니다. 저는 이러한 도리를 듣고 즉시 발심하여 깨달아 큰 통달을 얻게 되었습니다. 여래께서 저에게 부처님의 신력으로 가사가 몸에 입혀지고 수염과 머리카락이 저절로 떨어지게 하신 혜택을 입었으며, 저는 신통을 얻어 시방세계를 가는 데 걸림이 없게 되었습니다. 이러한 신통으로부터 밝게 되어 신통제일로 부르게 되었으며, 아라한과를 이루었습니다. 어찌 오직 세존께서만 저의 신통을 찬탄하였겠습니까? 시방의 여래께서도 저의 신통의 묘용을 찬탄하였습니다. 저는 원만하고 밝은 청정함을 얻어 자재하고 두려움이 없게 되었으며, 부처님께서 원통을 물으시니, 저는 맑고 청정한 여래장성으로 되돌아가니 마음의 광명이 발하게 되었으며, 마치 맑고 탁한 물과 같이, 맑음이 오래되자 자연히 청정하고 교결(皎潔)한 광명을 이루게 되는 이것을 제일이라고 생각합니다."

宣說如來因緣深義 그들은 여래의 인연법의 깊은 도리를 선설하였다. 인연심의(因緣深義)란 보살을 가르치는 법이다. 만약 나한을 가르치는 소승법이면 얕은 도리[淺義]라고 할 것이다.

如來惠我袈裟著身, 鬚髮自落 여래께서 저에게 부처님의 신력으로 가사가 몸에 입혀지고 수염과 머리카락이 저절로 떨어지게 하신 혜택을 입었으며,

我以旋湛, 心光發宣, 如澄濁流, 久成淸瑩 저는 맑고 청정한 여래장성으로 되돌아가니 마음의 광명이 발하게 되었으며, 마치 맑고 탁한 물과 같이, 맑음이 오래되자 자연히 청정하고 교결(皎潔)한 광명을 이루게 되었다. 선담(旋湛)이란 여래장성으로 되돌아가는 것을 말한다.

4) 칠대(七大)의 원통

(1) 화대(火大)로부터 원통을 얻다

■

烏芻瑟摩, 於如來前, 合掌頂禮佛之雙足, 而白佛言. 我常先憶, 久遠劫前, 性多貪欲. 有佛出世, 名曰空王. 說多婬人, 成猛火聚. 教我遍觀, 百骸四肢, 諸冷煖氣, 神光內凝, 化多婬心成智慧火. 從是諸佛皆呼召我, 名爲火頭. 我以火光三昧力故, 成阿羅漢. 心發大願, 諸佛成道, 我爲力士, 親伏魔怨. 佛問圓通, 我以諦觀身心煖觸, 無礙流通, 諸漏旣銷, 生大寶焰, 登無上覺, 斯爲第一.

■

오추슬마(금강력사)는 여래 앞에서 부처님께 합장하고 절을 한 후 부처님께 말하였다. "저는 항상 이전의 일을 기억합니다. 아주 오랜 구원 겁 전에 저는 음욕심이 매우 중하였습니다. 당시 부처님께서 출세하시어 명호를 공왕이라 하였습니다. 공왕 부처님께서는 음욕심이 많은 사람은 지옥에 떨어져 맹렬한 불에 태워진다고 말씀하셨습니다. 따라서 부처님께서는 저에게 몸의 모든 골절과 사지의 모든 따뜻한 감촉의 기운을 두루 관하게 하였습니다. 오랫동안 관하게 되자, 안으로 신령스런 광명이 뭉쳐 나왔으며, 음욕심이 많은 마음이 변화되어 지혜의 불로 변하였습니다. 이것으로부터 모든 부처님께서는 저를 화두금강(火頭金剛)이라고 부르게 되었습니다. 저는 화광삼매의 힘으로 아라한과를 이루었으며, 마음으로 큰 원을 발하여 모든 부처님께서 도를 이루면 저는 금강력사가 되어 친히 마와 원적을 항복시키겠다고 발원하였습니다. 부처님께서 각자의 원통을 물으시니, 저는 몸과 마음의 따뜻한 촉감을 관하여 이러한 따뜻한 촉감이 지혜의 불로 변하여 자성 속에서 막힘이 없이 흘러 통하게 되자, 모든 누가 소멸되고 큰 보배의 불꽃이 일어나 무상의 깨달음을 얻게 되는 이것을 제일로 생각합니다."

■

이 문단에서 '제랭난기(諸冷煖氣)'는 아마도 글자가 틀린 것 같다. 마땅히 '제난촉기(諸煖觸氣)'가 되어야 옳을 것이다. 여기서는 난촉(煖觸)을 닦는 것이다.

烏芻瑟摩 이분은 금강력사이며 이『능엄경』의 금강밀적을 가리킨다. 과거 무량겁 이전에 한 분의 전륜성왕이 있었는데, 그는 첫 번째 부인에게서 일천 명의 아들을 두었다. 그는 전륜성왕으로서 불법을 이해하여 그의 일천 명의 아들로 하여금 추첨을 하게 하여 그 순서대로 발원하여 성불하게 하였다. 우리의 지금을 현겁(賢劫)이라고 하는데, 성현이 출현하는 시기로서 현겁에 일천 분의 부처님께서 출현하실 것이다. 구류손불이 처음이고 석가모니불이 네 번째이다. 그 전륜성왕의 다른 부인에게서 두 명의 아들이 있었는데, 큰 아들은 일천 명의 형들이 성불할 때 공양하기를 발원하였고, 두 번째 아들은 각각의 형들이 성불할 때 부처님을 보호하는 금강력사가 되기를 발원하였다.

따라서 경문의 이곳에서는 '즉종좌기'라는 구절이 없는데, 그것은 금강력사는 호법신으로서 부처님 앞에 앉을 수 없고 모두 서 있다. 모든 신(神)은 부처님 앞에서는 단지 설 수 있으며 앉을 위치가 없으며 앉을 장소가 없다. 귀신[鬼]은 부처를 보면 서 있을 수 없고 꿇어앉아야 한다. 따라서 귀신이 법을 들을 때는 모두 꿇어서 들어야 한다. 우리는 지금 이곳에서 경을 강의하는데, 일부의 귀신들이 이곳에서 꿇어앉아 듣고 있다. 이것은 내가 이야기하는 것이 아니라 과 아무개[果某]가 하는 말이다. 여러분들은 보이지 않지만 지금 과 아무개한테 물어보면 일러 줄 것이다. 신은 부처님 앞에서 앉을 수 없기 때문에 여기서는 '즉종좌기'라는 말이 없고 단지 '어여래전(於如來前)'이라는 말이 있다.

我常先憶, 久遠劫前, 性多貪欲 저는 항상 이전의 일을 기억합니다. 아주 오랜 구원 겁 전에 저는 음욕심이 매우 중하였습니다. 여기서의 탐욕은 음욕심을 말한다.

說多婬人, 成猛火聚 공왕 부처님께서 음욕심이 많은 사람은 지옥에 떨어져 맹렬한 불에 태워진다고 말씀하였습니다.

敎我遍觀, 百骸四肢, 諸冷煖氣 따라서 부처님께서는 저에게 몸의 모든 골절과 사지의 모든 따뜻한 감촉의 기운을 두루 관하게 하였습니다. 여기서 '제랭난기(諸冷煖氣)'는 마땅히 '제난촉기(諸煖觸氣)'가 되어야 옳다. 왜 사람에게 음욕심이 많은가? 바로 욕망의 불이 몸속에 있기 때문이다. 공왕불께서는 그로 하여금 회광반조하여 자기 몸속에 있는 음욕의 불을 관하게 하였다.

神光內凝, 化多婬心成智慧火 그것을 오랫동안 관하자 음욕을 싫어하는 마음이 나오고 두려운 마음이 나왔다. 따라서 곧 음욕심이 없어졌으며, 음욕심이 없어져 오래 지나자 안으로 신령스런 광명이 뭉쳐 나왔으며, 음욕심이 많은 마음이 변화되어 지혜의 불로 변하였다.

從是諸佛皆呼召我, 名爲火頭 이것으로부터 모든 부처님께서는 저를 화두(火頭)라고 부르게 되었다. 바로 '화두금강'이라는 이름이 나온 내력이다.

心發大願, 諸佛成道, 我爲力士, 親伏魔怨 저는 마음으로 큰 원을 발하여 모든 부처님께서 도를 이루면 저는 금강력사가 되어 친히 마와 원적을 항복시키겠다고 하였습니다.

我以諦觀身心煖觸, 無礙流通 저는 몸과 마음의 따뜻한 촉감을 관하여 이러한 따뜻한 촉감이 지혜의 불로 변하여 자성 속에서 막힘이 없이 흘러 통하게 되었다.

(2) 지대(地大)로부터 원통을 얻다

持地菩薩, 卽從座起, 頂禮佛足, 而白佛言. 我念往昔, 普光如來出現於世. 我爲比丘, 常於一切要路津口, 田地險隘, 有不如法, 妨損車馬, 我皆平塡. 或作橋梁, 或負沙土. 如是勤苦, 經無量佛出現於世. 或有衆生於闤闠處, 要人擎物, 我先爲擎, 至其所詣, 放物卽行, 不取其直.

毘舍浮佛現在世時, 世多饑荒. 我爲負人, 無問遠近, 唯取一錢. 或有車牛, 被於陷溺, 我有神力, 爲其推輪, 拔其苦惱. 時國大王筵佛設齋, 我於爾時平地待佛, 毘舍如來摩頂謂我, 當平心地, 則世界地一切皆平. 我卽心開, 見身微塵, 與造世界所有微塵等無差別. 微塵自性, 不相觸摩. 乃至刀兵亦無所觸. 我於法性, 悟無生忍, 成阿羅漢. 回心今入菩薩位中. 聞諸如來宣妙蓮華, 佛知見地, 我先證明, 而爲上首. 佛問圓通, 我以諦觀身界二塵, 等無差別, 本如來藏, 虛妄發塵, 塵銷智圓, 成無上道, 斯爲第一.

지지보살께서 즉시 자리에서 일어나 부처님께 절을 하고 말하였다. "저는 이전의 일을 생각하건대, 보광여래께서 세상에 출현하였을 때 저는 비구가 되어 항상 모든 중요한 도로나 작은 하구에서 사람들이 지나갈 방법이 없으면 그것을 보수하여 사람들이 쉽게 지나갈 수 있도록 하고, 땅이 아주 좁아 걸어갈 때 가기 힘든 매우 위험한 곳과 수레가 지나가기 힘든 곳을 저는 모두 평탄하게 하였습니다. 혹은 교량을 만들고, 혹은 흙을 짊어져서 구덩이를 메웠습니다. 이와 같이 부지런하고 고생스럽게 이런 일을 하기를 무량의 부처님이 세상에 출현하실 정도의 장구한 세월 동안 하였습니다. 혹은 중생이 성문에서 장사를 하면서 물건을 짊어져야 할 경우 저는 먼저 그를 도와 물건을 짊어지고 그의 목적지까지 옮겨 주며, 물건을 놓고 갈 때도 대가를 구하지 않았습니다. 비사부불께서 세상에 출현하셨을 때 세상에 기황이 들어 먹을 것이 없었는데, 저는 사람들이 배가 고파 걸을 수 없으면 사람을 업고 갔으며, 멀고 가까운 것을 묻지 않고 단지 한 푼의 돈을 취하였습니다. 혹은 수레가 진흙탕에 빠지면 저는 신력이 있어 수레를 밀어 그들의 괴로움을 뽑아주었으며, 그 당시 대왕이 부처님을 청하여 공양을 올리는데, 저는 이때 부처님께서 지나가실 길을 평탄하게 하고 부처님을 기다렸습니다. 비사부불께서는 저의 정수리를 만지시며 말씀하시기를 '마땅히 마음의 땅을 평탄하게 하면 세계의 땅이 모두 평탄하게 된다'고 하셨습니다. 저는 즉시 마음이 열려 자기의 몸이 마치 미진과 같았으며, 몸의 미진과 세계의 모든 미진이 차별 없음을 깨달았으며, 미진과 미진의 자성은 서로 마찰하지 않고 충돌하지 않으며, 내지 병사의 칼이 부딪혀도 저의 몸을 상해할 수 없었습니다. 저는 이러한 법성 안에서 무생법인을 깨달아 아라한을 이루었으며, 소승의 마음을 돌려 지금 보살의 과위로 들어갔습니다. 저는 지금 모든 부처님께서 능엄대정의 묘한 법을 말씀하시는 것을 듣고 부처님의 지견의 도리를 제가 먼저 증명하며, 저는 상수가 되었습니다. 부처님께서 원통을 얻은 도리를 물으시니, 저는 몸과 세계의 두 가지의 미진을 깊이 관찰해 보니, 아무런 차별이 없으며, 그것은 본래 모두 여래장성이며, 허망함 속에서 먼지의 모습이 나온 것이며, 먼지의 경계가 소멸되면 지혜가 원만하게 되어 무상의 도를 이루게 됩니다. 저는 이런 법문이 제일이라고 생각합니다."

常於一切要路津口, 田地險隘, 有不如法, 妨損車馬, 我皆平塡 항상 모든 중요한 도로나 작은 하구에서 사람들이 지나갈 방법이 없으면 그것을 보수하여 사람들이 쉽게 지나갈 수 있도록 하고, 땅이 아주 좁아 걸어갈 때 매우 위험한 곳과 수레가 지나가기 힘든 곳을 저는 모두 평탄하게 한다는 뜻이다. 요로(要路)는 중요한 길을 말하며, 진구(津口)는 강의 나루터를 말한다. 험애(險隘)는 매우 위험하다는 뜻이며, 불여법(不如法)은 걸어가기가 쉽지 않음을 뜻한다. 높은 곳은 깎아내고 낮은 곳은 메워 길을 평탄하게 만드는 것이다.

或有衆生於闠闠處, 要人擎物, 我先爲擎, 至其所詣, 放物卽行, 不取其直 환궤(闠闠)란 성벽과 성문이 있는 곳을 말한다. 혹은 중생이 성문에서 장사를 하면서 물건을 짊어져야 할 경우 저는 먼저 그를 도와 물건을 짊어지고 그의 목적지까지 옮겨 주며, 물건을 놓고 갈 때도 대가를 구하지 않았다. 불치기직(不取其直)이란 돈을 요구하지 않는다는 뜻이다. 지지보살은 이러한 고행을 행하였다.

我爲負人, 無問遠近, 唯取一錢 저는 사람들이 배가 고파 걸을 수 없으면 사람을 업고 가며, 멀고 가까운 것을 묻지 않고 단지 한 푼의 돈을 취하였다.

毘舍如來摩頂謂我, 當平心地, 則世界地一切皆平 비사부불께서는 저의 정수리를 만지시며 말씀하시기를 '마땅히 마음의 땅을 평탄하게 하면 세계의 땅이 모두 평탄하게 된다'고 하셨습니다.

지지보살은 이전에 이렇게 긴 세월 동안 땅을 평탄하게 하였으며, 그의 몸의 땅도 평탄하게 하였으나, 성품의 땅[性地]은 평탄하게 하지 못하였다. 따라서 비사부불께서는 그에게 자기의 마음의 땅을 평탄하게 하면 일체의 땅이 평탄하게 된다고 하신 것이다. 심지(心地)란 성품의 땅을 뜻한다.

微塵自性, 不相觸摩 이 미진과 미진의 자성은 서로 마찰하지 않고 충돌하지 않는다.

乃至刀兵亦無所觸 내지 병사의 칼이 서로 부딪혀도 저의 몸을 상해할 수 없었다. 왜 그런가? 나의 몸과 허공이 하나로 합해졌기 때문이다. 아상이 없었다.

聞諸如來宣妙蓮華, 佛知見地, 我先證明, 而爲上首 저는 지금 모든 부처님께서 능엄대정의 묘한 법을 말씀하시는 것을 듣고 부처님의 지견의 도리를 제가 먼저 증명하며, 저는 상수가 되었습니다.

我以諦觀身界二塵, 等無差別, 本如來藏, 虛妄發塵, 塵銷智圓, 成無上道, 斯爲第一 저는 몸과 세계의 두 가지의 미진을 깊이 관찰해 보니, 아무런 차별이 없으며, 그것은 본래 모두 여래장성이며, 허망함 속에서 먼지의 모습이 나온 것이며, 먼지의 경계가 소멸되면 지혜가 원만하게 되어 무상의 도를 이루게 됩니다. 저는 이런 법문이 제일이라고 생각합니다.

(3) 수대(水大)로부터 원통을 얻다

月光童子, 卽從座起, 頂禮佛足, 而白佛言. 我憶往昔恒河沙劫, 有佛出世, 名爲水天. 敎諸菩薩修習水觀, 入三摩地. 觀於身中, 水性無奪,初從涕唾, 如是窮盡, 津液精血, 大小便利, 身中旋復, 水性一同. 見水身中, 與世界外浮幢王刹, 諸香水海, 等無差別. 我於是時, 初成此觀. 但見其水, 未得無身. 當爲比丘, 室中安禪. 我有弟子, 窺窓觀室, 唯見淸水遍在屋中, 了無所見. 童稚無知, 取一瓦礫投於水內, 激水作聲, 顧盼而去. 我出定後, 頓覺心痛. 如舍利弗遭違害鬼, 我自思惟, 今我已得阿羅漢道, 久離病緣, 云何今日忽生心痛, 將無退失? 爾時童子捷來我前, 說如上事. 我則告言. 汝更見水, 可卽開門, 入此水中, 除去瓦礫 童子奉教, 後入定時, 還復見水, 瓦礫宛然, 開門除出, 我後出定, 身質如初. 逢無量佛, 如是至於山海自在通王如來, 方得亡身. 與十方界諸香水海, 性合眞空, 無二無別. 今於如來得童眞名, 預菩薩會. 佛問圓通, 我以水性一味流通, 得無生忍, 圓滿菩提, 斯爲第一.

월광동자께서 즉시 자리에서 일어나 부처님께 절하고 말하였다. "제가 기억하건대, 항하사 겁 이전에 부처님이 세상에 출현하였는데, 수천불이라고 하였습니다. 수천불께서는 모든 보살들에게 수관을 닦게 하여 삼매에 들어가게 하였으며, 저는 수관을 수습하는 과정에서 우선 자기 몸 가운데의 물을 관하였는데, 물의 성질은 서로 쟁탈함이 없으며, 처음에는 콧물과 침으로부터 관하기 시작하여 이와 같이 유추하여 진·액·정·혈과 내지 대변·소변에 이르기까지 궁구하기를 다하였으며, 이 물은 신체 안에서 순환하며, 이 물의 성질은 모두 같은 것이었습니다. 물이 몸 가운데와 몸 밖의 세계, 내지 모든 제불국토 수미산 바깥의 향수해가 모두 같은 것임을 보았습니다. 저는 이때 처음으로 수관을 성취하여 자기 몸의 모든 물과 바깥의 물이 모두 하나로 합성되는 것은 보았지만, 이 몸은 여전히 있으며 몸이 없어지는 경계를 얻지 못하였습니다. 그 당시 저는 비구가 되어 방 가운데서 좌선을 하며 수관을 닦고 있었는데, 저의 제자가 창문으로 저의 방을 보니 방 안이 전부 맑은 물이며 다른 어떤 것도 없음을 보고, 어린아이로서 아무런 지식이 없어 그는 작은 돌을 주워 창문을 통하여 물속에 던져 넣으니, 물과 부딪치는 소리가 났으며, 그는 좌우를 둘러보면서 가버렸습니다. 저는 선정에서 나온 후 즉시 가슴속이 아픔을 느꼈으며, 마치 사리불 존자가 위해귀신을 만난 것과 같았습니다. 저는 스스로 생각하기를 '나는 지금 이미 아라한도를 얻어 병의 인연을 떠난 지가 오래되었다. 그런데 어찌하여 오늘 갑자기 가슴이 아픈 것이 나아질 기미가 없는가?' 이때 어린 제자는 매우 빨리 내 앞에 와서 조금 전에 자기가 본 일을 말하였습니다. 저는 즉시 제자에게 이르기를 '너는 다시 물을 보면 즉시 문을 열고 물 가운데 들어가 돌멩이를 제거하여라.' 동자는 가르침을 받들어 제가 정에 들어간 후에 다시 물을 보니 돌멩이가 분명하게 있어 문을 열고 들어가 제거하였습니다. 저는 이후 정에서 나오니 몸은 이전과 같고 가슴이 아프지 않았습니다. 저는 이렇게 수관을 수행하기를 무량무변의 수많은 여래를 거칠 정도로 장구한 시간을 수행하였으며, 이와 같이 하여 산해자재통왕여래에 이르러서야 비로소 안과 밖의 물이 하나로 합일되어 몸이 없어지는 경지를 얻었으며, 시방법계의 모든 향수해와 합일되고 진공과 계합되어 차별이 없었습니다. 지금 저는 부처님 앞에서 동진이라는 이름을 얻어 보살의 반열에 참여하게 되었으며, 부처님께서 원통을 물으시니, 저는 물의 성질이 한맛으로 흘러 통하여 무생법인의 원만한 깨달음을 얻는 이것이 제일이라고 생각합니다."

月光童子 그는 동진출가하여 어릴 때 스님이 되었다. 그는 지금 결코 동자가 아니며, 나이 많은 한 분의 보살이다. 하지만 그는 어릴 때 출가하였기 때문에 일반인들은 월광동자라고 부르는 것이다.

觀於身中, 水性無奪 저는 수관을 수습하는 과정에서 우선 자기 몸 가운데의 물을 관하였는데, 물의 성질은 서로 쟁탈함이 없다.

初從涕唾, 如是窮盡, 津液精血, 大小便利 최초에 콧물과 침으로부터 관하기 시작하여 이와 같이 유추하여 진·액·정·혈과 내지 대변·소변에 이르기까지 궁구하기를 다하였다.

身中旋復, 水性一同 신체 안에서 순환하며, 이 물의 성질은 같은 것이다.

見水身中, 與世界外浮幢王刹, 諸香水海, 等無差別 물이 몸 가운데와 몸 밖의 세계, 내지 모든 제불국토 수미산 바깥의 향수해가 모두 같은 것임을 보았다. 부당왕찰(浮幢王刹)이란 제불의 국토를 말한다.

我於是時, 初成此觀. 但見其水, 未得無身 저는 이때 처음으로 수관을 성취하였으나, 자기 몸의 모든 물과 바깥의 물이 모두 하나로 합성되는 것은 보았지만, 이 몸은 여전히 있으며 몸이 없어지는 경계를 얻지 못하였다.

我有弟子, 窺窓觀室, 唯見淸水遍在屋中, 了無所見 저의 제자가 창문으로 저의 방을 보니 방 안이 전부 맑은 물이며 다른 어떤 것도 없음을 보았다.

童稚無知, 取一瓦礫投於水內, 激水作聲, 顧盼而去 어린아이로서 아무런 지식이 없기 때문에 그는 작은 돌을 주워 창문을 통하여 물속에 던져 넣었으니, 물과 부딪치는 소리가 났으며, 그는 좌우를 둘러보면서 가버렸다.

如舍利弗遭違害鬼 사리불 존자가 한번은 좌선을 하는데, 두 귀신이 허공에서 와서 존자를 보고 말하였다. 두 귀신은 하나는 위해귀(違害鬼)라고 부르며, 하나는 박해귀(縛害鬼)라고 부른다. 위해귀가 말하였다.

"이 사문은 여기에서 좌선을 하는데, 내가 그의 머리를 때리려고 하는데, 어떻게 생각해?"

그러나 박해귀가 말하였다.

"사문을 때리면 안 된다. 수도인을 괴롭히면 안 돼. 수도인을 괴롭히면 지옥에 떨어져!"

그렇게 말하고 박해귀는 가버렸다. 그러나 이 위해귀는 박해귀의 충고를 듣지 않고 주먹으로 사리불의 머리를 한 번 때렸다. 사리불이 선정에서 나오자 머리가 아프기 시작했다.

존자는 생각하였다. '나는 이미 아라한과를 증득하여 아무런 병이 없는데, 어째서 머리가 아프지?' 그래서 석가모니 부처님께 물었다.

"부처님, 저는 지금 무슨 영문인지 모르겠습니다. 좌선을 하고 난 후 머리가 아픕니다. 이것은 무슨 도리입니까?"

부처님께서 말씀하셨다.

"원래 너는 위해귀에게 맞아서 그런 것이다. 이 위해귀는 너를 때린 후 이미 죄업을 지어 지금 아비지옥에 떨어졌다. 만약 이 위해귀신은 주먹으로 수미산을 때리면 수미산이 두 개로 쪼개질 정도의 위력을 가지고 있다. 너는 다행히 선정력이 구족하여 이 정도이지만, 만약 선정력이 없었으면 너의 온몸이 부서졌을 것이다."

我自思惟, 今我已得阿羅漢道, 久離病緣 저는 스스로 생각하기를 나는 지금 이미 아라한도를 얻어 병의 인연을 떠난 지가 오래되었다.

云何今日忽生心痛, 將無退失 그런데 어찌하여 오늘 갑자기 가슴이 아픈 것이 나아질 기미가 없는가?

爾時童子捷來我前, 說如上事 이때 어린 제자는 매우 빨리 내 앞에 와서 조금 전에 자기가 본 일을 말하였다.

我後出定, 身質如初 나는 이후 정에서 나오니 이 신체는 이전과 같이 가슴이 아프지 않았다.

逢無量佛, 如是至於山海自在通王如來, 方得亡身 저는 이렇게 수관을 수행하기를 무량무변의 수많은 여래를 거칠 정도로 장구한 시간을 수행하였으며, 이와 같이 하여 산해자재통왕여래에 이르러서야 비로소 안과 밖의 물이 하나로 합일되어 몸이 없어지는 경지를 얻었다. 망신(亡身)은 몸이 없다는 뜻이다.

　　　與十方界諸香水海, 性合眞空, 無二無別　시방법계의 모든 향수해와 합일되고 진공과 계합되어 차별이 없었다. 즉 수관대정이 성취되어 일체의 물과 합해져 하나로 된 것이다.

　　　我以水性一味流通, 得無生忍, 圓滿菩提, 斯爲第一　저는 물의 성질이 한맛으로 흘러 통하여 무생법인을 깨달아 원만한 깨달음을 얻었다. 이것이 제일이라고 생각한다.

　　(4) 풍대(風大)로부터 원통을 얻다

琉璃光法王子, 卽從座起, 頂禮佛足, 而白佛言. 我憶往昔經恒沙劫, 有佛出世, 名無量聲. 開示菩薩本覺妙明. 觀此世界及衆生身, 皆是妄緣風力所轉. 我於爾時, 觀界安立, 觀世動時, 觀身動止, 觀心動念, 諸動無二, 等無差別. 我時覺了此群動性, 來無所從, 去無所至. 十方微塵, 顚倒衆生, 同一虛妄, 如是乃至三千大千一世界內, 所有衆生, 如一器中, 貯百蚊蚋, 啾啾亂鳴, 於分寸中鼓發狂鬧. 逢佛未幾, 得無生忍. 爾時心開, 乃見東方不動佛國, 爲法王子, 事十方佛. 身心發光, 洞徹無礙. 佛問圓通, 我以觀察風力無依, 悟菩提心, 入三摩地, 合十方佛, 傳一妙心, 斯爲第一.

유리광보살께서 즉시 자리에서 일어나 부처님께 절하고 말하였다. "저는 과거를 생각해 보니 항하사 겁 이전에 부처님께서 세상에 출현 하였는데 무량성불이라고 이름하였습니다. 그 부처님께서는 보살들에게 교화하시기를 본각은 묘명하다고 하셨습니다. 저는 이 세계와 중생의 몸을 관찰해 보니, 모두 허망한 인연으로 이루어진 것이며, 모두 풍력이 움직이는 것이었습니다. 저는 이때 이 계(界)가 어떻게 안립되었는지를 관하고, 이 세(世, 과거·현재·미래)가 움직일 때를 관하고, 몸이 움직이고 그치는 것을 관하고, 마음이 움직이는 것을 관해 보니, 모든 움직임은 둘이 아니고 같으며, 차별이 없었습니다. 저는 이때 이 모든 움직이는 성질이 어디서 오는 바도 없고 어디로 가는 바도 없다는 것을 깨달았습니다. 시방의 미진과 전도된 중생은 모두 허망함이 만들어낸 경계이며, 마치 하나의 그릇 속에 많은 모기나 벌레들을 담아두면, 각각의 모기나 벌레들이 그 안에서 어지럽게 울면서 작은 곳에서 발광하고 시끄럽게 구는 것과 같습니다. 저는 이렇게 관법을 수행하는데, 부처님을 만나 얼마 지나지 않아서 무생법인을 얻었으며, 이때 저는 마음이 열려(깨달아) 동방의 부동불의 불극토를 보고 법왕자가 되었으며, 시방의 모든 부처님을 섬겼습니다. 몸과 마음이 광명을 발하여 안과 밖이 모두 통철하고 아무런 장애가 없습니다. 부처님께서 원통을 물으시니, 저는 풍력이 자체가 없음을 관찰하여 보리심을 깨달아 삼매에 들어갔으며, 시방 부처님의 불법과 합하여 하나의 미묘한 마음을 전수하는 이 법문이 가장 좋다고 생각합니다."

觀此世界及衆生身, 皆是妄緣風力所轉 이 세계와 중생의 몸을 관찰해 보니, 모두 허망한 인연으로 이루어진 것이며, 모두 풍력이 움직이는 것이다.

我於爾時, 觀界安立, 觀世動時, 觀身動止, 觀心動念, 諸動無二, 等無差別 저는 이때 이 계(界)가 어떻게 안립되는지를 관하고, 이 세(世, 과거·현재·미래)가 움직일 때를 관하고, 몸이 움직이고 그치는 것을 관하고, 마음이 움직이는 것을 관해 보니, 모든 움직임은 둘이 아니고 같으며, 차별이 없었다. 즉 모든 세상의 바람은 우리의 한 생각이 만드는 것이며, 한 생각이 움직이면 곧 마음 가운데서 바람이 일어나는 것이다. 우리의 마음속에 바람이 있기 때문에 따라서 외부의 바람도 일어나는 것이다.

我時覺了此群動性, 來無所從, 去無所至 이때 이 모든 움직이는 성질이 어디서 오는 바도 없고 어디로 가는 바도 없다는 것을 깨달았다.

十方微塵, 顚倒衆生, 同一虛妄 시방의 미진과 전도된 중생은 모두 허망함이 만들어낸 경계이다.

如一器中, 貯百蚊蚋, 啾啾亂鳴, 於分寸中鼓發狂鬧 마치 하나의 그릇 속에 많은 모기나 벌레들을 담아두면, 각각의 모기나 벌레들이 그 안에서 어지럽게 울면서 작은 곳에서 발광하고 시끄럽게 구는 것과 같다.

　　逢佛未幾, 得無生忍. 저는 이렇게 관법을 수행하는데, 부처님을 만나 얼마 지나지 않아서 무생법인을 얻었다.

　　爾時心開, 乃見東方不動佛國, 爲法王子, 事十方佛. 이때 저는 마음이 열려(깨달아) 동방의 부동불의 불국토를 보고 법왕자가 되었으며, 시방의 모든 부처님을 섬겼다. 부동불은 바로 동방의 아촉불이며, 또 금강불(金剛佛)이라고도 한다.

　　我以觀察風力無依, 悟菩提心, 入三摩地, 合十方佛, 傳一妙心. 무의(無依)란 체성이 없고 자성이 없다는 뜻이다. 저는 풍력이 자체가 없음을 관찰하여 보리심을 깨달아 삼매에 들어갔으며, 시방 부처님의 불법과 합하여 하나의 미묘한 마음을 전수받았다. 즉 부처님의 이심전심의 법문을 전한다는 것이다.

　　(5) 공대(空大)로부터 원통을 얻다

　　■

虛空藏菩薩, 卽從座起, 頂禮佛足, 而白佛言. 我與如來, 定光佛所, 得無邊身. 爾時手執四大寶珠, 照明十方微塵佛刹, 化成虛空. 又於自心現大圓鏡, 內放十種微妙寶光, 流灌十方盡虛空際, 諸幢王刹, 來入鏡內, 涉入我身. 身同虛空, 不相妨礙. 身能善入微塵國土, 廣行佛事, 得大隨順. 此大神力, 由我諦觀四大無依, 妄想生滅, 虛空無二, 佛國本同. 於同發明, 得無生忍. 佛問圓通, 我以觀察虛空無邊, 入三摩地, 妙力圓明, 斯爲第一.

■

허공장보살께서 즉시 자리에서 일어나 부처님께 절하고 말하였다. "저와 석가모니 부처님은 정광불께서 세상에 출현하셨을 때 무변신을 얻었습니다. 이때 저는 무변신을 얻은 후 손으로 네 개의 큰 보배구슬을 쥐고 시방의 미진같이 많은 불국토를 비추니 모두 허공으로 변화되었습니다. 또 자기의 상주진심 안에서 대원경을 나타내어 안으로 열 가지의 미묘한 보배광명을 방출하여 시방의 진허공계로 흘러 들어갔으며, 모든 불국토는 거울 속으로 들어오고 이 거울로부터 저의 몸으로 섭입되었습니다. 저의 몸은 허공과 같아져서 서로 방해되지 않았으며, 몸은 일체의 미진같이 많은 국토에 두루 들어가서 널리 부처의 일을 지으며, 중생을 수순하는 큰 힘을 얻게 되었습니다. 이와 같은 큰 신력으로 제가 지수화풍의 사대를 관찰해 보니, 사대는 체가 없으며, 단지 허망한 망상 위에서 생멸이 일어나며, 자기의 몸은 허공과 둘이 아니라 같으며, 불국토가 본래 공함을 관하여 허공 속에서 지혜가 발명되어(깨달아) 무생법인을 얻었습니다. 부처님께서 원통을 물으시니, 저는 허공이 무변함을 관찰함으로써 저의 몸도 무변함으로 변하였으며, 저는 공을 관하여 공의 삼매에 들어갔으며, 이 공의 삼매는 묘한 힘을 가지고 있으며 매우 원만하고 밝은 것입니다. 이것이 저는 제일이라고 생각합니다."

我與如來, 定光佛所, 得無邊身 저와 석가모니 부처님은 정광불께서 세상에 출현하셨을 때 무변신을 얻었다. 그의 몸은 마치 허공과 같이 끝이 없다. 따라서 무변신이라고 한다. 이 정광불은 바로 연등불(然燈佛)이다. 즉 석가모니 부처님께 수기를 주신 부처님이다.

爾時手執四大寶珠, 照明十方微塵佛刹, 化成虛空 이때 허공장보살께서는 무변신을 얻은 후 손으로 네 개의 큰 보배구슬을 쥐고 시방의 미진같이 많은 불국토를 비춰 모두 허공으로 변화되었다.

又於自心現大圓鏡 또 자기의 상주진심 안에서 대원경을 나타내었다. 대원경이란 지혜를 나타내며, 제8식을 돌려 대원경지로 바꾼다.

內放十種微妙寶光, 流灌十方盡虛空際 안으로 열 가지의 미묘한 보배광명을 방출하여 시방의 진허공계로 흘러 들어갔다.

諸幢王刹, 來入鏡內, 涉入我身 당왕찰(幢王刹)이란 불국토를 뜻한다. 모든 불국토는 거울 속으로 들어오고 이 거울로부터 저의 몸으로 섭입되었다.

身同虛空, 不相妨礙 저의 몸은 허공과 같아져서 서로 방해하지 않았다. 몸이 허공이고, 허공도 그의 몸이다. 허공과 몸은 경계의 구별이 없다. 따라서 그의 몸과 허공은 서로 장애하지 않고 방해하지 않고 융통되는 것이다.

　　身能善入微塵國土, 廣行佛事, 得大隨順　몸은 허공으로 잘 들어가고 그의 몸도 허공으로 변하니 허공이 곧 그의 몸이다. 따라서 그의 몸은 일체의 미진같이 많은 국토에 두루 들어가서 널리 부처의 일을 지으며, 중생을 수순하는 큰 힘을 얻게 되었다.

　　此大神力, 由我諦觀四大無依, 妄想生滅　이 큰 신력으로 제가 지수화풍의 사대를 관찰해 보니, 사대는 체가 없으며, 단지 허망한 망상 위에서 생멸이 일어난다.

　　虛空無二, 佛國本同. 於同發明, 得無生忍　자기의 몸은 허공과 둘이 아니라 같으며, 불국토가 본래 공함을 관하여 허공 속에서 지혜가 발명되어 (깨달아) 무생법인을 얻었다. 불국본동(佛國本同)에서 본동은 바로 본공(本空)이라는 뜻이다.

　　我以觀察虛空無邊, 入三摩地, 妙力圓明　저는 허공이 무변함을 관찰함으로써 저의 몸도 무변함으로 변하였으며, 저는 공을 관하여 공의 삼매에 들어갔으며, 이 공의 삼매는 묘한 힘을 가지고 있으며 매우 원만하고 밝은 것입니다.

(6) 식대(識大)로부터 원통을 얻다

■

彌勒菩薩, 卽從座起, 頂禮佛足, 而白佛言. 我憶往昔, 經微塵劫, 有佛出世, 名日月燈明. 我從彼佛而得出家, 心重世名, 好遊族姓. 爾時世尊, 敎我修習唯心識定, 入三摩地. 歷劫已來, 以此三昧事恒沙佛. 求世名心, 歇滅無有, 至然燈佛出現於世, 我乃得成, 無上妙圓識心三昧. 乃至盡空如來國土, 淨穢有無. 皆是我心變化所現. 世尊! 我了如是唯心識故, 識性流出無量如來. 今得授記, 次補佛處. 佛問圓通, 我以諦觀十方唯識, 識心圓明, 入圓成實, 遠離依他, 及遍計執, 得無生忍, 斯爲第一.

■

미륵보살께서 즉시 자리에서 일어나 부처님께 절하고 말하였다. "저는 과거를 기억해 보니, 미진같이 수많은 겁 이전에 부처님이 세상에 출현하셨는데 일월등명불이라고 하였습니다. 저는 그 부처님을 따라 출가하였으나, 세상의 명예를 중시하여 귀족, 부자들과 놀기를 좋아하였습니다. 이때 세존께서는 저에게 유심식정을 수행할 것을 가르쳐 삼매에 들어가게 하였습니다. 많은 겁 이래로 저는 이 삼매를 닦으면서 항하사같이 많은 부처님을 모셨습니다. 그리하여 저의 명리를 구하는 마음이 쉬어져서 소멸되고 없어졌습니다. 연등불께서 세상에 출현하신 때에 이르러 저는 곧 무상의 묘원한 식심삼매를 성취하였습니다. 내지 허공을 다하여 모든 불국토의 깨끗함과 더러움이 모두 내 마음이 변화되어 나타난 것이었습니다. 세존이시여! 저는 이와 같이 오직 마음과 식의 나타남이라는 도리를 깨달은 까닭으로 식의 성품으로부터 무량한 여래가 변화되어 흘러나왔습니다. 저는 지금 성불의 수기를 받고 석가모니 부처님께서 열반에 드신 후에 이 사바세계에 와서 성불할 것입니다. 부처님께서 원통을 증득한 방편법문을 물으시니, 저는 깊이 관하여 보니, 시방세계는 모두 식심으로 조성된 것이며, 식심이 원명하면 원만하게 진실한 지혜를 이루어 의타기성(依他起性)과 변계집성(遍計執性)을 멀리 떠나 무생법인을 얻는 것이 제일이라고 생각합니다."

彌勒菩薩 또한 아일다(阿逸多)라고도 부른다. 미륵은 그분의 성이며, 아일다는 이름이다. 미륵은 번역하면 자씨(慈氏)이며, 아일다는 무능승(無能勝)이라고 한다.

중국의 절에 가면 천왕전에 살이 찐 뚱뚱한 스님상을 모셔두고 있는데, 이분이 미륵보살이다. 이 미륵보살은 이전에 수도할 때 반연을 좋아하였다. 그의 반연심은 매우 중하여 전문적으로 사람들과 교제하기를 좋아한 것이다. 따라서 원래는 석가모니 부처님과 같이 수행을 하였는데, 이렇게 반연을 좋아하였기 때문에 결과적으로 많은 시간을 지나서야 성불을 할 것이다.

心重世名, 好遊族姓 세상의 명예를 중시하여 귀족이나 부자들과 놀기를 좋아한다. 그러나 그분은 그러한 마음을 그칠 줄 알았다. 우리는 마땅히 그분이 그러한 마음을 그치고 수행할 줄 아는 마음을 배워야 할 것이며, 그의 반연하는 마음을 배워서는 안 된다.

爾時世尊, 教我修習唯心識定, 入三摩地 이때 세존께서는 저에게 유심식정을 수행할 것을 가르쳐 삼매에 들어가게 하였다. 유심식정이란 삼계는 오직 마음으로 이루어진 것이며, 만법은 오직 식심으로 이루어진 것을 말한다.

求世名心, 歇滅無有 저의 명리를 구하는 마음이 쉬어져서 소멸되고 없어졌다.

至然燈佛出現於世. 我乃得成. 無上妙圓. 識心三昧 연등불께서 세상에 출현하신 때에 이르러 저는 곧 무상의 묘원한 식심삼매를 성취하였다.

乃至盡空如來國土, 淨穢有無. 皆是我心變化所現 내지 허공을 다하여 모든 불국토의 깨끗함과 더러움이 모두 내 마음이 변화되어 나타난 것이었다.

我了如是唯心識故, 識性流出無量如來 저는 이와 같은 오직 마음과 식의 나타남이라는 도리를 깨달은 까닭으로 식의 성품으로부터 무량한 여래가 변화되어 흘러나왔다.

今得授記, 次補佛處 저는 지금 성불의 수기를 받고 석가모니 부처님께서 열반에 드신 후에 이 사바세계에 와서 성불할 것이다.

我以諦觀十方唯識, 識心圓明, 入圓成實, 遠離依他, 及

遍計執, 得無生忍, 斯爲第一 저는 깊이 관하여 보니, 시방세계는 모두 식심으로 조성된 것이며, 식심이 원명하면 원만하게 진실한 지혜를 이루어, 의타기성(依他起性)과 변계집성(遍計執性)을 멀리 떠나 무생법인을 얻는 것이 제일이라고 생각한다.

원성실성(圓成實性)에서 의타기성이 일어나며, 의타기성 위에서 변계집성이 나온다. 원성실성이란 비유하면 삼[麻]과 같으며, 의타기성은 비유하면 삼이 변하여 노끈으로 변하는 것과 같다. 즉 삼으로 실을 만들어 노끈으로 만드는 것이다. 밤중에 사람이 이 노끈을 보고 뱀으로 착각하여 두려운 마음이 나오는데, 이것이 집착이다. 근본적으로 그것은 뱀이 아니라 하나의 노끈인데, 사람이 밤에 분명하게 보지 못하여 뱀으로 잘못 본 것이다. 이것이 변계집성이다. 당신이 그것을 노끈으로 보면 이것은 의타기성이며, 이 노끈은 원래 삼으로 만든 것이라는 것을 알면, 이것은 원성실성이다.

(7) 근대(根大)로부터 원통을 얻다

大勢至法王子, 與其同倫五十二菩薩, 卽從座起, 頂禮佛足, 而白佛言. 我憶往昔恒河沙劫, 有佛出世, 名無量光. 十二如來相繼一劫. 其最後佛名超日月光. 彼佛敎我念佛三昧. 譬如有人, 一專爲憶, 一人專忘, 如是二人, 若逢不逢, 或見非見. 二人相憶, 二憶念深, 如是乃至從生至生, 同於形影, 不相乖異. 十方如來憐念衆生, 如母憶子. 若子逃逝, 雖憶何爲? 子若憶母, 如母憶時, 母子歷生不相違遠. 若衆生心憶佛念佛, 現前當來必定見佛, 去佛不遠, 不假方便, 自得心開. 如染香人, 身有香氣. 此則名曰香光莊嚴. 我本因地, 以念佛心, 入無生忍. 今於此界, 攝念佛人歸於淨土. 佛問圓通, 我無選擇, 都攝六根, 淨念相繼, 得三摩地, 斯爲第一.

■

대세지보살께서 함께 온 52분의 보살과 함께 즉시 자리에서 일어나 부처님께 절하고 말하였다. "저는 과거를 생각해 보니, 항하사 겁 이전에 부처님이 세상에 출현하여 명호를 무량광불이라고 하였습니다. 그때 일 겁의 시간 안에 열두 여래께서 서로 계속하여 출현하였으며, 가장 최후의 부처님은 초일월광불이라고 하였습니다. 그 부처님께서는 저에게 염불삼매를 가르쳤습니다. 비유하면 두 사람이 있는데, 한 사람은 오로지 다른 한 사람을 생각하는데, 한 사람은 오로지 그 사람을 생각하지 않는다면, 이 두 사람은 만나도 만나지 않은 것과 같으며, 보아도 보지 않은 것과 같습니다. 만약 두 사람이 서로 억념하고 억념하는 생각이 나날이 깊어지면, 이와 같이 금생에서 내생에 이르는 것이 마치 형상과 그림자가 서로 떨어지지 않은 것과 같으며, 또한 서로 만나는 것이 어긋나지 않습니다. 시방의 여래는 중생을 불쌍히 여겨 생각하는 것이 마치 어머니가 아들을 생각하는 것과 같습니다. 만약 아들이 부모를 생각하지 않고 다른 곳으로 도망을 간다면, 비록 어머니가 자식을 언제나 생각할지라도 무슨 도움이 되겠습니까? 아들이 만약 어머니를 생각하는 것이 어머니가 아들을 생각하듯이 하면, 모자 두 사람은 세세생생 서로 멀리 떨어지지 않을 것입니다. 만약 중생의 마음이 부처님을 기억하고 염불하면, 금생이나 내생에 반드시 부처님을 만나게 될 것입니다. 중생이 부처님을 기억하고 염불하면, 부처님께 가는 것이 멀지 않으며, 다른 방편을 빌리지 않아도 깨닫게 될 것입니다. 염불을 하는 것은 마치 향이 물든 사람은 몸에서 향기가 나는 것과 같으며, 이것을 향광장엄이라고 합니다. 인지(因地)란 처음에 발심하여 도를 닦을 때를 말합니다. 저는 본래 인지에서 수행할 때 염불하는 마음으로써 무생법인을 얻었습니다. 지금 저는 이 사바세계에서 염불하는 사람을 섭수하여 정토에 돌아가게 합니다. 지금 부처님께서 원통법문을 물으시니, 저는 다른 선택을 하지 않고 오직 이 염불법문이 있으며, 염불로써 육근을 수섭하여 오래되면 청정한 생각이 서로 이어져 삼매를 얻게 됩니다. 청정한 염불의 생각이 끊어짐이 없이 이어지면 일종의 선정력을 얻게 되는 이 염불법문을 최상이라고 생각합니다."

大勢至法王子 대세지보살과 관세음보살은 아미타 부처님께서 전륜성왕이었을 때 전륜성왕의 아들이었으며, 아미타불께서 성불하였을 때 시자가 되어 좌보처, 우보처의 보살이 되었다. 대세지보살은 득대세(得大勢)라고도 하며, 큰 세력이 있다. 그분은 손을 한 번 들어도, 발을 한번 디뎌도 대지가 진동할 정도로 세력이 가장 크다. 그래서 대세지라고 하는 것이다. 법왕자란 보살이라는 뜻이다.

與其同倫五十二菩薩 대세지보살과 함께 오신 52분의 보살을 말한다. 이 52분의 보살은 십신·십주·십행·십회향·십지 등등의 50단계의 보살에다가 다시 등각·묘각을 더하여 52단계의 보살을 나타낸다.

十二如來, 相繼一劫. 其最後佛名超日月光 그때 일겁의 시간 안에 열두 여래께서 서로 계속하여 출현하였으며, 가장 최후의 부처님은 초일월광불이라고 하였다.

譬如有人, 一專爲憶, 一人專忘, 如是二人, 若逢不逢, 或見非見 비유하면 두 사람이 있는데, 한 사람은 오로지 다른 한 사람을 생각하는데, 한 사람은 오로지 그 사람을 생각하지 않는다면, 이 두 사람은 만나도 만나지 않은 것과 같으며, 보아도 보지 않은 것과 같다. 이것은 한 사람은 부처님을, 한 사람은 중생을 비유한다.

부처님은 시시각각 우리들 중생을 생각하고 기억하는데, 중생은 시시각각 부처님을 생각하지 않고 잊어버린다. 가끔 불법을 배우려고 생각하지만 잘 이해하지 못한다. 이 불법이 정말 묘하다고는 생각하지만, 도대체 묘한 것이 어느 정도인지 모른다.

부처님은 왜 중생을 생각하는가? 부처님은 중생과 한 몸이라고 보기 때문이다. 모두 과거의 부모이며, 미래의 부처이다. 성불할 수 없는 중생은 하나도 없다. 불교의 위대한 점은 바로 이 점이다.

若逢不逢, 或見非見 두 사람이 함께 만났어도 만나지 않은 것과 같은 것이며, 어떤 곳에서 만나도 피차의 빛[光]이 계합되지 않아 정신이 하나로 합일되지 않으므로 만나도 만나지 않은 것과 같은 것이다.

二人相憶, 二憶念深, 如是乃至從生至生, 同於形影, 不相乖異 만약 두 사람이 서로 억념하고 억념하는 생각이 나날이 깊어지면, 이와 같이 금생에서 내생에 이르는 것이 마치 형상과 그림자가 서로 떨어지지 않은 것과 같으며, 또한 서로 만나는 것이 어긋나지 않는다.

若子逃逝, 雖憶何爲 만약 아들이 부모를 생각하지 않고 다른 곳으로 도망을 간다면, 비록 어머니가 자식을 언제나 생각할지라도 무슨 도움이 되겠는가?

子若憶母, 如母憶時, 母子歷生不相違遠 아들이 만약 어머니를 생각하는 것이 어머니가 아들을 생각하듯이 하면, 모자 두 사람은 세세생생 서로 멀리 떨어지지 않을 것이다. 우리 중생이 부처님을 염하면, 세세생생 부처님을 떠나지 않고 함께 있을 것이라는 뜻이다.

若衆生心憶佛念佛, 現前當來必定見佛 만약 중생의 마음이 부처님을 기억하고 염불하면, 금생이나 내생에 반드시 부처님을 만나게 될 것이다.

去佛不遠, 不假方便, 自得心開 중생이 부처님을 기억하고 염불하면, 부처님께 가는 것이 멀지 않으며, 다른 방편을 빌리지 않아도 깨닫게 될 것이다.

如染香人, 身有香氣, 此則名曰香光莊嚴 염불을 하는 것은 마치 향이 물든 사람은 몸에 향기가 나는 것과 같으며, 이것을 향광장엄이라고 한다.

我本因地, 以念佛心, 入無生忍 인지(因地)란 처음에 발심하여 도를 닦을 때를 말한다. 저는 본래 인지에서 수행할 때 염불하는 마음으로써 무생법인을 얻었다.

今於此界, 攝念佛人歸於淨土 지금 저는 이 사바세계에서 염불하는 사람을 섭수하여 정토에 돌아가게 합니다. 저는 마치 자석이 쇠를 빨아들이듯이 염불하는 사람을 섭수하여 극락세계로 왕생하게 한다.

佛問圓通, 我無選擇, 都攝六根, 淨念相繼, 得三摩地, 斯爲第一 지금 부처님께서 원통법문을 물으시니, 저는 다른 선택을 하지 않고 단지 이 염불법문이 있으며, 염불로써 육근을 섭수하여 오래되면 청정한 생각이 서로 이어져 삼매를 얻게 됩니다. 즉 염불을 오래하면 육근을 제복하여 육근이 망상을 짓지 않는 것을 '도섭육근(都攝六根)'이라고 한다. 청정한 염불의 생각이 끊어짐이 없이 이어지면 일종의 선정력을 얻게 되는 이 염불법문을 최상이라고 생각합니다.

염불법문

여기에서는 대세지보살께서 닦은 염불법문이 소개되었다. 염불법문은 지금 세계의 중생에게는 매우 근기에 맞고 매우 상응하는 법이다. 왜 그런가? 경에서 이르시기를 "말법의 중생은 억만의 사람이 수행하여도 한 사람도 도를 얻기가 힘들다."고 하였다. 그럼 어떻게 해야 하는가? 걱정할 필요가 없다. "오직 염불로써 제도될 수 있다."고 하였다. 단지 이 염불법문이 있으며, 이것은 매우 쉬운 법이다. 이 염불의 법문은 "횡으로 삼계를 초월하고 업을 가지고 왕생하는[橫超三界, 帶業往生]" 법문이다.

무엇이 횡초삼계하는 것인가? 비유를 하자면, 하나의 대나무가 있는데, 대나무 통 속에 벌레가 있어 이 벌레가 만약 한 마디 한 마디씩 갉아 구멍을 내어 벗어나려면 많은 시간이 소요될 것이다. 그런데 이 염불은 마치 이 벌레가 대나무의 한 마디에서 옆으로 구멍을 낸다면 매우 쉽게 나올 수 있을 것이다. 이것이 바로 "횡으로 삼계를 벗어난다"는 것이다.

대업왕생이란 무엇인가? 대업이란 숙세의 업[宿業]은 지니지만 현세의 업[現業]은 지니지 않으며, 오랜 업[舊業]은 지니나 새로운 업은 지니지 않는다는 뜻이다. 이것은 당신이 염불을 하기 전에 지은 업은 가지고 왕생할 수 있지만, 당신이 염불을 알고 난 이후 또다시 업을 지으면 가지고 왕생할 수 없다는 것이다. 당신이 염불을 알고부터는 과거의 허물을 뉘우치고 자신을 새롭게 만들어야 한다. 다시 새롭게 업을 지으면 업 위에 다시 업을 더하는 것이며, 죄 위에 다시 죄를 더하는 것이다. 그러면 가지고 갈 수 없다. 따라서 숙업 즉 전생에 지은 죄업은 가지고 갈 수 있지만, 금생에 염불을 시작한 이후로는 마땅히 다시는 죄업을 지으면 안 된다. 당신이 만약 다시 죄업을 지으면 가지고 갈 수 없을 뿐 아니라 당신은 알면서 범한 것이기 때문에 죄가 더욱 가중된다.

왜 염불을 해야 하는가? 바로 우리와 아미타불과는 큰 인연이 있기 때문이다. 아미타불께서는 십 겁 이전에 성불하였는데, 성불하기 전에 법장이라는 비구로 있을 때 48개의 대원[四十八大願]을 발하였다. 그 가운데 하나의 원은 대략 다음과 같다.

"시방의 중생이 저의 이름을 불러 만약 성불하지 못한다면, 저는 정각을 성취하지 않겠습니다."

아미타불의 이러한 원력이 있기 때문에 따라서 모든 염불하는 사람은 극락세계에 갈 수 있다.

편집자 주
1975년 1월 선화 상인께서는 대만 불자의 요청으로 대만에서 『대세지보살염불원통장』이 부분을 다시 강설하셨으며, 단행본으로 나오기도 하였다. 이 장은 염불수행의 중요한 근거로 삼는 경전이나 이곳에서는 지면 관계상 생략하기로 한다.

十三

관세음보살의 이근원통(耳根圓通)

1
이근원통(耳根圓通)

爾時觀世音菩薩, 卽從座起, 頂禮佛足, 而白佛言. 世尊! 憶念我昔無數恒河沙劫, 於時有佛出現於世, 名觀世音. 我於彼佛發菩提心, 彼佛教我從聞思修, 入三摩地.

이때 관세음보살께서 즉시 자리에서 일어나 부처님께 절하고 말하였다. "세존이시여! 저는 과거를 생각해 보니, 무수의 항하사 겁 이전에 부처님께서 세상에 출현하셨으며, 명호를 관세음불이라고 하였습니다. 저는 그 부처님 앞에서 보리심을 발하였으며, 그 부처님께서는 저에게 문(聞)·사(思)·수(修)로부터 삼매에 들어가게 하였습니다."

여러분이 경을 듣지 않으면 지혜를 열 수 없다. 더욱이 이 『능엄경』은 큰 지혜를 여는 경이다. 앞에서 스물다섯 분의 성인들께서 각각 원통을 서술하셨다. 각각 그들이 증득한 경계를 말씀하신 것이다. 어떤 분은 화광삼매로부터 수행을 성취하였고, 어떤 분은 수관삼매로부터 성취하였다. 육근·육진·육식의 18계의 어떤 계에서도 모두 수행을 이루는 분이 있었다. 우리들이 지금 이러한 도리를 듣고 그것을 자기의 몸에 합일시켜 나는 마땅히 어떤 근으로 수행을 해야 할 것인가를 생각해야 한다.

당신은 조급하게 생각하지 말아야 한다. 바로 관세음보살의 '이근원통'으로부터 시작하는 것이 가장 좋을 것이다. 관세음보살은 이근원통으로부터 수행을 성취하였다. 아난 존자도 관세음보살을 따라 이근원통으로 닦았다. 옛날부터 불보살께서는 가장 묘한 이 방법을 우리들에게 남겼으니, 우리도 마땅히 이근원통의 이 방법으로 수행하는 것이 가장 쉽게 도에 들어가는 법문이 될 것이다.

爾時觀世音菩薩 관(觀)이란 관찰하는 것을 뜻한다. '능히 관찰할 수 있는 지혜[能觀之智]'로써 '관찰되는 경계[所觀之境]'를 관찰하는 것이다. '능히 관찰할 수 있는 지혜[能觀之智]'란 관세음보살이 자성 속에 갖추고 있는 지혜이며, '관찰되는 경계[所觀之境]'란 모든 중생의 음성을 말한다.

중생의 괴로워하는 소리, 즐거워하는 소리, 괴롭지도 즐겁지도 않은 소리, 선한 소리, 악한 소리, 옳은 소리, 그른 소리 등 가지가지의 소리를 관찰하는 것을 관(觀)이라고 한다. 세(世)란 세계이며, 과거 중생의 인과를 관하고, 현재 중생의 짓는 업을 관하여, 미래 중생들이 받을 과보를 관하는 것이다.

따라서 이 관은 과거·현재·미래를 관찰해야 한다. "그는 왜 이렇게 고통받고 있는가?" "아, 원래 그는 전생에 부모에게 효순하지 못하고 어떠한 사람에게도 좋게 대하지 못하였으니, 금생에 받는 과보도 좋지 않구나!" 세상 중생의 가지가지의 음성을 관하므로 '관세음

(觀世音)'이라고 부른다.

彼佛教我從聞思修, 入三摩地 저 부처님께서는 저에게 '문·사·수'로부터 삼매에 들어가게 하였다. 문(聞)이란 일종의 듣는 지혜이며, 사(思)란 생각하는 지혜, 사념(思念)하는 지혜이다. 이 생각한다는 것은 결코 제6의식으로 생각하는 것이 아니라 '고요히 사고하는[靜慮]' 것을 뜻한다. 바로 좌선의 공부로 도를 닦는 것이다.

▬

初於聞中, 入流亡所. 所入旣寂, 動靜二相, 了然不生. 如是漸增, 聞所聞盡, 盡聞不住. 覺所覺空, 空覺極圓. 空所空滅, 生滅旣滅, 寂滅現前.

▬

"돌이켜 자기의 자성을 들으면 처음에는 이 듣는 가운데서 성인(聖人)의 법성(法性)의 흐름에 들어가게 되며, 그러면 모든 바깥의 육근, 육진의 경계를 잊어버립니다. 이 육근과 육진의 근원이 이미 없어지고 끊어져서 자성의 흐름으로 들어가면, 자성은 적정(寂靜)하여 움직임과 고요함의 두 가지 모습이 명백하게 생기지 않습니다. 이와 같은 적정하고 청정한 경계가 점차 증가하여 나날이 원만해지면, 자성을 듣는 이러한 듣는 능력이 다하고 들리는 대상도 다하여집니다. 그러면 이때 듣는 성질이 이미 다하여 또한 집착하여 머물지 않습니다. 느끼는 바가 있는 이 깨달음의 마음도 모두 공하고, 이 공과 깨달음의 성품이 극에 이르러 가장 원만한 경계에 이르면, 이 공할 수 있는 마음과 공해지는 경계도 모두 사라집니다. 생하고 멸하는 이러한 마음이 이미 사라지면, 이때 진정한 적멸의 즐거움이 나타납니다."

■

初於聞中, 入流亡所 이 문(聞)은 듣는 지혜이다. 무엇으로부터 듣는가? 귀로부터 듣는 것이다. 이근의 이러한 듣는 지혜는 어떻게 들어야 하는가?

안으로 향하여 들어야 하며, 밖으로 향하여 들으면 안 되며, 소리를 따라 도망가면 안 된다. 곧 '따르지 않는[不隨]' 것이다. 이것은 돌이켜 자성을 듣는 것이다. 바로 몸과 마음을 수섭하여 몸과 마음을 거두어들이며, 밖으로 구하지 않아야 한다.

돌이켜 자기의 자성을 들으면 처음에는 이 듣는 가운데서 입류(入流)하게 된다. 바로 안으로 향하여 돌아와 자기의 자성을 들으면, 성인(聖人)의 법성(法性)의 흐름에 들어가게 된다. 그러면 모든 바깥의 육근, 육진의 경계를 잊어버린다. 이것이 망소(亡所)이다.

所入既寂 이 소(所)와 입(入), 즉 이 육근과 육진의 근원이 이미 없어지고 끊어져서 자기의 자성의 흐름으로 들어가며, 자기의 자성의 흐름으로 들어가면, 자성은 적정하다. 매우 고요하다. 이 적정함이 극에 이르면, 어떻게 되는가?

動靜二相, 了然不生 움직임과 고요함의 두 가지 모습이 명백하게 생기지 않는다.

如是漸增, 聞所聞盡, 盡聞不住 이와 같은 적정하고 청정한 경계가 점차 증가하여 나날이 원만해지면, 자성을 듣는 이러한 듣는 능력이 다하고 들리는 대상도 다하여진다. 즉 없어진다는 것이다. 여기서 들을 수 있는 것[能聞]은 이근(耳根)이며, 들리는 대상[所聞]은 자성(自性)이다. 이 두 가지가 모두 없어진다는 것이다. 이때 듣는 성질이 이미 다하여 또한 집착하여 머물지 않는다. 머물 곳이 없는 것이다. 이때가 바로 "마땅히 머무는 바가 없이 그 마음을 낸다[應無所住而生其心]."는 경지이다. 어떤 곳에서도 집착하고 머무는 것이 없다.

覺所覺空, 空覺極圓. 空所空滅 느끼는 바가 있는 이 깨달음의 마음도 모두 공하고, 이 공과 깨달음의 성품이 극에 이르러 가장 원만한 경계에 이르면, 이 공할 수 있는 마음과 공해지는 경계도 모두 사라진다. 하나의 공함조차도 없다. 당신은 공한 존재가 있어야 여전히 공을 집착할 것이나 지금 공함도 없다는 것이다.

生滅旣滅, 寂滅現前 생하고 멸하는 이러한 마음이 이미 사라지면, 이때 진정한 적멸의 즐거움이 나타난다.

■

忽然超越世出世間, 十方圓明, 獲二殊勝. 一者, 上合十方諸佛本妙覺心, 與佛如來同一慈力. 二者, 下合十方一切六道衆生, 與諸衆生同一悲仰.

■

"이 적멸이 현전할 때 갑자기 이 유정세계와 기세간을 초월하였습니다. 이때 시방세계와 모두 서로 융통하고 원융무애하여 두 종류의 수승한 경계를 얻었습니다. 첫 번째, 위로는 시방 제불의 본묘각심과 서로 계합되어 시방 여래의 자비심과 같아졌으며, 두 번째, 아래로 시방의 모든 육도중생과 서로 합하여 모든 중생과 같이 비앙의 마음을 가지게 되었습니다."

■

忽然超越世出世間 이 적멸이 현전할 때 갑자기 이 유정세계와 기세간을 초월하였다.

十方圓明, 獲二殊勝 이때 시방세계와 모두 서로 융통하고 원융무애하여 두 종류의 수승한 경계를 얻었다.

一者, 上合十方諸佛本妙覺心, 與佛如來同一慈力 첫 번째, 위로는 시방 제불의 본묘각심과 서로 계합되어 시방 여래의 자비심과 같아졌다.

二者, 下合十方一切六道衆生, 與諸衆生同一悲仰 두 번째, 아래로 시방의 모든 육도중생과 서로 합하여 모든 중생과 같이 비앙의 마음을 가지게 되었다. 이 비심(悲心)은 부처님에게서 구하는 것이다.

이 육도중생이라는 말은 우리들이 경을 들으면서 오래도록 들어

온 말인데, 무엇이 육도중생인지 이해하고 있는지 모르겠다. 우리 사람에 따르면, 안·이·비·설·신·의도 육도중생이며, 색·성·향·미·촉·법도 육도중생이다. 육도윤회는 돌고 도는 것이며, 이것은 우리의 자성 속의 육도중생이다.

자성의 육도와 밖의 육도는 서로 이어져 있는 것이다. 바깥의 육도는 천상·아수라·인간·축생·아귀·지옥을 말한다. 중생은 이 육도 속에서 윤회하는 것이다.

지금 부처에서 말하자면 관세음보살보다 높다. 따라서 위로는 제불의 자비력과 계합한다고 말한다.

육도중생은 관세음보살보다 지위가 낮으므로 아래로는 시방의 일체 육도의 중생과 합한다고 말하는 것이다. 이 중생은 뭇 인연이 화합하여 생하는 것이며, 하나의 인연으로 나오는 것이 아니며, 여러 가지의 인연, 갖가지 인소로 인하여 나타나는 것이다. 그래서 중생이라고 부른다.

2

삼십이응신(三十二應身)

世尊! 由我供養觀音如來, 蒙彼如來授我如幻聞薰聞修金剛三昧, 與佛如來同慈力故, 令我身成三十二應, 入諸國土.

▪

"세존이시여! 저는 관세음여래를 공양하였기 때문에 관세음여래께서 저에게 환화(幻化)와 같은 듣는 소리를 돌이켜, 자성을 듣는 수행을 훈습하고, 자성을 돌이켜 들음으로써 닦는 금강삼매를 전수하여 주시는 데 힘을 입어, 이러한 금강삼매를 얻어 부처님의 자비의 힘과 같은 까닭으로 나의 몸은 32응신(三十二應身)을 이루어 모든 국토로 가서 중생을 교화합니다."

▪

蒙彼如來授我如幻聞薰聞修金剛三昧 저는 관세음여래의 환화(幻化)와 같은 듣는 소리를 돌이켜, 자성을 듣는 것을 훈습하여 들음으로써 닦는 금강삼매를 전수하여 주시는 데 힘을 입었습니다.

　어떠한 것을 여환(如幻)이라고 하는가? 닦으나 닦는 것이 아니고, 닦지 않으나 닦는 것이며, 언제나 생각하여 영원히 잊지 않는 것이다. 잊지 않는다고 말하지만 그는 생각하는 것이 아니며, 생각하지 않는다고 말하지만 그는 또 잊지 않는 것이다. 이것을 여환(如幻)이라고 한다.

　문훈문수(聞薰聞修)란 매일 이러한 돌이켜 자성을 듣는 수행을 하면서 훈습하고, 이렇게 자성을 돌이켜 들음으로써 금강삼매를 닦아 선정력을 이루는 것이며, 이것을 금강정이라고 한다.

與佛如來同慈力故, 令我身成三十二應, 入諸國土 이러한 금강삼매를 얻어 부처님의 자비의 힘과 같은 까닭으로 나의 몸을 32응신(三十二應身)을 이루어 모든 국토로 가서 중생을 교화한다.

■

世尊! 若諸菩薩, 入三摩地, 進修無漏, 勝解現圓. 我現佛身, 而爲說法, 令其解脫. 若諸有學, 寂靜妙明, 勝妙現圓. 我於彼前, 現獨覺身, 而爲說法, 令其解脫. 若諸有學, 斷十二緣, 緣斷勝性, 勝妙現圓, 我於彼前, 現緣覺身, 而爲說法, 令其解脫. 若諸有學, 得四諦空, 修道入滅, 勝性現圓. 我於彼前, 現聲聞身, 而爲說法, 令其解脫.

■

"세존이시여! 만약 모든 시방의 보살이 삼매에 들어가 다시 앞으로 나아가 진정한 무루, 무여의 열반을 닦으려고 하면, 그는 곧 가장 승묘한 지혜를 발생하여 원통의 경계를 나타냅니다. 저는 이러한 중생을 만나면 부처의 몸으로 나타내어 그에게 보살의 법을 설하여 그로 하여금 성취하게 합니다. 만약 모든 유학의 성문들이 적정의 즐거움을 얻어 묘명한 지혜를 얻게 되면 그도 수승한 지혜를 발생하여 원통을 드러냅니다. 저는 그의 앞에서 독각의 몸으로 나타나 그를 위하여 법을 설하여 그로 하여금 해탈하게 합니다. 만약 유학의 성문이 십이인연을 끊으려고 하며, 이 인연이 끊어지면 곧 수승한 성질을 발생하며 원통을 나타냅니다. 저는 그의 앞에서 연각의 몸으로 나타나 그를 위하여 법을 설하여 그로 하여금 해탈하게 합니다. 만약 모든 유학의 성문들이 사제가 공한 도리를 이해하고 도를 닦아 열반의 즐거움을 얻으면, 수승한 성품이 원통을 나타냅니다. 저는 그의 앞에서 성문의 몸으로 나타나 그를 위하여 법을 설하여 그로 하여금 해탈하게 합니다."

若諸菩薩, 入三摩地, 進修無漏, 勝解現圓　만약 모든 시방의 보살이 삼매에 들어가 다시 앞으로 나아가 진정한 무루, 무여의 열반을 닦으려고 하면, 그는 곧 가장 승묘한 지혜를 발생하여 원통의 경계를 나타낸다.

　我現佛身, 而爲說法, 令其解脫　저는 이러한 중생을 만나면 부처의 몸으로 나타내어 그에게 보살의 법을 설하여 그로 하여금 성취하게 합니다.

　若諸有學, 寂靜妙明, 勝妙現圓　만약 모든 유학의 성문들이 적정의 즐거움을 얻어 묘명한 지혜를 얻게 되면 그도 수승한 지혜를 발생하여 원통을 드러낸다.

　若諸有學, 斷十二緣, 緣斷勝性, 勝妙現圓　만약 유학의 성문이 십이인연을 끊으려고 하며, 이 인연이 끊어지면 곧 수승한 성질을 발생하며 원통을 나타낸다.

　若諸有學, 得四諦空, 修道入滅, 勝性現圓　만약 모든 유학의 성문들이 사제가 공한 도리를 이해하고 도를 닦아 열반의 즐거움을 얻으면, 수승한 성품이 원통을 나타낸다.

■ 若諸衆生, 欲心明悟, 不犯欲塵, 欲身淸淨. 我於彼前, 現梵王身, 而爲說法, 令其解脫. 若諸衆生, 欲爲天主, 統領諸天. 我於彼前, 現帝釋身, 而爲說法, 令其成就. 若諸衆生, 欲身自在, 遊行十方. 我於彼前, 現自在天身, 而爲說法, 令其成就. 若諸衆生, 欲身自在, 飛行虛空. 我於彼前, 現大自在天身, 而爲說法, 令其成就.

■ "만약 여러 중생들이 마음으로 밝게 깨달아 탐욕의 진로를 범하지 않고 자기의 몸을 청정하게 하고자 하면, 저는 그 앞에서 범왕의 몸으로 나타나 그를 위하여 법을 설하여 해탈하게 합니다. 만약 어떤 중생이 천주가 되어 모든 하늘을 다스리려고 생각하면, 저는 그 중생의 앞에서 제석천왕의 몸으로 나타나 그를 위하여 법을 설하여 그로 하여금 성취하게 합니다. 만약 어떤 중생이 몸이 자재로와 시방을 유행하기를 원하면, 저는 그 중생의 앞에서 자재천의 몸으로 나타나 그를 위하여 법을 설하여 그로 하여금 성취하게 합니다. 만약 어떤 중생이 몸이 자재하여 허공을 날아다니기를 원한다면, 저는 그 중생의 앞에서 대자재천의 몸으로 나타나 그를 위하여 법을 설하여 그로 하여금 성취하게 합니다."

■ 若諸衆生, 欲心明悟, 不犯欲塵, 欲身淸淨 만약 여러 중생들이 마음으로 밝게 깨달아 탐욕의 진로를 범하지 않고 자기의 몸을 청정하게 하고자 한다. 여기서 중생은 성문도 아니고 연각도 아니고 보살도 아닌 보통의 육도중생을 가리킨다.

我於彼前, 現梵王身, 而爲說法, 令其解脫 저는 그 앞에서 범왕의 몸으로 나타나 그를 위하여 법을 설하여 해탈하게 한다. 범왕은 천상의 대범천왕을 말한다.

지금 천주교에서 숭배하는 성모 마리아가 누군지 아는가? 바로 관세음보살이시다. 왜 그들은 성모를 믿는가? 왜냐하면 천주교의 사람은 모두 천상에 나기를 원하기 때문에 관세음보살께서 천주의 몸으로 그들을 교화하러 가신 것이 아닌가? 관세음보살께서는 왜 그들을 천상으로 인도하여 그들에게 법을 설하는가? 그분의 최종 목적은 일체중생이 부처님을 믿게 하려는 것이 아님이 없다. 하지만 천주교인들은 현재 하늘에 나기를 원하니, 그들을 하늘로 가게 하는 것이다. 그런 연후 조금씩 조금씩 다시 인간으로 돌아와 부처님을 믿게 하는 것이다.

우리 일반인은 이것은 매우 긴 시간이라고 느끼지만, 사실은 불보살의 눈으로 보면, 이것은 마치 눈 깜짝할 시간같이 매우 짧은 것이다. 이것은 마치 우리들이 본래 부모는 아이들로 하여금 매우 좋은 기능을 배우게 하려고 생각하지만, 아이들은 이런 것을 배우려고 원하지 않고 다른 것을 배우려고 원하는 것과 같다.

그래서 부모는 그를 따라 "그래 좋아! 다른 것을 배워." 그리하여 부모는 아이들로 하여금 가장 좋은 기능을 배우기를 원하는 것이다. 따라서 관세음보살께서 중생을 교화하러 오시는 것도 중생이 마음에 무슨 원이 있으면 그의 원을 만족시켜 주시지만, 그분의 최후의 목적은 중생을 이끌어 성불하게 하시려는 것이다.

若諸衆生, 愛統鬼神, 救護國土. 我於彼前, 現天大將軍身, 而爲說法, 令其成就. 若諸衆生, 愛統世界, 保護衆生, 我於彼前, 現四天王身, 而爲說法, 令其成就. 若諸衆生, 愛生天宮, 驅使鬼神, 我於彼前, 現四天王國太子身, 而爲說法, 令其成就.

"만약 어떤 중생이 귀신을 다스리고 부려 국토를 구하고 보호하기를 좋아한다면, 저는 그의 앞에서 천상의 대장군의 몸으로 나타나 법을 설하여 그로 하여금 성취하게 합니다. 만약 어떤 중생이 세계를 다스려 중생을 보호하기를 좋아한다면, 저는 그의 앞에서 사천왕의 몸으로 나타나 법을 설하여 그로 하여금 성취하게 합니다. 만약 어떤 중생이 하늘의 궁전에 태어나서 귀신을 부리기를 좋아한다면, 저는 그의 앞에서 사천왕천의 태자의 몸으로 나타나 법을 설하여 그로 하여금 성취하게 합니다."

若諸衆生, 樂爲人王. 我於彼前, 現人王身, 而爲說法, 令其成就. 若諸衆生, 愛主族姓, 世間推讓. 我於彼前, 現長者身, 而爲說法, 令其成就. 若諸衆生, 愛談名言, 淸淨自居. 我於彼前, 現居士身, 而爲說法, 令其成就. 若諸衆生, 愛治國土, 剖斷邦邑. 我於彼前, 現宰官身, 而爲說法, 令其成就. 若諸衆生, 愛諸數術, 攝衛自居. 我於彼前, 現婆羅門身, 而爲說法, 令其成就.

■

"만약 어떤 중생이 사람의 왕이 되기를 좋아하면, 저는 그의 앞에서 사람의 왕의 몸으로 나타나 법을 설하여 그로 하여금 성취하게 합니다. 만약 어떤 중생이 부유한 큰 집안의 주인이 되어 세상 사람들이 그를 숭상하고 겸양하기를 좋아한다면, 저는 그의 앞에서 장자의 몸으로 나타나 법을 설하여 그로 하여금 성취하게 합니다. 만약 어떤 중생이 시(詩)와 부(賦)를 짓기 좋아하고, 청정하게 홀로 거주하기를 좋아하면, 저는 그의 앞에서 거사의 몸으로 나타나 법을 설하여 그로 하여금 성취하게 합니다. 만약 어떤 중생이 국토를 다스리며 일체의 나라의 사무를 처리하기를 좋아하면, 저는 그의 앞에서 재관의 몸으로 나타나 법을 설하여 그로 하여금 성취하게 합니다. 만약 어떤 중생이 많은 술수를 좋아하여 그 주술로써 자기를 보호하기를 좋아하면, 저는 그의 앞에서 바라문의 몸으로 나타나 법을 설하여 그로 하여금 성취하게 합니다."

■

若有男子, 好學出家, 持諸戒律. 我於彼前, 現比丘身, 而爲說法, 令其成就. 若有女人, 好學出家, 持諸禁戒. 我於彼前, 現比丘尼身, 而爲說法, 令其成就. 若有男子, 樂持五戒. 我於彼前, 現優婆塞身, 而爲說法, 令其成就. 若有女子, 五戒自居. 我於彼前, 現優婆夷身, 而爲說法, 令其成就.

■

"만약 어떤 남자가 불경 배우기를 좋아하고 출가하여 모든 계율을 지니기를 좋아하면, 저는 그의 앞에서 비구의 몸으로 나타나 법을 설하여 그로 하여금 성취하게 합니다. 만약 어떤 여인이 불경 배우기를 좋아하고 출가하여 모든 금하는 계율을 지니기를 좋아하면, 저는 그의 앞에서 비구니의 몸으로 나타나 법을 설하여 그로 하여금 성취하게 합니다. 만약 남자가 오계를 지니기를 좋아하면, 저는 그의 앞에서 우바새(남자거사)의 몸으로 나타나 법을 설하여 그로 하여금 성취하게 합니다. 만약 여자가 오계를 받아 지니면, 저는 그의 앞에서 우바이(여자거사)의 몸으로 나타나 법을 설하여 그로 하여금 성취하게 합니다."

若有女人, 內政立身, 以修家國, 我於彼前, 現女主身, 及國夫人, 命婦大家, 而爲說法, 令其成就. 若有衆生, 不壞男根, 我於彼前, 現童男身, 而爲說法, 令其成就. 若有處女, 愛樂處身, 不求侵暴. 我於彼前, 現童女身, 而爲說法, 令其成就.

"만약 여인이 있어 집안의 일이나 나라의 내정을 관리하여 집안과 나라를 아름답게 하려고 한다면, 저는 그 사람 앞에서 여주인이나 나라의 부인(왕후)이나 혹은 지위가 있는 부인, 글을 가르치는 여자의 몸으로 나타나 법을 설하여 그로 하여금 성취하게 합니다. 만약 어떤 중생이 동진의 남자로 있기를 좋아하면, 저는 그의 앞에서 동진의 남자 몸으로 나타나 법을 설하여 그로 하여금 성취하게 합니다. 만약 처녀가 있어 처녀의 몸으로 있기를 좋아하고 남자와 접촉하기를 구하지 않으면, 저는 그의 앞에서 동녀의 몸으로 나타나 법을 설하여 그로 하여금 성취하게 합니다."

■
現女主身, 及國夫人, 命婦大家, 而爲說法, 令其成就
명부(命婦)란 지위가 있는 사람의 부인을 말한다. 대가(大家)란 황궁에서 전문적으로 비빈들에게 글을 가르치는 여자를 뜻한다.

不壞男根 결혼을 하지 않은 남자, 또한 여자를 접촉한 적이 없는 남자를 가리킨다. 이런 남자를 동진(童眞)이라고 한다.

■
若有諸天, 樂出天倫. 我現天身, 而爲說法, 令其成就. 若有諸龍, 樂出龍倫. 我現龍身, 而爲說法, 令其成就. 若有藥叉, 樂度本倫. 我於彼前, 現藥叉身, 而爲說法, 令其成就. 若乾闥婆, 樂脫其倫. 我於彼前, 現乾闥婆身, 而爲說法, 令其成就. 若阿修羅, 樂脫其倫, 我於彼前, 現阿修羅身, 而爲說法, 令其成就. 若緊那羅, 樂脫其倫. 我於彼前, 現緊那羅身, 而爲說法, 令其成就. 若摩呼羅伽, 樂脫其倫. 我於彼前, 現摩呼羅伽身, 而爲說法, 令其成就.

■
"만약 어떤 천상이 있어 천상의 세계를 벗어나기를 원한다면, 저는 그 앞에서 천인의 몸을 나타내어 법을 설하여 그로 하여금 성취하게 합니다. 만약 어떤 용이 있어 용의 세계를 벗어나기를 원한다면, 저는 그 앞에서 용의 몸을 나타내어 법을 설하여 그로 하여금 성취하게 합니다. 만약 어떤 야차가 있어 야차귀가 되지 않기를 원하면, 저는 그 앞에서 야차의 몸을 나타내어 법을 설하여 그로 하여금 성취하게 합니다. 만약 어떤 건달바가 그의 세계를 벗어나기를 원한다면, 저는 그 앞에서 건달바의 몸을 나타내어 법을 설하여 그로 하여금 성취하게 합니다. 만약 어떤 아수라가 그의 세계를 벗어나기를 원한다면, 저는 그 앞에서 아수라의 몸을 나타내어 법을 설하여 그로 하여금 성취하게 합니다. 만약 어떤 긴나라가 그의 세계를 벗어나기를 원한다면, 저는 그 앞에서 긴나라의 몸을 나타내어 법을 설하여 그로 하여금 성취하게 합니다. 만약 어떤 마호라가가 그의 세계를 벗어나기를 원한다면, 저는 그 앞에서 마호라가의 몸을 나타내어 법을 설하여 그로 하여금 성취하게 합니다."

若有諸龍, 樂出龍倫 지금 일반인은 용이 없다고 생각한다. 혹은 고래로 공룡이 있었다고 말한다. 용은 존재하는 것이다. 용은 어디에 머무는가? 용궁에 머물며, 용궁은 바다 속에 있다. 우리들이 탐험하여 조사를 해봐도 어째서 조사되지 않는가? 당신이 만약 그들이 어느 곳에 있는지 측정될 수 있다면, 그것은 용이 아니다. 무엇 때문인가? 용은 신령스런 동물이다. 신통변화가 무궁하다.

그러면 왜 용은 신통을 가지고 있으면서 여전히 축생의 몸인가? 이 용은 축생이며, 인간의 류가 아니다. 왜냐하면 용은 전생에 수도할 때 대승의 보살심을 발하였지만, 계율을 잘 지키지 않았기 때문이다.

이것을 '승급계완(乘急戒緩)'이라 한다. 즉 그들은 대승의 보살심을 발하였기 때문에 신통이 있게 되었으며, 계율을 잘 지키지 않았기 때문에 용의 몸으로 떨어진 것이다.

若有藥叉, 樂度本倫 약차(藥叉)는 또 야차(夜叉)라고도 한다. 번역하면 무엇이라고 하는가? 매우 빨리 달린다[捷疾]는 뜻이며, 또한 용맹하고 힘이 있다는 뜻이다. 이 귀(鬼)에는 세 종류가 있다. ① 땅으로 다니는 귀 ② 날아다니는 귀 ③ 허공으로 다니는 귀. 능엄주에도 이런 이름이 나온다. 야차는 귀왕의 이름이며, 귀왕은 많은 귀를 다스린다. 따라서 귀왕의 이름을 부르면, 기타의 모든 귀는 모두 공손하게 왕의 호령을 듣는다.

若乾闥婆, 樂脫其倫 건달바는 번역하면 향음(香飮)이라고 한다. 그는 향기를 맡는 것으로써 먹는 것으로 삼는다. 어떤 때는 옥황상제가 있는 곳으로 가서 음악을 연주한다. 왜냐하면 그곳에서 어떤 때는 침향을 태우기 때문에 건달바들은 이 향기를 맡기 위하여 온다. 향기를 맡으면 매우 기뻐하므로 옥황상제에게 음악을 연주하는 것이다.

若緊那羅, 樂脫其倫 긴나라는 번역하면 의심하는 신[疑神]이다. 그는 사람의 모습이지만 또 머리에 뿔이 자란다.

若摩呼羅伽, 樂脫其倫 마호라가는 번역하면 대망신(大蟒神)이다. 이것을 또 지룡(地龍)이라고도 한다. 앞에서 말한 용은 허공을 다닐 수 있는 천룡이며, 이것은 단지 땅 밑으로 다닐 수 있으며, 신통이 없다.

지금 설명하는 것은 천룡팔부인데, 이 천룡팔부 가운데서 『능엄경』에서는 가루라가 없다. 그러나 『법화경』의 「관세음보살보문품」에서는 가루라가 있다. 가루라는 대붕(大鵬) 금시조라고 한다. 그는 전문적으로 용을 잡아먹으며, 그의 날개는 큰 것은 삼백삼십 유순이나 된다. 일 유순이 40리라고 하면 엄청나게 큰 것이다. 가루라도 불교의 천룡팔부 가운데 하나이다. 이 경에 없는 것은 이전에 베껴 쓸 때 빠진 것이 아닌가 생각한다. 이 경 후반부의 일체의 중생에는 포함된다.

■

若諸衆生, 樂人修人. 我現人身, 而爲說法, 令其成就. 若諸非人, 有形無形, 有想無想, 樂度其倫. 我於彼前, 皆現其身, 而爲說法, 令其成就.

■

"만약 어떤 중생이 사람이 되기를 좋아한다면, 저는 사람의 몸을 나타내어 법을 설하여 그로 하여금 성취하게 합니다. 만약 어떤 사람이 아닌 중생[非人], 형상이 있거나 형상이 없는 중생, 혹은 생각이 있거나 생각이 없는 일체의 중생들이 그 세계에서 벗어나기를 좋아한다면, 저는 그 앞에서 모두 그런 몸을 나타내어 법을 설하여 그로 하여금 성취하게 합니다."

■

유형(有形)이란 색상이 있는, 색온이 있는 일체의 중생을 가리킨다. 무형(無形)이란 색상이 없는, 색온이 없는 중생이며, 유상(有想)이란 생각이 있는 중생을 말하며, 무상(無想)이란 토목금석(土木金石)과 같이 생각이 없는 중생을 가리킨다. 이것은 일종의 소침(銷沈, 형상이 사라져 가라앉은 것)이며, 본래 중생에서 온 것이나, 타락하여 공하게 흩어져서 소침된 것이다. 이것은 하지만 일시의 기간 동안 이러한 모습이지만 어떤 때는 다시 생을 의탁하여 사람이 된다.

■

是名妙淨三十二應入國土身. 皆以三昧, 聞薰聞修, 無作妙力, 自在成就.

■

"이것은 미묘하고 청정한 32응신으로 국토에 들어가는 몸[妙淨三十二應入國土身]이라고 이름하며, 이것은 모두 삼매의 힘으로 돌이켜 자성을 듣는 공부로써 훈습하여 닦는 무위의 묘한 힘으로 자연적으로 성취됩니다."

■

皆以三昧, 聞薰聞修, 無作妙力, 自在成就 이것은 모두 삼매의 힘으로 돌이켜 자성을 듣는 공부로써 훈습하여 닦는 무위의 묘한 힘으로 자연적으로 성취된다.

무작묘력(無作妙力)이란 무위의 묘한 힘이란 뜻으로 우리들과 같이 어떤 일을 하려고 생각할 필요가 없이 선정 가운데서 일체의 일을 지을 수 있다. 돌이켜 듣는 훈습과 수행으로 삼매 가운데서 함이 없는 묘한 힘으로 모든 일을 한다는 뜻이다.

3
열네 가지의 두려움 없음[十四無畏]

■

世尊! 我復以此聞薰聞修, 金剛三昧無作妙力, 與諸十方三世六道一切衆生, 同悲仰故, 令諸衆生, 於我身心, 獲十四種無畏功德.

■

"세존이시여! 저는 다시 돌이켜 자성을 듣는 공부를 훈습하여 닦아서 얻은 금강삼매의 함이 없는 묘한 힘은 시방삼세의 육도의 일체중생과 같이 대비로 우러러보는 마음을 가지는 까닭으로 모든 일체중생으로 하여금 저의 몸과 마음으로부터 열네 가지의 두려움 없는 공덕을 얻게 합니다."

■

一者, 由我不自觀音, 以觀觀者. 令彼十方苦惱衆生, 觀其音聲, 卽得解脫.
二者, 知見旋復, 令諸衆生, 設入大火, 火不能燒.
三者, 觀聽旋復, 令諸衆生, 大水所漂, 水不能溺.
四者, 斷滅妄想, 心無殺害, 令諸衆生, 入諸鬼國, 鬼不能害.

五者, 薰聞成聞, 六根銷復, 同於聲聽. 能令衆生, 臨當被害, 刀段段壞.
使其兵戈, 猶如割水, 亦如吹光, 性無搖動.

六者, 聞薰精明, 明遍法界, 則諸幽暗, 性不能全. 能令衆生, 藥叉羅刹,
鳩槃茶鬼, 及毘舍遮, 富單那等. 雖近其傍, 目不能視.

七者, 音性圓銷, 觀聽返入, 離諸塵妄, 能令衆生, 禁繫枷鎖, 所不能著.

八者, 滅音圓聞, 遍生慈力. 能令衆生, 經過險路, 賊不能劫.

"첫 번째, 저는 스스로 자기의 음성을 관하는 것이 아니라, 세계에서 저를 관하는 사람을 관하여, 저는 이러한 고뇌하는 중생의 음성을 관하여 고뇌를 받고 있는 일체중생으로 하여금 해탈하게 합니다.

두 번째, 지견을 다시 돌이켜 일체중생으로 하여금 가령 그가 큰 불속에 들어가더라도 불이 그를 태울 수 없게 합니다.

세 번째, 관하는 것과 듣는 것을 모두 돌이켜 일체중생으로 하여금 큰물에 표류하게 되어도 물이 그를 빠져죽지 않게 합니다.

네 번째, 망상을 끊어 소멸하면 마음속에 남을 해할 마음이 없으며, 중생이 관세음보살을 염할 수 있으면, 일체중생으로 하여금 나찰귀의 나라에 들어가도 귀신이 그들을 상해할 수 없게 합니다.

다섯 번째, 돌이켜 자성을 듣는 공부를 수행하여 듣는 성품을 성취하였으므로 육근의 매듭이 소멸되었기 때문에 이 육근을 서로 통용할 수 있으며, 이때 일체중생으로 하여금 상해를 입게 될 때를 당하면, 칼이 조각조각 부서지게 하며, 그가 사용하는 칼과 창이 마치 물을 베는 것과 같이 몸을 해치지 못할 것이며, 또한 마치 빛을 불면 아무리 불어도 그 빛은 움직이지 않는 것과 같습니다.

여섯 번째, 돌이켜 들음을 훈습하는 공부를 성취하면 지극히 밝게 되어 그 밝음의 힘이 법계에 두루 미치게 되어 모든 어두움을 사라지게 하며, 중생으로 하여금 야차, 나찰, 구반다귀와 비사차, 부단나 등의 귀신이 비록 옆에 있어도 눈으로 볼 수 없게 합니다.

일곱 번째, 소리의 성질이 모두 원만히 사라지면, 관하는 것과 듣는 것 모두 돌이켜 자기를 관하게 되고, 일체의 육진과 망상을 떠나게 되며, 중생으로 하여금 감옥의 수갑이나 족쇄가 몸에 붙지 못하게 합니다.

여덟 번째, 세속의 소리가 사라지고 돌이켜 자성을 듣는 소리를 원만하게 듣게 되면, 이때 두루 자비의 힘이 생기게 되어 중생들이 위험한 길을 지나가도 도적들이 그를 겁탈하지 못하게 합니다."

━

由我不自觀音, 以觀觀者 저는 스스로 자기의 음성을 자기가 관하는 것이 아니라 세계에서 저를 관하는 사람을 관한다는 뜻이다.

令彼十方苦惱衆生, 觀其音聲, 卽得解脫 저는 지금 돌이켜 자성을 듣는 공부를 닦아 성취하였기 때문에, 자기가 자기를 관할 필요가 없이 세계의 일체중생을 관하여 고뇌를 받고 있는 일체중생으로 하여금 저는 이러한 고뇌하는 중생의 음성을 관하여 그들이 해탈하게 한다.

知見旋復 이 지견을 다시 돌이킨다는 뜻이며, 회광반조하는 것이다.

令諸衆生, 設入大火, 火不能燒 일체중생으로 하여금 그들이 만약 관음보살의 명호를 염하거나, 혹은 그가 수행할 수 있으면, 가령 그가 큰 불속에 들어가더라도 불이 그를 태울 수 없다.

令諸衆生, 大水所漂, 水不能溺 일체중생으로 하여금 큰물에 표류하게 되어도 물이 그를 빠져죽게 할 수 없다.

어떤 사람이 말하였다. "그러면 나는 관음보살이 영험한지를 시험해 봐야겠다. 나는 나무에 불을 붙여 그 불 위에 앉으면 불이 태우는지를 보아야겠다." 그러면 당신은 반드시 불에 타서 죽을 것이다. 당신이 무의식중에 큰불을 만나면 불이 당신을 태울 수 없지만, 그게 아니고 당신이 고의로 시험한다는 것은 당신 스스로 불에 타기를 원하는 것이므로 관음보살은 당신이 어떻게 되든지 관여하지 않을 것이다. 당신이 시험을 해봐야 비로소 믿는다는 것은 근본적으로 믿음이 없는 것이다. 그러므로 나는 여러분들이 시험할 필요가 없기를 바라며, 이것이 가장 좋은 안전한 방법이다.

斷滅妄想. 心無殺害 망상을 끊어 소멸하면 마음속에 남을 살해할 마음이 없으며, 중생이 관세음보살을 염할 수 있으면, 일체중생으로 하여금 나찰귀의 나라에 들어가도 귀신이 그들을 상해할 수 없다.

薰聞成聞, 六根銷復, 同於聲聽 돌이켜 자성을 듣는 공부를 수행하여 듣는 성품을 성취하였으므로 육근의 매듭이 소멸되었기 때문에 이 육근은 서로 통용할 수 있다.

使其兵戈, 猶如割水, 亦如吹光, 性無搖動 그가 사용하는 칼과 창이 마치 물을 베는 것과 같이 몸을 해치지 못할 것이다. 또한 마치 빛을 부는 것과 같이 아무리 불어도 그 빛은 움직이지 않는 것과 같다.

聞薰精明, 明遍法界, 則諸幽暗, 性不能全 돌이켜 들음을 훈습하는 공부를 성취하면 지극히 밝게 되어 그 밝음의 힘이 법계에 두루 미치게 되어 모든 어두움을 사라지게 한다. 성불능전(性不能全)이란 어두움의 성질을 갖추어지지 못하게 하는 것이니, 즉 어두움을 소멸한다는 뜻이다.

能令衆生, 藥叉羅刹, 鳩槃茶鬼, 及毘舍遮, 富單那等 야차는 남자 귀신이며, 나찰은 여자 귀신이다. 야차귀와 나찰귀는 매우 지독하여 전문적으로 사람을 먹는다. 어떤 사람을 먹는가 하면, 죽은 사람을 먹는다. 그는 일종의 주(呪)의 힘을 가지고 있어 시체의 냄새를 겁내지 않는다. 구반다귀는 귀신의 왕이다. 그의 형상은 항아리 모습이다. 그는 전문적으로 사람을 가위 눌리게 한다. 그래서 염매귀(魘魅鬼)라고도 한다. 만약 사람이 음기가 성하고 양기가 쇠하면 그는 사람을 가위 눌리게 한다. 시간이 오래되면 사람을 죽게 할 수도 있다. 이 염매귀는 이 세상에 매우 많다. 비사차(毘舍遮)는 전문적으로 사람의 정기(精氣)를 먹으며, 또한 오곡의 정기를 먹는다. 부단나(富單那)는 열병을 주관하는 귀신으로서 사람들에게 열이 나게 한다.

雖近其傍, 目不能視 당신이 만약 돌이켜 자성을 듣는 공부를 닦거나 혹은 관음보살을 염하면, 이들 귀신들로 하여금 비록 그들이 당신의 옆에 있어도 눈으로 당신을 볼 수 없게 한다. 귀신은 무엇을 두려워하는가? 귀신은 바로 빛을 두려워한다. 당신이 만약 이러한 공부를 하면 몸에 빛이 생기며, 이 귀신들은 당신을 볼 수 없다. 귀는 음기(陰氣)이기 때문에 사람이 밝은 빛을 가지고 있으면 그들에게 보이지 않는다. 당신이 음기를 가지면 그들은 당신을 찾을 수 있을 것이다.

音性圓銷, 觀聽返入, 離諸塵妄 소리의 성질이 모두 원만히 사라지면, 관하는 것과 듣는 것 모두 돌이켜 자기를 관하게 되며, 일체의 육진과 망상을 떠나게 된다.

能令衆生, 禁繫枷鎖, 所不能著 중생으로 하여금 감옥의 수갑이나 족쇄가 몸에 붙지 못하게 한다. 수갑이나 족쇄가 풀린다는 것이다. 당신이 만약 관음보살을 염하면 이 수갑들이 저절로 풀린다. 이러한 상황들은 많은 사람들이 경험한 바가 있다. 이것은 아무런 근거가 없이 하는 말이 아니다. 우리들이 만약 성심으로 관음보살을 염할 때 이러한 감응이 생긴다.

이전에 어떤 사람이 죄를 범하여 감옥에 들어가게 되었으며, 감옥에는 7~8명이 있었다. 이 사람은 '나무관세음보살'을 염하였다. 그는 어떻게 관세음보살을 염하게 되었는가? 당시 그는 한 분의 스님을 알고 있었는데, 그는 이 스님에게 구해 주실 것을 부탁하였다. 스님께서 말하시기를 "만약 나에게 당신을 구해 줄 것을 생각한다면, 당신은 일심으로 '나무관세음보살'을 염하면, 이 재난을 벗어날 수 있을 것이다."라 하였다. 그래서 이 사람은 관세음보살을 염하게 되었으며, 3일

낮과 밤을 지성으로 염하자 목에 채운 족쇄가 열리고 발에 채운 족쇄도 풀리게 되었다. 그는 도망갈 수 있었지만, 가지 않고 같은 방에 있던 동료 죄수들에게도 함께 관세음보살을 염하게 하였다. 그렇게 하루 이틀 염하자 7~8명의 죄수들도 족쇄가 저절로 열리게 되었다. 그래서 그들은 함께 집으로 돌아갔다. 그래서 그들 마을의 촌민들도 모두 관음보살을 염하게 되었다.

滅音圓聞, 遍生慈力　원문(圓聞)이란 마음을 쓰지 않고 일체의 음을 들을 수 있는 것이다. 세속의 소리가 사라지고 돌이켜 자성을 듣는 소리도 원만하게 듣게 되면, 이때 두루 자비의 힘이 생기게 되었다.

九者, 薰聞離塵, 色所不劫, 能令一切多婬衆生, 遠離貪欲.
十者, 純音無塵, 根境圓融, 無對所對. 能令一切忿恨衆生, 離諸瞋恚.
十一者, 銷塵旋明, 法界身心, 猶如瑠璃, 朗徹無礙. 能令一切昏鈍性障, 諸阿顚迦, 永離癡暗.

"아홉 번째, 돌이켜 자성을 듣는 공부를 닦아 매일 수행하여 이 공부를 성취하면, 일체의 전진(前塵, 앞에 나타나는 대상)의 경계를 모두 떠나게 되며, 색진에 의하여 빼앗기지 않으며, 일체의 음욕심이 많은 중생으로 하여금 탐욕을 멀리 떠나게 합니다.
열 번째, 돌이켜 자성을 듣는 공부에서 소리가 순수해지면, 진(塵)이 없어지며, 육근과 육진의 경계는 서로 융통되며, 주체 [能對] 와 객체 [所對] 의 상대적인 경계도 없어져서 일체의 분노하고 원한을 가진 중생으로 하여금 모든 성냄을 떠나게 합니다.

열한 번째, 육근·육진의 경계가 이미 사라지면 밝음이 돌아오며, 신심(身心)과 법계가 하나로 합해져서 마치 유리와 같이 영롱하게 투명하고 걸림이 없어져, 일체의 어리석고 성품의 장애가 있으며 착한 마음이 없는 중생으로 하여금 영원히 어리석음을 떠나게 합니다."

■

薰聞離塵 돌이켜 자성을 듣는 공부를 닦아 매일 수행하여 이 공부를 성취하면, 일체의 전진(前塵, 앞에 나타나는 대상)의 경계를 모두 떠나게 된다.

色所不劫 어떤 대상의 경계를 떠나게 되는가? 바로 색진의 경계를 떠나게 되며, 색진에 의하여 빼앗기지 않는다. 우리 사람은 미색을 만나는 것을 좋은 일로 여기지 말아야 한다. 당신이 이 미색을 사랑하면 이 미색이 당신 집의 재보를 빼앗아 갈 것이다. 당신이 만약 이 색진을 떠날 수 있으면, 미색을 보아도 무심하여 스스로 편안할 것이다. 당신이 미색을 보고 마음이 움직이면, 그것은 색진에 움직인 것이다. 만약 당신이 이 색진을 멀리 떠날 수 있으면, 이 색이 당신의 보물을 빼앗아 갈 수 없다.

能令一切多婬衆生, 遠離貪欲 관세음보살께서는 일체의 음욕심이 많은 중생으로 하여금 탐욕을 멀리 떠나게 한다. 『묘법연화경』의 「관세음보살보문품」에서 이르시기를 "만약 음욕이 많은 중생이 관세음보살을 항상 염하고 공경하면, 곧 음욕을 떠나게 된다."라고 하였다.

이 음욕심은 인생의 가장 큰 문제이며, 가장 해결할 수 없는 문제이다. 당신이 만약 남녀의 문제를 간파하고 놓을 수 있으면, 그것이 바로 진정으로 해탈을 얻는 것이다. 당신이 간파하지 못하고 놓지 못하면 당신은 해탈할 수 없을 뿐 아니라 깨달을 수 없다. 이러한 일체의 정을 놓을 수 있으면, 비로소 불법의 법수(法水)가 당신의 보리심 속으로 스며들 수 있다.

당신이 항상 관세음보살을 염하고 공경하면, 당신의 음욕심도 없어질 것이다. 수도인에게 가장 중요한 것은 음욕심을 끊는 것이다. 당신이 만약 이 음욕심을 끊을 수 없으면 삼계를 벗어날 수 없다. 세간의 경계를 떠날 수 없으면 성불할 수 없다. 그러므로 세간의 즐거움과 출세간의 즐거움은 동시에 얻을 수 없는 것이다.

純音無塵 돌이켜 자성을 듣는 공부에서 소리가 순수해지면, 진(塵)이 없어진다는 뜻이다. 순음이란 음이 없다는 뜻이다.

根境圓融 육근과 육진의 경계는 서로 융통된다. 그러면 이 세계상의 어떤 일도 모두 옳게 된다. 당신이 그렇게 되면 나쁜 일도 좋게 변하며, 당신이 쓸 수 없으면 좋은 일도 나쁘게 변한다. 앞에서 설명하였듯이 본래 당신이 타락하여 떨어지는 것은 모두 육근 때문이다. 이 육근의 여섯 도적이다.

시방의 제불께서도 같은 음성으로 아난에게 말씀하셨다. "너로 하여금 타락하게 하는 것도 육근이며, 너로 하여금 성불하게 하는 것도 육근이며, 다른 물건이 아니다."

따라서 좋은 방향으로 사용하면 육근은 당신을 도울 것이며, 그렇지 못할 경우 그것은 당신을 파괴할 수 있다. 이것은 우리들에게 돈이 있는 것과 같다. 우리가 돈이 있을 때 만약 공덕을 짓는 것을 알고 갖가지의 좋은 일을 하여 중생을 이롭게 하면, 이 돈은 당신을 돕는 것이지만, 당신이 만약 이 돈으로 도박을 하고 아편이나 마약을 흡입하는 등 나쁜 일을 한다면, 이것은 돈이 있기 때문에 죄를 짓게 되는 것과 같은 도리이다.

無對所對 근과 경이 원융하게 되면, 주체[能對]와 객체[所對]의 상대적인 경계도 없어진다. 즉 두 개의 대립적인 것이 없어지고 모두 하나로 변하게 된다. 근이 바로 진이며, 진도 곧 근으로서 육근과 육진이 구별이 없게 된다. 이때 이것을 '타성일편(打成一片, 일체가 된다), 응성일단(凝成一團, 한 덩어리로 뭉치다)'이라고 한다. 근도 없으며, 진도 없으며, 그러나 근이 바로 진이며, 진이 바로 근이다. 이런 경계에서는 서로 상대적인 것(능대와 소대)이 없어지는 것이다.

能令一切忿恨衆生, 離諸瞋恚 일체의 분노하고 원한을 가진 중생으로 하여금 모든 성냄을 떠나게 한다. 진에(瞋恚)란 화를 내는 것을 뜻한다. 이 또한 번뇌이다.『법화경』의「관세음보살보문품」에서 이르시기를 "만약 성냄이 많은 중생이 관세음보살을 항상 염하고 공경하면, 곧 성냄을 떠나게 된다."라고 하였다.

여기서 중요한 점은 '항상 염하는[常念]' 것이다. 매일 매일 염하는 것을 상념이라 한다. 그리고 또 공경해야 한다. 불보살을 믿지 않으면, 마음속에 의심하는 마음을 가지게 된다. 정말로 이런 효험이 있을까, 정말로 이런 힘이 있을까라고 언제나 의심하는 것이다. 그러면 성취할 수 없다. 따라서 신심을 내어야 하며, 항상 염하고 공경해야 한다. 그러면 당신은 성미가 없어질 것이다. 그러면 그렇게 큰 번뇌도 없어진다.

銷塵旋明 육근·육진의 경계가 이미 사라지면 밝음이 돌아온다. 즉 돌이켜 자성을 들으면 광명이 나타난다는 뜻이다.

法界身心, 猶如琉璃, 朗徹無礙 이때 몸과 마음도 바로 법계이며, 법계도 몸과 마음으로서 신심(身心)과 법계가 하나로 합해진다. 몸과 마음이 법계에 두루하는 곳, 이것이 무엇인가? 이것이 만약 부처가 아니면 이러한 경계가 있을 수 있겠는가? 따라서 관세음보살은 신심(身心)과 법계가 하나로 합해져서 마치 유리와 같이 영롱하게 투명하고 걸림이 없다. 즉 안에서도 밖을 볼 수 있고, 밖에서도 안을 볼 수 있으며, 안도 없고 밖도 없으며, 큰 것도 없고 작은 것도 없다.

能令一切昏鈍性障, 諸阿顚迦, 永離癡暗 이러한 법신과 법계는 즉 신심(身心)과 법계는 모두 합해져서 하나의 몸으로 되었다. 무형 중에 일체의 어리석고 성품의 장애가 있으며, 착한 마음이 없는 중생으로 하여금 영원히 어리석음을 떠나게 한다. 성장(性障)이란 지혜가 없어 어떤 경계를 보고도 투철하게 보지 못하는 것을 뜻한다. 아전가(阿顚迦)란 범어로서 착한 마음이 없다(無善心)는 뜻이다. 즉 선한 마음이 없는 중생을 가리킨다. 그들은 어리석은 집착을 하면서 조금도 남을 도우려고 하지 않는다. 이들은 자성에 광명이 없어 가장 어리석은 사람이다.

『법화경』의 「관세음보살보문품」에서 이르시기를 "만약 어리석음이 많은 중생이 관세음보살을 항상 염하고 공경하면, 곧 어리석음을 떠나게 된다."라고 하였다.

■

十二者, 融形復聞, 不動道場, 涉入世間. 不壞世界, 能遍十方, 供養微塵諸佛如來. 各各佛邊爲法王子, 能令法界無子衆生, 欲求男者, 誕生福德智慧之男.
十三者, 六根圓通, 明照無二. 含十方界, 立大圓鏡, 空如來藏. 承順十方微塵如來祕密法門, 受領無失. 能令法界無子衆生, 欲求女者, 誕生端正福德柔順, 衆人愛敬有相之女.

■

"열두 번째, 이 형체도 융화(融化)되어 듣는 성품으로 돌아와서 본래 갖추고 있는 도량에서 세간에 들어갈 수 있으며, 이 세계를 파괴하지 않고 이 법신으로 시방세계에 두루 가득하게 할 수 있으며, 미진같이 많은 모든 부처님을 공양하고 각각의 부처님의 옆에서 법왕자가 되어 법계에서 자식이 없는 중생이 아들을 구하는 자로 하여금 복덕이 있고 지혜로운 아들이 태어나게 합니다.
열세 번째, 육근이 서로 원통무애하며, 그것의 광명이 밝게 비추어 두 개가 없으며, 합일되어 하나로 되어 위로 시방세계와 합하고 시방세계를 포용하여 대원경을 세우며 여래장이 공해졌으며, 시방의 미진같이 많은 여래를 공양하고 비밀법문을 받아들여 잃어버리지 않습니다. 법계의 자식이 없는 중생으로 딸을 구하는 자로 하여금 단정하고 복덕이 있으며 유순하고 많은 사람들이 애호하고 공경하는 상모가 원만한 딸을 낳게 합니다."

■

融形復聞, 不動道場, 涉入世間 이 형체도 융화(融化)되어 듣는 성품으로 돌아와서 본래 갖추고 있는 도량에서 세간에 들어갈 수 있다. 비유하면 그가 이곳에 있으면서 움직이지 않고 어떤 곳으로도 화신을 나툴 수 있다는 뜻이다.

不壞世界, 能遍十方 또한 이 세계를 파괴하지 않고 이 법신으로 시방세계에 두루 가득하게 할 수 있다. 즉 시방세계로 가서 부처의 일[佛事]을 할 수 있다는 것이다.

六根圓通, 明照無二 육근이 서로 원통무애하며, 그것의 광명이 밝게 비추어 두 개가 없으며, 합일되어 하나로 되었다.

含十方界, 立大圓鏡, 空如來藏 위로 시방세계와 합하여 시방세계를 포용하여 대원경을 세우며 여래장이 공해졌다.

承順十方微塵如來祕密法門, 受領無失 승순(承順)이란 공양한다는 뜻이다. 시방의 미진같이 많은 여래를 공양하고 비밀법문을 받아들여 잃어버리지 않는다.

■
十四者, 此三千大千世界百億日月, 現住世間諸法王子, 有六十二恒河沙數, 修法垂範, 敎化衆生, 隨順衆生, 方便智慧, 各各不同. 由我所得圓通本根, 發妙耳門. 然後身心微妙含容周遍法界. 能令衆生持我名號, 與彼共持六十二恒河沙諸法王子, 二人福德, 正等無異. 世尊! 我一名號, 與彼衆多名號無異. 由我修習, 得眞圓通. 是名十四施無畏力, 福備衆生.

■
"열네 번째, 이 삼천대천세계에 백억의 일월이 있는데, 지금 이 세계에 머물고 있는 모든 법왕자는 육십이 항하사의 수와 같이 많으며, 그들은 모두 수행하고 불법을 배워 다른 사람에게 모범이 되어 모든 중생을 교화하고, 일체중생의 소원을 수순하는 방편과 지혜는 각각 같지 않습니다. 저 관세음보살이 얻은 이근원통의 본래의 근은 미묘한 귀의 문[耳門]을 발현한 연후에 저의 몸과 마음은 시방의 법계를 미묘하게 포함하고 용납할 수 있습니다. 중생으로 하여금 저의 명호를 염하는 것은 다른 사람이 육십이 항하사 수의 많은 법왕자의 명호를 염하는 것과 두 사람의 복덕이 같으며 다름이 없습니다. 세존이시여! 저 한 사람의 명호가 저 수많은 보살의 명호와 다름이 없는 것은 제가 수습하여 진정한 원통을 얻었기 때문입니다. 이것이 열네 가지의 두려움 없음을 베푸는 힘으로써 중생을 가피하고 돕는 것이라고 합니다."

■
此三千大千世界百億日月, 現住世間諸法王子, 有

六十二恒河沙數 이 삼천대천세계에 백억의 일월이 있는데, 지금 이 세계에 머물고 있는 모든 법왕자는 육십이 항하사의 수와 같이 많다.

修法垂範, 教化衆生, 隨順衆生, 方便智慧, 各各不同 그들은 모두 수행하고 불법을 배워 다른 사람에게 모범이 되어 모든 중생을 교화하고, 일체중생의 소원을 수순하는 방편과 지혜는 각각 같지 않다.

由我所得圓通本根, 發妙耳門. 然後身心微妙含容周遍法界 저 관세음보살이 얻은 이근원통의 본래의 근은 미묘한 귀의 문[耳門]을 발현한 연후에 저의 몸과 마음은 시방의 법계를 미묘하게 포함하고 용납할 수 있다.

能令衆生持我名號, 與彼共持六十二恒河沙諸法王子, 二人福德, 正等無異 중생으로 하여금 저의 명호를 염하는 것이 다른 사람이 육십이 항하사 수의 많은 법왕자의 명호를 염하는 것과 두 사람의 복덕이 같으며 다름이 없다. 이것으로 보면 관세음보살의 공덕은 특별히 수승하여 그분의 명호를 염하는 것이 육십이 항하사 수의 보살의 이름을 염하는 공덕과 같다는 것이다.

世尊, 我一名號, 與彼衆多名號無異 저 한 사람의 명호가 저 수많은 보살의 명호와 다름이 없습니다. 무엇 때문인가?

由我修習, 得眞圓通 왜냐하면 제가 수습하여 진정한 원통을 얻었기 때문이다.

　　是名十四施無畏力, 福備衆生　이것이 열네 가지의 두려움 없음을 베푸는 힘으로 중생을 가피하고 돕는 것이라고 한다.

4
네 가지의 부사의 [四不思議]

■

世尊! 我又獲是圓通, 修證無上道故, 又能善獲四不思議無作妙德.

■

"세존이시여! 저는 또 이러한 원통을 획득하여 무상의 도를 닦아 증득한 까닭으로 네 가지의 부사의한, 함이 없는 묘덕을 잘 얻을 수 있습니다."

■

一者, 由我初獲妙妙聞心, 心精遺聞, 見聞覺知不能分隔, 成一圓融淸淨寶覺. 故我能現衆多妙容, 能說無邊祕密神呪. 其中或現一首, 三首, 五首, 七首, 九首, 十一首, 如是乃至一百八首, 千首萬首, 八萬四千

爍迦囉首. 二臂四臂六臂, 八臂十臂十二臂, 十四十六十八, 二十至
二十四. 如是乃至一百八臂, 千臂萬臂, 八萬四千母陀羅臂. 二目三目
四目九目, 如是乃至一百八目, 千目萬目, 八萬四千清淨寶目, 或慈或
威, 或定或慧, 救護衆生, 得大自在.

"첫 번째, 제가 최초로 얻은 묘한 가운데 더욱 묘한 '돌이켜 자성을 듣는' 공부로부터 참된 마음이 현현하여 정미한 곳에 이르면, 듣는 성질이 없어지고, 견문각지가 서로 융통되어 분리할 수 없으며, 모두 하나로 되어 피차의 구별이 없는 청정보각을 이루게 되었습니다. 그러므로 저는 많은 미묘한 모습을 나타낼 수 있으며, 무량무변의 비밀신주를 설할 수 있게 되었습니다. 그 가운데는 하나의 머리, 셋의 머리, 다섯의 머리, 일곱의 머리, 아홉의 머리, 열하나의 머리, 이와 같이 내지 일백팔의 머리, 천의 머리, 만의 머리, 팔만사천의 견고한 머리를 나타낼 수 있습니다. 그리고 두 팔, 네 팔, 여섯의 팔, 여덟의 팔, 열 개의 팔, 열두 개의 팔, 십사, 십육, 십팔, 이십, 내지 이십사 개의 팔, 이와 같이 내지 일백여덟 개의 팔, 천 개의 팔, 만 개의 팔, 팔만사천 개의 인(印)이 있는 손(팔을 포함)을 나타내며, 두 개의 눈, 세 개의 눈, 네 개의 눈, 아홉 개의 눈, 이와 같이 내지 일백팔 개의 눈, 천 개의 눈, 만개의 눈, 팔만사천의 청정한 눈을 나타냅니다. 이 눈은 혹은 자비의 빛을 띠고 혹은 위엄의 빛을 나타내며, 혹은 선정의 빛을 혹은 지혜를 표시하는데, 이 모두 중생을 구호하려는 것이며, 중생들이 대자재를 얻게 하려는 것입니다."

由我初獲妙妙聞心 제가 최초로 얻은 묘한 가운데 더욱 묘한 '돌이켜 자성을 듣는' 공부로부터

　　心精遺聞 참된 마음이 현현하여 정미한 곳에 이르면, 듣는 성질이 없어진다. 유문(遺聞)이란 듣는 성질이 없어진다는 뜻이다.

　　見聞覺知不能分隔, 成一圓融淸淨寶覺 견문각지가 서로 융통되어 분리할 수 없으며, 모두 하나로 되어 피차의 구별이 없는 청정보각을 이루게 된다.

　　故我能現衆多妙容, 能說無邊祕密神呪 그러므로 저는 많은 미묘한 모습을 나타낼 수 있으며, 무량무변의 비밀신주를 설할 수 있다.

　　爍迦囉首 '삭가라'란 견고하다는 뜻이다.

　　母陀羅臂 인수(印手)를 말한다. 모다라는 인(印)이라는 뜻이며, 손에 인이 있다는 것이다.

　　八萬四千淸淨寶目 팔만사천의 청정한 눈을 나타낼 수 있다. 관세음보살은 왜 이렇게 많은 변화의 모습을 나타낼 수 있는가? 그분은 인지에서 수행할 때 대비주(大悲呪)를 닦고 사십이수안(四十二手眼)을 수행했기 때문이다. 그는 인지에서 이러한 법을 닦았으므로 과지에서

수행을 성취하니 이러한 갖가지의 변화상이 무궁무진하게 된 것이다.

或慈或威, 或定或慧, 救護衆生, 得大自在 이 눈은 혹은 자비의 빛을 띠고 혹은 위엄의 빛을 나타내며, 혹은 선정의 빛을 혹은 지혜를 표시하는데, 이 모두 중생을 구호하려는 것이며, 중생들이 대자재를 얻게 하려는 것이다.

▬

二者, 由我聞思, 脫出六塵, 如聲度垣, 不能爲礙. 故我妙能現一一形, 誦一一呪. 其形其呪, 能以無畏施諸衆生. 是故十方微塵國土, 皆名我爲施無畏者.

▬

"두 번째, 저는 듣고 생각하는 지혜를 닦음으로써 육진을 벗어났으며, 마치 소리가 벽을 넘어 울리는 것과 같이 장애하지 못합니다. 그러므로 저는 이러한 미묘한 능력으로 갖가지의 모습을 나타내고 갖가지의 주를 송할 수 있습니다. 모든 나타나는 모습과 송하는 주는 두려움 없음을 중생들에게 베풀 수 있습니다. 그러므로 시방의 미진같이 많은 국토에서 모두 저를 '두려움 없음을 베푸는 자[施無畏者]'라고 합니다."

▬

由我聞思, 脫出六塵, 如聲度垣, 不能爲礙 저는 듣고 생각하는 지혜를 닦음으로써 육진을 벗어났으며, 마치 소리가 벽을 넘어 울리는 것과 같이 장애하지 못합니다.

故我妙能現一一形, 誦一一呪 그러므로 저는 이러한 미묘한 능력으로 갖가지의 모습을 나타내고 갖가지의 주를 송할 수 있습니다.

其形其呪, 能以無畏施諸衆生 모든 나타나는 모습과 송하는 주는 두려움 없음을 중생들에게 베풀 수 있습니다.

是故十方微塵國土, 皆名我爲施無畏者 그러므로 시방의 미진같이 많은 국토에서는 모두 저를 '두려움 없음을 베푸는 자[施無畏者]'라고 합니다.

■

三者, 由我修習本妙圓通, 淸淨本根. 所遊世界, 皆令衆生捨身珍寶, 求我哀愍.

■

"세 번째, 저는 본래의 미묘한 원통, 청정한 본래의 이근(耳根)을 닦았기 때문에 제가 이르는 모든 세계에서 중생으로 하여금 몸과 진귀한 보배를 버리게 하며, 저에게 일체 중생을 불쌍히 여기게 함을 구합니다."

■

　　由我修習本妙圓通, 淸淨本根　저는 본래의 미묘한 원통, 청정한 본래의 이근(耳根)을 닦았기 때문에

　　所遊世界, 皆令衆生捨身珍寶, 求我哀愍　제가 이르는 모든 세계에서 중생으로 하여금 몸과 진귀한 보배를 버리게 하며, 저에게 일체중생을 불쌍히 여기게 함을 구합니다. 즉 중생으로 하여금 탐욕을 깨뜨리게 하는 것이다.

■

四者, 我得佛心, 證於究竟. 能以珍寶種種, 供養十方如來, 傍及法界六道衆生. 求妻得妻, 求子得子, 求三昧得三昧, 求長壽得長壽. 如是乃至, 求大涅槃得大涅槃.

■

"네 번째, 저는 부처의 여래장의 진심을 얻었기 때문에 구경의 과위를 증득하여 갖가지의 진귀한 보배로써 시방의 여래와 법계의 육도중생을 공양할 수 있습니다. 저는 중생들이 아내를 구하면 아내를 얻게 하고, 자식을 구하면 자식을 얻게 하며, 삼매를 구하면 삼매를 얻게 하고, 장수(長壽)를 구하면 장수를 얻게 합니다. 이와 같이 내지 성불의 대열반을 구하면 대열반을 얻게 합니다."

■

我得佛心, 證於究竟 저는 부처의 여래장의 진심을 얻었기 때문에 구경의 과위를 증득하였습니다.

能以珍寶種種, 供養十方如來, 傍及法界六道衆生 저는 갖가지의 진귀한 보배로써 시방의 여래와 법계의 육도중생을 공양할 수 있습니다. 중생들이 구하는 것이 있으면 저는 그들의 소원을 이룰 수 있도록 도와준다.

求妻得妻, 求子得子. 求三昧得三昧. 求長壽得長壽 관세음보살은, 일체의 남자는 아내를 좋아한다는 것을 아시므로 중생이 아내를 구하면 아름답고 착한 아내를 얻게 하며, 아내가 있으면 자녀를 가지기를 좋아하므로 좋은 자녀를 구하면 자녀를 얻게 한다. 부인이 있고 자녀가 있은 연후에 인생이 아무런 재미가 없는 것을 느끼면, 세상을 벗어나려는 마음을 내므로 선정을 구하면 선정을 얻게 하며, 어떤 중생은 오래 살기를 원하면 오래 살게 해 준다.

如是乃至, 求大涅槃得大涅槃 이와 같이 내지 성불의 도를 구하면 또한 성불의 도를 얻을 수 있게 하는 것이다.

■

佛問圓通, 我從耳門, 圓照三昧, 緣心自在, 因入流相, 得三摩提, 成就菩提, 斯爲第一. 世尊! 彼佛如來, 歎我善得圓通法門. 於大會中, 授記我爲觀世音號. 由我觀聽十方圓明. 故觀音名遍十方界.

■

"부처님께서 지금 모든 제자들에게 각자 최초로 어떻게 원통을 얻었는지를 물으시니, 저는 이근의 문으로부터 원만히 비추는 삼매[圓照三昧]를 얻고 반연하는 마음이 자재함을 얻어, 자성의 흐름의 모습에 들어가 삼매를 얻어 무상의 깨달음을 성취하게 되는 이것이 제일이라고 생각합니다. 세존이시여! 저 관세음불께서 제가 원통법문을 잘 얻은 것을 찬탄하시고 그 부처님의 큰 법회 가운데서 저에게 수기를 주셔서 관세음이라고 이름하였습니다. 저는 들음을 관함으로써 시방의 모든 법계가 원만하게 밝아졌기[圓明] 때문에 관음이라는 이름이 시방세계에 두루하게 되었습니다."

■

佛問圓通 부처님께서 지금 모든 제자들에게 각자 최초로 어떻게 원통을 얻었는지를 물으시니,

我從耳門, 圓照三昧, 緣心自在, 因入流相, 得三摩提, 成就菩提 저는 이근의 문으로부터 원만히 비추는 삼매[圓照三昧]를 얻어 반연하는 마음이 자재함을 얻어, 자성의 흐름의 모습에 들어가 삼매를 얻어 무상의 깨달음을 성취하게 되었습니다.

유상(流相)이란 "돌이켜 자성을 들어 성품이 무상의 도를 이루는[反聞聞自性, 性成無上道]" 경지에 들어가는 것을 뜻한다. 이것은 "처음에 듣는 가운데서 성인의 흐름에 들어가 대상을 잊는[初於聞中, 入流亡所]" 것도 이 흐름의 모습에 들어가는 것이다.

문수보살의 원통의 선택

1
가장 성취하기 쉬운 방편은 어떤 법인가?

爾時世尊, 於師子座, 從其五體同放寶光, 遠灌十方微塵如來, 及法王子諸菩薩頂. 彼諸如來, 亦於五體同放寶光, 從微塵方來灌佛頂, 幷灌會中諸大菩薩及阿羅漢.

이때 세존께서는 사자좌에서 두 손, 두 발과 머리로부터 동시에 보배의 광명을 방출하셨다. 보배의 광명은 멀리 시방의 미진같이 많은 여래와 법왕자의 모든 보살의 정수리로 관정되었다. 저 모든 부처님께서도 또한 오체에서 동시에 보배의 광명을 방출하여 미진같이 많은 시방세계로부터 석가모니 부처님의 정수리로 관정되었으며, 아울러 법회 가운데의 모든 대보살과 아라한들에게 관정되었다.

爾時世尊, 於師子座, 從其五體同放寶光 이때 세존께서는 사자좌에서 두 손, 두 발과 머리로부터 동시에 보배의 광명을 방출하셨다.

遠灌十方微塵如來, 及法王子諸菩薩頂　보배의 광명은 멀리 시방의 미진같이 많은 여래와 법왕자의 모든 보살의 정수리로 관정되었다. 왜 부처님께서는 시방 여래의 정수리를 관정하였는가? 이것은 최고의 법이라는 것을 표시한다. 부처와 부처는 도가 같은 것으로 서로 융통되는 것이다.

■

林木池沼, 皆演法音. 交光相羅, 如寶絲網. 是諸大衆得未曾有. 一切普獲金剛三昧. 卽時天雨百寶蓮華, 靑黃赤白間錯紛糅. 十方虛空成七寶色, 此娑婆界, 大地山河俱時不現. 唯見十方微塵國土, 合成一界, 梵唄詠歌, 自然敷奏.

■

숲속의 나무와 연못에서 모두 법음을 연설하고, 시방의 부처님 광명은 석가모니 부처님께 관정되고, 석가모니 부처님의 광명은 시방 미진수와 같은 여래의 정수리에 관정되어, 빛들이 서로 교차되면서 마치 보배의 실로 짠 그물과 같았다. 이 법회 가운데의 모든 대중들은 이전에 보지 못한 상서로운 모습을 보고는 모두가 금강삼매를 얻게 되었다. 이때 하늘에서 백 가지 보배의 연꽃이 네 종류의 색으로 섞이고 시방의 허공은 칠보의 색으로 변하였으며, 이 사바세계의 대지와 산하는 함께 나타나지 않고 없어졌다. 이때 오직 시방의 미진같이 많은 국토가 합해져서 하나의 세계로 변하였으며, 청정한 음악이 저절로 연주되었다.

林木池沼, 皆演法音 숲속의 나무와 연못에서 모두 법음을 연설한다. 숲의 나무가 움직이는 소리와 물이 흐르는 소리가 모두 법을 설하고 있다는 뜻이다.

交光相羅, 如寶絲網 이 시방의 부처님 광명은 석가모니 부처님께 관정되고, 석가모니 부처님의 광명은 시방 미진수와 같은 여래의 정수리에 관정되어, 빛들이 서로 교차되면서 마치 보배의 실로 짠 그물과 같았다.

於是如來, 告文殊師利法王子. 汝今觀此二十五無學諸大菩薩, 及阿羅漢, 各說最初成道方便, 皆言修習眞實圓通. 彼等修行, 實無優劣前後差別. 我今欲令阿難開悟, 二十五行誰當其根? 兼我滅後, 此界衆生, 入菩薩乘, 求無上道, 何方便門得易成就?

그래서 여래께서는 문수사리보살에게 이르셨다. "너는 지금 스물다섯 명의 무학의 대보살과 아라한들이 각각 그들이 최초에 수행하여 도를 이룬 방편법문을 발표하여, 모두 어떤 공부를 닦아서 진실한 원통을 얻었는지를 보았을 것이다. 그들의 수행은 실제로 어느 것이 뛰어나고 어느 것이 열등한지 차이가 없다. 그러나 나는 지금 아난으로 하여금 깨닫게 하려고 하는데, 스물다섯의 수행문 가운데 어떤 행문이 아난의 근기에 맞는지? 아울러 내가 멸도한 후에 이 세계의 중생들이 보살승에 들어가 무상의 도를 구할 때 어떤 방편법문이 가장 쉽게 성취할 수 있는 것인가?"

■

各說最初成道方便, 皆言修習眞實圓通 대보살과 대아라한들은 각각 그들이 최초에 수행하여 도를 이룬 방편법문을 발표하였는데, 모두 어떤 공부를 닦아서 진실한 원통을 얻었는지를 말하였다.

我今欲令阿難開悟, 二十五行誰當其根 나는 지금 아난으로 하여금 깨닫게 하려고 하는데, 스물다섯의 수행문 가운데 어떤 행문이 아난의 근기에 맞는지, 구경에 어떤 법문이 아난에게 상응하는지?

兼我滅後, 此界衆生, 入菩薩乘, 求無上道, 何方便門得易成就 아울러 내가 멸도한 후에 이 세계의 중생들이 보살승에 들어가 무상의 도를 구할 때 어떤 방편법문이 가장 쉽게 성취할 수 있는 것인가?

■

文殊師利法王子, 奉佛慈旨, 卽從座起, 頂禮佛足, 承佛威神, 說偈對佛.

■

문수사리보살께서는 부처님의 자비하신 가르침을 받들어 즉시 자리에서 일어나 부처님께 절하고 부처님의 위신력을 이어받아 부처님께 게 송으로 설하였다.

■

覺海性澄圓　圓澄覺元妙　元明照生所　所立照性亡

■

깨달음 바다의 본성은 징청하고 원만하며
원만하고 징청한 깨달음의 바다는 원래 미묘하네.
원래의 밝음이 비추어 허망한 번뇌를 내고
번뇌가 나오니 비추는 성질이 없어지네.

■

覺海性澄圓　깨달음의 바다[覺海]는 무량무변하여 끝이 없는 것이다. 모든 삼천대천세계의 일체의 산하대지와 삼라만상을 포괄한다. 성징원(性澄圓)이란 깨달음의 바다의 본성은 징청(澄淸, 맑다)하고 원만한 것이다.

圓澄覺元妙　이러한 원만하고 징청한 깨달음의 바다는 본래 미묘하다.

元明照生所　이 미묘한 가운데서 참됨을 의지하여 망상을 일으키기 때문에 본래의 밝음 위에서 허망함을 낸다. 허망함이 있기 때문

에 '조생소(照生所)' 하는 것이다. 즉 본래 이 깨달음의 바다 속에는 일체를 구족하고 있으며, 여래장성이 아닌 것이 없다. 그러나 한 생각의 무명이 있기 때문에 이때 허망함을 만들어 낸다. 허망함이 있기 때문에 소(所)가 있게 되는 것이다. 이 소(所)는 바로 모든 먼지의 모습[塵相]이다.

所立照性亡 허망함이 있기 때문에 본래 깨달음의 바다가 갖춘 광명의 비추는 성질이 나타나지 않는다. 마치 만 리의 푸른 하늘에 구름이 생기는 것과 같이 자성의 광명을 가리는 것이다. 허망함이 있기 때문에 주체[能]가 있고 객체[所]가 생기는 것이다. 본래 능과 소는 같이 없는 것이다. 이 깨달음이 바다의 본체 위에는 하나의 법도 세울 수 없다. 그러나 참됨을 의지하여 허망함이 일어나 망상이 나오는 것을 "어두움이 공이 된다[晦昧爲空]"고 한다. 본래 이 여래장성 위에는 아무것도 없으나, 오래되고 오래되어 그것이 피로한 모습을 내어 어두움이 공이 되는데[晦昧爲空] 이것이 바로 허망함을 낸다는 것이다.

■

迷妄有虛空　依空立世界　想澄成國土　知覺乃衆生

■

미혹과 허망함에서 허공이 생기고
허공을 의지하여 세계가 성립되었네.
망상과 맑은 성질이 국토를 이루고
알고 느끼는 감각은 곧 중생으로 변했네.

迷妄有虛空 이러한 어두움이 있기 때문에 허공이 생긴다. 이 허공은 모두 깨달음의 바다 속에서 나오는 것이다. 이 허공을 우리는 매우 큰 것으로 생각하지만 대각의 성품 속에서는 마치 바다 속의 물거품과 같이 작다. 허망함이 있으므로 그런 연후에 허공이 있게 된다.

依空立世界 허공이 생긴 연후에 허공을 의지하여 세계가 성립된다. 이 시방세계가 있으므로 또 과거, 현재, 미래의 삼세가 있게 된다.

想澄成國土 허공을 의지하여 세계가 성립되었기 때문에 이 망상과 징청한 성질이 국토를 이루었다.

知覺乃衆生 알고 느끼는 감각은 곧 중생으로 변한 것이다.

空生大覺中　如海一漚發　有漏微塵國　皆從空所生

허공은 대각의 성품 속에서 나오는 것이며
마치 큰 바다 속의 작은 물거품과 같네.
모든 유루의 미진같이 많은 나라는
모두 허공을 의지하여 생기는 것이네.

■

空生大覺中 우리들은 허공이 있다는 것을 아는데, 이 허공은 어디에서 온 것인지 아는가? 나는 아는 사람이 없을 것이라고 생각한다. 왜 아는 사람이 없는가? 왜냐하면 허공이 너무 크기 때문에 허공의 가장자리와 근원을 알 수 없는 것이다. 이 경에서 당신에게 가리키고 있다. 이 공은 대각의 성품 속에서 나오는 것이다. 그러나 그것은 대각의 성품 속에서 매우 작다.

如海一漚發 마치 큰 바다 속의 작은 물거품과 같은 것이다.

有漏微塵國 모든 유루의 미진같이 많은 나라는

皆依空所生 모두 허공을 의지하여 생기는 것이다.

■

漚滅空本無 況復諸三有 歸元性無二 方便有多門

■

이 물거품이 만약 소멸하면 허공도 본래 없어지는데,
하물며 일체의 삼계의 세계는 말할 필요도 없네.
본래의 성품으로 돌아가는 데는 두 가지가 없으나
방편의 법문에는 여러 가지가 있네.

■

漚滅空本無 況復諸三有 이 물거품이 만약 소멸하면 허공도 본래 없어지는데, 하물며 일체의 삼계의 세계는 말할 필요도 없다. 즉 허공이 없어지면 국토와 산하대지는 모두 없어진다는 것이다.

歸元性無二 본래의 자기가 갖추고 있는 진정한 집으로 돌아가는 데에는 두 가지가 없다. 즉 하나밖에 없다는 뜻이다. 우리들이 지금 세계상에 있는 것은 결코 우리들의 집이 아니다. 진정한 집은 부처를 이루는 것이다. 당신이 언제 부처를 이루면 그때가 진정으로 집으로 돌아가는 것이다.

方便有多門 그러나 방편의 법문은 여러 가지가 있다. 무엇을 방편이라 하는가? 방편이란 집착하지 않고 매우 편리한 것이다.

■

聖性無不通 順逆皆方便 初心入三昧 遲速不同倫

■

성스러운 법성은 통하지 않음이 없으며
순과 역의 수행은 모두 방편이네.
처음으로 삼매에 들어가는 데는
느리고 빠름이 있어 함께 논할 수 없네.

∷ 제 14 부 ∷ 문수보살의 원통의 선택　　　　　　　　　　157

■

聖性無不通, 順逆皆方便　증득한 성인의 이러한 법성은 통하지 않음이 없다. 순(順)이란 당신의 근기에 대하여 이 법문을 따라서 수행하는 것이며, 근기에 맞지 않은 것을 역(逆)이라 한다. 당신이 순으로 닦든 역으로 닦든 모두는 방편법문이다.

初心入三昧, 遲速不同倫　처음으로 삼매에 들어갈 때 느린 사람이 있고 빠른 사람이 있기 때문에 일률적으로 논할 수 없다.

1) 육진(六塵)의 여러 방편을 선택하다

■

色想結成塵　精了不能徹　如何不明徹　於是獲圓通

■

색은 망상으로 결합되어 진을 이루며
그것을 정미하게 깨닫는 것은 투철하게 될 수 없네.
어떻게 명철하지 못한 것으로써
원통을 얻을 수 있겠는가?

■

色想結成塵　색은 상상, 망상으로 결합되어 먼지를 이룬다.

精了不能徹 만약 그것을 정미하게 깨달으려고 생각하는 것은 할 수 없는 것이며, 또한 투철하지 못한 것이다. 이 색진은 결코 투철하지 못하다.

如何不明徹 於是獲圓通 어떻게 명철하지 못한 것으로써 원통법문을 얻을 수 있겠는가? 이것은 불가능한 것이다. 이것은 바로 색진은 원통법문이 아니며, 비록 어떤 사람이 이 색진으로 수행하여 과를 증득할지라도 이것은 그 개인의 특수한 인연이며, 일반의 보통 사람이 닦을 수 있는 것은 아니라고 말하는 것이다.

■

音聲雜語言 但伊名句味 一非含一切 云何獲圓通

■

음성은 언어가 섞여 있으며
그것의 이름과 구절의 맛은
하나가 일체를 포함할 수 없으니
어찌 원통을 얻을 수 있겠는가?

■

이 성진을 말하자면, 비록 성진으로부터 도를 깨닫는 사람이 있을지라도, 이 음성은 언어가 섞여 있으며, 그것의 이름과 구절의 기미(氣味, 소리에서 나오는 기의 느낌)는 혹은 한 자, 혹은 한 구절로서 일체를 포함할 수 없다. 따라서 음성의 이 법문은 원통을 얻을 수 없다. 이(伊)는 그것, 저것[彼]이란 뜻이다.

■

香以合中知　離則元無有　不恒其所覺　云何獲圓通

■

코는 향기와 합하여 비로소 향진을 알 수 있으며
만약 이러한 향진을 떠나면, 본래 그것은 없네.
향기를 느끼는 성질이 항상 불변하지 않으니
어찌 원통을 얻을 수 있겠는가?

■

코는 향기와 합하여 비로소 향진을 알 수 있다. 만약 이러한 향진을 떠나면, 본래 그것은 없는 것이다. 그것의 성질이 이미 항상 불변하는 것이 아니며, 또한 향기를 느끼는 성질이 항상 있을 수 없다. 그러므로 그것은 원통법문에 속할 수 없다.

■

味性非本然　要以味時有　其覺不恒一　云何獲圓通

■
맛의 성질은 본래 그러하지 않으며
맛이 있을 때 비로소 맛을 느낄 수 있네.
그 느낌은 언제나 하나가 아니므로
어찌 원통을 얻을 수 있겠는가?

■
비록 미진으로부터 깨닫는 사람이 있을지라도, 그러나 맛의 성질은 본래 원만한 자성이 아니다. 맛이 있을 때 비로소 그 맛을 알 수 있다. 만약 맛이 없을 때는 미진(味塵)은 없는 것이다. 맛을 느낄 수 있는 이 느낌은 언제나 맛의 대상과 합하여 하나로 되는 것이 아니다. 그러므로 원통법문으로서는 선택할 수 없다.

■
觸以所觸明　無所不明觸　合離性非定　云何獲圓通

■
촉은 접촉되는 대상이 있어야 알 수 있으며
접촉되는 대상[所觸]이 없으면, 촉을 알 수 없네.
합하고 떠나는 성질은 일정한 것이 아니므로
어찌 원통을 얻을 수 있겠는가?

■
비록 이 촉진으로부터 깨닫는 사람이 있지만, 이 촉진은 접촉되는 대상으로 인하여 비로소 알 수 있고 이해할 수 있다. 만약 접촉되는 대상[所觸]이 없으면, 촉이 있는지 없는지 알지 못한다. 능촉(能觸)과 소촉(所觸)이 합쳐져야 비로소 촉이 있다는 것을 알 수 있기 때문에 따라서 합하고 떠나는 성질은 일정한 것이 아니다. 그러므로 원통법문으로 선택할 수 없다.

■
法稱爲內塵　憑塵必有所　能所非遍涉　云何獲圓通

■
법진은 안의 진[內塵]이라고 칭하며
진에 의지하여 반드시 대상[所]이 있게 되네.
주체와 객체가 보편적인 것이 아니므로
어찌 원통을 얻을 수 있겠는가?

■
마하가섭 존자는 법진으로부터 도에 들어가 멸수상정을 얻었다. 이 법은 뜻이 법에 인연하는 마음에 속한다. 이 뜻은 안의 법에 속하므로 안의 진[內塵]이라고 칭한다. 이 안의 진은 마땅히 존재하는 바가 있어야 한다. 존재하는 바가 있으면, 그것은 존재하는 것이 없거나 존재하지 않은 것이 없는 것이 아니다. 그러므로 주체[能]가 있다고 말하는 것은 곧 객체[所]가 있는 것이다. 이 능히 인연하는 진과 인연되는 진은 원만하고 보편적인 것이 아니다. 이미 원만보편적인 것이 아니므로 원통법문으로 선택할 수 없다.

2) 오근(五根)의 여러 방편을 선택하다

見性雖洞然　明前不明後　四維虧一半　云何獲圓通

보는 성질이 비록 명료한 것이라고 말하지만
앞쪽은 볼 수 있지만, 뒤쪽은 볼 수 없으니
사방에서 반은 부족하므로
어찌 원통을 얻을 수 있겠는가?

보는 성질이 비록 명료한 것이라고 말하지만, 이 봄은 앞쪽은 볼 수 있지만, 뒤쪽은 볼 수 없으며, 왼쪽을 보면 오른쪽은 볼 수 없다. 따라서 보는 성질이 비록 통철(洞徹)한 것이지만, 사방에서 단지 반만 볼 수 있다. 그러므로 원통이라고 할 수 없다.

■
鼻息出入通　現前無交氣　支離匪涉入　云何獲圓通

■
코의 호흡은 나가고 들어옴이 통하지만
출입식이 멈출 때는 교차하는 기가 없네.
조각이 나서 두루 들어갈 수 없으니
어찌 원통을 얻을 수 있겠는가?

■
비식은 나가고 들어옴이 비록 통하지만, 서로 교차하는 곳이 없이 어떤 때는 호흡이 멈춘다. 즉 나가는 숨이 다할 때는 들어올 수 없으며, 들어오는 숨이 다할 때는 나갈 수 없다. 이 출입식이 약간 멈출 때를 현전(現前)이라고 말한다. 이러한 상황은 매우 조각이 난 것으로서 원만하지 못한 것이며, 일체에 두루 들어갈 수 없는 것이며, 일체에 두로 포섭되는 것이 아니다. 그러므로 원통한 법문으로 선택할 수 없다.

■
舌非入無端　因味生覺了　味亡了無有　云何獲圓通

■
혀에 들어가는 맛이 없으면 시작(느낌)이 없으며
맛으로 인하여 느끼고 아는 감각이 생하네.

만약 맛이 없으면 느끼고 아는 감각은 없으니
어찌 원통을 얻을 수 있겠는가?

■

이 혀는 들어가는 것에 속하며, 설입은 반드시 들어가는 맛이 있어야 비로소 맛을 알 수 있다. 만약 들어가는 맛이 없으면, 맛을 알 수 없다. 따라서 이 미진으로 인하여 비로소 느끼는 바가 있는 것이다. 만약 맛이 없으면 이 맛을 아는 것도 없다. 그러므로 어찌 원통법문으로 삼을 수 있겠는가?

■

身與所觸同　各非圓覺觀　涯量不冥會　云何獲圓通

■

몸은 접촉하는 대상[所觸]의 법문과 같으며
각각 원만한 각관이 아니네.
가장자리와 수량이 있어 말없는 가운데 서로 계합하는 것이 아니므로
어찌 원통을 얻을 수 있겠는가?

■

몸은 접촉하는 대상[所觸]의 법문과 같이 원만한 각관이 아니다. 그것은 가장자리, 끝이 있고 수량이 있으며, 말없는 가운데 서로 계합하는 것이 아니며, 또한 원통한 법문이 아니다.

■
知根雜亂思　湛了終無見　想念不可脫　云何獲圓通

■
아는 근은 어지러운 생각이 섞이는 것이며
청담하고 명료하에 마침내 견해가 없이
상념을 벗어날 수 없으니
어찌 원통을 얻을 수 있겠는가?

■
지근(知根)은 아는 것으로서 의근법진에 속한다. 아는 근은 어지러운 생각이 섞이는 것이며, 구경에 청담하고 명료하게 할 수 없는 것이다. 너에게 아직 망상이 있고 생각이 있어 벗어날 수 없으므로 어떻게 원통을 얻을 수 있겠는가?

3) 육식(六識)의 여러 방편을 선택하다

■
識見雜三和　詰本稱非相　自體先無定　云何獲圓通

■
식은 세 가지가 섞여 화합되어야 나타나며
본래의 체성을 물으면, 그것은 체의 모습이 없네.

자기의 본체는 일정함이 없으니
어찌 원통을 얻을 수 있겠는가?

■

識見雜三和 사리불 존자는 안식으로부터 깨달았다. 이야기가 식에 이르자 말하는데, 안에는 육근이 있고 밖에는 육진이 있다. 육근은 능히 아는(能知) 것에 속하고 육진은 모르는 것에 속한다. 이 육식은 마땅히 반은 지각하는 데에 속하고 반은 지각하지 못하는 데에 속한다. 따라서 육식·육근·육진 이 세 종류가 합성되어야 비로소 식이 있게 된다.

詰本稱非相 이 식의 모습은 당신이 만약 그것의 본래의 체성을 물으면, 그것은 체의 모습이 없는 것이다. 힐본(詰本)이란 근본의 모습을 묻는다는 뜻이다.

自體先無定 云何獲圓通 이 식의 자기의 본체는 일정함이 없다. 그러므로 어떻게 안식으로 원통법문을 닦겠는가?

■

心聞洞十方　生于大因力　初心不能入　云何獲圓通

■

마음으로 들어 시방세계를 통찰하여

큰 위음의 힘이 생겼네.
초심자는 들어갈 수 없으니
어찌 원통을 얻을 수 있겠는가?

◼

보현보살은 이식(耳識)으로부터 수행하였다. 그러나 마음이 들어 시방세계를 밝게 이해하여 큰 위음(威音)의 힘이 있게 되었다. 이것은 위음왕의 힘이며, 따라서 이러한 법문을 닦을 수 있다. 그러나 처음 발심한 사람은 이 법문을 닦고 싶어도 상응하지 못한다. 따라서 초심자는 도에 들어갈 수 없는데, 어떻게 원통법문에 속할 수 있겠는가?

◼

鼻想本權機　只令攝心住　住成心所住　云何獲圓通

◼

코끝의 흰점을 관하게 하는 법문은 본래 권교방편의 법문이며
단지 그로 하여금 산란한 마음을 수습하게 하네.
마음을 한 곳에 머물게 하여 머무는 바가 있으면
어찌 원통을 얻을 수 있겠는가?

◼

이것은 손타라난타 존자가 코끝의 흰점을 관하는 법문이다. 이것은 상상으로부터 닦는 것으로 권교방편의 법문이다. 하지만 이것은 단지

그로 하여금 산란한 마음을 수습하게 한 것이다. 이 관을 닦으면 그로 하여금 한 곳에 마음을 머물게 한다. 이미 머무는 바가 있으면 그것은 원통의 법문이 아니다.

■
說法弄音文　開悟先成者　名句非無漏　云何獲圓通

■
설법은 음성과 문자로 하지만
깨달음을 먼저 이룬 사람이 하는 것이네.
이름과 구절은 무루에 속하지 않으니
어찌 원통을 얻을 수 있겠는가?

■
부루나 존자는 설법이 설식으로 깨달은 근본이다. 그러나 설법을 하는 것은 음성이든 문자든지 깨달음을 먼저 이룬 사람이 하는 것이다. 그러나 경전의 이름과 구절은 유루의 법이다. 그러므로 원통법문이 될 수 없다.

■
持犯但束身　非身無所束　元非遍一切　云何獲圓通

■
계를 지니고 범하는 것은 단지 몸을 구속하는 것이며
몸이 없으면 구속할 바가 없으니
원래 일체에 두루 적용될 수 있는 것이 아니므로
어찌 원통을 얻을 수 있겠는가?

■
우바리 존자는 계를 잘 지녔는데, 계를 지니고 계를 범하는 것은 모두 몸과 마음을 구속하는 법문이다. 만약 몸이 없으면 이 몸과 마음을 구속할 필요가 없다. 이 법문은 원래 일체에 두루 적용할 수 있는 법문이 아니므로 원통법문이 될 수 없다.

■
神通本宿因　何關法分別　念緣非離物　云何獲圓通

■
신통은 본래 숙세의 인연이 있으며
법과 구별되며 아무런 관련이 없네.
생각이 인연하는 것은 사물을 떠나는 것이 아니므로
어찌 원통을 얻을 수 있겠는가?

■
목건련 존자는 신통제일로서 그는 의식을 닦았다. 의식으로 신통을 성취한 것이다. 신통이 있는 것은 본래 숙세의 인연이 있다. 따라서 금생에 신통이 있게 된 것이므로 신통과 법은 구별되어 서로 관련이 없는 것이다. 이 신통은 아직 생각하는 바가 있기 때문에 상념은 이러한 인연에 있으며, 사물을 떠나는 것이 아니고 원만한 것이 아니다. 그러므로 신통의 이 법문은 원통법문에 선택될 수 없다.

4) 칠대(七大)의 여러 방편을 선택하다

若以地性觀　堅礙非通達　有爲非聖性　云何獲圓通

만약 땅의 성질을 관찰해 보면
견고하고 막히며 통달하지 못하네.
이것은 유위의 법이며 성인의 흐름으로 들어가는 법문이 아니니
어찌 원통을 얻을 수 있겠는가?

若以水性觀　想念非眞實　如如非覺觀　云何獲圓通

수성관으로 말하자면

상상으로 수행하는 것으로 진실이 아니네.
여여한 체가 아니며 자연적인 각관이 아니므로
어찌 원통을 얻을 수 있겠는가?

■
若以火性觀　厭有非眞離　非初心方便　云何獲圓通

■
만약 화성관을 말하자면
싫어하고 떠나려는 마음을 내는 것은 진정한 떠남이 아니네.
이것은 초심자가 할 수 있는 방편이 아니므로
어찌 원통을 얻을 수 있겠는가?

■
若以風性觀　動寂非無對　對非無上覺　云何獲圓通

■
만약 풍성관을 말하자면
움직이고 고요함은 상대적인 법이 없는 것이 아니며
상대적인 법이 있으면 무상의 깨달음이 아니므로
어찌 원통을 얻을 수 있겠는가?

■
若以空性觀　昏鈍先非覺　無覺異菩提　云何獲圓通

■
만약 공성관을 말하자면
어둡고 둔함은 우선 깨달음의 법이 아니며
깨달음이 없는 것은 보리의 법과는 다른 것이므로
어찌 원통을 얻을 수 있겠는가?

■
若以識性觀　觀識非常住　存心乃虛妄　云何獲圓通

■
만약 식성관으로 말하자면
식을 관해 보면 이것은 상주하는 것이 아니며
마음을 간직하는 것은 곧 허망함에 속하므로
어찌 원통을 얻을 수 있겠는가?

■
諸行是無常　念性元生滅　因果今殊感　云何獲圓通

■
모든 행은 무상한 것이며
염불하는 성질은 원래 생멸하는 법이며
인과가 지금 다르게 느끼는데
어찌 원통을 얻을 수 있겠는가?

■
염불하는 데 있어서 당신이 능히 염하는 이 성질과 염해지는 이 성질은 모두 생멸법이다. 당신이 염할 때는 생하고, 염하지 않을 때는 멸한다. 생멸의 인으로 생멸하지 않는 원통을 구하기 때문에 이것은 인과 과가 서로 다르게 느낀다. 그러므로 염불법문도 원통에 선택될 수 없다.

5) 오직 이근원통(耳根圓通)을 선택하다

■
我今白世尊 佛出娑婆界 此方眞敎體 淸淨在音聞

■
저는 지금 세존께 말씀드립니다.
부처님께서 사바세계에 나타나신 것은
이곳에 진정한 가르침의 법인
청정함은 듣는 음에 있다는 이 법문을 펴기 위함이네.

欲取三摩提　實以聞中入　離苦得解脫　良哉觀世音

삼매에 들어가고자 생각한다면
실제로 돌이켜 자성을 듣는 가운데서 들어가네.
괴로움을 떠나는 것이 곧 해탈이며
좋구나! 관세음보살의 이 법문!

於恒沙劫中　入微塵佛國　得大自在力　無畏施衆生

항하사 겁 가운데서
미진같이 많은 불국토에 들어가
대자재의 힘을 얻어
중생들에게 두려움 없음을 베푸네.

妙音觀世音　梵音海潮音　救世悉安寧　出世獲常住

■
묘한 음성의 관세음보살
청정한 범음은 마치 바다의 파도 소리와 같네.
세계를 구제하시어 모두 안녕을 얻게 하시고
세상을 벗어나 상주불변의 자재함을 얻게 하시네.

■
我今啓如來　如觀音所說　譬如人靜居　十方俱擊鼓

■
저는 지금 세존께 아뢰옵니다.
관음보살께서 말한 바와 같이
비유하면 어떤 사람이 고요한 곳에 머무는데
시방에서 동시에 북을 치면

■
十處一時聞　此則圓眞實

■
시방의 소리를 동시에 들을 수 있는
이것이 원만한 진실성이네.

■

目非觀障外 口鼻亦復然 身以合方知 心念紛無緖

■

우리의 육안은 담 밖을 보지 못하고
입과 코도 또한 그러하네.
이 몸은 대상과 합하므로 비로소 감촉이 있으며
마음의 생각은 분분하여 두서가 없네.

■

隔垣聽音響 遐邇俱可聞 五根所不齊 是則通眞實

■

담장이 막혀 있어도 음향은 들리며
멀고 가까운 소리 모두 들을 수 있네.
기타의 다섯 가지 근은 원만하지 못하며
이것은 통하는 진실이네.

■

　　隔垣聽音響 遐邇俱可聞　이 이근은 장벽이 막혀 있어도 바깥의 소리를 들을 수 있다. 이 이근은 멀고 가까운 소리를 모두 다 들을 수 있다. 하이(遐邇)는 멀고 가까운 것을 뜻한다.

五根所不齊 是則通眞實 이근을 제외한 다섯 가지의 근은 모두 원만하게 다 갖추어지지 않다. 이것은 바로 통하는 진실에 속한다.

■

音聲性動靜 聞中爲有無 無聲號無聞 非實聞無性

■

음성의 성질은 움직임과 고요함이 있으며
듣는 가운데서는 있고 없음이 되네.
소리가 없음을 들리지 않는다고 말하지만
실재하는 들음은 듣는 성질이 없는 것이 아니네.

■

音聲性動靜 聞中爲有無 음성에는 움직임과 고요함이 있으며, 듣는 가운데는 있고 없음이 된다.

無聲號無聞 非實聞無性 소리가 없으면 비록 들림이 없다고 말하지만, 그러나 이 듣는 성질은 생하는 것도 없고 멸하는 것도 없다. 따라서 결코 실재하는 이 들음은 듣는 성질이 없는 것은 아니다.

■

聲無旣無滅 聲有亦非生 生滅二圓離 是則常眞實

■

소리가 없어도 듣는 성질은 사라지지 않으며
소리가 있어도 듣는 성질이 생하는 것은 아니네.
생하고 멸하는 두 가지를 원만하게 떠나는 것이
이것이 바로 상주불변하는 진실이네.

■

    聲無旣無滅 聲有亦非生 이 소리가 없어도 듣는 성질은 사라지지 않으며, 소리가 있어도 듣는 성질이 생하는 것이 아니다.

    生滅二圓離 是則常眞實 생하고 멸하는 두 가지가 없으면 원융하여 생하고 멸하는 성질을 떠난다. 따라서 이것이 바로 생멸성이 없는 상주불변하는 듣는 것의 진실함이다. 소리가 있거나 없거나, 소리가 생하거나 멸하거나, 듣는 성질은 끊어지지 않는 것은 일반인은 이미 이해하였다. 그러나 이 듣는 성질이 꿈속에서도 항상 있으며, 단멸하지 않는다.

■

縱令在夢想　不爲不思無　覺觀出思惟　身心不能及

■

설령 꿈속에 있어도 존재하며
생각하지 않더라도 의념이 없는 것은 아니네.

: 제 14 부 : 문수보살의 원통의 선택   179

듣는 성질의 각관은 사유함을 벗어나며
몸과 마음은 듣는 성질에 미치지 못하네.

今此娑婆國　聲論得宣明　衆生迷本聞　循聲故流轉

지금 이 사바세계에서는
음성에 의지하는 이 법문을 명백하게 논하네.
중생이 본래 갖추고 있는 듣는 성질을 미혹하여
소리를 따라 밖으로 향해 구하는 까닭으로 윤회하네.

阿難縱强記　不免落邪思　豈非隨所淪　旋流獲無妄

아난이 비록 널리 듣고 잘 기억하나
삿된 법에 떨어지는 것을 면하지 못하였네.
이것이 어찌 소리를 따라 떨어진 것이 아닌가?
만약 흐름을 돌이키면 허망함이 없음을 얻을 수 있네.

■
阿難汝諦聽　我承佛威力　宣說金剛王　如幻不思議　佛母眞三昧

■
아난아! 너는 깊이 들어라.
나는 부처님의 위신력을 이어받아
금강왕 삼매의 법문을 선설하노니
마치 환화와 같은 이 법문은 부사의하며
부처를 낳은 어머니의 참된 삼매이네.

如幻不思議 이 법문은 닦지 않으면서도 닦고, 닦으면서도 닦는 바가 없으며, 닦는 바가 없으면서도 닦는 것이다. 마치 연극을 하는 것 같지만 그러나 또 진실한 것이다. 묘한 점은 바로 이곳에 있다. 이것은 묘하여 불가사의하다. 생각해도 생각할 수 없는 것이다.

佛母眞三昧 이 삼매는 바로 부처님 어머니의 삼매이다. 모든 부처님은 이 삼매로부터 나오는 것이다. 이 삼매는 바로 불모(佛母)의 정이며, 부처의 모체이다. 따라서 성불하려면 주의 깊게 들어서 이 공부를 실행해야 한다.

■
汝聞微塵佛　一切祕密門　欲漏不先除　蓄聞成過誤

■
너는 미진같이 많은 부처님께서 설하신
모든 비밀한 법문을 들어라.
욕루를 먼저 제거하지 않으면
많이 들어도 과오를 이루네.

■
汝聞微塵佛 一切祕密門   너는 미진같이 많은 부처님께서 설하신 모든 비밀한 법문을 들어라. 부처님께 왜 비밀의 법문이 있는가? 왜냐하면 중생의 근성이 같지 않기 때문이다. 더욱이 과거생 가운데서 각자는 각자의 수행의 길이 있었기 때문이다. 따라서 부처님께서는 근기를 살펴서 어떤 공부를 하는 것이 좋을지를 보시고 가르치는 것이다.

欲漏不先除   비록 부처님께 갖가지의 비밀의 법문이 있지만, 너의 욕루가 제거되지 않으면, 무루를 얻을 수 없다.
나는 이전에 여러 번 무루에 대하여 설명한 적이 있다. 사과(四果)의 아라한을 증득하면, 바로 무루이다. 초과의 아라한은 견도위(見道位)라고 하며, 도를 보았으면 팔십팔품의 견혹을 제거해야 한다. 이과, 삼과는 수도위(修道位)라고 하는데 수행을 해야 하며, 도를 닦아야 하는 것이다. 사과의 아라한은 증도위(證道位)라고 한다. 이것을 증득하면 비로소 무루인 것이다. 이 무루는 가장 중요한 것이다.
왜 아난은 무루를 증득하지 못했는가? 바로 욕루를 제거하지 못했기 때문이다. 색욕·탐욕 등등의 마음으로 아직 청정하지 못한 것이다. 당신이 수행하는데, 만약 먼저 이런 탐욕·색욕의 마음을 제거하지 못하면, 불법에 대하여 상응하지 못할 것이다.

蓄聞成過誤 너는 단지 '많이 듣는' 법문을 수습하였기 때문에 이것이 너의 잘못이 되었다. 그래서 마등가녀의 난이 있게 된 것이다. 네가 아직 욕루를 제거하지 못한 것이다. 네가 만약 욕루를 제거한다면, 어떤 난도 없을 것이다. 우리가 아난과 같은 이러한 총명한 사람을 보면, 모두 이러한 결점이 있으며, 모두 이 욕루를 끊지 못한다. 지금 사람들은 욕루를 제거하지 못할 뿐 아니라 근본적으로 이 욕루를 따라 달려가며, 근본적으로 이 욕루를 제거하려고 생각하지 않는 것이다. 따라서 이러한 잘못은 더욱 크지 않은가?

이야기가 이곳에 이르러 우리 각자는 마땅히 회광반조하여 자기의 욕루가 있는지, 없는지를 살펴보아야 할 것이다. 만약 제거하려고도 생각하지 않는다면, 더 이상 할 말이 없다. 만약 제거하려고 생각한다면, 조속히 '돌이켜 자성을 듣는' 공부를 닦고, 관세음보살의 '이근원통'의 법문을 배워야 할 것이다.

將聞持佛佛　何不自聞聞

너는 이근(耳根)으로 부처님께서 설하신 불법을 수지하는데,
너는 어째서 스스로 '돌이켜 듣는 공부'를 닦지 않는가?

■

　　將聞持佛佛 何不自聞聞　이것은 무엇을 말하는가? 너는 너의 이 듣는 근[耳根]으로 부처님께서 설하신 불법을 수지하는데, 너는 어째서 스스로 '돌이켜 듣는 공부'를 닦지 않는가?

■

聞非自然生　因聲有名字　旋聞與聲脫　能脫欲誰名

■

듣는 것은 자연적으로 생기는 것이 아니며
소리로 인하여 비로소 듣는다는 이름이 있네.
들음을 돌이키면 소리를 벗어나니
소리를 벗어날 수 있으면 어떤 이름을 붙일 것인가?

■

　　聞非自然生 因聲有名字　너는 다시는 많이 듣는 것을 중시하고 선정을 소홀히 하지 말라. 이 듣는 것은 자연적으로 생기는 것이 아니다. 소리가 있기 때문에 비로소 듣는다는 이름이 있게 된다.

　　旋聞與聲脫　소리가 없을 때도 듣는 것이 있는가? 여전히 듣는 것은 있다. 이 듣는 성품은 생멸하는 성질이 아니기 때문에 너는 들음을 돌려야 한다. 너는 육진·육근의 경계를 따라 움직이지 말고 돌아와야 한다.

무엇이 너의 자성인가? 네가 들을 때 너 자신이 인식한다. 지금 너는 너의 자성을 듣지 못하고 있는데, 너는 모른다. 마치 내가 이 차를 마시는데, 이것이 뜨거운 것인지, 차가운 것인지 나는 알지만, 너는 모른다. 네가 너의 자성을 인식하고 싶으면 먼저 돌이켜 들어야 한다.

이 돌이켜 듣는 것은 어떻게 들어야 하는가? 마치 코로 냄새를 맡듯이 하는가? 아니다. 이것은 이근으로 듣는 것이다. 이근으로 듣되, 밖으로 향하여 거리에서 누가 이야기하는가, 어떤 차가 다니는가를 듣는 것이 아니다. 너의 안에 없다면 바깥에도 이러한 물건들이 없으며, 너의 자상도 현현할 것이다. 따라서 들음을 돌이키는 것은 소리와 이탈시키는 것이고, 바깥의 소리와 관계를 벗어나는 것이다.

能脫欲誰名 네가 만약 소리와 이탈시킬 수 있으면, 들어도 들리지 않으며, 듣지 않아도 들린다. 이것은 도대체 듣는 것인가, 듣지 않는 것인가? 백거이가 이곳에서 들으면 반드시 말할 것이다.

"강의를 할수록 더욱 묘하구나!" 들어도 듣지 못하고 듣지 않아도 들린다. 이것이 바로 "소리를 벗어난다[與聲脫]"라고 한다.

그러나 듣는 것이 비록 멀고 가까운 소리를 다 들을 수 있다고 말하지만 한계가 있다. 당신이 만약 '돌이켜 자성을 듣는' 이 들음을 얻게 된다면, 진정으로 이러한 경계를 얻게 된다면, 법계의 모든 소리를 다 들을 수 있다. 그러나 법계의 모든 소리를 또 듣지 않을 수도 있다. 자기가 통제할 수 있는 힘을 가질 수 있다. 즉 자기가 어떤 곳의 소리를 듣고 싶으면 들을 수 있고, 듣고 싶지 않으면 듣지 않을 수 있다는 것이다. 이것을 능탈욕수명(能脫欲誰名)이라고 한다. 이것은 어디에 이름이 있겠는가? 이름이 없다는 뜻이다. 듣는다는 이름조차도 없다는 것이다. 이것이 비로소 진정으로 듣는 것이다.

一根旣返源　六根成解脫　見聞如幻翳　三界若空花

하나의 근이 이미 근원으로 되돌아오면
육근이 해탈을 이루네.
보고 듣는 것은 마치 환화와 같은 눈병과 같으며
삼계는 마치 허공 가운데의 꽃과 같네.

　　一根旣返源　六根成解脫　하나의 근이 이미 반본환원되면, 그것의 근본으로 되돌아오면 육근은 해탈을 이루게 된다. 본원은 무엇인가? 바로 여래장성이다. 너의 하나의 근이 여래장성으로 돌아오면 너의 육근은 모두 같이 돌아오게 된다. 큰형님이 돌아오니 작은 형제들은 모두 그를 따라 돌아오는 것이다. 육근은 연대의 관계가 있다. 왜 그런가? 이것은 본래 하나이지만 여섯으로 나뉘어져 화합하는 것이다.
　　우리는 왜 성불하지 못하는가? 바로 육근·육진에 묶이기 때문이다. 따라서 지금 우리는 벗어날 방법을 찾아야 한다. 우리는 지금 행운이 극에 이르러 이 방법을 알게 되었기 때문에 우리도 이 길로부터 해탈할 수 있다.

見聞如幻翳 三界若空花 이 보는 것과 듣는 것은 본래 실재하는 것이 없다. 마치 환화와 같은 구름과 무지개와 같은 것이다. 삼계가 허공의 꽃과 같다. 마치 눈으로 허공을 오랫동안 직시하면 눈이 피로해져서 허공에 꽃이 생기는 것과 같은 것이다. 앞에서 허공은 대각 가운데서 생긴다고 하였다. 허공은 대각이라는 바다 가운데 하나의 물거품과 같다는 것이다.

聞復翳根除 塵銷覺圓淨 淨極光通達 寂照含虛空

듣는 것이 돌아오면 환화를 일으키는 근도 제거되며
육진의 경계가 소멸되면 깨달음의 성품도 원만하고 청정해지네.
청정함이 극에 이르러 광명이 통달되면
적적하게 비춤이 허공을 포함하네.

聞復翳根除 돌이켜 자성을 듣는 것을 문복(聞復)이라고 한다. 듣는 것이 돌아오면[聞復] 너의 이 환화를 일으키는 근도 제거된다.

塵銷覺圓淨 육진의 경계가 소멸되면 자성을 어지럽히는 앞의 대상이 없어지며, 너의 깨달음의 성품도 원만하고 청정해진다.

淨極光通達 寂照含虛空 깨달음의 성품이 원만하고 청정해지면, 청정함이 극에 이르러 광명이 통달된다. 바로 깨닫는 것이다. 이때가 정말로 적적하게 비춤이 허공을 포함한다. 네가 이러한[淨極光通達] 공부를 얻게 되면, 허공이 모두 너의 자성 속에 감싸진다. 너의 자성은 바로 대각의 성품이다. 이 대각성을 만약 얻게 되면, 얻는다[得]는 말을 할 수 없지만, 이것은 바로 본래 갖추고 있는 깨달음의 성품 위로 회복되는 것이며, 이때 허공은 모두 너의 성품 속에 포용된다.

▬

卻來觀世間 猶如夢中事 摩登伽在夢 誰能留汝形

▬

세간의 일을 관찰해 보면
마치 꿈속의 일과 같네.
마등가의 딸도 꿈속에 있는데
누가 너의 몸을 머물게 할 수 있겠는가?

▬

如世巧幻師 幻作諸男女 雖見諸根動 要以一機抽

▬

마치 세상의 교묘한 주술사가

허환(虛幻)으로 모든 남녀를 만들어내는 것과 같네.
비록 모든 근이 움직이는 것을 보지만
하나의 기관이 조종해야 하네.

▪

　如世巧幻師 幻作諸男女　마치 세상의 교묘한 주술사와 같다. 중국에서는 이전에 그림자 연극[皮影劇]이 있었는데, 창호지로 된 막 뒤에서 그림자를 비춰서 하는 연극이다. 당나귀 가죽으로 만든 사람을 끈으로 당겨가면서 연극을 하는데 정말 흥미롭다. 사람이 걷고 칼을 휘두르고 창으로 찌르고 하는 것 모두 막 뒤의 사람이 줄을 당겨가면서 하는 것이다. 이 교환사(巧幻師)가 바로 그림자 연극을 하는 사람과 같다는 것이다. 그 연극 안에서 모든 남녀를 환상과 같이 만들어낸다.

　雖見諸根動 要以一機抽　비록 그의 눈도 움직이고 입도 움직이고 손발이 움직이지만, 그것은 그것을 움직이는 기관이 있기 때문이다. 즉 줄을 조종하여 당기고 늦추고 하면서 그림자를 움직이게 하는 것과 같다.

▪

　息機歸寂然 諸幻成無性 六根亦如是

▪

기관이 정지되면 적연함으로 돌아가고

모든 환화로 이루어진 것은 자성이 없으며
육근도 또한 이와 같네.

■
息機歸寂然 諸幻成無性 만약 기관이 정지되면 아무것도 움직이지 않는다. 이 모든 환화의 물건은 자성이 없어 모두 없어진다. 문수사리보살께서는 이 문단에서 일체는 모두 환화(幻化)와 같다고 말한다. 그림자 연극에서 줄을 당기고 하는 사람이 동작을 멈추면 연극도 없어진다. 그것은 자성이 없기 때문이다.

六根亦如是 왜 꿈을 이야기하고 환상과 같은 연극을 말하는가? 왜냐하면 이 육근도 마치 연극을 조종하는 사람이 연극을 하는 것과 같다는 것이다. 이 또한 그것을 관리하는 하나의 기관이 있기 때문이다. 따라서 하나의 근이 청정해지면 육근도 해탈을 얻게 된다.

■
元依一精明 分成六和合 一處成休復 六用皆不成

■
원래 하나의 정명한 여래장성을 의지하여
나뉘어져 여섯의 화합을 이루었네.
한 곳이 쉬어져서 근원으로 돌아오면
여섯의 작용 모두 이루지 못하네.

元依一精明 分成六和合 본래 이 모두는 하나의 정명한 여래장성을 의지하는데, 여섯의 화합으로 나누어진 것이다.

一處成休復 六用皆不成 만약 한 곳이 쉬고 반본환원하면 육근의 작용은 모두 이루지 못한다. 휴식한다는 것은 풀리는 것이다. 한 곳의 맺힘이 풀어지면 기타의 근도 작용을 하지 못한다는 것이다.

塵垢應念銷　成圓明淨妙　餘塵尙諸學　明極卽如來

육근·육진의 오염된 때가 응하는 생각이 소멸되면
원명하고 정묘한 여래장성을 이루네.
남은 무명(번뇌)을 아직 다 닦아 끊어야 하며
밝음이 극에 이르면 바로 여래이네.

餘塵尙諸學 무명을 끊어도 여전히 미세한 무명이 남게 되는데, 이것이 일분의 생상(生相)무명이며, 여진(餘塵)이라고 한다. 이것은 모든 지위에 있는 보살들이 끊어야 하는 것이다.

明極卽如來 만약 밝음이 극에 이르면 이것이 바로 여래의 본체이다.

2

돌이켜 자성을 듣는 공부를 널리 권하다

■

大衆及阿難　旋汝倒聞機　反聞聞自性　性成無上道

■

대중과 아난은
돌아와서 너의 기(機)를 돌이켜 듣고
돌이켜 자성을 들으면
성품이 무상의 도를 이룰 수 있네.

■

旋汝倒聞機　너희들은 모두 돌이켜 자성을 듣는 공부를 닦아야 할 것이다. 너의 이 기(機)를 밖으로 달리지 말고 돌아와서 자기에게서 구해야 한다.

■

圓通實如是　此是微塵佛　一路涅槃門

■
이근원통의 도리는 실로 이와 같으며
이것은 미진수의 과거 부처님들께서
이 길로 열반의 문에 이르신 것이네.

■

圓通實如是   왜 이근원통을 말하는가? 이 또한 이근이 가장 닦기가 쉽고 가장 성공하기가 쉽기 때문이다.

화두참구

이곳에 이르러 말하는데, 너희들 중에 지금 어떤 사람은 공부를 하고 있을 것이다. 그러면 어떻게 하는 것이 "돌이켜 자성을 듣는다[反聞聞自性]."고 하는가? 이러한 공부는 또한 지금 우리들이 하는 참선의 공부이다. 참선을 하는데, 바깥으로 망상을 짓지 않아야 하며 회광반조해야 한다.

비유하면 우리들이 화두를 참구하는데, "염불하는 것이 누구인가[念佛是誰]?"를 참구한다면, 너는 이 "누구인가[誰]?"를 자기의 마음속에서 생각하며, 귀는 이 "누구인가[誰]?"를 들어야 한다. 바로 이 "누구인가[誰]?"를 찾으려고 추구하는 것이다. 또한 언제나 이 공부를 하면서 흩어지게 하지 말아야 한다.

네가 이 화두를 참구할 때 행주좌와에 모두 이것을 생각하는 것이다. 이것을 떠나게 되면 곧 잘못된 것이다. 이것은 무엇인가? 바로 "염불하는 것이 누구인가[念佛是誰]?"이다. 이것을 생각하면서 누구인가를 소리를 내지 말고, 마음으로 생각하고 귀로 마음속의 이 소리를 들어야 하며, 바깥의 소리를 들으면 안 된다.

이렇게 내면의 소리를 들으면서 오래되면 너의 마음과 너의 듣는 성품이 하나로 돌아갈 것이다. 이때 너는 무엇에 부딪치든지 혹은 무엇을 마주치게 되든지, 혹은 어떤 동작이 있게 되면 활연히 깨닫게 될 것이다. 너는 반드시 마음을 한 곳으로 통제하고 그것이 바깥으로 달려 나가지 않게 해야 한다. 안으로 모이게 해야 한다. 돌이켜 자성을 듣는 공부를 오래 하면 자연히 이 공부가 나오게 될 것이다.

따라서 화두를 참구하는 것도 "돌이켜 자성을 듣는[反聞聞自性]" 공부와 같은 것이다. 지금 우리들 각자는 이근으로 수행하는 것이 가장 쉽다는 것을 알았으니, 우리는 모두 정신을 집중해서 이런 공부를 닦아야 할 것이다.

此是微塵佛 一路涅槃門 이 원통법문은 관세음보살이 이 법문을 증득하였을 뿐 아니라 문수보살인 나도 이 법문의 원통 도리를 증득하였으며, 과거의 미진수의 부처님들도 모두 이 길로 열반의 문에 이르게 되었다.

■
過去諸如來 斯門已成就 現在諸菩薩 今各入圓明,

■
과거의 모든 부처님들도
이 문으로 이미 성취하였으며

지금의 모든 보살도
지금 각각 이 길로 원만한 깨달음으로 들어가네.

未來修學人 當依如是法 我亦從中證 非唯觀世音

미래의 불법을 배우고 닦는 사람은
마땅히 이 법문에 의지하여 수행해야 하며
나 또한 이 법문 가운데서 증득하였으며
오직 관세음보살만 이 법을 닦은 것이 아니네.

誠如佛世尊 詢我諸方便 以救諸末劫 求出世間人

진실한 이 법문 마치 부처님께서 하신 말씀과 같으며
부처님께서 저에게 모든 방편을 물으시니
말법시대의 세간을 벗어나려는
모든 중생을 구제하네.

成就涅槃心 觀世音爲最

열반의 마음을 성취하는 데는
관세음보살의 이근원통법이 가장 근기에 맞네.

自餘諸方便 皆是佛威神 卽事捨塵勞
非是常修學 淺深同說法

다른 모든 방편법문은
모두 부처님의 위신력으로
일을 만나 번뇌망상을 버리게 한 것이니
누구나 항상 수학할 수 있는 법이 아니며
얕고 깊은 것이 부처님의 설법과 같네.

自餘諸方便 이 이근원통을 제외한 그 밖의 법문은 모두 방편법문이다.

皆是佛威神 卽事捨塵勞 이 법문을 수련하는 대다수는 부

처님의 큰 위신력으로 가피를 입어야 비로소 성취를 얻을 수 있으며, 만약 부처님께서 그를 가피하지 않으면 성취할 수 없다. 따라서 이것은 모두 부처님의 위신력으로 그로 하여금 성공하게 하는 것이다. 이것은 바로 일을 만나[即事] 일체의 번뇌망상을 버리게 하는 것이다.

非是常修學 淺深同說法 이것은 보통의 사람이 쓸 수 있는 법문이 아니며, 설법도 인연을 보아야 하고 그 사람을 보아야 한다. 지혜가 있는 사람은 마땅히 깊은 법을 설하고, 어리석은 사람은 얕은 법을 설해 주어야 할 것이다. 따라서 같은 한 종류의 법을 설할 수는 없다. 오직 이 이근은 가장 원융한 법이며, 누구도 배울 수 있으며, 이 법문은 가장 원통한 법문이라고 생각한다.

▬

頂禮如來藏 無漏不思議 願加被未來 於此門無惑

▬

부처님과 법과
모든 현성승께 정례합니다.
부처님께서 미래의 중생들을 가피하셔서
이근원통의 이 법문을 의혹하지 않게 하소서.

▬

頂禮如來藏 無漏不思議 장(藏)이란 법이며, 부처님의 법을

: 제14부 : 문수보살의 원통의 선택

말한다. 무루부사의는 승(僧)을 뜻한다. 문수보살의 최후의 이 게송은 부처님께 정례하고, 법에 정례하고, 승에 정례하는 것을 말한다.

무루(無漏)는 승(僧), 즉 이들 보살과 아라한을 가리킨다. 이런 경계를 왜 부사의(不思議)라고 하는가? 왜냐하면 그들의 경계가 부사의하고 신통묘용이 부사의하기 때문이다. 무루부사의라고 한 것은 아라한과 보살을 포함한 일체의 현성승(賢聖僧)을 가리킨다.

願加被未來 於此門無惑　저는 부처님께서 미래의 중생을 가피해 주셔서 그들로 하여금 이근원통의 법문에 대하여 의혹하지 않게 하기를 원한다.

▬

方便易成就　堪以敎阿難　及末劫沈淪

▬

이 법문은 편리하고 성취하기 쉬우며
아난과 말법시대의 윤회에 떨어진 중생을
가르치기에 가장 좋네.

▬

但以此根修　圓通超餘者　眞實心如是

■

이근으로 원통법문을 수행하면
다른 스물네 가지의 방편법문을 뛰어넘으며
진실한 마음 이와 같네.

■

於是阿難及諸大衆, 身心了然, 得大開示. 觀佛菩提及大涅槃. 猶如有人因事遠遊, 未得歸還, 明了其家所歸道路. 普會大衆, 天龍八部, 有學二乘, 及諸一切新發心菩薩, 其數凡有十恒河沙, 皆得本心, 遠塵離垢, 獲法眼淨. 性比丘尼聞說偈已, 成阿羅漢. 無量衆生, 皆發無等等阿耨多羅三藐三菩提心.

■

이때 아난과 모든 대중들은 몸과 마음이 명백하게 이해하고 큰 가르침을 얻어 부처의 깨달음과 대열반을 관찰하였다. 마치 어떤 사람이 일 때문에 멀리 나갔다가 아직 집으로 돌아오지 않았지만, 그의 집으로 돌아가는 길을 명확하게 안 것과 같았다. 이 법회의 대중들과 천룡팔부, 유학과 이승(성문, 연각), 아울러 일체의 새로 발심한 보살들의 수가 십 항하사 수와 같이 많은 분들이 모두 본래의 진심을 얻어 먼지와 때(번뇌망상)를 멀리 떠났으며, 청정한 법안을 얻었다. 성(性) 비구니는 이 게송을 듣고 아라한과를 이루었다. 그리고 무량의 중생들이 무상정등정각의 마음을 발하였다.

■

性比丘尼　마등가의 딸이 출가한 후의 이름이다. 문수보살의 게송을 듣고 아라한과를 이룬 것이다.

阿耨多羅三藐三菩提心　번역하면 무상정등정각(無上正等正覺)이다. 바로 부처를 이루려는 마음이다.

十五

네 가지의 청정한 밝은 가르침

1
근본의 세 가지 무루학(無漏學)

阿難整衣服, 於大衆中合掌頂禮. 心跡圓明, 悲欣交集. 欲益未來諸衆生故, 稽首白佛. 大悲世尊! 我今已悟成佛法門, 是中修行得無疑惑. 常聞如來說如是言. 自未得度先度人者, 菩薩發心. 自覺已圓能覺他者, 如來應世 我雖未度, 願度末劫一切衆生. 世尊! 此諸衆生, 去佛漸遠, 邪師說法, 如恒河沙. 欲攝其心入三摩地. 云何令其安立道場, 遠諸魔事, 於菩提心得無退屈?

아난은 의복을 정돈하고 대중 가운데서 합장하고 부처님께 절하였다. 그의 마음은 명확히 이해하였으며, 슬픔과 기쁨이 교차하였다. 미래의 모든 중생을 돕기 위한 까닭으로 머리를 숙이고 부처님께 말하였다. "대자대비하신 세존이시여! 저는 지금 부처를 이루는 법문을 이미 이해하여 이 가운데의 수행에 의혹이 없습니다. 여래께서 이와 같이 하시는 말씀을 항상 들었습니다. 자기가 도를 얻지 못하고 남을 제도하려고 하는 것은 보살의 발심이며, 자기의 깨달음이 이미 원만하여 다른 사람을 깨닫게 할 수 있는 것은 여래께서 세상에 응하여 하시는 일입니다. 저는 비록 깨닫지 못했지만, 말법시대의 모든 중생들을 제도하려고 합니다. 세존이시여! 이 모든 중생들은 부처님으로부터 점점 멀어져서 삿된 스승이 법을 설하는 것이 항하사 수와 같이 많습니다. 일체중생들이 삼매에 들어가려면, 어떻게 도량을 안립하고 모든 마의 일을 멀리 떠날 수 있으며, 그리고 보리심에서 물러나지 않게 할 수 있습니까?"

■

心跡圓明, 悲欣交集 이때 아난의 마음은 명확하게 이해하여 이전처럼 그렇게 멍청하지 않게 되었다. 지금 그는 또 울고 싶기도 하고 웃고 싶기도 하였다. 즉 슬픔과 기쁨이 교차한 것이다. 따라서 비흔교집(悲欣交集)이라고 한 것이다. 슬픈 것은 무엇인가? 그는 자기가 방향을 잃고 깨달음의 열반과는 아직 거리가 먼 것이고, 기쁜 것은 이번에 진정한 불법을 이해하게 된 것이다.

自未得度先度人者, 菩薩發心 자기가 아직 제도되지 못하였지만, 먼저 남을 제도하려고 하는 것은 보살의 발심이다. 즉 자기가 아직 도를 얻지 못했어도 먼저 다른 사람을 교화하는 사람은 보살의 발심이라는 것이다.

自覺已圓能覺他者, 如來應世 자기의 깨달음이 이미 원만하여 다시 다른 사람을 깨닫게 하는 것은 부처님께서 이 세상에서 하시는 일이다.

此諸衆生, 去佛漸遠 말법의 일체중생들은 점점 부처님으로부터 멀며, 심지어 불법과도 멀어진다는 것이다.

邪師說法, 如恒河沙 말법의 시기에는 삿된 스승이 법을 설하는 게 항하사처럼 많다. 무엇이 삿된 스승인가? 자기가 이해하지도 못하면서 이해한다고 말하는 것이다. 깨닫지 못했는데도 깨달았다고 말하는 자이다. 과를 증득하지 못했는데 과를 증득했다고 말하는 자이다.

이러한 삿된 스승은 전문적으로 반연하는 마음을 가지고 맞지 않는 도리를 말한다. 비유하면 음욕은 잘못된 것인데, 그는 말하기를 "좋아, 이것이 가장 묘한 법문이야!"라고 그는 도리어 찬탄하는 것이다. 그래서 사람으로 하여금 진리를 찾지 못하게 하고 미혹되게 한다.

■

爾時世尊, 於大衆中, 稱讚阿難. 善哉, 善哉! 如汝所問安立道場, 救護衆生末劫沈溺. 汝今諦聽, 當爲汝說. 阿難大衆, 唯然奉敎.

■

이때 세존께서는 대중 가운데서 아난을 칭찬하였다. "좋구나, 좋구나! 네가 물은 바와 같이 어떻게 도량을 안립하여 말법시대의 생사에 빠진 중생을 구호할 것인가? 너는 지금 주의 깊게 들어라. 너를 위하여 설명할 것이다." 아난과 대중들은 "예, 그렇게 하겠습니다!"라고 대답하면서 가르침을 받들었다.

■

佛告阿難. 汝常聞我毗奈耶中, 宣說修行三決定義. 所謂攝心爲戒, 因戒生定, 因定發慧. 是則名爲三無漏學.

■

부처님께서 아난에게 이르셨다. "너는 내가 계율을 설하는 가운데서 수행의 세 가지 결정적인 뜻을 선설하는 것을 항상 들었을 것이다. 소위 마음을 수습하는 것이 계이며, 계로 인하여 정이 나오며, 정으로 인하여 지혜가 나온다. 이것이 바로 세 가지의 무루의 배움이다."

■

汝常聞我毗奈耶中, 宣說修行三決定義 비나야(毗奈耶)란 대·소승의 율장을 말한다. 이것은 계율을 설명한 것이다. 너는 항상 내가 계율의 도리를 설하는 것을 들을 때 나는 수행의 도리를 선설하면서 세 가지의 바꿀 수 없는 도리에 따라야 한다고 하였다.

所謂攝心爲戒 섭(攝)이란 섭지(攝持)하다는 뜻이다. 이 '섭(攝)'자는 마치 자석이 쇠를 끌어당기는 것과 같다. 우리의 마음은, 더욱이 반연하는 마음은 하루 종일 다른 사람의 주의를 끌고 다른 사람을 끌어들이려고 한다. 어떤 방법으로 돈 있는 사람에게 접근할까, 어떤 방법으로 권력 있는 사람에게 접근할까를 생각하는 것을 반연심이라고 한다. 이것은 섭심(攝心)이 없는 것이다.

섭심은 바로 반연심을 수습하여 돌아오게 하여 그것이 반연하지 않게 하는 것이다. 우리의 반연심은 생각생각이 멈추지 않는데, 지금 우리는 그것을 수습하여 한 곳으로 제지해야 한다. 우리가 깨닫지 못하는 것은 우리의 마음을 통제하지 못하기 때문이다. 따라서 섭심하는 것이 계라고 하는 것이다. 이 마음을 섭지하는 것이 바로 계이며, 또한 악을 그치고 잘못을 방비하는 방법이다.

因戒生定. 因定發慧 우선 계를 잘 지키면 정이 나올 것이다. 그러면 정 가운데서 진정한 지혜가 나온다. 마치 흙탕물을 움직이지 않고 담아두면, 물이 맑아진다. 물이 맑아지는 것은 흙과 먼지들이 모두 가라앉기 때문이다. 이것을 계로 인하여 정이 나온다는 것이다. 이 정은 바로 움직이지 않는 것이다. 당신이 만약 움직이지 않으면, 청정함이 극에 이르러 저절로 광명이 통달하게 되는 것이다. 즉 깨닫게 되는 것이다.

▬

阿難! 云何攝心, 我名爲戒?

▬

"아난아! 어찌하여 섭심을 계라고 이름하는가?"

1) 음욕을 끊어야 한다

■

若諸世界六道衆生, 其心不婬, 則不隨其生死相續. 汝修三昧, 本出塵勞. 婬心不除, 塵不可出. 縱有多智, 禪定現前, 如不斷婬, 必落魔道. 上品魔王, 中品魔民, 下品魔女. 彼等諸魔, 亦有徒衆, 各各自謂成無上道.

■

"만약 모든 세계의 육도중생이 그 마음이 음란하지 않으면, 생사의 상속을 따르지 않을 것이다. 아난 네가 삼매를 닦는 것은 본래 생사의 진로에서 벗어나기 위함이나, 음욕의 마음을 제거하지 못하면, 생사에서 벗어날 수 없다. 설령 네가 지혜를 가지고 있고 선정이 현전하더라도, 만약 음욕심을 끊지 않으면, 반드시 마도에 떨어진다. 상등으로는 육욕천의 마왕이 되고, 중등으로는 마의 백성이 되고, 하등으로는 마녀가 된다. 그들의 모든 마들도 또한 권속을 가지고 있으며, 각각 자기는 무상의 도를 이루었다고 말한다."

■

汝修三昧, 本出塵勞. 婬心不除, 塵不可出 아난 네가 삼매를 닦는 것은 본래 생사의 진로에서 벗어나기 위함이나, 음욕의 마음을 제거하지 못하면, 생사에서 벗어날 수 없다. 음욕심이 바로 진로(塵勞)이기 때문이다. 따라서 음욕의 행위를 하고 마음에 음욕의 생각을 가지고 있으면, 생사의 진로에서 벗어날 수가 없는 것이다. 네가 음욕심을 만약 제거하지 않고 도를 닦으려고 하거나 다시 깨달음을 열어 부처를 이루려고 하는 것은 도리에 맞지 않다. 음욕심을 가지고 깨달으려고 하는 것이 가장 어리석은 것이다. 이러한 사람이 가장 교화하기 어렵다.

　　縱有多智, 禪定現前, 如不斷婬, 必落魔道　설령 네가 지혜를 가지고 있고 선정이 현전하더라도, 만약 음욕심을 끊지 않으면, 반드시 마도에 떨어진다. 현전(現前)한다는 것은 공부에 성취한 바가 있다는 뜻이다.

　　彼等諸魔, 亦有徒衆, 各各自謂成無上道　그들의 모든 마(魔)도 권속이 있어 각각 자기가 무상의 도를 증득하였다고 말한다. 그들은 부끄러움을 모르고 말한다. "나는 부처다. 우리가 가장 높다." 사실 그는 본래 마(魔)이지만 그는 인정하지 않고 도리어 부처라고 말하는 것이다.

　　■
　　我滅度後, 末法之中, 多此魔民熾盛世間, 廣行貪婬, 爲善知識, 令諸衆生落愛見坑, 失菩提路.

　　■
　　"내가 열반에 든 후 말법시대에 이러한 많은 마의 백성들이 세간에 치성하여 널리 탐욕과 음욕을 행하면서 선지식이 되어, 많은 중생들을

: 제 15 부 : 네 가지의 청정한 밝은 가르침　　　　　　　　　　209

애욕의 구덩이로 떨어지게 하고, 깨달음의 길을 잃게 할 것이다."

■

廣行貪婬, 爲善知識 그들은 도처에서 음욕을 말하고 남녀를 불문하고 모두 음욕을 좋아한다. 그러면서 깨달으려고 하고 부처가 되려고 한다. 그래서 일반의 무지한 사람들은 그들의 말을 따른다. 그들의 말이 일리가 있어! 그렇게 생각하는 것이다. 특히 젊은 사람들은 그들의 입맛에 맞는 것이다. 그리하여 가짜 선지식이 되어 길을 안내하는데, 나중에 지옥에 떨어지면 어째서 지옥에 들어왔는지도 모른다. 이 얼마나 가련한 일인가!

令諸衆生落愛見坑, 失菩提路 모든 중생으로 하여금 애욕의 구덩이에 떨어지게 하며 깨달음의 길을 잃게 한다. 그래서 어디로 달려가는가? 바로 지옥으로 달려간다. 이 스승은 제자가 뒤따라 들어오는 것을 보고 말하였다. "어이, 왜 너도 따라왔는가? 이곳은 좋은 곳이 아니다." 제자가 말하였다. "당신이 먼저 가시니, 저는 당연히 당신을 따라왔지요. 당신은 저의 스승이니, 당신을 따라온 것 아닙니까?" 스승이 말하였다. "야, 너는 마땅히 나를 따라오면 안 돼! 이곳은 괴로움을 받는 곳이야!" (이때 어린아이의 웃음소리가 들려왔다.) 보세요, 어린아이도 압니다. (모두 웃었다)

■

汝敎世人, 修三摩地, 先斷心婬. 是名如來先佛世尊, 第一決定淸淨明誨. 是故阿難! 若不斷婬修禪定者, 如蒸沙石, 欲其成飯, 經百千劫只名熱沙. 何以故? 此非飯本, 沙石成故. 汝以婬身, 求佛妙果, 縱得妙悟, 皆是婬根. 根本成婬, 輪轉三途, 必不能出. 如來涅槃, 何路修證? 必使婬機身心俱斷, 斷性亦無, 於佛菩提斯可希冀. 如我此說, 名爲佛說. 不如此說, 卽波旬說.

■

"너는 세상 사람들에게 삼매를 닦게 하려면 먼저 마음의 음란함을 끊어야 한다. 이것이 여래와 과거의 모든 부처님께서 가르친 첫 번째의 결정적인 청정하고 명백한 가르침이라고 한다. 그러므로 아난아! 만약 네가 음욕심을 끊지 않고 좌선을 하는 것은 마치 모래를 쪄서 밥을 지으려는 것과 같아서 백천 겁이 지나도 단지 뜨거운 모래라고 이름할 따름이니 무엇 때문인가? 그것은 쌀이 아니고 밥을 만드는 근본 재료가 아니고 모래로 이루어진 까닭이다. 너는 음란한 몸으로 부처의 묘과를 구하면, 설령 미묘한 깨달음을 얻을지라도 이것은 모두 음란한 뿌리이다. 근본이 음란함으로 이루어졌기 때문에 삼악도에 떨어져 윤회하면서 반드시 벗어날 수 없을 것이다. 여래의 열반은 어떤 길로 닦아 증득하는가? 반드시 몸과 마음의 음기를 같이 끊어야 하며, 끊었다는 것을 아는 성품조차도 없어야 한다. 그러면 부처의 깨달음을 얻을 희망이 있을 것이다. 나와 같이 이렇게 말하는 것을 부처의 말씀이라 하며, 이러한 말과 같지 않으면 마왕 파순의 말이다."

■

보살도 사람을 사랑하는데, 그는 자비로 일체중생을 애호하며 음욕심이 없는 분이다. 마왕은 일체중생을 사랑하지만, 그는 전문적으로 애욕을 강조하고 음욕을 중시한다. 심지어 말하기를 "이 음욕심이 강할수록 빨리 깨닫는다."라고 한다. 이렇게 삿된 말로써 사람을 해친다. 그러나 보살이 사람을 사랑하는 것은 음욕심이 없는 것이다. 일체중생에 대하여 너와 나라는 분별이 없다.

　　是名如來先佛世尊, 第一決定淸淨明誨 이것이 여래와 과거의 모든 부처님께서 가르친 첫 번째의 결정적인 청정하고 명백한 가르침이라고 한다. 결정(決定)이란 바꿀 수 없다는 뜻이다. 음욕심은 반드시 없어야 한다는 것이다. 만약 음욕심이 있으면 마에 떨어진다. 당신이 만약 음욕심으로 깨달음을 얻으려고 한다면, 반드시 마왕의 권속으로 떨어질 것이다.

　　若不斷婬修禪定者 만약 네가 음욕심을 끊지 않고 매일 좌선을 하면, 이것은 한편으로 수행을 하면서 한편으로 새는 것이다. 일 분(分)을 닦아서 십 분(分)이 새고, 십 분(分)을 닦아서 백 분(分)이 샌다. 좌선을 해서 깨달으려고 하면서 또 음욕을 떠나지 못하고 전도된 즐거움을 찾으려고 하면 어떠한가?

　　如蒸沙石, 欲其成飯, 經百千劫只名熱沙 마치 모래를 쪄서 밥을 지으려는 것과 같아서 백천 겁이 지나도 단지 뜨거운 모래일 뿐이고 다른 것으로는 쓸 수 없다.

　　何以故? 此非飯本, 沙石成故 무엇 때문인가? 그것은 쌀이

아니고 밥을 만드는 근본 재료가 아니기 때문이다. 당신이 만약 음욕심을 끊을 수 있으면, 매일 남녀가 같이 있어도 문제가 없다. 무엇 때문인가? 음욕심이 없기 때문이다. 그러므로 남녀의 상이 없으며, 나라는 상, 남이라는 상, 중생이라는 상, 수명이 있다는 상이 없는 것이다.

이전에 어떤 사람이 깨달아 스승에게 찾아가 가르침을 청하였다. 그의 스승이 물었다. "네가 깨달은 것은 무엇인가?" 그가 말하였다. "이전에 저는 알지 못했는데, 지금 스님이 여인이라는 것을 알았습니다." 비구니 스님이 여자라는 것을 알았다는 것이다. 그의 스승은 불안(佛眼)으로 관찰해 보니, 그가 깨달은 것이다. 그래서 그에게 인가하면서 말하였다. "됐어!" 비구니 스님이 여자라는 것을 누가 모르겠는가? 그러나 당신이 만약 깨닫지 못했으면, 이런 말을 할 수가 없다. 그는 깨달았기 때문에 이런 말을 하는 것이다. 아울러 이것도 사람을 속일 수 없는 것이다. 그의 스승이 부처의 눈이 열렸기 때문에 그가 초과의 아라한을 증득하였다는 것을 알고 인가하여 말하였다. "이러하다!"

汝以婬身, 求佛妙果. 縱得妙悟, 皆是婬根 네가 마등가의 딸을 좋아한 것은 음란한 마음이 있을 뿐 아니라 또한 음란한 몸이 존재한다. 너는 이러한 음란한 몸으로 부처의 과위를 얻으려고 하는 것은 설령 이러한 미묘한 도리를 얻을지라도 이것은 여전히 너의 음란한 뿌리가 제거되지 않은 것이다.

根本成婬, 輪轉三途, 必不能出 너의 근본이 음욕심으로 이루어져 있어 장래 반드시 삼악도(지옥·아귀·축생)에 떨어져 윤회하면서 벗어나지 못할 것이다.

必使婬機身心俱斷, 斷性亦無, 於佛菩提斯可希冀 기
(機)란 매우 미세하며, 가장 적은 한 생각을 뜻한다. 음기(婬機)란 바로 무명이다. 너는 반드시 무명을 끊어야 하며, 몸의 음기도 끊어야 하고, 마음의 음기도 끊어야 한다. 너는 끊었다는 것을 아는 성품조차도 없어야 한다. 그러면 부처의 깨달음에 비로소 희망이 있을 것이다.

2) 살생을 끊어야 한다

■

阿難! 又諸世界六道衆生, 其心不殺, 則不隨其生死相續. 汝修三昧, 本出塵勞, 殺心不除, 塵不可出. 縱有多智, 禪定現前. 如不斷殺, 必落神道. 上品之人爲大力鬼, 中品卽爲飛行夜叉諸鬼帥等, 下品當爲地行羅刹. 彼諸鬼神亦有徒衆, 各各自謂成無上道.

■

"아난아! 그리고 세계의 육도중생이 그 마음에 살생하려는 마음이 없으면, 생사의 상속을 따르지 않는다. 네가 삼매를 닦는 것은 본래 진로(생사)에서 벗어나려는 것인데, 살생의 마음을 제거하지 않으면 생사에서 벗어날 수 없다. 설령 많은 지혜가 있고 선정이 나타나더라도, 만약 살생을 끊지 못하면, 반드시 귀신의 세계에 떨어질 것이다. 상등의 사람은 큰 힘이 있는 귀신이 되고, 중등으로는 하늘을 날아다니는 비행야차나 여러 귀신의 우두머리 등이 되며, 하등으로는 땅으로 다니는 나찰이 된다. 저 모든 귀신들도 거느리는 무리가 있으며, 각각 자기가

무상의 도를 이루었다고 말한다."

▬

　　如不斷殺, 必落神道　만약 네가 살생의 마음을 끊지 못하면, 장래에 반드시 신도에 떨어질 것이다. 신도(神道)란 바로 신이며, 혹은 천상에서 천왕·천주가 되거나 혹은 천상의 큰 힘이 있는 장군이 되거나, 혹은 야차·나찰 등이 된다.

▬

我滅度後, 末法之中, 多此鬼神熾盛世間, 自言食肉得菩提路. 阿難! 我令比丘食五淨肉, 此肉皆我神力化生, 本無命根. 汝婆羅門, 地多蒸濕, 加以沙石, 草菜不生. 我以大悲神力所加, 因大慈悲, 假名爲肉, 汝得其味. 奈何如來滅度之後, 食衆生肉, 名爲釋子?

▬

"내가 멸도한 후 말법의 시대에 이러한 많은 귀신들이 이 세계에 매우 성행하며, 그들은 스스로 말하기를 '고기를 먹어도 깨달음을 얻는다'고 할 것이다. 아난아! 내가 비구들에게 오정육을 먹게 하였는데, 이 오정육은 모두 부처님께서 신력으로 화생하게 한 것으로서 목숨의 뿌리[命根]가 없다. 너희들 바라문들이 사는 땅에 모래가 많고 물이 많고 돌이 많아서 풀과 채소가 자라지 못한다. 나는 대비의 신력으로 가호하며, 대자비의 마음 때문에 화현한 이러한 물건을 고기라고 거짓 이름하며, 너희들로 하여금 먹게 하는 것이다. 여래가 멸도한 후에 중생의 고기를 먹는 사람을 어찌 부처의 제자[釋子]라고 말할 수 있겠는가?"

多此鬼神熾盛世間 이러한 많은 귀신들이 이 세계에 매우 성행하는데, 이 모두 그들이 전생에 수행을 하였지만 살생의 계를 지키지 못하였기 때문에 귀신의 세계로 떨어진 것이다.

自言食肉得菩提路 자기는 남들에게 말하기를 깨닫고 성불하였다고 말하면서 "나도 고기를 먹는다. 고기를 먹어도 나와 같이 성불한다. 살생을 금할 필요가 없으며, 채식을 할 필요도 없다."라고 한다. 마치 아무개가 깨달았다고 말하면서 고기 먹고 술 마시고, 담배를 피우고 심지어 청년들을 데리고 마리화나를 피우고 마약을 하기도 한다. 이렇게 하면서 그는 깨달았다고 말하는데, 어찌 이러한 도리가 있겠는가? 정말로 전도된 중생이로다.

我令比丘食五淨肉 내가 비구들에게 오정육을 먹게 하였는데, 무엇이 오정육인가? 죽이는 것을 보지 않고, 죽는 소리를 듣지 않고, 나를 위하여 죽인 것이라는 의심이 없는 것이며, 짐승 스스로 죽은 것, 혹은 새들이 먹다가 남긴 것을 오정육이라고 한다.

此肉皆我神力化生, 本無命根 이 오정육은 모두 부처님께서 신력으로 화생한 것으로서 목숨의 뿌리[命根]가 없다. 무엇을 목숨의 뿌리라고 하는가? 바로 수명[壽], 따뜻함[暖], 식(識)을 말한다. 그들은 식이 없고, 따뜻함이 없다. 이것을 목숨의 뿌리가 없다고 말한다.

汝婆羅門, 地多蒸濕, 加以沙石, 草菜不生 바라문이란 청정한 행을 닦는 사람을 말한다. 너희들 바라문들이 사는 땅에 모래가 많고 물이 많고 돌이 많아서 풀과 채소가 자라지 못한다.

我以大悲神力所加, 因大慈悲, 假名爲肉, 汝得其味 나는 대비의 신력으로 가호하며, 대자비의 마음 때문에 화현한 이러한 물건을 고기라고 거짓 이름하며, 너희들로 하여금 먹게 하는 것이다.

奈何如來滅度之後, 食衆生肉, 名爲釋子 지금 나는 너희들에게 이런 고기를 먹게 하지만, 여래가 멸도한 후에 중생의 고기를 먹는 사람을 어찌 부처의 제자[釋子]라고 말할 수 있겠는가?

∎

汝等當知, 是食肉人, 縱得心開, 似三摩地, 皆大羅刹. 報終必沈生死苦海, 非佛弟子. 如是之人, 相殺相吞, 相食未已, 云何是人得出三界? 汝敎世人修三摩地, 次斷殺生. 是名如來先佛世尊, 第二決定淸淨明誨.

∎

"너희들은 마땅히 알아야 한다. 고기를 먹는 이런 사람이 설령 마음이 열려 삼매를 얻은 것 같지만, 그들은 모두 큰 나찰귀신으로서 목숨을 마친 후 반드시 생사의 고해에 떨어질 것이며, 부처의 제자가 아니다. 이와 같은 사람은 서로 죽이고 서로 삼키고 서로 먹기를 그치지 않은데, 이 사람이 어떻게 삼계를 벗어날 수 있겠는가? 너는 세상 사람을 교화하여 삼매를 닦으려면 다음으로 살생을 끊어야 한다. 이것을 여래와 과거 부처님들의 두 번째의 결정적인 청정하고 명확한 가르침이다."

■

是食肉人, 縱得心開, 似三摩地 내가 멸도한 후에 그들은 부처의 제자라고 사칭하면서 큰 입으로 고기를 먹고 술을 마시는데 거리낌이 없다. 그들이 설령 조그마한 경계를 얻거나 혹은 약간의 지혜가 생기면 마치 삼매를 얻은 것처럼 생각한다는 뜻이다.

皆大羅刹. 報終必沈生死苦海, 非佛弟子 보종(報終)이란 수명을 마친다는 뜻이다. 그러나 그들은 모두 큰 나찰귀신으로서 수명을 마친 후에는 반드시 생사의 고해에 떨어질 것이며, 이러한 사람들은 비록 스님의 옷을 입고 부처의 밥을 먹지만, 부처의 제자가 아니다.

如是之人, 相殺相吞, 相食未已 이러한 사람은 서로 살생하고 서로 삼키고 서로 먹기를 그치지 않았다는 것이다. 너는 나의 살을 먹고 나는 너의 고기를 먹으면서 이렇게 서로를 잡아먹는다. 이렇게 서로 빚을 갚기를 그칠 날이 없다. 왜 그런가? 당신이 만약 나의 고기를 먹으면 나는 너의 고기를 먹으려고 하며, 내가 너의 고기를 먹으면 너도 나의 고기를 먹으려고 하면서 그치지 않는 것이다.

云何是人得出三界 이런 사람이 어떻게 삼계를 벗어날 수 있겠는가?

■

是故阿難! 若不斷殺修禪定者, 譬如有人, 自塞其耳, 高聲大叫, 求人不聞, 此等名爲欲隱彌露. 淸淨比丘, 及諸菩薩, 於歧路行, 不踢生草, 況以手拔? 云何大悲, 取諸衆生血肉充食?

■

"그러므로 아난아! 네가 만약 살생을 끊지 않고 선정을 닦는 것은 비유하면 어떤 사람이 자기가 자기의 귀를 막고 큰 소리로 고함을 지르면서 다른 사람이 듣지 않기를 바라는 것과 같으며, 이러한 사람은 '숨기려고 할수록 더욱 드러난다'고 이름한다. 청정한 비구와 모든 보살은 길을 가면서 살아있는 풀도 밟지 않는데, 하물며 손으로 뽑을 수 있겠는가? 큰 자비심을 가진 사람이라고 말하면서 어떻게 중생의 피와 살을 먹을 수 있는가?"

■

若不斷殺修禪定者 만약 네가 살생을 끊지 못하면 자비심이 없으며, 자비의 종자를 끊게 된다.

自塞其耳, 高聲大叫, 求人不聞 자기가 자기의 귀를 막고 큰 소리로 고함을 지르면서 다른 사람이 듣지 않기를 바라는 것과 같다.

此等名爲欲隱彌露 이러한 행위를 하는 사람은 숨기려고 할수록 더욱 드러난다고 이름한다.

於岐路行, 不蹋生草, 況以手拔 기로(岐路)란 갈림길이라는 뜻이다. 갈림길을 가면서 살아 있는 풀도 밟지 않는데, 하물며 손으로 뽑을 수 있겠는가?

云何大悲, 取諸衆生血肉充食 큰 자비심을 가진 사람이라고 말하면서 어떻게 중생의 피와 살을 먹을 수 있는가?

▪

若諸比丘, 不服東方絲綿絹帛, 及是此土靴履裘毳, 乳酪醍醐. 如是比丘, 於世眞脫, 酬還宿債, 不遊三界. 何以故? 服其身分, 皆爲彼緣. 如人食其地中百穀, 足不離地. 必使身心, 於諸衆生, 若身身分, 身心二涂, 不服不食, 我說是人眞解脫者. 如我此說, 名爲佛說. 不如此說, 卽波旬說.

▪

"만약 모든 비구들이 동방에서 나는 누에고치에서 실을 빼내 짠 비단으로 만든 옷을 입지 않고, 아울러 이 땅에서 생산되는 가죽신과 가죽옷, 새의 가는 털로 만든 옷을 신거나 입지 않고, 그리고 우유와 우유에서 만든 낙과 제호 등을 먹지 않는다면, 이와 같은 비구는 이 세계에서 진정으로 해탈하여 모든 묵은 빚을 다 갚아서 다시는 삼계에 오지 않는다. 무엇 때문인가? 중생과 관계되는 그러한 옷을 입고 그러한 고기를 먹으면, 이것은 모두 중생의 몸(즉 생명)과 관계가 있기 때문이다. 마치 이전에 우리 인간이 땅에서 나는 백곡을 먹고 나서 발이 땅에서 떨어지지 않은 것과 같다. 반드시 몸과 마음으로 하여금 일체중생의 생명과 그들의 몸과 관계되는 이러한 업은 모두 지으면 안 된다. 몸과 마음에서 중생의 생명과 관련이 있는 옷을 입지도 않고 중생의 생명인 고기를 먹지도 않으면, 나는 이러한 사람을 진정하게 해탈한 사람이라고 말한다. 나와 같이 이렇게 말하는 것을 부처의 말씀이라고 하며, 이와 같이 말하지 않으면 마왕 파순의 말이다."

不服東方絲綿絹帛 모든 비구는 누에고치에서 실을 빼내 짠 비단으로 만든 옷을 입지 않는다. 이 모두 생명으로부터 만들어진 것이다. 그러나 보통의 면화로 만든 것은 여기에 포함되지 않는다.

及是此土靴履裘毳, 乳酪醍醐 그리고 이 땅에서 생산되는 가죽신과 가죽옷, 새의 가는 털로 만든 옷을 신거나 입지 않고, 그리고 우유와 우유에서 만든 낙과 제호 등을 먹지 않는다.
화(靴)는 부츠와 같이 목이 긴 구두를 말하고, 리(履)는 일반의 가죽신을 말한다. 구(裘)는 가죽 옷(조끼)을 뜻하며, 취(毳)는 새의 가는 털로 만든 옷을 말한다. 요즘으로 말하자면 오리털 파카와 같은 제품이다. 락(酪)은 우유로 만든 치즈를 말한다.
우유나 우유로 만든 제품은 이 경에서는 비록 먹는 것을 금지한다고 말하지만, 대·소의 계에서는 모두 반드시 금한다는 것이 없다. 이 경에서 이렇게 금한다고 말하는 것은 살생의 계를 매우 청정하게 지켜야 한다는 것을 지시한다. 따라서 중생과 이러한 인연관계가 있는 것은 사용하지 않는다는 것이다. 비단옷에는 누에의 생명과 관계가 있고, 심지어 꿀을 먹지 않는 것은 꿀에는 벌과 관계가 있는 것이다. 사실 계율 속에는 여전히 계를 여는 인연이 있다. 계를 여는 경우에는 반드시 이러한 것을 제한하는 것은 아니다. 여기서 이렇게 말하는 것은 만약 그러한 것을 사용하지 않는다면, 이것이 가장 청정하다는 것이다.

於世眞脫, 酬還宿債, 不遊三界 이와 같은 비구들은 이 세계에서 진정으로 해탈하여 모든 묵은 빚을 다 갚아서 다시는 삼계에 오지 않는다.

服其身分, 皆爲彼緣 중생과 관계되는 그러한 옷을 입고 그러한 식품을 먹으면, 이것은 중생의 몸(즉 생명)과 관계가 있다. 이것을 신분(身分)이라고 한다. 이 모두 축생과 인연을 맺게 된다는 뜻이다. 당신이 만약 축생이 되지 않으려고 한다면, 마땅히 그들과 이러한 관계를 끊어야 할 것이다.

如人食其地中百穀, 足不離地 마치 이전에 우리 인간이 땅에서 나는 백곡을 먹고 나서 발이 땅에서 떨어지지 않은 것과 같다. 우리 인간의 시초를 추구해 보면, 천상의 광음천(光音天)에서 온 것이다. 이전에 겁의 불이 지구를 다 태우고 나서 인간이 없었다. 얼마나 많은 시간인지 모를 정도 오랜 시간이 지나서 이때 광음천의 천인이 하늘에서 이 지구상으로 날아왔다. 이때 지구상에는 땅의 비옥함이 생겨 그들은 그것을 보고 냄새를 맡아보니 매우 향기로웠다. 그래서 그것을 먹었는데, 그러고 나서 하늘을 날 수 없게 되었다. 하늘로 날아갈 수 없게 되어 이 지구상에 머물게 된 것이다. 따라서 이 세계에서 번식하여 사람의 종이 되었다.

일반 사람들은 인간이 원숭이에서 변한 것이라고 말하는데, 그럼 어째서 다시 원숭이로 변할 수 없는가? 그들은 땅에서 나는 수많은 곡식과 과일, 채소들을 먹으니, 발이 땅에서 떨어지지 않고 걸어다니게 된 것이다.

必使身心, 於諸衆生, 若身身分 반드시 몸과 마음으로 하여금 일체중생의 생명과 그들의 몸과 관계되는 이러한 업은 모두 지으면 안 된다.

身心二途, 不服不食, 我說是人眞解脫者 몸도 살생을 하면 안 되고, 마음도 살생을 하면 안 되며, 중생의 생명과 관련이 있는 옷을 입어도 안 되고, 또한 중생의 생명인 고기를 먹어도 안 된다. 나는 이러한 사람을 진정하게 해탈한 사람이라고 말한다.

3) 훔치는 것을 끊어야 한다

阿難! 又復世界六道衆生, 其心不偸, 則不隨其生死相續. 汝修三昧, 本出塵勞, 偸心不除, 塵不可出. 縱有多智, 禪定現前. 如不斷偸, 必落邪道. 上品精靈, 中品妖魅, 下品邪人, 諸魅所著. 彼等群邪, 亦有徒衆, 各各自謂成無上道.

■

"아난아! 또 세계의 육도중생이 그 마음에 훔치지 않으면, 생사의 상속을 따르지 않는다. 네가 삼매를 닦는 것은 본래 생사의 진로에서 벗어나기 위함인데, 훔치는 마음을 제거하지 않으면 생사에서 벗어나지 못한다. 설령 약간의 지혜가 있고 선정이 현전하더라도, 만약 훔치는 마음을 끊지 않으면, 반드시 삿된 도에 떨어질 것이다. 상품은 정령으로, 중품은 요괴로, 하품은 삿된 사람으로 떨어져 모든 귀매가 붙을 것이다. 저들의 모든 삿된 것들도 무리들이 있으며, 각각 스스로 무상의 도를 이루었다고 말할 것이다."

■

縱有多智, 禪定現前 '종유(縱有)'란 본래 없는 것인데, 가령 '있다면'이라는 뜻이다. 본래 이 사람은 지혜가 없는데, 그가 만약 진정한 지혜가 있으면 훔치지 않을 것이고, 음란하지 않을 것이며, 살생하지 않을 것이다. 진정한 지혜가 없기 때문에 음란함과 살생과 훔치는 것이 있게 된다. 여기서 '다지(多智)'라고 하는 것은 결코 지혜가 많다고 하는 뜻이 아니고, 얼마의 지혜가 있다는 것이다. 훔치려는 마음을 간직한 사람은 설령 약간의 지혜를 가지고 있고, 또 선정이 나타나더라도 언제나 자기를 높이는 아만의 지견을 가지게 된다.

如不斷偸, 必落邪道 만약 훔치는 마음을 끊지 않으면, 반드시 삿된 도에 떨어진다. 무엇을 삿되다고 하는가? 바로 정당하지 않은 것이다. 정당하지 않은 길은 빛나지 않는다.

上品精靈, 中品妖魅, 下品邪人, 諸魅所著 정령이란 요정과 신령한 괴물을 말하는데, 이것은 본래 그는 총명하게 보이지만, 실제로는 가짜인 것이다. 요매(妖魅)란 요정·요괴 등 기이하고 괴상한 것이며, 그도 신통을 가지고 있으며, 사람을 해칠 수 있다. 사인(邪人)은 삿된 사람을 말하며, 모든 영매가 그의 몸에 붙는다. 매(魅)란 귀매(鬼魅)를 말한다. 구반다도 귀매이다. 그런 귀신들이 사람의 몸에 붙어 말을 하고 법을 설한다. 이것을 사인(邪人)이라고 말한다. 중국에서 무당[巫醫, 巫婆, 跳神]이라고 부른다. 어째서 도신(跳神)이라고 하는가? 굿을 할 때 뛰는 것이다. 이런 사람은 전생에 물건을 훔쳤기 때문에 금생에 이러한 과보를 받는 것이다.

나는 미국에서 이러한 사람을 만난 적이 있는데, 그는 미국인이었다. 그는 자기가 예수라고 말하고 또 천주라고 말하였다. 조금 있다가 천주가 온다고 하면서 천주가 그의 몸에 붙어서 말을 하였다. 조금 후 또 예수가 온다고 하면서 그와 말하였다. 내가 너는 정말로 자기가 자기를 모르고, 이것은 완전히 마귀가 와서 장난을 부리는 것이라고 말하자, 듣기 싫은지 가버렸다. 왜 그는 이러한 업보를 가지게 되었는가? 그는 전생에 남의 물건을 훔쳤기 때문이다. 그래서 떨어진 것이다. 상품은 정령으로, 중품은 요괴로, 하품은 삿된 사람으로 떨어진다.

따라서 지금 『능엄경』의 이 경문을 대조해 보니, 부처님께서는 벌써 이 세상의 일체를 파악하고 상세하게 설명을 해 주시는 것이다. 그러므로 우리 모두는 『능엄경』을 듣고 이런 사실들을 인식해야 한다. 지금 '네 가지의 청정한 밝은 가르침[四種淸淨明誨]'을 강의하는데, 이것은 『능엄경』에서 매우 중요하고도 중요한 부분이다.

■

我滅度後, 末法之中, 多此妖邪熾盛世間, 潛匿奸欺, 稱善知識. 各自謂已得上人法, 詄惑無識, 恐令失心. 所過之處, 其家耗散. 我教比丘, 循方乞食, 令其捨貪, 成菩提道. 諸比丘等, 不自熟食, 寄於殘生, 旅泊三界, 示一往還, 去已無返. 云何賊人, 假我衣服, 裨販如來, 造種種業, 皆言佛法? 卻非出家具戒比丘, 爲小乘道. 由是疑誤無量衆生, 墮無間獄.

■

"내가 열반에 든 후 말법의 시기에 이러한 많은 요사한 무리들이 세간에 널리 성행하여 세간에 숨어 간사하게 남을 속이면서 선지식이라고 칭할 것이다. 각각은 자기는 이미 보살의 법을 얻었다고 말한다. 무식한 사람들을 속이고 미혹시키며, 두려워하게 하여 그들의 마음을 잃게 한다. 그들이 지나가는 곳은 각 가정의 재물을 소모시키고 흩어지게 한다. 내가 비구들에게 가르쳐 순서에 따라 걸식하게 하는 것은 그들로 하여금 탐하는 마음을 버리게 하여 깨달음의 도를 이루게 하는 것이다. 모든 비구들이 자기 스스로 밥을 지어 먹지 않고 생명을 유지하는데 의탁하여 삼계에 머무는 것은 한번 목숨을 마치고 돌아가면, 다시는 돌아오지 않으려는 것이다. 어찌하여 도적들이 거짓으로 나의 옷을 입고 여래의 불법을 팔면서 가지가지의 업을 짓고 이 모두 불법이라고 말하는가? 도리어 그들(도적이라고 지칭받는 비구)은 출가하여 구족계를 받은 비구를 소승의 도를 행한다고 비방한다. 이러한 까닭으로 무량의 중생들을 의혹하고 그르치게 하여 무간지옥에 떨어지게 한다."

이러한 마귀들을 나는 이전에 많이 만났다. 그런데 서방 사람은 이러한 기괴한 일을 모르고 있는데, 이것은 결코 중국인이 귀신의 존재를 믿기 때문에 이런 일들이 있는 것이 아니다. 이것은 시간이 오래되면 이 천지간에 기괴한 일들이 많고도 많다.

我滅度後, 末法之中, 多此妖邪熾盛世間 부처님께서 말씀하시기를 "내가 열반에 든 후에 말법의 시기에 이러한 요사한 것들이 도처에 많을 것이다."라 하셨다. 우리는 볼 수 없기 때문에 그러한 것을 믿지 않는다. 이 세상에 우리는 볼 수 없는 일들이 많다. 완전히 우리들이 친히 볼 수 있기를 기다리려면 이 일생 동안 다 보지 못할 것이다. 이러한 부정당한 요사한 사람들이 세간에 치성할 것이다.

潛匿奸欺, 稱善知識 잠(潛)이란 잠복하여 숨는다는 뜻이며, 닉(匿)이란 은닉하며 다른 사람들이 알지 못하게 비밀리에 한다는 것이다. 간기(奸欺)란 간사하게 남을 속이는 것이다.

各自謂已得上人法 각각은 자기는 이미 보살의 법을 얻었다고 말한다. 상인(上人)이란 보살을 가리킨다. 불교에서는 비록 당신이 불보살이 오신 분이라도 살아 있는 동안에는 자기를 말할 수 없다. "나는 부처다, 나는 보살이며, 나는 나한이다!" 이렇게 말할 수 없는 것이다. 이렇게 말하는 것은 바로 마귀가 온 것이다. 만약 불보살이 오신 분이라면 목숨을 마칠 때 사람들이 알게 하는 것은 무방하다. 죽기 전에는 자기가 누구인지를 사람들이 알게 하면 안 된다. 당신이 자

기는 보살이라고 말하는 것은 무슨 뜻인가? 왜 자기는 나한이라고 칭찬하려고 하는가? 이것은 사람들로 하여금 자기를 믿게 하려고 하는 것이다. 나를 믿으라는 것은 무슨 뜻인가? 사람으로 하여금 돈을 보시하라는 것이다. 이것이 바로 일종의 반연(攀緣)이다. 만약 반연이 아니라면 당신이 보살이라고 다른 사람에게 알려 무엇 하겠는가?

이전 중국 천태산 국청사에 풍간(豊干) 스님과 한산(寒山)·습득(拾得)의 이야기는 널리 알려져 있다. 국청사의 방장스님이셨던 풍간 스님은 아미타불께서 오신 분이고, 한산·습득 스님은 문수보살과 보현보살께서 오신 분이었지만, 입적하실 때 비로소 알게 된 것이다.

訛惑無識, 恐令失心 현혹(訛惑)이란 속이고 미혹시키는 것이다. 무식한 사람들을 미혹시키는 것이다. 이러한 일을 나는 많이 보아왔다. 그중에 하나의 일이 있는데, 내가 중국 동북지방에 살 때 유금동이라는 사람이 있었다. 그때는 일본이 점령할 시절이라 그의 무리들이 천하에 가득하였다. 사람마다 그가 누구라고 말했는가? 황제라고 말하였다. 장차 일본이 물러가면 그가 황제가 될 것이라고 하였다. 사람마다 많은 돈을 주고 높은 관직을 사고 승상자리를 사고 장관자리를 샀다. 그가 이것을 말하니 일반인들은 이것을 믿은 것이다. 그러나 당신이 그들에게 참된 법을 이야기하면서 살생하지 말라, 훔치지 말라, 사음하지 말라고 말하면 그들은 믿지 않는다. 여기서 공령실심(恐令失心)이란 두려워하게 하여 마음을 잃게 한다. 즉 지혜가 없게 한다는 뜻이다.

所過之處, 其家耗散 그가 지나가는 곳은 돈이 많이 생기는

데, 그가 이르는 곳은 사람들의 가정의 재산이 모두 그의 주머니로 들어가기 때문에 소모되고 흩어진다[耗散]고 한 것이다.

我敎比丘, 循方乞食, 令其捨貪, 成菩提道 내가 비구들에게 가르쳐 순서에 따라 걸식하게 하는 것은 그들로 하여금 탐하는 마음을 버리게 하여 깨달음의 도를 이루게 하는 것이다.

諸比丘等, 不自熟食, 寄於殘生, 旅泊三界, 示一往還, 去已無返 모든 비구들이 자기 스스로 밥을 지어 먹지 않고 생명을 유지하는 데 의탁하여 삼계에 머무는 것은 한번 목숨을 마치고 돌아가면, 다시는 돌아오지 않으려는 것이다.

云何賊人, 假我衣服, 裨販如來, 造種種業, 皆言佛法 어찌하여 도적들이 거짓으로 나의 옷을 입고 여래의 불법을 팔면서 가지가지의 업을 짓고 이 모두 불법이라고 말하는가? 그들은 도처로 다니면서 말하기를 "나는 법사이며, 경을 강의하니 여러분은 나를 믿으시오!"라고 한다. 그러면서 단지 재물을 모을 줄만 알고 화주의 인연을 구할 줄만 안다. 그러면서 말하기를 "이 모든 것은 불법입니다. 당신이 춤을 추는 것도 불법이고, 술을 마시는 것도 불법이고, 음악을 연주하는 것도 불법이며, 이 모두 부처님의 팔만사천 법문 가운데 하나입니다."라고 한다. 그가 말하는 것은 조리가 맞으며 재미가 있다. 담배를 피우는 것도 불법에 부합되고, 술을 마시는 것도 불법에 부합하고 도박을 하는 것도 불법이라고 한다. 심지어 일체가 모두 문제없다고 한다.

卻非出家具戒比丘, 爲小乘道 도리어 그들(도적이라고 지칭받는 비구)은 출가하여 구족계를 받은 비구가 아니며, 소승의 도를 행한다. 그는 반연하는 마음으로 사람들과 사회관계를 맺는 것을 소승법을 행하는 것이라고 한다.

由是疑誤無量衆生, 墮無間獄 이러한 까닭으로 무량의 중생들을 의혹하고 그르치게 하여 무간지옥에 떨어지게 한다.

■

若我滅後, 其有比丘, 發心決定修三摩提, 能於如來形像之前, 身然一燈, 燒一指節, 及於身上爇一香炷. 我說是人無始宿債, 一時酬畢, 長揖世間, 永脫諸漏. 雖未卽明無上覺路, 是人於法已決定心. 若不爲此捨身微因, 縱成無爲, 必還生人, 酬其宿債. 如我馬麥, 正等無異.

■

"만약 내가 열반에 든 후 출가한 비구가 발심하여 선정을 닦으려고 마음에 결정하면, 여래의 형상 앞에서 몸에 하나의 등을 밝히거나, 하나의 손가락 마디를 태우거나, 몸 위에서 하나의 향을 사르거나 해야 한다. 나는 말하노니, 이러한 사람은 무시이래의 숙세의 빚을 일시에 다 갚고, 길이 세간을 하직하며, 영원히 모든 루에서 벗어나게 될 것이다. 비록 즉시 무상의 깨달음의 길을 이해하지 못할지라도, 이 사람은 불법에 대하여 물러나지 않는 결정적인 마음을 가지게 된다. 만약 몸 위에서 향을 사르고 등을 밝히며, 손가락을 태우는 이러한 몸을 버리는 작은 인을 짓지 않으면, 설령 무위의 도를 이루더라도 반드시 다시 인간으로 태어나 숙세의 빚을 갚아야 한다. 이것은 마치 내가 90일간 말먹이의 보리를 먹은 것과 같다."

■
身然一燈, 燒一指節, 及於身上爇一香炷 신연일등(身然一燈)이란 몸에 칼로써 살을 파서 기름을 부어 불을 붙여 밝히는 것을 말하며, 소일지절(燒一指節)이란 손가락을 한 마디 불에 태우는 것을 뜻하며, 설일향주(爇一香炷)란 팔에 향을 붙이고 불을 붙이는 것이다.

長揖世間, 永脫諸漏 장읍세간(長揖世間)이란 이 생을 마치고 다시는 이 사바세계에 오지 않는다는 뜻이다. 즉 영원히 다시는 이 세간에 와서 고통을 받지 않고 영원히 모든 루에서 벗어난다.

雖未卽明無上覺路, 是人於法已決定心 비록 즉시 무상의 깨달음의 길을 이해하지 못할지라도, 이 사람은 불법에 대하여 물러나지 않는 결정적인 마음을 가지게 된다.

若不爲此捨身微因, 縱成無爲, 必還生人, 酬其宿債 만약 몸 위에서 향을 사르고 등을 밝히며, 손가락을 태우는 이러한 몸을 버리는 작은 인을 짓지 않으면, 설령 무위의 도를 이루더라도 반드시 다시 인간으로 태어나 숙세의 빚을 갚아야 한다.

如我馬麥, 正等無異 이것은 마치 내가 90일간 말먹이의 보리를 먹은 것과 같다.

부처님께서는 어째서 90일 동안 말먹이 보리를 먹게 되었는가? 과거생에 부처님께서는 범지산에서 범지가 되어 오백 명의 동자를 거느리고 수행하였다. 이때 부처님께서 세상에 출현하여 탁발을 나가게 되었다. 왜냐하면 절에 병이 있는 비구가 있어 걸식을 못하기 때문에 그 당시의 부처님께서는 비구들에게 조금 더 밥을 탁발하여 병이 든 비구에게 주게 하였다. 비구가 탁발한 밥을 가지고 범지산을 지나가는데, 이 범지(즉 지금의 석가모니 부처님)는 밥의 향기를 맡고는 질투심이 생겨 말하였다.

"대머리 스님들이 어떻게 이렇게 맛있는 밥을 먹을 수 있는가?"

그리고 머리털이 없는 스님들은 단지 말이 먹는 보리나 먹을 수 있지, 이런 밥은 먹으면 안 된다고 말하였다. 그의 오백 명의 제자들도 그의 말에 부화뇌동하여 말하였다.

"맞아요! 그들은 마땅히 말들이 먹는 보리를 먹어야 합니다."

장구한 세월이 흐른 후 석가모니 부처님께서 성불하여 오백의 제자들을 데리고 어떤 나라에 가서 하안거를 하게 되었다. 이 나라의 국왕은 처음에는 환영하여 그들을 영접한 후 마음이 바뀌어 부처님과 제자 일행들을 공양하지 않게 되었다. 이때 말을 기르는 사람이 부처님과 그들의 제자들이 먹을 밥이 없는 것을 보고, 그래서 매일 말을 먹이는 보리를 공양한 것이다.

석가모니 부처님은 바로 당시의 범지산에서 수행하던 범지이며, 오백의 동자들은 지금의 오백의 아라한들이다. 그래서 금생에 비록 성불하였지만, 90일 동안 말이 먹는 보리를 먹게 되는 숙세의 빚을 받게 된 것이다.

汝敎世人修三摩地, 後斷偸盜, 是名如來先佛世尊, 第三決定淸淨明誨.

"너는 세상 사람을 가르쳐 선정을 닦게 하려면, 다음으로는 훔치고 도둑질하는 마음을 끊어야 한다. 이것이 여래와 과거 부처님들의 세 번째의 청정하고 명확한 결정적인 가르침이라고 이름한다."

是故阿難! 若不斷偸修禪定者, 譬如有人, 水灌漏巵, 欲求其滿, 縱經塵劫, 終無平復. 若諸比丘, 衣鉢之餘, 分寸不畜. 乞食餘分, 施餓衆生. 於大集會, 合掌禮衆. 有人捶罵, 同於稱讚. 必使身心二俱捐捨. 身肉骨血, 與衆生共. 不將如來不了義說, 迴爲已解, 以誤初學. 佛印是人得眞三昧. 如我所說, 名爲佛說. 不如此說, 卽波旬說.

"그러므로 아난아! 만약 훔치는 마음을 끊지 않고 선정을 닦는 것은 비유하면 물이 새는 병에 물을 부어 가득 채우려고 하는 것과 같아서, 미진수의 많은 겁을 지나더라도 끝내는 가득 채울 수 없을 것이다. 만약 모든 비구들이 옷과 발우 외에는 조금이라도 모으지 않으며, 걸식하고 남은 여분의 밥은 배고픈 중생들에게 보시하고, 큰 집회에서 대중들에게 합장하여 절하는데, 어떤 사람이 자기를 욕하면 칭찬을 하는 것과 같이 여기고, 반드시 몸과 마음으로 하여금 버리고 몸의 살과 뼈와 피

: 제 15 부 : 네 가지의 청정한 밝은 가르침

를 중생들에게 주며, 여래의 불요의설을 자기의 견해로 삼아 초학의 수행자를 그르치지 않으면, 부처는 이런 사람이 참된 삼매를 얻었다고 인증한다. 나와 같이 말하는 것을 부처의 말씀이라고 하며, 이와 같지 않은 말은 마왕 파순의 말이다."

必使身心二俱捐捨 반드시 몸과 마음으로 하여금 함께 버리게 해야 한다. 몸도 없고 마음도 없다. 마음에 아만의 마음이 없고, 몸도 교만한 태도가 없다. 진정으로 인욕을 닦는 비구는 누가 너를 욕하면 너는 노래 소리와 같이 여기거나, 혹은 너는 남을 욕하지 않는 것이다. 그가 너를 욕하면 그가 영어로 말한다고 생각하는 것이다. 너는 영어를 모르기 때문이다.

不將如來不了義說, 回爲已解, 以誤初學 부처님께서 말씀하신 불요의의 소승법을 자기의 견해로 삼지 않고 이것으로 초학들의 공부를 그르치게 하지 않는다는 뜻이다.

4) 거짓말을 끊어야 한다

阿難! 如是世界六道衆生, 雖則身心無殺盜婬, 三行已圓. 若大妄語, 卽三摩提不得淸淨, 成愛見魔, 失如來種. 所謂未得謂得, 未證言證. 或求世間尊勝第一. 謂前人言. 我今已得須陀洹果, 斯陀含果, 阿那含果, 阿羅漢道, 辟支佛乘, 十地, 地前諸位菩薩 求彼禮懺, 貪其供養.

■

"아난아! 이와 같은 세계의 육도중생이 비록 몸과 마음에 살생·도둑질·음욕이 없어 세 가지 행이 이미 원만할지라도 만약 큰 거짓말을 하면, 선정이 청정함을 얻지 못하고 애착의 마[愛魔]와 견해의 마[見魔]를 이루어 여래의 종자를 잃게 된다. 소위 말하기를 도를 얻지 못하고 얻었다고 말하며, 도를 증득하지 않고 증득하였다고 말하거나, 혹은 세간에서 자기가 존엄하고 우월하며 제일이라고 구하는 것이다. 자기 앞에 있는 사람에게 말하기를 나는 지금 이미 수다원과·사다함과·아나함과·아라한도를 얻었다거나, 혹은 벽지불승을 얻었다거나 십지보살, 또는 십지 전의 여러 보살의 과위를 얻었다고 하면서 그들의 예참을 구하거나 공양을 탐한다."

■

所謂未得謂得, 未證言證 도를 얻지도 못했으면서 얻었다고 말하며, 증득하지 못하고 도를 증득하였다고 한다.

或求世間尊勝第一 혹은 자기가 세간에서 제일이라고 선전하려는 것이다.

十地, 地前諸位菩薩 십지는 초지부터 십지까지의 보살을 뜻하며, 지전(地前)이란 초지보살 이전의 모든 보살의 과위를 뜻한다. 즉 십신·십주·십행·십회향 등의 보살을 말한다.

求彼禮懺, 貪其供養 그는 왜 자기가 부처이며, 혹은 보살이거나 아라한이라고 말하는가? 그의 뜻은 사람을 속이는 데 있다. 왜 사람을 속이는가? 바로 사람으로 하여금 자기를 믿게 하려는 것이다. 사람이 자기를 믿지 않으면, 거둘 돈이 없는 것이다. 공양을 탐하기 때문에 따라서 그는 거짓말하여 발설지옥에 떨어지는 것을 두려워하지 않는다.

지금 다른 것을 말할 것도 없이 세상에 벙어리가 있는데, 그는 왜 벙어리가 되었는가? 왜냐하면 거짓말을 너무 많이 했기 때문이다. 따라서 다시 사람이 되었을 때 말을 하지 못하게 된 것이다.

그리고 왜 앞을 보지 못하는 장님이 되는가? 왜냐하면 과거생에 남을 업신여겼기 때문이다. 그는 누구보다도 높고 누구보다도 총명하다고 생각하였다. 어째서 소리를 듣지 못하는 귀머거리가 되었는가? 과거생에 전문적으로 남들이 하는 말을 몰래 듣기를 좋아했기 때문이다. 지금 세상에 마치 스파이는 전문적으로 도청(盜聽)을 잘 하는데, 장래 귀머거리가 되지 않을까 걱정된다. 하지만 당신이 잘못을 알고 그러한 행위를 바꾸면 그런 과보를 받지 않을 것이다. 따라서 장님, 귀머거리, 벙어리가 되는 것은 모두 삼보를 비방하고 훼방하여 얻게 되는 과보이다.

■
是一顚迦, 銷滅佛種. 如人以刀斷多羅木. 佛記是人, 永殞善根, 無復知見, 沈三苦海, 不成三昧. 我滅度後, 勅諸菩薩及阿羅漢, 應身生彼末法之中, 作種種形, 度諸輪轉. 或作沙門, 白衣居士, 人王宰官, 童男童女, 如是乃至婬女寡婦, 姦偸屠販, 與其同事, 稱讚佛乘, 令其身心 入三摩地. 終不自言, 我眞菩薩, 眞阿羅漢. 泄佛密因, 輕言末學.

■

"이렇게 거짓말을 하는 사람은 일천제(一闡提)이며, 마치 사람이 칼로 써 다라목이라는 나무를 자르는 것과 같다. 부처는 이런 사람은 영원 히 선근을 끊고 다시 지견이 없어(즉 지혜가 없어) 삼악도의 고해에 빠져서 삼매를 이루지 못할 것이라고 수기한다. 내가 열반에 든 후 모든 보살 과 아라한들에게 명하여 응화신으로 저 말법 가운데 들어가 갖가지의 형상으로 윤회에 빠진 모든 중생을 제도하게 한다. 혹은 사문·거사· 인왕·재관·동남·동녀가 되거나 내지 음녀·과부가 되거나, 혹은 강간하고 도둑질하고 도살하고 장사를 하는 사람이 되어 그들과 함께 일하면서 불승을 칭찬하여 그들로 하여금 몸과 마음이 선정에 들어가 게 한다. 그러나 그들은 끝내 스스로 내가 진짜 보살이라거나 아라한 이라고 말하여 부처님의 비밀한 인을 누설하여 말학들에게 경솔하게 말하지 않는다."

■

是一顚迦 이렇게 거짓말을 하는 사람은 일천제(一闡提)와 같다 는 것이다. 일전가(一顚迦)란 바로 일천제(一闡提)를 뜻한다. 이것은 선근 을 끊는다[斷善根]고 번역한다. 선근을 끊으면 악근이 당연히 자랄 것 이다.

如人以刀斷多羅木 마치 사람이 칼로써 다라목이라는 나무

를 자르는 것과 같다는 것이다. 다라목은 한 번 자르면 다시는 자라지
않는다고 한다.

　　佛記是人, 永殞善根, 無復知見, 沈三苦海, 不成三昧
부처는 이런 사람은 영원히 선근을 끊고 다시 지견이 없어(즉 지혜가 없
어) 삼악도의 고해에 빠져서 삼매를 이루지 못할 것이라고 수기한다.

　　應身生彼末法之中　그들은 응화신으로 말법시대에 저 사바
세계로 가서 태어난다는 뜻이다.

　　作種種形, 度諸輪轉　그는 사람이나 축생이나 혹은 갖가지
의 형상으로 변하여 중생을 수순하면서 일체의 중생을 널리 제도한
다. 보살은 마찬가지로 축생이 되기도 하는데, 보살도를 행하여 그러
한 축생들을 교화하러 가는 것이다.

　　白衣居士　출가하지 않고 삼보를 호지하는 사람을 가리킨다.
어째서 거사라고 하는가? 거사는 삼보를 호지하려는 것이다. 출가인
은 자기가 농사를 짓지 않으므로 재가의 거사가 공양을 해야 한다.

　　與其同事　보살과 아라한은 왜 이러한 사람이 되는가? 그는 이
런 류의 사람을 제도하려고 생각하기 때문이다. 이런 사람을 제도하
려면 반드시 사섭법(四攝法)을 사용해야 한다. 사섭법은 보시하고[布施],
남을 칭찬하며[愛語], 다른 사람을 이롭게 하며[利行], 함께 일하는[同事]
것이다. 동사란 그가 무엇을 하면, 당신도 그것을 하는 것이다. 비유하

면 보살이 음녀(淫女)를 제도하려고 한다면, 이 기녀가 매우 선근이 있어 지금 기연이 성숙되었으면, 마땅히 그녀를 제도해야 한다. 마치 본 경에 마등가의 딸이 음녀였지만 기연이 성숙하여 아난 존자가 기수급고독원으로 돌아오는데, 그녀도 쫓아왔다. 쫓아오자 부처님께서 한 번 그녀에게 법을 설하시자 삼과의 아라한을 증득한 것이다. 이후에 다시 사과의 아라한을 증득하였다. 그러면 보살도 음녀로 변하여 가서 음녀를 제도해야 한다. 왜냐하면 그녀들과 동류, 친구가 되어야 그들도 말을 하고 모두 믿게 될 것이다.

泄佛密因, 輕言未學 왜 그들은 마땅히 부처님의 이러한 비밀한 인을 누설하면 안 되는가? 죽을 때는 자기의 내력을 밝힐 수 있지만, 죽지 않을 때는 누설하면 안 된다. 만약 당신의 내력을 누설한다면 조속히 입적해야 한다. 만약 입적하지 않으면 귀찮은 일들이 많게 된다. 경언(輕言)이란 경솔하게, 아무렇게나 말하는 것을 뜻한다.

▬

唯除命終, 陰有遺付. 云何是人惑亂衆生, 成大妄語? 汝教世人修三摩地, 後復斷除諸大妄語. 是名如來先佛世尊, 第四決定淸淨明誨.

▬

"오직 목숨을 마칠 때 은밀하게 부촉을 하는 것은 제외한다. 그러므로 어떻게 이 사람이 중생을 미혹시키고 어지럽게 하면서 큰 거짓말을 할 수 있겠는가? 너는 세상 사람들에게 선정을 가르칠 때, 그 다음으로 다시 모든 큰 거짓말을 끊게 하여야 한다. 이것이 여래와 과거 부처님들의 네 번째의 청정하고 명확한 결정적인 가르침이다."

■

唯除命終, 陰有遺付 오직 목숨을 마칠 때 은밀하게 자기의 가장 가까운 입실제자 한두 사람에게는 밝히는 것은 가능하다. 그러나 많으면 안 된다.

■

是故阿難! 若不斷其大妄語者, 如刻人糞爲栴檀形, 欲求香氣, 無有是處. 我敎比丘直心道場, 於四威儀一切行中, 尙無虛假. 云何自稱得上人法? 譬如窮人妄號帝王, 自取誅滅. 況復法王, 如何妄竊? 因地不眞, 果招紆曲. 求佛菩提, 如噬臍人, 欲誰成就?

■

"그러므로 아난아! 만약 큰 거짓말을 끊지 못하는 것은 마치 사람의 똥에 전단의 형상을 조각하여 전단향기를 찾으려고 하는 것과 같아서 이런 도리는 없는 것이다. 내가 비구들에게 곧은 마음을 가질 것을 가르치며, 행주좌와의 네 가지 모든 행위 가운데 헛되고 거짓된 행이 없게 하는데, 어떻게 스스로 보살의 법을 얻었다고 말할 수 있겠는가? 비유하면 가난한 사람이 함부로 제왕이라고 칭하여 스스로 주멸을 당하는 것과 같다. 하물며 법왕인 부처의 과위를 어떻게 망령되게 훔칠 수 있겠는가? 사람이 인지에서 수행할 때 행하는 것이 참되지 않으면, 결과에 이를 때 구부러짐을 초래하게 된다. 이런 사람이 부처의 깨달음을 구하는 것은 마치 자기가 자기의 배꼽을 물려고 하는 것과 같아서 어찌 그것이 이루어지겠는가?"

■

我敎比丘直心道場 여기서 비구는 재가의 거사도 포함한다. 나는 모든 비구들에게 곧은 마음을 가질 것을 가르친다. 네가 곧은 마음이면 곧 도량이다. 만약 마음이 곧지 않으면 마치 사람의 똥에 전단의 형상을 새기는 것과 같다.

因地不眞, 果招紆曲 네가 인지에서 수행을 할 때 참되게 행하지 않으면, 장래 결과를 얻게 될 때 구부러지게 된다. 즉 곡절이 많게 되어 곧바로 과를 증득하지 못한다. 참되지 않게 수행하면 아무리 많은 대겁의 기간 동안 수행해도 성취하기 어렵다는 것이다.

求佛菩提, 如噬臍人, 欲誰成就 네가 이렇게 전문적으로 큰 거짓말을 하면서 부처의 깨달음을 구하려고 하는 것은 마치 자기가 자기의 배꼽을 물려고 하는 사람과 같다. 이것이 어찌 성취될 수 있겠는가?

■

若諸比丘, 心如直絃, 一切眞實, 入三摩地, 永無魔事. 我印是人成就菩薩無上知覺. 如我所說, 名爲佛說. 不如此說, 卽波旬說.

■

"만약 모든 비구와 거사가 마음이 곧은 화살과 같아서 일체의 일에 있어서 진실하면, 삼매에 들어가는데 영원히 마의 장애가 발생하지 않을 것이다. 나는 이러한 사람은 보살의 무상의 깨달음을 성취할 수 있을 것이라고 인증한다. 나와 같이 말하면 부처의 말씀이며, 내가 말한 이러한 도리에 부합되지 않으면, 마왕 파순의 말이다."

2
마(魔)를 멀리 떠나다

■

阿難! 汝問攝心, 我今先說入三摩地, 修學妙門. 求菩薩道, 要先持此四種律儀, 皎如氷霜. 自不能生一切枝葉. 心三口四, 生必無因. 阿難! 如是四事若不遺失, 心尚不緣色香味觸, 一切魔事, 云何發生?

■

"아난아! 네가 마음을 섭수하는 법문을 물으니, 내가 지금 먼저 선정에 들어가는 수행의 묘한 법문을 말하였다. 보살의 도를 구하려면 먼저 이 네 가지의 율의를 지키기를 얼음과 서리와 같이 깨끗하게 하여야 자연히 일체의 가지와 잎이 생겨나지 않을 것이며, 반드시 마음속의 탐·진·치와 입의 네 가지 악이 생길 원인이 없어질 것이다. 아난아! 이와 같은 네 가지의 청정한 가르침을 유실하지 않는다면, 너의 마음속에서 색·향·미·촉 등의 모든 육진의 경계를 반연하지 않을 것이며, 그러면 일체의 마의 일들이 어떻게 발생할 수 있겠는가?"

心三口四, 生必無因 네 마음속에 탐·진·치의 세 가지가 일어나지 않을 것이며, 입에는 꾸미는 말·거짓말·악한 말·이간질 하는 말이 없게 될 것이다. 그것들은 반드시 일어날 수 있는 인연이 없다. 네가 계를 지니면서 이 네 가지의 청정하고 명확한 가르침을 진실하게 닦으면, 마음의 세 가지 악과 입의 네 가지 악이 일어날 원인이 없고 종자가 없다.

心尚不緣色香味觸, 一切魔事, 云何發生 너의 마음속에서 색·향·미·촉 등의 모든 육진의 경계를 반연하지 않을 것이며, 그러면 일체의 마의 일들이 어떻게 발생할 수 있겠는가? 일체의 마의 일들이 자연히 없어진다는 것이다.

十六

능엄신주
(楞嚴神呪)

1
능엄 도량을 세우는 법

若有宿習, 不能滅除. 汝敎是人, 一心誦我, 佛頂光明, 摩訶薩怛多般
怛囉, 無上神呪. 斯是如來無見頂相, 無爲心佛, 從頂發輝, 坐寶蓮華,
所說心呪.

"만약 중생이 숙세의 습기가 있으면 소멸할 수 없다. 너는 이 사람에게 가르쳐 일심으로 나의 불정광명, 대백산개의 무상의 신주를 독송하게 하여라. 이것은 여래의 보이지 않는 정수리의 모습으로서 무위의 마음 부처가 정수리로부터 광명을 발하며 보배의 연꽃에 앉아서 설하시는 신령스런 다라니이다."

若有宿習, 不能滅除 숙세란 전생을 말한다. 만약 중생이 숙세의 습기가 있으면 소멸할 수 없다.

摩訶薩怛多般怛囉, 無上神呪 마하란 크다는 뜻이고, 살달다반달라(薩怛多般怛囉)는 흰 일산으로 덮는다는[白傘蓋] 뜻이다. 이 큰 백산개는 너의 공부를 봐서, 너의 공부가 크고 높으면 네가 한 번 이 다라니를 읽으면 심지어 몇 천 리 이내의 사람들에게 모두 재난이 없게 된다. 만약 너의 공부가 작으면, 이 백산개는 너 자신의 머리 위에만 있고 너 자신만을 보호할 것이다. 네가 만약 도덕을 가진 대덕고승이라면, 한 번 읽으면 심지어 온 국가가 모두 이익을 얻을 것이며, 어떤 재난이 없을 것이다. 재난이 있어도 큰 재난은 작게 변화할 것이며, 작은 재난은 없어질 것이다.

    우리는 여기에서 능엄법회를 열어 많은 사람들이 부처님의 비밀한 법을 수습하고 있으니, 나는 전 미국이 모두 이익을 얻을 것이라고 믿는다. 하지만 이익을 받는다는 것을 그들이 모를 뿐이다. 우리는 지금 그들의 생명을 구하고 있지만, 그들은 어떻게 살아 있고 죽지 않은지를 모르는 것이다. 이것은 무형 중에 그들의 생명을 살리지만, 그들은 누가 자기를 구하는지 모른다. 따라서 이것이 바로 주는 사람도 없고 받는 사람도 없으니, 삼륜의 체가 공하다[三輪體空]는 것이다. 우리가 사람을 구하지만 또한 그들로부터 고맙다는 인사를 받을 필요가 없다. 이 주의 묘한 점이 바로 이런 것이다.

    斯是如來無見頂相, 無爲心佛 이 능엄주는 여래의 보이지 않는 정수리의 모습[無見頂相]이다. 일반 범부의 육안으로는 볼 수 없는 것이다. 이것은 무위의 마음부처이다. 세존의 머리 위에는 육계가 있는데, 석가모니 부처님의 정수리에는 화신의 여래가 있어 열 방향으로 백 가지 보배의 광명을 발한다.

■

且汝宿世與摩登伽, 歷劫因緣恩愛習氣, 非是一生及與一劫. 我一宣揚, 愛心永脫, 成阿羅漢. 彼尙婬女, 無心修行, 神力冥資, 速證無學. 云何汝等在會聲聞, 求最上乘, 決定成佛? 譬如以塵揚於順風, 有何艱險?

■

"그리고 너는 전생에 이 마등가의 딸과는 역겁의 오랜 인연이 있으며, 따라서 두 사람이 서로 은애하는 이러한 습기는 일 생이 아니며 또한 일 겁도 아니다. 내가 이 능엄주를 선설하자 그녀는 사랑하는 마음을 영원히 벗어버리고 아라한을 이루었다. 하물며 이 법회에 있는 너희들 성문들이 최상승의 깨달음을 구하면 반드시 성불할 수 있을 것이다. 비유하면 먼지가 순풍에 날리는 것과 같아서 무슨 어려움과 위험이 있겠는가?"

■

且汝宿世與摩登伽, 歷劫因緣恩愛習氣, 非是一生及與一劫 너는 전생에 이 마등가의 딸과는 역겁의 오랜 인연이 있으며, 따라서 두 사람이 서로 은애하는 이러한 습기는 일 생이 아니며 또한 일 겁도 아니다. 너무나 오랜 시간이다.

彼尙婬女, 無心修行, 神力冥資, 速證無學 그녀는 여전히 음녀로서 수행할 마음이 없었지만, 신주의 힘이 아무도 모르는 가운데 도와 그녀로 하여금 속히 아라한을 증득하게 하였다. 명자(冥資)란 묵묵한 가운데, 아무도 모르는 가운데 도와준다, 가피를 준다는 뜻이다.

云何汝等在會聲聞, 求最上乘, 決定成佛 여기서 운하(云何)는 '하물며'라는 뜻이다. 하물며 이 법회에 있는 너희들 성문들이 최상승의 깨달음을 구하면 반드시 성불할 수 있을 것이다.

譬如以塵揚於順風, 有何艱險 비유하면 먼지가 순풍에 날리는 것과 같아서 무슨 어려움과 위험이 있겠는가? 없다는 것이다.

∎

若有末世, 欲坐道場. 先持比丘淸淨禁戒. 要當選擇戒淸淨者, 第一沙門, 以爲其師. 若其不遇眞淸淨僧, 汝戒律儀必不成就. 戒成已後, 著新淨衣, 然香閒居, 誦此心佛所說神呪一百八遍, 然後結界, 建立道場. 求於十方現住國土無上如來, 放大悲光來灌其頂.

∎

"만약 말법의 시기에 도량을 건립하려고 할 때는 먼저 비구의 청정한 금계를 수지해야 하며, 마땅히 계율이 청정한 분을 선택하여야 하며, 청정한 제일의 사문을 자기의 스승으로 삼아야 한다. 만약 그 수행자가 진정으로 청정한 스님을 만나지 못하면, 너는 계율의 의식에서 성취할 수 없다. 계율을 받은 후 깨끗한 새옷을 입고 불전에서 향을 사른 후 한가하게 머물면서 이 심불(心佛)이 설하신 능엄신주를 108번 염송한다. 그런 연후에 다시 결계를 맺고 하나의 단을 건립한다. 그리하여 시방세계에서 지금 머무는 겁의 국토 중에서 모든 무상의 부처님께 자기를 가피하여 대자비의 광명을 놓으셔서 관정(灌頂)해 주실 것을 청하는 것이다."

■

若有末世, 欲坐道場 만약 말법의 시기에 도량을 건립하려고 하거나, 혹은 탑을 건립하고자 할 때는

先持比丘淸淨禁戒. 要當選擇戒淸淨者, 第一沙門, 以爲其師 먼저 비구의 청정한 금계를 수지해야 하며, 마땅히 계율이 청정한 분을 선택하여 제일의 사문을 자기의 스승으로 삼아야 한다.

若其不遇眞淸淨僧, 汝戒律儀必不成就 만약 그 수행자가 진정으로 청정한 스님을 만나지 못하면, 너는 계율의 의식에서 성취할 수 없다.

戒成已後, 著新淨衣, 然香閒居 계율을 받은 후 깨끗한 새 옷을 입고 불전에서 향을 사른 후 한가하게 거주하여야 한다. 즉 다른 일을 하지 말고 능엄신주를 염송해야 한다는 것이다.

誦此心佛所說神呪一百八遍 송(誦)이란 염송하는 것을 말한다. 이 심불(心佛)이 설하신 능엄신주를 108번 염송한다. 어째서 마음의 부처[心佛]라고 하는가? 이것은 보이지 않은 정수리의 모습으로 무위의 마음이 변화한 부처님께서 설하신 것이기 때문이다.

然後結界, 建立道場 그런 연후에 다시 결계를 맺고 하나의

단을 건립한다. 이것이 바로 도량(道場)이다. 결계(結界)란 바로 동서남북으로 도량의 경계를 정하는 것이다. 그러면 그 경계의 안으로는 천마외도가 들어오는 것을 금하는 것이다. 따라서 이 도량에는 마의 일이 발생하지 않을 것이다.

求於十方現住國土無上如來, 放大悲光來灌其頂 그리하여 시방세계에서 지금 머무는 겁의 국토 중에서 모든 무상의 부처님께 대자비의 광명을 놓으셔서 자기를 가피하여 관정(灌頂)해 주실 것을 청하는 것이다.

■

阿難! 如是末世淸淨比丘, 若比丘尼, 白衣檀越, 心滅貪婬, 持佛淨戒. 於道場中發菩薩願, 出入澡浴, 六時行道. 如是不寐, 經三七日, 我自現身, 至其人前, 摩頂安慰, 令其開悟.

■

"아난아! 이와 같이 말법의 시기에 청정한 비구, 혹은 비구니, 재가의 거사는 마음에 탐심과 음욕의 마음을 소멸하며, 부처님의 청정한 계를 수지하면서 도량 가운데서 보살의 원을 발한다. 출입을 할 때는 목욕하며 하루 밤낮의 육시로 도를 수행한다. 이와 같이 잠을 자지 않고 수행하기를 21일 동안 지나면, 내(석가모니 부처님)가 그 사람의 앞에 몸을 나타내어 친히 손으로 그에게 마정하고 안위하며, 그로 하여금 깨달음을 열게 할 것이다."

白衣檀越 단월의 단(檀)은 보시를 뜻하고 월(越)은 생사를 초월하는 것을 뜻한다. 단월은 삼보를 보호하는 사람이다.

於道場中發菩薩願 보살의 원이란 바로 사홍서원을 발하는 것이다.

出入澡浴, 六時行道 육시(六時)란 하루를 여섯 개의 시간으로 나눈 것이다. 도량에서 보살의 원을 발한 후 능엄신주를 염송하는데, 만약 나갔다가 다시 돌아올 때는 다시 깨끗이 목욕한다는 것이다. 21일 동안 밤낮으로 잠을 자지 않고 행도한다는 것이다. 육시행도(六時行道)란 네 시간은 앉아서 하고 네 시간은 걸으면서 하며, 다시 네 시간은 앉아서 염송하고 네 시간은 걸으면서 염송하는 것을 말한다.

如是不寐, 經三七日 이와 같이 잠을 자지 않고 21일 동안 염송한다는 뜻이다.

我自現身, 至其人前, 摩頂安慰, 令其開悟 그렇게 수행하면 내(석가모니 부처님)가 그 사람의 앞에 몸을 나타내어 친히 손으로 그에게 마정하고 안위하며, 그로 하여금 깨달음을 열게 한다.

阿難白佛言. 世尊! 我蒙如來無上悲誨, 心已開悟. 自知修證無學道成.

末法修行, 建立道場, 云何結界, 合佛世尊淸淨軌則?

■

아난이 부처님께 말하였다. "세존이시여! 저는 여래의 무상의 자비로운 가르침의 은혜를 입어 마음이 이미 깨달아 스스로 어떻게 수행하면 무학의 도를 증득하여 이를 수 있을 것인지를 압니다. 그러나 미래 말법의 시기에 만약 사람이 수행하려고 도량을 건립하려면, 어떻게 결계를 해야 세존의 청정한 규칙에 부합할 수 있겠습니까?"

■

佛告阿難. 若末世人願立道場, 先取雪山大力白牛, 食其山中肥膩香草. 此牛唯飮雪山淸水, 其糞微細, 可取其糞, 和合栴檀, 以泥其地. 若非雪山, 其牛臭穢, 不堪塗地. 別於平原, 穿去地皮五尺已下, 取其黃土, 和上栴檀, 沈水, 蘇合, 薰陸, 鬱金, 白膠, 靑木, 零陵, 甘松, 及鷄舌香. 以此十種細羅爲粉, 合土成泥, 以塗場地. 方圓丈六, 爲八角壇.

■

부처님께서 아난에게 말씀하셨다. "만약 말법의 시기에 세상 사람이 도량을 건립하고자 원한다면, 먼저 설산의 대력백우의 소가 그 산속의 기름지고 향기나는 풀을 먹고 오직 설산의 맑은 물만 먹으니, 그의 똥은 미세한데, 그 똥을 취하여 전단향과 섞어서 단을 만드는 땅에 바른다. 만약 설산의 소가 아니라면, 그 소의 똥은 냄새가 나고 더럽기 때문에 땅에 바를 수 없다. 그러므로 달리 평원에서 땅을 파서 오척(五尺)

아래의 황토를 취하여 전단·침수·소합·훈육·울금·백교·청목·
영릉·감송·계설향의 열 가지를 섞어서 미세하게 분말을 만들어 흙과
합하여 진흙을 만들어 땅에 바른다. 방원으로 일장육척(一丈六尺)의 크기
로 만들고 팔각의 단을 만든다."

壇心置一金銀銅木所造蓮華, 華中安鉢, 鉢中先盛八月露水. 水中隨安
所有華葉. 取八圓鏡, 各安其方, 圍繞花鉢. 鏡外建立十六蓮華, 十六香
爐, 間花鋪設, 莊嚴香爐, 純燒沈水, 無令見火.

"이 단의 중심에 금이나, 은이나, 동이나, 혹은 나무로 만든 연꽃을 하나
안치하고, 꽃의 가운데 발우를 놓는다. 발우 속에 먼저 8월에 받은 이슬
을 담은 물 가운데 모든 꽃잎을 넣는다. 그리고 여덟 개의 둥근 거울을 준
비하여 팔각형의 단의 여덟 방향에 놓고 꽃 발우의 바깥을 감싸게 한다.
거울 바깥에 열여섯 개의 연꽃을 만들어 세우고 열여섯 개의 향로를 연꽃
사이에 배치한다. 향로를 장엄하여 아름답게 꾸미고 향로 안에 단지 침
수향을 태우는데, 거울과 연꽃이 불을 보지 않게 하여야 한다."

取白牛乳, 置十六器, 乳爲煎餠, 幷諸沙糖, 油餠, 乳糜, 蘇合, 蜜薑, 純
酥, 純蜜, 於蓮華外, 各各十六, 圍繞華外, 以奉諸佛及大菩薩. 每以食

時, 若在中夜, 取蜜半升, 用酥三合. 壇前別安一小火爐, 以兜樓婆香煎取香水, 沐浴其炭, 然令猛熾, 投是酥蜜於炎爐內, 燒令煙盡, 饗佛菩薩.

■

"다시 흰 소의 우유를 취하여 열여섯 개의 그릇 안에 넣고 이 우유를 사용하여 전병[과자]을 만들며, 아울러 여러 사탕, 기름에 튀긴 과자, 우유로 만든 죽[乳糜], 소합, 꿀에 절인 생강[蜜薑], 순수한 소(酥), 순수한 꿀을 중심 연꽃 바깥에 세운 각각의 열여섯 개의 연꽃에 하나씩 넣고 연꽃의 바깥을 둘러싼다. 이렇게 하여 모든 부처님과 대보살들에게 공양한다. 매일 낮에 공양 시간과 저녁의 중야의 시간에 꿀 반 되와 소유(酥油) 세 합의 분량을 준비하며, 단의 앞에 별도로 다시 하나의 작은 화로를 안치하여 도리파향으로 물을 끓여 만든 향수를 가지고 숯을 세척한 후 불을 불어 맹렬하게 불꽃이 일게 한다. 꿀과 소유(酥油)를 열이 나는 향로 안에 넣고 태워서 연기가 없어질 때까지 불보살에게 공양한다."

■

每以食時, 若在中夜, 取蜜半升, 用酥三合 매일 낮에 공양 시간과 저녁의 중야의 시간에 꿀 반 되와 소유(酥油) 세 합의 분량을 준비한다.

壇前別安一小火爐, 以兜樓婆香煎取香水, 沐浴其炭, 然令猛熾 단의 앞에 별도로 다시 하나의 작은 화로를 안치하여 도리파향으로 물을 끓여 만든 향수를 가지고 숯을 세척한 후 불을 불어 맹렬하게 불꽃이 일게 한다.

　　投是酥蜜於炎爐內, 燒令煙盡, 饗佛菩薩　꿀과 소유(酥油)를 열이 나는 향로 안에 넣고 태워서 연기가 없어질 때까지 불보살에게 공양한다. 이러한 법은 밀종에서 많이 행한다. 밀종에서는 전문적으로 꿀과 우유를 태워 부처님께 공양하는데, 이것을 호마(護摩)라고 부른다. 단지 이것을 태울 뿐 아니라 가치가 있는 물건이면 무엇이든지, 금은재보를 모두 안에 넣고 태우면서 부처님께 공양한다.

■

令其四外遍懸幡華, 於壇室中, 四壁敷設十方如來, 及諸菩薩所有形像. 應於當陽, 張盧舍那, 釋迦, 彌勒, 阿閦, 彌陀. 諸大變化觀音形像, 兼金剛藏, 安其左右.

■

"이 단의 네 방향의 바깥에 번과 꽃을 걸고, 단실의 안 사면의 벽에 시방의 여래와 모든 보살의 형상을 걸며, 바른 위치에 노사나불 · 석가모니불 · 미륵보살 · 아촉불(약사불) · 아미타불의 상을 걸고 큰 변화를 부리는 관음보살의 상과 아울러 금강장보살의 상을 그(불상) 좌우에 안치한다."

■

　　應於當陽　당양(當陽)이란 바른 위치[正位]라는 뜻이다. 즉 얼굴을 남으로 향하고 북쪽을 등지게 안치하는 것이다.

張盧舍那　장(張)이란 걸다는 뜻이다. 노사나 부처님의 상을 걸다는 뜻이다.

諸大變化觀音形像　앞에서 언급하였듯이 관세음보살은 머리·눈·손 등이 팔만사천 개로 변화를 부릴 수 있다고 하였는데, 이것이 바로 큰 변화를 하는 관음보살의 형상이다.

■

帝釋梵王, 烏芻瑟摩, 幷藍地迦, 諸軍茶利, 與毗俱胝, 四天王等, 頻那, 夜迦, 張於門側, 左右安置. 又取八鏡, 覆懸虛空, 與壇場中所安之鏡, 方面相對, 使其形影, 重重相涉.

■

"제석·범왕·화두금강과 아울러 람지가, 모든 군다리와 비구지, 사천왕의 상을 걸고, 빈나와 야가의 상을 문 좌우에 안치한다. 그리고 여덟 개의 거울을 공중에 매달아 단(壇)의 안에 안치한 거울과 서로 마주 보게 안치하여 그 형상의 그림자가 겹겹으로 서로 비치게 한다."

■

帝釋梵王　제석(帝釋)은 천상의 천주이며, 범왕(梵王)은 대범천왕을 가리킨다.

烏芻瑟摩, 幷藍地迦, 諸軍茶利, 與毗俱胝, 四天

王等, 頻那, 夜迦 화두금강을 가리키며, 람지가(藍地迦)는 푸른 얼굴의 금강이며, 군다리(軍荼利)는 원한으로 맺힌 것을 풀어주는 금강의 다른 이름이다. 비구지(毗俱胝)는 호법이며, 빈나(頻那)도 호법이다. 그는 호법이지만 보기가 좋지 않다. 왜 그런가 하면 그는 돼지 머리처럼 생겼기 때문에 사람이 보면 두려워한다. 즉 돼지 머리 사자(使者)이다. 야가(夜迦)는 코끼리 형상의 사자(使者)이며 또한 호법이다. 빈나와 야가는 생긴 것이 추하고 괴상하게 생겨 사람마다 보기를 원하지 않는다. 그들은 특별한 뜻이 있어 이러한 모습으로 변화하여 사람으로 하여금 공포심을 일으키게 한다.

又取八鏡, 覆懸虛空 또 여덟 개의 거울을 공중에 매단다.

與壇場中所安之鏡, 方面相對, 使其形影, 重重相涉 단장의 안에 안치한 거울과 서로 마주보게 안치하여 그 형상의 그림자가 겹겹으로 서로 비치게 한다.

▃

於初七中, 至誠頂禮十方如來, 諸大菩薩阿羅漢號. 恒於六時, 誦呪圍壇, 至心行道, 一時常行一百八遍. 第二七中, 一向專心發菩薩願, 心無間斷. 我毗奈耶, 先有願教. 第三七中, 於十二時, 一向持佛般怛囉呪. 至第七日, 十方如來一時出現. 鏡交光處, 承佛摩頂, 卽於道場修三摩地. 能令如是末世修學, 身心明淨, 猶如瑠璃.

"첫 번째의 7일 동안 지성으로 시방의 여래와 모든 대보살과 아라한의 명호를 칭념하면서 절하며, 항상 하루 여섯 시 가운데 능엄신주를 염송하면서 단을 돌며 지심으로 도를 행한다. 한 때에 항상 108번의 능엄신주를 염송한다. 두 번째의 7일 동안 줄곧 전심으로 보살의 원을 발하며, 능엄신주를 지송하는 마음에 끊어짐이 없게 한다. 나의 계율 가운데 이전에 발원하는 이러한 행위를 가르친 적이 있다. 세 번째의 7일 동안 하루 종일 줄곧 부처님께서 설하신 능엄신주를 지송할 것이며, 칠 일째에 이르면 시방의 여래가 일시에 거울의 빛이 교차하는 곳에 출현하여 시방 부처님의 마정을 받게 될 것이다. 이 도량에서 '돌이켜 자성을 듣는' 공부를 닦으면, 이와 같은 말법시대의 수행을 닦는 사람으로 하여금 몸과 마음이 밝고 청정하여 마치 유리와 같을 것이다."

阿難! 若此比丘, 本受戒師, 及同會中十比丘等, 其中有一不清淨者, 如是道場多不成就. 從三七後, 端坐安居, 經一百日. 有利根者, 不起於座, 得須陀洹. 縱其身心聖果未成, 決定自知成佛不謬. 汝問道場, 建立如是.

"아난아! 만약 이 비구와 본래 계를 받은 스승과 같이 법회에 있는 열 분의 비구들 가운데 한 사람이라도 계를 지님이 청정하지 않은 사람이 있으면, 이와 같은 도량에서는 많이 공부를 성취할 수 없다. 21일이 지난 후 바르게 앉아 좌선하면서 안거하기를 100일이 경과하면, 근기가 날카로운 자는 자리에서 일어나지 않고 수다원과를 증득할 수 있을 것이다. 설령 그의 몸과 마음이 성스러운 과를 이루지 못하더라도, 반드시 자기가 장래에 성불할 것이라는 것을 스스로 알게 된다. 네가 도량을 어떻게 건립할 것인지를 물으니, 이와 같이 건립하면 될 것이다."

2
능엄신주를 설하다

阿難頂禮佛足, 而白佛言. 自我出家, 恃佛憍愛, 求多聞故, 未證無爲. 遭彼梵天邪術所禁, 心雖明了, 力不自由. 賴遇文殊, 令我解脫. 雖蒙如來佛頂神呪, 冥獲其力, 尙未親聞. 唯願大慈, 重爲宣說, 悲救此會諸修行輩, 末及當來在輪迴者, 承佛密音, 身意解脫. 於時會中一切大衆, 普皆作禮, 佇聞如來祕密章句.

아난은 부처님 발에 절하고 말하였다. "저는 출가한 이후로부터 부처님의 총애를 믿고 많이 듣는 것을 구한 까닭으로 아직 무위의 과를 증득하지 못하고, 저 선범천주(先梵天呪)의 사마외도의 술법에 미혹되었습니다. 마음으로는 비록 알아차렸지만, 몸을 자유롭게 움직일 수 없었습니다. 저는 다행히 부처님께서 문수보살을 보내어 저로 하여금 사슬에서 벗어나게 하였습니다. 저는 비록 여래의 불정신주의 가피를 받아 보이지 않는 가운데 그 힘을 얻었지만, 아직 능엄신주를 직접 듣지 못했습니다. 오직 원하오니, 대자비로 다시 신주를 선설하셔서 자비로 이 법회의 모든 수행하는 사람들과 미래의 말법의 시기에 육도윤회에 있는 일체중생을 구제하시고, 부처님의 비밀한 음성을 받아 그들의 몸과 뜻이 모두 해탈하게 하십시오." 이때 법회 가운데의 모든 대중들은 부처님께 정례하고 서서 여래의 비밀장구를 설하시는 것을 들으려고 기다렸다.

一

遭彼梵天邪術所禁　저 선범천주(先梵天呪)의 사마외도의 술법에 미혹되었다. 금(禁)이란 미혹된다는 뜻이다.

心雖明了, 力不自由　이 몸은 이미 미혹되었으나 마음은 약간 알게 되었다는 뜻이다. 비록 이해는 되었으나 무엇에 홀린 듯 황홀하게 되었다는 것이다. 마치 잠을 잘 때 염매귀에게 가위 눌릴 때 눈을 떴지만 움직일 수 없는 것과 같다. 비록 마음속으로는 이해하였지만, 자유롭게 움직일 수 없었다.

冥獲其力　문수보살께서 그곳에 이르러 한번 능엄신주를 외우자 저는 무형 중에 그 힘을 얻게 되었다. 문수보살이 그곳에 이르러 이 주를 송하는데 결코 큰 소리로 읽은 것이 아니다. 이렇게 묵념으

로 염송하자 이미 아난을 구제한 것이다. 따라서 우리들이 불전에서 독송할 때는 큰 소리로 해도 괜찮지만, 만약 밖으로 나가서 혹은 어떤 곳에 가서 독송할 때는 단지 묵념으로 하면 될 것이다. 묵념으로 해도 감응이 있을 것이니, 큰 소리로 하지 말아야 할 것이다.

당신이 만약 밖에서 큰 소리로 읽게 되면 다른 사람들이 "저 친구 미쳤나?"라고 말할 것이다. 다른 사람으로 하여금 법을 비방하는 소리를 하게 할 필요가 없다. 다른 사람으로 하여금 지옥에 떨어지게 하려면 당신은 불법을 배우지 말아야 한다. 불법을 배우는 사람은 남을 원망하지 말고 남을 질투하지 말고 남을 방해하지 않아야 한다. 불법은 일체중생을 구제하는 것이며, 중생으로 하여금 죄업을 짓게 하는 것이 아니다. 따라서 이 점을 분명하게 알아야 한다.

■

爾時世尊, 從肉髻中, 涌百寶光, 光中涌出千葉寶蓮. 有化如來, 坐寶華中, 頂放十道百寶光明. 一一光明, 皆遍示現十恒河沙, 金剛密跡, 擎山持杵, 遍虛空界. 大衆仰觀, 畏愛兼抱, 求佛哀祐, 一心聽佛無見頂相放光如來, 宣說神呪.

■

이때 세존께서 육계 가운데로부터 백 가지 보배색의 광명이 용출하였으며, 이 광명 속에서 다시 천 잎의 보배연꽃이 용출하였다. 한 분의 여래의 화신께서 천 잎의 보배연꽃 위에 앉으셔서 이 화신의 부처님 정수리에서 다시 열 방향으로 보배색의 광명이 방출되었다. 이 하나하나의 광명은 모두 두루 십 항하사의 수많은 국토에 시현되었다. 이때 금강밀적의 호법이 손에 산을 잡고 또 긴 방망이를 들고 온 허공계에 두루 충만하였다. 법회의 대중들은 머리를 들고 부처님 정수리의 화신부처를 보면서 두려움과 경애하는 마음을 같이 품고, 일심으로 보이지 않는 정수리 모습에서 광명을 발하는 화신(化身)의 여래께서 선설하실 능엄신주를 들으려고 하였다.

■

爾時世尊, 從肉髻中, 涌百寶光 이때 세존께서는 정수리의 육계 가운데로부터 백 가지 보배색의 광명이 용출하였다.

光中涌出千葉寶蓮 이 광명 속에서 다시 천 잎의 보배연꽃이 용출하였다.

大衆仰觀, 畏愛兼抱, 求佛哀祐 법회의 대중들은 머리를 들고 부처님 정수리의 화신부처를 보면서 두려움과 경애하는 마음을 같이 품게 되었다. 여기서 좋아하는 마음은 결코 남녀 간의 그러한 좋아하는 마음이 아니다. 이것은 진정한 욕망이 없는 사랑이다. 겸포(兼抱)란 두려워하면서도 또 경애하는 마음을 갖는 것을 뜻한다. 그리하여 부처님께 가련히 여기고 보우해 주실 것을 구하였다.

一心聽佛無見頂相放光如來, 宣說神呪 모두는 일심으로 보이지 않는 정수리 모습에서 광명을 발하는 화신의 여래께서 선설하실 능엄신주를 들으려고 하였다.

무견정상(無見頂相)은 어째서 보이지 않는가? 이것은 일반의 범부에게는 보이지 않기 때문이다. 그래서 무견정상이라고 한다. 당시 화신부처께서 용출하신 백보의 광명을 본 사람은 모두 과를 증득한 성인 · 대아라한들이 이러한 경계를 볼 수 있었으며, 일반의 범부는 볼 수 없었다. 무견정상에서 화신의 부처님이 나와 능엄신주를 설하신 것이다. 따라서 능엄신주는 석가모니 부처님의 육신이 설한 것이 아니라 부처님의 정수리에서 허공으로 용출하신 화신여래께서 설하신 것이다.

1) 능엄신주

주의 해석은 청(淸) 속법 대사(續法大師)[1] 『능엄주소(楞嚴呪疏)』에서 발췌

제1회 비로진법회(毘盧眞法會)

나 모 사 단 토　쑤 체 또 예　아 라 허 띠　산 먀 오 산 푸 토 세
南無薩怛他　蘇伽多耶　阿囉訶帝　三藐三菩陀寫.
(저는 지금 일체 여래 응정 등각께 예경하고 귀명합니다.)

나 모 사 단 토　포 토 쥐 즈 스 니 산
南無薩怛他　佛陀俱胝瑟尼釤
(일체 제불 大佛頂首에 귀명합니다.)

---

1) 속법 대사(1641-1728)는 청대 초기 항주에서 태어났으며, 연지 대사의 5세 법손이다. 별호는 관정(灌頂)이다. 16세에 출가하여 19세에 구족계를 받고 20세부터 당시 유명한 능엄의 대가이신 유봉(乳峰) 스님 문하에서 공부하여 능엄의 깊은 뜻을 깨달았다. 선화 상인께서는 매 구마다 사구게의 게송을 지어 깊은 뜻을 해설하셨지만, 내용이 방대하여 여기서는 소개하지 못하며, 이곳에서 소개하는 발음은 현재 중국과 미국 만불성에서 사용하는 발음을 한글로 옮겨보았으니 참고하기 바라며, 능엄신주에 대한 깊은 법문은 말학이 번역 소개한 『선화 상인 능엄신주 법문』(2009년, 불광출판사)을 참고하기 바란다.

나모사포　뽀토뽀띠　사또피뻬
南無薩婆　勃陀勃地　薩跢鞞弊

(모든 대보살께 귀명하며, 지심으로 성현을 받들어 모시겠습니다)

나모사또난　산먀오산푸토　쥐쯔난
南無薩多南　三藐三菩陀　俱知喃

(일체의 성중과 삼세의 정변지각께 귀명합니다)

쏘서라포쟈　승체난
娑舍囉婆迦　僧伽喃

(大辟支佛께 예경합니다)

나모루지아로한또난
南無盧雞阿羅漢跢喃

(大阿羅漢에게 예경합니다)

나모쑤루또뽀노난
南無蘇盧多波那喃

(須陀洹에게 예경합니다)

나모쏘제리토체미난
南無娑羯唎陀伽彌喃

(斯陀含에게 예경합니다)

나모루지산먀오체또난
南無盧雞三藐伽跢喃

(阿那含에게 예경합니다)

산먀오체뽀라　디뽀또노난
三藐伽波囉　底波多那喃

(과거·미래·현재의 모든 성현들께 예경합니다)

나모티포리서난 나모시토예 피디예 토라리서난
南無提婆離瑟赧 南無悉陀耶 毗地耶 陀囉離瑟赧

서뽀누 제라허 쏘허쏘라모토난
舍波奴 揭囉訶 娑訶娑囉摩他喃

(色界天衆, 兜率天衆, 四天王天衆, 化樂天衆, 廣果天衆, 他化自在天衆 等 대천세계의 일체 天仙衆께 예경합니다.)

나모바라허모니 나모인토라예
南無跋囉訶摩泥 南無因陀囉耶

(大梵天衆께 예경하고, 帝釋天王께 예경합니다.)

나모포체포띠 루토라예 우모보띠 쏘시예예
南無婆伽婆帝 嚧陀囉耶 烏摩般帝 娑醯夜耶

(부처님께 예경하고, 地天神, 風天神, 火天神께 예경합니다.)

나모포체포띠 노라예나예 판쩌모허산무토라
南無婆伽婆帝 那囉野拏耶 盤遮摩訶三慕陀囉

나모시제리또예
南無悉羯唎多耶

(부처님께 예경하고, 水天神, 空天神, 歌樂天神 등 모든 천신들에게 예경합니다.)

나모포체포띠 모허쟈라예 띠리보라나 체라피토라
南無婆伽婆帝 摩訶迦囉耶 地唎般剌那 伽囉毗陀囉

뽀나쟈라예 아디무띠
波拏迦囉耶 阿地目帝

(薄伽梵, 大梵天王衆, 無量光天衆, 五不還天衆, 摩醯首衆天衆, 善見天衆에게 예경합니다.)

스모서나니 포시니 모단리체나 나모시제리또예
尸摩舍那泥 婆悉泥 摩怛唎伽拏 南無悉羯唎多耶

(尸弃大梵, 无想天衆, 忉利天衆, 상술한 모든 천신들에게 예경합니다.)

나 모 포 체 포 띠　　또 토 체 또 쥐 라 예
南無婆伽婆帝　多他伽跢俱囉耶

(부처님과 중앙의 佛部의 종족들에게 귀명합니다)

나 모 보 토 모 쥐 라 예
南無般頭摩俱囉耶

(서방의 蓮花部의 종족들에게 귀명합니다)

나 모 바 서 라 쥐 라 예
南無跋闍囉俱囉耶

(동방의 金剛部의 종족들에게 귀명합니다)

나 모 모 니 쥐 라 예
南無摩尼俱囉耶

(남방의 寶生部의 종족들에게 귀명합니다)

나 모 체 서 쥐 라 예
南無伽闍俱囉耶

(북방의 羯磨部의 종족들에게 귀명합니다)

나 모 포 체 포 띠　 띠 리 차　 수 라 시 나　 뽀 라 허 라　 나 라 서 예
南無婆伽婆帝　帝唎茶　輸囉西那　波囉訶囉　拏囉闍耶

뚜 오 타 체 또 예
跢他伽多耶

(부처님께 귀명합니다. 각자 무기를 지닌 큰 힘을 가진 용맹한 장수들에게 의지합니다)

나 모 포 체 포 띠　 나 모 아 미 또 포 예　 뚜 오 타 체 또 예
南無婆伽婆帝　南無阿彌多婆耶　跢他伽多耶

아라허디　산먀오산푸토예
阿囉訶帝　三藐三菩陀耶
(薄伽梵께 귀명하며, 無量壽佛께 귀명하며, 如來의 一切門人에게 보례하며,
　應眞의 一切王族에게 보례하며, 正覺의 一切聖賢에게 귀명합니다)

나모포체포띠　아추피예　뚜오타체또예　아라허디
南無婆伽婆帝　阿芻鞞耶　跢他伽多耶　阿囉訶帝

산먀오산푸토예
三藐三菩陀耶
(薄伽梵이신 阿閦如來에게 귀명하며, 如來의 一切門人에게 보례하며,
　應眞의 一切王族에게 보례하며, 正覺의 一切聖賢에게 귀명합니다)

나모포체포띠　피사서예　쥐루페주리예　뽀라포라서예
南無婆伽婆帝　鞞沙闍耶　俱盧吠柱唎耶　般囉婆囉闍耶

뚜오타체또예
跢他伽多耶
(薄伽梵이신 藥師琉璃光佛衆에게 귀명하며, 如來의 一切門人에게 보례합니다)

나모포체포띠　산부스비또　사렌나이라라서예
南無婆伽婆帝　三補師毖多　薩憐捺囉剌闍耶

뚜오타체또예 아라허디　산먀오산푸토예
跢他伽多耶　阿囉訶帝　三藐三菩陀耶
(薄伽梵이신 普光娑羅王佛께 귀명하며, 如來의 一切門人에게 보례하며, 應眞의
　一切王族에게 보례하며, 正覺의 一切聖賢에게 귀명합니다)

나모포체포띠　서지예무나예　뚜오타체또예 아라허디
南無婆伽婆帝　舍鷄野母那曳　跢他伽多耶　阿囉訶帝

산먀오산푸토예
三藐三菩陀耶

(薄伽梵이신 無垢離垢佛께 귀명하며, 如來의 一切門人에게 보례하며, 應眞의 一切王族에게 보례하며, 正覺의 一切聖賢에게 귀명합니다)

나모포체포띠　라단나지두라서예　뚜오타체또예
南無婆伽婆帝　剌怛那鷄都囉闍耶　跢他伽多耶

아라허디　산먀오산푸토예
阿囉訶帝　三藐三菩陀耶

(薄伽梵께 귀명하며, 寶光, 寶幢王佛衆께 예경하며, 如來의 一切門人에게 보례하며, 應眞의 一切王族에게 보례하며, 正覺의 一切聖賢에게 귀명합니다)

띠퍄오　나모사제리또　이탄포체포또　사단타체두서니산
帝瓢　南無薩羯唎多　翳曇婆伽婆多　薩怛他伽都瑟尼釤

사단또보단란
薩怛多般怛藍

(최상의 삼보에게 저는 지금 귀의하고 예경하며, 지심으로 발심하여 무상의 가르침을 배우기를 원하며, 저는 지금 寶傘華蓋佛頂心呪에 예경합니다)

나모아포라스단　보라띠　양치라
南無阿婆囉視耽　般囉帝　揚歧囉

(無能勝波羅密多에 귀명하며, 원한의 魔를 꺾어 항복시키고, 觀照의 지혜를 일으켜, 피안에 이르러 正覺을 이루고자 합니다)

사라포　부또제라허　니제라허　제쟈라허니　바라비띠예
薩囉婆　部多揭囉訶　尼羯囉訶　羯迦囉訶尼　跋囉毖地耶

(一切의 大乘의 種性과 三乘內의 上首種性, 等 諸聖衆과 般若菩提의 道果를 이루고자 합니다)

츠토니　아쟈라
叱陀你　阿迦囉

(西方의 蓮花部心呪--觀音如意心呪, 大悲呪를 의지합니다)

미리주
密唎柱
(東方의 金剛部心呪를 의지합니다)

보리다라예
般唎怛囉耶
(南方의 寶生部心呪를 의지합니다)

닝제리
儜揭唎
(北方의 羯磨部心呪를 의지합니다)

사라포   판토누오   무차니
薩囉婆   盤陀那   目叉尼
(一切의 結界道場에서 모든 고난의 속박을 해제합니다)

사라포   투서짜   투시파   보나니파라니
薩囉婆   突瑟吒   突悉乏   般那你伐囉尼
(一切의 別見煩惱를 智慧自在함으로 바꿉니다)

저뚜라   스띠난
赭都囉   失帝南
(一切의 원한이 있는 집의 불상함을 모두 그치게 하고 해탈시킵니다)

제라허   쏘허사라뤄서   피또벙쏘나제리
羯囉訶   娑訶薩囉若闍   毗多崩娑那羯唎
(사바세계의 대천세계 안에서 팔만사천의 모든 하늘의 金剛護法衆들이 모두 와서 운집합니다)

아서짜빙   서띠난
阿瑟吒冰   舍帝南
(一切의 神衆이 두루 가서 원적을 깨뜨리고 마를 절복시켜 공경하게 한다)

∶ 제 16 부 ∶ 능엄신주(楞嚴神呪)   271

나 차 차 단 라 뤄 서
那叉刹怛囉若闍
(金剛力士가 광명을 놓아 액운을 풀어 섭수한다.)

보 라 사 토 나 제 리
波囉薩陀那羯唎
(金剛薩埵가 용맹함을 발하여 강 건너가서 절복시킨다.)

아 서 짜 난   모 허 제 라 허 뤄 서
阿瑟咤南　摩訶羯囉訶若闍
(大乘의 金剛手보살이 그들을 맞이하여 이끈다.)

피 또 벙 사 나 제 리
毗多崩薩那羯唎
(金剛의 장수가 갖가지의 방법으로 訶責하여 그들을 항복시킨다.)

사 포 서 두 루   니 포 라 뤄 서
薩婆舍都嚧　你婆囉若闍
(一切의 金剛首主께서 이끌어 삼보에 귀의하게 하고, 모든 원적의 해로움을 다스리고 병난을 다스려 착함과 기쁨을 내게 한다.)

후 란 투 시 파
呼藍突悉乏
(일체의 모든 악을 소멸하며)

난 저 나 서 니
難遮那舍尼
(모든 水神들이 水毒을 해제한다.)

비 사 서
毖沙舍
(모든 허공신이 時氣病을 해제한다.)

시 단 라
悉怛囉

(모든 地神들이 땅의 大損病을 푼다)

아 지 니
阿吉尼

(모든 火神衆이 火毒을 해제한다)

우 토 쟈 라 뤄 서
烏陀迦囉若闍

(모든 風神衆이 風難을 해제한다)

아 보 라 스 또 쥐 라
阿般囉視多具囉

(彌勒菩薩 등 모든 聖衆)

모 허 보 라 잔 츠
摩訶般囉戰持

(月光菩薩)

모 허 떼 에 또
摩訶疊多

(烏芻瑟摩火頭金剛)

모 허 떼 서
摩訶帝闍

(虛空藏菩薩)

모 허 쉐 또 서 포 라
摩訶稅多闍婆囉

(觀自在菩薩)

∶ 제 16 부 ∶ 능엄신주(楞嚴神呪) 273

모 허 바 라 판 토 라
摩訶跋囉盤陀囉

(跋陀婆羅菩薩, 普賢菩薩, 周梨盤特迦尊者)

포 시 니
婆悉你

(波斯匿王)

아 리 예 또 라
阿唎耶多囉

(持地菩薩)

피 리 쥐 즈
毗唎俱知

(琉璃光法王子)

스 포 피 서 예
誓婆毗闍耶

(藥王, 藥上菩薩)

바 서 라 모 리 띠
跋闍囉摩禮底

(羯摩部를 보호하는 金剛神)

피 서 루 또 뽀 텅 왕 쟈
毗舍嚧多 勃騰罔迦

(佛部를 보호하는 金剛神)

바 서 라 즈 허 노 아 쩌
跋闍囉 制喝那阿遮

(金剛部를 보호하는 金剛神)

모라즈포
摩囉制婆
(灌頂部를 보호하는 金剛神)

보라즈또
般囉質多
(蓮花部를 보호하는 金剛神)

바서라산츠
跋闍囉擅持
(解脫하는 諸大法門)

피서라쩌
毗舍囉遮
(降伏法)

산또서
扇多舍
(息災法)

피티포
鞞提婆
(鉤召法)

부스또
補視多
(增益法)

쑤모루뽀
蘇摩嚧波
(敬愛法)

모허쉐또 아리예또라
摩訶稅多 阿唎耶多囉

(大日月宮의 天子)

모허포라아보라
摩訶婆囉阿般囉

(大星宮의 天子.五星, 九曜, 二十八宿 등 팔만사천의 모든 별의 권속)

바서라 상제라즈포
跋闍囉 商羯囉制婆

(金剛連鎖甲)

바서라쥐모리 쥐란토리
跋闍囉俱摩唎 俱藍陀唎

(金剛童男衆, 金剛神女衆)

바서라허사또쪄 피디예 첸저누오
跋闍囉喝薩多遮 毗地耶 干遮那

(阿閦佛壇의 神衆)

모리쟈 쿠쑤무
摩唎迦 啒蘇母

(彌陀佛壇의 神衆)

포제라또누오
婆羯囉跢那

(成就佛壇의 神衆)

피루저나 쥐리예 예라투 서니산
韠嚧遮那 俱唎耶 夜囉菟 瑟尼釤

(毗盧佛壇의 神衆)

276

피 저 란 포 모 니 쩌
毗折藍婆摩尼遮

(寶生佛壇의 神衆)

바서라 쟈나쟈뽀라포　루서나
跋闍囉 迦那迦波囉婆　嚧闍那

(中方界를 수호하는 神)

바서라뚠즈쩌　쉐또쩌　쟈모라
跋闍囉頓稚遮　稅多遮　迦摩囉

(西方界를 수호하는 神)

차서스　보라포
刹奢尸　波囉婆

(南方界를 수호하는 神)

이디이디
翳帝夷帝

(東方界를 수호하는 神)

무토라　제나
母陀囉　羯拏

(北方界를 수호하는 神)

쏘피라찬　줴판뚜　인투나모모세
娑鞞囉懺　掘梵都　印兔那麽麽寫

(몸으로 禮懺하고 입으로 청하며 마음으로 뉘우쳐 삼업을 참회하며, 부처님께 인증을 구하며, 제가 하는 모든 일들이 성취되고 깨달음을 원만하게 되기를 구합니다)

제2회 석존응화회(釋尊應化會)

우신　리서제나　보라서시또　사단토　체뚜서니산
烏𺁾吽　唎瑟揭拏　般剌舍悉多　薩薩他　伽都瑟尼釤

(옴 一切의 押領과 一切의 部衆, 원만히 잘 성취한 저희들 天仙은 지금 마땅히
如來의 大佛頂呪에 예경합니다.)

후신　뚜루용　잔포나
虎𺁾吽　都嚧雍　瞻婆那

(虎(彌陀佛字種) 𺁾(阿閦佛字種) 都(成就佛字種) 嚧(寶生佛字種) 雍(毗盧佛字種)
각각 이끌고 진압하는 가운데의 三寶聖賢)

후신　뚜루용　시단포나
虎𺁾吽　都嚧雍　悉眈婆那

(虎(彌陀佛字種) 𺁾(阿閦佛字種) 都(成就佛字種) 嚧(寶生佛字種) 雍(毗盧佛字種)
吉祥함을 성취한다)

후신　뚜루용　보라서디예　산보차　나제라
虎𺁾吽　都嚧雍　波囉瑟地耶　三般叉　拏羯囉

(虎(彌陀佛字種) 𺁾(阿閦佛字種) 都(成就佛字種) 嚧(寶生佛字種) 雍(毗盧佛字種)
해탈을 성취하여 피안에 이른다)

후신　뚜루용　사포야오차　허라차쏘　제라허뤄서
虎𺁾吽　都嚧雍　薩婆藥叉　喝囉刹裟　揭囉訶若闍

피텅병사나제라
毗騰崩薩那羯囉

(虎(彌陀佛字種) 𺁾(阿閦佛字種) 都(成就佛字種) 嚧(寶生佛字種) 雍(毗盧佛字種) 一切의 空
行藥叉, 地行羅羅刹衆 등은 원적을 깨뜨리고 고난을 제거하며, 일체의 고액을 건넌다)

후신　뚜루용　저뚜라　스따난　제라허　쏘허사라난
虎㪚牛　都嚧雍　者都囉　尸底南　揭囉訶　娑訶薩囉南

피텅병사나라
毗騰崩薩那囉

(虎(彌陀佛字種) 㪚牛(阿閦佛字種) 都(成就佛字種) 嚧(寶生佛字種) 雍(毗盧佛字種)
金剛寶劍의 神將, 妙吉祥의 神將 등 대천세계 가운데의 金剛神將의 권속들이 魔障을 제거하여
베풀어 安寧하게 한다.)

후신　뚜루용　라차　포체판　사단토　체뚜스니산
虎㪚牛　都嚧雍　囉叉　婆伽梵　薩怛他　伽都瑟尼釤

(虎(彌陀佛字種) 㪚牛(阿閦佛字種) 都(成就佛字種) 嚧(寶生佛字種) 雍(毗盧佛字種)
金剛天仙의 守護함과 世尊의 威神力을 의지하는 까닭으로, 大佛頂光明神呪에 귀명한다.)

보라덴　서지리
波囉點　闍吉唎

(저는 지금 예를 올립니다.)

모허쏘허사라
摩訶娑訶薩囉

(千臂大神)

뽀수쏘허사라
勃樹娑訶薩囉

(千頭大神)

스리사　쥐즈쏘허사니
室唎沙　俱知娑訶薩泥

(千百眼大神)

띠리아비티　스포리또　짜짜잉쟈　모허바서루토라
帝隸阿弊提　視婆唎多　咤咤罌迦　摩訶跋闍嚧陀囉

(大輪金剛神께 예경합니다.)

따리푸포나 만차라
帝唎菩婆那 曼茶囉

(三世諸佛께서 설치한 이 壇場에 귀명합니다)

우신 쏘시띠 보포뚜 모모 인투나모모세
烏㴷 莎悉帝 薄婆都 麽麽 印兎那麽麽寫

(옴 一切의 諸部大力 金剛神王衆은 부처님의 위신력을 받들어 모든 권속을 거느리고
항상 저를 따라 수호하여 짓는 모든 법들이 구경에 원만하게 되게 한다)

제3회 관음합동회(觀音合同會)

라서포예 주라빠예
囉闍婆夜 主囉跋夜

(王難을 제거하고) (도적의 난을 없애며)

아치니포예
阿祇尼婆夜

(火難을 제거한다)

우토쟈포예 피사포예
烏陀迦婆夜 毗沙婆夜

(風難을 제거하고) (毒難제거하고)

서사또라포예
舍薩多囉婆夜

(刀杖難을 제거하고)

포라주오제라포예 투서차포예
婆囉斫羯囉婆夜 突瑟叉婆夜

(諸兵難을 제거하고) (鐵鏟難을 제거하고)

아서니포예　아쟈라　미리주포예
阿舍你婆夜　阿迦囉　密唎柱婆夜

(雷電難을 제거하고)　(大小의 諸橫難을 제거한다)

토라니부미젠　보체보토포예
陀囉尼部彌劍　波伽波陀婆夜

(佛呪力을 입어 一切의 金毒, 銀毒을 제거하고)

우라쟈포또포예　라서탄차포예
烏囉迦婆多婆夜　剌闍壇茶婆夜

(險阻難을 제거하고)　(毒蛇難을 제거하고)

누오체포예　피티아오단포예
那伽婆夜　　毗條怛婆夜

(毒龍難을 제거하고)　(電雷難을 제거하고)

쑤포라나포예
蘇波囉拏婆夜

(惡禽인 金翅鳥의 難을 제거한다)

야오차제라허
藥叉揭囉訶

(守魂鬼)

라차쓰제라허
囉叉私揭囉訶

(守宮婦女鬼는 非命의 難을 제거하고)

비리또제라허
畢唎多揭囉訶

(守尸鬼)

∶ 제 16 부 ∶ 능엄신주(楞嚴神呪)　　　　　　281

피 서 쩌 제 라 허
毗舍遮揭囉訶

(守谷鬼는 毒藥難을 제거하고)

부 또 제 라 허
部多揭囉訶

(大神鬼)

쥐 판 차 제 라 허
鳩盤茶揭囉訶

(騎坐鬼, 城郭車騎難을 제거하고)

부 단 나 제 라 허
補丹那揭囉訶

(守形鬼)

쟈 짜 부 단 나 제 라 허	시 첸 두 제 라 허
迦吒補丹那揭囉訶	悉干度揭囉訶
(守魄鬼)	(童子神)

아 뽀 시 모 라 제 라 허	우 탄 모 토 제 라 허
阿播悉摩囉揭囉訶	烏檀摩陀揭囉訶
(羊頭神)	(熱鬼)

처 예 제 라 허	시 리 포 띠 제 라 허
車夜揭囉訶	醯唎婆帝揭囉訶
(影鬼)	(音鬼)

서 또 허 리 난
社多訶唎南

(食精氣鬼)

제포허리난　　루디라허리난
揭婆訶唎南　　嚧地囉訶唎南
(食胎藏鬼)　　(食血鬼)

망쏘허리난　　미토허리난
忙娑訶唎南　　謎陀訶唎南
(食油鬼)　　(食產鬼)

모서허리난
摩闍訶唎南
(食命鬼)

써또허리뉴　　스비또허리난
闍多訶唎女　　視比多訶唎南
(食垢膩鬼)　　(食祭鬼)

피또허리난
毗多訶唎南
(食花鬼)

포또허리난　　아수쩌허리뉴
婆多訶唎南　　阿輸遮訶唎女
(食果鬼食)　　(五谷種子鬼)

즈또허리뉴
質多訶唎女
(食燈鬼)

띠산사피산　　사포제라허난
帝釤薩鞞釤　　薩婆揭囉訶南
(이와 같은 등의 일체의 熱惱祖父神鬼)

: 제 16 부 : 능엄신주(楞嚴神呪)　　　　　283

피토예서　천토예미　지라예미　뽀리바라저쟈　치리단
毗陀夜闍　瞋陀夜彌　鷄囉夜彌　波唎跋囉者迦　訖唎担
(佛部의 大明呪, 蓮花部의 斬依罪者呪, 金剛部의 捕捉夜叉王呪, 주를 의지하여
二十八萬軍衆을 통솔하는 三神의 장수)

피토예서　천토예미　지라예미　차옌니　치리단
毗陀夜闍　瞋陀夜彌　鷄囉夜彌　茶演尼　訖唎担
(佛部의 大明呪, 蓮花部의 斬依罪者呪, 金剛部의 捕捉夜叉王呪, 주를 의지하여 통솔하는
狐媚鬼衆)

피토예서　천토예미　지라예미　모허보수보단예
毗陀夜闍　瞋陀夜彌　鷄囉夜彌　摩訶般輸般怛夜

루토라　치리단
嚧陀囉　訖唎担
(佛部의 大明呪, 蓮花部의 斬依罪者呪, 金剛部의 捕捉夜叉王呪, 주를 의지하여 통솔하는
大自在天衆)

피토예서　천토예미　지라예미　누오라예나　치리단
毗陀夜闍　瞋陀夜彌　鷄囉夜彌　那囉夜拏　訖唎担
(佛部의 大明呪, 蓮花部의 斬依罪者呪, 金剛部의 捕捉夜叉王呪, 주를 의지하여 통솔하는
自在天衆)

피토예서　천토예미　지라예미　단뚜오체루차시　치리단
毗陀夜闍　瞋陀夜彌　鷄囉夜彌　怛埵伽嚧茶西　訖唎担
(佛部의 大明呪, 蓮花部의 斬依罪者呪, 金剛部의 捕捉夜叉王呪, 주를 의지하여 통솔하는
金翅鳥王神衆)

피토예서　천토예미　지라예미　모허쟈라
毗陀夜闍　瞋陀夜彌　鷄囉夜彌　摩訶迦囉

모단리체나　치리단
摩怛唎伽拏　訖唎担
(佛部의 大明呪, 蓮花部의 斬依罪者呪, 金剛部의 捕捉夜叉王呪, 주를 의지하여
통솔하는 大小黑天神衆)

피토예서   천토예미   지라예미   쟈뽀리쟈   치리단
毗陀夜闍　瞋陀夜彌　鷄囉夜彌　迦波唎迦　訖唎担
(佛部의 大明呪, 蓮花部의 斬依罪者呪, 金剛部의 捕捉夜叉王呪, 주를 의지하여
통솔하는 髑髏外道神仙衆)

피토예서   천토예미   지라예미   서예제라   모뚜제라
毗陀夜闍　瞋陀夜彌　鷄囉夜彌　闍耶羯囉　摩度羯囉

사포라토   쏘다나   치리단
薩婆囉他　娑達那　訖唎担
(佛部의 大明呪, 蓮花部의 斬依罪者呪, 金剛部의 捕捉夜叉王呪, 주를 의지하여 집지하는
一切人物神王軍將)

피토예서   천토예미   지라예미   저뚜오라   포치니   치리단
毗陀夜闍　瞋陀夜彌　鷄囉夜彌　赭咄囉　婆耆你　訖唎担
(佛部의 大明呪, 蓮花部의 斬依罪者呪, 金剛部의 捕捉夜叉王呪, 주를 의지하여 통솔하는
一切神女姉妹)

피토예서   천토예미   지라예미   피리양치리쯔
毗陀夜闍　瞋陀夜彌　鷄囉夜彌　毗唎羊訖唎知

난토지사라   체나보띠   쏘시예   치리단
難陀鷄沙囉　伽拏般帝　索醯夜　訖唎担
(佛部의 大明呪, 蓮花部의 斬依罪者呪, 金剛部의 捕捉夜叉王呪, 주를 의지하여 집지하는
鬪戰勝神將의 前器仗과 孔雀明王의 器仗)

피토예서   천토예미   지라예미   나제나서라포나   치리단
毗陀夜闍　瞋陀夜彌　鷄囉夜彌　那揭那舍囉婆拏　訖唎担
(佛部의 大明呪, 蓮花部의 斬依罪者呪, 金剛部의 捕捉夜叉王呪, 주를 의지하여 통솔하는
裸形外道神衆)

피토예서   천토예미   지라예미   아루오한   치리단
毗陀夜闍　瞋陀夜彌　鷄囉夜彌　阿羅漢　訖唎担
(佛部의 大明呪, 蓮花部의 斬依罪者呪, 金剛部의 捕捉夜叉王呪, 주를 의지하여 항복시키는
羅刹王衆)

피토예서 천토예미 지라예미 피또라체 치리단
毗陀夜闍 瞋陀夜彌 鷄囉夜彌 毗多囉伽 訖唎担

(佛部의 大明呪, 蓮花部의 斬依罪者呪, 金剛部의 捕捉夜叉王呪, 주를 의지하여 帶領하는 大力神王)

피토예서 천토예미 지라예미 바서라뽀니
毗陀夜闍 瞋陀夜彌 鷄囉夜彌 跋闍囉波你

쥐시예 쥐시예 쟈디보띠 치리단
具醯夜 具醯夜 迦地般帝 訖唎担

(佛部의 大明呪, 蓮花部의 斬依罪者呪, 金剛部의 捕捉夜叉王呪, 주를 의지하여 帶領하는 執劍金剛神王과 密迹力士)

피토예서 천토예미 지라예미 라차왕 포체판
毗陀夜闍 瞋陀夜彌 鷄囉夜彌 囉叉罔 婆伽梵

인토나모모셰
印兔那麽麽寫

(저의 죄를 용서하여 주시고, 세존을 우러러보고 신력을 의지하여, 일체중생이 항상 가호를 입어, 예참의 작법을 마치면 묘각의 마음이 원만해지기를 원합니다)

제4회 강장절섭회(剛藏折攝會)

포체판 사단또보단라
婆伽梵 薩怛多般怛囉

(다시 佛力의 華盖를 우러러보면서)

나모췌뚜디 아시또나라라쟈 뽀라포 시푸쨔
南無粹都帝 阿悉多那囉剌迦 波囉婆 悉普咤

286

피쟈사 단또　보띠리
毗迦薩怛多 鉢帝唎

(저는 지금 예경합니다. 赤光이 繚繞하고, 紫光이 盤簇하며, 白光이 旋轉하기를)

스포라스포라
什佛囉什佛囉

(光焰이 遍照하고, 光焰이 遍照하기를)

토라토라　핀토라　핀토라　천토천토
陀囉陀囉　頻陀囉　頻陀囉　瞋陀瞋陀

(云蓋, 云蓋. 香蓋, 香蓋. 珠蓋, 珠蓋가 法界에 편만하고, 法界에 편만하기를)

후신　후신　판짜판짜판짜판짜판짜　쏘허
虎𤙖 虎𤙖 泮吒泮吒泮吒泮吒泮吒 娑訶

(항복시키고 항복시키며, 꺾어 부수고 꺾어 부수고 꺾어 부수고 꺾어 부수고 꺾어 부수어 재난과 악함이 문득 소멸되고 길상함이 성취되기를)

시시판　아모쟈예판　아뽀라티허또판　포라뽀라토판
醯醯泮　阿牟迦耶泮　阿波囉提訶多泮　婆囉波囉陀泮

(일체를 해탈하며, 저의 원이 헛되지 않으며, 장애가 없이 원하는 바가 마음을 따라 이루어지기를 바란다)

아쑤라　피토라　뽀쟈판
阿素囉 毗陀囉 波迦泮

(修羅의 길을 깨뜨리고)

사포티피베판
薩婆提鞞弊泮

(일체의 天神衆을 항복시키며)

사포나체베판
薩婆那伽弊泮

(일체의 毒龍衆을 항복시키며)

：제 16부 : 능엄신주(楞嚴神呪)　　　　　　　　　　　287

사포야오차 뻬판
薩婆藥叉弊泮

(일체의 勇猛鬼神을 항복시키며)

사포첸타포 뻬판
薩婆干闥婆弊泮

(일체의 音樂衆을 항복시키며)

사포부단나 뻬판
薩婆補丹那弊泮

(일체의 냄새나는 餓鬼衆을 항복시키며)

쟈짜부단나 뻬판
迦吒補丹那弊泮

(일체의 이상한 냄새가 나는 餓鬼衆을 항복시키며)

사포투랑즈띠 뻬판
薩婆突狼枳帝弊泮

(일체의 諸魔를 항복시키며)

사포투서비리 치서띠뻬판
薩婆突澁比犁 訖瑟帝弊泮

(일체의 諸惡을 항복시킨다)

사포스포리 뻬판
薩婆什婆唎弊泮

(모든 幽暗을 깨뜨리고)

사포아뽀시모리 뻬판
薩婆阿播悉摩犁弊泮

(모든 冤業을 깨뜨리고)

사포 서 라 포 나 삐 판
薩婆舍囉婆拏弊泮

(모든 災厄을 깨뜨리고)

사 포 디 띠 지 삐 판
薩婆地帝鷄弊泮

(모든 冤害를 깨뜨리고)

사 포 단 모 토 지 삐 판
薩婆怛摩陀繼弊泮

(모든 非命을 깨뜨리고)

사포피토예 라스저리삐판
薩婆毗陀耶 囉誓遮犁弊泮

(일체의 毒氣를 깨뜨린다)

서예제라 모뚜제라 사포라타쏘토지삐판
闍夜羯囉 摩度羯囉 薩婆囉他娑陀鷄弊泮

(모든 重難을 풀고)

피디예 저리삐판
毗地夜 遮唎弊泮

(虐壯熱을 풀고)

저뚜라 푸치니삐판
者都囉 縛耆你弊泮

(外道를 항복시키며)

바서라 쥐모리 피토예 라스삐판
跋闍囉 俱摩唎 毗陀夜 囉誓弊泮

(모든 惡毒을 풀고)

모허뽀라띵양　이치리뻬판
摩訶波囉丁羊　乂耆唎弊泮

(모든 厄難을 항복시키며)

바서라상제라예　뽀라장치라서예판
跋闍囉商羯囉夜　波囉丈耆囉闍耶泮

(일체의 惡道를 항복시키고)

모허쟈라예　모허모단리쟈나　나모쏘제리또예판
摩訶迦囉夜　摩訶末怛唎迦拏　南無娑羯唎多夜泮

(일체의 苦毒을 항복시키고)

비서나비예판
毖瑟拏婢曳泮

(모든 惡毒師를 항복시키고)

뽀라허모니예판
勃囉訶牟尼曳泮

(惡毒呪王을 항복시키고)

아치니예판
阿耆尼曳泮

(火天神을 항복시키고)

모허제리예판
摩訶羯唎曳泮

(大黑天神女를 항복시키고)

제라탄츠예판
羯囉檀持曳泮

(黑面神玉女衆을 항복시키고)

메단리 예판
蔑怛唎曳泮

(天帝釋衆을 항복시키고)

라오단리 예판
嘮怛唎曳泮

(瞋怒神王을 항복시키고)

져원차 예판
遮文茶曳泮

(噉人大神을 항복시키고)

졔뤄라단리 예판
羯邏囉怛唎曳泮

(喝山大神을 항복시키고)

쟈보리 예판
迦般唎曳泮

(食光大神을 항복시키고)

아띠무즈또 쟈스모서누오 포시니 예판
阿地目質多 迦尸摩舍那 婆私你曳泮

(諸持作大鬼帥, 一切有力鬼神을 항복시키고)

옌지즈 사뚜오포세
演吉質 薩埵婆寫

(널리 모든 악귀신들이 꺾이고 부숴지게 한다)

모모인투나모모세
麼麼印兎那麼麼寫

(제가 지금 하는 심주법과 삼보인을 알아서 하는 바가 구경에 원만해지기를 원합니다)

제5회 문수홍전회(文殊弘傳會)

투서짜즈또   아모단리즈또
突瑟咤質多   阿末怛唎質多
(惡心鬼)   (惡毒鬼)

우서허라
烏闍訶囉
(食精鬼)

체포허라   루디라허라   포쏘허라
伽婆訶囉   嚧地囉訶囉   婆娑訶囉
(食胎鬼)   (食血鬼)   (食油鬼)

모서허라   서또허라   스비또허라
摩闍訶囉   闍多訶囉   視毖多訶囉
(食産鬼)   (食肉鬼)   (食命鬼)

바례예허라   첸토허라   부스뽀허라
跋略夜訶囉   干陀訶囉   布史波訶囉
(食祭鬼)   (食香鬼)   (食花鬼)

포라허라   포세허라   보뽀즈또
頗囉訶囉   婆寫訶囉   般波質多
(食果鬼)   (食種子鬼)   (惡形鬼)

투서짜즈또   라오토라즈또
突瑟吒質多   唠陀囉質多
(惡眼鬼)   (巨頭鬼)

(불보살의 천백억의 몸과 손으로 일체의 대력귀신을 항복시킨다)

야오차제라허　라차쏘제라허
藥叉揭囉訶　囉刹娑揭囉訶
(呑火鬼)　　(呑水鬼)

삐리또제라허
閉隷多揭囉訶
(交手鬼)

피서쩌제라허　부또제라허
毗舍遮揭囉訶　部多揭囉訶
(交足鬼)　　　(交身鬼)

쥐판차제라허
鳩盤茶揭囉訶
(分形鬼)

시첸토제라허　우단모토제라허
悉干陀揭囉訶　烏怛摩陀揭囉訶
(吐烟鬼)　　　(吐火鬼)

처예제라허
車夜揭囉訶
(形影鬼)

아뽀사모라제라허
阿播薩摩囉揭囉訶
(羊頭嗔鬼)

짜이취꺼　차치니제라허
宅袪革　茶耆尼揭囉訶
(刑人狐鬼, 狸魅女鬼)

리포띠제라허　　서미쟈제라허
唎佛帝揭囉訶　　闍彌迦揭囉訶

(惱小儿鬼)　　　(如鳥鬼)

서쥐니제라허　　무토라 난디쟈제라허
舍俱尼揭囉訶　　姥陀囉 難地迦揭囉訶

(如鳥鬼)　　　　(如猫鬼)

아란포제라허　　첸두뽀니제라허
阿藍婆揭囉訶　　干度波尼揭囉訶

(如蛇鬼)　　　　(如鷄鬼)

스파라
什佛囉

(壯熱鬼)

인쟈시쟈　　　쥐이띠야오쟈
堙迦醯迦　　　墜帝藥迦

(一日虐鬼)　　(二日虐鬼)

단리띠야오쟈
怛隸帝藥迦

(三日虐鬼)

저투토쟈　　　니티스파라
者突托迦　　　昵提什伐囉

(五日虐鬼)　　(常熱鬼)

비산모스파라
毖釤摩什伐囉

(增寒鬼)

보띠쟈	비띠쟈	스리서미쟈
薄底迦	鼻底迦	室隷瑟密迦
(風病鬼)	(黃病鬼)	(疫病鬼)

쏘니보띠쟈	사포스파라	스루지띠
娑你般帝迦	薩婆什伐囉	室嚧吉帝
(痾病鬼)		(頭病鬼)

모토피다루즈젠	아치루첸	무체루첸
末陀鞞達嚧制劍	阿綺嚧鉗	目佉嚧鉗
(不食鬼)	(口痛鬼)	(齒痛鬼)

제리투루첸	제라허	제란제나수란
羯唎突嚧鉗	揭囉訶	揭藍羯拏輸藍
(脣痛鬼)	(身病鬼)	

단또수란	치리예수란	모모수란
憚多輸藍	迄唎夜輸藍	末麼輸藍
(頤頷痛鬼)	(心痛鬼)	(頭痛鬼)

바리스포수란	비리서짜수란
跋唎室婆輸藍	毖栗瑟咤輸藍
(兩脇痛鬼)	(背痛鬼)

우토라수란	제즈수란	바시띠수란
烏陀囉輸藍	羯知輸藍	跋悉帝輸藍
(腹痛鬼)	(腰痛鬼)	(踝痛鬼)

우루수란	창체수란	허시또수란
鄔嚧輸藍	常伽輸藍	喝悉多輸藍
(腿痛鬼)	(腕痛鬼)	(兩手痛鬼)

바토수란　　쏘팡앙체　　보라장체수란
跋陀輸藍　婆房盎伽　般囉丈伽輸藍
(四肢骨節痛鬼)　(兩膊痛鬼)

부또비또차　　차치니
部多毖跢茶　　茶耆尼
(尸林鬼)　　　(魅鬼)

스포라　토투루쟈
什婆囉　陀突嚧迦
(一切瘡鬼)

젠또루지쯔　　포루또피　　사보루
建咄嚧吉知　婆路多毗　薩般嚧
(蜘蛛瘡鬼)　　(疔瘡鬼)　　(漫淫瘡鬼)

허링체　　수사단라　　쏘나제라
訶凌伽　輸沙怛囉　婆那羯囉
(赤瘡鬼)　(小兒瘡鬼)　(顚狂鬼)

피사위쟈　　아치니　　우토쟈
毗沙喩迦　阿耆尼　烏陀迦
(癩瘡鬼)　　(火毒鬼)　(水毒鬼)

모라피라　　젠또라　　아쟈라　미리또
末囉鞞囉　建跢囉　阿迦囉　密唎咄
(女死鬼)　　　　　　(橫死鬼)

단렌부쟈　　디리라짜　　비리스즈쟈
怛斂部迦　地栗剌咤　毖唎瑟質迦
(藥草毒鬼)　(蝎毒鬼)

사포나쥐라　　쓰인체삐　　제라리야오차
薩婆那俱囉　　肆引伽弊　　揭囉唎藥叉
（蛇毒鬼）　　　（虎狼毒鬼）　（獅子毒鬼）

단라추　　모라스
怛囉芻　　末囉視

（一切惡毒鬼）（熊羆毒鬼）

페이띠샨　쏘피샨
吠帝釤　　娑鞞釤

（이러한 종류의 일체의 악귀들이 모두 두려워 숨게 한다）

시단또보단루
悉怛多鉢怛囉

（이 大白傘蓋心呪를 의지하여）

모허바서루　　서니샨　　모허보라이쟝치란　예쁘투토
摩訶跋闍嚧　　瑟尼釤　　摩訶般賴丈耆藍　　夜波突陀

서워서노　　벤단리나
舍喩闍那　　辨怛隸拏

（火頭金剛藏王, 諸護法大力士神王聖衆을 청하오니, 이것에 이르러 경사로움이
원만히 이루어지기를 비옵니다）

피토예　　판탄쟈루미
毗陀耶　　盤曇迦嚧弥

（이 佛頂光聚大明心呪를 의지하여 제가 결계한 경계 안에 들어오지 않게 하시고）

띠수　　판탄쟈루미
帝殊　　盤曇迦嚧彌

（십이 유순의 결계지에 모든 악한 일체의 삿된 마와 악귀신왕을 금지하고 속박하여,
들어와 해를 끼치거나 어지럽지 못하게 해 주십시오）

보라피토　판탄쟈루미
般囉毗陀　盤曇迦嚧彌

(이 주에 의지하여 모든 惡鬼神衆을 속박하게 하십시오)

또즈타　옴 아나리 피서티　피라 바서라 토리　판토판토니
跢侄他　唵 阿那隸 毗舍提　鞞囉 跋闍囉 陀唎　盤陀盤陀你

바서라방니판　후신　뚜루용판　쏘포허
跋闍囉謗尼泮　虎𤙖　都嚧瓮泮　莎婆訶

(저는 지금 이 呪心을 설하여 부처님의 칙령을 알리노니, 일체의 모든 류가 여래의 힘을 우러러 이 주를 송하는 것을 듣고 모두는 마땅히 합장·공경·정례할 것이며, 너희들은 부처님의 위신력을 받들어 각각 와서 위호하고 행주좌와 서로 떨어지지 않게 할 것이며, 다시 일체의 친구 권속들을 엄정하게 조복할 것이다. 너희들은 깊이 듣고 각자의 곳으로 돌아가서 무상도로 향할 것이며, 곧바로 깨달음에 이를 것이다)

3

능엄신주의 공덕

阿難! 是佛頂光聚. 悉怛多般怛囉. 祕密伽陀. 微妙章句. 出生十方一切諸佛. 十方如來因此呪心, 得成無上正遍知覺. 十方如來執此呪心, 降伏諸魔, 制諸外道. 十方如來乘此呪心, 坐寶蓮華, 應微塵國. 十方如來含此呪心, 於微塵國轉大法輪. 十方如來持此呪心, 能於十方摩頂授記. 自果未成, 亦於十方蒙佛授記.

■

"아난아! 이것은 부처님의 정수리 광명에 모인 대백산개의 비밀하고도 미묘한 게송으로 된 장구이며, 모든 부처님은 이 주로부터 출생한다. 시방의 모든 여래는 이 능엄주를 빌려서 무상의 정변지(正遍知)의 깨달음을 이루며, 시방의 여래께서는 이 주의 마음[呪心]을 집지하여 일체의 마를 항복시키고 모든 외도를 제압한다. 시방의 여래는 이 주심의 힘을 의지하여 보배연꽃에 앉아 그의 응신이 미진수의 수많은 나라에 이를 수 있으며, 시방의 여래는 이 주심을 사용하여 미진수의 많은 국토로 가서 법륜을 굴려 중생을 교화한다. 시방의 여래는 이 주심을 수지하여 시방세계에서 중생들에게 마정수기를 줄 수 있으며, 수행자 자기가 만약 과위를 성취하지 못했어도 또한 시방에서 부처님의 마정수기를 받을 수 있다."

■

是佛頂光聚. 悉怛多般怛囉. 祕密伽陀. 微妙章句 이것은 부처님의 정수리 광명에 모인 대백산개의 비밀하고도 미묘한 게송으로 된 장구이다. 실달다반달라(悉怛多般怛囉)는 크고 흰 일산의 덮개[大白傘蓋]이며, 이것은 삼천대천세계를 두루 다 덮어 일체의 중생을 보호할 수 있는 비밀의 게송이다.

出生十方一切諸佛 모든 부처님은 이 주(呪)로부터 출생한다. 따라서 이 주는 부처의 어머니[佛母]라고 말할 수 있다.

十方如來因此呪心, 得成無上正遍知覺 인(因)이란 빌리

다[藉著]는 뜻이다. 시방의 모든 여래는 이 능엄주를 빌려서 무상의 정변지(正遍知)의 깨달음을 이룬다. 어떠한 것을 정지(正知)라고 하는가? 마음이 만법을 내는 것을 아는 것을 뜻한다. 무엇을 변지(遍知)라고 하는가? 만법이 오직 마음이라는 것을 아는 것이다.

十方如來執此呪心, 降伏諸魔, 制諸外道 능엄주는 부처님의 육계 정수리의 모습에서 백 가지 보배의 광명을 용출하고 광명 가운데서 천 잎의 보배연꽃이 용출하여 이 보배연꽃 위에서 또 한 분의 부처님의 화신께서 설하신 것이다. 따라서 능엄주는 주(呪)의 마음[心]이다. 또한 마음의 주[心呪]이다. 부처의 심주(心呪)이며, 또 부처의 주심(呪心)이다. 시방의 여래께서 집지하는 이 주심은 바로 이 주심으로써 일체의 마를 항복시키고 모든 외도를 제압한다. 따라서 일체의 천마외도가 가장 두려워하는 것이 바로 능엄주이다.

十方如來乘此呪心, 坐寶蓮華, 應微塵國 승(乘)이란 의지하다, 빌리다[藉著]는 뜻이다. 시방의 여래는 이 주심의 힘을 의지하여 보배연꽃에 앉아 그의 응신이 미진수의 수많은 나라에 이를 수 있는데, 이것은 모두 이 능엄주심(楞嚴呪心)의 힘을 의지한 것이다.

自果未成, 亦於十方蒙佛授記 수행자 자기가 만약 과위를 성취하지 못했어도 또한 시방에서 부처님의 마정수기를 받을 수 있다.

■
十方如來依此呪心, 能於十方拔濟群苦. 所謂地獄, 餓鬼, 畜生, 盲聾瘡痤, 怨憎會苦, 愛別離苦, 求不得苦, 五陰熾盛, 大小諸橫同時解脫.
賊難, 兵難, 王難, 獄難, 風水火難, 飢渴貧窮, 應念銷散.

■

"시방의 여래는 이 주심을 의지하여 시방세계에서 중생의 많은 괴로움을 뽑아 구제한다. 소위 지옥・아귀・축생의 삼악도의 고통에서 구제하시며, 보지 못하고 듣지 못하고 말하지 못하는 장애의 고통, 미운 사람과 만나는 고통, 사랑하는 사람과 헤어지는 고통, 구해도 얻지 못하는 고통, 오음이 치성하는 고통을 구제하시며, 크고 작은 모든 횡화(橫禍)에서 동시에 벗어나게 하신다. 도적의 난, 전쟁의 난, 법을 어겨 받는 왕의 난과 감옥에 갇히는 옥의 난에서 벗어날 수 있으며, 모든 풍재・화재・수재의 난에서 벗어나고, 기갈(목마름), 빈궁 등 모든 일체의 난에서 벗어나게 하시며, 능엄주를 지송하면 이 모두 생각에 응하여 소멸되고 없어진다."

■

十方如來隨此呪心, 能於十方事善知識, 四威儀中供養如意. 恒沙如來會中, 推爲大法王子. 十方如來行此呪心, 能於十方攝受親因, 令諸小乘聞祕密藏, 不生驚怖. 十方如來誦此呪心, 成無上覺, 坐菩提樹, 入大涅槃. 十方如來傳此呪心, 於滅度後, 付佛法事, 究竟住持, 嚴淨戒律, 悉得淸淨.

■

"시방의 여래는 이 주심을 따라 시방세계에서 선지식을 섬기며, 네 가지의 위의 가운데서 여의하게 공양하며, 항하사의 수많은 여래의 법회 가운데서 대법왕자로 추대되게 한다. 시방의 여래는 이 주심을 행하여 시방세계에서 친척의 인연을 섭수하시며, 모든 소승의 법을 닦는 사람들로 하여금 부처의 비밀한 대승의 법을 듣고 두려운 마음이 일어나지 않게 하신다. 시방의 여래는 이 주심을 송하여 무상의 깨달음을 이루었으며, 내지 보리수 아래에 앉으며, 대열반에 들어가신다. 시방의 여래는 이 주심을 전하여 멸도하신 후에 후인들에게 불법의 일을 어떻게 할 것인지를 부촉하고, 어떻게 불법을 구경에까지 머물게 하고 지켜나갈 것인지를 부촉하며, 계율을 엄정하게 지켜 모두 청정함을 얻게 하신다."

■

能於十方攝受親因 섭수친인(攝受親因)이란 부처님에게도 육친권속이 있으며, 부처님과 가까운 권속 친척을 부처님께서는 먼저 섭수하신다. 석가모니 부처님께서는 성불하신 후 왜 녹야원으로 가서 먼저 다섯 비구를 제도하였는가? 그것은 이 다섯 비구가 부처님의 금생의 친척과 전생의 친척이었기 때문이다.

令諸小乘聞秘密藏, 不生驚怖 모든 소승의 법을 닦는 사람들이 부처님의 비밀한 대승의 법을 듣고 두려운 마음이 생기지 않게 한다.

十方如來誦此呪心, 成無上覺, 坐菩提樹, 入大涅槃 시

방의 여래는 이 주심을 송하여 무상의 깨달음을 이루었으며, 내지 보리수 아래에 앉으며, 대열반에 들어가신다. 송(誦)이란 교본을 보지 않고 읽을 수 있는 것이며, 교본을 보고 읽는 것은 독(讀)이라고 한다.

十方如來傳此呪心, 於滅度後, 付佛法事, 究竟住持, 嚴淨戒律, 悉得淸淨 시방의 여래는 이 주심을 전하여 멸도하신 후에 후인들에게 불법의 일을 어떻게 할 것인지를 부촉하고, 어떻게 불법을 구경에까지 머물게 하고 지켜 나갈 것인지를 부촉하며, 계율을 엄정하게 지켜 모두 청정함을 얻게 하신다.

■

若我說是佛頂光聚般怛囉呪, 從旦至暮, 音聲相連, 字句中間, 亦不重疊, 經恒沙劫, 終不能盡. 亦說此呪名如來頂. 汝等有學, 未盡輪迴, 發心至誠取阿羅漢, 不持此呪而坐道場, 令其身心遠諸魔事, 無有是處.

■

"만약 내가 이 능엄신주를 아침부터 저녁까지 소리가 끊어지지 않게 이어지고 자구를 중간에 중첩되지 않게 설하려고 한다면, 항하사 겁의 오랜 시간 동안 설하여도 능엄주의 이러한 심주의 공덕과 묘용을 다 설할 수 없다. 또한 이 주의 이름을 여래정(如來頂)이라고 말한다. 너희들 유학의 사람들이 아직 윤회를 다하지 못하고 있는데, 발심하여 지성으로 아라한을 이루고자 원하면서 이 능엄주를 지송하지 않고 도량에 앉아서 몸과 마음에 모든 마의 일을 멀리 떠나려고 하는 것은 옳지 않다."

■

經恒沙劫, 終不能盡 항하사 겁의 오랜 시간 동안 설하여도 능엄주의 이러한 심주의 공덕과 묘용을 다 설할 수 없다.

無有是處 그럴 리가 없다는 것이다. 반드시 능엄주를 지송해야 비로소 마의 일이 없게 된다. 따라서 당신이 도량에 앉아 아라한을 이루고자 원한다면, 반드시 능엄주를 지송해야 한다는 것이다.

■

阿難! 若諸世界, 隨所國土所有衆生, 隨國所生樺皮, 貝葉, 紙素, 白氈, 書寫此呪, 貯於香囊. 是人心惛, 未能誦憶, 或帶身上, 或書宅中. 當知是人盡其生年, 一切諸毒所不能害.

■

"아난아! 만약 모든 세계의 어떤 나라의 중생들이든지, 그 나라에서 생산되는 자작나무 껍질, 패엽, 흰 종이, 흰 천에 이 능엄주를 써서 향주머니 안에 넣어서 몸에 지닌다거나 혹은 머무는 집안에 두면, 이 사람이 비록 마음이 어두워 능엄주를 외우지 못하거나 기억하지 못하더라도, 이 사람이 목숨을 마칠 때까지 일체의 독이 해칠 수 없다는 것을 알아야 한다."

■

樺皮, 貝葉, 紙素, 白氈 화피(樺皮)는 자작나무 껍질을 말하

고, 패엽(貝葉)이란 패다라수의 잎을 뜻하며, 지소(紙素)란 흰 종이를 말하며, 백첩(白氎)은 흰 무명천을 말한다.

貯於香囊 향주머니 안에 넣는다는 뜻이다.

是人心惛, 未能誦憶, 或帶身上, 或書宅中 이 사람은 비록 마음이 어두워 능엄주를 외우지 못하거나 기억하지 못하더라도, 이 주를 몸에 지닌다거나, 혹은 능엄주를 써서 머무는 집 안에 둔다는 뜻이다.

當知是人盡其生年, 一切諸毒所不能害 이 사람은 죽을 때까지 일생 동안 모든 독이 그를 해치지 못한다는 것을 마땅히 알아야 한다.

■
阿難! 我今爲汝更說此呪, 救護世間, 得大無畏, 成就衆生出世間智. 若我滅後, 末世衆生, 有能自誦, 若敎他誦, 當知如是誦持衆生, 火不能燒, 水不能溺, 大毒小毒所不能害.

■
"아난아! 내가 지금 너를 위하여 다시 능엄주에 대하여 말하겠다. 능엄주는 이 세간을 구호하여 사람들로 하여금 큰 두려움 없음[大無畏]을 얻게 하며, 중생들로 하여금 출세간의 지혜를 성취하게 한다. 만약 내가 열반에 든 후 말법시대의 중생이 스스로 외울 수 있고, 남에게 가르쳐 외울 수 있게 한다면, 마땅히 알아야 한다. 이와 같이 지송하는 사람은 불도 그를 태울 수 없으며, 물도 그를 빠져죽게 하지 못하며, 큰 독과 작은 독이 그를 해칠 수 없다.”

■

如是乃至天龍鬼神, 精祇魔魅, 所有惡呪, 皆不能著, 心得正受. 一切呪咀, 魘蠱, 毒藥, 金毒, 銀毒, 草木蟲蛇, 萬物毒氣, 入此人口, 成甘露味. 一切惡星, 幷諸鬼神, 磣心毒人, 於如是人不能起惡. 頻那夜迦, 諸惡鬼王, 幷其眷屬, 皆領深恩, 常加守護.

■

“이와 같이 내지 하늘의 용과 귀신, 정기와 귀매류의 모든 악한 주는 모두 능엄주를 지송하는 사람에게 붙을 수 없으며, 마음에 바른 선정을 얻으며, 일체의 주술과 염매귀, 고독, 금독, 은독, 독을 가진 초목, 독벌레와 독사, 만물의 독기가 능엄주를 지송하는 사람의 입에 들어오면, 감로의 맛으로 변한다. 일체의 악한 별과 모든 귀신, 마음이 악독한 사람들이 이와 같은 사람에게 악을 일으킬 수 없으며, 빈나와 야가, 모든 악한 귀신의 왕, 아울러 그들의 권속들은 모두 부처님의 깊은 은혜를 입었기 때문에 항상 능엄주를 지송하는 사람을 지키고 보호한다.”

■

所有惡呪, 皆不能著 귀매들은 모두 악한 주를 가지고 있다.

어제 저녁에 내가 말한 바와 같이 오방의 다섯 부처님의 오대심주(五大心呪: 츠토니·아쟈라·미리주·보리다라예·닝제리)를 여러분은 간단하게 보면 안 된다. 그것은 오방의 부처님의 심주로서 이러한 마의 주술을 깨뜨리는 것이다. 마왕이 무슨 주술을 가지고 있든지간에 당신이 한번 오대심주를 지송하면 그들의 주는 파괴된다. 그들의 주는 조금도 효력을 발휘할 수 없고 작용할 수 없다. 그러므로 능엄주를 지송하는 사람에게 붙을 수 없는 것이다. 왜냐하면 오대심주가 그들의 주를 소멸시키기 때문이다.

魘蠱 염고(魘蠱)의 염은 염매귀신을 가리키며, 고는 고독(蠱毒)을 말하는데, 이 고독은 중국의 남방이나 동남아시아 지방에 많이 있다. 이 고는 일종의 주술로서 지네나 독벌레에게 독약을 먹여 키운 후 그것을 부리는데, 그 독에 중독되면 영원히 그의 부름에 따라야 하며 말을 듣지 않으면 죽게 된다. 호주에도 이러한 외도가 있는데, 산속에 사는 그러한 사람은 이러한 주술을 가지고 있다.

磣心毒人 참심독인(磣心毒人)은 마음이 비상과 같이 독한 사람을 말한다.

頻那夜迦 빈나는 돼지 머리 형상을 한 사자(使者), 즉 호법이며, 야가는 코끼리 머리를 한 사자(使者)이다. 이도 호법이다.

皆領深恩, 常加守護 이러한 모든 악귀의 왕과 빈나, 야가 등은 모두 과거에 부처님의 깊은 은혜를 입었기 때문에 항상 능엄주를 지송하는 사람을 지키고 보호한다. 따라서 능엄주를 지송하는 묘한 점은 정말로 불가사의한 것이다.

■

阿難當知. 是呪常有, 八萬四千那由他. 恒河沙. 俱胝. 金剛藏王菩薩種族. 一一皆有諸金剛衆而爲眷屬, 晝夜隨侍. 設有衆生, 於散亂心, 非三摩地, 心憶口持. 是金剛王常隨從彼諸善男子, 何況決定菩提心者? 此諸金剛菩薩藏王, 精心陰速, 發彼神識. 是人應時, 心能記憶八萬四千恒河沙劫, 周遍了知, 得無疑惑.

■

"아난은 마땅히 알아야 한다. 이 주는 항상 팔만사천 나유타 항하사 구지의 수많은 금강장왕보살과 그의 종족들이 있으며, 하나하나의 종족에는 모두 수많은 금강의 무리와 거느리는 권속들이 있어 밤낮으로 능엄주를 따르고 모신다. 설령 어떤 중생이 마음이 산란하여 삼매를 얻지 못하여도, 마음속으로 능엄주를 생각하고 입으로 지송한다면, 이 금강왕보살이 능엄주를 지송하는 모든 선남자를 항상 따라다니는데, 하물며 결정적으로 보리심을 발한 사람이야 어떻겠는가? 이 모든 금강장왕보살은 정미한 마음으로 암암리에 재촉하여 산란심을 가진 수행자의 신식을 개발하게 한다. 이 사람은 이때 마음으로 팔만사천 항하사 겁의 긴 시간의 일을 기억하게 하며, 두루 모든 것을 명료하게 알게 하여 의혹이 없는 지혜를 얻게 한다."

是呪常有, 八萬四千那由他. 恒河沙. 俱胝. 金剛藏王菩薩種族 이 주는 항상 팔만사천 나유타 항하사 구지의 수많은 금강장왕보살과 그의 종족들이 있다. 나유타(那由他)는 인도에서 14개의 큰 숫자의 하나이며, 어떤 사람은 천억이라고 하며, 어떤 사람은 만억(萬億)이라고 한다. 구지(俱胝)는 백억이라고 하는데, 종합하면 셀 수도 없이 많은 큰 숫자이다.

──皆有諸金剛衆而爲眷屬, 晝夜隨侍 하나하나의 종족에는 모두 수많은 금강의 거느리는 권속들이 있어 그의 동류와 함께 와서 밤낮으로 능엄주를 따르고 모신다. 팔만사천의 금강장보살은 각각 팔만사천의 많은 권속을 거느리고 있다. 금강장보살의 권속은 특별히 많다.

設有衆生, 於散亂心, 非三摩地, 心憶口持 설령 어떤 중생이 마음이 산란하여 삼매를 얻지 못하여도, 마음속으로 능엄주를 생각하고 입으로 지송한다면,

是金剛王常隨從彼諸善男子, 何況決定菩提心者 이 금강왕보살이 능엄주를 지송하는 모든 선남자를 항상 따라다니는데, 하물며 결정적으로 보리심을 발한 사람이야 말할 것도 없이 따라다니면서 보호해 준다는 것이다.

此諸金剛菩薩藏王, 精心陰速, 發彼神識 이 모든 금강장

왕보살은 정미한 마음으로 암암리에 재촉하여 산란심을 가진 수행자의 신식을 개발하게 한다. 신식을 개발한다는 것은 지혜를 증장시키는 것이다. 또한 조금씩 산란한 마음이 없어지도록 하는 것이다. 조금씩 선정의 힘을 얻을 수 있도록 하는 것이다. 음속(陰速)이란 암암리에 돕는 것이다.

是人應時, 心能記憶八萬四千恒河沙劫, 周遍了知, 得無疑惑 이 사람은 이때 마음으로 팔만사천 항하사 겁의 긴 시간의 일을 기억하게 하며, 두루 모든 것을 명료하게 알게 하여 의혹이 없는 지혜를 얻게 한다. 이것은 바로 숙명통을 얻게 하여 과거의 일을 알게 하는 것이다.

■

從第一劫, 乃至後身, 生生不生藥叉羅刹, 及富單那, 迦吒富單那, 鳩槃茶, 毗舍遮等, 幷諸餓鬼, 有形無形, 有想無想, 如是惡處.

■

"능엄주를 지송하는 사람은 제일 겁으로부터 최후의 몸에 이르기까지 세세생생 야차, 나찰과 부단나, 가타부단나, 구반다, 비사차 등과 아울러 모든 아귀, 유형, 무형, 유상, 무상의 이와 같은 악한 곳에는 나지 않는다."

從第一劫, 乃至後身　제일 겁으로부터 최후의 몸에 이르기까지, 후신(後身)이란 최후의 부처를 이루는 때를 가리킨다.

及富單那, 迦吒富單那　부단나(富單那)란 악취귀이며, 만약 그를 만나게 되면 열병을 얻게 된다. 가타부단나(迦吒富單那)는 기취귀(奇臭鬼)라고 한다. 그의 냄새는 매우 기이한 냄새이다. 만약 이러한 냄새를 한번 맡게 되면 뱃속에 먹은 음식을 토하게 될 것이다. 이 귀신도 사람에게 더욱 심하게 열병이 나게 한다.

鳩槃茶, 毗舍遮等　구반다는 사람을 가위 눌리게 하는 귀신을 가리키며, 비사차는 정기(精氣)를 먹는 귀신을 말한다.

有形無形　형상이 있는 것과 형상이 없는 것을 말하며, 무형은 보이지는 않지만 식을 가지고 있는 것이다. 범부의 육안으로는 보이지 않으며, 오안육통을 얻으면 볼 수 있다.

有想無想　유상은 생각이 있는 것이며, 무상은 생각이 없는 것이다. 무엇이 무상인가? 바로 흙, 나무, 쇠, 돌을 말한다. 유상은 생명이 있는 것이며, 무상은 생명이 없는 것이다.

是善男子, 若讀若誦, 若書若寫, 若帶若藏, 諸色供養, 劫劫不生貧窮

下賤不可樂處. 此諸衆生, 縱其自身不作福業, 十方如來所有功德, 悉
與此人. 由是得於恒河沙阿僧祇不可說不可說劫, 常與諸佛同生一處.
無量功德如惡叉聚, 同處熏修, 永無分散.

∎

"이 선남자가 만약 능엄주를 독송하거나, 서사하거나, 몸에 지니거나
집안에 모셔두는 곳에 갖가지의 향과 꽃·등·과일 등으로 능엄주를
공양하면, 어떤 겁이든지 빈궁하고 하천하며 즐겁지 않은 곳에는 태어
나지 않는다. 능엄주를 지송하는 모든 중생이 설령 그가 무슨 복덕의
착한 업을 짓지 않았더라도, 모든 시방의 부처님의 공덕을 이 사람에
게 줄 것이다. 이러한 까닭으로 무량의 말할 수 없는 수많은 겁 가운데
서, 항상 모든 부처님과 동시에 같은 곳에 태어난다. 그리하여 무량한
공덕이 악차의 열매가 모이듯이 모이며, 부처님과 같은 곳에서 훈습되
어 수행하며, 영원히 부처님과 떨어지지 않는다."

∎

若讀若誦, 若書若寫, 若帶若藏, 諸色供養 만약 능엄주
를 독송하거나, 서사하거나, 몸에 지니거나 집안에 모셔두는 곳에 갖
가지의 향과 꽃·등·과일 등으로 능엄주를 공양하면, 이 능엄주는
부처님의 화신불께서 설하신 것이기 때문에 마땅히 공양해야 한다.

劫劫不生貧窮下賤不可樂處 앞에서는 세세생생 나지 않
는다고 말하였으며, 지금은 겁겁마다 모두 나지 않는다고 말한다. 어
떤 겁이든지 빈궁하고 하천하며 즐겁지 않은 곳에는 태어나지 않는

다고 한다. 따라서 만약 능엄주를 읽을 줄 알고 외울 수 있으면, 마치 자기 자신과 같이 당신 자기의 마음속에서 능엄주가 흘러나오면, 능엄주가 바로 너의 마음이며, 너의 마음도 바로 능엄주이다. 그리하여 지주삼매를 얻게 된다.

마치 물이 흘러나오듯이 이렇게 마음속에서 염해지면, 당신은 최소한도 칠생 동안 미국의 석유왕과 같은 부자가 될 수 있다. 만약 세세생생 계속하여 독송하면, 칠십 생, 칠백 생, 칠만 생이 그러한 부자가 될지는 일정하지 않다. 단지 당신이 부자가 되기를 원한다면 몇 생은 그렇게 될 수 있다.

그러나 어떤 때는 당신이 부자로서 사는 시간이 오래되면, 또한 싫증이 날 것이다. 그러면 무엇이 되려고 생각하는가? 바로 부처가 되려고 하는 것이다. 따라서 당신이 이것의 좋은 점을 얻지 못하여 부자가 가장 즐거운 것으로 생각하는 것이다. 당신이 부자가 될 때 그 가운데는 또한 귀찮은 일들이 생길 것이며, 그러면 부처가 되려고 할 것이다. 부처가 되면 아무런 귀찮은 일도 없다. 그때는 여여부동하고 또렷이 항상 밝다. 그러므로 나는 지금 당신에게 미리 알려주는 것이다. 당신이 부자가 되는 것은 또한 부처가 되는 것보다는 못하다고. 불가락처(不可樂處)란 즐거움이 없는 곳을 가리킨다. 당신이 즐거움이 없는 곳에 태어나려고 해도 능엄주가 그곳에 가지 못하게 당신을 잡아끌 것이다.

此諸眾生, 縱其自身不作福業, 十方如來所有功德, 悉與此人 능엄주를 지송하는 중생은 설령 그가 무슨 복덕의 착한 업을 짓지 않았더라도, 모든 시방의 부처님의 공덕을 이 사람에게 줄 것이다. 왜 그러한가? 바로 그가 능엄주를 염송하기 때문이다. 여러분 보세요. 단지 능엄주를 독송하기만 하면 시방 부처님의 공덕을 당신에게 줍니다.

由是得於恒河沙阿僧祇不可說不可說劫, 常與諸佛同生一處 항하사는 숫자가 매우 큰 것이며, 아승기는 무량의 수[無量數]라고 번역한다. 이것도 큰 숫자이다. 이러한 까닭으로 무량의 말할 수 없는 수많은 겁 가운데서, 항상 모든 부처님과 동시에 같은 곳에 난다는 것이다. 즉 부처님께서 세상에 출현하시는 때에 같은 곳에 태어난다는 것이다. 부처님의 전과 후에 태어나는 것은 팔난(八難) 가운데 하나이다.

無量功德如惡叉聚, 同處熏修, 永無分散 무량한 공덕이 악차의 열매가 모이듯이 모이며, 부처님과 같은 곳에서 훈습되어 수행하며, 영원히 부처님과 떨어지지 않는다. 악차취(惡叉聚)라는 과일은 세 개의 열매가 하나의 꼭지에 생긴다. 하나의 꼭지에 세 개의 열매가 열리므로 셋이 하나이고 하나가 셋이다.

■

是故能令破戒之人, 戒根淸淨. 未得戒者, 令其得戒. 未精進者, 令得精進. 無智慧者, 令得智慧. 不淸淨者, 速得淸淨. 不持齋戒, 自成齋戒.

■

"그러므로 파계를 한 사람으로 하여금 계의 뿌리를 청정하게 할 수 있으며, 계를 받지 못한 자는 계를 받게 하며, 정진하지 못하는 사람은 정진하게 하며, 지혜가 없는 사람은 지혜를 얻게 하며, 청정하지 못한 사람은 속히 청정함을 얻게 하며, 재계를 지니지 않는 사람은 저절로 재계를 이루게 한다."

■

是故能令破戒之人, 戒根淸淨 계를 파계하면 본래 구제할 수가 없는 것이지만, 그러나 네가 만약 능엄주를 염송하면, 다시 너의 계의 뿌리가 청정하게 회복될 수 있다. 염할 수 있다고 반드시 송주삼매를 얻을 수 있는 것은 아니다. 방금 말한 것과 같이, 이 주(呪)가 너의 마음속에서 염해져 나와서 다시 너의 마음속으로 되돌아가는 것을 "주의 마음이 마음의 주이며, 마음의 주가 주의 마음이다."라고 한다. 마음과 주가 하나로 합성되어 구별이 없다. 따라서 주를 잊으려고 해도 잊을 수 없다. 이것을 "염하지 않으려고 해도 염해지며, 염해도 염함이 없다[不念而念, 念而無念]."라고 한다.

지금 우리가 경을 강의할 때 능엄주를 독송하는 것은 여러분들에게 이러한 길로 인도하려는 것이다. 여러분은 언제든지 어디서든지 이 능엄주를 염할 수 있으며, 외워 독송할 수 있다. 당신이 염하여 일체의 다른 망상과 잡념을 없애면, 능엄주를 지송하는 하나의 마음만 남게 된다. 이것을 '한 조각을 이룬다[打成一片]'라고 하며, 하나가 되어 제이의 생각이 없게 된다. '뭉쳐 한 덩어리를 이룬다[凝成一團]'는 것은 너의 생각을 한 덩어리로 모은다는 것이다.

마치 물이 물의 근원에서 흘러내려 끊임없이 흘러나오는 것과 같이 주를 염하는 것이 흐르는 물과 같으면, 물이 흐르는 소리와 바람이 움직이는 소리는 모두 대승의 법, 모두 능엄주의 주심을 연출하는 것이다. 당신이 이와 같이 염할 수 있으면, 그때는 계를 파계하여도 다시 계의 뿌리가 청정하게 될 수 있다.

不持齋戒, 自成齋戒　네가 만약 능엄주를 염하여 타성일편(打成一片)이 되면, 바람도 비도 너의 능엄주를 염하는 한 생각을 끊어지게 하지 못할 것이다. 너는 곧 재계를 지니지 않아도 재계를 지니는 것이다. 무엇 때문인가? 너는 근본적으로 다른 망상이 없으며, 무엇을 먹으려는 탐욕이 없기 때문이다.

■

阿難! 是善男子持此呪時, 設犯禁戒於未受時, 持呪之後, 衆破戒罪, 無問輕重, 一時銷滅. 縱經飮酒, 食噉五辛, 種種不淨, 一切諸佛, 菩薩, 金剛, 天仙, 鬼神, 不將爲過. 設著不淨破弊衣服, 一行一住, 悉同淸淨. 縱不作壇, 不入道場, 亦不行道, 誦持此呪, 還同入壇行道功德, 無有異也.

■

"아난아! 이 선남자가 능엄주를 지송할 때 가령 계를 받기 이전에 계를 범한 적이 있으면, 그가 능엄주를 지송한 후에는 모든 계를 파한 죄의 경중을 불문하고, 어떠한 무거운 죄도 일시에 소멸된다. 설령 네가 술을 마시고, 오신채를 먹고 갖가지 부정한 것을 먹어도, 모든 부처님과

보살, 금강의 호법, 천룡귀신들이 모두 그것을 허물로 삼지 않으며, 네가 만약 청정하지 못한 떨어진 옷을 입어도 수행하고 머무는 것이 모두 청정함과 같게 된다. 설령 단을 만들지 않고, 반드시 도량에 들어가지 않아도, 또한 도를 행하지 않아도, 이 능엄주를 지송하면, 단에 들어가 도를 행하는 공덕과 다름이 없다."

設犯禁戒於未受時, 持呪之後, 衆破戒罪, 無問輕重, 一時銷滅 가령 계를 받기 이전에 계를 범한 적이 있으면, 그가 능엄주를 지송한 후에는 모든 계를 파한 죄의 경중을 불문하고, 심지어 네 가지 바라이죄는 참회가 통하지 않는 것이지만, 능엄주를 염송하면 어떠한 무거운 죄도 일시에 소멸된다는 것이다. 마치 눈을 끓는 물에 넣으면 녹는 것과 같다.

縱經飮酒, 食噉五辛, 種種不淨 설령 네가 술을 마시고, 오신채를 먹고 갖가지 부정한 것을 먹는다 해도. 오신채는 양파[蔥], 부추[韭], 마늘[蒜], 염교[薤, 중국 광동 지방의 음식], 흥거[興渠]를 말한다.

不將爲過 네가 항상 능엄주를 지송하면 모든 불보살 등이 그것을 허물로 삼지 않는다. 즉 책망하지 않는다.

設著不淨破弊衣服, 一行一住, 悉同淸淨 네가 만약 청정하지 못한 떨어진 옷을 입어도 괜찮다는 것이다. 앞에서 단을 만들 때는 새옷을 입어야 한다고 하신 것은 공경해야 하고, 청정해야 한다는 것을 표시한 것이다. 헌옷을 입어도 주(呪)의 힘으로 인하여 너의 모든 행하고 머무는 것이 모두 청정함과 같다.

縱不作壇, 不入道場, 亦不行道, 誦持此呪, 還同入壇行道功德, 無有異也 설령 단을 만들지 않고, 반드시 도량에 들어가지 않아도, 또한 단을 돌면서 수행하지 않아도, 이 능엄주를 지송하면, 단에 들어가 도를 행하는 공덕과 다름이 없다는 것이다. 그러므로 보라, 능엄주의 이러한 공덕은 정말로 불가사의하다.

■

若造五逆無間重罪, 及諸比丘, 比丘尼, 四棄八棄, 誦此呪已, 如是重業, 猶如猛風吹散沙聚. 悉皆滅除, 更無毫髮. 阿難! 若有衆生, 從無量無數劫來, 所有一切輕重罪障, 從前世來, 未及懺悔. 若能讀誦書寫此呪, 身上帶持, 若安住處, 莊宅園館. 如是積業, 猶湯銷雪. 不久皆得悟無生忍.

■

"만약 무간지옥에 떨어질 오역의 중죄를 지으면, 그리고 모든 비구와 비구니들이 살생・도둑질・음란함・거짓말의 네 가지 바라이죄[四棄]와 비구니의 여덟 가지 중죄[八棄]를 지어도, 능엄주를 지송하면, 이와 같은 무거운 죄업이 마치 맹렬한 바람이 불어 모래가 모인 것을 흩어버리는 것과 같이 모든 죄업을 소멸하고 제거하며 다시 조그만 머리카락만큼도 남기지 않는다. 아난아! 만약 어떤 중생이 무량무수의 매우 먼

겁 이래로부터 지어온 모든 가볍고 무거운 죄장을 전생에 참회할 기회가 없었지만, 만약 이 능엄주를 독송하고 서사하며, 몸에 지니고, 혹은 머무는 곳, 즉 장원, 주택, 정원, 객사[館] 등에 안치하면, 이와 같은 과거생으로부터 쌓여온 죄업은 마치 끓는 물에 눈을 넣으면 녹는 것과 같이 소멸된다. 능엄주 지송하기를 오래 지나지 않아서 이러한 사람은 모두 무생법인을 깨닫게 될 것이다."

若造五逆無間重罪 만약 무간지옥에 떨어질 오역의 중죄를 지으면. 무엇이 오역의 중죄인가? 이 오역의 죄는 불교에서 가장 큰 죄이다. 즉 아버지를 죽이고, 어머니를 죽이고, 아라한을 죽이고, 화합승을 깨뜨리고, 부처님의 몸에 피를 나게 하는 죄를 말한다.

화합승을 깨뜨린다는 것은 비유하면 승려들이 함께 평안하게 머무는데, 이러한 승려들로 하여금 불화하게 하여 화합을 파괴하는 것이다. 부처님의 몸에 피를 나게 하는 것은 고의로 부처님의 몸에 칼로 상처를 입히거나 혹은 손상시켜 피가 나게 하는 것이다.

그리고 부처님께서 열반에 든 후에는 만약 불상을 훼손하거나 파괴하는 것도 이 죄에 해당한다. 그러므로 부처님의 사진이라도 함부로 다루면 안 될 것이다.

무간중죄(無間重罪)란 무간지옥에 떨어질 죄를 말한다. 십악은 아직 그렇게 중하지 않지만, 오직 오역의 죄는 가장 중하다. 만약 오역의 죄를 지으면, 반드시 무간지옥에 떨어진다. 이 무간지옥은 한 사람이 이 지옥에 있어도 가득 차며, 많은 사람이 들어가도 가득 찬다. 남는 공간이 없는 곳이다. 그리고 시간상으로 매우 길며, 조금의 여유도 없이 고통을 받는 곳이다.

四棄八棄 사기(四棄)란 무엇인가? 바로 살생·도둑질·음란함·거짓말의 네 가지 계를 말한다. 이것은 근본계라고 하며, 범어로는 바라이죄라고 한다. 네 가지의 버림[四棄]이란 만약 이 네 가지의 계를 범하는 것이다. 그러면 불법의 대해 밖으로 버려져서 다시는 들어오지 못한다는 뜻이다. 비구는 사기(四棄)이며, 비구니는 팔기(八棄)가 있다. 사기의 계에 다시 촉(觸)·입(入)·복(覆)·수(隨)의 계를 더한 것이다.

촉(觸)이란 신체를 서로 접촉하는 것이다. 계율상에서 말하기를 만약 음욕심으로 남자의 몸과 서로 접촉하면, 이것이 바라이죄를 범하는 것이다. 남자·여인·비구·비구니를 막론하고 혹은 재가의 사람의 신체와 서로 접촉하는데, 만약 음욕심이 있으면, 죄를 범하는 것이다. 당신이 만약 음욕심이 없으면 죄를 범하지 않는 것이다.

입(入)이란 출입하는 것이다. 당신이 비구니가 되었기 때문에 어떠한 곳에서 대화를 하든지 간에 반드시 광명정대한 곳에서 해야 한다. 병풍의 뒤라든지, 다른 사람이 보이지 않는 은폐된 곳에서 비구나 남자와 대화하면 안 된다. 두 남녀, 혹은 비구니, 혹은 비구가 방에 들어가 다른 사람이 없이 일남일녀가 대화하는 것이다. 이것은 비구는 비교적 가벼운데, 만약 비구니라면 단독으로 다른 남자와 그런 곳에서 대화할 수 없다.

복(覆)이란 과실을 덮는다는 것이다. 타인의 중대한 과실을 은폐하고 숨기는 것이다. 자기가 지은 일도 솔직하게 남에게 알리지 않는 것이 복이다. 이것도 기(棄)의 죄를 범하는 것이다.

수(隨)란 죄를 지었다고 거론되는 승려에게 의식을 공급하면 안 된다.

誦此呪已, 如是重業, 猶如猛風吹散沙聚. 悉皆滅除, 更無毫髮 만약 능엄주를 지송하면, 이와 같은 무거운 업, 즉 오역죄 · 무간의 중죄 · 사기 · 팔기의 갖가지 죄업을 지었더라도 마치 모래가 쌓인 곳을 맹렬한 바람이 불어 모래를 날려버리는 것과 같아서, 모든 죄업이 소멸되고 제거되어 한 터럭의 머리카락만큼도 남기지 않는다. 이것은 능엄주의 힘이 정말로 불가사의하다는 것을 표시한다.

若有衆生, 從無量無數劫來, 所有一切輕重罪障, 從前世來, 未及懺悔 만약 어떤 중생이 무량무수의 매우 먼 겁 이래로부터 지어온 모든 가볍고 무거운 죄장을 전생에 참회할 기회가 없었지만,

若能讀誦書寫此呪, 身上帶持, 若安住處, 莊宅園館 만약 이 능엄주를 독송하고 서사하며, 몸에 지니고, 혹은 머무는 곳, 즉 장원, 주택, 정원, 객사[館] 등에 안치하면. 여기서 만약 능엄주를 몸에 지닐 경우 심장의 위쪽으로 지닐 것이며, 가슴의 아래로 내려오게 지니면 안 된다. 이것은 공경함을 표시한다. 이 주에 대하여 공경하지 않으면 공덕이 없을 뿐 아니라 과실이 있게 된다.

如是積業, 猶湯銷雪 이와 같은 과거생으로부터 쌓여온 죄업은 마치 끓는 물에 눈을 넣으면 녹는 것과 같이 소멸된다. 즉 조금도 그런 죄업이 남지 않는다는 뜻이다.

不久皆得悟無生忍 능엄주 지송하기를 오래 지나지 않아서 이러한 사람은 모두 무생법인을 깨닫게 될 것이다.

■

復次阿難! 若有女人, 未生男女, 欲求孕者, 若能至心憶念斯呪, 或能身上帶此悉怛多般怛囉者, 便生福德智慧男女. 求長命者, 卽得長命. 欲求果報速圓滿者, 速得圓滿. 身命色力, 亦復如是. 命終之後, 隨願往生十方國土. 必定不生邊地下賤, 何況雜形?

■

"다시 아난아! 만약 여인이 아직 자녀를 낳지 못하여 임신되기를 구하는 자가 만약 지심으로 이 능엄주를 억념하거나, 혹은 이 능엄주를 몸에 지니는 자는 곧 복덕과 지혜를 갖춘 자녀를 낳게 될 것이며, 수명이 길기를 구하는 자는 수명이 길 것이다. 만약 과보가 속히 원만하게 되기를 구하는 자는 속히 원만하게 될 것이며, 신체와 생명, 용모와 체력이 좋아지기를 구하는 것도 또한 이와 같을 것이다. 목숨을 마친 후 자기의 원에 따라 시방의 불국토에 왕생할 수 있을 것이며, 반드시 변방의 하천한 지방에는 태어나지 않을 것이며, 하물며 축생이 될 수가 있겠는가?"

■

身命色力, 亦復如是 너의 신체와 생명, 용모와 체력이 좋아지기를 구하는 것도 목숨을 길게 구하는 것과 같다.

必定不生邊地下賤 반드시 문화가 없는 변방의 하천한 지역에 태어나지 않는다. 마치 고래로 중국에서는 남방 지역 사람을 남만(南蠻)이라 하여 야만인이라고 하천하게 보았다. 그리고 동쪽은 오랑캐라고 하면서 얕보았다.

何況雜形 잡형이란 축생이라는 뜻이다. 하물며 축생이 되겠느냐?

■

阿難! 若諸國土, 州縣聚落, 饑荒疫癘. 或復刀兵, 賊難鬪諍, 兼餘一切厄難之地, 寫此神呪, 安城四門, 幷諸支提, 或脫闍上. 令其國土所有衆生, 奉迎斯呪, 禮拜恭敬, 一心供養, 令其人民, 各各身佩, 或各各安所居宅地. 一切災厄, 悉皆銷滅.

■

"아난아! 만약 모든 국토와 주현, 촌락이 기황이 들거나 전염병이 돌거나, 혹은 전쟁이 일어나고 도적의 난이나 투쟁이 생기거나, 아울러 다른 일체의 액난이 일어나는 곳에 능엄신주를 적어 네 성문의 위에 안치하거나, 혹은 모든 청정한 사찰이나 불전의 당번에 안치하며, 그 국토의 모든 중생으로 하여금 능엄신주를 받들어 맞이하여 예배공경하고 일심으로 공양하며, 그 나라의 백성으로 하여금 각자의 몸에 능엄주를 차거나 혹은 각자가 머무는 집에 안치하면, 일체의 재난과 횡액이 모두 소멸될 것이다."

■

饑荒疫癘 기황은 자연재난으로 먹을 식량이 없는 것을 말하며, 역려(疫癘)란 전염병을 가리킨다. 사람이 전염병에 걸리면 매우 빨리 죽는다.

寫此神呪, 安城四門 이 능엄신주를 서사하여 기황, 전염병, 전쟁, 도적의 난, 투쟁이 일어나는 곳과 기타 모든 일체의 재난이 발생하는 지역의 네 개의 성문 높은 곳에 안치한다는 것이다.

并諸支提, 或脫闍上 지제(支提)란 청정한 불교의 사찰을 뜻한다. 탈도(脫闍)란 사찰의 불전 안의 당번을 말한다.

令其人民, 各各身佩. 或各各安所居宅地. 一切災厄, 悉皆銷滅 그 국가의 백성들로 하여금 각각 능엄주를 몸에 지니게 하거나 혹은 각자가 거주하는 집에 안치하면, 일체의 재난과 횡액이 모두 소멸할 것이다. 따라서 능엄주의 공덕은 불가사의한 것이며, 생각해도 생각이 미치지 못한다. 능엄주의 묘한 점이 바로 이곳에 있다.

어떤 사람은 수행을 하는 데 있어서 단지 좌선만 하면 된다고 생각하면서 경전을 배우지 않는데, 이것은 잘못된 것이다. 혹은 어떤 사람은 단지 다라니만 지송하고 경전을 배우지만, 좌선을 하지 않는 것도 안 된다. 어떤 사람은 이 능엄주가 신령하다는 것을 듣고 단지 주만 염송하고 수행을 하지 않는 것도 너무 과한 행위이다. 수행은 어떤 법을 닦든지 간에 중도를 구해야 한다.

이 주가 비록 신령하지만, 너의 선정력도 닦아야 한다. 이 경에서 말하는 능엄주가 영험하지만 돌이켜 자성을 듣는 이근원통의 법문을 닦아야 한다. 이것이 가장 중요한 것이다. 네가 주를 지송할 때 또한 마땅히 돌이켜 자성을 듣고 회광반조하여야 한다.

어제 저녁 내가 말하지 않던가? 이 주가 바로 마음이고, 마음도 주이다. 마음과 주는 분리할 수 없으며, 마음과 주는 둘이면서 둘이 아니다. 네가 이와 같은 경지에 이르면 무엇을 구하든지 마음에 따라 여의하게 될 것이며, 반드시 성취함이 있을 것이다. 네가 마음과 주가 함께 하나로 합쳐지면, 이것은 바로 선정삼매를 얻는 것이며, 진정한 정력을 얻는 것이다. 따라서 이 점 우리들 각자는 알아야 한다.

■

阿難! 在在處處國土衆生, 隨有此呪, 天龍歡喜, 風雨順時, 五穀豐殷, 兆庶安樂. 亦復能鎭一切惡星, 隨方變怪, 災障不起. 人無橫夭, 杻械枷鎖不著其身. 晝夜安眠, 常無惡夢.

■

"아난아! 어떤 국가의 중생이 만약 능엄주를 가진다면, 하늘의 용도 기뻐하고 기후도 순조로워 오곡이 풍성하고 백성이 안락하다. 그리고 일체의 악한 별을 진압하여 지역을 따라 괴이하고 악하게 변하거나 모든 재난과 장애가 일어나지 않게 하며, 사람들에게 횡화와 요절이 없게 하며, 몸을 구속하는 수갑이나 족쇄가 그들의 몸에 붙지 않게 하며, 주야로 편안하게 잠을 자게 하고 항상 악몽이 없게 한다."

■

兆庶安樂 일반의 백성이 모두 안락하다는 것이다.

隨方變怪 악한 별은 언제 어디서든 모두 괴이하고 흉악한 일로 변한다는 뜻이다.

■

阿難! 是娑婆界, 有八萬四千災變惡星. 二十八大惡星而爲上首, 復有
八大惡星以爲其主. 作種種形, 出現世時, 能生衆生種種災異, 有此呪
地, 悉皆銷滅. 十二由旬成結界地, 諸惡災祥, 永不能入.

■

"아난아! 이 사바세계에는 재난과 변괴를 일으키는 악성이 팔만사천
이나 수없이 많다. 28개의 대악성이 우두머리가 된다. 다시 그 밖에
여덟 개의 대악성이 있는데, 팔만사천 개의 악성의 주인이 된다. 이 악
성들은 갖가지의 형상으로 변화하며 세상에 출현할 때에는, 일체중생
의 갖가지 재난과 변괴를 발생시킨다. 이 능엄주가 있는 지역에는 모
두 소멸되며, 12유순 안에 결계의 지역을 이루어 모든 악한 재앙이 영
원히 들어올 수 없다."

■

是娑婆界, 有八萬四千災變惡星 이 사바세계에는 재난과
변괴를 일으키는 악성이 수없이 많다.

二十八大惡星而爲上首 28개의 대악성이 우두머리가 된다.
이 별들이 비록 악한 별이지만, 이 속에는 또 착한 별이 될 수 있다.
중국에서는 이십팔수(二十八宿)를 말하는데, 이 별들은 네 방향을 관장
한다. 각각 한 방향에 일곱 개의 별이 있으며 합하여 28개의 별이 된
다. 매일 하나의 별, 28천(天)이 한 주(周)씩 돌아간다.

종합해서 말하면, 그 지방에 만약 착한 사람이 있으면, 악성도 착

한 별로 변하며, 만약 악한 사람이 그 지역에 있으면, 착한 별도 악하게 변한다. 이것은 결코 악한 별이 아니며, 사람의 업보에 따라서 이러한 별의 선악을 불러들인다.

그러면 경의 이곳에서는 왜 그것이 악한 별이라고 말하는가? 능엄주는 일체의 재난을 해제하기 때문에 이 경에서는 모든 악한 별은 길상하지 않다고 여기는 것이다. 무슨 큰 선근이 없고, 무슨 큰 덕행이 없으면, 당연히 그 별은 길상하지 않을 것이다. 그러나 당신이 능엄주를 염송하면 이러한 길상하지 못한 일들이 모두 좋게 변할 수 있다.

復有八大惡星以爲其主 그리고 그 밖에 여덟 개의 대악성이 있는데, 팔만사천 개의 악성의 주인이 된다.

作種種形, 出現世時 이 악성들은 갖가지의 형상으로 변화하며 세상에 출현할 때에는, 중국에서는 왕조가 바뀔 때는 항상 형혹성(熒惑星)이라는 별이 세상에 출현하였다. 형혹성이 작은 어린이로 변화하여 붉은 조끼를 입고 어린아이들에게 노래를 가르치며 부르고 다니게 한다. 이 어린아이들이 노래를 부르기 시작하면 이 국가는 멸망할 것이다. 따라서 매 왕조가 바뀔 때는 이러한 악성이 나타난다.

能生衆生種種災異 악성이 세상에 나타날 때는 일체중생의 갖가지 재난을 발생시킨다. 이(異)라는 것은 심상치 않은 일을 가리킨다. 즉 갑자기 변하여 이상한 일들이 나타난다는 것이다.

十二由旬成結界地 12유순 안에 결계의 지역을 이룬다. 결계지(結界地)란 어떤 뜻인가? 비유하면 우리가 이곳에서 능엄주를 독송하면 동서남북의 사방으로 12유순 안은 모두 결계의 지역이 된다. 소유순은 40리, 중유순은 60리, 대유순은 80리이며, 12유순이면 960리 결계란 경계를 정한다는 것이다. 이 경계의 안에는 요마귀괴들이 들어와 횡행할 수 없으며, 규칙을 지키지 않는 것을 허락하지 않는다. 그러므로 어떤 지역에 능엄주가 있으면 일반인들은 모두 좋은 점을 얻는다.

諸惡災祥, 永不能入 이 재상(災祥)은 응당 재앙(災殃)으로 고쳐야 할 것이다. 이 '상(祥)' 자는 틀린 글자로 생각된다. 모든 악한 재앙이 영원히 들어올 수 없다.

■

是故如來宣示此呪, 於未來世, 保護初學諸修行者, 入三摩提, 身心泰然, 得大安隱. 更無一切諸魔鬼神, 及無始來冤橫宿殃, 舊業陳債, 來相惱害. 汝及衆中諸有學人, 及未來世諸修行者, 依我壇場, 如法持戒, 所受戒主, 逢淸淨僧, 持此呪心, 不生疑悔. 是善男子, 於此父母所生之身, 不得心通, 十方如來便爲妄語.

■

"그러므로 여래는 이 능엄주를 선설하고 가르쳐 미래 세상에서 초학의 모든 수행자들을 보호하여 삼매에 들어가게 하며, 몸과 마음을 태연하게 큰 안온함을 얻게 한다. 더욱 일체의 마와 귀신, 그리고 무시이래의 원한이 맺힌 횡화와 전생의 죄의 재앙, 그리고 이전의 묵은 업장과 오래된 채무로 인하여 원한을 가진 원친채주들이 와서 괴롭히거나 해를 입히지 않을 것이다. 너와 대중 가운데의 모든 유학인들과 미래세의 모든 수행자들이 내가 말한 단과 도량을 건립하는 바에 의하여 여법하게 계를 지키고, 계를 받은 사람이 청정한 스님을 만나, 이 능엄주의 주심(呪心)을 집지하고 능엄주에 대하여 조금도 의혹의 마음을 내지 않으면, 이 선남자는 부모가 낳은 이 몸으로 마음이 깨닫지 못한다면, 시방의 여래가 곧 거짓말을 하는 것이 될 것이다."

■

及無始來冤橫宿殃, 舊業陳債, 來相惱害   무시이래의 원한이 맺힌 횡화와 전생의 죄의 재앙, 그리고 이전의 묵은 업장과 오래된 채무 숙앙(宿殃)은 전생의 죄의 재앙이며, 진채(陳債)는 오래된 빚을 뜻한다. 우리가 사람을 죽이면 자기도 목숨으로 갚아야 한다. 내가 고기를 먹으면 나도 고기로써 갚아야 한다. 이 모든 전생의 죄와 묵은 빚은 모두 갚아야 하는 것이다. 그러나 만약 능엄주를 지송하면 이러한 원친채주들이 당신을 괴롭게 하지 않을 것이다.

■

說是語已, 會中無量百千金剛, 一時佛前合掌頂禮, 而白佛言. 如佛所說, 我當誠心保護如是修菩提者.

■

부처님께서 이 말씀을 마치시자, 법회 가운데의 무량한 금강의 호법들이 일시에 부처님께 합장하고 정례하며 말하였다. "부처님께서 말씀하신 법문과 같이 저는 마땅히 성심으로 보리의 도를 수행하는 이와 같은 선남자를 보호하겠습니다."

■

爾時梵王, 幷天帝釋, 四天大王, 亦於佛前同時頂禮, 而白佛言. 審有如是修學善人, 我當盡心至誠保護, 令其一生所作如願.

■

이때 대범천왕과 제석천왕, 사대천왕도 부처님께 동시에 정례하고 말하였다. "과연 이와 같이 수행하는 착한 사람이 있으면, 저는 마땅히 마음을 다하여 지성으로 보호하고, 그로 하여금 일생 중에서 원이 이루어지도록 하겠습니다."

■

審有 '과연 그러한 사람이 있으면'이라는 뜻이다.

■

復有無量藥叉大將, 諸羅刹王, 富單那王, 鳩槃茶王, 毗舍遮王, 頻那, 夜迦, 諸大鬼王, 及諸鬼帥, 亦於佛前合掌頂禮. 我亦誓願護持是人,令菩提心速得圓滿.

■

다시 무량의 야차대장, 모든 나찰의 왕, 부단나왕, 구반다왕, 비사차왕, 빈나, 야가, 모든 대귀왕과 모든 귀신의 장수들도 부처님께 합장하고 정례하며 말하였다. "저 역시 이러한 사람을 보호하고 지킬 것을 서원하며, 그들로 하여금 보리심이 속히 원만하게 이루어지도록 할 것입니다."

■

復有無量日月天子, 風師, 雨師, 雲師, 雷師, 幷電伯等, 年歲巡官, 諸星眷屬, 亦於會中頂禮佛足, 而白佛言. 我亦保護是修行人, 安立道場, 得無所畏.

■

다시 무량의 일천자, 월천자, 풍사, 우사, 운사, 뇌사, 아울러 전백 등 한 해를 주관하는 태세, 모든 별들의 권속들도 법회 가운데서 부처님 발에 정례하고 말하였다. "저 역시 이러한 수행자를 보호하고 도량을 편안하게 세우며, 두려움이 없게 할 것입니다."

■

風師, 雨師, 雲師, 雷師, 幷電伯等 바람을 불게 하는 풍사, 비를 내리게 하는 우사, 구름을 일으키는 운사, 우레를 내는 뇌사, 번개를 치는 전백을 말한다.

: 제 16 부 : 능엄신주(楞嚴神呪) 331

年歲巡官 매년 한 해를 주관하는 태세(太歲)를 말하며, 태세는 매년 그 해 동안 순찰하는 순관(巡官)이다.

諸星眷屬 그 밖의 별들은 각각의 권속이 있다.

■

復有無量山神, 海神, 一切土地, 水陸空行萬物精祇, 幷風神王, 無色界天, 於如來前同時稽首, 而白佛言. 我亦保護是修行人, 得成菩提, 永無魔事.

■

다시 무량의 산신, 바다의 신, 일체의 토지신과 물로 다니고, 육지로 다니며, 공중으로 다니는 만물의 정령들과 아울러 풍신의 왕, 무색계천의 천인들도 여래의 앞에서 동시에 절을 하고 말하였다. "저도 역시 이러한 수행자를 보호하여 깨달음을 이루고 영원히 마의 일이 없게 할 것입니다."

■

一切土地, 水陸空行萬物精祇 일체의 토지신과 물로 다니고, 육지로 다니며, 공중으로 다니는 만물의 정령을 말한다.

■

爾時八萬四千那由他恒河沙俱胝金剛藏王菩薩, 在大會中, 卽從座起, 頂禮佛足, 而白佛言. 世尊! 如我等輩, 所修功業, 久成菩提, 不取涅槃, 常隨此呪, 救護末世修三摩提正修行者.

■

이때 팔만사천의 나유타, 항하사, 구지의 그렇게 많은 금강장왕보살이 대회 가운데의 자리에서 즉시 일어나 부처님 발에 절하고 말하였다. "세존이시여! 저희들은 닦은 공덕으로 깨달음을 이룬 지 오래되었지만, 열반에 들어가지 않았습니다. 항상 이 능엄주를 따르면서 말세의 선정을 닦는 바른 수행자를 구호하고 있습니다."

■

世尊! 如是修心求正定人, 若在道場, 及餘經行, 乃至散心, 遊戲聚落, 我等徒衆, 常當隨從, 侍衛此人. 縱令魔王, 大自在天, 求其方便, 終不可得. 諸小鬼神, 去此善人十由旬外. 除彼發心樂修禪者. 世尊! 如是惡魔, 若魔眷屬, 欲來侵擾是善人者, 我以寶杵, 殞碎其首, 猶如微塵. 恒令此人所作如願.

■

"세존이시여! 이와 같이 몸과 마음을 닦아 바른 선정을 구하는 사람이 만약 도량에서 혹은 다른 곳에서 경행을 하거나, 내지 산란한 마음으로 다른 취락을 여행한다면, 저희들의 권속들이 마땅히 항상 그 사람을 따라다니면서 모시고 호위할 것입니다. 설령 마왕이나 대자재천이 틈을 찾으려고 해도 끝내 찾지 못하게 할 것입니다. 모든 작은 귀신들은 이 착한 사람과는 십 유순 밖으로 떨어지게 할 것이며, 만약 작은 귀신들이 발심하여 선정을 닦기를 원하는 자는 제외할 것입니다. 세존이시여! 이와 같은 악마나 그들의 권속들이 와서 이 착한 사람을 어지럽게 침해하는 자를 저는 보배의 몽둥이로 그들의 머리를 먼지와 같이 분쇄하여 죽게 할 것입니다. 그리하여 항상 이 착한 수행자로 하여금 원하는 바를 이루도록 할 것입니다."

■

若在道場, 及餘經行, 乃至散心, 遊戲聚落　만약 도량에서 혹은 다른 곳에서 경행을 하거나, 내지 산란한 마음으로 다른 취락을 여행한다면. 여기서 경행(經行)이란 걸어 다니면서 공부하는 것이다. 산심(散心)이란 공부에 집중하지 않을 때를 말한다.

除彼發心樂修禪者　만약 작은 귀신들이 발심하여 경을 듣기 원하거나, 선정을 닦기를 원하여 이곳의 도량에 참가할 경우는 제외한다는 것이다.

十七

열두 종류의 중생
[十二類衆生]

1
중생이 전도된 원인

∎

阿難卽從座起, 頂禮佛足, 而白佛言. 我輩愚鈍, 好爲多聞. 於諸漏心, 未求出離. 蒙佛慈誨, 得正熏修, 身心快然, 獲大饒益. 世尊! 如是修證佛三摩提, 未到涅槃, 云何名爲乾慧之地, 四十四心? 至何漸次, 得修行目? 詣何方所名入地中? 云何名爲等覺菩薩? 作是語已, 五體投地. 大衆一心, 佇佛慈音, 瞪瞢瞻仰.

∎

아난은 즉시 자리에서 일어나 부처님 발에 정례하고 말하였다. "저희들과 같은 유학의 사람은 우둔하여 다문을 좋아하고 근기가 하열하여 일체 유루의 생각, 행위상에서 삼계의 화택에서 벗어나기를 구하지 않았습니다. 저희들은 지금 부처님의 가르침을 입어 진정한 법문을 얻어 훈습하고 수행하여 몸과 마음이 매우 즐거우며, 큰 이익을 얻었습니다. 저희들은 이렇게 수행하여 과를 증득하고 부처님의 선정력을 증득하여 열반에 이르기 전에, 어찌하여 건혜지와 마흔네 가지의 마음이라고 합니까? 어떤 단계에 이르러야 수행의 이러한 명목을 얻게 되는지? 어떤 단계에 이르러야 십지보살이라고 이름하며, 어떠한 것을 등각보살이라고 합니까?" 이 말을 마치고 오체투지로 절을 하였으며, 대중들은 일심으로 부처님의 자비의 음성을 우러러 보면서 기다렸다.

■

　　我輩愚鈍, 好爲多聞. 於諸漏心, 未求出離　저희들과 같은 유학의 사람은 우둔하여 다문을 좋아하고 근기가 하열하여 일체 유루의 생각, 행위상에서 삼계의 화택에서 벗어나려고 구하지 않았습니다.

　　蒙佛慈誨, 得正熏修, 身心快然, 獲大饒益　저희들은 지금 부처님의 가르침을 입어 진정한 법문을 얻어 훈습하고 수행하여 몸과 마음이 매우 즐거우며, 큰 이익을 얻었습니다.

　　如是修證佛三摩提, 未到涅槃. 云何名爲乾慧之地, 四十四心　저희들은 이렇게 수행하여 과를 증득하고 부처님의 선정력을 증득하여 열반에 이르기 전에, 어찌하여 건혜지와 마흔네 가지의 마음이라고 합니까? 보살의 단계에 대하여는 뒤에 나오므로 상세하게 설명할 필요가 없을 것이다.

　　至何漸次, 得修行目　어떤 단계에 이르러야 수행의 이러한 명목을 얻게 되는지?

　　詣何方所名入地中? 云何名爲等覺菩薩　어떤 단계에 이르러야 십지보살이라고 이름하며, 어떠한 것을 등각보살이라고 합니까?

■

爾時世尊, 讚阿難言. 善哉, 善哉! 汝等乃能普爲大衆, 及諸末世一切衆生, 修三摩提求大乘者, 從於凡夫, 終大涅槃, 懸示無上正修行路. 汝今諦聽, 當爲汝說. 阿難大衆, 合掌刳心, 默然受敎.

■

이때 세존께서는 아난을 칭찬하며 말씀하셨다. "착하고 착하다! 너희들은 널리 대중들과 말세의 모든 중생들을 위할 수 있으며, 선정을 닦아 대승의 법을 구하는 사람이 범부로부터 대열반의 과위에 이르기까지 무상의 진정한 수행의 길을 먼저 드러내려고 한다. 너희들은 지금 깊이 들어라. 마땅히 너희들을 위하여 설하겠다." 아난과 대중들은 합장하고 깨끗한 마음으로 묵연히 가르침을 받았다.

■

從於凡夫, 終大涅槃, 懸示無上正修行路   범부로부터 대열반의 과위에 이르기까지 무상의 진정한 수행의 길을 먼저 드러낸다. 현시(懸示)란 아직 때가 이르지 않았는데 미리 드러낸다는 뜻이다. 그러면 왜 현시(懸示)하는가? 지금 대중들은 방금 발심하여 대승의 법을 구하는 때이기 때문에 아직 대열반의 과위를 얻지 못했지만, 이러한 수행의 방법을 알게 하려고 부처님께서는 먼저 법문하시는 것이다.

合掌刳心   고심(刳心)이란 마음속의 잡념과 망상을 쫓아낸다는 뜻이다. 즉 마음을 깨끗이 한다는 것이다.

佛言. 阿難當知! 妙性圓明, 離諸名相, 本來無有世界衆生. 因妄有生, 因生有滅, 生滅名妄, 滅妄名眞. 是稱如來無上菩提, 及大涅槃, 二轉依號.

부처님께서 말씀하셨다. "아난은 마땅히 알아야 한다. 본래 이 묘각성(妙覺性)은 원명한 것이며, 모든 이름과 상을 떠난다. 왜냐하면 본래 하나의 세계도 없고 중생도 없기 때문이다. 이러한 허망함이 있기 때문에 생이 있으며, 생이 있기 때문에 멸(滅)이 있게 된다. 생멸하는 것을 허망한 것이라 하며, 허망함이 사라진 것을 참됨[眞]이라 한다. 이것은 무상의 보리와 대열반의 두 가지가 의지하는 이름이다."

妙性圓明, 離諸名相   본래 이 묘각성(妙覺性)은 원명한 것이다. 본래의 각성은 바로 본래의 자성이며, 또한 본래의 불성이다. 그러나 그것은 어떤 이름도 없으며, 이름을 말하게 되면, 이미 집착이 생기게 된다. 이 묘한 성품은 어떤 이름도 없고 모습도 없다. 따라서 모든 이름과 상을 떠난다는 것이다.

本來無有世界衆生   이 묘각성은 왜 이름과 상이 없는가? 본래 하나의 세계도 없고 중생도 없기 때문이다. 세계가 있고 중생이 있는 것은 모두 미혹을 일으켜 업을 짓기 때문이며, 그래서 과보를 받는 중생이 있다.

因妄有生. 因生有滅　이러한 허망함이 있기 때문에 생이 있으며, 생이 있기 때문에 따라서 사라짐[滅]이 있게 된다. 만약 생이 없으면, 멸도 없다.

　　生滅名妄, 滅妄名眞. 是稱如來無上菩提, 及大涅槃, 二轉依號　생하였다가 멸하며, 멸하였다가 생하는 것은 모두 허망함으로부터 조성되는 것이며, 결코 진실한 것이 아니다. 허망함이 없으면, 참됨이 존재한다. 따라서 참되면 진여자성에 이르게 되며, 이것도 바로 자기의 불성이며, 또한 무상의 보리와 대열반의 두 가지가 의지하는 이름이다.

■

阿難! 汝今欲修眞三摩地, 直詣如來大涅槃者, 先當識此衆生世界二顚倒因. 顚倒不生, 斯則如來眞三摩地.

■

"아난아! 너는 지금 대승보살의 진정한 선정력을 수행하여 곧바로 여래의 대열반을 얻으려고 하면, 먼저 응당 중생과 세계의 전도된 원인을 인식해야 한다. 만약 전도됨을 인식하여 전도가 생기지 않으면, 이것이 바로 여래의 진정한 선정력이다."

阿難! 云何名爲衆生顚倒? 阿難! 由性明心, 性明圓故. 因明發性, 性妄見生. 從畢竟無, 成究竟有. 此有所有, 非因所因, 住所住相, 了無根本. 本此無住, 建立世界及諸衆生.

"아난아! 어떠한 것을 중생전도라고 하는가? 아난아! 이 성품이 밝은 마음으로부터 본성이 원명하게 일체의 모습을 비추는 까닭으로 본래의 자성의 밝음 위에 다시 밝음을 더하기 때문에 업상(業相)의 성질이 나오며, 그래서 업상의 성질이 허망하여 견해가 나온다. 따라서 본래 없는 것에서부터 허망함으로 인하여 결국에는 존재[有]를 이루게 된다. 존재[有]의 무명 위에서 이러한 세 가지의 미세한 모습[所有]이 나오며, 무명은 세 가지의 미세상이 의지하고[因] 의지하는 바[所因]가 아니다. 중생이[住] 머무는 바[所住]의 이 모습은 근본적으로 하나의 근본도 없다. 본래 이것은 머무는 바가 없으며, 이 위에서 허망하게 세계와 모든 중생을 건립한다."

由性明心, 性明圓故　이 성품이 밝은 마음으로부터 본성이 원명하게 일체의 모습을 비추는 까닭으로,

因明發性　본래의 자성의 밝음 위에 다시 밝음을 더하기 때문에 업상(業相)의 성질, 즉 업장이 나온다. 네가 참됨을 의지하여 허망함을 일으키기 때문에 이 여래장성에 의지하여 무명을 내는 것이다. 본

래의 깨달음의 체는 밝은 것이므로 너는 밝은 깨달음의 본체 위에 다시 밝음을 더하면 안 된다. 이 밝음을 더하려고 하기 때문에 한 생각이 망령되게 움직이며, 곧 업의 모습이 나온다. 이 업상의 성질은 바로 업을 짓는 모습의 그러한 성질이다.

性妄見生 따라서 본래는 여래장성이지만, 지금은 무명을 낸다. 무명은 일종의 미혹[惑]이며, 이해하지 못하는 것이다. 의혹이 있으므로 업을 짓고, 업을 지으므로 이러한 업의 성질이 일종의 허망함으로 변한다. 이 성질이 허망하기 때문에 생사가 있게 된다. 그래서 업상의 성질이 허망하여 견해가 나온다[性妄見生]는 것이다.

이 문장은 또한 앞에서 설명한 세 가지의 미세한 모습과 여섯 가지의 거친 모습이 나오는 것이다. 참됨을 의지하여 허망함을 일으킬 때 우선 업상(業相)이 나오는데, 바로 무명의 업상이다. 무명의 업상이 나온 이후 업을 짓는 전상(轉相)이 나온다. 돌아서 업을 짓는 것이다. 먼저 미혹을 일으킨 연후에 업을 짓고, 과보를 받는 것이다. 그래서 또 나타나는 현상(現相)이 나온다. 그런 연후에 전상이 나와 갖가지의 미혹이 나오기 때문에 다시 여섯 가지의 거친 모습이 나온다.

從畢竟無, 成究竟有 따라서 본래 없는 것에서부터 허망함으로 인하여 결국에는 존재[有]가 있게 된다.

此有所有 차유(此有)의 있음[有]은 무명을 가리키며, 소유(所有)란 세 가지의 미세한 상[三細相]을 말한다. 왜냐하면 "한 생각 깨닫지 못하여 세 가지의 미세함을 내고, 경계가 인연이 되어 여섯 가지의 거

친 모습을 자라게 하기[一念不覺生三細, 境界爲緣長六粗]"때문에 있음[有, 존재]의 무명 위에서 이러한 세 가지의 미세한 모습이 나온다.

非因所因 이 인(因)은 의지하다(依)는 뜻으로 설명한다. 무엇이 비인(非因)인가? 무명은 세 가지의 미세한 상이 의지하는 것이지만, 이렇게 의지하는 것은 결코 진정하게 의지하는 것이 아니라 허망함이 조성한 일종의 허망한 상이다. 따라서 비의(非依)인 것이다. 본래 마치 세 가지의 미세상이 무명에 의지하는 것 같지만 또한 의지하는 것이 아니다. 왜냐하면 무명은 근본적으로 스스로의 체가 없다. 무명이 스스로의 체가 없는데, 그것이 어떻게 무명을 의지할 수 있겠는가? 무명은 세 가지의 미세상이 의지하는 바가 아니다.

住所住相, 了無根本 중생은 능히 머물 수 있는[能住] 것이며, 무명은 머무는 바[所住]이다. 그러나 머무는 바의 이 모습은 근본적으로 하나의 근본이 없으며, 무슨 기초가 없고 배경이 없다.

本此無住, 建立世界及諸衆生 본래 이것은 머무는 바가 없으며, 이 위에서 허망하게 세계와 모든 중생을 건립한다. 즉 실재하지 않은 것 위에서 세계와 모든 중생을 건립한다. 이들 모두는 허망함으로 있게 된 것이며, 결코 실재로 있는 것이 아니다.

■

迷本圓明, 是生虛妄. 妄性無體, 非有所依. 將欲復眞, 欲眞已非, 眞眞如性, 非眞求復, 宛成非相.

■

"본래의 원명한 깨달음의 성품을 미혹하여 허망함을 낸다. 이 허망한 성질은 결코 스스로의 체가 없으며, 체가 없으므로 세 가지의 미세한 모습도 그것을 의지할 수 없다. 장차 자기가 본래 가지고 있는 불성을 회복하려고 하는데, 참됨을 구하려는 마음이 있으면, 그것은 이미 참됨이 아니고 허망함이다. 이 참된 진여자성은 다시 본래의 참됨을 회복하는 것을 말하는 것이 아니라, 네가 단지 무명을 없애면, 바로 참됨이다. 그러므로 완연히 상(相)이 아님을 이룬다."

■

迷本圓明, 是生虛妄 미혹은 참됨을 의지하여 허망을 일으킨다. 여래장성은 본래 이름도 없고 모습도 없으며, 이 여래장에서 무명이 나온다. 이것이 미혹함이다. 이미 미혹되면 본래 가지고 있는 원명한 각성(覺性)도 인식하지 못한다. 각성을 인식하지 못하기 때문에 따라서 마치 고향을 잃은 사람과 같으며, 그래서 허망함을 내는 것이다.

妄性無體, 非有所依 이 허망한 성질은 결코 스스로의 체가 없으며, 그것은 참됨을 의지하여 일으키는 것이다. 무명은 스스로의 체가 없으므로 세 가지의 미세한 모습도 그것을 의지할 수 없다.

將欲復眞, 欲眞已非 무명은 근본적으로 스스로의 체가 없으므로 세 가지의 미세한 모습도 의지할 수 없다. 그러면 네가 만약 반본환원하여 자기가 본래 가지고 있는 불성으로 회복하려고 하는데, 너에게 이러한 참됨을 구하려는 마음이 있으면, 이미 그것은 허망함이다. 즉 망상이 나온 것이다. 네가 만약 본래 가지고 있는 참됨으로 회복하려면, 깨달음 위에 다시 밝음을 더하면 안 된다. 그러므로 내가 참되려고 하면 그것은 이미 참됨이 아닌 것이라고 말한다.

眞眞如性, 非眞求復, 宛成非相 이 참된 진여자성은 내가 다시 본래의 참됨을 회복하는 것을 말하는 것이 아니라, 네가 단지 무명을 없애면, 바로 참됨이라는 것이다. 즉 다시 구할 필요가 없다는 것이다.

너에게 왜 참됨이 없는가? 바로 무명이 있기 때문이다. 네가 무명은 스스로의 체가 없음을 알므로 망상을 제거할 필요도 없으며, 참됨을 구할 필요가 없이, 단지 무명을 깨뜨리면 법성이 드러나는 것이다. 무명이 없으면 법성이 자연히 현전하며, 다시 참됨을 구할 필요가 없다. 그러나 네가 무명이 타파되지 않으면, 어떻게 참됨을 구할 수 있는가? 그러므로 완연히 상(相)이 아님을 이룬다.

■

非生, 非住, 非心, 非法, 輾轉發生, 生力發明, 熏以成業. 同業相感, 因有感業, 相滅相生. 由是故有衆生顚倒.

■

"무명과 업식, 견분과 상분이 전전하여 생하는 힘을 발생하며, 서로가 훈습하여 업을 이룬다. 같은 업은 서로 감응하며, 감응하는 업이 있기 때문에 서로 멸하고 서로 생한다. 이러한 까닭으로 중생이 있게 되며, 중생은 또 전도됨을 낸다."

非生　생상(生相)의 무명을 말한다. 이 또한 무명이다.

非住　주(住)란 업식(業識)을 말하는데, 이 업식은 머무는 모습에 속한다. 무명은 생하는 모습이다.

非心　견분(見分)은 마음에 속하고, 상분(相分)은 법에 속한다. 그러나 이들 무명이든 업식이든, 견분이든 상분이든, 이것들도 마치 앞에서 이야기한 바와 같이 그것은 근본이 없으며, 스스로의 체가 없으며, 모두 허망하게 생기는 것이다. 비록 허망하게 생기시만, 이러한 병들이 나오면 곧 전염된다.

輾轉發生　서로 전염되어 마치 육근과 같이 모두 연대의 관계를 가지고 있다.

生力發明, 熏以成業　이것들이 전전하면서 무엇을 발생하는가? 생하는 힘을 발생한다. 이상의 무명, 업식, 견분, 상분이 서로 도와 이러한 힘을 발생하는 것이다. 이 힘이 더 확대되어 극점에 가면, 이들이 함께 훈습하여 업장, 업보를 이루게 된다.

: 제 17 부 : 열두 종류의 중생 [十二類衆生]　　347

同業相感 업이 만약 서로 같으면, 서로 감응을 가지게 된다.

因有感業, 相滅相生 피차 서로 통하면서 서로 감응을 가지기 때문에 서로 멸하고 서로 생하는 것을 조성한다.

由是故有衆生顚倒 이러한 까닭으로 중생이 있게 되며, 중생은 전도됨을 낸다.

2
세계가 전도된 원인

■

阿難! 云何名爲世界顚倒? 是有所有, 分段妄生, 因此界立. 非因所因, 無住所住, 遷流不住, 因此世成. 三世四方和合相涉, 變化衆生成十二類.

■

"아난아! 어떠한 것을 세계전도라고 하는가? 이 무명과 중생의 몸은 분단으로 허망하게 생한다. 이러한 까닭으로 계(界)가 성립된다. 이 세계와 무명은 머물고 머무는 바가 없지만, 머무는 것은 천류하며 머물지 않는다. 이러한 까닭으로 세(世)가 이루어진다. 세가 이루어지면 과거·현재·미래의 삼세가 있게 된다. 이 계(界)에는 네 개의 방위가 있다. 삼세와 사방이 이렇게 서로 상섭하고 변화하여 중생이 나오며, 중생은 열두 가지의 류가 생긴다."

是有所有, 分段妄生   시유(是有)는 무명을 가리키며, 소유(所有)는 중생의 근신(根身, 육근을 가진 몸)을 말한다. 이 무명과 중생의 몸은 분단으로 허망하게 생한다. 우리는 태어나서 죽을 때까지 각자 하나의 신체를 가지고 있는데, 이것을 일 분(分)이라고 하며, 태어나서 죽을 때까지의 시간적 개념을 또 일 단(段)이라고 한다. 우리들은 태어나면서 무명을 내기 때문에 깨닫지 못하여 오며, 그래서 마치 미혼약을 먹고 술에 취한 것과 같이 무엇이 좋은지도 모르고 업을 따라 표류한다. 어떤 업을 지으면 그에 따른 과보를 받는다.

非因所因, 無住所住   비인(非因)이란 이 세계를 가리킨다. 우리가 말하는 무명은 본래 무슨 기초가 없으며, 공한 것이다. 비록 공한 것이지만, 이 세계의 하나의 인(因)이다. 그래서 비인소인(非因所因)이라고 한다. 이 무명은 공한 것이므로 그것은 하나의 인(因)이 될 수 없다. 그러나 그것은 허망하기 때문에 세계를 만들어 낸다. 이것이 바로 무명을 가지고 하나의 인으로 삼는 것이다.

이 세계도 본래 공한 것이며, 머무는 바가 없다. 그러나 마치 머무는 바가 있는 것과 같다. 그래서 무주소주(無住所住)라고 한다. 본래 세계도 머무는 것이 없는데, 중생이 허망한 집착을 내고 허망한 정을 내기 때문에 따라서 머무는 바가 있으며, 머무는 바가 있다는 것은 모두 중생의 업식이 감응하여 나타나는 것이다.

遷流不住 이러한 정황 하에서 본래 공하고 본래 없으며, 본래 인이 될 수 없으며, 본래 머무는 바가 없는 것이 허망한 집착을 내므로 곧 인이 있고 머무는 것이 있다. 이러한 정황은 멈추지 않고 천류하고 변화하며 가고 오고하면서 전전한다.

因此世成 이러한 까닭으로 하나의 세(世, 시간적 개념)가 이루어진다.

三世四方和合相涉 세가 이루어지면 과거 · 현재 · 미래의 삼세가 있게 된다. 이 계(界)에는 네 개의 방위가 있다. 삼세와 사방이 이렇게 서로 상섭하여, 즉 서로가 서로의 힘을 빌리면서 섭입(涉入)하게 된다.

變化衆生成十二類 서로 상섭하면 변화가 있게 된다. 따라서 중생이 나오는데, 이 중생은 열두 가지의 류가 생긴다.

■

是故世界因動有聲, 因聲有色, 因色有香. 因香有觸, 因觸有味, 因味知法. 六亂妄想, 成業性故. 十二區分由此輪轉, 是故世間聲香味觸, 窮十二變, 爲一旋復.

▪

"그러므로 세계는 움직임으로 인하여 소리가 있으며, 소리로 인하여 색진이 있으며, 색진이 있기 때문에 향진이 있으며, 향진이 있기 때문에 촉진이 나온다. 촉진으로 인하여 미진이 나오며, 미진으로 인하여 법진이 있음을 안다. 색·성·향·미·촉·법의 여섯 가지는 어지러운 망상이며, 이 여섯의 어지러운 망상은 업의 성질을 조성하는 까닭으로 열두 종류로 구분되며, 이것은 또한 육진으로부터 서로 전전하는 관계로 인하여 열두 종류로 구분되어 육도윤회를 받는다. 그러므로 세간의 육진이 변하고 또 변하여 열두 번 변하는데, 이것이 다시 돌아오는 한 주기가 된다."

▪

六亂妄想, 成業性故 색·성·향·미·촉·법의 여섯 가지는 어지러운 망상이며, 그들이 서로 수작을 부리고 서로 적이 되어 겁탈한다. 이 여섯의 어지러운 망상은 업의 성질을 조성한다.

十二區分由此輪轉 중생의 업을 이루는 성질에서 열두 종류로 나누어진다. 이것은 또한 육진으로부터 서로 전전하는 관계로 인하여 열두 종류로 구분되어 육도윤회를 받는다.

窮十二變, 爲一旋復 이 세계의 육진이 변하고 변하여 열두 번 변하는데, 이것이 한 주기가 된다.

▬

乘此輪轉, 顚倒相故. 是有世界, 卵生, 胎生, 濕生, 化生, 有色, 無色, 有想, 無想, 若非有色, 若非無色, 若非有想, 若非無想.

▬

"이렇게 육진과 십이류의 중생이 서로 윤전하여 전도된 모습이 나오는 까닭으로 이 세계에는 난생 · 태생 · 습생 · 화생 · 형상이 있는 것 · 형상이 없는 것 · 생각이 있는 것 · 생각이 없는 것 · 형상이 있는 것이 아닌 것 같은 것 · 형상이 없는 것이 아닌 것 같은 것 · 생각이 있는 것이 아닌 것 같은 것 · 생각이 없는 것이 아닌 것 같은 것 등 열두 종류가 있다."

3
12류 중생의 모습

1) 난생(卵生)

▬

阿難! 由因世界虛妄輪迴, 動顚倒故, 和合氣成八萬四千飛沈亂想. 如是故有卵羯邏藍, 流轉國土, 魚鳥龜蛇, 其類充塞.

■

"아난아! 이 세계로 인하여 중생들이 허망하게 윤회하며, 움직이면 전도되기 때문에 허망하게 화합하여 업이 이루어져서 팔만사천의 날고 가라앉는 어지러운 생각이 있게 되며, 이와 같은 까닭으로 알의 엉김이 생기며, 난생의 중생이 국토에 유전한다. 물고기·새·거북·뱀 등 그런 종류들이 세계에 충만하다."

■

由因世界虛妄輪迴, 動顚倒故　이 세계는 참됨을 의지하여 허망함을 일으키기 때문에 무명에서 세 가지의 미세한 모습과 여섯 가지의 거친 모습의 가지가지 허망한 모습이 나오며, 윤회 속에서 왔다갔다 한다. 업을 내기 때문에 이 업은 움직임에 속하므로 움직이면 곧 전도됨을 낸다.

和合氣成八萬四千飛沉亂想　전도된 원인으로 말미암아 허망하게 화합하여 업이 있게 된다. 기성(氣成)이란 업이 조성되는 것을 뜻한다. 이러한 업이 조성되면 곧 팔만사천의 날고 가라앉는 어지러운 생각이 있게 된다. 비(飛)란 새의 종류에 속하며, 침(沉)이란 거북, 뱀의 류에 속한다.

如是故有卵羯邏藍　갖가지의 어지러운 생각이 있기 때문에 따라서 알의 갈라람이 생긴다. 갈라람(羯邏藍)이란 응활(凝滑)이라 번역한다. 이것은 마치 우유가 응고 되는 것과 같다. 이것은 남녀의 정(精)이 함께 응결되는 것이다. 생각이 있기 때문에 일이 있게 된다.

난생은 네 가지의 인연이 있어야 생긴다. 즉 부의 인연, 모의 인연, 자기의 업연, 따뜻한 인연이 합해져야 비로소 난생이 있을 수 있다. 난갈라남(卵羯羅藍)이란 무엇인가? 알이 부화될 때 막 닭으로 변하는 최초의 일주일간의 상태를 말한다.

2) 태생(胎生)

■

由因世界雜染輪迴, 欲顚倒故, 和合滋成八萬四千橫竪亂想. 如是故有胎遏蒱曇, 流轉國土. 人畜龍仙, 其類充塞.

■

"세계로 인하여 섞여 오염되어 윤회하며, 애욕의 마음으로 전도되었기 때문에 서로 화합하여 조성하는데, 팔만사천 종의 횡으로, 세로의 어지러운 생각이 생긴다. 이와 같은 까닭으로 태의 갈포담(부드러운 살)이 생기며, 국토에 유전한다. 사람과 축생・용・신선 등의 종류가 국토에 충만하다."

■

태생은 애정이 있기 때문에 정이 충동하여 남녀의 관계로 태를 맺게 된다. 이것이 사람이다. 축생・용・신선(仙)들도 모두 이러한 정황이다.

由因世界雜染輪迴, 欲顚倒故 잡염(雜染)이란 청정하지 못

한 것이며, 섞여서 오염되었다는 것이다. 이러한 애욕의 마음이 전도되어 마땅히 하지 않아야 할 것을 하는 것을 전도라고 한다. 도리에 부합되지 않은 것도 전도라고 한다.

和合滋成八萬四千橫竪亂想 자성(滋成)이란 조성하는 것이며, 또한 업을 성취하는 것이다. 즉 태생은 남녀간에 축축한 물이 나와 생명이 이루어지는 것을 뜻한다. 이러한 정황에서 서로 화합하여 조성하는데, 팔만사천 종의 횡으로, 세로의 어지러운 생각이 있다.

如是故有胎遏蒲曇, 流轉國土 이와 같은 까닭으로 태의 갈포담이 생기며, 국토에 유전한다. 태생은 세 가지의 인연을 구족하여야 한다. 즉 부의 인연, 모의 인연, 자기의 인연이다. 이 갈포담은 두 번째 주의 시기에 생긴다. 연육(軟肉)이라고 부른다.

3) 습생(濕生)

由因世界執著輪迴, 趣顚倒故, 和合暖成八萬四千飜覆亂想. 如是故有濕相蔽尸, 流轉國土. 含蠢蠕動, 其類充塞.

"세계로 인하여 어떤 중생은 집착이 강하여 윤회하며, 취향하는 전도됨의 원인으로 화합하여 따뜻한 업이 팔만사천의 뒤집고 덮는 어지러

: 제17부 : 열두 종류의 중생[十二類衆生]　　355

운 생각을 발생한다. 이와 같은 까닭으로 꿈틀거리는 벌레가 생겨 극토에 유전한다. 어리석은 영성을 함유한 꿈틀거리며 움직이는 이러한 종류가 이 세계에 충만하다."

■

由因世界執著輪迴, 趣顚倒故 이 집착은 바로 일종의 고집불통이며 한번 붙어 머물면 변화하지 않는 집착성을 말한다. 이러한 집착성이 있기 때문에 윤회하는 것이다. 취(趣)란 취향이라는 뜻이며, 이곳에서 저곳으로 걸어가는 것을 말한다. 습생은 두 가지의 인연이 구족해야 한다. 자기의 업연과 축축한 인연이다. 이러한 취향하는 전도로 인하여

和合暖成八萬四千飜覆亂想 서로 화합하여 일종의 따뜻한 업이 성취하는 팔만사천의 뒤집고 덮는 어지러운 생각을 발생한다.

如是故有濕相蔽尸, 流轉國土 이러한 까닭으로 축축한 모습의 폐시(蔽尸)가 있다. 습상폐시(濕相蔽尸)는 꿈틀거리는 고기[蠕肉]라는 뜻이다.

含蠢蠕動 일체의 함령은 영성을 가지고 있는데, 하지만 이것은 매우 어리석은 것이다. 그리고 꿈틀거리며 움직인다는 것이다.

4) 화생(化生)

■

由因世界變易輪迴, 假顚倒故, 和合觸成八萬四千新故亂想. 如是故有化相羯南, 流轉國土. 轉蛻飛行, 其類充塞.

■

"이 세계로 인하여 어떤 중생은 변이하며 윤회하는데, (남의 것을) 빌려서 전도된 까닭으로 화합하여 접촉하면서 팔만사천의 새롭고 오래된 어지러운 생각을 만든다. 이와 같은 원인으로 화생하는 단단한 살이 생기며 국토에 유전한다. 허물을 벗어 날아다니는 종류가 세계에 충만하다."

■

이 화생은 단지 하나의 인연만 있으면 되는데, 바로 자기의 업이 있으면 된다. 그것이 새로운 것을 좋아하고 옛것을 잊기를 원한다. 어떠한 것을 화생이라고 하는가? 어떤 쥐는 박쥐로 변하여 날 수 있으며, 어떤 참새는 물고기로 변할 수 있다. 나비는 애벌레에서 나비로 변하는 것이다.

由因世界變易輪迴, 假顚倒故 어떤 중생은 변이하면서 윤회하는데, 가전도(假顚倒)된 까닭이다. 여기서 가(假)란 빌린다는 뜻이다. 너는 나의 것을 빌리고, 나는 너의 것을 빌려 서로 변이하는 것이다.

和合觸成八萬四千新故亂想 그리하여 화합하여 접촉하면

서 이룬다. 무엇을 이루는가? 팔만사천 종의 새로운 생각, 오래된 생각을 이룬다. 즉 어떤 중생은 옛것을 싫어하고 새로운 것을 좋아한다. 그래서 새롭게 자기의 몸을 바꾸려고 한다. 벌레에서 나비로 변하여 날아다니는 것이다.

如是故有化相羯南, 流轉國土 이와 같은 원인으로 화생하는 모습의 갈남(단단한 고기라는 뜻)이 생긴다. 이 뒤에 나오는 여덟 종의 생은 모두 이 갈남으로 비유가 된다.

轉蛻飛行, 其類充塞 이 화생에는 혹은 땅 밑으로 다니는 것, 변하여 날아다니는 것이 있다.

5) 유색(有色)

由因世界留礙輪迴, 障顚倒故, 和合著成八萬四千精耀亂想. 如是故有色相羯南, 流轉國土. 休咎精明, 其類充塞.

"세계로 인하여 어떤 중생은 체류하고 장애하면서 윤회하는데, 장애하는 전도됨으로 인하여 화합하여 집착하는 업이 팔만사천의 정명한 어지러운 생각을 이룬다. 이와 같은 까닭으로 색상의 갈남이 있어 국토에 유전한다. 길상하고 길상하지 못한 정명한 물건들이 이 세계에 충만하다."

由因世界留礙輪迴, 障顚倒故 어떤 중생은 체류하고 장애하면서 윤회한다. 유애(留礙)란 체류하고 장애한다는 뜻이다. 그것의 갖가지 일은 모두 장애함이 있으며, 이것이 전도된 까닭이다.

和合著成八萬四千精耀亂想 집착으로 인하여 이러한 업이 조성한 팔만사천의 정명한 어지러운 생각이 있다. 이러한 물건은 매우 정명한 것이며, 생각하는 것도 매우 총명한 것이다.

休咎精明, 其類充塞 휴(休)란 길상한 일을 뜻하며, 구(咎)란 길상하지 못한 일을 가리킨다. 정(精)은 총명한 물건이다. 이러한 형상이 있는 물건이 있으면, 어떤 사람은 그것을 보고 길상한 것이라고 생각하고, 어떤 사람은 길상하지 않은 것으로 본다. 이러한 물건은 비록 형상이 있지만, 항상 볼 수 있는 것이 아니다. 이러한 류의 중생도 이 우주에 충만하다.

6) 무색(無色)

由因世界銷散輪迴, 惑顚倒故, 和合暗成八萬四千陰隱亂想. 如是故有無色羯南, 流轉國土. 空散銷沈, 其類充塞.

■

"이 세계 때문에 어떤 중생은 소멸하고 흩어지는 윤회를 하며, 미혹의 전도로 인하여 화합하여 어둡게 팔만사천의 잘 보이지 않고 매우 미세한 어지러운 생각을 이룬다. 이와 같은 까닭으로 무색의 갈남이 있으며 극토에 유전한다. 공하고 흩어지며 사라지고 가라앉는 네 공처천의 류가 세계에 가득하다."

■

무색은 무색계천을 가리킨다.

由因世界銷散輪迴, 惑顚倒故 이 세계 때문에 소산하는 윤회가 있다. 소(銷)란 없어지는 것이며, 산(散)은 흩어지는 것이다. 그러나 비록 당신이 그것을 보지 못하지만, 없어지고 흩어진다고 말한다. 그러나 그것은 여전히 식을 가지고 있으며, 업이 있어 허공에 존재한다. 따라서 윤회하는 것이다. 혹(惑)이란 이해하지 못한다는 뜻이다. 이 무명으로부터 전도된 까닭으로

和合暗成八萬四千陰隱亂想 암암리에 이러한 업이 팔만사천의 잘 보이지 않고 매우 미세한 어지러운 생각을 이룬다.

空散銷沈, 其類充塞 이것은 무색계의 하늘에 속한다. 바로 공무변처천 · 식무변처천 · 무소유처천 · 비상비비상처천의 네 가지 공처천을 말한다. 공(空)은 공무변처천이며, 산(散)은 식무변처천이며, 소(銷)는 무소유처천이며, 침(沈)은 비상비비상처천이다. 이러한 하늘

은 신체가 없고 색상이 없다. 그러므로 네 공처천의 중생을 '공산소침(空散銷沈)'이라고 한다. 이 중생들은 색상은 없지만, 단지 업식(業識)은 가지고 있다.

7) 유상(有想)

由因世界罔象輪迴, 影顚倒故, 和合憶成八萬四千潛結亂想. 如是故有想相羯南, 流轉國土. 神鬼精靈, 其類充塞.

"이 세계가 있기 때문에 어떤 중생은 상상으로 윤회하며 영상에 집착하는 전도됨으로 인하여 화합하여 상상함으로써 팔만사천의 잠복되고 결집된 어지러운 생각을 이룬다. 이와 같은 까닭으로 유상의 갈남이 국토에 유전하며, 귀신과 정령의 류가 국토에 충만하다."

由因世界罔象輪迴, 影顚倒故 이러한 중생은 일종의 상상(想像)을 가지고 있는데, 바로 귀신과 정령의 류이다. 이들은 모두 영상에 집착하여 전도된 까닭으로

和合憶成八萬四千潛結亂想 화합하여 이 업이 팔만사천의 잠복하고 결집된 어지러운 생각을 이룬다. 잠(潛)이란 잠복하다는

뜻이며, 결(結)이란 함께 결집된다는 뜻이다.

神鬼精靈 귀신은 어떤 것은 삿된 귀신이며, 어떤 것은 바른 귀신이다. 어떤 것은 보살이 시현하는 귀왕이며 어떤 것은 참으로 정당하지 못한 귀이다. 정령은 완전히 정당하지 못한 것으로서 요괴를 가리킨다. 이러한 요괴는 종류가 너무 많아서 다 설명할 수도 없다.

8) 무상(無想)

▬

由因世界愚鈍輪迴, 癡顚倒故, 和合頑成八萬四千枯槁亂想. 如是故有無想羯南, 流轉國土. 精神化爲土木金石, 其類充塞.

▬

"세계에 어리석고 암둔한 관계로 윤회를 조성하기 때문에 따라서 어리석음의 전도로 인하여 화합하여 완고하게 팔만사천의 마르고 어지러운 생각을 이룬다. 이와 같은 까닭으로 무상의 갈남이 생겨 국토에 유전한다. 정신이 변화하여 흙·나무·쇠·돌로 되며, 그 류가 세계에 충만하다."

▬

由因世界愚鈍輪迴, 癡顚倒故, 和合頑成八萬四千枯槁亂想 세계에 어리석고 암둔한 관계로 윤회를 조성하기 때문에 따라서 어리석음의 전도가 조성한 갈남이 생기게 된다. 그것은 이러한 어리석은 업과 화합하여 팔만사천의 마르고 어지러운 생각을 조성한다.

精神化爲土木金石 생각이 마르기 때문에 그의 정신은 변화하여 흙·나무·쇠·돌로 된다.

어떻게 정신이 변화하여 토목금석이 된다고 말하는가? 마치 홍콩에 망부석이 있는 것과 같다. 전설에 따르면 어떤 여인이 그의 남편이 군대에 갔다가 돌아오지 않자, 그녀는 매일 아이를 업고 산에 가서 바라보았다. 오래되고 오래되자, 그녀의 이러한 정령이 감응되어 이 여인은 하나의 돌로 변하였다. 그 돌은 영원히 마치 여인이 어린애를 업고 있는 모습으로 그곳에 서 있다. 정신이 토목금석으로 변하는 이러한 정황은 사람들이 믿기가 쉽지 않지만, 그러나 이러한 정황은 확실히 있는 것이다.

그리고 금·목·수·화·토의 다섯 가지가 있는데, 이 사람의 성정이 어떤 류와 가까운지, 만약 너무 가까우면 그러한 것으로 변할 것이다. 이것도 일종의 집착 때문이며, 일종의 마른 생각 때문이다. 따라서 이러한 정황이 발생하는 것이다. 그러면 장래에 그것들이 다시 사람으로 돌아올 수 있는가? 가능하다. 하지만 얼마나 많은 세월이 걸릴지는 모른다. 이 시간은 너무나 오래 지나야 할 것이다.

9) 비유색(非有色)

由因世界相待輪迴, 僞顚倒故, 和合染成八萬四千因依亂想. 如是故有非有色相, 成色羯南, 流轉國土. 諸水母等, 以蝦爲目, 其類充塞.

■

"이 세계로 인하여 서로 상대하면서 윤회하는 중생이 있는데, 그들은 허위의 전도된 생각으로 말미암아 화합하여 오염되어 팔만사천의 서로 의지하는 어지러운 생각을 이룬다. 이와 같은 까닭으로 비유색상이 있게 되며 또한 유색의 갈남을 이루며, 국토에 유전한다. 모든 해파리 등은 새우로써 눈을 삼는데, 그러한 류가 세계에 충만하다."

■

諸水母等, 以蝦爲目 모든 해파리 등은 새우로써 눈을 삼는다.

10) 비무색(非無色)

■

由因世界相引輪迴, 性顚倒故, 和合呪成八萬四千呼召亂想. 由是故有非無色相, 無色羯南, 流轉國土. 呪咀厭生, 其類充塞.

■

"이 세계로 인하여 서로 당기면서 윤회하는 중생이 있는데, 그는 본성의 전도로 말미암아 화합하여 다라니로서 팔만사천의 부르는 어지러운 생각을 이룬다. 이러한 까닭으로 비무색상의 귀신, 호법이 혹은 삿된 신이 있으며, 무색의 갈남을 이루어 국토에 유전한다. 주(呪)로써 저주하고 생을 싫어하는 이러한 류의 중생이 국토에 충만하다."

■

和合呪成八萬四千呼召亂想 비무색은 본래 없는 것이지만 주술을 한번 부르면 나타난다. 따라서 비무색이라고 한다. 능엄주에서 구소법(勾召法)이 있는데, 또한 호소법(呼召法)이라고도 한다. 평시에는 본래 볼 수 없지만, 당신이 능엄주를 한번 독송하면 그것은 모습을 나타낸다. 이것을 비록 귀신의 류라고 말하지만, 그러나 이것은 주의 신[呪神]이며, 보통의 귀신이 아니다.

呪咀厭生 티베트의 밀종에는 이러한 법이 있다. 그가 살기를 원하지 않으면 혹은 하나의 주를 염하면 칠 일간 이 법을 닦으면 곧 죽는다. 그리고 자기도 죽을 수 있을 뿐 아니라 다른 사람도 죽게 할 수 있다.

11) 비유상(非有想)

■

由因世界合妄輪迴, 罔顚倒故, 和合異成八萬四千回互亂想. 如是故有非有想相, 成想羯南, 流轉國土. 彼蒲盧等, 異質成相, 其類充塞.

■

"이 세계 때문에 두 가지의 허망함이 서로 합하여 전전하면서 서로를 취하는데, 이러한 허망한 전도로 인하여 서로 화합하여 두 가지의 이질적인 상이 팔만사천의 서로에게 돌아가는 어지러운 생각을 이룬다. 이와 같이 하여 비유상의 모습이 있게 되며, 이러한 상이 생각의 갈남을 이루고 국토에 유전한다. 저 나나니벌 등은 이질적인 모습을 이루는데, 이러한 류가 세계에 충만하다."

■

由因世界合妄輪迴, 罔顚倒故 이 세계 때문에 두 가지의 허망함이 서로 합하여 전전하면서 서로를 취하는데, 이러한 허망한 전도로 인하여

和合異成八萬四千回互亂想 서로 화합하여 서로 다른 것을 이루게 된다. 이 두 가지의 이질적인 상이 팔만사천의 서로에게 돌아가는 어지러운 생각을 이룬다.

如是故有非有想相, 成想羯南, 流轉國土 이와 같이 하여 비유상의 모습이 있게 되며, 이것은 상상으로 이루어지는 것이 아니고, 그것은 상상이 미치지 못하는 것이며, 미리 생각하는 것이 아니다. 이러한 상이 생각의 갈남을 이루고 국토에 유전한다.

彼蒲盧等 포로(蒲盧)는 일종의 동물이며, 나나니벌이라고 하며, 뽕나무벌레를 자기의 아들로 삼는다.

異質相成 나나니벌과 뽕나무벌레는 본래 같은 류가 아니다.

그러나 뽕나무벌레는 나나니벌의 아들로 변할 수 있다. 나나니벌과 같게 되는 것이다.

12) 비무상(非無想)

■

由因世界怨害輪迴, 殺顚倒故, 和合怪成八萬四千食父母想. 如是故有非無想相, 無想羯南, 流轉國土. 如土梟等附塊爲兒, 及破鏡鳥以毒樹果, 抱爲其子, 子成, 父母皆遭其食, 其類充塞. 是名衆生十二種類.

■

"이 세계로 인하여 원한을 가지고 서로 윤회를 이루며, 따라서 살업의 전도를 조성하는 까닭으로 이러한 죽이는 업[殺業]이 서로 화합하여 원한의 독이 충만하며, 따라서 괴이하게 팔만사천의 부모를 잡아먹는 생각을 이룬다. 이와 같은 까닭으로 비무상의 모습이 있게 되며, 무상의 갈남을 이루고 국토에 유전한다. 마치 올빼미가 돌멩이를 품고 자기의 아들로 생각하며, 파경 수가 독나무의 열매를 자기의 아들로 품는 것과 같이, 새끼가 자라면 부모는 모두 그에게 잡아먹힌다. 그러한 류가 충만하다. 이것을 중생의 열두 종류라고 이름한다."

■

비무상은 생각이 없는 것이 아니라 생각이 있지만 매우 정상이 아니다. 이것도 일종의 정신의 비정상이라고 말할 수 있다.

由因世界怨害輪迴, 殺顚倒故 원해(怨害)란 서로 원한을 가지고 해치는 것이다. 이러한 원한을 가지고 서로 윤회를 이루며, 따라서 살업의 전도를 조성한다.

和合怪成八萬四千食父母想 따라서 이러한 죽이는 업[殺業]이 서로 화합하여 원한의 독이 충만하며, 따라서 괴이한 현상을 이룬다. 이런 괴이한 현상은 팔만사천의 부모를 잡아먹는 생각을 이룬다.

如土梟等附塊爲兒 토효(土梟)는 올빼미를 말하며, 불효조라고 부른다. 이 새는 본래 알이 없으며, 돌멩이를 품고 자식을 낳으려고 한다. 작은 올빼미는 엄마 올빼미의 살을 먹으므로 불효조라고 한다.

及破鏡鳥以毒樹果, 抱爲其子 파경조(破鏡鳥)는 아마도 번역이 잘못된 것 같다. 본래 중국의 책에는 파경수(破獍獸)라는 짐승 이름이 있는데, 이 짐승의 형상은 호랑이나 범과 같다. 하지만 그보다는 작은 동물로서 독나무의 과일을 품고 자기의 아들로 삼는다. 아들이 나오면 그의 부친을 잡아먹는다고 한다. 따라서 이 파경수는 불효수라고 부른다.

子成, 父母皆遭其食 그들의 자식이 성장하면 부모는 모두 그 자식에게 잡아먹힌다.

六

수행의 단계

1
세 단계의 점진적인 수행

■

阿難! 如是衆生一一類中, 亦各各具十二顚倒. 猶如揑目亂花發生, 顚倒妙圓眞淨明心, 具足如斯虛妄亂想. 汝今修證佛三摩提, 於是本因元所亂想, 立三漸次, 方得除滅. 如淨器中除去毒蜜, 以諸湯水幷雜灰香, 洗滌其器, 後貯甘露. 云何名爲三種漸次? 一者修習, 除其助因. 二者眞修, 刳其正性. 三者增進, 違其現業.

■

"아난아! 이와 같은 열두 가지 종류의 중생 가운데는 또한 각각 열두 종류의 전도됨을 갖추고 있다. 마치 눈을 비틀고 사물을 보면 어지러운 꽃이 허공에 발생하는 것과 같다. 묘원하고 진정한 밝은 마음에 대하여 전도되어 이와 같은 허망한 어지러운 생각을 품게 된다. 너는 지금 부처의 선정력을 닦아 증득하려면, 본래의 원인[因]인 어지러운 생각을 세 단계를 세워 점차적으로 닦아나가야 비로소 소멸할 수 있다. 마치 깨끗한 용기 가운데 독의 꿀을 제거하려면, 끓는 물과 재, 비누 등으로 그 용기를 세척해내야 하는 것과 같다. 그런 연후에 감로수를 담을 수 있다. 어떠한 것을 세 가지의 단계라고 하는가? 첫 번째는 수행을 하여 업을 조성하는 이러한 원인을 제거하는 것이다. 두 번째는 진정한 수행을 하여 업식의 성질[識性]을 바르게 하는 것이다. 세 번째는 앞으로 향하여 증진해 나가서 자기에게 나타나는 업을 거슬러 가는 것이다."

■

猶如揑目亂花發生 어지러운 생각과 전도됨은 모두 허망함으로부터 나오는 것이다. 마치 눈을 비틀고 사물을 보면 어지러운 꽃이 허공에 발생하는 것과 같다. 만약 손을 눈에서 떼면 아무것도 없다. 이것은 네가 전도망상을 추구하기 때문에 비로소 생사의 윤회가 있는 것이다. 이 십이류의 중생 속에서 서로 윤회하는데, 네가 만약 망상을 따라 돌지 않으며, 무명을 따라가지 않고 회광반조하며, 돌이켜 자성을 들어 무명을 깨뜨리면, 아무것도 없게 된다.

顚倒妙圓眞淨明心, 具足如斯虛妄亂想 허망함에서 이러한 전도가 나와서 자기가 본래 갖추고 있는 묘원한 상주진심의 성정명체인 이 밝은 마음에 대하여 무명을 내며, 갖가지로 전도되어 생사 유전하는 정황, 이러한 어지러운 생각은 허망한 것이며, 조금도 실재하지 않다.

1) 윤회를 일으키는 원인을 제거하다

■

云何助因? 阿難! 如是世界十二類生, 不能自全, 依四食住. 所謂段食,觸食, 思食, 識食, 是故佛說一切眾生皆依食住. 阿難! 一切眾生, 食甘故生, 食毒故死. 是諸眾生求三摩提, 當斷世間五種辛菜. 是五種辛, 熟食發婬, 生啖增恚. 如是世界食辛之人, 縱能宣說十二部經, 十方天仙, 嫌其臭穢, 咸皆遠離. 諸餓鬼等, 因彼食次, 舐其唇吻, 常與鬼住, 福德日銷, 長無利益. 是食辛人修三摩地, 菩薩天仙, 十方善神, 不來守護. 大力魔王得其方便, 現作佛身, 來爲說法, 非毀禁戒, 讚婬怒癡. 命終自爲魔王眷屬, 受魔福盡, 墮無間獄. 阿難! 修菩提者永斷五辛, 是則名爲第一增進修行漸次.

"어떠한 것을 업을 조성하는 원인[助因]이라고 하는가? 아난아! 이와 같은 세계의 십이류의 중생들은 스스로 자기를 성장시킬 수 없으며, 네 가지의 먹는 것에 의지하여 머문다. 소위 분단식・촉식・사식・식식을 말한다. 그러므로 부처는 일체중생은 모두 먹는 것으로 살아간다고 말하는 것이다. 아난아! 일체중생은 단 것을 먹으므로 살고, 독한 것을 먹으므로 죽는다. 모든 중생이 선정을 구하려면 마땅히 세간의 오신채를 끊어야 한다. 오신채는 익혀서 먹으면 음욕심을 발하게 하고, 생으로 먹으면 성냄을 증가시킨다. 세계의 이와 같은 오신채를 먹는 사람은 설령 십이부의 경을 선설하더라도, 시방의 천선(天仙)들은 그 냄새의 더러움을 싫어하여 모두 멀리 떠나려고 한다. 모든 아귀들은 그들이 먹고 난 다음에 그들의 입술을 핥는다. 항상 귀신과 함께 머물게 되므로 복덕이 날로 소멸하여 길이 아무런 이익이 없을 것이다. 오신채를 먹는 사람이 선정을 닦으면 보살과 천선, 시방의 선신들이 와서 수호하지 않을 것이며, 큰 세력의 마왕이 그 틈을 타고 부처의 몸으로 나타나 법을 설하면서 금계를 지키지 않게 하고 훼방하며, 음욕과 성냄과 어리석음을 찬탄할 것이다. 목숨을 마치고 스스로 마왕의 권속이 될 것이며, 마의 복을 다 받고 나면 무간지옥에 떨어질 것이다. 아난아! 보리(깨달음)의 도를 닦는 사람은 영원히 오신채를 끊어야 한다. 이것이 바로 첫 번째의 증진하는 수행의 단계이다."

■

不能自全 자기 스스로 자기를 성장시킬 수 없다는 뜻이다.

所謂段食, 觸食, 思食, 識食 단식이란 분단식(分段食)을 말하며, 육욕천과 아수라·인간·축생들은 분단식을 한다. 즉 조금씩 분단을 내어 먹는다는 것이다. 촉식은 천상의 중생은 단지 접촉하기만 하면 배가 부르다. 귀신도 이와 같다. 사식이란 천상에서 선열(禪悅)로 먹는다. 이것은 한번 생각하기만 하면 배가 부르다. 식식은 무색계의 네 공처천의 중생은 식(識)으로 먹는다.

食甘故生, 食毒故死 여기서 달다는 것은 반드시 단 것은 아니며 일체의 먹는 물건을 대표한다. 독을 먹는다는 것도 반드시 진정으로 독이 있는 것을 말하는 것이 아니라 오신채와 같이 정상이 아닌 감각을 일으키는 음식을 가리킨다. 고사(故死)는 먹으면 즉시 죽는 것이 아니면 좀 빨리 죽는다는 뜻이다.

當斷世間五種辛菜 마땅히 다섯 종의 신채를 끊어야 한다. 이 오신채는 파(양파를 포함)·마늘·부추·달래·홍거(興渠)를 말하는

데, 흥거란 아마도 인도에는 있는데, 중국에는 없으므로 번역을 하지 않은 것 같다.

　　是五種辛, 熟食發婬, 生啖增恚　이 다섯 종의 신채는 익혀 먹으면 음욕심을 내게 하고, 생으로 먹으면 진에심을 증가시킨다. 익혀 먹으면 음욕심을 증가시킨다는 것이다. 이것은 고기를 먹어도 그렇다.
　　수도인은 왜 고기를 먹으면 안 되는가? 바로 고기가 사람의 음욕심을 돕기 때문이다. 그리고 생으로 먹으면 화를 잘 나게 한다는 것이다. 화를 내게 한다는 것은 사람을 어리석게 한다는 것이다. 지혜로운 사람은 화를 내지 않는다. 화를 내는 사람은 사리에 밝지 못하고 일을 간파하지 못하여 장애가 생기면 해결할 방법이 없어 성미를 부린다. 그래서 결과적으로는 일에 대하여 조금도 도움이 되지 않는다. 따라서 왜 화를 내고 성미가 크게 되는가? 바로 갖가지의 고기류를 먹어 무명, 번뇌를 증가시키기 때문이다. 오신채를 날로 먹으면 또한 성미를 부리는 것을 증가시킨다.

　　十方天仙, 嫌其臭穢, 咸皆遠離　경을 강의하고 법을 설하는 사람이 만약 청정하게 재계를 지켜 오신채와 고기와 술을 먹지 않으면, 시방의 천선들이 모두 와서 보호할 것이다. 천선들이 우리 인간을 보고 냄새가 나고 더럽다고 여기는데, 그것은 우리 인간들이 고기와 오신채, 술을 먹어서 몸에 악취가 배이기 때문이다. 서방인들이 대다수 소고기를 즐겨 먹고 양파를 좋아하기 때문에 몸에서 항상 이상한 냄새가 나는 것이다. 그래서 시방의 천선들이 모두 이러한 사람을 멀리 떠나려고 한다.

諸餓鬼等, 因彼食次, 舐其脣吻　모든 아귀들은 그런 사람이 먹고 난 다음에 그의 입술을 핥는다. 왜냐하면 그들의 입술에서 오신채의 냄새가 나기 때문에 귀신들은 그러한 냄새를 좋아하므로 와서 입술을 핥는 것이다. 귀신은 촉식을 하기 때문에 맹렬하게 그의 입술을 접촉하려고 한다.

常與鬼住, 福德日銷, 長無利益　이렇게 항상 귀신과 함께 머물게 되므로 복덕이 날로 소멸하여 길이 아무런 이익이 없을 것이다.

大力魔王得其方便, 現作佛身, 來爲說法, 非毀禁戒, 讚婬怒癡　큰 세력이 있는 마왕이 그 틈을 타고 들어와 부처님의 몸을 나타내어 법을 설한다. 이런 사람은 부처님의 몸으로 나타나 설법하니 모두 그의 말을 따르게 된다. 그리하여 그 동안의 모든 계를 파하고 고기 · 술 · 오신채를 먹게 되며, 심지어 음욕심을 찬탄하게 된다.

　계를 지니는 것을 모두 소승인이 지키는 것이며, 대승인은 죽이는 것이 죽이지 않는 것이며, 음행하는 것이 음행이 아니라고 하면서 아무런 관계가 없다고 한다. 마왕은 전문적으로 금계를 파괴하려고 한다.

　최근에 인도에서 황씨라는 분이 책을 한 권 보내왔는데, 그 책은 전문적으로 쌍수(雙修)를 찬탄하는 것이었다. 남녀가 함께 수도하는 것으로 이 모두 일종의 마설(魔說)에 가깝다. 마왕은 전문적으로 사람으로 하여금 음욕을 끊지 못하게 한다. 음욕을 끊지 않아도 성불할 수 있다고 말한다. 가장 청정하지 못한 것이 바로 이 음욕이다.

2) 업장의 성질을 제거하다

云何正性? 阿難! 如是衆生入三摩地, 要先嚴持淸淨戒律, 永斷婬心, 不餐酒肉. 以火淨食, 無啖生氣. 阿難! 是修行人, 若不斷婬及與殺生, 出三界者, 無有是處. 當觀婬欲, 猶如毒蛇, 如見怨賊. 先持聲聞四棄八棄, 執身不動. 後行菩薩淸淨律儀, 執心不起. 禁戒成就, 則於世間永無相生相殺之業. 偸劫不行, 無相負累, 亦於世間不還宿債. 是淸淨人修三摩地, 父母肉身, 不須天眼, 自然觀見十方世界, 覿佛聞法, 親奉聖旨, 得大神通, 遊十方界. 宿命淸淨, 得無艱險. 是則名爲第二增進修行漸次.

"무엇이 업식의 성질을 바르게 하는[正性] 것인가? 아난아! 이와 같은 중생이 선정에 들어가려고 하면, 먼저 청정한 계율을 엄정하게 지녀야 한다. 영원히 음욕심을 끊고 술과 고기를 먹지 않아야 하며, 불에 익힌 깨끗한 음식을 먹고 날 것으로 먹지 않아야 한다. 아난아! 수행인이 만약 음욕심과 살생을 끊지 않고 삼계를 벗어나려고 하는 것은 옳지 않다. 마땅히 음욕을 독사와 같이 보고 원수와 도적과 같이 봐야 한다. 먼저 성문의 사기(四棄)와 팔기(八棄)의 계를 지니면서 몸을 잘 지켜 계를 범하지 않아야 할 것이며, 그런 연후에 보살의 청정한 율의를 행하여 마음속에서도 그런 마음이 일어나지 않게 해야 한다. 금계가 성취되면 세간에서 영원히 서로 살리고 죽이는 업이 없어질 것이며, 훔치는 죄업을 짓지 않으면 서로 쌓인 빚이 없어 또한 세간에서 전생의 빚을 갖지 않아도 될 것이다. 이러한 청정한 사람이 선정을 닦으면 천안이 열리지 않아도 부모가 낳은 육신으로 자연히 시방세계를 볼 수 있으며, 부처님을 보고 법을 들으며 친히 성스러운 가르침을 받들고 큰 신통을 얻어 시방세계를 다닐 수 있을 것이다. 이런 사람은 숙명이 청정하여 곤란하고 위험한 일을 만나지 않을 것이다. 이것이 바로 두 번째의 증진하며 수행하는 단계이다."

云何正性 무엇이 정성(正性)인가? 정성이란 업식(業識)의 성질을 바르게 하는 것이며, 업식의 성질을 바꾸는 것이다.

永斷婬心 음란함[婬]은 애욕으로부터 생기며, 음욕은 무명으로부터 생기는 것이다. 비유하면 당신이 자녀를 생육하기 위하여 부부관계를 하는 것은 음욕으로 간주되지 않는다. 혹은 일종의 어떤 인연으로 다른 사람을 도우려고 하는 것은 자기를 위하는 사사로운 마음이 아니며, 허망한 쾌락을 추구하는 것이 아닌 것은 음욕을 범하는 것이 아니다. 무엇 때문인가? 당신은 그 사람을 도와 제도하려고 생각하여 당신이 원하지 않은 일을 한 것이기 때문이다. 이것은 때를 따라 일종의 권교방편으로 통변하는 것이다.

不餐酒肉 술과 고기를 먹지 않는다. 불찬(不餐)이란 먹지 않는다는 뜻이다. 술은 성질을 어지럽게 한다. 술에 취하면 당신은 불합리한 일을 저지르게 된다. 따라서 술은 마땅히 금해야 하는 것이다. 고기도 당연히 음욕을 조장하기 때문에 수도인은 마땅히 먹으면 안 된다.

以火淨食, 無啖生氣 날것은 심지어 채소라도 불에 익혀서 먹어야 한다. 날것은 다수가 사람의 진한심을 돕기 때문이다.

執身不動 먼저 몸을 잘 지켜 이러한 업을 짓지 않게 해야 한다. 소승의 성문은 몸을 잘 지켜 계를 범하지 않게 하는 것이다.

執心不起 보살은 마음속에서도 음욕심이 일어나지 않게 한다. 이것이 비로소 수행인이 가야 할 길이다.

禁戒成就 금이란 금지하는 것이며, 계란 악을 그치고 그름을 방비하는 것이다. 그러나 이 가운데는 갖가지의 열고 닫는 인연이 있다. 이것은 열고[開], 막으며[遮], 지니고[持], 범하는[犯] 네 종류가 있다. 연다는 것은 어떤 때는 당신이 계를 범했지만 범하지 않은 것이 된다. 막는다는 것은 방지하는 것으로 마치 술 마시는 것과 같이 당신이 만약 술을 마시지 않으면 계를 범하지 않을 것이므로 술을 마시지 않아야 하는 것이다. 이것이 막는다[遮]는 것이다. 지니다[持]는 규칙에 따라 행하는 것이다. 범하는[犯] 것은 계를 어기고 범하는 것이다.

偸劫不行, 無相負累, 亦於世間不還宿債 훔치는 죄업도 짓지 않으면 서로 부담해야 할 빚이 없으며, 또한 세간에서 전생의 빚을 갚을 필요가 없다. 만약 고기를 먹는다면, 그 고기에 대하여 빚을 지게 되는데, 지금 고기를 먹지 않으면 쌓인 빚이 없는 것이다. 그래서 또한 전생에 지은 무슨 죄업도 갚아야 할 필요가 없는 것이다. 왜 그런가? 당신은 축생과 주고받는 관계를 끊었기 때문이다. 당신이 그의 고기를 먹지 않는데 그와 무슨 관련이 있겠는가?

宿命淸淨 숙명통을 얻는다는 것이다. 이 사람은 육신에서 비록 정식으로 천안통을 얻지는 않았지만, 천안과 비슷하며, 정식으로 천이통을 얻지 않았지만 그와 비슷한 능력을 얻는다는 것이다.

이전에 부처님께서 세상에 계실 때 두 분의 비구 스님이 산에 살고 있었는데, 한 스님이 잠을 자고 있는 곳을 어떤 여인이 지나가게 되었다. 그때 마침 한 스님은 성에 물건을 사러 가고 없었다. 인도에서는 스님들이 바지를 입지 않고 치마를 두르고 위에는 옷을 걸치고 지냈는데, 이렇게 그 스님은 자고 있었다. 이 여인은 한 남자가 자고 있는 것을 보고 음욕심이 발동하여 그 비구를 강간하였다.

강간한 후 성에 물건을 사러 간 비구가 돌아오자 그 여인은 도망을 갔다. 물건을 사고 돌아온 비구가 자고 있던 비구에게 물었다.

"저 여인은 여기 와서 무엇을 했으며, 그녀는 왜 도망가는가?"

자고 있던 비구가 말하였다.

"저 여인은 좋은 사람이 아니다. 나를 강간하고 나로 하여금 계를 범하게 하였다."

그 비구가 말하였다.

"이게 어디 될 말인가! 내가 가서 저 여인을 잡아와야겠다. 우리는 부처님 계신 곳으로 가서 알리자!"

그래서 여인을 쫓아갔는데, 여인은 급하게 도망가다가 발을 헛디뎌 실족하여 죽고 말았다.

두 비구 중 한 사람은 음계를 범했으며, 한 사람은 살생계를 범하였다. 이 여인은 비록 그 비구가 친히 죽이지는 않았지만, 만약 그가 쫓아가지 않았더라면 죽지 않았을 것이다. 두 비구는 생각해 보니, 크게 잘못되었다는 것을 알았다. 부처님께 찾아가서 죄를 멸할 방법이 없겠는가고 물었다. 부처님께서는 우바리 존자에게 찾아가 가르침을 구하라고 하였다.

우바리 존자는 두 비구의 이야기를 듣고 말하였다.

"이것은 고칠 수 없으며 참회가 통하지 않는 것이다. 너희들 두 사람은 장래에 반드시 지옥에 떨어질 것이다."

두 비구는 지옥에 떨어진다는 말을 듣고 눈물을 흘리며 통곡하면서 각처로 가서 지옥에 떨어지지 않을 방법을 구하였다. 그래서 유마 거사를 찾아갔다. 유마 거사가 말하였다.

"두 분 스님은 무엇 때문에 우는가?"

그들은 어떻게 하여 음계를 범하고 살생계를 범했는지를 말했다. 유마 거사가 말하였다.

"두 분은 계를 범하지 않았습니다. 두 분은 단지 잘못을 고치려고 하면 나는 두 분에게 보증할 수 있습니다. 두 분은 계를 범한 것이 아닙니다."

왜 계를 범하지 않았는가? 죄의 성질은 본래 공하기 때문이다. 이것은 범하려는 마음을 가진 것이 아니며, 고의로 범한 것이 아니다. 두 비구는 유마 거사의 이러한 설명을 듣고 그 자리에서 깨달아 과를 증득하였으며, 이후 아라한을 이루었다. 따라서 이 계에는 갖가지의 다른 설법이 있다. 하지만 계를 여는 인연은 어떤 때나 함부로 열 수 있는 것은 아니다.

3) 나타나는 업을 거스르다

■

云何現業? 阿難! 如是淸淨持禁戒人, 心無貪婬, 於外六塵不多流逸. 因不流逸, 旋元自歸. 塵旣不緣, 根無所偶. 反流全一, 六用不行. 十方國土, 皎然淸淨, 譬如琉璃內懸明月. 身心快然, 妙圓平等, 獲大安隱. 一切如來密圓淨妙, 皆現其中. 是人卽獲無生法忍. 從是漸修, 隨所發行, 安立聖位. 是則名爲第三增進修行漸次.

■

"어떠한 것을 나타나는 업[現業]을 거스른다고 하는가? 아난아! 이와 같이 청정하게 금계를 지니는 사람은 마음에 음욕을 탐하는 마음이 없으므로 바깥의 육진 경계를 따라 달아나지 않으며, 육진을 따라 움직이지 않기 때문에 반본환원하여 돌이켜 자성을 듣는 이근 원통을 닦는다. 육진이 이미 육근과 인연하지 않으니, 육근은 상대할 대상이 없다. 되돌아 흐르니 육근과 육진의 성질이 모두 하나로 모아지며, 육근도 육진의 경계를 따라가지 않는다. 그러면 시방의 국토가 환하게 밝고 청정하여 마치 유리 속에 밝은 달이 걸린 것처럼 투명하다. 유리와 같이 투명하게 되면 몸과 마음이 매우 즐겁게 되며, 이때 미묘하고 원만하며, 평등한 법성(法性)을 얻으며, 큰 안온함을 얻으며, 시방 삼세의 일체 여래의 이러한 비밀하고 원만하며, 청정하고 미묘한 법성이 모두 그 가운데 나타난다. 이 사람은 곧 무생법인을 얻게 된다. 이로부터 점차적으로 수행하여 그가 얻은 수행의 공부를 따라 행원(行願)을 발하여 성스러운 과위에 안립한다. 이것이 바로 세 번째의 증진하며 수행하는 단계이다."

一

云何現業 이번에는 금생이나 과거에 지은 업을 거스르는 것이다. 위배한다는 것이다. 현재에 과거의 지은 업을 따라가지 않고 고쳐서 돌아온다는 것이다.

心無貪婬, 於外六塵不多流逸 마음에 음욕을 탐하는 마음이 없으므로 바깥의 육진에서 육진의 경계를 따라 달아나지 않고 회광반조한다.

因不流逸, 旋元自歸 그는 육진을 따라 움직이지 않기 때문에 반본환원하여 돌이켜 자성을 듣고 이근의 원통을 닦는다.

塵旣不緣, 根無所偶 육진의 경계가 이미 그와 인연하지 않고, 그와 아무런 관련이 없고 아무런 인연이 없게 된다. 육진이 이미 끊어지고 육근이 돌아오니, 육근과 육진은 상대되지 않을 것이다. 우(偶)란 상대된다는 뜻이다.

反流全一, 六用不行 돌이켜 자성을 들어 되돌아 흐르니 육근과 육진의 성질이 모두 하나로 모아진다. 그러므로 육근도 육진의 경계를 따라가지 않는다. 육용(六用)이란 육근을 가리킨다.

身心快然, 妙圓平等, 獲大安隱 유리와 같이 투명하게 되면 몸과 마음이 매우 즐겁게 되며, 이때 미묘하고 원만하며, 평등한 법성(法性)을 얻으며, 큰 안온함(평안하고 즐거움)을 얻는다. 이러한 즐거움은 자기만 알지 다른 사람은 모른다.

是人即獲無生法忍 이러한 경계를 얻은 사람은 무생법인을 얻게 된다. 생하고 멸하는 법이 없는 경계를 '무생법인을 얻는다'고 한다. 이러한 경계를 얻는 것은 쉽지 않다.

從是漸修, 隨所發行, 安立聖位 이로부터 점차적으로 수행하여 그가 얻은 수행의 공부를 따라 행원(行願)을 발하여 성스러운 과위에 안립한다. 안립이란 움직이지 않고 흔들리지 않는다는 것이다.

2
보살수행의 단계

1) 건혜지(乾慧地)

阿難! 是善男子, 欲愛乾枯, 根境不偶, 現前殘質不復續生. 執心虛明, 純是智慧, 慧性明圓, 瑩十方界. 乾有其慧, 名乾慧地. 欲習初乾, 未與如來法流水接.

■

"아난아! 이 선남자는 애욕의 마음이 고갈되어 육근과 육진의 경계가 상대되지 않으며, 현전하는 약간의 여습, 무명이 다시 계속해서 생기지 않는다. 자기의 마음은 마치 허공과 같이 밝고 자기의 성품에 지혜가 원만하며, 다른 망상이 없게 되며, 이러한 지혜의 자성은 밝고 원만하여 시방세계를 두루 비춘다. 애욕이 모두 말라 없으니, 지혜만 남게 되는데, 이것을 건혜지라고 한다. (이 단계에서는) 애욕과 습기가 처음으로 말라 아직 여래의 법류수와 접하지 않았다."

■

欲愛乾枯, 根境不偶 이 선남자는 애욕의 마음이 고갈되어 육근과 육진의 경계가 상대되지 않는다.

現前殘質不復續生 잔질(殘質)은 남은 습기[餘習]이며, 매우 적은 무명이다. 현전하는 약간의 여습, 무명이 다시 계속해서 생기지 않는다. 즉 무명이 더 증가되지 않는다는 뜻이다.

執心虛明, 純是智慧 남은 무명이 이미 매우 적으니, 업장도 그렇게 많지 않다. 이때 자기의 마음은 마치 허공과 같이 밝고 자기의 성품에 지혜가 원만하며, 다른 망상이 없다. 생각하는 것은 지혜로부터 발생되어 나오는 것이다.

慧性明圓, 鎣十方界 이러한 지혜의 자성은 밝고 원만하여 시방세계를 두루 비춘다. 형(鎣)이란 비친다는 뜻이다.

乾有其慧, 名乾慧地 애욕이 모두 말라 없으니, 지혜만 남게 되었다. 따라서 건혜지라고 한다. 또 금강초심(金剛初心)이라고 한다. 금강은 바로 파괴되지 않는다는 뜻이다. 이 파괴되지 않는 금강심의 최초의 첫 걸음을 건혜지라고 한다. 이것은 십지의 과위와는 또 다르다. 이후에 십신·십주·십행·십회향 등을 거쳐 십지·등각에 이르며, 모두 55개의 단계가 있으며, 이것이 보살이 닦는 55개의 등급이다.

欲習初乾, 未與如來法流水接 욕이란 자기의 애욕을 말하며, 습이란 습기를 말한다. 애욕과 습기가 처음으로 말라 아직 여래의 법류수와 접하지 않았다.

법류(法流)란 법수의 원류를 말하며, 바로 불법을 가리킨다. 이 불법은 말로 낼 수 있는 법이 아니며, 자기의 자성 속에서 법수가 흘러나오는 것이다. 자성 속에서 진정한 지혜의 물이 나온다. 이 건혜지는 아직 진정한 지혜의 물과는 접하지 못하였다.

2) 십신(十信)

■
卽以此心, 中中流入, 圓妙開敷. 從眞妙圓, 重發眞妙, 妙信常住. 一切妄想滅盡無餘, 中道純眞, 名信心住.

■
"이 마음 즉 건혜지의 금강초심으로써 불법의 가운데로 흘러 들어가며, 원만하고 미묘한 경계를 얻어 다시 열고 부연(敷演)된다. 진여자성의 묘원한 마음으로부터 다시 진묘함을 발하며, 미묘한 믿음은 상주불변하며, 항상 묘한 믿음 위에 머문다. 이때 모든 망상은 다 소멸되고 남지 않으며, 중도의 이치는 순수하고 참되다. 이것을 신심주(信心住)라고 한다."

■
即以此心, 中中流入, 圓妙開敷 이 마음 즉 건혜지의 금강초심으로써 불법의 가운데로 흘러 들어가며, 원만하고 미묘한 경계를 얻어 다시 열고 부연(敷演)된다. 이때 곧 진여의 이체(理體)를 얻게 된다.

一切妄想滅盡無餘 항상 묘한 믿음 위에 머무는 이때 모든 망상은 다 소멸되고 남지 않는다. 다시 망상을 내려고 해도 낼 수 없다. 왜냐하면 망상은 모두 무명이 그것을 도와서 갖가지의 망상을 내며, 갖가지의 애욕을 낸다. 애욕이 마르니 무명도 얼마 남지 않는다. 이때 일체의 망상은 자연히 생하지 않는다. 그렇게 많은 망상이 없게 된다. 우리는 왜 망상을 짓는가? 바로 애욕이 있고 탐하는 것이 있기 때문이다.

中道純眞 이때 중도의 이치를 얻어 조금도 거짓이 없게 된다. 거짓이라는 것은 바로 애욕이 있는 것이다. 지금 순수하고 참되므로 애욕이 없고 탐할 망상이 없다.

■

眞信明了, 一切圓通. 陰處界三, 不能爲礙. 如是乃至過去未來無數劫中, 捨身受身, 一切習氣皆現在前. 是善男子, 皆能憶念, 得無遺忘, 名念心住.

■

"참된 믿음이 있은 연후에 밝고 또렷하게 되며, 닦는 모든 것이 원만하고 통달하게 된다. 이렇게 되면 오음과 십이처·십팔계의 세 종류는 장애할 수 없게 된다. 이와 같이 내지 과거·현재·미래의 무수겁 가운데서 나고 죽고 하면서 각각의 생의 모든 습기가 다 자기의 앞에 나타난다. 이 선남자는 그러한 모두를 억념하고 잊지 않는다. 이것을 염심주(念心住)라고 한다."

■

眞信明了, 一切圓通　참된 믿음이 있은 연후에 비로소 진정한 지혜가 있게 되며, 진정한 지혜가 있으면 자연히 밝고 또렷하게 된다. 이때 닦는 모든 것이 원만하고 통달하게 된다. 이근도 원통하고 안근도 원통하고 의근도 원통하여 일체가 원통하게 된다.

陰處界三, 不能爲礙　일체가 원통하게 되면 오음과 십이처·십팔계의 세 종류는 수행자 자신을 장애할 수 없게 된다.

捨身受身　사신(捨身)이란 죽는 것을 말하며, 수신(受身)이란 태어나는 것을 말한다.

一切習氣皆現在前 과거 · 현재 · 미래의 모든 습기가 다 영상처럼 자기 앞에 나타난다는 것이다.

■

妙圓純眞, 眞精發化. 無始習氣通一精明. 唯以精明, 進趣眞淨. 名精進心,

"묘원하고 순진함은 진정(眞精)함으로부터 변화되어 나오는 것이다. 그래서 무시이래의 습기는 모두 정명한 지혜로 변한다. 오직 정명한 지혜로써 앞으로 정진하여 참되고 청정한 곳으로 나아간다. 이것을 정진심(精進心)이라고 한다."

■

心精現前, 純以智慧. 名慧心住.

"정명한 마음이 현전하면 지혜가 순수하게 된다. 이것을 혜심주(慧心住)라고 한다."

■

心精現前. 純以智慧 마음도 명료하여 진정한 지혜가 있게 되었다. 따라서 이때 지혜는 순수하여 조금의 잡념도 없게 된다.

■

執持智明, 周遍寂湛, 寂妙常凝. 名定心住.

■

"지혜의 광명을 집지하면 주변법계가 적정(寂靜)하고 청담(清湛)하게 되며, 적정하고 미묘하게 되어 항상 응결된다. 이것을 정심주(定心住)라고 한다."

■

執持智明, 周遍寂湛, 寂妙常凝   지혜의 광명을 집지하면 주변법계가 적정(寂靜)하고 청담(清湛)하게 되며, 적정하고 미묘하게 되어 항상 응결된다. 적담(寂湛)은 바로 '고요하며 항상 비추는[寂而常照]' 것이며, 적묘(寂妙)란 '비추면서 항상 고요한[照而常寂]' 것이다. 상응(常凝)에서 응결된다는 것은 바로 정(定)을 말하며, 지혜가 선정력을 가진다는 것이다.

■

定光發明, 明性深入, 唯進無退. 名不退心.

■

"선정의 광명이 발하게 되며, 밝은 성질이 깊이 들어가 오직 정진하며 물러남이 없다. 이것을 불퇴심이라고 한다."

■

定光發明. 明性深入. 唯進無退 정심주 이후에 선정의 광명이 발하게 된다. 이러한 밝은 성품이 깊이 들어가 오직 정진하여 물러남이 없다. 왜 물러나지 않는가? 그는 진정으로 이해하고 진정으로 지혜가 있기 때문이다.

■

心進安然, 保持不失. 十方如來, 氣分交接, 名護法心.

■

"이 마음의 나아감이 매우 편안하며, 물러나지 않는 마음을 언제나 가지고 잃지 않는다. 이때 시방 여래의 기(氣)를 받아 함께 접하게 된다. 이것을 호법심이라 한다."

■

覺明保持, 能以妙力, 迴佛慈光, 向佛安住. 猶如雙鏡, 光明相對, 其中妙影, 重重相入. 名迴向心.

"깨달음의 마음이 밝음을 유지하며 미묘한 힘을 사용할 수 있어 부처님의 자비광명으로 돌아가 서로 접하게 되며, 부처님께 돌아가 편안하게 머물게 된다. 마치 두 개의 거울을 서로 마주보게 하면, 광명이 서로 비치는 것과 같다. 그 가운데 묘한 영상이 중중무진하게 상입(相入)된다. 이것을 회향심이라고 한다."

■

心光密迴, 獲佛常凝, 無上妙淨. 安住無爲, 得無遺失. 名戒心住.

■

"마음의 광명이 비밀리에 통하여 항상 부처님과 합일되는 무상의 묘한 청정함을 얻으며, 무위의 법에 안주하고 잃어버리지 않는다. 이것을 계심주라고 한다."

■

心光密迴 너의 심광(心光)과 부처님의 심광이 서로 비밀하게 통하게 된다. 밀회(密迴)란 비밀하게 통하다[密通]는 뜻이다. 너의 심광이 부처님의 심광에 통하고, 부처님의 심광이 너의 심광에 통한다는 것이다. 서로의 심광이 이어진다는 뜻이다.

獲佛常凝, 無上妙淨 부처님의 광명이 항상 너를 비추며, 부처님과 합일된다. 그리하여 이것보다 다시 더 높은 묘한 청정함[妙淨]이 없다.

住戒自在, 能遊十方, 所去隨願. 名願心住

"계에 머물며 자재함을 얻고 신통을 얻는다. 시방세계를 다닐 수 있으며 마음의 원에 따라 갈 수 있다. 이것을 원심주라고 한다."

住戒自在, 能遊十方, 所去隨願 무상의 금강광명의 보배로운 계에 머물며 자재함을 얻고 신통을 얻는다. 이것은 어떤 작의가 필요없이 시방세계를 다닐 수 있으며 마음의 원에 따라 갈 수 있다.

3) 십주(十住)

阿難! 是善男子, 以眞方便發此十心. 心精發揮, 十用涉入, 圓成一心. 名發心住.

"아난아! 이 선남자는 진정한 방편으로써 이 십신의 열 가지 마음을 발하여 열 가지의 믿음의 용(用)이 발휘되고 서로 섭입되어 일심으로 돌아간다. 이것을 발심주라고 한다."

: 제 18 부 : 수행의 단계

■
心中發明, 如淨瑠璃內現精金. 以前妙心, 履以成地. 名治地住.

■
"이 마음 가운데서 지혜가 나와 마치 깨끗한 유리 안에 순금이 투명하게 비치는 것과 같으며, 이전(발심주)의 묘한 마음은 땅으로 변한다. 이것을 치지주라고 한다."

■
心地涉知, 俱得明了. 遊履十方, 得無留礙. 名修行住.

■
"마음의 땅으로부터 지혜가 생겨 마음과 지혜가 모두 매우 밝고 또렷하며, 신통도 생겨 시방세계를 아무런 장애가 없이 마음대로 다닐 수 있다. 이것을 수행주라고 한다."

■
行與佛同, 受佛氣分. 如中陰身自求父母, 陰信冥通, 入如來種. 名生貴住.

■
"그가 행하는 것과 하는 것이 부처와 같아서 부처의 기를 받는 것이 마치 중음신이 스스로 자기의 부모를 찾는 것과 같다. 중음신이 아무리 멀리 떨어져 있어도 서로 소식이 암암리에 통하는 것과 같이 여래의 종자를 성취한다. 이것을 생귀주라고 한다."

■

既遊道胎, 親奉覺胤. 如胎已成, 人相不缺, 名方便具足住.

■

"이미 부처의 집을 유력(遊歷)하기를 마치 도의 태(胎)를 생하는 것과 같이 친히 깨달음을 계승받게 된다. 마치 이 태가 이미 이루어져 사람의 모습에 부족함이 없는 것과 같다. 이것을 방편구족주라고 한다."

■

既遊道胎, 親奉覺胤 이미 부처의 집을 유력(遊歷)하기를 마치 도의 태(胎)를 생하는 것과 같이 친히 깨달음을 계승받게 된다. 윤(胤)이란 계승하다는 뜻이다.

■

容貌如佛. 心相亦同. 名正心住.

■

"이때는 그의 용모가 부처님과 같으며, 마음의 모습도 또한 부처님과 같다. 이것을 정심주라고 한다."

■
身心合成, 日益增長. 名不退住.

■
"몸과 마음이 모두 부처와 같지만 아직 어린애와 같아서 날로 증장된다. 이것을 불퇴주라고 한다."

■
十身靈相, 一時具足. 名童眞住.

■
"열 가지의 신령한 모습이 일시에 구족된다. 이것을 동진주라고 한다."

■
十身靈相, 一時具足　이때 열 가지의 신령한 모습의 몸이 생겨 동시에 나타낼 수 있다. 이 열 가지의 몸은 각 하나의 몸이 또 열 가지의 몸을 나타낼 수 있다. 이 몸도 또 열 가지의 몸을 나타낼 수 있다. 이렇게 큰 신통을 구족하게 된다.

形成出胎, 親爲佛子. 名法王子住.

"대장부의 상이 이미 형성되어 태에서 나와 친히 부처님의 아들이 된다. 이것을 법왕자주라고 한다."

앞의 동진주에서 그의 신령한 모습이 무궁하게 변화할 수 있지만, 아직 진정한 법왕자가 아니다. 마치 태에서 나오지 않은 것과 같다. 그러나 지금은 대장부의 상이 이미 형성되었는데, 이 또한 부처의 모습이며 부처의 몸이 성취되었다. 비유하자면 어머니의 뱃속에서 태가 나오는 것과 같이 친히 부처의 아들이 된다.

表以成人. 如國大王以諸國事分委太子. 彼刹利王, 世子長成. 陳列灌頂, 名灌頂住.

"그의 형상은 이미 성인이 되었다. 한 나라의 대왕이 국가의 정사를 나누어 태자에게 위임하는 것과 같으며, 저 전륜성왕이 태자가 장성하여 관정을 내리는 것과 같다. 이것을 관정주라고 한다."

▪ 表以成人 그의 형상은 이미 성인이 되었다.

彼刹利王, 世子長成. 陳列灌頂 전륜성왕의 태자가 장성하여 왕위를 계승하려고 할 때 전륜성왕은 사대해의 바닷물을 취하여 태자에게 관정을 준다. 관정을 마치면 곧 왕위를 계승하는 것이다. 지금 이 보살도 이미 보살이 되어 법왕자가 될 수 있으므로 부처님도 그에게 관정을 해 주어 보살의 직위를 수여하는 것이다.

4) 십행(十行)

▪ 阿難! 是善男子成佛子已, 具足無量如來妙德, 十方隨順. 名歡喜行.

▪ "아난아! 이 선남자는 이미 부처의 자식이 되었으며, 여래의 무량한 묘덕을 구족하였으며, 시방의 중생이 그를 따른다. 이것을 환희행이라고 한다."

▪ 十方隨順 모든 시방의 국토와 중생이 그를 수순하며 따르기를 좋아한다.

名歡喜行　수순하기를 좋아한다는 것은 바로 보시를 하는 것이다. 이곳의 보시바라밀은 두 가지의 뜻을 가지고 있다. 이전에 항상 설명한 보시는 본래 세 가지의 뜻이 있다. 바로 재보시·법보시·무외의 보시를 말한다. 그러나 지금은 두 가지의 뜻이 있다.

환희행이라고 할 때 이 환희(歡喜; 좋아하다, 기뻐하다)가 첫 번째의 뜻이다. 자기가 보시를 하는데 환희심을 가지고 행하는 것이다. 억지로 보시를 행하는 것이 아니다.

두 번째의 뜻은 중생으로 하여금 환희하게 하려는 것이다. 당신이 중생에게 보시를 하는데, 거지에게 돈 한 푼 주는 식으로 하는 것이 아니다. 반드시 자기의 진정한 마음을 표현하여 남을 돕는 것이다. 받는 사람으로 하여금 보시하는 자기에게 감사의 마음을 구하지 않는 것이다. 보시하는 사람도 기뻐하고, 보시받는 사람도 기뻐하는 것이다.

善能利益一切衆生, 名饒益行.

"계로써 일체중생을 이롭게 하므로 요익행이라고 한다."

善能利益一切衆生　이것은 계의 법[戒法]으로써 중생으로 하여금 계율을 지키게 하는 것이다. 이것은 바로 시라바라밀이며, 즉 지

계바라밀이다. 계의 법으로 일체중생을 교화하러 가서 일체중생으로 하여금 계율을 지키도록 한다. 만약 사람들이 계율을 지키면 이것이 바로 중생들을 이롭게 하는 것이다. 그래서 요익행이라고 한다.

自覺覺他, 得無違拒. 名無瞋恨行.

"자기도 깨닫고 남도 깨닫게 하며, 인욕하며 거스르고 거절하지 않는다. 그래서 이것을 무진한행이라고 한다."

自覺覺他 자기도 깨닫고 남도 깨닫게 해야 한다. 마치 우리가 불법을 배우면서 자기가 배워 이해하였으면, 다른 사람들도 불법을 이해하게 해야 할 것이다. 심지어 일체중생이 모두 성불하게 해야 한다. 이것을 '자각각타(自覺覺他) 자리이타(自利利他)'라고 한다.

우리들이 불법에 대하여 이해하였으면, 절대로 다른 사람의 깨달음을 질투하지 말아야 한다. 만약 그렇지 않으면 장래에 어리석은 과보를 받게 될 것이다.

得無違拒 자기도 깨닫고 남도 깨닫게 하면 어긋나지 않는 법을 얻을 것이다. 무엇이 어긋나지 않는다고 하는가? 바로 인욕하는 것이다. 순조로운 경계가 와도 기뻐하고 거스르는 경계가 와도 기뻐

하는 것이다. 역의 경계에서 그의 뜻을 거스르지 않는 것이 인욕이다. 득무위거(得無違拒)란 인욕행을 말한다.

名無瞋恨行 인욕을 행하므로 성내고 원망하는 마음이 없다. 그래서 무진한행이라고 하는 것이다.

■
種類出生, 窮未來際, 三世平等, 十方通達. 名無盡行.

■
"열두 종류의 중생 가운데서 어떤 류의 중생으로도 화생하기를 미래제가 다한다. 과거·현재·미래의 삼세가 평등하고 시방이 통달한다. 그래서 무진행이라고 한다."

■
種類出生, 窮未來際 열두 종류의 중생 가운데서 어떤 류의 중생으로도 화생할 수 있게 된다. 그렇게 하기를 미래제가 다한다.

三世平等, 十方通達. 名無盡行 과거·현재·미래의 삼세가 평등하고 시방이 통달한다. 여기서는 정진바라밀을 말하며, 앞을 향하여 용맹정진하며, 물러나고 떨어짐이 없다. 그래서 무진행이라고 한다.

■

一切合同, 種種法門, 得無差誤. 名離癡亂行.

■

"부처님께서 설하신 갖가지의 법문에 대하여 자연히 분별하고 이해하는데, 조금도 착오가 없다. 그래서 어리석음과 산란함을 떠나는 행[離癡亂行]이라고 한다."

■

一切合同, 種種法門, 得無差誤 일체합동(一切合同)이란 부처님께서 설하신 갖가지의 법문을 말한다. 이러한 법문에 대하여 자연히 분별하고 이해하는 데, 조금도 착오가 없다. 이것은 선정바라밀을 말한다. 즉 산란하지 않는다. 그래서 어리석음과 산란함을 떠난다고 하는 것이다.

■

則於同中, 顯現群異. 一一異相, 各各見同. 名善現行.

■

"이치의 같음 가운데서 갖가지의 다른 모습을 드러내며, 하나하나의 다른 모습이 각각 같은 이치를 나타낸다. 이것을 선현행이라고 한다."

■
    則於同中, 顯現群異　이치는 같은 것이나 일의 모습[事相]에서는 다르다.

    一一異相, 各各見同　일의 모습이 각각 다르며 또 각각 이러한 이치에 계합한다. 같은 이치 가운데서 갖가지의 다른 모습을 나타낸다. 이것을 선현행이라고 한다. 즉 변화에 능하다는 것이다. 이것은 지혜바라밀을 말한다.

■

如是乃至十方虛空, 滿足微塵, 一一塵中, 現十方界, 現塵現界, 不相留礙. 名無著行.

■

    "이와 같이 내지 시방의 허공은 미진을 만족하며, 하나하나의 미진 가운데서 시방의 세계를 나타낸다. 먼지를 나타내고 세계를 나타냄이 모두 서로 융통하여 막힘이 없다. 그래서 무착행이라고 한다."

■

    如是乃至十方虛空　앞에서 설명한 바와 같이 같은 가운데서 다름을 나타내고, 다른 가운데서 같음을 나타낸다. 또한 적은 가운데서 많음을 나타내고, 많은 가운데서 적음을 나타내며, 작은 가운데서 큰 것을 나타내며 큰 가운데 작음을 나타낸다. 그리하여 시방의 허

공에 미친다는 것이다.

滿足微塵, 一一塵中, 現十方界 시방의 허공은 매우 크다. 이 허공의 모든 미진에서 각 하나의 미진 속에서도 한 세계를 나타낼 수 있으며, 하나의 세계를 축소하여 하나의 미진으로 나타낼 수 있다.

現塵現界, 不相留礙. 名無著行 먼지를 나타내고 세계를 나타냄이 모두 서로 융통하여 막힘이 없다. 그래서 무착행이라고 한다. 집착하고 머무는 바가 없다는 것이다. 미진도 바로 세계이며, 세계도 곧 미진이다. 이러한 경계가 무착행이다. 여기서는 방편바라밀을 말한다.

■

種種現前, 咸是第一波羅蜜多. 名尊重行.

■

"이러한 갖가지의 경계가 현전하는 것은 모두 제일바라밀[願波羅蜜]이다. 이것을 존중행이라고 한다."

■

如是圓融, 能成十方諸佛軌則, 名善法行.

■
"이와 같은 원융함은 시방의 제불이 세운 궤칙을 이룰 수 있다. 이것을 선법행이라고 한다."

■
여기서는 힘[力]바라밀을 말한다. 이렇게 행할 수 있는 힘을 가지고 있다는 것이다.

■
一一皆是淸淨無漏, 一眞無爲, 性本然故. 名眞實行.

■
"이러한 하나하나의 행이 모두 청정한 무루의 법이다. 하나의 진정한 무위만이 있으며, 이것은 성품의 본래 모습이므로 진실행이라고 한다."

■
一一皆是淸淨無漏　앞의 아홉 가지의 행문이 모두 청정한 무루의 법이다.

一眞無爲, 性本然故. 名眞實行　단지 하나의 진정한 무위만이 있으며, 이것은 성품의 본래의 모습이므로 진실행이라고 한다. 이것은 지(智)바라밀을 말한다. 지혜가 있기 때문에 비로소 이러한 진실의 경지에 도달한다는 것이다.

5) 십회향(十廻向)

▬

阿難! 是善男子, 滿足神通, 成佛事已. 純潔精眞, 遠諸留患. 當度衆生, 滅除度相. 迴無爲心, 向涅槃路. 名救一切衆生離衆生相迴向.

▬

"아난아! 이 선남자는 신통도 원만하여 시방의 국토로 다니면서 크게 부처의 일을 짓는다. 순결하고 정미롭고 참된 정도에 이르러 일체의 장애를 멀리 떠나며, 마땅히 제도해야 할 중생을 대하여 중생을 제도한다는 상을 없앤다. 소승의 무위의 마음을 되돌려 대승의 열반의 길로 향한다. 그래서 '일체중생을 구하며 중생을 구한다는 상을 떠나는 회향'이라고 한다."

▬

是善男子, 滿足神通, 成佛事已 앞의 십행을 수행한 선남자는 최후로 그는 진정한 지혜를 가지고 있기 때문에 비로소 진실행에 이르러 그의 신통도 원만하여 시방의 국토로 다니면서 크게 부처의 일을 짓는다. 그래서 다음과 같이 말한다.

> 허공의 꽃과 같은 만 가지의 행을 닦고 행하며
> 물속의 달과 같은 도량에 앉아서
> 거울 속에 비치는 마의 무리를 항복시키고
> 꿈속에서 부처의 일을 크게 짓네.

修行空華萬行 宴坐水月道場
降伏鏡裏魔軍 大做夢中佛事

 이것은 무슨 도리인가? 이것은 수행도 마치 일체의 환화와 같이 실재하지 않은 것을 표시한다. 우리가 지금 불사를 짓는 것도 마치 물속의 달과 같으며, 천마를 항복시키고 외도를 제압하는 것도 거울 속의 마군을 항복시키는 곳과 같다. 불사를 하는 것도 모두 꿈속의 일이라는 것이다. 이것은 일체의 일에 집착하지 않아야 한다는 것을 나타낸다. 일체가 모두 텅 빈 것으로 간파하고 놓아버려야 자재를 얻을 수 있다.

 純潔精眞, 遠諸留患 원제류환(遠諸留患)이란 또한 원제류애(遠諸留碍)이다. 그는 순결하고 정미롭고 참된 정도에 이르러 일체의 장애를 멀리 떠난다는 것이다.

 當度衆生, 滅除度相 마땅히 제도해야 할 중생을 대하여 중생을 제도한다는 상을 없애는 것이다. 마치『금강경』에서 부처님께서 이르시기를 "나는 마땅히 일체중생을 제도하며, 일체의 중생 제도를 마쳐도 실제로 제도된 중생은 하나도 없다."라고 했다. 하나의 중생도 제도하지 않았다는 것이다. 무엇 때문인가? 바로 제도한다는 상이 없기 때문이다.

 迴無爲心, 向涅槃路 소승의 무위의 마음을 되돌려 대승의 열반의 길로 향한다.

名救一切衆生離衆生相迴向 일체의 중생을 구하려면 중생을 구한다는 상을 떠나야 한다는 것이다. 중생을 구제하는 것은 나의 본분이다. 그러므로 중생을 구제하고 나에게 큰 공덕이 있을 것이라는 마음을 간직하지 말라는 것이다.

■

壞其可壞. 遠離諸離. 名不壞迴向.

■

"파괴해야 할 것은 파괴해야 하고, 마땅히 멀리해야 할 것은 멀리 떠나야 한다. 그래서 불괴회향이라고 한다."

■

壞其可壞. 遠離諸離 마땅히 요구하지 않아야 할 것은 모두 요구하지 않아야 한다. 그러한 것은 무너뜨려야 할 것이다. 무엇이 마땅히 요구하지 않아야 할 것인가? 이리 저리 이야기를 하자면, 모두는 이 물건, 즉 업장이다. 업은 요구하지 않아야 할 것이며, 무명은 요구하지 않아야 할 것이며, 번뇌는 요구하지 않아야 할 것이다. 그리고 마땅히 멀리해야 할 것은 멀리해야 한다. 탐·진·치는 모두 우리들이 멀리해야 할 것이다. 종합적으로 말하자면, 일체의 선한 법은 보존해야 하며, 일체의 악법은 파괴해야 한다.

■ 本覺湛然, 覺齊佛覺, 名等一切佛迴向

■ "우리의 본래 깨달음은 청정하며, 우리의 깨달음과 부처의 깨달음은 같은 것이다. 이것을 '일체의 부처와 같은 회향'이라고 한다."

■ 本覺湛然   우리의 여래장성은 우리의 본래 깨달음이며, 청정한 것이다.

覺齊佛覺   우리의 깨달음의 마음과 부처의 깨달음은 같은 것이다.

■ 精眞發明, 地如佛地. 名至一切處迴向.

■ "정미하고 참됨은 밝음을 발하여 지위가 부처의 지위와 같을 것이다. 이것을 지일체처회향이라고 한다."

世界如來, 互相涉入, 得無罣礙. 名無盡功德藏迴向.

"이 세계와 여래가 서로 섭입되어 세계도 여래의 본체이며, 여래의 본체도 바로 세계이다. 이러한 신통묘용은 서로 섭입되어 아무런 장애가 없다. 이것을 무진공덕장회향이라고 한다."

世界如來, 互相涉入, 得無罣礙 이 세계와 여래가 서로 섭입되어 세계도 여래의 본체이며, 여래의 본체도 바로 세계이다. 이러한 신통묘용은 서로 섭입되어 아무런 장애가 없다.

於同佛地, 地中各各生淸淨因. 依因發輝, 取涅槃道. 名隨順平等善根迴向.

"같은 부처의 지위 가운데서 각 하나의 지위에서 모두 오염되지 않은 청정한 인(因)을 낸다. 이러한 청정한 인에 의하여 광휘를 발하여 불생불멸의 열반의 도를 취한다. 이것을 '중생을 수순하여 평등하게 중생을 제도하며 일체의 선근을 평등하게 하는 회향'이라고 한다."

■

於同佛地, 地中各各生淸淨因 같은 부처의 지위 가운데서 각 하나의 지위에서 모두 오염되지 않은 청정한 인(因)을 낸다.

依因發輝, 取涅槃道 이러한 청정한 인에 의하여 광휘를 발하여 불생불멸의 열반의 도를 취한다.

■

眞根旣成, 十方衆生皆我本性. 性圓成就, 不失衆生. 名隨順等觀一切衆生迴向.

■

"진정한 선근을 성취한 후에 모든 시방의 중생이 모두 나의 본성이며, 이 보살과 하나로 합해진다. 이러한 성품이 원만하게 성취되어 중생과 하나로 되었으므로 중생을 잃어버리지 않게 되었다. 이것을 '수순하여 일체중생을 평등하게 관찰하는 회향'이라고 한다."

■

眞根旣成. 十方衆生皆我本性 진정한 선근을 성취한 후에 모든 시방의 중생이 모두 나의 본성이며, 이 보살과 하나로 합해진다.
　왜 보살은 중생을 제도하고 제도한다는 상이 없어야 하는가? 바로 이러한 도리이기 때문이다. 보살과 부처는 일체중생을 자기의 본체로 본다. 따라서 중생을 제도하는 것은 결코 중생을 제도하는 것이 아니라 바로 자기를 제도하는 것이다.

性圓成就, 不失衆生 이러한 성품이 원만하게 성취되어 중생과 하나로 되었다. 그러므로 중생을 잃어버리지 않게 되었다.

■

卽一切法, 離一切相. 唯卽與離, 二無所著. 名眞如相迴向.

■

"일체의 법에서 또한 이 법의 모습을 떠나야 한다. 오직 '일체의 법에서 또한 이 법의 모습을 떠나야 하는' 두 가지에 집착하지 말아야 한다. 이것을 진여상회향이라고 한다."

■

眞得所如, 十方無礙. 名無縛解脫迴向.

■

"여여한 지혜와 여여한 이치가 모두 참됨을 얻었으므로 시방의 극토를 막힘이 없이 다닐 수 있다. 이것을 '속박이 없이 해탈한' 회향이라고 한다."

■

眞得所如, 十方無礙 어떠한 것을 진여라고 하는가? 바로 진득소여(眞得所如)이다. 진이란 일체의 참된 것이며, 여란 같은 이치를 뜻한다. 즉 여여한 지혜는 여여한 이치에 계합한다. 이것을 진여라고 한다. 여여한 지혜와 여여한 이치가 모두 참됨을 얻었으므로 시방의 국토를 막힘이 없이 다닐 수 있다.

▄

性德圓成, 法界量滅. 名法界無量迴向.

▄

"이미 성품의 덕을 원만하게 이루어 법계와 하나로 합성되어 법계량이 모두 없어진다. 이것을 법계무량회향이라 한다."

▄

性德圓成, 法界量滅   이미 성품의 덕을 원만하게 이루어 법계와 하나로 합성되어 법계량이 모두 없어지며, 근본적으로 법계가 모두 공해진다.

6) 사가행(四加行)

▄

阿難! 是善男子, 盡是淸淨四十一心, 次成四種妙圓加行.

▄

"아난아! 이 선남자는 모두 청정한 마흔하나의 마음을 얻었으며, 다음으로 네 가지의 묘하고 원만한 가행위(加行位)를 이룬다."

■

盡是淸淨四十一心 모두 청정한 마흔하나의 마음을 얻었다. 즉 앞의 건혜지로부터 십신·십주·십행·십회향의 마흔하나의 마음을 가리킨다.

次成四種妙圓加行 여기에 다시 네 가지의 묘하고 원만한 가행위가 있다. 바로 난(煖)·정(頂)·인(忍)·세제일(世第一)이다.

■

卽以佛覺用爲己心, 若出未出, 猶如鑽火, 欲然其木. 名爲煖地.

■

"부처님의 깨달음으로써 자기의 마음으로 쓰지만, 아직 진정한 깨달음이 나오지 않는다. 마치 나무를 비벼 불을 내려고 하는 것과 같이 이 나무가 타려고 할 때는 따뜻해지는 것이다. 그래서 난지(煖地)라고 한다."

■

卽以佛覺用爲己心, 若出未出 부처님의 깨달음과 자기가 깨달은 바는 같은 것이다. 그래서 자기의 마음으로 쓰지만, 그러나 깨달음의 이 마음은 장차 깨달으려고 하지만, 아직 진정한 깨달음이 없다.

猶如鑽火, 欲然其木 마치 나무를 비벼 불을 내려고 하는 것과 같이 이 나무가 타려고 할 때는 따뜻해지는 것이다. 그래서 난지(煖地)라고 한다.

■

又以己心, 成佛所履, 若依非依, 如登高山, 身入虛空, 下有微礙. 名爲頂地.

■

"또 자기의 마음으로써 부처의 행을 성취하며, 마치 의지하는 바가 있는 것 같지만 의지하지는 않는다. 이것은 마치 높은 산에 올라가서 몸이 허공 속으로 들어가면 발밑에 미미한 장애가 있는 것과 같다. 이것을 정지(頂地)라고 한다."

■

又以己心, 成佛所履, 若依非依 또 자기의 마음으로써 부처의 행을 성취한다. 나무를 비벼 불을 취한 것과 같다. 지금은 자기의 마음을 써서 부처의 행을 이룬다. 그래서 마치 의지하는 바가 있는 것 같지만 의지하지는 않는다.

如登高山, 身入虛空, 下有微礙 마치 높은 산에 올라가서 몸이 허공 속으로 들어가면 발밑에 미미한 장애가 있는 것과 같다. 아직 몸이 허공을 날 수 있는 것은 아니다. 발은 아직 땅을 디디고 서 있는 상태이다. 산의 정점에 이르렀다는 뜻에서 정지(頂地)라고 한다.

■

心佛二同, 善得中道. 如忍事人, 非懷非出. 名爲忍地.

■

"마음과 부처가 같으며, 중도의 이치를 잘 얻는다. 마치 인내할 어떤 일을 가진 사람이 그것을 마음에 간직할 수도 없고 드러낼 수도 없다. 이것을 인지(忍地)라고 한다."

■

心佛二同, 善得中道 이 마음과 부처는 같다. 마음이 부처이고 부처도 마음이다. 비록 둘이지만 하나로 합해졌다. 즉심즉불(卽心卽佛)이란 바로 이 마음이 부처라는 것이다. 마음 밖에 부처가 없으며, 부처 밖에 마음이 없다. 마음과 부처가 일여하다. 이때 진정하게 중도의 이체(理體)를 얻게 된다.

如忍事人, 非懷非出 마치 인내할 어떤 일을 가진 사람이 그것을 마음에 간직할 수도 없고 드러낼 수도 없는 것을 말한다. 그래서 이 단계를 인지(忍地)라고 한다. 인내심이 필요한 시기이다.

■
數量銷滅, 迷覺中道, 二無所目. 名世第一地.

■
"수량이 소멸되며, 중도에 대한 미혹함과 깨달음이 모두 명목이 없다. 이것을 세제일지(世第一地)라고 한다."

■
數量銷滅 앞에서는 법계량이 없어진다고 하였는데, 지금은 어떠한 수량도 없다. 이것은 무엇인가? 바로 영(零)과 같다.

迷覺中道, 二無所目 중도를 미혹하고 깨달은 것 모두 명목이 없다는 뜻이다. 이때는 둥글고 광명이 난다. 어떠한 빛보다도 빛난다. 그리고 말할 명목이 없다. 영(○)이다. 영이기 때문에 말할 만한 것이 아무것도 없다. 이것을 ○이라고 한다. 그러나 이 ○의 안과 바깥의 물건은 모두 ○ 속에 포함되어 있다. ○은 일체의 모체이다. 그러나 그것은 모친이라는 이름이 없다. 따라서 이곳에서 당신이 이해하면 그것은 바로 깨달은 것이다.

미혹함도 없고 깨달음도 없다. 왜 미혹함이 없는가? 그는 미혹하지 않았기 때문이다. 왜 깨달음이 없는가? 그는 이미 깨달았기 때문이다. 이미 깨달았으니 다시 무엇을 깨닫는가? 따라서 미혹함도 없고 깨달음도 없다. 산하대지와 삼라만상이 모두 이 ○에서 나오는 것이다. 그래서 이 단계를 세제일지라고 한다.

7) 십지(十地)

■

阿難! 是善男子, 於大菩提善得通達, 覺通如來, 盡佛境界. 名歡喜地.

■

"아난아! 이 선남자는 대각의 도에 잘 통달하여 깨달음이 여래와 통하며, 부처의 경계를 다 나타낸다. 이것을 환희지라고 한다."

■

於大菩提善得通達 대각의 도에 잘 통달하였다. 근본적으로 통달하고 통달하지 못함이 없지만 문법상 이렇게 말하는 것이다.

覺通如來 깨달음이 부처이며, 부처도 깨달음이다. 여래의 깨달은 바를 깨달아 비로소 부처를 이룰 수 있다. 어떤 것을 깨닫는가? 바로 이 ○을 깨닫는다. 이것은 아무것도 없다는 것이다. 이것은 바로 진공(眞空)이다.

盡佛境界 이것은 진공 속에서 또 묘한 존재[妙有]가 나타나는 것을 뜻한다. 어떤 묘유인가? 이것은 환희의 묘유이다. 말하기를 "아, 원래 이렇구나!" 한다. 이때 일종의 환희가 나온다. 이전에 나는 몰랐는데, 지금 나는 이해하였다. 그래서 말할 수 없이 기쁜 것이다. 그래서 첫 번째를 환희지(歡喜地)라고 한다.

■

異性入同, 同性亦滅. 名離垢地.

■

"서로 다른 성품이 같이 되며, 서로 같다는 성품도 사라진다. 이것을 이구지(離垢地)라고 한다."

■

앞에서 초지를 환희지라고 하며, 그는 다시 기쁨을 가지고 있으며, 기쁨을 가지고 있다는 것은 다시 하나의 같음[同]을 가지고 있다. 비록 명목이 없지만 그는 같음을 가지고 있다. 따라서 이것을 이성입동(異性入同)이라고 한다. 하나로 합성되었다.

이성입동(異性入同)은 바로 이(理)와 사(事)가 비록 하나로 합해졌지만, 여전히 같다는 존재를 가지고 있다. 제2지를 이구지라고 하는데, 무명을 떠나고 오염법을 떠나는 것이다. 본래 얼마 남지 않아서 이미 부처의 깨달음의 성품과 서로 같다. 비록 깨달음의 체성이 서로 같더라도 아직 약간의 집착이 남아 있으며, 약간의 먼지와 때가 남아 있다.

同性亦滅 그러면 지금은 부처와 같다는 성질도 없다. 이것은 반본환원하여 여래장의 성품으로 돌아갔다. 여래장성은 대광명장이다. 대광명장은 어떤 이름과 모습이 없는 것이다. 따라서 제2지를 이구지라고 한다. 환희한다는 것은 아직 정감이 남아 있는 것이다. 따라서 제2지는 일체의 먼지와 때를 떠나며, 미세한 무명도 감소된다. 그러나 이 단계에서도 무명은 아직 다 끊어진 것이 아니다. 단지 이때를

떠날 수 있을 뿐이다.

■ 淨極明生. 名發光地.

■ "청정함이 극에 이르면 광명이 나온다. 이것을 발광지라고 한다."

■ 이 십지의 보살의 단계에서 초지보살은 이지보살의 경계를 모르고, 이지보살은 삼지보살의 경계를 모른다. 앞의 이구지는 떠난다는 뜻을 가지고 있어 아직 때가 남아 있다. 그래서 떠난다는 것도 없어져야 한다. 이것이 비로소 진정한 청정함이다. 마치 우리가 청소를 할 때 우선 마당을 깨끗이 쓸고 나서 빗자루를 한쪽으로 놓아야 비로소 청소를 다하여 진정한 깨끗함이 된다. 만약 쓸고 있으면 아직 깨끗한 것이 아니다. 청정함이 극에 이르면 광명이 나온다. 따라서 제3지를 발광지라고 한다.

■ 明極覺滿. 名焰慧地.

■

"광명이 극에 이르면 깨달음의 성품도 원만해진다. 이것을 염혜지라고 한다."

■

一切同異, 所不能至. 名難勝地.

■

"일체의 같음과 다름이 이를 수 없다. 이것을 난승지라고 한다."

■

염혜지 이후에는 같음과 다름이 없으며, 일체의 같음과 다름이 이를 수 없다. 같다거나 다르다는 명칭도 없다. 이것을 난승지라고 한다. 난승이란 이것을 뛰어넘기 어렵다는 뜻이다.

■

無爲眞如, 性淨明露. 名現前地.

■

"무위의 진여는 그 성품의 청정함이 극에 이르면 광명이 발로된다. 이것을 현전지라고 한다."

■

無爲眞如 무위란 함이 없으며 하지 않음도 없다. 진여란 여래장성이며, 일진법계(一眞法界)이다. 무위의 진여란 일체가 같으며, 일체가 참되다는 것이다. 이 진여는 참되지 않은 것이 없으며, 같지 않은 것이 없다.

性淨明露 진여의 성품의 청정함이 극에 이르면 광명이 발로된다. 광명이 발로되기 때문에 현전지라고 한다.

■

盡眞如際, 名遠行地.

■

"진여의 끝을 다한다. 이것을 원행지라고 한다."

■

이 진여도 끝이 없으며 다함도 없다. 마치 허공은 원래 없는 것인데, 허공이 분쇄된다고 한다. 허공은 체상이 없는데 어떻게 분쇄될 리가 있겠는가? 따라서 이것은 형용하는 것일 따름이다. 진여는 십법계를 포괄하며, 일체의 중생이 진여에 포괄되므로 어떻게 가장자리가 있겠는가? 십법계 밖은 또 어떤 곳인가? 근본적으로 없다. 따라서 진여의 끝을 다한다는[盡眞如際] 것이다. 원행지란 가는 것이 너무 멀다는 뜻이다. 그래서 보통 사람은 갈 수 없는 것이다. 오직 칠지보살이 갈 수 있는 것이다.

■
一眞如心, 名不動地.

■
"진여는 마음이다. 이것을 부동지라고 한다."

■
이 마음이 바로 진여이며 진여도 바로 마음이다. 진여와 마음을 구별할 수 없다. 진여도 끝이 없으며, 마음도 끝이 없다. 끝이 없기 때문에 어떤 곳도 가지 않는다. 따라서 부동지라고 한다.

■
發眞如用, 名善慧地. 阿難! 是諸菩薩, 從此已往, 修習畢功, 功德圓滿. 亦目此地, 名修習位.

■
"진여의 작용이 나온다. 이것을 선혜지라고 한다. 아난아! 이 모든 보살들은 이 단계로부터 이미 수습하는 일을 마치고 공덕이 원만하다. 또한 이들의 지위에 이름을 붙이자면, 수습하는 위치라고 한다."

■
發眞如用, 名善慧地   이 진여와 마음이 하나로 되어 움직이지 않는다[不動]. 만약 언제나 움직이지 않으면 아무 소용이 없을 것이다. 그러나 지금 이 진여는 작용을 발생한다. 이것은 대용(大用)이다. 즉 큰 작용을 가지고 있다. 대용이란 어떠한 쓰임도 모두 가능하다는 것이다. 즉 인연을 따라 변하지 않으며, 변하지 않으면서 인연을 따른다. 이러한 작용을 가지고 있는 것은 지혜의 작용이다. 이것은 가장 진실한 지혜이다.

是諸菩薩, 從此已往, 修習畢功, 功德圓滿 건혜지로부터 이곳까지 54위의 보살들은 이 지위로부터 다시 앞으로 향하여 닦아 수행을 끝내면, 어떤 공용(功用)이 필요 없다. 그는 이미 일을 마치고 공덕이 원만하다. 장차 성불을 하려고 한다.

亦目此地, 名修習位 이 지위에 이름을 붙이면 수습위(修習位)라고 한다. 즉 이전의 모든 보살의 지위를 수습하는 위치라고, 수행하는 위치라고 한다.

■

慈陰妙雲, 覆涅槃海. 名法雲地.

■

"자비의 그늘과 묘한 구름은 열반의 바다를 덮는다. 이것을 법운지라고 한다."

慈陰妙雲 자(慈)와 묘(妙)는 모두 법에 속한다. 이 음(陰)과 운(雲)은 덮고 가리는 것[覆]에 속한다. 자음(慈陰)의 음(陰)은 마땅히 이 '음(蔭)' 자로 사용해야 할 것이다. 자비의 그늘은 보편적으로 일체중생을 덮어 보호하며, 묘한 구름[妙雲]은 법의 비를 내려 중생을 자라게 한다.

覆涅槃海 열반의 바다를 덮는다. 열반의 바다란 표현은 일체의 불보살은 모두 열반의 바다에서 나오기 때문이다.

8) 등각(等覺)

如來逆流, 如是菩薩順行而至, 覺際入交. 名爲等覺.

"여래는 거슬러 가며, 이와 같이 보살은 순류하여 가므로 부처의 깨달음과 보살의 깨달음이 함께 만나게 된다. 이것을 등각이라고 한다."

如來逆流, 如是菩薩順行而至 여래가 거슬러 간다는 것은 여래는 이미 부처를 이루었으므로 또 역류하여 나오는 것이다. 보살은 어떻게 순류하는가? 부처는 이미 부처의 과위에 이르렀으므로 다시 보살의 이 길을 향하여 온다. 와서 무엇하는가? 와서 보살을 맞이

하는 것이다. 이것을 거슬러 흐른다[逆流]고 한다.

　　보살은 순류하며 이르는데, 보살은 범부로부터 아라한에 이르고 보살에 이르렀지만, 아직 부처의 경계, 부처의 과위에는 이르지 못하였다. 따라서 순류하여 간다는 것이다.

　　覺際入交　그러면 여기서 마침 보살은 부처와 만나게 되는데, 부처의 깨달음과 보살의 깨달음이 함께 만난다는 뜻이다.

　　名爲等覺　등각이란 부처와 같으며, 부처와 평등하다는 뜻이다. 그러나 아직 묘각은 아니다. 이때 이 보살은 일분의 생상(生相)무명은 타파되지 못하였다. 그래서 이 무명은 가장 깨뜨리기가 쉽지 않은 것이다. 일분의 생상무명을 깨뜨리면 이때가 부처를 이루는 것이다.

■

阿難! 從乾慧心至等覺已, 是覺始獲金剛心中初乾慧地.

■

"아난아! 건혜지로부터 등각에 이미 이르러 이 깨달음은 비로소 금강후심 가운데의 최초의 건혜지를 얻게 된다."

■

　　從乾慧心至等覺已　앞의 건혜지는 건혜심이라고도 한다. 또

금강초심이라고도 한다. 건혜지로부터 등각보살의 과위에 이미 이르렀다.

是覺始獲金剛心中初乾慧地 이 깨달음에 이르러 비로소 금강후심(金剛後心)의 초건혜지를 얻게 된다. 앞의 건혜지는 애욕은 말랐지만, 아직 여래의 법수와는 접하지 못하였기 때문에 건혜지라고 하며, 금강초심이라고 한다. 그러면 이 건혜지는 여래의 묘장엄의 바다와 접하지 못하여 이것도 또 건혜지라고 하며, 금강후심이라고 한다. 이것은 최후의 일보(一步)이다.

9) 묘각(妙覺)

一

如是重重, 單複十二, 方盡妙覺, 成無上道.

一

"이와 같이 보살의 단계는 중중하며, 단과 복으로 열두 개의 과위를 거쳐야 비로소 묘각을 완성하며, 무상의 도를 이룬다."

一

如是重重 왜 중중이라고 하는가? 십신 · 십주 · 십행 · 십회향 · 십지는 각각 또 열 개의 단계를 가지고 있다. 그리하여 등각까지 54개의 단계가 있는 것을 중중이라고 한다.

單複十二 이러한 중중한 가운데 또 단과 복의 열두 가지가 있다. 단(單)이란 무엇인가? 건혜지 · 난지 · 정지 · 인지 · 세제일지 · 등각 · 묘각의 7과위를 말하며, 복(複)이란 십신 · 십주 · 십행 · 십회향 · 십지를 말한다. 즉 복이란 십신에 각각 열 개의 단계가 중복되어 있는 것이다. 그래서 복이라고 한다. 이 두 가지를 합하면 열두 개가 된다.

■

是種種地, 皆以金剛觀察如幻十種深喩. 奢摩他中, 用諸如來毗婆舍那, 淸淨修證, 漸次深入.

■

"이러한 갖가지의 단계는 모두 금강심으로 수행하며, 환(幻)과 같은 열 가지의 깊은 비유를 관찰한다. 불생멸의 성품으로 불생멸의 선정을 닦는 가운데서 모든 부처의 비밀한 관조로써 청정하게 수증하면서 조금씩 조금씩 깊이 들어가는 것이다."

■

皆以金剛觀察如幻十種深喩 이 모두 금강심으로 수행하며, 환(幻)과 같은 열 가지의 깊은 비유를 관찰한다. 열 가지의 깊은 비유는 무엇인가?

① 일체의 업을 환(幻)과 같이 본다. 일체의 업장은 모두 허환한 것이며 진실하지 않은 것으로 보는 것이다.

② 일체의 법을 불꽃[焰]과 같이 본다.

③ 일체의 몸을 물속의 달[水月]과 같이 본다.
④ 일체의 묘한 색상은 허공의 꽃과 같이 본다.
⑤ 묘한 소리는 골짜기의 메아리와 같이 본다.
⑥ 모든 불국토는 건달바의 성과 같이 본다.
⑦ 모든 불사(佛事)는 꿈과 같이 본다.
⑧ 부처의 몸은 그림자와 같이 본다.
⑨ 보신(報身)은 우상(偶像)과 같이 본다.
⑩ 법신(法身)은 환화(幻化)와 같이 본다.

이러한 환과 같은 경계는 취하지 않아야 할 것이며, 또 버리지도 말아야 할 것이다. 이 열 가지의 깊은 비유는 우리로 하여금 집착하지 말라는 것이다. 그래서 일체를 모두 놓아버리라는 것이다.

奢摩他中 이상의 열 가지의 환화와 같은 관은 곧 불생멸의 성품으로 불생멸의 정을 닦는 것이다. 수행하는 이러한 법문 가운데서,

用諸如來毗婆舍那, 淸淨修證, 漸次深入 모든 부처의 비밀한 관조로써 청정하게 수증하면서 조금씩 조금씩 깊이 들어가는 것이다.

阿難! 如是皆以三增進故, 善能成就五十五位眞菩提路. 作是觀者, 名爲正觀. 若他觀者, 名爲邪觀.

■

"아난아! 이와 같은 것은 모두 세 가지의 증진을 하는 까닭으로 55위의 참된 깨달음의 길을 잘 성취할 수 있다. 이와 같이 관하는 것을 바른 관이라고 하며, 다르게 관하는 것을 삿된 관이라고 한다."

■

如是皆以三增進故 세 가지의 증진이란, 첫 번째는 수행을 하여 업을 짓게 돕는 이러한 원인을 제거하는[除其助因] 것이며, 두 번째는 진정한 수행을 하여 업장의 식성(識性)을 깨끗하게 제거하는[刳其正性] 것이며, 세 번째는 앞으로 향하여 증진해 나가서 자기가 현재 나타나는 업을 거슬러 가는[違其現業] 것이다.

十九

경의 이름을 밝히다

1
문수보살이 경의 이름을 묻다

爾時文殊師利法王子, 在大衆中, 卽從座起, 頂禮佛足, 而白佛言. 當何名是經? 我及衆生云何奉持?

이때 문수사리법왕자는 대중 가운데서 즉시 자리에서 일어나 부처님께 정례하고 말하였다. "이 경의 이름은 무엇이라고 하며, 저와 중생은 어떻게 이 법문을 받들어 수행합니까?"

2
이 경의 다섯 가지 이름

佛告文殊師利. 是經名大佛頂, 悉怛多般怛囉, 無上寶印, 十方如來淸淨海眼. 亦名救護親因, 度脫阿難, 及此會中性比丘尼, 得菩提心, 入

遍知海. 亦名如來密因修證了義, 亦名大方廣妙蓮華王, 十方佛母陀
羅尼呪. 亦名灌頂章句, 諸菩薩萬行, 首楞嚴. 汝當奉持.

■

부처님께서 문수사리보살에게 말씀하셨다. "이 경의 이름은 『대불정, 대백산개, 무상의 보배인, 시방 여래의 청정한 지혜의 눈』이라고 한다. 그리고 『부처님의 친척을 구호하고 아난과 이 법회 가운데의 성 비구니를 제도하여 보리심을 얻어 정변지의 바다로 들어가게 하는 경』이다. 그리고 『여래의 가장 비밀한 법문으로 가장 철저한 도리를 닦아 증득하게 하는 경』이다. 그리고 『대방광의 묘련화왕이며, 시방의 불모다라니주(佛母陀羅尼呪)』라고 한다. 그리고 『관정장구, 제 보살만행의 견고한 법』이라고 한다. 너는 마땅히 법에 따라 수행해야 한다."

■

大佛頂 부처님의 보이지 않는 정수리 모습 위의 광명을 발하는 여래를 가리킨다.

悉怛多般怛囉 대백산개(大白傘蓋)라고 번역한다.

無上寶印 법왕이신 부처님의 보배인을 가리킨다. 이것은 능엄주가 가장 높다는 것을 말한다. 만약 어떤 사람이 능엄주를 염송하면 법왕의 보배인을 차고 다니는 것과 같으며, 부처님께서 주시는 보배인을 얻는 것과 같다는 것이다.

十方如來清淨海眼 시방여래의 청정한 지혜의 눈이다. 눈이란 지혜를 표시한다. 대방광이란 이 법은 가장 크고 시방을 통달하며, 광대무변한 것이다. 묘련화란 이 『능엄경』은 묘련화왕에 비유하며, 이 능엄주는 불모다라니주이다. 즉 모든 시방의 부처는 능엄주로부터 나온다는 것이다.

灌頂章句 관정주라는 뜻이다. 당신이 이 능엄주를 독송하면 매우 빨리 업장을 소멸할 수 있다. 업장이 소멸되면 매우 빨리 지혜를 얻을 수 있다. 이 능엄주는 보이지 않은 가운데 관정을 주어 당신의 무량겁의 전도된 생각을 소멸한다.

諸菩薩萬行, 首楞嚴 모든 보살의 수많은 행문은 모두 이 경 속에 포괄된다. 수능엄이란 제일의 견고한 법이라는 뜻이다.

■
說是語已, 卽時阿難及諸大衆, 得蒙如來開示密印般怛囉義. 兼聞此經了義名目, 頓悟禪那修進聖位, 增上妙理心慮虛凝, 斷除三界修心六品微細煩惱.

■
부처님께서 이런 말씀을 마치시자, 즉시에 아난과 모든 대중들은 여래께서 개시하신 비밀한 인과 대백산개의 묘한 도리를 받고, 아울러 이 경의 요의(了義)의 이름을 듣자, 즉각 사유수(思惟修)를 깨닫고 성인의 과위를 향하여 수행하였다. 묘한 지혜가 증장되고 심려가 텅 비어 삼계 가운데 욕계의 전(前) 육품의 미세한 번뇌[思惑]를 끊었다.

■
　　斷除三界修心六品微細煩惱　이때 아난 존자는 이과(二果)를 증득하였다. 미세번뇌는 알아차리기가 쉽지 않은 것이며, 매우 미세한 것이다.

二十

일곱 종류의 중생계
[七趣]

1
일곱 종류의 중생계가 생기는 원인

■

卽從座起, 頂禮佛足, 合掌恭敬, 而白佛言. 大威德世尊! 慈音無遮, 善開衆生微細沈惑. 令我今日身心快然, 得大饒益.

■

즉시 자리에서 일어나 부처님께 정례하고 말하였다. "큰 위덕을 가지신 부처님, 자비의 음성은 한량이 없으시며, 중생의 미세하고 깊은 미혹을 잘 이해하게 하십니다. 저로 하여금 오늘 신심이 상쾌하고 큰 이익을 얻게 하십니다."

■

大威德世尊 부처님은 큰 위덕이 있어 중생을 절복시킬 수 있다. 본래 중생은 매우 강강해서 무엇도 믿지 않는다. 인과도 믿지 않고 윤회도 믿지 않고, 보응(報應)도 믿지 않는다. 그래서 부처님께서는 선교방편으로써 위덕을 사용하여 중생을 교화하신다. 위엄으로서 중생을 절복시키고 덕으로서 섭수하시는 것이다.

慈音無遮 세존의 자비의 음성은 한량이 없으며, 막힘이 없다.

■

世尊! 若此妙明眞淨妙心, 本來遍圓. 如是乃至大地草木, 蠕動含靈本元眞如, 卽是如來成佛眞體. 佛體眞實, 云何復有地獄, 餓鬼, 畜生, 修羅, 人, 天等道? 世尊! 此道爲復本來自有, 爲是衆生妄習生起?

■

"세존이시여! 만약 묘명한 진심은 본래 법계에 주변한 것이며, 원만한 것이라면, 이와 같이 사람 내지 대지초목, 꿈틀거리는 작은 동물들까지 모두 본원의 진여는 부처를 이루는 진체를 구족하고 있습니다. 부처의 진체는 진실한 것인데, 어찌하여 다시 지옥, 아귀, 축생, 아수라, 인간, 천상 등의 세계가 있습니까? 세존이시여! 이 육도윤회는 본래부터 있는 것입니까, 아니면 중생의 허망한 습기가 만들어내는 것입니까?"

■

本元眞如, 卽是如來成佛眞體 사람 내지 대지초목, 꿈틀거리는 작은 동물들까지 모두 본원의 진여는 부처를 이루는 진체를 구족하고 있다.

■

世尊! 如寶蓮香比丘尼, 持菩薩戒私行婬欲. 妄言行婬非殺非偸, 無有業報. 發是語已, 先於女根生大猛火, 後於節節猛火燒然, 墮無間獄. 瑠璃大王, 善星比丘, 瑠璃爲誅瞿曇族姓. 善星妄說一切法空, 生身陷入阿鼻地獄. 此諸地獄, 爲有定處, 爲復自然? 彼彼發業, 各各私受. 唯垂大慈, 發開童蒙. 令諸一切持戒衆生, 聞決定義, 歡喜頂戴, 謹潔無犯.

■

"세존이시여! 마치 보련향 비구니와 같이 그녀는 보살계를 받았지만 사사로이 음욕을 행하였으며, 음행을 행하는 것은 살생도 아니고 훔치는 것도 아니므로 업보가 없다고 망언을 하였습니다. 이 말을 마친 후 먼저 그녀의 음근에서 큰 불이 나왔으며, 후에 뼈 골절마다 불이 나와 맹렬하게 타면서 무간지옥에 떨어졌습니다. 유리대왕은 석가종족을 주멸하였으며, 선성 비구는 일체의 법이 공하다고 망언을 하여 산 채로 아비지옥에 들어갔습니다. 이 모든 지옥은 정해진 곳이 있습니까, 아니면 자연적으로 생기는 것입니까? 저들은 그러한 업을 발하여 스스로 각각 과보를 받습니다. 오직 원합니다. 대자비로 일체의 계를 지니는 중생으로 하여금 결정적인 뜻을 듣고, 기뻐하며 공경스럽고 신중하게 하여 청정하게 계를 범하지 않게 하시기 바랍니다."

■

妄言行婬非殺非偸, 無有業報　보련향 비구니는 말하기를, 음행을 행하는 것은 살생도 아니고 훔치는 것도 아니므로 업보가 없다고 망언을 하였다. 그녀는 음욕을 제창한 것이다.

瑠璃爲誅瞿曇族姓　유리대왕이 석가종족을 모두 죽인 것을 말한다.

부처님께서는 이러한 인과에 대하여 말씀하셨다. 과거생에 어떤 지방에 하늘이 가물어 저수지에 많은 물고기들이 살고 있었으며, 두 물고기의 왕이 있었다. 이 저수지에 물이 마르자 진흙 속으로 뚫고 들어갔다. 그 당시 석가모니 부처님은 어린아이였으며, 석가족이 이들 물고기를 잡아먹을 때 이 어린아이가 진흙에서 두 물고기가 나오는 것을 보고 막대기로 세 번 때렸다. 그래서 부처님은 성불하신 이후에 3일 동안 머리가 아팠다.

두 물고기의 왕 가운데 하나는 지금의 유리대왕이며, 다른 하나는 그 나라의 대신이었다. 따라서 지금 그가 석가종족을 주멸하는 것을 부처님도 이러한 정해진 업을 구할 수 없는 것이다. 이것을 정해진 업은 바꿀 수 없다는 것이다.

善星妄說一切法空   선성 비구는 부처님을 따라 출가하였지만, 그는 부처님의 법을 반대하였다. 삿된 지견을 가지고 일체의 법이 공하다고 망언을 하였다. 그는 말하기를 살생을 하는 것도 공한 것이며, 훔치는 것도 공한 것이며, 어떤 것이든지 모두 없는 것이다. 업은 체성이 없으니 당신이 무슨 업을 짓든지 간에 과보가 없다는 것이다. 그래서 부처님의 계를 부정하고 반대하였다.

■

佛告阿難. 快哉此問! 令諸衆生不入邪見. 汝今諦聽! 當爲汝說. 阿難! 一切衆生實本眞淨, 因彼妄見, 有妄習生. 因此分開內分, 外分.

부처님은 아난에게 말씀하셨다. "이 질문은 정말 좋구나! 모든 중생으로 하여금 삿된 지견으로 들어가지 않게 하는구나. 너는 지금 주의 깊게 들어라. 너를 위하여 말하겠다. 아난아! 일체중생은 본래 청정하며, 허망한 견해를 일으키기 때문에 허망한 습기가 생긴다. 그래서 몸 안의 습기와 몸 밖의 습기로 나누어진다."

阿難! 內分卽是衆生分內, 因諸愛染, 發起妄情. 情積不休, 能生愛水. 是故衆生, 心憶珍羞, 口中水出. 心憶前人, 或憐或恨, 目中淚盈. 貪求財寶, 心發愛涎, 擧體光潤. 心著行婬, 男女二根, 自然流液. 阿難! 諸愛雖別, 流結是同, 潤濕不昇, 自然從墜. 此名內分.

"아난아! 내분이란 중생의 몸 안을 말하며, 몸 안의 일체의 애욕과 오염 때문에 허망한 정을 발생한다. 이 정은 날마다 달마다 쌓이는 것이 쉼이 없으며 애욕의 물을 낸다. 이러한 까닭으로 중생은 마음에 맛있는 음식을 생각하면 입에서 침이 나오고, 마음에 옛 사람을 생각하기를 가련하게 생각하거나 혹은 원한을 가지거나 하면 눈에서 눈물이 가득해진다. 마음속에 재물을 구하려고 하면 좋아하는 액이 나와 신체가 광택이 난다. 마음에 음욕을 집착하면 남녀의 근에서 자연히 정액이 흘러나온다. 아난아! 갖가지의 사랑이 비록 다르지만, 흐르고 맺히는 것은 같다. 습윤한 것은 위로 상승하지 못하고 자연히 떨어지게 된다.

이것을 내분(內分)이라고 한다."

■

內分卽是衆生分內, 因諸愛染, 發起妄情 내분이란 중생의 몸 안을 말하며, 몸 안에 무엇이 있는가? 일체의 애욕이 있으며, 또 일체의 오염법이 있다. 애욕과 오염 때문에 허망한 정을 발생한다.

情積不休, 能生愛水 이 정은 금생에 쌓아 내생으로 가며, 내생은 다시 그 다음 생으로 간다. 날마다 달마다 쌓이는 것이 쉼이 없다. 그리하여 애욕의 물을 낸다.

貪求財寶, 心發愛涎, 擧體光潤 탐심이 중한 사람은 마음속에 재물을 구하려고 하면 좋아하는 액이 나와 신체가 광택이 난다.

諸愛雖別, 流結是同 갖가지의 사랑이 비록 다르지만, 흐르고 맺히는 것은 같다.

■

阿難! 外分卽是衆生分外, 因諸渴仰, 發明虛想. 想積不休, 能生勝氣. 是故衆生, 心持禁戒, 擧身輕淸. 心持呪印, 顧盼雄毅. 心欲生天, 夢想飛擧, 心存佛國, 聖境冥現. 事善知識, 自輕身命. 阿難! 諸想雖別, 輕擧是同. 飛動不沈, 自然超越. 此名外分.

■

"아난아! 외분은 즉 중생의 몸 밖을 말한다. 모든 갈앙하는 것으로 인하여 허망한 상상이 나오며, 상상이 오래 쌓여 쉬지 않으면 수승한 기운을 낸다. 이러한 까닭으로 중생이 마음에 금계를 지키면 몸이 가볍고 마음이 청정해지며, 전심으로 주를 염송하면 좌우를 보는 것이 대장부와 같아지며[雄] 어떤 것도 두렵지 않은 굳센 힘[毅力]을 가지게 된다. 마음이 하늘에 나려고 하면 꿈속에서 공중으로 날게 되며, 마음에 불국토에 왕생하려고 하면 성스러운 경계가 그윽하게 나타난다. 아난아! 중생의 마음속에 생각하는 것이 비록 다르지만, 경안(輕安)하고 상승하는 것은 같다. 위로 상승하고 떨어지지 않으며, 자연히 초월하게 된다. 이것을 외분(外分)이라고 한다."

■

因諸渴仰, 發明虛想 모든 갈망하고 앙모(仰慕)하는 것도 일종의 애염(愛染)이다. 왜 앙모하고 갈망하는가? 이 또한 좋아하는 마음이 있기 때문이다. 이때 허망한 상상이 나오게 된다.

想積不休, 能生勝氣 이리저리 생각하는 것이 오랫동안 쌓이게 되고 그치지 않으면 수승한 기운을 낸다. 특별한 영감을 낸다는 것이다.

心持禁戒, 擧身輕淸 마음에 금계를 지키면 몸이 가볍고 마음이 청정해진다.

心持呪印, 顧盼雄毅 마음에 주를 염하면 감응이 생기는 것을 인(印)이라고 한다. 주를 지송하여 마음으로 마음을 인하는[以心印心] 것이다. 전심으로 주를 염송하면 좌우를 보는 것이 대장부와 같아지며[雄] 어떤 것도 두렵지 않은 굳센 힘[毅力]을 가지게 된다.

心欲生天, 夢想飛擧 마음이 하늘에 나려고 하면 꿈속에서 공중으로 날게 된다.

心存佛國, 聖境冥現 마음에 불국토에 왕생하려고 하면 성스러운 경계가 그윽하게 나타난다.

諸想雖別, 輕擧是同 중생의 마음속에 생각하는 것이 비록 다르지만, 경안(輕安)하고 상승하는 것은 같다.

飛動不沈, 自然超越 위로 상승하고 떨어지지 않으며, 자연히 초월하게 된다.

■

阿難! 一切世間生死相續, 生從順習, 死從變流. 臨命終時, 未捨暖觸, 一生善惡俱時頓現, 死逆生順, 二習相交.

■

"아난아! 이 세간의 모든 중생은 태어났다가 죽고 죽었다가 태어나기를 끊임없이 순환하며, 생사가 상속된다. 중생은 모두 생을 따르기를 원하며, 죽을 때는 업보를 따라 변천하며 유전한다. 임종시 제8식이 떠나기 전에는 아직 따뜻한 감촉을 버리지 않으며, 죽을 때 일생에 지은 선악이 함께 나타난다. 죽음은 거스르려고 하며, 생은 따르려고 하는 두가지의 습성이 서로 교차한다."

一切世間生死相續, 生從順習, 死從變流 이 세간의 모든 중생은 태어났다가 죽고 죽었다가 태어나기를 끊임없이 순환하며, 육도윤회 속에서 돌고 돈다. 따라서 생사가 상속된다고 한다. 생은 중생 모두 생을 따르기를 원하며, 죽을 때는 업보를 따라 변천하며 유전한다.

臨命終時, 未捨暖觸, 一生善惡俱時頓現 임종시 제8식이 떠나기 전에는 아직 따뜻한 감촉을 버리지 않으며, 죽을 때 일생에 지은 선악이 함께 즉각 나타난다.

이러하기 때문에 염불의 법문도, 좌선의 법문도, 다라니 지송의 법문도 모두 평시에 공부의 습관을 가지지 않으면 죽을 때 하려고 하면 이미 늦은 것이다. 그래서 소위 말하기를 "한가로울 때 향을 사르지 않으면, 일이 있을 때 급하게 부처님 발목을 잡게 된다."고 하였다. 평소에 부처님을 구천 리 밖으로 보내버리고 살다가 급한 일이 생기면 염불한다고 야단이다. 중국인들 대다수가 이와 같다. 급하면 목숨을 걸고 "나무아미타불, 나무관세음보살" 하고 불러댄다. 따라서 불법을 이해하는 사람은 이렇게 하지는 않을 것이다. 평시에 시시각각으로 염불하고 수행해야 할 것이다.

■ **死逆生順, 二習相交** 중생이 죽음을 원하지 않는 것을 사역(死逆)이라 하고 중생이 살기를 원하는 것을 생순(生順)이라 한다. 죽음과 생의 두 가지 습성이 교차하는 것이다.

■

純想即飛, 必生天上. 若飛心中, 兼福兼慧, 及與淨願, 自然心開, 見十方佛, 一切淨土, 隨願往生.

■

"오직 순수한 생각만 있으면 날며, 반드시 천상에 난다. 만약 하늘로 나는 마음 가운데서 복과 지혜를 겸하고, 아울러 불국토에 왕생하려는 청정한 정원(淨願)을 가지면, 자연히 마음이 열려 시방의 부처님을 뵙고 일체의 정토에 원을 따라 왕생한다."

■

純想即飛 순상이란 정(情)이 없으며, 오직 생각만 남은 것을 말한다. 이 정은 음에 속하고 상(想)은 양에 속한다. 순상이란 다른 생각이 없으며, 전일하다는 것이다.

만약 담배를 좋아하는 사람이 어떤 선지식을 만나 담배를 끊기로 결심하였다면, 처음에는 마음속에 언제나 담배생각이 날 것이다. 그래서 꿈을 꿀 때 담배를 피우는 꿈을 꾸게 된다. 깨어나면 꿈이지만, 후회한다. "나는 이미 담배를 끊었는데, 지금 어째서 담배를 피우게 되었는가?" 이 모두 생각이 조성한 것이다. 따라서 병이 들었을 때

주인이 되지 못하면 꿈속에서도 주인이 되지 못한다.

若飛心中, 兼福兼慧 가령 이 중음신이 나는 마음 가운데서 복과 지혜가 있으면. 부처님은 복과 지혜의 두 발이시다. 그래서 양족존(兩足尊)이라고 한다. 우리 불교도는 불보살의 탄신일에는 모두 마땅히 자기의 능력에 따라 공덕을 지어야 할 것이다. 공덕을 짓는다는 것은 보시를 행하는 것이다. 삼보의 앞에서 공덕을 지으면 복이 생긴다. 만약 당신이 단지 지혜를 열기만을 구하고 복을 닦지 않으면 아라한과를 증득할 때 당신을 공양하는 사람이 없을 것이다. 왜 그런가? 이전에 당신이 다른 사람을 공양하지 않았기 때문이다.

及與淨願 그리고 청정한 원을 발하는 것이다. 극락세계에 왕생하려고 원을 발하는 것도 정원이다.

■

情少想多, 輕擧非遠. 卽爲飛仙, 大力鬼王, 飛行夜叉, 地行羅刹, 遊於四天, 所去無礙. 其中若有善願善心, 護持我法, 或護禁戒, 隨持戒人, 或護神呪, 隨持呪者. 或護禪定, 保綏法忍. 是等親住如來座下.

■

"정이 적고 상념이 많으면, 가벼워 위로 상승하나 멀리 가지 못한다. 즉 날아다니는 선인·대력귀왕·비행야차·지행나찰 등이 되어 사천왕천을 유행하며, 가는 데 장애가 없다. 그 가운데 만약 착한 원과 착한 마음을 가지면 나의 법을 보호하고 지키는 호법(護法)신장이 된다. 혹은 금계를 보호하여 계를 지니는 사람을 따르며, 혹은 신주(神呪)를 보호하여 주를 지송하는 자를 따르며, 혹은 선정을 보호하여 법인에 편안하게 안주하게 된다. 이들은 친히 여래의 좌하에 머물면서 법을 듣는다."

■ 情少想多 여기서 정이란 무엇인가? 정이 있다는 것은 바로 생각, 감각이 있는 것이다. 무정은 일체의 초목을 말한다. 사람은 초목이 아닌데, 어찌 정이 없을 수 있겠는가. 사람마다 모두 자기의 도리를 말하면서 사람마다 정이 있다고 한다. 그러나 이 정은 어떤 시기에 많은가? 청년의 시기에 가장 왕성하다. 따라서 '마음 심(忄)' 변에 '청(靑)'자가 있으면 '정(情)'이 된다.

이 정은 애정으로 해석하면 가장 이해하기 쉽다. 본래 정은 반드시 애정이라는 뜻이 아니지만, 이곳에서는 애정이라고 할 수 있다. 어떤 사람이 애정을 가지는가? 바로 청년의 남녀는 전문적으로 애정을 중시한다. 왜 그들은 애정을 중시하는가? 애정이 무엇인지를 모르기 때문에 중시하는 것이다. 하루 종일 그들은 애정을 이야기한다. 따라서 젊은 남녀는 정에 미혹되어 연연한다. 소위 업장이 중하면 정에 미혹된다고 한다. 미혹된다는 것은 일종의 집착이다. 집착을 하니까 이 정을 놓지 못한다.

그러면 정은 어디로부터 오는가? 당신의 마음으로부터 오는 것이다. 마음은 어디로부터 오는가? 성품으로부터 온다. 따라서 성품이 흘러 정이 된다[性流爲情]고 한다. 이 성품이 아래로 흐르는 것이다. 또 "군자는 상달하고, 소인은 하달한다[君子上達, 小人下達]"는 것도 이러한 뜻이다. 중국인이 사람을 욕할 때 '하류배(下流胚)!'라고 한다. 그래서 성품이 흘러 정이 되고, 정이 흘러 욕망이 되며, 욕망에 이르게 되면 욕망의 불이 몸을 태운다. 자기가 자기를 통제하지 못하는 것이다. 청춘의 남녀는 정을 스스로 억제할 수 없다[情不自禁]. 이것이 바로 자기가 자기의 감정을 억제할 수 없는 것이다.

그러므로 정은 적어야 하고 상(想)은 많아야 한다. 이 상(想)은 바로 상념이다. 항상 잊지 않는 것이다. 상은 어디로부터 오는가? 이 '상(想)'의 글자에도 밑에 '마음 심(心)' 자가 있다. 이 또한 마음으로부터 오는 것이다. 마음속에서 비로소 상념이 생기는 것이다. 한 번 생각하게 되면 마음 위에서 형상이 생긴다. 만약 술을 마시려고 생각하면 술의 모습이 마음속에 생긴다. 고기를 먹으려고 생각하면 고기의 모습이 생긴다.

종합하면 무엇을 생각하든지 간에 심지어 당신이 국가의 일을 생각하면 국가의 모습이 생기며, 자기의 일을 생각하면 자기의 모습이 생긴다. 그래서 『금강경』에서 "나라는 상도 없고, 남이라는 상도 없고, 중생이라는 상도 없고, 수명이 있다는 생각도 없다[無我相, 無人相, 無衆生相, 無壽者相]."라고 하였다. 지금 마음에서 모습[相]이 나오면, 생각[想]으로 변한다. 그러면 이 생각은 옳은가, 그른가? 이 생각도 본래 옳지 않은 것이다. 하지만 사람은 모두 상(相)에 집착하므로 '마음 심(心)' 자 위에 '상(相)' 자를 더하여 '상(想)'이 된 것이다.

輕擧非遠 정이 적고 생각이 많으면 가볍다. 가벼우면 위로 뜬다. 비원(非遠)이란 멀리 가지 못한다는 뜻인데, 문장의 이치상 약간 부합되지 않는다. 그러면 어떻게 해석하는가? '불시불원(不是不遠)'으로

해석한다. "멀리 가지 못하는 것이 아니다." 즉 멀리 간다는 뜻이다. 이것이 다른 하나의 해석법이다.

或護禪定, 保綏法忍 혹은 선정자를 보호하여 그로 하여금 법인에 편안하게 안주하게 한다.

■

情想均等, 不飛不墜, 生於人間. 想明斯聰, 情幽斯鈍.

■

"정과 상념이 균등하면 날지도 못하고 떨어지지도 않고 인간에 태어난다. 상념이 밝으면 총명해지고 정이 어두워지면 우둔해진다."

■

情想均等, 不飛不墜, 生於人間 정과 상이 균등하면 천상으로 날지도 못하고 삼악도로 떨어지지 않고 인간에 태어난다. 인간에 태어나면 영원히 인간에 있는 것이 아니다. 이곳은 단지 전환하는 곳이다. 마치 환승역과 같다.

想明斯聰 상념이 밝으면, 즉 총명하고 지혜가 있으면, 수행하여 나날이 진보하면 이 광명은 부처님의 광명과 같을 것이다. 사총(斯聰)이란 총명하다는 뜻이다.

情幽斯鈍 정은 그것이 왜 음(陰)이라고 하는가? 상(想)은 공개적이며, 광명정대한 것이다. 비유하면 당신이 수행을 하는데, 참선하고 좌선하는 것은 바른 일이다. 경을 듣고 불법을 공부하는 것도 바른 일이다. 당신이 수행을 할수록 총명해진다. 만약 정을 말하지만, 모두 함께 앉아서 말할 수 없다. 반드시 남녀 단독으로 공원에 가든지 해변으로 가든지 나무 밑으로 가든지 하여 작은 소리로 대화해야 한다. 다른 사람이 보지 않게 하는 이것을 유(幽)라고 한다.

유(幽)란 그윽하고 어두운[幽暗] 것이다. 이것은 음에 속한다. 이렇게 할수록 우둔해진다. 어리석어지는 것이다. 어리석어지면 타락한다. 밑이 없는 구덩이로 떨어지는 것이다. 그러므로 이 정은 고해로 타락하게 하는 것이다. 빠져나오는 것은 쉽지 않다. 빠져나오려면 큰 힘을 들여야 한다. 진정한 선지식이 있어 그의 손을 잡고 끌고 나오지 않으면 쉽게 나올 수 있는 것이 아니다.

■

情多想少, 流入橫生. 重爲毛群, 輕爲羽族. 七情三想, 沉下水輪, 生於火際, 受氣猛火, 身爲餓鬼, 常被焚燒, 水能害己, 無食無飮, 經百千劫.

■

"정이 많고 상념이 적으면 축생으로 들어가 중한 무리는 털을 가진 짐승이 되며, 가벼운 무리는 날개를 가진 조류의 무리가 된다. 정이 7할이고 상념이 3할인 사람은 수륜의 밑으로 내려가 화륜에 태어나서 맹렬한 불의 기운을 받게 된다. 몸은 아귀가 되어 항상 불에 태워지며, 물이 자기를 해칠 수 있으며, 먹지 못하고 마시지 못하기를 백천 겁을 경과한다."

■

情多想少, 流入橫生 횡생(橫生)이란 축생을 말한다.

重爲毛群 정이 무거운 사람은 털이 있는 축생, 즉 소·말·양 등이 된다. 이것을 보라. 얼마나 위험한가? 조심해야 한다. 따라서 내가 왜 『능엄경』의 이곳이 중요하다고 말하는지? 이것이 사람과 금수의 교차점이다. 한 걸음 잘못하면 털을 덮고 뿔을 단 축생으로 태어난다.

輕爲羽族 정이 가벼운 사람은 날아다니는 조류로 태어난다. 무늬가 아름다운 새들은 사람이 되었을 때 화려한 옷을 입기를 좋아하였기 때문이다. 최대한 겉모습 꾸미기를 좋아한 것이다. 인간의 몸을 잃으면 이러한 새들의 무리로 태어나 자기의 자태를 뽐내는 것이다.

七情三想, 沉下水輪 만약 정이 7할이고 상념이 3할이면 아래로 가라앉아 수륜으로 떨어진다.

生於火際, 受氣猛火 수륜의 아래에 불이 있는 곳에 태어나 맹렬한 불로 태워진다. 지금 우리들은 화산폭발을 이야기하는데, 물 아래에 불이 있으며, 불은 물을 뜨겁게 하며 산의 돌을 녹인다.

身爲餓鬼, 常被焚燒 이때 자기의 몸은 아귀로 변한다. 당신이 새나 짐승이 되려고 해도 될 수 없다. 이 아귀는 하나의 종류가 아니다. 백천만 종이나 된다. 가장 참기 힘든 것은 그의 목구멍은 바늘과 같이 가늘어 어떤 음식을 삼킬 수 없으며, 심지어 물도 마실 수 없다. 그러나 배는 북처럼 커서 항상 배고픔을 겪으며 살아간다. 아귀는 물을 마시려고 물을 보면 그의 업장 때문에 물이 불로 변해버린다. 그래서 항상 불에 태워진다.

천상의 사람이 물을 보면 유리로 보이며, 물고기가 물을 보면 그들의 궁전이며, 집이라 그곳에서 산다. 물속에 살지만 그들은 물을 보지 못하는 것이다. 우리 사람은 생존하는 데 공기가 필요하지만, 공기를 볼 수 있는가? 우리들이 물을 보면 물이지만, 귀(鬼)가 보면 물이 불로 보인다. 그러면 왜 우리들은 불로 보이지 않는가? 바로 업장 때문이다.

■

九情一想, 下洞火輪, 身入風火二交過地, 輕生有間, 重生無間, 二種地獄. 純情卽沈, 入阿鼻獄. 若沈心中, 有謗大乘, 毁佛禁戒, 誑妄說法, 虛貪信施, 濫膺恭敬, 五逆十重, 更生十方阿鼻地獄. 循造惡業, 雖則自招, 衆同分中, 兼有元地.

■

"정이 9할이고 상념이 1할이면, 아래로 화륜을 뚫고 내려가 몸이 바람과 불이 교차하는 곳으로 들어간다. 가벼운 죄는 유간지옥에 나며, 무거운 죄는 무간지옥에 나는 두 가지의 지옥이 있다. 완전히 정만 가지면 떨어져 아비지옥으로 들어간다. 만약 마음에 대승불교를 비방하거나 부처님의 금계를 훼방하고 미치고 망령되게 법을 설하거나, 허망하게 남들의 믿음과 보시를 탐하거나 남들의 공경을 과분하게 받거나 하면서, 오역죄와 열 가지의 중죄를 지은 사람은 다시 시방의 아비지옥으로 옮겨 죄를 받는다. 그가 지은 악업을 따라 비록 그 스스로 과보를 초래하는 것이지만, 이 많은 동분의 업 가운데서 그가 어떤 업을 지어 어떤 과보를 받는 것도 일정한 장소가 있다는 것이다."

■
九情一想, 下洞火輪 동(洞)이란 뚫고 지나간다는 뜻이다. 만약 정이 9할이고 상념이 1할이라면, 죽은 후 떨어져 화륜을 뚫고 지나간다.

身入風火二交過地 몸이 풍(風)과 화(火)가 서로 교차되는 곳으로 불이 바람이 불면 더욱 맹렬하게 타는 곳이다.

若沈心中, 有謗大乘, 毀佛禁戒 만약 그의 마음에 대승을 비방하여 대승경전은 가짜라고 비방하면서 자기 스스로 삿된 지견을 내는 것이다. 그래서 말하기를 "무엇이든지 관계없어! 술과 고기가 창자를 통과하여 지나가면 그뿐이야, 부처는 마음에 앉아 있어! 네 마음이 부처이고 부처가 마음이야!"라는 삿된 말로써 중생을 그르치는 것이다. 그리하여 계를 받을 필요가 없다고 하면서 부처님의 계를 훼방하는 것이다. 사실 당신이 계를 받지 않는 것은 자유다. 그러나 쉽게 지옥에 떨어진다. 이것은 정말로 자유롭다.

당신이 만약 계를 받으면 당신을 지지할 계가 있으며, 계의 모습과 계의 법과 계의 체가 있다. 당신이 계를 받은 적이 있으면 그렇게 쉽게 지옥에 떨어지지 않는다. 지옥에 떨어져도 매우 빨리 나오게 된다.

계를 받은 적이 있으면 계가 당신을 보호하여 마땅히 죄를 받아야 할 긴 기간이 짧게 축소될 수 있다. 그래서 계를 받는 것이 좋다는 것이다. 내가 여러분들에게 말한다. "중생이 부처의 계를 받으면, 곧 부처의 과위로 들어간다." 그러므로 부처님의 계를 비방하면 안 된다.

誑妄說法 미치고 망령되게 법을 설하지 말아야 한다. 인과를 무시한다거나 대승의 이치에 맞지 않는 삿된 지견을 함부로 지껄이면 안 된다. "아, 인도 없고 과도 없다. 사람이 바로 부처이다. 수행할 필요가 없다. 고기 먹고 술 마셔도 부처가 될 수 있다." 만약 이러하다면, 당초 부처님께서는 계율을 말할 필요가 없었을 것이다.

虛貪信施, 濫膺恭敬 허망하게 다른 사람의 공양을 탐하고 보시를 탐한다. 이러한 탐하는 마음이 있어 말하기를 "나는 많은 제자를 두었으니, 한 제자가 나에게 조금씩 돈을 주어도 나는 무형중에 부자가 되겠네."라고 하면 안 된다. 그리고 자기는 본래 도(道)도 없고 덕(德)도 없으면서 남들의 공경을 좋아하는 것이다. 람응공경(濫膺恭敬)이란 과분하게 남들의 공경을 받는다는 뜻이다.

更生十方阿鼻地獄 오역과 십중의 중죄를 지은 중생은 이곳의 지옥에서 죄를 받은 후에 다시 다른 세계의 무간지옥으로 옮겨 죄를 받는다는 것이다.

衆同分中, 兼有元地 이 많은 동분의 가운데서 그가 어떤 업을 지어 어떤 과보를 받는 것도 일정한 장소가 있다.

2
일곱 중생계의 인과의 차별

1) 지옥취(地獄趣)

阿難! 此等皆是彼諸衆生自業所感. 造十習因, 受六交報.

"아난아! 이들은 모두 중생 스스로 지은 업이 감응하는 것이다. 열 가지의 습기의 인을 지어 여섯 가지의 교차하는 과보를 받는다."

(1) 지옥에 떨어지는 열 가지의 원인

음욕의 습기

云何十因? 阿難! 一者, 婬習交接, 發於相磨, 研磨不休, 如是故有大猛火光, 於中發動. 如人以手自相摩觸, 暖相現前. 二習相然, 故有鐵床銅柱諸事. 是故十方一切如來, 色目行婬, 同名欲火. 菩薩見欲, 如避火坑.

■

"무엇을 열 가지의 원인이라고 하는가? 아난아! 첫 번째는 음욕의 습기가 교접하여 서로 마찰하는 동작을 발생한다. 서로 마찰하기를 쉬지 않기 때문에 이와 같이 크고 맹렬한 불이 그 가운데서 발동한다. 마치 사람이 손으로 마찰하면 열이 나는 것과 같다. 과거생에서 음욕을 좋아한 습기와 현재생에서 음욕을 좋아한 습기가 서로 불을 일으키는 까닭으로 철상지옥 동주지옥 등의 일이 있게 된다. 이러한 까닭으로 시방의 모든 여래는 음욕을 행하는 것을 욕망의 불[欲火]이라고 이름한다. 보살은 음욕의 행위를 보기를 마치 불구덩이를 피하듯이 한다."

■

二習相然, 故有鐵床銅柱諸事 과거생에서 음욕을 좋아한 습기와 현재생에서 음욕을 좋아한 습기가 서로 불을 일으키는 까닭으로 철상지옥 동주지옥 등의 일이 있게 된다.

色目行婬, 同名欲火 이러한 까닭으로 시방의 모든 부처님께서는 음욕을 행하는 것을 욕망의 불[欲火]이라고 이름한다.

탐욕의 습기

■

二者, 貪習交計, 發於相吸. 吸攬不止, 如是故有積寒堅氷, 於中凍洌. 如人以口吸縮風氣, 有冷觸生. 二習相陵, 故有吒吒, 波波, 囉囉, 靑赤白蓮, 寒冰等事. 是故十方一切如來, 色目多求, 同名貪水. 菩薩見貪, 如避瘴海.

"두 번째는 탐하는 습기가 계교하여 서로 빨아들이는 모습을 발생한다. 빨아들이기를 그치지 않으며, 이와 같은 까닭으로 차가움이 쌓여 견고한 얼음이 되고 그 가운데 얼어 갈라지게 된다. 이것은 마치 사람이 입으로 바깥의 공기를 흡입하면 차가운 감촉이 생기는 것과 같다. 과거생의 탐하는 습기와 금생의 탐하는 습기가 서로 쟁탈하는 까닭으로 '타타 · 파파 · 라라'라고 얼어서 괴로워하는 소리를 내며, 얼어 갈라진 모양이 마치 청색 · 붉은색 · 흰색의 연꽃과 같다. 그러므로 시방의 일체 여래는 많이 구하는 것을 탐하는 물[貪水]이라고 이름한다. 보살은 탐하는 마음을 보면 마치 독기가 서린 바다를 피하듯이 한다."

二習相陵, 故有吒吒, 波波, 囉囉 과거생의 탐하는 습기와 금생의 탐하는 습기가 서로 쟁탈하는 까닭으로 '타타 · 파파 · 라라'라고 얼어서 괴로워하는 소리를 낸다. 얼어서 덜덜 떠는 소리를 표현한 것이다.

青赤白蓮, 寒氷等事 얼어 갈라진 모양이 마치 청색 · 붉은색 · 흰색의 연꽃과 같다는 것이다.

아만의 습기

三者, 慢習交陵, 發於相恃. 馳流不息, 如是故有騰逸奔波, 積波爲水.

如人口舌自相綿味, 因而水發. 二習相鼓, 故有血河, 灰河, 熱沙, 毒海, 融銅, 灌吞諸事. 是故十方一切如來, 色目我慢, 名飮癡水. 菩薩見慢, 如避巨溺.

■

"세 번째는 아만의 습기가 다투면서 서로 업신여김을 발생하며, 달리고 흐르기를 쉬지 않는다. 이와 같은 까닭으로 솟구치고, 들끓고, 파도치는 물이 생긴다. 이것은 마치 사람이 스스로 혀로 맛을 보면 입안에 물이 생기는 것과 같다. 과거생의 아만의 습기와 금생의 아만의 습기가 서로 두드리는 까닭으로 피의 강, 재의 강, 뜨거운 모래, 독의 바다, 녹은 구리, 철의 즙을 들이키고 삼키는 등의 일이 있게 된다. 그러므로 시방의 일체 여래는 아만을 어리석은 물을 마시는 것[飮癡水]라고 이름한다. 보살은 아만의 마음을 보기를 마치 거대한 오줌통을 피하듯이 한다."

■

馳流不息 아만의 생각이 달리고 흐르는 것이 쉬지 않는다는 뜻이다.

如避巨溺 닉(溺)은 오줌[尿]의 뜻과 통한다.

성내는 습기

四者, 瞋習交衝, 發於相忤. 忤結不息, 心熱發火, 鑄氣爲金. 如是故有刀山, 鐵橛, 劍樹, 劍輪, 斧鉞, 鎗鋸. 如人銜冤, 殺氣飛動. 二習相擊, 故有宮割斬斫, 剉刺槌擊諸事. 是故十方一切如來, 色目瞋恚, 名利刀劍. 菩薩見瞋, 如避誅戮.

"네 번째는 성내는 습기가 맞부딪치면서 서로 거스르는 것을 발생하며, 거스르고 묶는 것을 쉬지 않으니 마음이 뜨거워지고 불이 발생하여 기를 형성하여 쇠를 만든다. 이와 같은 까닭으로 도산, 철의 말뚝, 칼의 숲, 칼의 수레, 도끼, 쇠톱 등이 있게 된다. 마치 사람이 원한을 품으면 살기가 비등하는 것과 같다. 과거생의 성내는 습기와 금생의 성내는 습기가 서로 치는 까닭으로 남근을 베고, 칼로 자르고, 창으로 찌르며, 망치로 치고 때리는 등의 모든 일이 있게 된다. 그러므로 시방의 여래는 성내는 마음을 날카로운 검이라고 이름한다. 보살은 성내는 마음을 보기를 마치 사람에게 죽임을 당하는 것을 피하듯이 한다."

故有宮割斬斫, 剉刺槌擊諸事 궁할(宮割)이란 남근을 베는 것이며, 참작(斬斫)이란 칼로 베는 것을 말한다. 좌자(剉刺)는 창으로 찌르는 것을 뜻하며, 퇴격(槌擊)은 망치나 몽둥이로 치고 때리는 것을 말한다.

속이는 습기

■

五者, 詐習交誘, 發於相調. 引起不住, 如是故有繩木, 絞挍. 如水浸田, 草木生長. 二習相延, 故有杻械枷鎖, 鞭杖檛棒諸事. 是故十方一切如來, 色目姦僞, 同名讒賊. 菩薩見詐如畏豺狼.

■

"다섯 번째는 속이고 사기치는 습기가 유혹하여 서로 속임을 발생한다. 속임을 불러일으키는 것을 그치지 않으며, 이와 같은 까닭으로 끈이나 나무로 매달아 죽이는 것이 있게 되었다. 이것은 마치 물이 밭에 스며들어 초목을 자라게 하는 것과 같다. 과거생의 속이는 습기와 금생의 속이는 습기가 서로 이어지는 까닭으로 손에 차는 수갑, 발에 차는 형구, 목에 차는 형구들과 채찍, 몽둥이로 때리고 치는 모든 일들이 생긴다. 그러므로 시방의 일체 여래는 간사하게 속이는 것을 중상, 모략하는 도적[讒賊]이라고 이름한다. 보살은 속이는 것을 보면 마치 늑대와 이리를 두려워하는 것과 같이 한다."

거짓말하는 습기

■

六者, 誑習交欺, 發於相罔. 誣罔不止, 飛心造姦. 如是故有塵土, 屎尿, 穢污不淨. 如塵隨風, 各無所見. 二習相加, 故有沒溺, 騰擲, 飛墜, 漂淪諸事. 是故十方一切如來, 色目欺誑, 同名劫殺. 菩薩見誑如踐蛇虺.

"여섯 번째는 거짓말하는 습기로 속이는데, 서로 거짓말하는 것을 그치지 않아 날뛰는 마음이 간사함을 짓는다. 이와 같은 까닭으로 먼지, 똥, 오줌 등의 더럽고 깨끗하지 못한 것이 있게 된다. 마치 먼지가 바람을 따라 날리지만 각자는 보지 못하는 것과 같다. 과거생의 거짓말하는 습기와 금생의 거짓말하는 습기가 더하는 까닭으로 물에 빠져 죽이고, 공중으로 던져 죽이며, 높은 곳에서 떨어뜨려 죽이며, 바다에 표류하게 하는 모든 일들이 생긴다. 그러므로 시방의 일체 여래는 거짓말하는 것을 겁탈하고 죽이는[劫殺] 것이라고 이름한다. 보살은 거짓말하는 것을 보면 마치 독사를 밟는 것처럼 피한다."

誣罔不止, 飛心造姦 망(罔)이란 곧지 못하다는 뜻이다. 거짓말하는 것을 그치지 않고 하루 종일 어리석은 욕심이 동하여 간사하게 죄지을 궁리만 한다는 것이다.

원한을 가지는 습기

七者, 怨習交嫌, 發於銜恨. 如是故有飛石, 投礫, 匣貯, 車檻, 甕盛, 囊撲, 如陰毒人, 懷抱畜惡. 二習相吞, 故有投擲, 擒捉, 擊射, 抛撮諸事. 是故十方一切如來, 色目怨家, 名違害鬼. 菩薩見怨如飮鴆酒.

■

"일곱 번째는 원한을 가지는 습기가 의심하고 싫어하며 원한을 가슴에 품는 것을 발생한다. 이와 같은 까닭으로 돌을 날리고 자갈을 던지며, 상자에 가두고 수레에 가두며, 항아리에 넣고 태우며, 자루에 넣고 때리는 것이 있게 된다. 이것은 마치 음험하고 독한 사람이 악한 마음을 품고 간직하는 것과 같다. 과거생의 습기와 금생의 습기가 서로 삼키는 까닭으로 투척하고, 붙잡으며, 화살을 쏘고 공중에 던져서 떨어지게 하는 모든 일들이 생긴다. 그러므로 시방의 일체 여래는 원한을 가지는 행위를 위해귀(違害鬼)라고 이름한다. 보살은 원한을 가지는 마음을 마치 독주를 마시는 것처럼 본다."

■

怨習交嫌　원습(怨習)이란 원한을 가지는 습기를 말한다. 남을 원한하는 것이다. 교혐(交嫌)이란 상대에 대하여 의심하며 싫어하는 것이다.

發於銜恨　그리하여 원한을 가슴속에 품는 것이다. 함(銜)이란 참새가 입에 먹이를 물고 있는 것을 뜻하며, 원한을 언제나 잊지 않고 마음속에 간직하는 것이다.

飛石, 投礫, 匣貯, 車檻, 甕盛, 囊撲　투력(投礫)은 모래와 자갈을 던지는 것이며, 압저(匣貯)란 좁은 상자 속에 죄인을 가두는 것이다. 거함(車檻)이란 수레에 죄인을 가두는 것이며, 옹성(甕盛)은 옹기, 항아리 안에 죄인을 넣어서 바깥에서 불로 태우는 것이다. 낭박(囊撲)은

푸대 속에 넣어 때리는 것이다.

故有投擲, 擒捉, 擊射, 抛撮諸事 지옥에 빠진 중생을 투척한다는 것은 멀리 던지는 것이다. 그들이 도망가면 다시 잡아오는 것이 금착(擒捉)이다. 격사(擊射)란 화살로 쏘아 죽이는 것이며, 포촬(抛撮)이란 공중에 던져서 떨어지게 하는 것이다.

사견(邪見)의 습기

■

八者, 見習交明, 如薩迦耶, 見戒禁取, 邪悟諸業, 發於違拒, 出生相返. 如是故有王使主吏, 證執文籍. 如行路人, 來往相見, 二習相交, 故有勘問, 權詐, 考訊, 推鞫, 察訪, 披究, 照明, 善惡童子手執文簿, 辭辯諸事. 是故十方一切如來, 色目惡見, 同名見坑. 菩薩見諸虛妄偏執, 如臨毒壑.

■

"여덟 번째는 견해의 습기로 이해하는 것이 마치 몸이 있다는 신견, 원인이 아닌데 원인으로 생각하는 계금취견 등과 같이 삿된 깨달음으로 그가 지은 일체의 업은 어떤 것은 자기의 뜻에 반하고, 어떤 것은 다른 사람의 의견에 위배되어 서로가 반대한다. 이와 같이 자기의 견해를 고집하기 때문에 염라대왕의 사자[王使], 어떤 부문의 관리[主吏]가 있어 저승에서 대질하며 생사부나 선악록 등의 문서를 사용하여 증거로 삼는다. 이것은 마치 길을 가는 사람이 오고 가며 서로 만나는 것과 같다. 과거생의 습기와 금생의 습기가 서로 주종으로 교부하는 까닭으로 심문하고 권교방편이나 속임수로 심문하며, 고찰하여 신문하고, 유추하여 심문하며, 현지로 파견하여 조사하고, 상세하게 그 사건에 대하여 연구하며, 거울로 이 일을 비춰보며, 선악의 동자가 손에 부책을 들고 당신이 지은 업을 기록하면서 모든 일을 증거로써 판별하여 변명을 하지 못하게 한다. 그러므로 시방의 일체 여래는 악한 견해를 견의 구덩이(見坑)라고 이름하며, 보살은 모든 허망한 편견과 집착을 보기를 마치 독의 골짜기에 떨어지는 것과 같이 한다."

見習交明 우리들 각자의 사람이 쉽게 범하는 습기로서 견해가 옳아야 한다. 여기서 견(見)이란 견해를 말한다. 이 견해를 당신이 쓰는 것이 맞으면 자기의 청정함을 도와주지만, 쓰는 것이 맞지 않으면 죄업을 지을 수 있다.

如薩迦耶, 見戒禁取 살가야(薩迦耶)란 범어로서 '몸이 있다(有身)'는 뜻이다. 바로 신견(身見)을 가지고 있다는 뜻이다. 이 견에는 다섯 가지가 있다. 신견(身見)·변견(邊見)·계금취견(戒禁取見)·견취견(見取見)·사견(邪見)을 가리킨다.

신견(身見)이란 몸이 있다는 것을 집착하는 것이다. 그리고 이 신체가 나라는 것을 집착한다.

계금취견(戒禁取見)이란 원인이 아닌데 원인으로 생각하는 것이다. 이 경의 초반에 설명한 적이 있는데, 인도에서 소의 계를 지니고, 개의 계를 가지면서 소를 배우고 개의 행위를 배우는 것을 말한다.

邪悟諸業, 發於違拒, 出生相返 삿된 깨달음으로 그가 지은 일체의 업은 어떤 것은 자기의 뜻에 반하고, 어떤 것은 다른 사람의 의견에 위배되어 서로가 반대한다.

如是故有王使主吏, 證執文籍 이와 같이 자기의 견해를 고집하기 때문에 염라대왕의 사자[王使], 어떤 부문의 관리[主吏]가 있어 저승에서 대질하며 생사부나 선악록을 사용하여 증거로 삼는다. 증집(證執)이란 어떤 증명으로 증거를 삼는다는 뜻이다. 문적(文籍)이란 일체의 문서를 말한다.

故有勘問, 權詐, 考訊, 推鞫, 察訪, 披究, 照明 감문(勘問)은 심문하는 것을 뜻하고, 권사(權詐)란 권교방편이나 속임수로 심문하는 것이다. 고신(考訊)은 고찰하여 신문하는 것이고, 추국(推鞫)이란 송사에서 법관이 그가 말하는 것을 보고 유추하여 심문하는 것이다. 찰방(察訪)은 사람을 현지로 파견하여 조사하는 것이고, 피구(披究)는 상세하게 그 사건에 대하여 연구하는 것이며, 조명(照明)이란 거울로 이 일을 비춰보는 것이다.

善惡童子手執文簿, 辭辯諸事 이 기간 지옥에는 또 선악의 동자가 손에 부책을 들고 당신이 지은 업을 기록하며, 모든 일을 증거로써 판별하여 변명을 하지 못하게 한다.

남을 억울하게 하는 습기

■

九者, 枉習交加, 發於誣謗. 如是故有合山, 合石, 碾磑, 耕磨. 如讒賊人, 逼枉良善. 二習相排, 故有押捺, 槌按, 蹙漉, 衡度諸事. 是故十方一切如來, 色目怨謗, 同名讒虎. 菩薩見枉如遭霹靂.

■

"아홉 번째는 남을 억울하게 하는 습기가 더해져서 중상모략과 훼방함이 발생한다. 이와 같은 까닭으로 산이 합쳐지고, 돌이 합쳐지며, 맷돌로 갈고, 쇠쟁기로 가는 것이 있게 된다. 이것은 마치 헐뜯는 도적이 선량한 사람을 핍박하여 억울하게 하는 것과 같다. 전생의 습과 금생의 습이 서로 배척하는 까닭으로 누르고 쇠뭉치로 때리며, 포대 안에 넣고 압박하며, 저울로 재는 등의 일들이 발생한다. 그러므로 시방의 일체 여래는 원한을 가지고 비방하는 것을 헐뜯는 호랑이라고 이름한다. 보살은 억울함을 마치 벼락과 같이 여긴다."

■

枉習交加 왕(枉)이란 남을 억울하게 하는 것을 뜻한다. 본래 자기는 나쁜 일을 하지 않았는데, 어떤 사람이 당신을 고발하여 나쁜 일을 했다고 중상모략하는 것이다. 왕(枉)은 바로 곧지 못하다는 것이며, 진정한 도리로 말하는 것이 아니다. 당신이 다른 사람에게 억울한 일을 당하거나 혹은 당신이 다른 사람을 억울하게 하는 것을 모두 왕습(枉習)이라 한다.

당신이 다른 사람에게 억울함을 당하는 것은 숙세의 업장을 만나는 것이며, 만약 숙세의 업장이 없으면 억울한 업이 새롭게 나오는 것이다. 당신이 남을 억울하게 하는 것은 상대방이 나쁜 짓을 저지르지 않았다는 것을 명백하게 알지만, 고의로 그를 억울하게 하는 것이다.

發於誣謗 이와 같이 숙세와 금생의 이러한 업이 더해져서 중상모략과 훼방함이 발생한다. 무(誣)란 남에게 억울하게 죄를 덮어씌우는 것이며, 방(謗)은 헐뜯고 비방하는 것이다. 그가 물건을 훔치지 않았는데, 내가 고의로 그가 훔쳤다고 날조하는 것을 무방(誣謗)이라고 한다.

如是故有合山, 合石, 碾磑, 耕磨 합산이란 산과 산 사이에 죄인을 놓고 산이 서로 합쳐지는 지옥이며, 합석은 돌이 서로 합쳐지는 지옥이다. 연애(碾磑)란 맷돌로 가는 지옥이며, 경마(耕磨)란 발설지옥에서 혀를 뽑아 밭을 가는 것이다.

故有押捺, 搥按, 蹙漉, 衡度諸事 압날(押捺)이란 누르는 것이고 추안(搥按)이란 쇠뭉치로 때리고 누르는 것이며, 축록(蹙漉)이란 죄인을 포대 안에 넣고 압박하여 피가 나오도록 하는 것이며, 형탁(衡度)이란 저울로 재는 것이다.

소송을 벌이는 습기

十者, 訟習交諠, 發於藏覆. 如是故有鑒見照燭. 如於日中, 不能藏影. 二習相陳, 故有惡友, 業鏡, 火珠, 披露宿業, 對驗諸事. 是故十方一切如來, 色目覆藏, 同名陰賊. 菩薩觀覆, 如戴高山, 履於巨海.

■

"열 번째는 소송을 벌이는 습기로 소란스럽게 굴며 감추고 덮는 일이 발생한다. 이와 같은 까닭으로 업경대에 비춰보고 촛불로 비추는 것이 있게 된다. 마치 태양이 정오에 위치하면 그림자를 감출 수 없는 것과 같다. 전생의 업장과 금생의 업장이 서로 진열되어 드러나는 까닭으로 악한 친구, 업경대, 불의 구슬, 숙세의 업을 드러내고, 증거를 제시하여 증명하는 모든 일들이 발생한다. 그러므로 시방의 일체 여래는 덮어 감추는 것을 음험한 도적이라고 이름한다. 보살은 덮고 감추는 것을 마치 높은 산을 머리에 이고 넓은 바다를 밟는 것처럼 본다."

■

訟習交誼, 發於藏覆 송(訟)이란 송사를 벌이는 것을 말한다. 교훤(交誼)은 송사를 벌여 소란스럽게 구는 것을 뜻한다. 장복(藏覆)이란 자기의 도리에 맞지 않은 점을 감추고 덮어 숨기는 것을 뜻한다.

예를 들면 두 부부가 이혼소송을 하는 것과 같이 남편은 부인의 잘못된 점을 어떠하다고 말하고, 부인은 남편의 잘못된 점을 지적할 것이다. 사실 두 사람 가운데 한 사람이 옳은 사람이라면 이혼하지 않을 것이다. 한 사람이 포용하고 용서하면 아무 일도 없다. 두 사람이 각자 자기의 이유를 주장하고 그래서 변호할 변호사를 비싼 돈을 들여 찾아 서로 다툰다. 왜 소송을 하는가? 서로 솔직하지 못하기 때문이다. 서로 가면을 쓰고 도리를 주장하는 것이다. 이것이 장복(藏覆)이다.

如是故有鑒見照燭 당신이 소송을 좋아하고 죄악을 짓기를 좋아하여 지옥에 들어갔을 때 지옥에는 업경대라는 거울이 있어 당신의 살아생전에 지은 모든 죄장이 마치 영화가 상영되듯이 한 장면 한 장면 나타난다. 이것을 감견(鑒見)이라고 한다. 조촉(照燭)이란 마치 촛불이 비치기 때문에 감출 곳이 없는 것이다.

二習相陳, 故有惡友, 業鏡, 火珠, 披露宿業, 對驗諸事
진(陳)이란 죄상을 진열하여 놓는 것을 말한다. 악우(惡友)란 당신의 죄과를 소송하는 악한 친구를 말한다. 여기에는 가족과 친척을 포함한다. 업경(業鏡)은 업경대를 가리키고 화주(火珠)는 불의 구슬이 환하게 비추는 것을 말한다. 피로숙업(披露宿業)은 숙세의 업을 드러내는 것을 뜻하며, 대험(對驗)이란 당신이 죄업을 인정하지 않으면 증거를 들이대어 증명하는 것이다.

(2) 지옥의 여섯 가지의 과보

云何六報? 阿難! 一切衆生, 六識造業. 所招惡報, 從六根出.

"무엇을 여섯 가지의 과보라고 하는가? 아난아! 일체중생은 육식(六識)에서 업을 지으며, 업을 지어 과보를 받는 것은 육근(六根)으로부터 나온다."

보는 과보(見報)

■

云何惡報從六根出? 一者見報, 招引惡果. 此見業交, 則臨終時, 先見猛火滿十方界. 亡者神識, 飛墜乘煙, 入無間獄.

■

"어째서 악한 과보가 육근으로부터 나온다고 하는가? 첫째, 보는 과보〔見報〕로서 악한 과(果)를 초래한다. 이 보는 업이 주고받으며 임종시에 먼저 맹렬한 불이 시방세계에 가득한 것을 본다. 망자의 신식은 날다가 떨어지면서 연기를 타고 무간지옥으로 들어간다."

■

앞에서는 열 가지 습기의 인을 설명하였다. 습(習)이란 일종의 습관이다. 이러한 열 가지의 습기의 인이 있기 때문에 여섯 가지의 과보를 교환하여 받게 된다. 어째서 여섯 가지의 교환하는 과보라고 하는가? 이 여섯 가지는 비록 하나의 근이 범한 죄업이지만 다른 다섯 가지의 근도 연대의 관계가 있기 때문이다. 비유하면 안근으로 색진을 보고 죄업을 지었으면, 이것은 안근이 주범(主犯)이고 다른 귀·코·혀·몸·뜻은 종범(從犯)이 된다. 즉 안근이 죄를 짓는 것을 도운 것이다. 앞에서 나온 것과 같이 시방의 제불께서 말씀하시기를, 성불하는 것도 육근으로부터 이르는 것이고, 지옥에 떨어지는 것도 육근으로부터 떨어지는 것이다.

이 육근은 본래 이것으로써 부처를 이룰 수 있는 것인데, 그러나 우리들이 잘 사용할 줄을 몰라 이 여래장성에서 망상을 일으켜 세 가지의 미세한 상을 내고, 여기서 여섯 가지의 거친 상을 내며, 또 여기서 무량무변의 상을 만들어 내는 것이다. 따라서 죄업도 팔만사천 가지나 그렇게 많은 것이다. 그러면 왜 이렇게 많은 죄업을 짓게 되는가? 그것은 우리들이 주인이 되지 못하기 때문이며, 육진을 따라가지 않을 수 없기 때문이다. 지금 왜 업을 짓는가? 육진의 경계를 따라가기 때문이다. 돌이켜 자성을 듣지 않기 때문이다.

見報, 招引惡果 눈이 색을 보는 견보(見報)이다. 즉 눈으로 보게 되는 악한 과보이다. 눈으로 색진을 보고 많은 죄업을 만들어 내어 악한 과보를 초래하는 것이다.

此見業交 교(交)란 서로 주고받는 것이다. 이 보는 업[見業]이 다른 다섯 가지의 근과 서로 교환하는 것이다. 예를 들면, 당신이 미녀를 보고 탐욕심을 내었으면, 그래서 또 귀로는 부드러운 소리를 듣고 싶어 한다. 그리고 코는 여인의 향수 냄새를 맡고 싶으며, 혀는 또 나쁜 생각을 하면서 여인과 키스를 하고 싶으며, 몸으로는 접촉하고 싶어한다. 그리고 뜻으로는 그렇게 하도록 동의하므로 결과적으로 음욕의 업이 조성되는 것이다.

음욕의 업이 이루어지면 나쁜 과보는 장래 뜨거운 철기둥을 안게 되거나 뜨거운 구리 침상에 눕게 된다. 혹은 남녀의 음근에 쇠입을 가진 벌레가 들어가게 된다. 무엇 때문인가? 첫째로 죄업을 지은 것은 이 보는 눈이기 때문이다.

亡者神識, 飛墜乘煙 이때 망자의 신식, 즉 영혼은 허공으로 날다가 떨어진다. 그리고는 연기를 타게 된다. 연기를 타고 무간지옥으로 들어간다.

■

發明二相, 一者明見, 則能遍見種種惡物, 生無量畏. 二者暗見, 寂然不見, 生無量恐.

■

"두 가지의 모습이 발생한다. 하나는 보이는 모습이며 갖가지의 악한 물체를 두루 보면서 무량의 두려움을 낸다. 또 다른 하나는 어두워 보이지 않는 모습이다. 고요하면서 아무것도 보이지 않아 무량의 공포심이 난다."

■

명견(明見)이란 보이는 악한 모습을 말하며, 암견(暗見)은 아무것도 보이지 않고 어두움이 극에 이른 것을 말한다.

■

如是見火燒聽, 能爲鑊湯洋銅. 燒息能爲黑烟紫焰. 燒味能爲燋丸鐵糜. 燒觸能爲熱灰爐炭. 燒心能生星火迸灑, 煽鼓空界.

: 제 20 부 : 일곱 종류의 중생계[七趣] 475

■

"이와 같이 보는 불이 만약 귀의 청각을 태우면 확탕지옥과 양동지옥을 이룬다. 이 불이 비식을 태우면 검은 연기와 자색의 불꽃이 된다. 만약 미진을 태우면 입으로 뜨거운 쇠구슬을 삼키고 쇠가 녹은 죽을 먹게 한다. 이 불이 촉진을 태우면 뜨거운 탄과 화로의 탄으로 변한다. 뜻의 법진을 태우면 별의 불이 솟아나와 죄인을 태운다. 이러한 열기가 허공을 데우면서 가득하다."

■

如是見火燒聽, 能爲鑊湯洋銅 이와 같이 보는 불이 만약 귀의 청각[聲塵]을 태우면 확탕지옥과 양동지옥을 이룬다. 확탕(鑊湯)이란 죄인을 끓는 물에 넣고 삶는 것이다. 양동(洋銅)은 죄인에게 구리 녹은 물을 마시게 하는 것이다.

燒息能爲黑烟紫焰 이 불이 비식을 태우면 검은 연기와 자색의 불꽃이 된다. 무엇 때문인가? 코로서 향기를 맡기를 좋아했기 때문이다.

燒味能爲燋丸鐵糜 만약 미진을 태우면 입으로 뜨거운 쇠구슬을 삼키고 쇠가 녹은 죽을 먹게 한다. 철미(鐵糜)란 쇠로 만든 죽이다.

燒心能生星火迸灑, 煽鼓空界 뜻의 법진을 태우면 별의 불이 솟아나와 죄인을 태운다. 이러한 열기가 허공을 데우면서 가득하다.

듣는 과보(聞報)

■

二者聞報, 招引惡果. 此聞業交, 則臨終時, 先見波濤, 沒溺天地. 亡者神識, 降注乘流, 入無間獄.

■

"둘째, 듣는 과보는 악한 과를 불러들이며, 이 듣는 업이 다른 다섯 근의 업과 서로 이어져서 임종 시에 먼저 파도가 일고 천지가 물에 빠지는 것을 본다. 망자의 신식이 내려가 물의 흐름을 타고 무간지옥으로 들어간다."

■

二者聞報, 招引惡果　듣는 귀로 돌이켜 자성을 듣지 않고 오로지 성진을 따라 밖으로 나가 듣는다. 그가 좋아하는 모든 소리를 들으려고 하며, 혹은 여인의 노래 소리, 여인의 말하는 소리를 듣기를 좋아한 것이다. 남녀 모두 같은 것이다. 이러한 듣는 보가 악한 과를 불러들이는 것이다.

則臨終時, 先見波濤, 沒溺天地　임종 시에 천지간에 물이 충만함을 본다. 파도가 일고 천지가 물에 빠지는 것을 보게 된다. 이것은 바로 업보가 나타내는 것이다. 우리가 보는 산하대지, 삼라만상, 건물들, 또 각 도시, 각 나라는 모두 업력이 나타내는 것이다. 만약 당신에게 업력이 없으면 이 모두는 허공이다. 업이 다하고 정이 공하면 당신이 보는 주변법계는 모두 공한 것이다. 당신에게 집착의 상이 있기 때문에 형형색색의 모습이 보이는 것이다.

■

發明二相. 一者開聽, 聽種種鬧, 精神愁亂. 二者閉聽, 寂無所聞, 幽魄沈沒.

■

"두 가지의 모습이 발생한다. 하나는 들리는 것으로서 갖가지의 시끄러운 소리를 듣게 되어 정신이 혼란스럽게 되며, 다른 하나는 들리지 않는 것으로서 아무런 소리도 들리지 않으며 혼백이 밑으로 침몰한다."

■

如是聞波, 注聞則能爲責爲詰. 注見則能爲雷爲吼, 爲惡毒氣. 注息則能爲雨爲霧, 灑諸毒蟲, 周滿身體. 注味則能爲膿爲血, 種種雜穢. 注觸則能爲畜爲鬼, 爲糞爲尿. 注意則能爲電爲雹, 摧碎心魄.

■

"이와 같이 듣는 파도가 이근의 듣는 곳으로 주입되면 책망하고 심문하는 것이 되며, 보는 색진으로 주입되면 우레가 울리며, 악한 독기로 쏘이게 된다. 냄새를 맡는 비진으로 주입되면 비와 안개가 되어 많은 독충이 온몸의 땀구멍으로 들어가며, 미진으로 주입되면 농혈이 되어 갖가지의 매우 더러운 것이 된다. 촉진으로 주입되면 축생이 되고 귀신이 되어 분뇨지옥으로 들어가 죄를 받는다. 뜻으로 주입되면 번개와 우박이 되어 죄인의 혼백을 꺾어 부순다."

냄새를 맡는 과보[嗅報]

三者嗅報, 招引惡果. 此嗅業交, 則臨終時, 先見毒氣充塞遠近. 亡者神識, 從地涌出, 入無間獄.

"셋째, 냄새를 맡는 과보는 악한 과를 초래한다. 이 냄새를 맡는 업이 이어져서 임종 시에 먼저 가깝고 먼 곳에 모두 독기가 충만한 것을 본다. 망자의 신식은 땅으로부터 솟아나와 무간지옥으로 들어간다."

亡者神識, 從地涌出, 入無間獄 망자는 어떤 곳도 모두 독기로 가득 차 있으므로 땅에서 솟아나와 독기가 없는 곳으로 피하려고 하는데, 예상 외로 무간지옥으로 들어가는 것이다.

發明二相. 一者通聞, 被諸惡氣薰極心擾. 二者塞聞, 氣掩不通, 悶絶於地.

"두 가지의 모습이 발생한다. 하나는 냄새를 맡는 것이 통하는 것으로서 많은 악한 독기에 쏘여 마음이 극히 어지러우며, 또 하나는 냄새를 맡는 것이 통하지 않는 것으로서 숨을 쉬지 못하여 혼절하여 죽으면서 땅에 쓰러진다."

■

如是嗅氣, 衝息則能爲質爲履. 衝見則能爲火爲炬. 衝聽則能爲沒爲溺, 爲洋爲沸. 衝味則能爲餒爲爽. 衝觸則能爲綻爲爛. 爲大肉山, 有百千眼無量咂食. 衝思則能爲灰爲瘴, 爲飛砂礫擊碎身體.

■

"이와 같이 냄새를 맡는 기운이 코의 비식을 찌른다면, 질문을 하고 행하게 한다. 보는 안근을 찌른다면 불이 되고 횃불이 된다. 듣는 청각을 찌른다면 피의 물이나 분뇨의 물에 빠지고, 양동이나 비탕지옥으로 된다. 맛을 보는 미진을 찌르면 썩고 냄새나게 된다. 촉진을 찌른다면 신체가 갈라지고 문드러져 큰 고기의 산이 되며 백천의 눈을 가진 수많은 벌레들이 죄인의 몸에서 피를 빨아먹는다. 생각하는 뜻을 찌른다면 먼지와 독한 기운이 죄인을 찌르고 날아다니는 모래와 돌들이 죄인의 신체를 때리면서 부순다."

■

如是嗅氣. 衝息則能爲質爲履 이와 같이 냄새를 맡는 기

가 비식을 찌른다면, 질문을 하고 행하게 한다. 위질위리(爲質爲履)에서 '질'이란 질문을 뜻하고 '리'란 죄인으로 하여금 그가 지은 일을 이행하게 하는 것이다.

衝味則能爲餕爲爽 맛을 보는 미진을 찌르면 썩고 냄새나게 된다. 뇌(餕)란 물고기를 오래 놔두면 썩는 것을 말한다. 상(爽)이란 이 또한 먹는 음식을 오래 두면 썩어 냄새나는 것을 말한다.

衝觸則能爲綻爲爛. 爲大肉山, 有百千眼無量咂食 촉진을 찌른다면 신체가 갈라지고 문드러져 큰 고기의 산이 되며 백천의 눈을 가진 수많은 벌레들이 죄인의 몸에서 피를 빨아먹는다.

衝思則能爲灰爲瘴, 爲飛砂礫擊碎身體 생각하는 뜻을 찌른다면 먼지와 독한 기운이 죄인을 찌르고 날아다니는 모래와 돌들이 죄인의 신체를 때리면서 부순다. 장(瘴)이란 땅에서 생기는 독기를 말한다. 사력(砂礫)이란 모래나 돌을 말한다.

맛을 보는 과보(味報)

四者味報, 招引惡果. 此味業交, 則臨終時, 先見鐵網, 猛炎熾烈, 周覆世界. 亡者神識, 下透掛網, 倒懸其頭, 入無間獄.

"넷째, 맛을 보는 과보가 악한 과를 초래하며, 맛을 보는 업과 기타의 다른 오근의 업이 서로 이어져서 임종 시에 먼저 철망의 안에 맹렬하게 타오르는 불이 세계를 두루 덮는 것을 본다. 망자의 신식이 아래로 투과하여 철망에 발이 걸리며, 머리가 밑으로, 거꾸로 매달리면서 무간지옥으로 들어간다."

四者味報, 招引惡果 맛의 과보는 어떤 것인가? 우리 인간들이 모든 축생의 고기로써 자기들의 신체를 보양하려고 구복을 탐하여 여러 가지 맛있는 음식을 연구하면서 갖가지의 업을 짓는 것이다.

중국인은 맛을 많이 연구하는데, 전문적으로 살아 있는 고기를 먹으려고 한다. 서방인은 고기를 잡으면 한 시간 정도 냉동고에 넣은 연후 먹는데, 중국인은 그렇게 한 번 냉동시키면 영양이 없어진다고 생각하여 살아 있는 축생의 몸에서 베어낸 고기가 가장 영양이 있다고 생각한다. 그래서 돼지를 한두 시간 때려서 잡거나, 살아 있는 원숭이의 머리를 망치로 내리쳐 머리를 부수어 뇌를 생으로 먹거나 한다. 이렇게 맛을 보기 위하여 악업을 저지르는 것이다.

此味業交, 則臨終時, 先見鐵網, 猛炎熾烈, 周覆世界 그리하여 맛을 보는 업과 기타의 다른 오근의 업이 서로 이어져서 임종 시에 먼저 철망의 안에 맹렬하게 타오르는 불이 세계를 두루 덮는 것을 본다.

亡者神識, 下透掛網, 倒懸其頭, 入無間獄　망자의 신식이 아래로 투과하여 철망에 발이 걸리며, 머리가 밑으로, 거꾸로 매달리면서 무간지옥으로 들어간다.

■

發明二相. 一者吸氣, 結成寒氷, 凍裂身肉. 二者吐氣, 飛爲猛火, 焦爛骨髓.

■

"두 가지의 모습이 발생한다. 하나는 안으로 기를 들이마시는 것으로 차가운 얼음을 맺히게 하여 몸의 육신이 얼어 갈라진다. 다른 하나는 기를 토해내는 것으로 맹렬한 불꽃을 이루어 그의 골수를 태워 문드러지게 한다."

■

如是嘗味, 歷嘗則能爲承爲忍. 歷見則能爲然金石. 歷聽則能爲利兵刃. 歷息則能爲大鐵籠, 彌覆國土. 歷觸則能爲弓爲箭, 爲弩爲射. 歷思則能爲飛熱鐵, 從空雨下.

■

"이와 같이 맛을 보며 지은 죄업을 맛보는 상에서 말하자면 인정하지 않아도 인정해야 하며, 참을 수 없어도 참아야 한다. 보는 안근을 지나면 금석을 태우는 것이 되며, 듣는 청진(聽塵)으로 지나가면 이 지옥에서는 예리한 칼이 되어 죄인의 신체를 찌른다. 비식으로 지나가면 온 국토에 가득한 큰 새장이 되며, 촉진을 지나가면 화살지옥으로 변하여 죄인의 몸을 쏜다. 생각하는 의근을 지나가면 뜨거운 쇠가 공중에서 비와 같이 내린다."

■ **歷嘗則能爲承爲忍** 위승위인(爲承爲忍)이란 무슨 뜻인가? 지은 죄업을 당신이 인정하지 않아도 인정해야 하며, 참을 수 없어도 참아야 한다. 이 죄명을 피할 수 없다는 것이다.

歷見則能爲然金石 금석을 태운다는 뜻이다.

감촉의 과보(觸報)

■ 五者觸報, 招引惡果. 此觸業交, 則臨終時, 先見大山四面來合, 無復出路. 亡者神識, 見大鐵城, 火蛇火狗, 虎狼師子, 牛頭獄卒, 馬頭羅刹, 手執鎗矟, 驅入城門, 向無間獄.

■ "다섯째, 촉감을 탐한 과보는 악한 과를 불러들인다. 이 촉의 업이 다른 다섯의 업과 서로 이어져서 임종 시에 먼저 큰 산이 사면에서 합쳐지며 도망갈 길이 없다. 망자의 신식은 큰 쇠로 된 성안에 불뱀, 불개,

불호랑이, 불사자, 소머리의 옥졸, 말머리의 나찰귀들을 보며, 그들은 손에 창과 각종 무기를 들고 죄인들을 성문으로 따라 들어가게 하며 무간지옥으로 향하게 한다."

五者觸報, 招引惡果 감촉을 탐한 보는 악한 과를 불러들인다.

此觸業交, 則臨終時, 先見大山四面來合, 無復出路 이 촉의 업이 다른 다섯의 업과 서로 이어져서 임종 시에 먼저 큰 산이 사면에서 합쳐지며 도망갈 길이 없다.

發明二相. 一者合觸, 合山逼體, 骨肉血潰. 二者離觸, 刀劍觸身, 心肝屠裂.

"두 가지의 모습을 발생한다. 하나는 촉과 합하는 것으로 산이 합쳐지면서 신체를 핍박하며 뼈와 살과 피가 뭉개진다. 다른 하나는 촉과 떨어지는 것으로 칼과 검으로 몸을 찌르며 심장과 간이 갈라진다."

■
如是合觸, 歷觸則能爲道爲觀, 爲廳爲案. 歷見則能爲燒爲熱. 歷聽則能爲撞爲擊, 爲剌爲射. 歷息則能爲括爲袋, 爲拷爲縛. 歷嘗則能爲耕爲鉗, 爲斬爲截. 歷思則能爲墜爲飛, 爲煎爲炙.
【여기서 則能爲道爲觀, 爲廳爲案의 문장은 則能爲撞爲擊, 爲剌爲射의 문장과 바꾸어야 뜻이 통한다.】

■
"이와 같이 촉과 합하는 것이 촉에 이르면 부딪치고, 때리며, 칼로 찌르고 활을 쏘게 된다. 이 촉진이 보는 눈을 거치면 태우고 뜨겁게 된다. 듣는 것에 이르면 길이 있고 심문하는 곳의 양쪽의 문 옆의 대[門闑]가 있으며, 판관과 염라대왕이 심문하는 곳이 있고, 죄를 심문한다. 이 촉진이 호흡하는 식(息)에 이르면, 옥졸이 죄인을 묶어 포대에 싸고 고문하고 포승줄로 묶게 된다. 촉진이 맛을 보는 혀에 이르면 혀를 빼내어 쟁기로 갈며, 집게로 집으며, 베고 자른다. 생각하는 데에 이르면 공중에 던져 떨어뜨리고 공중으로 날려 넘어뜨리며, 솥에 넣어 삶고 불로 태운다."

■
如是合觸, 歷觸則能爲撞爲擊, 爲剌爲射　사(剌)는 칼로 몸을 찌르는 것을 뜻한다. 이와 같이 촉과 합하는 것이 촉에 이르면 부딪치고, 때리며, 칼로 찌르고 활을 쏘게 된다.

歷聽則能爲道爲觀, 爲廳爲案　도(道)란 지옥의 아문으로 향

하는 길이며, 관(觀)은 심문하는 곳의 양쪽의 문 옆의 대[門闕]이며, 청(廳)이란 저승 지옥에서 판관과 염라대왕이 심문하는 곳이며, 안(案)은 무슨 죄를 지었는지 심문하는 것을 말한다.

생각이 조성한 과보(思報)

六者思報, 招引惡果. 此思業交, 則臨終時, 先見惡風吹壞國土. 亡者神識, 被吹上空, 旋落乘風, 墮無間獄.

"여섯째, 생각이 조성한 과보는 악한 과를 초래한다. 이 생각하는 업은 다른 다섯 가지의 업과 주고받으면서 임종 시에 먼저 악한 바람이 불어 국토를 무너뜨리는 것을 본다. 망자의 신식은 공중으로 날려갔다가 돌면서 떨어지며 바람을 타고 무간지옥에 떨어진다."

發明二相. 一者不覺, 迷極則荒, 奔走不息. 二者不迷, 覺知則苦, 無量煎燒, 痛深難忍.

"두 가지의 모습이 발생한다. 하나는 느끼지 못하는 것으로 어리석음이 극에 이르면 허둥대고 달리면서 도망 다니기를 쉬지 않는다. 둘은 미혹하지 않은 것으로 느끼고 알면 고통스러우며, 불로 태우는 것이 무량하여 그 고통이 너무 깊어 참기가 어렵다."

■

一者不覺 불각(不覺)이란 아무것도 알지 못하는 것을 뜻한다. 이때 흐리멍덩하여 어리석기 그지없다.

迷極則荒, 奔走不息 어리석음이 극에 달하여 놀라 허둥대기 시작하여 도처로 달리면서 도망 다니기를 쉬지 않는다.

二者不迷 그는 미혹하지 않고 지각력을 가지고 있는 경우이다.

■

如是邪思, 結思則能爲方爲所. 結見則能爲鑑爲證. 結聽則能爲大合石, 爲氷爲霜, 爲土爲霧. 結息則能爲大火車, 火船火檻. 結嘗則能爲大叫喚, 爲悔爲泣. 結觸則能爲大爲小, 爲一日中萬生萬死, 爲偃爲仰.

■

"이와 같은 삿된 생각의 업이 생각하는 데에 맺히면 죄를 심문하는 지방과 처소가 있으며, 보는 데에 맺히면 업경대의 거울이 있어 죄상을 하나하나 나타내고, 증인이 있어 죄를 인정하지 않을 수 없다. 듣는 데에 맺히면 큰 돌 사이에 죄인을 놓고 돌이 합쳐지며, 얼음과 서리가 있고 (빙상지옥) 흙과 안개가 있어 앞이 보이지 않는다. 호흡하는 비식에 맺히면 큰 불 수레, 불의 배, 불의 감옥이 있다. 맛을 보는 입에 맺히면 크게 울부짖고 후회하며 눈물 흘리게 된다. 촉진에 맺히면 큰 지옥, 작은 지옥이 있으며, 하루에 만 번 태어나 만 번 죽으며, 엎드려서도 죄를 받고 일어나서도 죄를 받는다."

■

如是邪思, 結思則能爲方爲所 이와 같은 삿된 생각의 업이 생각하는 데에 맺히면 죄를 심문하는 지방과 처소가 있다는 뜻이다.

結見則能爲鑑爲證 보는 데에 맺히면 업경대의 거울이 있어 죄상을 하나하나 나타내고, 증인이 있어 죄를 인정하지 않을 수 없다.

結聽則能爲大合石, 爲氷爲霜, 爲土爲霧 듣는 데에 맺히면 큰 돌 사이에 죄인을 놓고 돌이 합쳐지며, 얼음과 서리가 있고(빙상지옥) 흙과 안개가 있어 앞이 보이지 않는다.

結息則能爲大火車, 火船火檻 호흡하는 비식에 맺히면 큰 불 수레, 불의 배, 불의 감옥이 있다. 불에 달구어진 수레에 죄인을 태우고 간다는 것이다.

結觸則能爲大爲小, 爲一日中萬生萬死, 爲偃爲仰 촉진에 맺히면 큰 지옥, 작은 지옥이 있으며, 하루에 만 번 태어나 만 번 죽으며, 엎드려서 죄를 받고 일어나서 죄를 받는다. 언(偃)이란 엎드리는 것이다.

■

阿難! 是名地獄十因六果, 皆是衆生迷妄所造. 若諸衆生, 惡業同造, 入阿鼻獄, 受無量苦, 經無量劫. 六根各造, 及彼所作兼境兼根, 是人則入八無間獄. 身口意三, 作殺盜婬, 是人則入十八地獄. 三業不兼, 中間或爲一殺一盜, 是人則入三十六地獄. 見見一根, 單犯一業, 是人則入一百八地獄.

■

"아난아! 이러한 지옥의 열 가지의 원인과 여섯 가지의 과보는 모두 중생이 미혹하여 허망하게 죄업을 지은 것이다. 만약 모든 중생이 육근으로 업을 지은 원인을 다 같이 구족하여 함께 갖가지의 악업을 지었으면 아비지옥에 들어가서 무량한 고통을 받고 무량한 겁을 지낸다. 육근이 각각 지은 죄업과 육근이 육진의 경계를 대한 죄업을 지은 사람은 여덟 개의 무간지옥으로 들어간다. 몸과 말과 뜻으로 살생, 도둑질, 음란함을 지은 사람은 18층 지옥으로 들어가며, 세 가지의 업을 다 갖추지 않고 그 가운데 살생이나 도둑질의 하나의 업만을 지은 사람은 36개의 지옥 가운데로 들어간다. 단지 하나의 보는 안근만으로 하나의 죄업을 지은 죄업은 백여덟 개의 지옥 가운데로 들어간다."

■

惡業同造　육근으로 업을 지은 원인을 다 같이 구족하여 함께 갖가지의 악업을 지었으면 아비지옥에 들어간다.

六根各造, 及彼所作兼境兼根　안·이·비·설·신·의

육근이 각각 지은 죄업과 육근이 육진의 경계를 대하여 지은 죄업이라는 뜻이다. 만약 안근이 색진을 대한다면 색진을 경(境)이라고 하고 안근을 근(根)이라고 한다.

三業不兼 신·구·의 삼업이 전부 겸하지 않은 죄를 말한다. 하나의 살생의 업만을 지었거나 도둑질의 업만을 지은 경우를 말한다.

見見一根, 單犯一業 사람이 죄를 가장 많이 짓는 원천은 보는 근, 즉 안근이다. 눈이 만약 보지 않으면 입도 그렇게 게걸스럽지 않을 것이며, 귀로 듣지 않으면 마음이 번민하지 않을 것이다[眼不見, 嘴不饞, 耳不聽, 心不煩]. 따라서 이 보는 견이 악의 으뜸이며 죄의 괴수이다. 단지 하나의 안근만으로 하나의 죄업을 지은 죄업은 백여덟 개의 지옥 가운데로 들어간다.

■

由是衆生別作別造, 於世界中入同分地, 妄想發生, 非本來有.

■

"이 중생들이 개별적으로 지은 업으로부터 세계 가운데 같은 지옥으로 들어간다. 이들 지옥도 망상이 발생시키는 것이며, 본래 있는 것은 아니다."

▪

由是衆生別作別造, 於世界中入同分地　이 중생들이 개별적으로 지은 업으로부터 세계 가운데 같은 지옥으로 들어간다.

妄想發生, 非本來有　죄는 무명이 전도되어 조성한 것이며, 이들 지옥도 망상이 발생시키는 것이다. 그래서 이 모두 본래 있는 것은 아니다. 본래는 청정하고 오염되지 않은 것인데, 한 생각의 잘못으로 인하여 천 리나 차이가 벌어진 것이다. 소위 단지 바둑의 한 수를 잘못 놓아 전체 판을 지며, 털끝만큼의 차이가 나중에는 천 리가 벌어진다고 하였다.

2) 귀신의 세계

▪

復次阿難! 是諸衆生, 非破律儀, 犯菩薩戒, 毁佛涅槃, 諸餘雜業, 歷劫燒然, 後還罪畢, 受諸鬼形.

▪

"그리고 아난아! 이 모든 죄업을 지은 중생은 불교의 계율을 비방하고 파괴하며 보살계를 범하며, 부처님의 열반의 도리를 헐뜯고 비방하며, 다른 여러 가지의 섞인 업들이 있는 중생은 매우 긴 시간이 경과하면서 지옥에서 불에 태워지며, 후에 돌아와 죄업을 마친 후에는 여러 귀신[鬼]의 형상을 받게 된다."

■

非破律儀, 犯菩薩戒 불교의 계율을 비방하고 파괴하며 보살계를 범하다. 여기서 비(非)란 비방하다는 뜻이며, 파(破)는 파괴하다는 뜻이다. 미국은 민주국가로서 모두 자유인데 무엇하러 계를 지키느냐, 은근히 계를 지킬 필요가 없다고 하면서 계율을 파괴하는 것이다.

毁佛涅槃, 諸餘雜業 부처님의 열반의 도리를 헐뜯고 비방하며, 다른 여러 가지의 섞인 업들이 있는 중생.

歷劫燒然, 後還罪畢, 受諸鬼形 매우 긴 시간이 경과하면서 지옥에서 불에 태워지며, 후에 돌아와 죄업을 마친 후에는 여러 귀신의 형상을 받게 된다.

■

若於本因, 貪物爲罪. 是人罪畢, 遇物成形, 名爲怪鬼.
貪色爲罪, 是人罪畢, 遇風成形, 名爲魃鬼.
貪惑爲罪, 是人罪畢, 遇畜成形, 名爲魅鬼.
貪恨爲罪, 是人罪畢, 遇蟲成形, 名蠱毒鬼.
貪憶爲罪, 是人罪畢, 遇衰成形, 名爲癘鬼.

■

"만약에 죄인이 본래 인지(因地)에서 어떤 물질을 탐하여 죄를 지었다면 이 사람은 지옥에서 죄를 마친 후 물질을 만나 형상을 이루며, 이름을 괴귀(怪鬼)라고 한다.

색을 탐하여 죄를 지은 이 사람은 죄를 마친 후 바람을 만나 형상을 이루며, 발귀(魃鬼)라고 이름한다.

속이고 거짓말 하는 것을 탐하여 죄를 지은 사람은 지옥의 죄를 마친 후에 축생을 만나 형상을 이루며, 매귀(魅鬼)라고 한다.

성내고 원한의 마음을 탐하여 죄를 지은 사람이 지옥에서 죄를 마친 후 고(蠱)를 만나 형상을 이루며, 고독귀(蠱毒鬼)라고 한다.

원한을 품고 보복하기를 탐하여 죄를 지은 사람은 지옥에서 죄를 마친 후 운기가 쇠한 사람이나 축생을 만나 형상을 이루며, 여귀(癘鬼)라고 한다."

貪色爲罪 색은 일종의 음란한 업에 속한다. 음업(婬業)은 풍류에 속하며 풍류를 탐하는 것이다. 이 발귀는 어떠한가? 이 귀신이 가는 곳은 비가 내리지 않는다. 비가 오지 않아서 초목이 말라죽고 하는 지방에는 발귀가 있다. 이것은 정말이다. 그러므로 당신이 『능엄경』을 들으면 어떤 사물의 이치라든지 세간의 어떤 일을 모두 이해할 수 있다. 당신이 만약 이러한 세간의 이치를 듣지 못하면 어떤 지방이 가물어도 무슨 도리인지를 모를 것이다.

遇風成形 이 사람은 지옥에 떨어져 죄를 다 받고 난 후에 풍류를 탐하였기 때문에 바람을 만나 형상을 이루며, 발귀라고 이름한다.

貪惑爲罪 혹(惑)이란 속여서 미혹시키는 것을 뜻하며, 거짓말을 하는 죄업으로 인하여 무간지옥에 떨어진다.

遇畜成形　이 죄인은 축생을 만나 형상을 이룬다. 이 축생은 혹은 여우의 정(精), 족제비, 고양이, 개들은 모두 요괴가 있는 것이다. 나는 어떤 고양이를 만난 적이 있는데, 그의 몸에 귀신이 붙어 있었으며, 그의 재주가 대단하였다. 여우는 그것의 정령이 사람의 몸에 붙으면 그의 영혼이 나와서 사람의 몸으로 옮겨가서 사람의 몸을 빌려 말을 한다. 이것을 여우의 정령[狐狸精]이라 한다. 족제비도 그렇게 사람의 몸에 붙어서 말을 한다. 이러한 괴상한 현상은 많은데, 이것을 도깨비[魅]라고 한다. 사람을 미혹하게 한다. 그것들이 사람의 몸에 붙으면 사람의 마음은 미혹되어 아무것도 모른다. 마치 잠을 자는 것과 같다.

貪恨爲罪　성내고 원한의 마음을 탐하여 죄를 짓는 것이다. 이 열 가지의 귀신은 각각의 귀신이 모두 탐하는 것이 있다. 탐하는 까닭으로 귀신의 몸이 이루어진다.

遇蟲成形, 名蠱毒鬼　지옥의 죄를 다 받은 후 이 사람은 어떤 벌레를 만나면 고(蠱)로 변한다. 중국의 광동 지방에 이러한 독이 있는데, 이것을 마시는 차에 넣어 마시게 한 후 당신은 영원히 그의 부름에 응해야 한다. 만약 그의 부름에 응하지 않으면 죽는다. 이것을 고에 중독되었다[中蠱]라고 한다. 만약 고의 독을 해독하려면 반드시 당신에게 고의 독을 넣은 사람을 찾아야 가능하다.

싱가포르나 말레이시아, 태국, 베트남 등의 지역에도 이런 것이 있다. 이 고의 독에도 귀신이 있다. 매우 영험하다. 만약 고에 중독되었으면 반드시 해독하는 주(呪)를 읽어야 풀어진다. 동남아시아의 남양 지역에서 어떤 여인이 광동에서 온 남자를 좋아하여 결혼을 하였다. 결혼 후 그녀는 이 남자에게 고의 독을 먹게 했는데 이 남자가 그녀를 떠나면 죽게 된다. 따라서 이 남자는 죽을 때까지 이 여자를 떠날 수 없는 것이다. 중국에서는 이러한 술법을 가진 사람이 많다. 하지만 이것은 모두 삿된 술법이다.

貪憶爲罪 이것은 항상 원한을 마음에 품고 보복하는 것을 탐하여 죄를 짓는다.

遇衰成形, 名爲癘鬼 이 사람은 운이 없는 사람을 만나거나, 혹은 어떤 축생이 늙어 쇠하여 그런 형상을 빌려 형상을 이룬다. 이 여귀(癘鬼)는 매우 지독하여 언제든지 사람의 목숨도 없앤다.

■

貪慠爲罪, 是人罪畢, 遇氣成形, 名爲餓鬼.
貪罔爲罪, 是人罪畢, 遇幽爲形, 名爲魘鬼.
貪明爲罪, 是人罪畢, 遇精爲形, 名魍魎鬼.
貪成爲罪, 是人罪畢, 遇明爲形, 名役使鬼.
貪黨爲罪, 是人罪畢, 遇人爲形, 名傳送鬼.

■

"오만하고 교만함을 탐하여 죄를 지은 사람은 지옥의 죄를 마친 후 어떤 기(氣)를 만나 형상을 이루며, 아귀(餓鬼)라고 한다.
남을 억울하게 하는 것을 탐하여 죄업을 지은 사람은 지옥에 떨어져 죄를 마친 후에 그윽하고 어두움을 만나 형상을 나타낸다. 이것을 염매귀[魘鬼]라고 한다.
총명함을 탐하여 죄를 지은 사람은 지옥에서 죄를 마친 후 정령을 만나 형상을 이루며, 망량귀(魍魎鬼)라고 한다.
속이는 것을 탐하여 죄를 지은 사람은 지옥에서 죄를 마친 후 주술을 할 줄 아는 사람을 만나 형상을 이루며, 역사귀(役使鬼)라고 한다.
송사를 탐하여 죄업을 지은 사람은 지옥에서 죄를 마친 후 사람의 형상을 만나 모습을 이루며, 전송귀(傳送鬼)라고 한다."

貪傲爲罪 오만하고 교만함을 탐하여 죄를 짓는다.

遇氣成形 그는 어떤 기를 만나서 형상을 이룬다. 이 귀신은 먹을 것이 없어 항상 배가 고프다.

貪罔爲罪 망(罔)은 남을 억울하게 하는 것을 뜻한다. 남을 억울하게 하는 것을 탐하여 죄업을 지은 이 사람은 지옥에 떨어져 죄를 마친 후에도 그의 그러한 남은 습기를 고치지 못한다.

遇幽爲形 그윽하고 어두움을 만나 형상을 나타낸다. 이것을 염매귀라고 한다.
어떤 제자가 나에게 이야기하는데, 그는 여러 번 귀신을 만나 투쟁하여 물리쳤다고 하였다. 염매귀는 어떤 때는 사람의 생명을 가위눌리게 하여 빼앗아 갈 수 있다. 그 제자는 지금 부처를 믿으므로 그

염매귀가 영원히 그를 귀찮게 하지 않을 것이다.

　　貪明爲罪　여기서 명(明)이란 견해를 말한다. 자기가 매우 총명하다고 여기는 것이다. 사실 총명하면 최대한 흐리멍덩한 일을 하려고 한다. 총명이 도리어 총명 때문에 그르치는 것이다. 총명하여 말하는 것이 조리에 맞지만 그러나 어리석은 일을 하는 것이다.

　　遇精爲形, 名魍魎鬼　어떤 정령을 만나면 형상을 드러낸다. 이것을 망량귀라고 한다. 어떤 때는 어린애로 변하는데, 그러나 다리가 하나뿐이다. 어떤 때는 어른으로 변하는데 그의 머리가 다리의 중간에 자란다. 그들의 모습은 괴상하다. 이 귀신은 전문적으로 호랑이를 도와 사람을 잡아먹게 한다. 산길을 가는데 어떤 사람이 앞에서 가므로 그를 뒤따라가다 보면 호랑이 굴로 인도하는 것이다. 그래서 호랑이에게 잡아먹힌다.

　　貪成爲罪　여기서 성(成)이란 속이고 사기를 치는 것을 뜻한다. 그는 왜 남을 속이는가? 그는 무슨 일이든지 성공하기를 원하므로 남을 속인다.

　　遇明爲形, 名役使鬼　주술을 할 줄 아는 사람을 만나 형상을 이룬다. 주술을 닦는 법사를 만나면 그는 모습을 드러낼 수 있다. 이 귀신은 사람을 도와 일을 할 수 있다.
　　마치 중국에 기효당(紀曉堂)이라는 분이 있었는데, 그에게는 그의 일을 돕는 다섯 귀신이 있었다. 이 다섯 귀신은 도처로 다니면서 소식을 탐문하면서 각 지방의 여러 가지 일을 그에게 전하였다. 그래서 그는 각처로 가서 사람을 구제하는 일을 하였다. 예를 들면 어떤 지방에 무슨 요괴가 있어 사람을 해치려고 한다면 그는 즉각 가서 요괴를 잡거나 항복하게 한다. 바로 이 다섯 귀신을 부려서 일을 하게 하는 것이다. 이 역사귀는 이전에 속이는 것을 탐하였기 때문에 이런 귀신이 된 것이다.

貪黨爲罪 이것은 송사를 탐하는 것이다. 다른 사람과 소송을 하려면 어떤 때는 당을 결성해야 한다. 그래서 이 당으로 하여금 그에게 이로운 말을 하게 하는 것이다. 만약 그와 같은 당이 아니면 공격하며 소송을 하여 상대방이 지게 만든다. 이렇게 하면서 죄업을 짓는 것이다.

遇人爲形, 名傳送鬼 이 귀신은 사람을 만나면 그 사람의 형상으로 만든다. 이 귀신은 사람의 몸에 붙어 말을 하는 귀신이다. 말하기를 "내가 누군가 하면, 어떤 보살이다. 혹은 천왕이다. 나는 예수다."라고 말한다. 사람의 몸에 붙어서 길흉을 전달하는 것이다. 앞일을 예언하여 말한다. 그래서 전송귀라고 한다.

阿難! 是人皆以純情墜落, 業火燒乾, 上出爲鬼. 此等皆是自妄想業之所招引. 若悟菩提, 則妙圓明, 本無所有.

■

"아난아! 이 사람은 모두 순전히 정에 마음을 쏟아 정과 욕심으로 일을 행하여 떨어진 것이며, 업의 불이 다 타고 마르면 위로 벗어나 귀(鬼)가 된다. 이러한 것들은 모두 스스로 망상의 업이 초래한 것이다. 만약 그가 보리[의 깨달음]의 도를 깨달으면, 본래 묘원명한 마음에는 이러한 고통, 고뇌가 본래 없는 것이다."

■

是人皆以純情墜落 이 사람은 순전히 정에 마음을 쏟아 정과 욕심으로 일을 행하여 떨어진 것이다. 정은 음에 속하며, 정이 흘러 욕심이 되어 떨어지는 것이다.

業火燒乾, 上出爲鬼 그는 지옥에 떨어져 자기의 죄업의 불이 다 타고 난 후 더 타지 않으면, 자유를 얻어 위로 나오는데, 그러나 아직 사람이 될 수 없다. 지옥에서 벗어나기는 벗어났지만, 그의 그러한 남은 습기가 아직 끊어지지 못하여 그의 생각, 습관, 기질, 이러한 마음이 아직 남아 있으며 끊지 못하여 귀신이 되는 것이다.

若悟菩提, 則妙圓明, 本無所有 만약 그가 보리의 깨달음의 도를 깨달으면, 본래 묘원명한(묘하고 원만하고 밝은) 마음에는 이러한 고통, 고뇌가 본래 없는 것이다.

3) 축생의 세계

■

復次阿難! 鬼業旣盡, 則情與想二俱成空. 方於世間與元負人, 冤對相値. 身爲畜生, 酬其宿債.

■

"그리고 아난아! 귀(鬼)의 업을 이미 다 받았으면, 정과 상념이 함께 공하여 이때 비로소 세간에 와서 그가 원래 빚을 진 사람과 원한을 서로에게 갚는다. 몸은 축생이 되어 그러한 숙세의 빚을 갚아야 한다."

■

方於世間與元負人, 冤對相値 이때 비로소 세간에 와서 그가 원래 빚을 진 사람과 원한을 서로에게 갚는다. 원부인(元負人)이란 그가 을(乙)에게 빚을 졌으면, 을(乙)이 원부인이다. 예를 들면 이전에 그가 남의 고기를 먹었으면 지금 다른 사람도 그의 고기를 먹으려고 하며, 이전에 그가 남의 목숨을 죽였으면 지금 다른 사람이 그의 목숨을 죽이려고 한다는 것이다. 이것이 상치(相値)이다.

身爲畜生, 酬其宿債 그는 지금 귀신의 세계로부터 축생이 되어 무량 겁 이전의 진 빚을 갚아야 한다. 이 빚은 어떤 빚을 졌는가에 따라 그러한 빚을 갚아야 한다. 사람을 죽였으면 목숨으로 상환하고, 금전의 채무를 졌으면 돈을 갚아야 한다. 돼지의 빚을 졌으면 돼지가 되어 갚아야 하며, 소의 빚을 졌으면 소가 되어 갚아야 한다. 계란의 빚을 많이 졌으면 닭이 되어 계란을 낳아 갚아야 한다. 그러므로 보라. 이 세간의 연극은 쉽게 할 수 있는 것이 아니다. 만약 하는 것이 맞지 않으면 이러한 귀찮은 일이 생긴다. 만약 하는 일이 법도에 맞으면 청정한 것이다.

■

物怪之鬼, 物銷報盡, 生於世間, 多爲梟類.
風魅之鬼, 風銷報盡, 生於世間, 多爲咎徵, 一切異類.
畜魅之鬼, 畜死報盡, 生於世間, 多爲狐類.
蟲蠱之鬼, 蠱滅報盡, 生於世間, 多爲毒類.
衰厲之鬼, 衰窮報盡, 生於世間, 多爲蛔類.

■

"재물을 탐하여 물질에 붙은 괴귀(怪鬼)는 그 물질이 소멸되면 그의 과보가 다하여 세간에 전생하여 온다. 대다수는 올빼미류가 된다.
바람을 만나 형상을 이루는 발귀는 바람이 사라지면 그의 과보가 다하여 세간에 태어난다. 다수는 불길함을 예고하는 모든 괴이한 축생이 된다.
축생의 몸에 붙는 매귀는 축생이 죽으면 그의 과보가 다하여 세간에 태어나는데, 다수는 여우의 류가 된다.
고독귀는 고(蠱)가 소멸하면 그의 과보가 다하여 세간에 태어나는데 다수는 독이 있는 축생류(독사, 전갈, 지네 등)가 된다.
운기가 쇠한 사람이나 축생에 붙는 여귀(癘鬼)는 그 쇠함이 다하면 그의 과보도 다하여 세간에 태어나는데 다수는 회충류가 된다."

■
多爲咎徵, 一切異類 구징(咎徵)이란 불길함을 예고하는 동물이 된다는 것이다.

蛔類 회충의 종류를 말한다.
이 회충은 괴상한 종류로서 뱃속에서 말을 하는 것이 있다. 내가 이전에 홍콩에 머물 때 나이가 드신 제자가 한 분 있었는데, 나에게 귀의할 때가 육십여 세였으니, 올해 대략 팔십여 세는 되었을 것이다. 그녀는 귀가 들리지 않는 분이었다. 그러나 매번 내가 경을 강의할 때 반드시 절에 와서 들었다. 그녀는 근본적으로 내가 무엇을 강의하는지 들리지 않았으며, 더욱이 그녀는 광동 사람인데 광동어가 아닌 보통화(普通話, 중국의 표준어)로 강의하였으니, 설령 들리더라도 알아듣기는 어려웠을 것이다.

내가 머물던 그 절은 산 위에 있어 삼백여 개의 계단이 있었으며, 경의 강의는 저녁 7시부터 9시까지 하였다. 이때 그녀는 자기 혼자 산에 올라왔다 내려갔다. 길에는 전등도 없었으며, 그렇게 연세가 드신 분이 길을 미끄러지는 것도 겁내지 않았다. 그렇게 그녀는 성심으로 경을 들었는데, 어느 날 그녀는 '나무연지해회불보살'이라는 소리를 듣게 되었다. 그렇게 한번 듣더니 이후 다시는 귀가 먹지 않았다. 그래서 더욱 성심으로 강의를 들으러 왔다.

사람이 수행하는 데 성심이 있으면 마장이 찾아온다. 며칠 전에도 내가 말했듯이 잘 배우려면 원한이 있는 업장이 찾아오고, 부처를 이루려면 마의 시험이 있다고 하였다. 한번은 그녀가 저녁에 꿈을 꾸는데, 꿈인 것 같기도 하고 꿈이 아닌 것 같기도 하였다. 꿈에 두세 살 정도의 통통한 아이 셋이 보였다. 그 꿈을 꾼 후에 그녀는 병이 생겨 하루 종일 먹으려고 하였다. 하루 최소한 열 몇 끼를 먹게 되었다.

그녀는 이것은 병이라고 생각하여 중의에게 가서 치료를 해도 소용이 없고, 서양 의사에게 가서 치료를 해도 소용이 없었다. 그들은 모두 무슨 병이 없다고만 하였다. 이렇게 2~3년을 지내고 나서 그해 12월 8일 석가모니 부처님의 성도일에 내가 대서산 자홍사에서 돌아왔다. 그녀는 나를 보자 말하였다.

"스님, 내 뱃속에서 어떤 사람이 말을 하는데 무슨 일인지 모르겠습니다."

내가 물었다.

"무슨 말을 합디까?"

그녀가 말하였다.

"내가 오늘 아침 찹쌀로 전병을 만들어 먹는데, 뱃속에서 어떤 사람이 말하기를 '나는 이것을 좋아하지 않아!' 그래서 '네가 먹어 배가 부르면 되지! 이것을 먹지 않으면 무엇을 먹지?' 하고 말했습니다."

내가 말하였다.

"걱정하지 마세요. 오늘 저녁 내가 시키는 대로 하면 병이 나을 것입니다. 돌아가시거든 밤 12시 집안의 불전에서 향을 사르면서 염불하세요!"

그녀는 돌아가서 그렇게 하였다. 그녀가 불전에 앉아보니 그녀의 뱃속에서 세 어린애가 나오는데, 보니 꿈에서 본 어린애들이었다. 그러자 위태(韋馱) 보살이 두 그릇의 국수를 가지고 나타나 그들에게 주니, 세 어린애가 서로 다투어 먹는 것을 보았다. 국수를 다 먹자 위태보살은 세 어린애의 귀를 손으로 잡고 끌고 가는 것이었다. 그 후 그녀는 뱃속이 텅 빈 것 같은 감각을 느끼고 병이 다 나았다.

이 회충도 뱃속에서 말을 할 수 있다. 그러나 이 노보살의 그 뱃속에는 회충이 아니라 세 마리의 괴물이었다. 내가 방금 말한 괴귀(怪鬼)였다. 무엇이 들어 있었는가 하면 두 마리의 개구리와 발이 네 개인 도마뱀 한 마리였다. 이것도 아귀의 종류에 속한다.

왜 그녀가 이런 병에 걸렸는가? 내가 그녀의 인과를 관찰해 보니 전생에 그녀는 또한 불교를 믿었는데, 어떤 사람이 이런 병에 걸려 이후 좋아졌다. 그래서 그녀를 만나서 그런 병의 경과를 이야기하니, 그녀는 말하기를 "나는 그런 일을 믿을 수 없어! 어떻게 사람의 뱃속에서 말을 하는 아귀가 있을 수 있는가? 나는 믿을 수가 없어!"라고 했다.

바로 그녀가 믿지 못하겠다는 말을 하였기 때문에 금생에 그녀 자신이 몸소 이런 병에 걸려 시험하게 된 것이었다. 그녀의 이런 병을 홍콩의 많은 사람들도 믿지 못하였다.

"어디에 그런 이치가 있어? 어찌 그런 일이 있을 수 있어?"

나는 그렇게 믿지 못하는 사람들이 내생에 또한 그런 병이 걸릴 수 있다고 믿는다. 따라서 이 인과의 순환은 참으로 대단한 것이다.

■

受氣之鬼, 氣銷報盡, 生於世間, 多爲食類.
綿幽之鬼, 幽銷報盡, 生於世間, 多爲服類.
和精之鬼, 和銷報盡, 生於世間, 多爲應類.

明靈之鬼, 明滅報盡, 生於世間, 多爲休徵, 一切諸類.
依人之鬼, 人亡報盡, 生於世間, 多爲循類.
【和銷報盡은 본래 精銷報盡으로 해야 할 것이다. '和'자가 잘못되었다.】

■

"기를 받아 생긴 귀는 기가 소멸하면 그의 과보도 다하여 세간에 태어나는데, 다수는 먹는 류가 된다.
어둠을 이어 나타나는 염매귀는 어둠이 소멸되면 그의 과보도 다하에 되어 세간에 태어나며, 다수는 입는 종류가 된다.
정령을 만나 모습을 이루는 망량귀는 그 정령이 소멸하면 그의 과보도 다하여 세간에 태어나는데, 다수는 기러기나 제비 등 시기에 응하여 나타나는 류[應類]가 된다.
주술을 다루는 사람을 만나면 생기는 역사귀(役使鬼)는 주술이 사라지면 그의 과보도 다하여 세간에 태어나는데, 길상함을 알리는 모든 류가 된다.
사람에 의지하는 전송귀(傳送鬼)는 사람이 죽으면 그의 과보도 다하여 세간에 태어나는데, 다수는 사람의 말을 잘 듣는 류[循類]가 된다."

■

多爲食類 식류란 두 가지의 해석이 있다. 하나는 그 자기가 먹을 수 있는 동물, 즉 돼지와 양과 같이 먹을 수 있고, 할 수 있는 다른 것이 없는 것을 말한다. 다른 하나는 사람에게 먹히는 것이다. 사람은 돼지고기를 먹고, 양고기·소고기·닭고기를 먹는데, 이들은 사람에 의하여 먹히는 동물이다.

多爲休徵, 一切諸類 길상함을 알리는 류는 기린이나 봉황 등이 있다.

多爲循類 순류에는 개·고양이·말 등의 축생은 사람의 말을 잘 듣는다.

■

阿難! 是等皆以業火乾枯, 酬其宿債, 傍爲畜生. 此等亦皆自虛妄業之所招引. 若悟菩提, 則此妄緣本無所有. 如汝所言寶蓮香等, 及瑠璃王, 善星比丘, 如是惡業, 本自發明. 非從天降, 亦非地出, 亦非人與. 自妄所招, 還自來受. 菩提心中, 皆爲浮虛, 妄想凝結.

■

"아난아! 이들 모든 중생은 그들이 만든 업의 불이 마르고 나면, 숙세의 빚을 갚기 위하여 축생이 된다. 다시 축생이 되는 이러한 과보는 또한 자기의 허망한 업이 초래한 것이다. 만약 보리의 도를 깨달으면 이러한 허망한 인연은 본래 없는 것이다. 아난 네가 말한 보련향 비구니, 유리대왕, 선성 비구들과 같이 이와 같은 악업은 본래 자기 스스로 지은 것이며, 하늘에서 내려온 것도 아니고 땅에서 솟아 나온 것도 아니며, 다른 사람이 그에게 준 것도 아니다. 자기의 망상이 불러들여 느끼는 것이며 또한 자기 스스로가 과보를 받는 것이다. 보리심의 가운데서 이러한 모든 뜨는 번뇌의 허망함은 모든 망상이 응결되어 조성한 것이다."

4) 인간의 세계

■

復次阿難! 從是畜生酬償先債, 若彼酬者分越所酬. 此等衆生, 還復爲人, 反徵其剩. 如彼有力兼有福德, 則於人中不捨人身, 酬還彼力. 若無福者, 還爲畜生, 償彼餘直.

■

"다시 아난아! 이 축생이 이전의 빚을 갚는 것으로부터 만약 저 빚을 갚는 자가 자기가 진 빚보다 초과하여 빚을 갚았다면, 이러한 중생은 다시 사람이 되어 그 남은 부분을 상환받기를 요구한다. 만약 상대방이 선업의 업력이 있고 아울러 복덕을 가지고 있으면, 인간 세계에서 사람의 몸을 버리지 않고 그의 남은 빚을 갚는다. 만약 복이 없는 자는 다시 축생이 되어 그가 남긴 빚을 갚으러 가야 한다."

■

從是畜生酬償先債 지금 말하는 이 축생의 과보를 받는 중생은 이전에 진 빚을 갚으러 간다.

若彼酬者分越所酬 분월(分越)이란 자기가 진 빚보다 더 많이 갚은 부분을 뜻한다. 자기의 빚보다 초과한 부분이다. 만약 저 빚을 갚는 자가 자기가 진 빚보다 초과하여 빚을 갚았다면,

若無福者, 還爲畜生, 償彼餘直 만약 복이 없는 자는 다시 축생이 되어 그가 남긴 빚을 갚으러 간다. 이런 도리를 알면 절대로 정당치 못하게 남의 잇속을 차릴 수 없다. 비록 무형 중에 주재하는 사람은 없지만 자기의 업력이 피차간에 손해를 안 보려고 하기 때문에 반드시 공평하게 된다. 직(直)이란 바르고 곧게 한다는 것이다.

■

阿難當知. 若用錢物, 或役其力, 償足自停. 如於中間, 殺彼身命, 或食其肉. 如是乃至經微塵劫, 相食相誅, 猶如轉輪, 互爲高下, 無有休息. 除奢摩他及佛出世, 不可停寢.

■

"아난은 마땅히 알아야 한다. 만약 인간세계에서 돈이나 물품을 사용하거나 혹은 일을 하여 빚을 갚는 것이 족하면, 자연히 빚 갚는 일이 정지된다. 만약 그 중간에 상대방의 목숨을 죽이거나 혹은 상대방의 고기를 먹으면, 미진겁을 지나도 서로 먹고 서로 죽이는 것을 마치 수레바퀴가 돌아가는 것과 같으며, 서로 높고 낮게 되어 쉴 때가 없을 것이다. 능엄의 견고한 삼매를 닦아 능엄대정을 얻거나, 혹은 부처님께서 세상에 출현하시는 것을 제외하면, 이러한 업장을 쉴 수가 없다."

■

若用錢物, 或役其力, 嘗足自停 만약 인간세계에서 돈이나 물품을 사용하여 혹은 일을 하여 빚을 갚는 것이 족하면, 자연히 빚

갚는 일이 정지된다.

如是乃至經微塵劫, 相食相誅, 猶如轉輪 이와 같이 하면 미진겁을 지나도 서로 먹고 서로 죽이는 것을 마치 수레바퀴가 돌아가는 것과 같다.

除奢摩他及佛出世, 不可停寢 능엄의 견고한 삼매를 닦아 능엄대정을 얻거나, 혹은 부처님께서 세상에 출현하시는 것을 제외하면, 이러한 업장을 쉴 수가 없다. 부처님께서 출현하시어 이러한 죄업을 해결하고 제거하는 모습을 보여 주면 그들은 서로 이런 도리를 알고 다시는 업을 짓지 않아야 비로소 정지할 수 있다.

■

汝今應知, 彼梟倫者, 酬足復形, 生人道中, 參合頑類.
彼咎徵者, 酬足復形, 生人道中, 參合異類.
彼狐倫者, 酬足復形, 生人道中, 參於庸類.
彼毒倫者, 酬足復形, 生人道中, 參合狠類.
彼蛔倫者, 酬足復形, 生人道中, 參合微類.
彼食倫者, 酬足復形, 生人道中, 參合柔類.

■

"너는 지금 마땅히 알아야 한다. 저 올빼미류는 빚 갚는 것이 충족되면 다시 모습을 회복하여 인간세계에 태어나며, 완고한 무리에 참가하고 모인다.

저 불길한 징조를 나타내는 축생은 빚을 다 갚고 나면 다시 형상을 회복하여 인간세계에 태어나며, 괴이한 사람의 류가 된다.

저 여우의 무리는 빚을 다 갚고 나면 다시 형상을 회복하여 인간세계에 태어나는데, 어리석고 저속한 사람이 된다.

저 독을 가진 류의 축생이 빚을 다 갚고 나면 다시 형상을 회복하여 인간세계에 태어나며, 악독한 류의 사람이 된다.

저 회충류의 축생은 숙세의 빚을 다 갚고 나면 다시 형상을 회복하여 인간세계에 태어나는데, 미천한 류의 사람이 된다.

저 인간에게 잡아먹히는 축생은 빚을 다 갚고 나면 형상을 회복하여 인간세계에 태어나며, 유약한 인간이 된다."

彼梟倫者 저 올빼미류라는 것은 올빼미뿐만 아니라 다른 비슷한 류의 악한 새도 포함된다. 그래서 효류이라고 한 것이다.

參合頑類 이러한 올빼미류가 다시 사람이 되면 매우 완고하여 교화되기 어려운 사람이 된다. 매우 강하고 매우 도리를 무시하는 사람이 되는데, 더욱이 다수는 토적이 되는 경우가 많으며, 말을 듣지 않는다. 그에게 불법을 이야기해도 그는 멀리 도망갈 것이다.

참(參)은 참가한다는 뜻이고 합(合)은 함께 모인다는 뜻이다. 그러한 무리에 참가하고 모인다는 것이다. 도박을 하는 사람은 도박을 하는 사람끼리, 마약을 하는 사람은 마약을 하는 사람끼리 모여 악업을 짓는다. 왜 그런가? 그는 그러한 무리를 찾기 때문이다.

彼咎徵者 불길한 징조를 나타내는 동물을 말한다. 즉 까마귀, 상양(商羊, 전설 속의 다리가 하나인 새), 박쥐 등을 말한다.

參合異類 이(異)란 괴이하다는 뜻이다. 이 세상에는 괴이한 일들이 많이 발생한다. 태어난 아기가 하나의 몸에 머리가 두 개 달린 경우, 하나의 머리에 몸이 두 개라든가, 눈이 귀 있는 곳에 붙었다든가, 육근이 비정상적으로 괴이한 형상을 한 경우를 말한다.

彼狐倫者 여우의 무리는 축생 가운데서 매우 총명한데, 진짜로 총명한 것이 아니라 가짜로 총명한 것이다.

參於庸類 그런 자가 인간으로 태어나면 매우 어리석고 졸렬하고 속된 사람이 된다. 그는 무엇을 아는 것 같지만 도리를 이야기하면 그는 더욱 멍청해진다.

彼毒倫者 독륜은 독사, 지네, 맹수 등 독을 가진 축생을 말한다.

參合狠類 그들은 다시 사람이 되어도 독한 악습을 고치지 못하여 여전히 표독스럽고 강강하며, 이치에 맞든 안 맞든지를 따지지 않고 행동하는 사람이 된다. 이것을 한류(狠類)라고 한다. 그들은 독의 성정을 바꾸지 못했기 때문에 이러한 사람이 되는 것이다.
  이『능엄경』에서 설명하는 사람의 성질, 물체의 성질 등 일체의 도리를 당신이 만약 상세하게 연구한다면, 정말로 말하는 것이 가장 세밀하게 될 것이다.

彼蛔倫者 회(蛔)는 뱃속에 있는 회충을 말한다.

參合微類 그런 회충류가 다시 사람이 되면 매우 미천한 사람이 된다. 비천하고 가치없는 일을 하는 사람이 되는 것이다.

彼食倫者 식륜이란 사람들에게 잡아먹히는 축생을 말한다.

參合柔類 사람이 되면 숙세의 악습을 고치지 못하여 매우 유약한, 나약한 사람이 되어 무엇이든 자립하지 못하고 다른 사람에 의지하는 사람이 된다. 이것을 유류(柔類)라고 한다.

■

彼服倫者, 酬足復形, 生人道中, 參合勞類.
彼應倫者, 酬足復形, 生人道中, 參於文類.
彼休徵者, 酬足復形, 生人道中, 參合明類.
彼諸循倫, 酬足復形, 生人道中, 參於達類.

■

"저 사람의 옷이 되는 축생은 빚을 다 갚고 나면 형상을 회복하여 인간세계에 태어나는데, 힘든 노동을 하는 무리의 인간이 된다.
저 시기를 응하는 조류(기러기, 제비 등)는 빚을 다 갚고 나면 다시 형상을 회복하여 인간세계에 태어나며, 문재(文才)가 있는 사람이 된다.
길상함을 나타내는 축생은 빚을 다 갚고 나면 형상을 회복하여 인간세계에 태어나는데, 총명한 류의 사람이 된다.
사람의 뜻을 순종하는 축생은 빚을 다 갚고 나면 형상을 회복하여 인간 세계에 태어나며, 세상을 통달하는 사람이 된다."

■

參於文類 이런 사람은 단지 작은 글재주를 말하며, 국가, 지방을 다스릴 수 있는 그런 재능을 뜻하는 것은 아니다.

參合明類 이것도 진정한 총명을 뜻하는 것이 아니라 세지변총의 세간의 지혜를 가지는 것을 뜻한다.

參於達類 이것도 진정한 학문을 통달하는 것을 뜻하는 것이 아니라 피상적인 지식에 통하는 것을 말한다.

■

阿難! 是等皆以宿債畢酬, 復形人道. 皆無始來業計顚倒, 相生相殺, 不遇如來, 不聞正法, 於塵勞中法爾輪轉. 此輩名爲可憐愍者.

■

"아난아! 이들은 모두 숙세의 원한의 빚을 다 갚고 나면 다시 사람의 모습을 회복하는데, 이 모두 무시이래로 지은 전도된 업으로 서로 살리고 서로 죽이는 것이다. 만약 여래를 만나지 못하거나 정법을 듣지 못하면, 이러한 생사의 진로(塵勞) 가운데서 그렇게 윤회하는 것이다.

이러한 중생들을 부처는 참으로 가련한 자라고 말한다."

■

法爾 이러한 윤회하는 모습을 뜻한다.

5) 신선의 세계

■

阿難! 復有從人, 不依正覺, 修三摩地. 別修妄念, 存想固形. 遊於山林, 人不及處, 有十仙種.

■

"아난아! 그리고 사람으로서 바른 깨달음에 의하지 않고 선정을 닦으며, 별도로 망상의 마음으로 닦아 신체를 견고하게 보존하려고 생각하여 사람이 미치지 않는 깊은 산림에 머문다. 이러한 열 가지의 신선이 있다."

■

不依正覺 그는 진정한 보리의 도를 수행하지 않으며, 능엄대정에 따라 닦지 않으며, 돌이켜 자성을 듣는 공부를 하지 않는 것을 말한다.

修三摩地 그는 선정을 닦지만 외도의 삿된 정을 닦으며 망상

으로 반연하는 것을 기초로 삼는다.

別修妄念 그가 닦는 것은 완전히 반연심에 가깝다. 어떻게 반연하는가? 그는 생각하기를, 내가 지금 수행하여 도업을 이루면 신통을 드러내어 모든 사람에게 보여 주어야지. 그들로 하여금 나를 믿고 나를 탄복하고, 나를 신앙하며, 나를 숭배하고 나를 공양하게 해야지. 이렇게 생각하는 것이 바로 반연심이다. 닦아 부처를 이루어 불법을 크게 알려 중생을 구하기 위함이 아니다. 그는 자기의 공양을 위하여 수련하고 수행하는 것이다. 이것은 탐심에 속하며 또 어리석음에 속한다.

存想固形 그는 별도로 망념을 닦아 자기의 몸을 견고하게 영원히 무너지지 않게 하려고 생각한다.

阿難! 彼諸衆生, 堅固服餌, 而不休息, 食道圓成, 名地行仙.
堅固草木而不休息, 藥道圓成, 名飛行仙.
堅固金石而不休息, 化道圓成, 名遊行仙.
堅固動止而不休息, 氣精圓成, 名空行仙.
堅固津液而不休息, 潤德圓成, 名天行仙.

"아난아! 저들 중생은 견고한 마음을 지니고 약을 복용하며 쉬지 않고 단련한다. 약을 오래 먹어 효과가 나타나 도를 원만하게 이루면, 이러한 사람을 지행선(地行仙)이라고 한다.
견고한 마음으로 풀과 나무로 약을 만들어 먹기를 쉬지 않으면 약으로 도를 원만히 이룬다. 이런 사람을 비행선(飛行仙)이라고 한다.
견고한 마음으로 금석으로 단(丹)을 만들어 먹기를 쉬지 않으면, 그러한 변화로 도를 원만하게 이룬다. 이런 사람을 유행선(游行仙)이라고 한다.
견고한 마음으로 동과 정의 수련을 쉬지 않으면 정기신을 원만하게 이룬다. 이런 사람을 공행선(空行仙)이라고 한다.
견고한 마음으로 진액을 삼키는 공부를 쉬지 않고 하면, 윤택한 덕을 원만하게 이룬다. 이런 사람을 천행선(天行仙)이라고 한다."

堅固服餌, 而不休息 그는 견고한 마음을 지니고 약을 복용한다. 복이(服餌)란 약재를 복용한다는 뜻이다. 신선이 되기 위하여 항심(恒心)을 가지고 매일 매일 수련하는 것이다. 장생불사를 위하여 이렇게 수행하고 산중의 약재를 먹는 것이다.

食道圓成, 名地行仙 그는 약을 오래 먹어 효과가 나타나 도를 원만하게 이룬다. 이러한 사람을 지행선이라고 한다. 길을 걷는 것이 가볍고 매우 빨리 달린다. 심지어 타조보다도 더 빠르다. 땅 위를 걸어가는 것이 마치 나는 것과 같다.

名飛行仙 그는 몸이 가볍기가 제비와 같아서 구름 속을 날아다닐 수 있다. 그래서 비행선(飛行仙)이라고 한다.

여기서 이 견고(堅固)함은 그의 마음을 나타낸다. 이 사람은 수련하는 그 마음이 매우 견고하여 금석을 사용하여 단(丹)을 만든다. 그런 후에 이 선단을 먹어 환골탈태한다. 화도원성(化道圓成)에서 화(化)란 그가 연단하여 변화를 일으키는 능력을 말한다. 유행선(游行仙)이란 그가 어떤 곳으로 가고 싶으면 어디든지 갈 수 있는 능력을 가지고 있다.

동지(動止)란 수련할 때의 운동을 뜻한다. 동은 움직이면서 단련하는 것이고, 지는 고요하게 수련하는 것이다. 정(精)을 단련하여 기(氣)로 변화시키며, 기를 단련하여 신(神)으로 변화시키며, 신을 단련하여 허공으로 돌아간다.

氣精圓成 정기신을 단련하여 원만히 이룬다는 뜻이다. 어떠한 것이 연정화기(煉精化氣)인가? 그는 좌선하면서 자기의 정을 나가지 않게 한다. 여인에게 접근하지 않으면 정(精)은 나가지 않는다. 정이 나가지 않으면 돌아온다. 돌아오면 이 정이 기(氣)로 변하는 것이다. 이 기가 온 몸으로 두루하게 된다. 공행선은 공중으로 다닌다.

堅固津液 이 진(津)은 좌선을 할 때 혀를 입천장에 대고 있으면 흘러내린다. 이것을 감로수라고 하며, 또 천하수(天河水)라고도 한다. 그 침을 뱃속으로 삼키면 이것을 액(液)이라고 한다. 이 진액은 사실 하나이다. 진이 액이고 액이 진이다.

이 진액은 도교에서는 많은 명칭이 있다. 장생불로약이라고 하며, 이 진액을 많이 먹으면 장생불로할 수 있다고 한다. 그래서 도교에서는 이 정을 관상하여 머리로 보내 자기의 뇌를 보한다.

지금 우리의 이곳에 어떤 사람은 바로 이런 공부를 하고 있다. 전문적으로 시체를 지키는 공부를 하는 사람이 있다. 그는 출현입빈(出玄入牝, 수련하여 텅 빈 허공으로 들어가 자재함을 얻는 경지)하려고 이런 공부를 하는 것이다. 나는 그로 하여금 『능엄경』을 보게 하였는데, 그는 보아도 이해하지 못하였다. 불교의 도리를 이해하지 못하면 도교의 도리도 이해하지 못한다. 더욱이 진정한 강설을 들어보지 않고 단지 한번 보기만 하면 이해하기가 쉽지 않다.

潤德圓成 이렇게 오랫동안 수련하면 얼굴이 윤택해지면서 나이가 늙어도 어린이와 같은 얼굴을 유지한다.

■

堅固精色而不休息, 吸粹圓成, 名通行仙.
堅固呪禁而不休息, 術法圓成, 名道行仙.
堅固思念而不休息, 思憶圓成, 名照行仙.
堅固交遘而不休息, 感應圓成, 名精行仙.
堅固變化而不休息, 覺悟圓成, 名絶行仙.

■

"견고한 마음으로 천지의 정을 흡수하기를 쉬지 않으면, 그 정수를 흡수하는 것을 원만하게 이룬다. 이런 사람을 통항선(通行仙)이라고 한다. 견고한 마음으로 주(呪)를 염송하고 금하는 계를 지니면서 쉬지 않으면, 술법을 원만하게 이룬다. 이런 사람을 도항선(道行仙)이라고 한다. 견고한 마음으로 사념하기를 쉬지 않으면 억념이 원만하게 이루어진다. 이런 사람을 조항선(照行仙)이라고 한다.
견고한 마음으로 심장과 신장의 기운이 만나는 수련을 쉬지 않고 하면 감응을 원만하게 이룬다. 이런 사람을 정항선(精行仙)이라고 한다.
견고한 마음으로 조화를 부리는 법술을 수련하기를 쉬지 않아 그런 조화를 부리는 도리를 원만히 깨달아 이룬다. 이런 사람을 절항선(絶行仙)이라고 한다."

■

앞의 다섯 신선은 땅으로 다니는 신선에 속한다면, 지금부터 다섯 신선은 앞의 신선보다 높이 가며, 이름 속에 같은 행(行) 자를 쓰지만 앞의 다섯은 행이라고 읽으며, 지금부터는 항이라고 읽는다.

堅固精色 정색(精色)이란 무엇인가? 정은 태양의 정을 말한다. 이들은 태양의 정, 달의 정을 흡취하는 수련을 한다. 그는 아침에 일어나 태양을 마주하여 360회 흡입하고, 밤에 태음을 대하여 또 360회 흡입한다. 이렇게 전문적으로 신체상에서 닦는 것이다.

그는 전문적으로 이 신체상에서 공부하며 자성(自性)상의 공부를 알지 못한다. 따라서 도교와 불교의 차이는 바로 이 점이다. 하나는 형상에서 공부하고 하나는 무형상에서 공부한다. 따라서 하나는 집착함이 있고 하나는 집착함이 없다.

본래 선도와 불교는 통하는 공부이며, 그들의 공부를 사용할 수 있는 것이지만, 그들은 전문적으로 상(相)에 집착하는 것이다. 상에 집착하기 때문에 장애가 있다. 장애가 있기 때문에 구경의 윤회를 벗어나지 못하며, 철저하게 벗어나지 못하는 것이다.

思憶圓成, 名照行仙 그는 일종의 상(想)을 간직하기를 오래 하면 광명이 생기며, 자기가 금빛 광명으로 변하는 생각을 간직하여 오래 수련하면 억념하는 것을 원만히 이룬다. 그에게는 광명이 있다.

堅固交遘 교구란 보통은 남녀의 성행위를 이르는 말인데, 여기서는 결코 그런 뜻이 아니고, 자기의 본래 몸[本身]을 가리킨다. 그들을 영아차녀(嬰兒姹女)라고 하는데, 밖에서 찾는 것이 아니고 각 사람의 자기의 본래의 몸에 영아차녀(嬰兒姹女)를 가지고 있다. 주역의 괘효상으로는 감(坎)괘가 차녀이고, 이(離)괘가 영아이다.

'리중허(離中虛), 감중만(坎中滿)'이라고 하는데, 건(乾)괘가 한 번 변하면 리중허(離中虛)로 되며, 곤(坤)괘가 한 번 변하면 감중만(坎中滿)이 된다. 이 리중허를 영아라고 하며, 감중만을 차녀라고 한다. 리중허는 심장(心臟)에 속하며, 감중만은 신장(腎臟)에 속한다.

이 교구(交遘)란 자기의 본신에 있는 심장과 신장이 교구하는 것을 남녀의 성행위에 비유한 것이다. 리괘는 양에 속하며, 양 가운데 음이 있으며, 감은 음에 속하지만 음 가운데 양이 있다.

도교에서는 영아차녀를 설명하기를 "영아와 차녀가 황정(黃庭)에서 만난다"고 한다. 황정이란 바로 뜻[意]이며, 제6의식이다. 뜻은 비경(脾經)에 속하며, 비(脾)는 뜻을 간직하고 있다. 따라서 이런 도리를 상세하게 설명하려면 한이 없다. 시간이 충분하지 않으므로 그렇게 많이 설명할 방법이 없다. 도교에서는 이 교구를 닦는 법문이다. 그러나 일반의 삿된 지견을 가진 사람은 『능엄경』에 교구를 설명하는 것을 보고 남녀의 그것으로 생각하면 크게 잘못된 것이다. 이런 것 때문에 많이 설명할 수 없다.

感應圓成, 名精行仙 감응이란 교구를 가리킨다. 이 교구의 도를 성취하면 이런 사람을 정항선이라고 한다.

堅固變化而不休息 변화란 조화(造化)를 부리는 법술을 말한다. 즉 산을 옮기고 바다를 뒤집는 것이다. 이러한 변화의 능력을 갖기 위하여 수련하는 것이다. 그리고 사시(四時)의 때를 바꾸는 것이다. 추운 지방을 더운 지방으로 변화시키는 것이다.

覺悟圓成, 名絶行仙 그는 이러한 조화의 도리를 깨달아 천지조화의 공용을 빼앗아 자기의 재주로 삼는다. 이것을 절항선이라 한다.

■

阿難! 是等皆於人中鍊心, 不修正覺. 別得生理, 壽千萬歲, 休止深山或大海島, 絶於人境. 斯亦輪迴, 妄想流轉, 不修三昧, 報盡還來, 散入諸趣.

■

"아난아! 그들은 모두 사람이 되었을 때 심신을 단련하고 바른 깨달음을 닦지 않았다. 그들은 특별히 양생의 이치를 얻어 수명이 일천 세, 혹은 일만 세가 되며, 깊은 산이나 큰 바다의 섬 등 사람의 인적이 끊어진 곳에 산다. 이 또한 여전히 윤회의 가운데 있으며, 집착하는 망상으로 인하여 유전하는 것이다. 바른 선정을 닦지 않아 과보가 다하면 다시 육도의 세계로 흩어져 들어간다."

是等皆於人中鍊心, 不修正覺 그들은 모두 사람이 되었을 때 심신을 단련하고 불생멸의 여래장성-능엄의 정을 닦지 않고 바른 깨달음을 닦지 않았다.

別得生理, 壽千萬歲 그들은 특별히 양생의 이치를 얻어 수명이 일천 세, 혹은 일만 세가 된다.

休止深山或大海島, 絕於人境 그는 깊은 산이나 큰 바다의 섬 등 사람의 인적이 끊어진 곳에 산다.
이 세계에는 수미산(須彌山)이 있으며, 수미산 바깥에 일곱 개의 금산(金山)이 있으며, 칠금산 밖에 또 일곱 겹의 향수해(香水海)가 있다. 이 칠금산과 향수해를 지나가면 또 약수(弱水)가 삼천 개 있다. 어째서 약수라고 하는가? 이 물은 참새의 털을 물에 빠뜨려도 가라앉을 정도로 뜨는 힘이 없다. 그래서 어떤 배도 이 바다를 지나갈 수 없다. 오직 하늘을 나는 신선이 건널 수 있다. 신선을 닦는 사람들이 날아와서 큰 바다의 섬에 머문다.

斯亦輪迴, 妄想流轉 그러나 그들이 비록 천 세, 만 세를 살지만, 여전히 윤회의 가운데 있으며, 집착하는 망상으로 인하여 유전하는 것이다.

6) 여러 천상의 세계

(1) 욕계천(欲界天)

■

阿難! 諸世間人, 不求常住. 未能捨諸妻妾恩愛. 於邪婬中, 心不流逸, 澄瑩生明. 命終之後, 隣於日月. 如是一類, 名四天王天. 於己妻房, 婬愛微薄. 於淨居時, 不得全味. 命終之後, 超日月明, 居人間頂. 如是一類, 名忉利天.

■

"아난아! 세간의 모든 사람들은 세상에 상주함을 구하지 않으며, 처첩과의 은애를 버리지 못한다. 사음의 가운데서 마음이 방일로 흐르지 않으면 청정하여 밝은 빛이 나며, 목숨을 마친 후에는 일월과 가까워진다. 이와 같은 류의 사람은 사천왕천에 난다. 자기의 집에서 부부간의 애정의 마음이 매우 적으며, 청정하게 머물 때 온전하게 청정한 맛을 얻지 못한다. 목숨을 마친 후 그의 밝기가 일월의 밝음을 초월하며 인간세계의 꼭대기에 머문다. 이와 같은 류의 사람은 도리천에 난다."

■

於邪婬中, 心不流逸 사음이란 자기 부인이나 남편 외의 사람과 성관계를 맺는 것을 말한다. 만약 자기 부인과의 음(婬)은 사음에 포함되지 않는다. 그러나 관계가 적은 것이 비교적 좋으며, 너무 많으면 안 된다. 심불류일(心不流逸)이란 마음이 사음의 길로 향하지 않는 것이다. 따라서 당신이 도를 수행하면 당신에게 얼마의 공덕이 있든지를 불문하고 반드시 사음의 마음을 끊어야 한다. 만약 사음의 마음을 끊지 못하면 무슨 도를 닦든지 성취함이 없을 것이다.

澄瑩生明 마음이 사음의 길로 달리지 않으면 청정해지며, 청정하면 밝은 빛이 나온다. 자연히 덕의 광명이 나오는 것이다.

"만 가지의 악 가운데 사음이 으뜸이며, 죽음의 길로 가면 안 된다[萬惡婬爲首, 死路不可走]."

당신이 사음을 행하지 않으면 자기의 정기신(精氣神)이 충족되어 덕의 빛이 생기는 것이다.

名四天王天 사천왕천은 수미산의 중턱에 있으며, 동·서·남·북의 네 곳에 있다. 우리 인간과 가장 가까운 하늘이다. 그 천상의 사람은 수명이 오백 세이며, 인간의 오십 년이 사왕천의 하루이다.

於己妻房, 婬愛微薄 앞에서는 사천왕천에 나는 사람은 세상에서 사음을 행하지 않았으며, 자기의 부부 간의 정욕을 아직 끊지 못하고 적게 줄이지 못하였다. 그러나 몸을 지키기를 옥과 같이 하였기 때문에 사천왕천에 나게 된 것이다.

그리고 도리천에 태어나는 사람은 자기 집에서 남녀 간의 사랑의 행위가 매우 적었으며, 심지어 일 년에 한 번도 하지 않으며, 혹은 이삼 년에 단지 한 번 정도로, 심지어 몇 년이 되어도 그런 성행위가 없는 것을 음애미박(婬愛微薄)이라고 한다. 남녀의 이러한 정욕이 매우 가벼우며, 중요하게 보지 않는다.

우리 사람들은 왜 색욕심·음욕심이 그렇게 중한가? 애정의 마음이 그렇게 무거운가? 그것은 바로 업장이 중하기 때문이다. 만약 업장이 가벼우면 그러한 마음이 없을 것이다. 이 업장이 중하여 그것이 당신을 괴롭히며 당신으로 하여금 하루 종일 그런 일을 생각하도록 하며, 그칠 때가 없다. 업장이 중할 때 당신은 마땅히 깨달음의 마음을 내야 한다. "아, 업장이 이렇게 중하구나!" 마땅히 업장을 감소시켜야 한다.

만약 당신이 업장을 따라가면 더욱더 깊어지며 더욱더 깊이 떨어져서 장래에 반드시 소로 변하거나 말·돼지·개로 변해갈 것이다. 왜 그런가? 당신의 정욕심이 너무 무겁기 때문에 반드시 타락하는 것이다. 타락하여 어떤 축생으로 떨어질지는 일정하지 않지만 매우 위험한 것이다. 우리는 어떤 사람이든지 만약 정욕심이 중하면 하루빨리 그것을 놓아야 한다. 정욕심이 중한 사람은 장래 반드시 축생이 되는 것은 의심의 여지가 없다.

於淨居時, 不得全味 그가 청정하게 머물 때 진정한 청정한 맛을 얻지 못한다. 왜 그런가? 그는 수행을 하지 않기 때문이다.

命終之後, 超日月明, 居人間頂 그는 정욕심이 엷기 때문에 그의 자성은 광명이 있다. 어떤 사람이든지 음욕심이 없으면 빛이 난다. 죽은 후에는 도리천에 나며, 수미산의 꼭대기에 머문다.

如是一類, 名忉利天 도리천은 번역하면 삼십삼천(三十三天)이다. 어째서 33천인가? 동서남북에 각각 8개의 하늘이 있고 중앙에 하

나의 하늘이 있기 때문에 33천이라고 부른다. 도리천의 천인은 일천
세를 살며, 인간의 100년이 도리천의 하루에 해당한다. 이후 매 하나
의 층으로 올라가면 수명은 배로 증가된다. 아울러 수명과 몸의 크기
는 일정한 것이다.

■

逢欲暫交, 去無思憶, 於人間世, 動少靜多. 命終之後, 於虛空中朗然
安住. 日月光明, 上照不及. 是諸人等, 自有光明. 如是一類, 名須焰摩
天. 一切時靜, 有應觸來, 未能違戾. 命終之後, 上昇精微, 不接下界諸
人天境, 乃至劫壞, 三災不及. 如是一類, 名兜率陀天.

■

"비록 부부 간에 잠시 성행위가 있지만, 지나가면 그런 문제를 잊어버
리며, 인간세상에 있을 때 움직임은 적고 고요하게 지낼 때가 많다. 목
숨을 마친 후 허공 가운데 밝게 안주하며, 일월의 광명도 위로 그가 머
무는 곳에 비치지 못한다. 이런 사람들은 스스로 광명을 가지고 있다.
이와 같은 류의 천상을 수염마천이라고 한다. 항상 적정(寂靜)하게 지
내며, 부부관계의 때가 오면 그것을 어기지는 않는다. 목숨을 마친 후
그의 영성은 위로 올라가 정미한 곳에 이르며, 아래의 인간이나 천상
과는 접하지 않는다. 인간과 천상이 모두 무너지는 괴겁(壞劫)도 미치
지 못하고 삼재(수재·화재·풍재)도 미치지 못한다. 이러한 중생이 나는
이곳을 도솔타천이라고 한다."

逢欲暫交, 去無思憶 비록 부부 간에 잠시 성행위가 있지만, 지나가면 그런 문제를 잊어버린다. 즉 생각하지 않는다.

於人間世, 動少靜多 그는 인간세상에 있을 때 움직일 때는 적고 고요하게 지낼 때가 많다. 즉 선정을 닦을 때가 많다는 것이다.

命終之後, 於虛空中朗然安住. 日月光明, 上照不及 목숨을 마친 후 허공 가운데 밝게 안주하며, 일월의 광명도 위로 그가 머무는 곳에 비치지 못한다.

是諸人等, 自有光明 욕심이 적고 만족할 줄 아는 이런 사람들은 스스로 광명을 가지고 있다. 그래서 이곳에는 밤과 낮이 없다. 수염마천은 번역하면 선시분(善時分)이라고 한다. 매우 좋은 장소이며 시기라는 것이다. 무엇 때문인가? 주야가 없이 언제나 광명이 있다. 그럼 무엇으로 낮과 밤으로 삼는가? 연꽃이 피면 낮이고 지면 밤이다.

如是一類, 名須焰摩天 수염마천은 야마천이라고도 부른다. 이 하늘의 수명은 이천 세이다.

一切時靜 모든 시간, 모든 곳이 고요하다. 움직이지 않는다. 항상 적정(寂靜)하게 지내는 것이다.

有應觸來, 未能違戾 부부관계의 때가 오면 그것을 어기지 않는다. 그러나 그는 성행위를 하는 것을 원하지 않는다. 그런 일을 만나면 가끔 하지만 매우 적다.

命終之後, 上昇精微, 不接下界諸人天境 목숨을 마친 후 그의 영성은 위로 올라가 정미한 곳에 이르며, 아래의 인간이나 천상과는 접하지 않는다.

乃至劫壞, 三災不及 인간과 천상이 모두 무너지는 괴겁(壞劫)도 미치지 못하고 삼재(수재 · 화재 · 풍재)도 미치지 못한다. 불의 재난이 올 때 초선천까지 타며, 물의 재난이 올 때는 이선천까지 잠기며, 바람의 재난이 올 때 삼선천까지 날려버리는데, 이 삼재도 도솔천의 내원(內院)에는 미치지 못한다.

如是一類, 名兜率陀天 이러한 중생이 나는 이곳을 도솔타천이라고 한다. 도솔천은 번역하면 지족천(知足天)이라고 한다. 이곳의 천인은 조금의 탐심도 없으며 남녀의 음욕심도 근본적으로 없다.

따라서 천상의 사람이 되려고 하면 욕심을 적게 하고 만족할 줄 알아야 한다. 만약 정욕이 너무 중하면, 그런 행위를 놓지 못하면 너무나 위험한 일이다. 사람이 가장 위험한 것이 바로 이 일이다. 이것은 떨어지는 원천이다. 만약 떨어지지 않으려고 한다면 조속히 이러한 정욕심을 그쳐야 한다. 그치지 못하면? 장래 어디로 갈지 아무도 모른다.

■
我無欲心, 應汝行事, 於橫陳時, 味如嚼蠟. 命終之後, 生越化地. 如是一類, 名樂變化天. 無世間心, 同世行事, 於行事交, 了然超越. 命終之後, 遍能出超化無化境. 如是一類, 名他化自在天. 阿難! 如是六天, 形雖出動, 心迹尚交, 自此已還, 名爲欲界.

■
"나는 욕심이 없지만 상대방이 부부관계를 요구하면 응하며, 부부관계를 하지만 마치 랍을 씹는 것처럼 아무런 맛이 없다. 목숨을 마친 후 일체의 변화하는 땅을 초월하여 천상에 난다. 이와 같은 류의 사람이 태어나는 천상을 낙변화천이라고 한다. 세간 사람의 그런 음욕심은 없지만 부부의 성관계를 행하며, 부부관계를 함에 있어서 아무런 맛을 느끼지 못하고 또렷이 초월한다. 목숨을 마친 후 변화하고 변화하지 않는 경계를 두루 초월한다. 이와 같은 류의 사람이 나는 천상을 타화자재천이라고 한다. 아난아! 이와 같은 여섯 천상은 비록 몸은 이 조화를 벗어났지만, 마음속의 정신[神]과 성질[性]은 여전히 음욕의 생각을 가지고 있다. 타화자재천으로부터 사왕천까지를 욕계천이라고 한다."

■
我無欲心, 應汝行事 나는 음욕심이 없지만, 당신이 반드시 부부관계를 요구하면 응한다는 뜻이다. 여기서 나는 천상에 태어날 사람을 가리킨다. 부부 간에 한 사람은 음욕심이 없고 한 사람은 있을 경우 음욕심이 있는 사람이 요구할 때 응한다는 것이다.

於橫陳時, 味如嚼蠟　횡진(橫陳)이란 바로 남녀의 부부관계를 뜻한다. 즉 부부관계를 할 경우 음욕심이 없는 한쪽은 마치 랍을 씹는 것처럼 아무런 맛(느낌)이 없다는 뜻이다. 랍이란 꿀을 빼낸 벌집을 말한다.

命終之後, 生越化地　목숨을 마친 후 일체의 변화하는 땅을 초월하여 천상에 태어난다.

如是一類, 名樂變化天　이와 같은 류의 사람이 태어나는 천상을 낙변화천이라고 한다. 이것은 또 화락천(化樂天)이라고 한다. 이곳은 모든 것이 변화되어 나온다. 매우 즐거운 곳이며 이러한 즐거움은 남녀의 성행위의 그런 즐거움을 훨씬 초월하는 천연의 즐거움이다. 하지만 이곳도 구경처가 아니며 육욕천의 안에 있는 것이다. 이곳의 수명은 팔천 세이며, 인간의 팔백 년이 이곳의 하루에 해당한다.

命終之後, 遍能出超化無化境　목숨을 마친 후 변화하고 변화하지 않는 경계를 두루 초월한다. 그는 신통변화가 무궁하다.

名他化自在天　이 천상의 모든 것은 자기 본래 하늘에서 변화되어 나온 것이 아니고, 다른 천상에서 변화하여 자기들에게 공양한 것이다. 이곳은 매우 자재하고 즐겁다. 무슨 일도 할 필요가 없으며, 공인(工人)이 필요가 없는 곳이다. 모든 것이 자재로우며 자연적인 즐거움이 무변하다. 그러나 장래 천복이 다하면 다시 육도의 윤회 속으로 떨어진다. 그 하늘사람의 수명은 일만육천 세이며, 인간의 천육백 년이 그 하늘의 하루에 해당한다.

이 여섯의 하늘은 비록 천상에 태어나지만 그들은 아직 음욕심을 가지고 있다. 사천왕천과 도리천의 천인은 우리 인간과 마찬가지로 성행위를 하며, 야마천의 천인은 마음으로 하며 몸으로 성행위를 하지 않는다. 어떻게 마음으로 하는가? 서로 손을 잡는 것이 남여의 성행위를 하는 것이다. 도솔천은 서로 보고 웃는 것이 이것에 해당한다. 화락천은 서로 한번 바라보는 것이 음욕을 행하는 것이 된다. 대략 3분이나 5분 정도 바라보는 것이다. 타화자재천은 1초 정도로 한번 보면 그만이다. 음욕의 마음이 그만큼 가볍기 때문이다.

이것은 진정한 도리이며 우리가 불법을 연구하는 데는 반드시 이런 도리를 명확하게 이해한 연후에 진실로 불법을 이해할 수 있다. "아, 이 음욕이라는 것이 이렇게 해롭구나!" 따라서 보살은 남녀의 성행위를 독사와 같이 보는 것이다. 범부의 눈으로는 이러한 해로움을 알 수가 없다. 그래서 주야로 그런 나쁜 일을 추구하고 생각하는 것이다. 그러므로 그 일을 놓아버려야 한다. 당신이 진정으로 알게 되면 아마도 그렇게 전도되지 않을 것이다.

形雖出動, 心迹尙交 이 여섯 하늘의 천인은 비록 몸은 이 조화를 벗어났지만, 마음속의 정신[神]과 성질[性]은 여전히 음욕의 생각을 가지고 있다.

自此已還, 名爲欲界 타화자재천으로부터 사왕천까지를 욕계천이라고 한다. 욕계라는 것은 그들의 음욕심이 청정하지 못하고 여전히 음욕의 생각을 가지고 있기 때문이다.

(2) 색계천(色界天)

초선천

■

阿難! 世間一切所修心人, 不假禪那, 無有智慧. 但能執身不行婬慾. 若行若坐, 想念俱無, 愛染不生, 無留欲界. 是人應念身爲梵侶. 如是一類, 名梵衆天. 欲習旣除, 離欲心現, 於諸律儀, 愛樂隨順. 是人應時能行梵德. 如是一類, 名梵輔天. 身心妙圓, 威儀不缺, 淸淨禁戒, 加以明悟. 是人應時能統梵衆, 爲大梵王. 如是一類, 名大梵天. 阿難! 此三勝流, 一切苦惱所不能逼. 雖非正修眞三摩地, 淸淨心中, 諸漏不動. 名爲初禪.

■

"아난아! 이 세간의 모든 마음을 닦는 사람은 정려(靜慮, 선정)의 공부를 빌리지 않고는 진정한 지혜를 얻을 수 없다. 그러나 자기의 몸을 잘 지키면서 음욕을 행하지 않으며, 걸을 때나 앉을 때나, 언제든지 음욕의 생각이 없으며, 애욕의 오염된 마음이 일어나지 않으면 욕계의 하늘에 머물지 않는다. 이 사람은 생각에 응하여 청정한 사람들과 함께 친구가 된다. 이와 같은 사람이 나는 하늘을 범중천이라고 한다. 음욕의 습기를 이미 제거하면, 음욕을 떠난 마음이 현전하며, 모든 계율과 율의 닦는 것을 좋아하고 즐거워하며 계율을 따라 수순하면, 이 사람은 언제든지 청정한 덕행을 행하게 된다. 이와 같은 사람이 나는 천상을 범보천이라고 한다. 몸과 마음이 미묘하고 원만하며 위의에 부족함이 없으며, 부처님의 계율을 청정하게 잘 지키며, 게다가 계에 대하여 깨달아 안다. 이 사람은 목숨을 마치면 언제든지 천상으로 올라가 범천의 천인을 통솔하는 대범천의 왕이 된다. 이런 류의 중생이 나는 하늘을 대범천이라고 한다. 아난아! 이 세 천상은 일체의 고뇌가 핍박하지 않는다. 비록 그는 진정한 선정을 닦지는 않지만, 청정한 마음속에 모든 욕심이 생기지 않는다. 이것을 초선천이라고 한다."

■

世間一切所修心人, 不假禪那, 無有智慧 이 세간의 모든 마음을 닦는 사람은 정려(靜慮, 선정)의 공부를 빌리지 않고는 진정한 지혜를 얻을 수 없다.

若行若坐, 想念俱無. 愛染不生, 無留欲界 걸을 때나 앉을 때나, 언제든지 음욕의 생각이 없으며, 애욕의 오염된 마음이 일어나지 않으면 욕계의 하늘에 머물지 않는다.

欲習旣除, 離欲心現 이 욕(欲)은 음욕을 가리킨다. 그가 음욕의 습기를 이미 제거하면, 음욕을 떠난 마음이 현전한다.

是人應時能行梵德 이 사람은 언제든지 청정한 덕행을 행하게 된다. 범(梵)이란 청정하다는 뜻이다.

身心妙圓, 威儀不缺 몸과 마음이 미묘하고 원만하며 위의에 부족함이 없이 원만하다. 신심이 원만하다는 것은 욕념이 없는 것을 말한다.

淸淨禁戒, 加以明悟 부처님의 계율을 청정하게 잘 지키며, 게다가 계상(戒相), 계법(戒法), 계체(戒體), 계행(戒行)을 깨달아 안다.

是人應時能統梵衆, 爲大梵王 이 사람은 목숨을 마치면 언제든지 천상으로 올라가 범천의 천인을 통솔하는 대범천의 왕이 된다.

此三勝流, 一切苦惱所不能逼 세 가지의 수승한 흐름[三勝流]이란 범중천, 범보천, 대범천을 가리킨다. 초선의 이 세 천상은 일체의 고뇌가 핍박하지 않는다.

淸淨心中, 諸漏不動. 名爲初禪 청정한 마음속에 모든 욕심이 생기지 않는다. 부동(不動)이란 생기지 않는다는 뜻이다. 갖가지의 물욕이나 욕심을 누(漏)라고 한다. 일체의 잘못이, 일체의 습기 번뇌가 없다는 것이다. 이것을 초선천이라고 한다.
당신이 도를 닦는데 만약 초선의 경계에 이르면 맥박이 움직이지 않는다. 따라서 당신에게 공부가 있는지 없는지를 알려면 맥(脈)이 움직이는지를 보면 된다. 몸 안의 혈맥이 정지하면 죽은 사람과 같으며 이것이 바로 초선(初禪)의 경계이다. 초선은 수행의 첫걸음이며, 결코 높고 깊은 경지가 아니다.

이선천

阿難! 其次梵天, 統攝梵人, 圓滿梵行, 澄心不動, 寂湛生光. 如是一

類, 名少光天. 光光相然, 照耀無盡, 映十方界, 遍成瑠璃. 如是一類, 名無量光天. 吸持圓光, 成就教體, 發化淸淨, 應用無盡. 如是一類, 名光音天. 阿難! 此三勝流, 一切憂懸所不能逼. 雖非正修眞三摩地, 淸淨心中, 麤漏已伏. 名爲二禪.

■

"아난아! 그 다음의 범천은 범천의 사람을 관리하고, 청정한 행은 원만하며, 징청한 마음은 움직이지 않으며, 적연하고 담청함이 오래되면 광명이 생긴다. 이와 같은 류의 천상을 소광천이라고 한다. 광명이 서로 비치고 합쳐지며, 광명이 다함이 없이 비치며, 시방의 세계를 비추어 두루 모든 세계가 유리를 이룬다. 이와 같은 류의 천상을 무량광천이라고 한다. 둥근 광명을 흡수하여 집지하며 광음(光音)의 교체를 성취하며, 청정한 광명을 발생하여 그것을 응용함이 무궁무진하다. 이와 같은 류의 천상을 광음천이라고 한다. 아난아! 이 세 수승한 천상은 일체의 근심, 걱정이 핍박하지 못한다. 비록 진정한 선정을 바르게 닦는 것은 아닐지라도, 청정한 마음속에서 거친 '누'는 이미 조복을 받은 상태이다. 이것을 이선천(二禪天)이라고 한다."

■

圓滿梵行. 澄心不動, 寂湛生光 그의 청정한 행은 원만하며, 징청한 마음은 움직이지 않으며, 적연하고 담연하고 청정함이 오래되면 광명이 생긴다.

光光相然, 照耀無盡 광명이 서로 비치고 합쳐진다. 빛은 서로 충돌이 발생하지 않는다. 너는 너의 광명이 있고 나는 나의 광명이 있다. 그러한 광명이 다함이 없이 비친다는 것이다.

吸持圓光, 成就敎體 둥근 광명을 흡수하여 집지하며 광음(光音)의 교체를 성취한다. 즉 광음천의 천인은 말을 할 필요가 없이 서로 빛의 음(광음)으로 대화한다. 광음으로 상대방의 뜻을 통달하는 것이다. 빛을 한 번 비추면 상대방이 그의 뜻을 이해하는 것이다.

此三勝流, 一切憂懸所不能逼 소광천·무량광천·광음천의 세 수승한 천상은 근심, 걱정이 없다. 초선에서는 일체의 고뇌가 핍박하지 못한다고 하였는데, 고뇌는 바로 번뇌이며, 번뇌가 핍박하지 못하는 것이다. 이 이선(二禪)은 근심, 걱정이 그를 핍박하지 못한다고 한다. 우현(憂懸)이란 비록 번뇌는 없지만 아직 약간의 걱정이 있어 마음에 걸리는 것이 있다는 뜻이다. 지금 이선천에서는 근심, 걱정이 없으며, 마음에 걸림이 없다.

淸淨心中, 麤漏已伏. 名爲二禪 청정한 마음속에서 거친 루는 이미 조복을 받아서 표면상으로는 아무런 걱정이 없는 것이다. 이것을 이선천이라고 한다.

이선의 경계에 이르면 호흡의 기가 끊어진다. 앞에서 '영아차녀(嬰兒姹女)'라는 것을 설명한 적이 있는데, 이곳에 바로 영아차녀가 있다. 본래 도교에서 닦는 공부와 불교의 공부는 서로 비슷한 점이 있다. 왜 도를 닦는데, 맥이 정지되는가? 맥이 만약 정지되면, 일반인이 볼 때 이 사람은 죽은 것이 아닌가? 그러나 죽은 것이 아니다. 그는 내면의 자성

속에서 맥박이 움직인다. 따라서 표면상으로는 맥이 정지된다. 그의 자성 속의 참된 호흡이, 진정한 맥박이 움직이기 시작하는 것이다.

이선천에 이르면 호흡의 기가 끊어지는데, 우리의 코의 호흡이 정지된다. 내쉬지도 않고 들이쉬지도 않는다. 이선의 선정에 들어가면 이러한 청정한 즐거움을 얻는다. 하지만 그는 이곳에서 모든 '누'가 이미 다한 것이 아니라 거친 '누'가 이미 조복된 것이다. 거친 누[麤漏]란 느끼고 알아차릴 수 있는 '누'를 말한다.

삼선천

阿難! 如是天人, 圓光成音, 披音露妙, 發成精行, 通寂滅樂. 如是一類, 名少淨天. 淨空現前, 引發無際, 身心輕安, 成寂滅樂. 如是一類, 名無量淨天. 世界身心, 一切圓淨, 淨德成就, 勝託現前, 歸寂滅樂. 如是一類, 名遍淨天. 阿難! 此三勝流, 具大隨順, 身心安隱, 得無量樂. 雖非正得眞三摩地, 安隱心中, 歡喜畢具. 名爲三禪.

"아난아! 이와 같은 천인은 둥근 광명이 음을 이루며, 음을 분석하여 미묘함을 드러내고 정미한 행을 이루며, 적멸의 즐거움과 통한다. 이와 같은 류의 천상을 소정천이라고 한다. 진정한 청정을 얻은 후에 공함의 도리를 얻는다. 공함의 도리를 얻으면 무량의 청정함을 불러일으킨다. 이러한 청정함은 끝이 없으며, 몸과 마음이 경안을 얻어 적멸의 즐거움을 이룬다. 이와 같은 류의 천상을 무량정천이라고 한다. 세계와 몸과 마음의 모든 것이 원만하고 청정하며, 청정하고 밝은 덕행이 성취되면 수승한 공능이 나타나 적멸의 즐거움으로 돌아간다. 이와 같은 류의 천상을 변정천이라고 한다. 아난아! 이 세 가지의 수승한 천상은 큰 수순함을 갖추고 있으며, 신심이 안온하여 무량의 즐거움을 얻는다. 비록 진정한 선정을 바르게 얻은 것은 아닐지라도, 안온한 마음 가운데 즐거움을 완전히 구족하고 있다. 이것을 삼선천이라고 한다."

▪

圓光成音 둥근 광명이 음을 이룬다.

披音露妙, 發成精行, 通寂滅樂 음을 분석하여 미묘함을 드러내고 정미한 행을 이루며, 적멸의 즐거움과 통한다. 적멸이란 생각조차도 없는 것이다.

名少淨天 진정한 청정을 적게 얻었다고 하여 소정천이라고 한다.

淨空現前, 引發無際, 身心輕安, 成寂滅樂 진정한 청정을 얻은 후에 공함의 도리를 얻는다. 공함의 도리를 얻으면 무량의 청정함을 불러일으킨다. 이러한 청정함은 끝이 없으며, 몸과 마음이 경안을 얻어 적멸의 즐거움을 이룬다. 경안이란 진정하게 자재함을 얻으며, 또한 진공속의 묘유(妙有)를 얻으며, 묘유 속의 진공(眞空)을 얻는다. 이러한 경계는 일반인이 알 수 있는 것이 아니다.

世界身心, 一切圓淨 앞에서 대범천을 설명할 때 신심묘원(身心妙圓, 몸과 마음이 미묘하고 원만하며)이라는 말이 나왔는데, 지금 이곳에서는 몸과 마음뿐 아니라 세계조차도 원만하고 청정하다고 한다. 공부가 성취되어 이 세계를 전변시킨다. 세계는 본래 깨끗하지 못한 것인데 그는 이 세계를 원만하고 깨끗하게 변화시키는 것이다. 따라서 "오직 마음이 정토이고, 자성이 아미타불이다(唯心淨土, 自性彌陀)."라고 하는 것도 바로 이런 도리이다. 마음이 깨끗하면 바로 불국토가 깨끗하며, 마음이 깨끗하지 않으면 불국토도 깨끗하지 못하다. 일체유심조(一切唯心造)라는 뜻도 바로 이런 도리이다. 단지 당신이 간파하여 놓아버리면 자재함을 얻게 된다.

淨德成就, 勝託現前, 歸寂滅樂 청정하고 밝은 덕행이 성취되면 수승한 공능이 나타난다. 승탁(勝託)이란 수승한 공능을 뜻한다. 어떠한 곳에 이르러도 장애가 없다. 이것은 심리상의 감각이다. 그리하여 적멸의 즐거움으로 돌아간다. 즉 얻는다는 것이다.

名遍淨天 청정함이 법계에 두루하기 때문에 변정천이라고 한다.

此三勝流, 具大隨順 이 세 천상은 대수순을 갖추고 있다. 수순함이란 중생의 마음을 수순하여 중생으로 하여금 즐겁게 하는 것이다.

身心安隱, 得無量樂 몸과 마음에 망상이 없어 편안하다. 신심이 안온하다는 것은 욕념이 없다는 것이다. 욕념이나 애욕은 어디로부터 오는가? 바로 무명으로부터 온다.

安隱心中, 歡喜畢具. 名爲三禪 안온한 마음 가운데 즐거움을 완전히 구족하고 있다. 이것을 삼선천이라고 한다.

삼선의 경계에 이르면 생각도 일어나지 않으며 적멸의 즐거움을 얻게 된다. 소위 "한 생각이 일어나지 않으면 부처의 본체가 드러나며, 육근이 홀연히 움직여 구름에 막힌다[一念不生全體現, 六根忽動被雲遮]."고 하였다. 이것이 삼선의 경계이다.

사선천

阿難! 復次天人, 不逼身心, 苦因已盡. 樂非常住, 久必壞生. 苦樂二心, 俱時頓捨. 麤重相滅, 淨福性生. 如是一類, 名福生天. 捨心圓融, 勝解淸淨, 福無遮中, 得妙隨順, 窮未來際. 如是一類, 名福愛天. 阿難! 從是天中, 有二歧路. 若於先心, 無量淨光, 福德圓明, 修證而住. 如是一類, 名廣果天. 若於先心, 雙厭苦樂, 精研捨心, 相續不斷, 圓窮捨道. 身心俱滅, 心慮灰凝, 經五百劫. 是人旣以生滅爲因, 不能發明不生滅性. 初半劫滅, 後半劫生. 如是一類, 名無想天. 阿難! 此四勝流, 一切世間諸苦樂境所不能動. 雖非無爲眞不動地, 有所得心, 功用純熟. 名爲四禪.

"아난아! 다시 어떤 천인은 고뇌와 걱정이 그의 신심을 핍박하지 않으며, 고의 원인이 이미 다하였다. 그러나 이 즐거움은 항상 머물지 않으며, 오래되면 반드시 무너지며, 고와 낙의 두 마음이 동시에 갑자기 없어진다. 이때 모든 거칠고 무거운 상이 소멸하고 청정한 복덕의 성질이 나온다. 이와 같은 류의 천상을 복생천이라고 한다. 고와 낙의 두 마음을 갑자기 버림이 원융하고 수승한 지혜가 청정해지며, 가림이 없는 청정한 복 가운데서 묘한 수순을 얻으며, 미래가 다하도록 한다. 이와 같은 류의 천상을 복애천이라고 한다. 아난아! 이 하늘 가운데는 두 가지의 갈림길이 있다. 만약 직전의 마음인 복애천에서 묘한 수순의 마음을 얻고 지금 무량의 청정한 광명이 있고 그의 복덕도 원명하면, 이것을 따라 닦아 증득하며 이 광과천의 하늘에 머물게 된다. 이와 같은 류의 하늘을 광과천이라고 한다.

만약 직전의 마음인 복애천의 마음에서 고와 낙을 함께 싫어하여 정미하게 버리는 마음을 연구하기를 그치지 않으면 버리는 도를 원만하게 이해하게 된다. 이때 몸과 마음이 함께 사라지고 심려(心慮)가 함께 응결되어 오백 겁을 경과하게 된다. 그러나 이 사람은 생멸로서 수행의 인을 삼고 불생멸의 성품을 이해하지 못하여 오백 겁의 최초의 반 겁에서 그는 망상심을 멸하고, 최후의 반겁에서 그는 다시 이 망상심을 낸다. 이와 같은 류의 천상을 무상천이라고 한다. 아난아! 이 수승한 네 개의 천상의 사람은 일체 세간의 모든 고와 낙의 경계가 그의 마음을 동요시키지 못한다. 비록 그가 닦는 것이 무위의 법이 아니고 참된 부동지가 아닐지라도, 그는 얻게 되는 마음이 아직 있으며 공용이 순숙되어진다. 이것을 사선천이라고 한다."

■
樂非常住, 久必壞生. 苦樂二心, 俱時頓捨 그러나 이 즐거움은 항상 머물지 않으며, 오래되면 반드시 무너지며, 고와 낙의 두 마음이 동시에 갑자기 없어진다. 동시에 그 두 마음을 버린다는 것이다. 이때는 괴로움도 없고 즐거움도 없다. 그리하여 진정한 즐거움을 얻게 되는 것이다.

麤重相滅, 淨福性生 모든 거칠고 무거운 상이 소멸하고 청정한 복덕의 성질이 나온다. 청정한 복이란 바로 고와 낙의 두 마음이 없는 것이다.

捨心圓融, 勝解清淨 고와 낙의 두 마음을 갑자기 버림이 원융하고 수승한 지혜가 청정해진다.

福無遮中, 得妙隨順, 窮未來際 그리고 가림이 없는 청정한 복 가운데서 묘한 수순을 얻으며, 미래가 다하도록 한다. 수순이란 자기 마음대로 이루어지는 것을 뜻한다. 무슨 문제도 없으며, 일체의 문제는 모두 해결되는 것을 득묘수순(得妙隨順)이라고 한다.

從是天中, 有二歧路 이 하늘 가운데는 두 가지의 갈림길이 있다. 하나는 광과천으로 가는 길이며, 하나는 무상천으로 가는 길이다.

若於先心, 無量淨光, 福德圓明, 修證而住 만약 직전의 마음인 복애천에서 묘한 수순의 마음을 얻고 지금 무량의 청정한 광명이 있고 그의 복덕도 원명하면, 이것을 따라 닦아 증득하며 이 광과천의 하늘에 머물게 된다.

若於先心, 雙厭苦樂, 精研捨心, 相續不斷, 圓窮捨道 만약 직전의 마음인 복애천의 마음에서 고와 낙을 함께 싫어하여 정미하게 버리는 마음을 연구하기를 그치지 않으면 버리는 도를 원만하게 이해하게 된다.

身心俱滅, 心慮灰凝, 經五百劫 이때 몸과 마음이 함께 사라지고 심려(心慮)가 함께 응결되어 오백 겁을 경과하게 된다. 즉 그의 수명이 오백 겁이나 된다는 것이다.

是人既以生滅爲因, 不能發明不生滅性 그러나 이 사람은 생멸로서 수행의 인을 삼고 불생멸의 성품을 이해하지 못한다.

初半劫滅, 後半劫生 오백 겁의 최초의 반 겁에서 그는 망상심을 멸하고, 최후의 반 겁에서 그는 다시 이 망상심을 낸다. 이 무상정의 과보가 다하여 없는 것이다.

그는 최후의 반 겁에서 망상을 내며, 즉 이 무상정이 무너질 때 삼보를 비방하는 마음을 낸다. 그는 무엇을 말하는가? "부처님 말씀에 사과(四果)의 아라한은 생사의 윤회를 마치고 뒤의 몸을 받지 않는다고 하였는데, 그러나 지금 나는 이미 사과의 아라한을 증득하였는데, 어째서 다시 생사를 받게 되는가? 아마도 부처님께서 큰 거짓말을 하신 것이다." 그는 이렇게 삼보를 비방하는 것이다. 사실 그가 얻은 이 사선천은 결코 사과(四果)의 아라한이 아니며, 이것은 초과의 아라한도 아직 이르지 않은 것이니, 사과의 아라한이라고 말하면 안 된다. 그는 스스로 사과를 얻었다고 잘못 생각한 것이다. 그는 사선(四禪)

의 선정을 사과라고 착각한 것이다. 뒤에서도 나오지만 무문(無聞)비구는 사선천의 경계에 이르러 사과의 아라한을 증득하였다고 생각하였다. 이것은 잘못된 생각이다.

雖非無爲眞不動地　비록 그가 닦는 것이 무위의 법이 아니고 참된 부동지가 아닐지라도, 즉 그의 경지는 억지로 마음을 제지하여 움직이지 않게 한 것으로서 결코 진정하게 마음이 움직이지 않는 부동지가 아니다.

다섯의 불환천

阿難! 此中復有五不還天, 於下界中九品習氣, 俱時滅盡. 苦樂雙忘, 下無卜居, 故於捨心, 衆同分中, 安立居處. 阿難! 苦樂兩滅, 鬪心不交. 如是一類, 名無煩天. 機括獨行, 研交無地. 如是一類, 名無熱天. 十方世界, 妙見圓澄, 更無塵象一切沈垢. 如是一類, 名善見天. 精見現前, 陶鑄無礙. 如是一類, 名善現天. 究竟群幾, 窮色性性, 入無邊際. 如是一類, 名色究竟天.

"아난아! 이 사선천 가운데 다시 다섯의 불환천이 있으며, 모두 성인(聖人)이 머무는 곳이다. 아래 세계의 구품의 습기가 동시에 다 소멸되고 고와 낙을 함께 잊어버리며, 아래 세계에는 머물 곳이 없다. 따라서 이 버리는 마음으로 대중과 같은 신분에 있을 때 허공 속에 구름을 대지로 삼고 이곳에 성인이 머무는 곳을 편안히 세운다. 아난아! 고와 낙의 두 마음이 소멸하고 투쟁하는 마음이 없어진다. 이와 같은 류의 천상을 무번천이라고 한다. 마음과 경계가 홀로가며 다투는 마음이 조금도 일어날 여지가 없다. 이와 같은 류의 천상을 무열천이라고 한다. 시방세계에서 묘한 보는 견이 원만하고 징청하며, 더욱 일체의 오염된 법이 없고 일체의 가라앉은 때[垢]가 맑아졌다. 이와 같은 류의 천상을 선견천이라고 한다. 정미하게 보는 것이 현전하며, 성인의 심성을 도야하는데 장애가 없다. 이와 같은 류의 천상을 선현천이라고 한다. 모든 전조를 철저하게 밝히고, 색성의 공성(空性)을 깊이 밝혀내어 무변무제의 경계로 들어간다. 이와 같은 류의 천상을 색구경천이라고 한다."

■

此中復有五不還天 이 사선천 가운데 다시 다섯의 불환천이 있으며, 모두 성인(聖人)이 머무는 곳이다. 즉 아라한을 증득한 분이 거주하는 곳이다.

於下界中九品習氣, 俱時滅盡. 苦樂雙忘, 下無卜居 아래 세계의 구품의 습기가 동시에 다 소멸되고 고와 낙을 함께 잊어버리며, 아래 세계에는 머물 곳이 없다.

구품의 습기란 무엇인가? 삼계에 모두 구지(九地)가 있으며, 즉 욕계 · 색계 사선천 · 무색계 사공천을 말한다. 구지의 각각의 지에 구품으로 나누어 미혹을 끊기 위하여 수행한다. 상상(上上) · 상중(上中) · 상하(上下) · 중상 · 중중 · 중하 · 하상 · 하중 · 하하(下下)를 합쳐서 구지 구품이라고 하며, 모두 팔십일품의 혹(惑)이라고 한다.

故於捨心, 衆同分中, 安立居處 따라서 이 버리는 마음으로 대중과 같은 신분에 있을 때 허공 속에 구름을 대지로 삼고 이곳에 성인이 머무는 곳을 편안히 세운다. 이것은 다섯 불환천의 하나의 신분(身分)이고 하나의 위치이다.

機括獨行 기(機)란 활에서 화살을 발사하는 곳을 뜻하며, 괄(括)이란 화살의 끝 부분, 화살이 줄과 접촉하는 부분을 말한다. 기는 마음과 같으며, 괄은 경계와 같다. 지금 기괄이 이미 홀로 간다. 즉 활과 화살이 떨어진 것이다. 이것은 마음과 경계가 일치하지 않고 어긋난 것을 뜻한다.

研交無地 앞에서는 투심불교(鬪心不交)라고 하여 어떤 때는 약간이나마 그런 마음이 날 수가 있었는데, 지금은 조금도 이러한 마음이 일어날 여지가 없다는 뜻이다.

精見現前, 陶鑄無礙 무엇을 보든지 간에 모두 이전보다는 월등히 수승하며 더 청정하다. 성인의 심성을 도야하는데 일체가 자재하며 장애가 없다.

究竟群幾 구경이란 철저하다는 뜻이며, 또 원만하다는 뜻이다. 군기란 일체의 징후, 전조, 조짐을 뜻한다.

窮色性性, 入無邊際 색성의 공성(空性)을 깊이 밝혀내어 무변무제의 경계로 들어간다.

■

阿難! 此不還天, 彼諸四禪四位天王, 獨有欽聞, 不能知見. 如今世間曠野深山, 聖道場地, 皆阿羅漢所住持故, 世間麤人所不能見. 阿難! 是十八天, 獨行無交, 未盡形累. 自此已還, 名爲色界.

■

"아난아! 이 불환천은 저 사선천 네 분의 천왕은 홀로 불환천의 존재를 들어 알고 있으며, 기타 일반의 범부는 알지 못한다. 마치 지금 세간의 광야와 깊은 산의 사람이 이르지 못하는 곳, 성인이 계신 도량에는 모두 아라한, 또는 대보살이 머물고 지키는 까닭으로 세간의 모든 거친 사람은 그러한 아라한, 대보살을 만나볼 수 없는 것과 같다. 아난아! 이 십팔천은 홀로 가며 사귐이 없으며, 아직 색상이 다하지 않았다. 이 천상으로부터 아래의 범중천까지를 색계의 천상이라고 한다."

■

彼諸四禪四位天王, 獨有欽聞, 不能知見 저 사선천 네 분의 천왕은 홀로 불환천의 존재를 들어 알고 있으며, 기타 일반의 범부는 알지 못한다.

如今世間曠野深山, 聖道場地, 皆阿羅漢所住持故 마치 지금 세간의 광야와 깊은 산의 사람이 이르지 못하는 곳, 성인이 계신 도량과 같은 곳에는 모두 아라한, 또는 대보살이 머물고 지키는 까닭으로

世間麤人所不能見 세간의 모든 거친 사람은 그러한 아라한, 대보살을 만나볼 수 없다. 비록 모두 같은 세계에 살고 있지만, 그들은 보지 못한다. 이 다섯 불환천도 세상의 심산, 광야에 머무는 아라한과 같이 사선천의 천인도 그들이 어디에 머무는지 모른다는 뜻이다.

是十八天 초선의 세 하늘, 이선의 세 하늘, 삼선의 세 하늘, 사선의 아홉 하늘을 십팔천이라고 한다.

獨行無交, 未盡形累 그들의 천상은 각 천상마다 자기 수행의 인과가 있으며, 사귐이 없다. 즉 청정하여 교류하는 것이 없다. 그리고 그들은 아직 색상이 남아 있다.

自此已還, 名爲色界 이 천상으로부터 아래의 범중천까지를 색계의 천상이라고 한다.

(3) 무색계천(無色界天)

復次阿難! 從是有頂色邊際中, 其間復有二種歧路. 若於捨心, 發明智慧, 慧光圓通, 便出塵界, 成阿羅漢, 入菩薩乘. 如是一類, 名爲迴心大阿羅漢. 若在捨心, 捨厭成就, 覺身爲礙, 銷礙入空. 如是一類, 名爲空處. 諸礙旣銷, 無礙無滅. 其中唯留阿賴耶識, 全於末那半分微細. 如是一類, 名爲識處. 空色旣亡, 識心都滅, 十方寂然, 迥無攸往. 如是一類, 名無所有處. 識性不動, 以滅窮研, 於無盡中, 發宣盡性, 如存不存,若盡非盡. 如是一類, 名爲非想非非想處.

■

"그리고 아난아! 이 유정천의 색계의 가장자리 가운데로부터 다시 두 가지의 갈림길이 있다. 만약 버리는 마음에서 밝은 지혜를 발하여 지혜의 광명이 원통하여 장애가 없으면, 곧 이 삼계를 벗어나 아라한과를 이루고 보살승으로 들어간다. 이와 같은 류의 사람을 '마음을 돌린 대아라한'이라고 한다. 이 천인이 만약 고와 낙의 두 마음을 버리는 데에 있어서 고를 싫어하고 낙도 버리면, 색신이 장애가 됨을 느끼고 그러한 장애를 없애고 공으로 들어간다. 이와 같은 류의 하늘을 공무변처천(空無邊處天)이라고 한다. 모든 장애가 이미 소멸되어 장애도 없고 멸함도 없다. 그 가운데는 오직 아뢰야식만 있으며, 전부 말나식에서 아주 미세한 오염이 있다. 이와 같은 류의 중생이 나는 천상을 식무변처천(識無邊處天)이라고 한다. 공과 색이 이미 없으며, 식심도 모두 멸한다. 시방세계가 적연하여 갈 곳이 없다. 이와 같은 사람이 나는 하늘을 무소유처천(無所有處天)이라고 한다. 식의 성품이 움직이지 않으며, 이 멸함으로써 궁구하고 연구하여 다함이 없는 가운데서 다함이 없는 성품을 드러낸다. 마치 있는 것 같기도 하고 없는 것 같기도 하며, 다한 것 같기도 하고 다함이 아닌 것 같기도 하다. 이와 같은 류의 천인이 나는 하늘을 비상비비상처천(非想非非想處天)이라고 한다."

■

從是有頂色邊際中, 其間復有二種歧路 이들의 천상을 유정천(有頂天)이라고 한다. 이 유정천의 색계의 가장자리 가운데로부터 다시 두 가지의 갈림길이 있다.

 若於捨心, 發明智慧, 慧光圓通 만약 버리는 마음에서 밝은 지혜를 발하여 지혜의 광명이 원통하여 장애가 없으면,

 便出塵界, 成阿羅漢, 入菩薩乘 곧 이 삼계를 벗어나 아라한과를 이루고 보살승으로 들어간다.

 如是一類, 名爲迴心大阿羅漢 회심이란 소승의 마음을 돌려 대승의 마음으로 향하는 것이다.

 若在捨心, 捨厭成就 이 천인이 만약 고와 낙의 두 마음을 버리는 데에 있어서 고를 싫어하고 낙도 버리면,

 覺身爲礙, 銷礙入空 색신이 장애가 됨을 느끼고 장애가 있는 것을 원하지 않아 자기의 몸을 허공과 같은 것으로 관상하여 이러한 장애를 없앤다.

 如是一類, 名爲空處 이와 같은 류의 하늘을 공무변처천(空無邊處天)이라고 한다.

 諸礙旣銷, 無礙無滅 모든 장애가 이미 소멸되어 무색계로 돌아간다. 그리하여 장애도 없고 멸함도 없다.

其中唯留阿賴耶識 이때는 몸이 없으며, 단지 아뢰야식만 있다. 이것은 제8식이다. 아뢰야란 번역하면 장식(藏識)이다. 여래장의 장(藏)이다. 하지만 지금 그것은 완전히 여래장성으로 돌아간 것이 아니므로 단지 장식(藏識)이라고만 부르는 것이다. 장식(藏識)은 당신이 일거일동, 일언일행을 막론하고 당신이 어느 날 만나게 되는 모든 것은 이 장식 속으로 모인다.

全於末那半分微細 말나는 제7식으로 말나식이라고 한다. 또 오염식이라고 한다. 이 오염은 말나식으로부터 변화되어 나온다. 본래 제8식은 비록 무명에서 나온다고 말하지만, 이곳은 여래장성에 근접되어 있어 무슨 오염됨이 없으나, 제7식에 이르러 오염된다. 이 말나식은 반분(半分, 아주 조금이라는 뜻)의 미세한 오염이 있다.

如是一類, 名爲識處 이와 같은 류의 중생이 나는 천상을 식무변처천(識無邊處天)이라고 한다. 이 천인은 단지 식만 있고 신체가 없다.
무소유처천에 이르러서는 아무것도 없다. 이때를 "집도 파괴되고 사람도 죽어 입을 열기도 어렵다[家破人亡口難開]."라고 한다.

空色旣亡, 識心都滅 공도 없고 색도 없다. 따라서 이것을 "집도 파괴되고 사람도 죽은[家破人亡]" 것이라고 한다. 앞에서는 식은 있었지만, 지금은 이 식심도 없다. 모두 공하다. 이것이 "입을 열기가 어렵다[口難開]"고 한다. 식심조차도 없으니 어떻게 말을 할 수 있는가? 근본적으로 말할 것이 없는 것이다.

十方寂然, 迴無攸往 이때 시방세계는 아무것도 없어 적정(寂靜)하며, 갈 곳이 없다. 오는 것도 없고 가는 것도 없다.

如是一類, 名無所有處 이와 같은 사람이 나는 하늘을 무소유처천(無所有處天)이라고 한다. 아무것도 없다는 것이다. 하지만 아무것도 없지만 그의 성품은 여전히 존재하는 것이다. 성품과 허공은 같으므로 이 무소유처천의 천인은 아직 수명이 있다. 수명은 얼마나 긴가? 육만 대겁이다. 비록 수명이 있다고 말하지만 그는 단지 하나의 정(定)이다. 선정속에서 6만 대겁이 있는 것이다. 6만 대겁이 지나면 그의 선정은 파괴된다. 파괴되니 다시 유(有)가 있으며, 유가 있으니 다시 변하여 윤회 속으로 들어가는 것이다.

識性不動, 以滅窮研 식무변처천에서 식이 있을 때는 작용이 있다. 지금 무소유처천에서는 식도 움직이지 않는다. 이 식의 성품이 이미 부동(不動)하여 무엇도 모두 멸한다. 너는 연구하여 어떻게 없다는 것을 알려고 하는가.

於無盡中, 發宣盡性 아무것도 없는 이 속에서 다시 다함이 없음의 다함이 없음을, 다함이 없는 성품을 드러낸다.

如存不存. 若盡非盡 이러한 성품을 드러내면 어떻게 되는가? 마치 있는 것 같기도 하고 없는 것 같기도 하며, 다한 것 같기도 하고 다함이 아닌 것 같기도 하다.

如是一類, 名爲非非想非非想處 비상은 생각이 없는 것이고, 비비상은 생각이 없는 것이 아닌 것이다. 따라서 여전히 아주 조금 그곳에 있으면서 작용을 발생하지 않고, 그곳에서 정에 들어 있다. 얼마나 오랜 시간 정에 들어 있는가? 팔만 대겁이다. 이 천인의 수명은 최장 팔만 대겁이다. 따라서 도를 닦는 사람은 수행할 때 가장 중요한 것은 생각을 내지 않아야 하며, 마음을 내지 않아야 한다. 당신이 한번 마음을 일으키면 장래 과보를 초래하며 과보를 받아야 한다.

■

此等窮空不盡空理, 從不還天聖道窮者. 如是一類, 名不迴心鈍阿羅漢. 若從無想諸外道天, 窮空不歸, 迷漏無聞, 便入輪轉. 阿難! 是諸天上, 各各天人, 則是凡夫. 業果酬答, 答盡入輪. 彼之天王, 卽是菩薩, 遊三摩提, 漸次增進, 迴向聖倫所修行路. 阿難! 是四空天, 身心滅盡, 定性現前, 無業果色. 從此逮終, 名無色界.

■

"이들은 공을 궁구하는 데 있어서 공의 이치를 다 궁구하지 못하거나, 불환천으로부터 성스러운 도를 궁구하지 못한 자는, 이와 같은 류의 사람을 '마음을 돌리지 못한 어리석은 아라한'이라고 한다. 만약 무상천이나 혹은 모든 외도천으로부터 단지 공의 이치에 집착할 줄만 알고 돌아와 보리의 길을 닦는 것을 모르면, 미혹하고 새며 들음이 없어 곧 윤회 속으로 들어간다. 아난아! 이 모든 천상의 각각의 천인은 범부이며, 그들이 지은 선업의 보답을 받는 것이며, 때가 되면 다시 윤회 속으로 들어가 그들의 묵은 빚을 갚아야 한다. 그러나 각 천상의 천왕은 보살의 화신이며, 그들은 그곳에 가서 그들의 삼매를 닦으면서 점진적으로 위로 향상하며, 성인들이 닦아가는 그런 수행의 길로 회향한다. 아난아! 이 네 공천은 몸과 마음이 다 없어지고 단지 움직이지 않는 식이 있으며, 이러한 선정의 성품이 현전하여 업도 없고 과도 없으며 색상도 없다. 공무변처천으로부터 비상비비상처천까지를 무색계라고 한다."

此等窮空不盡空理, 從不還天聖道窮者 이들은 공을 궁구하는 데 있어서 공의 이치를 다 궁구하지 못한, 불환천으로부터 성스러운 도를 궁구하지 못한 자는, 즉 수행의 길에서 아직 진정하게 이해하지 못하고 진정한 지혜가 없는 자를 가리킨다.

如是一類, 名不迴心鈍阿羅漢 이와 같은 류의 사람을 '마음을 돌리지 못한 어리석은 아라한'이라고 한다.

若從無想諸外道天, 窮空不歸, 迷漏無聞, 便入輪轉 만약 무상천이나 혹은 모든 외도천으로부터 단지 공의 이치에 집착할 줄만 알고 돌아와 보리의 길을 닦는 것을 모르면, 미혹하고 새며 들음이 없어 곧 윤회 속으로 들어간다.

業果酬答, 答盡入輪 이것은 다만 그들이 지은 선업의 보답을 받는 것이며, 때가 되면 다시 윤회 속으로 들어가 그들의 묵은 빚을 갚아야 한다.

彼之天王, 卽是菩薩, 遊三摩提, 漸次增進 그러나 각 천상의 천왕은 보살의 화신이며, 그들은 그곳에 가서 그들의 삼매를 닦으면서 점진적으로 위로 향상한다.

迴向聖倫所修行路 그는 보리의 도를 회향하여 성스러운 과를 증득하고 성인과 같은 분들이다. 그들이 수행하는 길은 성인들이 닦는 길과 같다는 것이다.

身心滅盡, 定性現前, 無業果色 몸과 마음이 다 없어지고 단지 움직이지 않는 식이 있으며, 이러한 선정의 성품이 현전하여 업도 없고 과도 없으며 색상도 없다.

從此逮終, 名無色界 공무변처천으로부터 비상비비상처천까지를 무색계라고 한다.

■

此皆不了妙覺明心, 積妄發生, 妄有三界. 中間妄隨七趣沈溺, 補特伽羅, 各從其類.

■

"이들 삼계의 모든 중생은 지혜가 없어 묘각명심을 깨닫지 못하여 허망함을 쌓아 무명을 발생하며, 허망함으로부터 삼계를 만들어낸다. 이 중간에 허망함이 일곱 세계에 윤회하게 되며, 지각을 가진 유정의 중생은 각각 그들의 류를 따른다."

此皆不了妙覺明心, 積妄發生, 妄有三界 이들 삼계의 모든 중생은 지혜가 없어 묘각명심을 깨닫지 못하여 허망함을 쌓아 무명을 발생하며, 허망함으로부터 삼계를 만들어낸다.

中間妄隨七趣沈溺 그래서 이 중간에 허망함이 일곱 세계에 윤회하게 된다.

補特伽羅, 各從其類 보특가라(補特伽羅)는 유정(有情)이라는 뜻이다. 즉 유정의 중생을 말한다. 지각을 가진 유정의 중생은 각각 그들의 류를 따른다.

7) 아수라의 세계

復次阿難! 是三界中, 復有四種阿修羅類. 若於鬼道以護法力, 乘通入空. 此阿修羅從卵而生, 鬼趣所攝. 若於天中降德貶墜, 其所卜居隣於日月, 此阿修羅從胎而出, 人趣所攝. 有修羅王執持世界, 力洞無畏, 能與梵王, 及天帝釋四天爭權. 此阿修羅因變化有, 天趣所攝. 阿難! 別有一分下劣修羅, 生大海心, 沈水穴口, 旦遊虛空, 暮歸水宿. 此阿修羅因濕氣有, 畜生趣攝.

"그리고 아난아! 이 삼계 가운데 다시 네 종류의 아수라의 무리가 있다. 만약 귀신세계에서 불법을 보호한 힘으로 신통의 힘을 타고 공중으로 올라갈 수 있다. 이 아수라는 알에서 나며, 귀신의 세계에 속한다. 만약 천상계에서 덕행이 부족하여 아래로 떨어지면 그들이 거주하는 곳은 해와 달의 근처에 머물며, 이들 아수라는 태로 나기 때문에 인간에 속한다. 아수라왕은 이 세계를 통솔하고 관장하며 그의 힘은 매우 커서 세계를 관통하고 두려움이 없으며, 대범천왕과 천제석, 사대천왕과 패권을 다툰다. 이 아수라는 신통의 힘으로 변화되어 나오며, 천상세계에 속한다. 아난아! 별도로 일부분의 하열한 아수라가 있는데, 큰 바다의 중심 깊은 물의 혈구에 살면서 아침에는 허공으로 다니면서 놀다가 저녁에 물속으로 돌아와 잔다. 이들 아수라는 습기로 인하여 나며, 축생에 속한다."

이 아수라는 번역하면 비천(非天)이라고 한다. 즉 천상인의 복은 있으나 천상인의 덕행은 없다. 또 무단정(無端正)이라고 한다. 생긴 모습이 단정하지 못하다는 것이다. 그러나 남자 아수라는 단정하지 않지만, 여자 아수라는 매우 아름답다. 천상에 속하는 아수라왕은 힘이 매우 세, 손으로 수미산의 정상을 만지면서 흔들면 산이 무너질 정도이다.

3
삼업[殺盜婬]을 끊어야 중생계를 떠난다

阿難! 如是地獄, 餓鬼, 畜生, 人及神仙, 天, 洎修羅, 精研七趣, 皆是昏沈諸有爲想, 妄想受生, 妄想隨業. 於妙圓明無作本心, 皆如空花, 元無所有. 但一虛妄, 更無根緖.

"아난아! 이와 같은 지옥·아귀·축생·인간·신선·천상·아수라에 이르기까지 일곱의 세계를 깊이 연구해 보면, 모두 혼침한 유위의 모습이며, 망상으로 생을 받고 망상으로 업을 따라 난다. 묘원명한 무작의 본심상에서는 모두 마치 허공의 꽃과 같아서 원래 머무는 바가 없다. 그러나 이 허망함은 더욱 뿌리와 두서가 없다."

阿難! 此等衆生, 不識本心, 受此輪迴, 經無量劫, 不得眞淨. 皆由隨順殺盜婬故. 反此三種, 又則出生無殺盜婬, 有名鬼倫, 無名天趣. 有無相傾, 起輪迴性. 若得妙發三摩提者, 則妙常寂. 有無二無, 無二亦滅. 尙無不殺不偸不婬. 云何更隨殺盜婬事?

■

"아난아! 이들 중생은 본래의 마음을 알지 못하여 이러한 생사의 윤회를 받으면서 무량한 겁을 지나면서도 진여의 청정한 본체를 얻지 못하는 것은 모두 살생, 도둑질, 음욕을 따르기 때문이다. 이 세 가지의 업을 돌이키면 살생, 도둑질, 사음이 없음을 낸다. 이 세 가지의 업이 있는 것을 귀(鬼)의 세계라고 하며, 없는 것을 천상세계라고 한다. 살생, 도둑질, 사음의 있고 없음이 서로 다투면서 윤회의 성질을 일으킨다. 만약 진정한 선정력을 얻은 자는 미묘하고 상적하여 세 가지의 업이 있고 없음의 두 가지가 없으며, 있고 없다는 것도 또한 소멸되었으며, 오히려 살생하지 않고 훔치지 않고 사음하지 않은 것도 없는데, 어찌 다시 살생, 도둑질, 사음의 일을 따르겠는가?"

■

阿難! 不斷三業, 各各有私. 因各各私, 衆私同分, 非無定處. 自妄發生, 生妄無因, 無可尋究. 汝勖修行, 欲得菩提, 要除三惑. 不盡三惑, 縱得神通, 皆是世間有爲功用. 習氣不滅, 落於魔道. 雖欲除妄, 倍加虛僞. 如來說爲可哀憐者. 汝妄自造, 非菩提咎. 作是說者, 名爲正說. 若他說者, 卽魔王說.

■

"아난아! 세 가지의 업[殺盜婬]을 끊지 못하고 각각 스스로 짓는 업이 있으면, 각각 사람은 각자가 짓는 업이 있기 때문에 많은 사람[衆]과 자기가 지은 업이 함께 모이는 공동의 분(分)은 일정한 장소가 없는 것이 아니다. 스스로의 망상으로부터 발생하는 것이며, 망상이 생기는 것은 자체가 없고 인이 없어 찾으려고 해도 그 뿌리를 찾을 수 없다. 너는 수행에 힘을 써서 깨달음을 얻으려고 한다면 세 가지의 미혹[殺盜婬]을 제거해야 한다. 이 세 가지의 미혹을 다 제거하지 못하면 설령 신통을 얻더라도 모두 세간의 유위의 공용일 뿐이다. 이러한 습기를 없애지 못하면 장래 마의 길에 떨어질 것이다. 비록 이러한 사람이 망상을 제거하려고 하여도 더욱 허위(虛僞)를 증가시킬 따름이다. 여래는 이런 사람을 가련한 자라고 말한다. 너의 이러한 업은 너 자신의 허망함이 스스로 지은 것이며, 보리의 깨달음의 잘못이 아니다. 이와 같이 말하는 것은 불법에 부합하는 바른 말이며, 만약 이것과 다르게 말하는 것은 마왕의 말이다."

二十一

오십 가지의 음마(陰魔)

1
마의 경계가 오면 알아차려라

卽時如來將罷法座, 於師子床攬七寶几, 回紫金山, 再來凭倚. 普告大衆及阿難言. 汝等有學緣覺聲聞, 今日迴心趣大菩提無上妙覺. 吾今已說眞修行法.

이때 부처님께서는 법좌에서 내려오시려고 하다가 법좌에서 칠보의 탁자를 잡고 자금 빛이 나는 산과 같은 광명이 두루한 몸을 돌려 다시 기대어 널리 대중과 아난에게 말씀하셨다. "너희들 유학과 연각, 성문들은 오늘 마음을 돌려 큰 보리의 무상의 묘각으로 향하였다. 나는 지금 진실한 수행법에 대하여 이미 말하였다."

汝猶未識, 修奢摩他, 毗婆舍那, 微細魔事, 魔境現前, 汝不能識. 洗心非正, 落於邪見. 或汝陰魔, 或復天魔, 或著鬼神, 或遭魑魅, 心中不明, 認賊爲子. 又復於中得少爲足, 如第四禪無聞比丘, 妄言證聖, 天報已畢, 衰相現前, 謗阿羅漢, 身遭後有, 墮阿鼻獄. 汝應諦聽, 吾今爲汝仔細分別.

"너는 능엄대정의 비밀한 관조를 닦는 가운데 발생하는 미세한 마의 일을 아직 모른다. 마의 경계가 현전하면 너는 알 수 없으며, 마음을 깨끗이 하는데 바르지 못하면 삿된 견해에 빠질 수 있을 것이다. 혹은 너의 마음속에서 나오는 음마, 혹은 천상의 마, 혹은 귀신이 몸에 붙는 마, 혹은 이매망량의 요괴를 만나게 되면, 마음 가운데서 인식하지 못하여 도적을 자식으로 착각하게 된다. 그리고 다시 적게 얻어 만족하게 된다. 마치 사선천의 무문비구처럼 성인의 과를 증득하였다는 거짓말을 하게 된다. 천상의 보가 이미 다하여 수명이 다하는 쇠상이 나타나면 아라한도 다음 세상의 몸을 받는다고 비방하여 아비지옥에 떨어진다. 너는 마땅히 주의깊게 들어라. 나는 지금 너를 위하여 자세하게 설명하겠다."

汝不能識 아난은 앞에서 부처님께 어떻게 수행하는지를 미래의 중생을 위하여 법을 청하였다. 그는 비록 수행의 도리를 이해하였을지라도 그는 결코 실제의 경험이 없었다. 이론은 이해하지만 경험이 없었기 때문에 수행하는 가운데 무슨 일이 발생하는지를 모른다. 그래서 부처님께서는 "너는 아직 모른다!"고 하신 것이다.

或汝陰魔 자기의 마음속에서 나오는 마, 즉 자심마(自心魔)를 말한다. 색음으로부터 나오는 열 가지의 마도 자기의 것에 속한다.

或復天魔 천상의 마를 말한다. 왜 천상의 마가 와서 괴롭히는가? 수행인이 선정력이 있기 때문이다. 수행자가 삼매를 얻으면 마왕

의 궁전이 흔들린다. 그래서 그는 세상에 도업을 이루려는 사람이 있다는 것을 안다. 그래서 천마는 수도인의 선정력을 파괴하기 위하여 오는 것이다.

或著鬼神 귀신도 당신이 과를 증득하려고 하면 질투를 한다. 그래서 당신의 마음 구멍으로 뚫고 들어가서 당신의 몸에 붙어 선정을 이루지 못하게 한다. 왜 마가 붙게 되는가? 바로 마음을 세움이 바르지 못하기 때문이다. 따라서 당신이 약간의 삿된 마음을 가지면 마가 붙는 것이다. 이것을 주화입마(走火入魔)라고 한다.

或遭魑魅 혹은 이매망량의 요괴들을 만나게 되는 것을 말한다.

心中不明, 認賊爲子 네가 마의 경계를 만나 마음속에서 인식하지 못하고 이해하지 못하면, 너는 이 도적을 자기의 아들로 인식하는 것이다. 네가 도적을 집안으로 들어오게 하면 집안의 모든 값진 보배를 훔쳐갈 것이다.

무엇이 너의 집안의 값진 보배인가? 내가 지금 솔직하게 알려 줄 테니, 반드시 기억해야 한다. 왜냐하면 이것은 너의 전도와 생명과 큰 관계가 있기 때문이다.

무엇이 너의 보배인가? 바로 너 자신이 본래 갖추고 있는 여래장성이다. 이 여래장성을 그가 빼앗아 갈 수 있는가? 앞에서 정기신(精氣神)을 말하지 않았던가? 네가 만약 너의 여래장성을 회복하려고 한다면, 먼저 너의 정(精)·기(氣)·신(神)을 보존해야 한다. 만약 그것을 보존하지 못하면 그것이 바로 값진 보배를 다른 사람에게 빼앗기는 것이고 강탈당하는 것이다. 그러므로 너는 조심해야 할 것이다.

오온(五蘊)은 본래 공한 것이고 체성이 없는 것이며, 당신 자기에게는 오온이 없는 것이다. 혹여음마(或汝陰魔)라는 데서, 너의 음마는 너 자신의 경계가 온 것을 자기가 집착하는 것이며, 진실로 너의 것이 아니다. 너에게는 근본적으로 음마가 없다. 혹은 너 자신의 음마의 경계가 현전하면 너는 그것을 진짜로 착각하는데, 그것은 근본적으로 옳은 것이 아니다. 색은 바로 공이며[色卽是空], 공은 바로 색이다[空卽是色]. 오온을 비추어 보면 모두 공하다. 오온은 자기의 것이 아니며, 모두 공하며 거짓이다. 자기에게는 이것이 없으며, 이것은 허망한 경계이다.

도적을 자기의 자식으로 착각하면서[認賊爲子] 참된 것으로 생각하는데, 근본적으로 모두 거짓이다. 수행은 경계에 집착하지 않아야 하며, 일체의 집착을 타파하여 제거해야 한다. 아무 것에도 집착하지 않고 공에도 집착하지 않고 유(有)에도 집착하지 않아야 한다. 유란 바로 색법이다.

마음속으로 알지 못하기[心中不明] 때문에 도적을 자식으로 착각하는 것이다. 마치 지금 저 삿된 기가 든 사람을 그들은 모두 대단한 것으로 생각하지만, 실제로는 장래에 모두 지옥에 떨어질 것이나, 그들 자신은 모르고 있다.

'혹조이매(或罼魑魅 혹은 이매망량의 요괴들을 만나게 되는)' 이 경우 결코 반드시 자기가 조작한 것이 아니며, 근본적으로 실체가 없는 것이며, 모두 허망한 것이며, 모두 그림자는 있지만 형체가 없는 것이다. 이것을 당신은 반드시 조작한 것이라고 말하지만 당신도 그것을 사람들에게 보여 줄 수 없는 것이다. 당신이 만든 물건이라면 마땅히 가지고 사람들에게 보여 줄 수 있어야 할 것이다. 그러므로 이러한 허망함을 집착하지 않아야 한다. 이 모두 망령된 것이며, 허망한 것으로부터 이러한 삿된 것이 나오며, 이것은 사견이며, 정확하지 않은 지견에 떨어진 것이다.

비유하면 앞에서 내가 말한 공룡(恐龍)은 사람의 몸에 붙어서 혹은 절을 하기도 하고 혹은 예를 올리며, 혹은 위풍을 드러내며, 혹은 독을 분출하기도 한다. 그가 독을 분출하지만 분출할 방법이 없다. 혹은 꿇어앉고, 혹은 울고 한다. 그러면 이것이 참된 것인가?

일반인은 볼 수도 없는 것이지만, 그녀는 그러한 거짓의 모습을 드러내는 것이다. 그것이 거짓이라고 말하지만 그녀에게는 또한 그러한 일이 실제로 있는 것이다. 이러한 것과 유사한 일을 이곳에서 당신이 인식하는가 못하는가를 보는 것이다. 당신이 만약 반드시 '나는 이것을 믿을 수 없다'라고 말하는 것도 옳지 않다. 당신이 믿지 못하면 당신은 그녀가 왜 그렇게 하는지를 인식해야 한다. 당신이 '나는 보지 못해서 믿지 않아'라고 하는 것도 진정한 지혜가 아니며, 여전히 그곳에서 무슨 일인지를 알지 못한다.

제자 혹부천마(或復天魔)에서 이 천마는 집착하여 천마를 이끌어 온 것인지, 아니면 천마 자신이 직접 온 것입니까?

상인 혹부천마(或復天魔)와 혹집음마(或執陰魔)의 뜻은 같지 않은 것이다. 천마는 존재하는 것이며, 천상에서 오는 것으로서 천마를 만난다는 뜻이다. 천마와 귀신은 모두 진실로 존재하는 것이며 그들 마는 밖에서 오는 것이다. 오직 색·수·상·행·식의 오음은 오직 마음이 나타낸 것이며, 자기의 마음속에서 나타나는 것이다.

제자 저 천마는 상음으로부터 오는 것이 아닙니까?

상인 상음으로부터 오는 것이다. 네 속에 음기가 있으면 비로소 바깥의 마를 불러들인다. 천마는 모두 속에 그러한 그림자가 있으면 바깥에서 그가 오는 것이다. 이것은 마치 냄새나는 변소가 있으면 파리들이 몰려오는 것과 같은 것이다. 왜냐하면 안이 깨끗하지 않기 때문이다.

오음도 허망하게 생겼다가 허망하게 멸한다. 이 오음과 천마는 모두 서로가 원인이 되어 서로 따르는 것이며, 당신도 반드시 그 마가 안에 있다거나 밖에 있다고 말할 필요가 없다. 이 속에는 변화가 무궁무진하며, 그 변화가 불가사의한 것이다. 당신이 반드시 이렇다고 말하면 그 마는 또 그렇지 않으며, 당신이 반드시 그렇다고 말하면 그 마는 또 그렇지 않다. 이것은 이러한 예를 들어서 모두에게 참고가 되게 하는 것이며, 결코 반드시 이런 것이 아니다. 그러한 경계를 말하는 것도 모두 개략적으로 이러한 많은 문제가 이 속에 있다는 것이며, 반드시 그러한 것이 아니다.

이러한 사람들의 간직한 마음이 정당하지 못하고 인식하지 못하기 때문에 따라서 이러한 마의 경계가 오는 것이다. 이것을 음경(陰境)이라고 하며, 바로 음의 경계에 속한다. 그러한 경계를 없애려고도 하지 말고 없애지 않으려고도 하지 않는 것이 바로 마음이 움직이지 않는 것이며, 바로 정(正)이다.

당신은 이러한 경계에 움직이지 말고 이러한 경계를 움직일 수 있어 태연하게 대처하여 여여부동하고 또렷이 항상 밝아야 한다. 당신이 움직이지 않는 것이 바로 지혜이고 움직이면 바로 어리석음이다. 당신이 그것을 추구하면서 '아, 이것은 좋은 경계구나!'라고 생각하면 이것이 어리석음이며, '이것은 나쁜 경계이다'라고 생각하는 것도 어리석음이다. 좋은 경계에 기쁜 마음이 나오는 것도 경계에 움직이는 것이며, 나쁜 경계에 걱정하는 마음이 나오는 것도 경계에 움직이는 것이다.

당신이 꿈을 꾸면서 '아, 나는 이것이 좋은 경계인지, 나쁜 경계인지를 모르겠다.' 이것은 근본적으로 바로 꿈을 꾸는 것이다. 당신이 그것이 좋고 나쁜 것을 관여할 필요가 있는가? 왜 그렇게 긴장할 필요가 있는가? 좋아도 꿈이고 나빠도 꿈이다. 이것은 아무 일도 없어! 당신이 긴장하면서 밥도 못 먹을 정도로 좋아하여도 살이 빠지고, 혹은 걱정하여 물도 마시지 못하여도 살이 빠진다. 당신이 꿈을 집착하지 않으면 깨어 있을 때 꾸는 꿈도 집착하지 않는다. 그러므로 보라. 얼마나 자유로운가!

又復於中得少爲足 진정한 지혜를 가지려면 법을 알아보는 눈이 있어야 한다. 당신이 불법을 알려면 자기가 어떤 정도에 이르렀는지를 알아야 한다. 적은 것을 얻고 만족하면 안 된다.

如第四禪無聞比丘, 妄言證聖 마치 제사선천의 무문비구와 같다. 그는 그렇게 큰 지식이 없고 불법의 도리를 많이 듣지 못하여 아는 것이 적었기 때문에 무문비구라고 한다. 그는 제사선정에 이른 것을 사과의 아라한을 증득한 것으로 생각하였다. 본래 초과·이과·삼과·사과의 아라한 모두 사선천을 초과한 경지인데, 그는 아라한이 된 줄로 착각한 것이다. 사선천은 과를 증득한 경지가 아니고 여전히 범부의 경지이다.

무엇을 무문비구(無聞比丘)라고 하는가? 그는 부처님의 말을 이해하지 못하였기 때문에 사선(四禪)의 경계를 사과(四果)의 아라한의 경계를 얻은 것으로 생각하는 것이다. 그는 이러한 사견으로 말미암아 아비지옥에 떨어진 것이다. 그는 법을 보는 눈이 없었기 때문에 법의 단계를 이해하지 못한 것이다.

따라서 우리들이 말하기를 "이 사람은 과를 증득하였으며, 저 사람은 깨달았다."라고 하는데, 이것은 그야말로 남을 욕하는 것이다. 초선의 경계에서는 맥이 멈추고, 이선의 경계에서는 호흡의 기가 멈추고, 삼선의 경계에서는 생각이 멈추고, 사선의 경계에서는 무념에 머문다. 누가 무념에 이르렀는가? 이러한 경계를 얻었다고 자기가 말하는 것은 간주되지 않으며 다른 사람이 증명해야 하는 것이다.

洗心非正, 落於邪見 이 마음을 씻는[洗心] 것은 마음을 씻는 것 뿐만 아니고 마음속에 사견이 없고 사견에 떨어지지 않는 것이다. 마음을 깨끗하게 수습하지 않으면 마음에 사견이 여전히 남아 있는 것이다. 비정(非正)이란 마음을 깨끗하게 씻지 않아서 바르지 못한 것이다. 당신이 불생불멸을 원하지만 당신 마음속에는 여전히 생멸을 원하는 것이다.

이 뜻은 비유하자면 '나는 남자친구를 원하지 않아!'라고 말하면서 속으로는 여전히 남자친구를 원하는 것과 같은 것이다. 이러한 것을 세심비정(洗心非正)이라고 한다. 안으로는 여전히 삿된 생각을 간직하기 때문에 사견에 떨어진다.

상인 네가 금산사에 있을 때 온 그 여자를 보았지?
제자 저는 보았습니다. 정말 겁이 났습니다.

상인 그녀는 공룡(恐龍)이 사람에게 붙은 것이다. 마가 붙어서 자신이 무슨 보살이라고 사칭하고 있다.

제자 그녀는 40세 정도의 대만에서 온 여인으로 한밤중에 집을 나가곤 하였으며, 그녀의 남편은 정신병에 걸렸다고 그녀를 받아들이지 않았습니다. 그녀는 도처로 절을 찾아다니면서 토요일에 금산사에 와서 스님과 마주 앉았습니다.

제가 보니 그녀의 표정이 매우 흉악하고 한을 품은 모습으로 당시 저는 그러한 진한심(瞋恨心)은 정말 원자폭탄과 같다고 생각했습니다. 그녀는 갑자기 '우' '우' 하는 소리를 내었는데 그 소리가 대단하였습니다. 후에 입에서 마치 무엇을 토해내는 것 같았으며, 손으로는 줄곧 매우 빨리 동작을 하였는데, 정말 이상했습니다.

상인 그녀는 법술로 나와 법을 다투려고 하였다. 너는 모르지만 그녀는 신통을 드러내려고 한 것이었다.

제자 그녀는 또 주를 염송하더니 조금 후 눈물이 얼굴 가득 흘러내렸습니다. 스님께서 "도대체 무엇을 하는가?" 물었습니다.

상인 그녀가 울 때 곧 꿇어앉았다. 그 공룡(恐龍)이 그곳에 엎드리며 절을 한 것이다. 그녀는 항복을 한 것이다. 그녀는 이전 과거생에 줄곧 필사적으로 노력하며 수행하였다. 그러나 계율을 지키지 않아서 지금 용의 몸으로 떨어진 것이다. 비록 신통은 있지만 매우 고통스럽다. 그녀는 왜 수행을 잘 하지 못하는가? 그녀는 "저는 어떻게 수행을 해야 하는지 모릅니다."라고 말하였다. 그리고 매번 『지장경』을 열어 보려고 하면 마치 어떤 힘이 있어 보지 못하게 하였다고 한다. 후에 그녀는 스님에게 먼저 어떤 경을 보아야 하며 어떻게 수행해야 하는지를 물었다.

세심비정(洗心非正)은 존심비정(存心非正)이라고 번역하면 사람들이 더 쉽게 이해할 수 있을 것이다. 마음속에 간직하고 있는 것이 바르지 못하기 때문에 사견에 떨어진다.

이 문단에서 여불능식(汝不能識)이란 것은 마의 경계가 와도 네가 알아차리지 못하기 때문에 세심비정(洗心非正)이라고 한 것이다. 네가 알아차리지 못하는 것도 지혜가 없기 때문이다. 왜 지혜가 없는가? 바로 간직하고 있는 마음이 정당하지 못하고 사견이 있기 때문이다.

무엇을 존심비정(存心非正)이라고 하는가? 비유하면 어떤 사람이 불법을 수행하는데 지혜를 열려고 생각하지 않고 단지 신통을 구하려는 것이다. 마음속의 탐진치, 욕념을 깨끗하게 씻지 않아서 사견에 떨어지며, 무명이 당신을 장애하여 마의 경계가 와도 인식하지 못하는 것이다.

법이란 무엇인가

사람들이 좋아하는 것은 돈이다. 그들은 돈을 천명이라고 생각하고 돈과 조금도 떨어지면 안 된다고 생각한다. 이것은 일반 세속인 모두 가지고 있는 흠이며, 이 돈의 문제에 대하여 간파하지 못하고 놓지 못한다. 자기가 돈의 독에 중독되는 것은 중요하지 않다. 그것을 다시 아들과 손자에게도 중독시키는 것이다. 그래서 돈을 자녀에게 남겨두고 아들은 다시 그의 아들에게 물려주면서 대대로 전해준다. 이것이 바로 돈의 독에 중독되어 벗어나지 못하는 것이다. 이것은 매우 두려운 일이다.

따라서 나는 여러분에게 알려주는데, 돈에는 모두 독이 있다. 여러분이 아직 믿지 못하기 때문에 언제나 돈과 가장 접근하려고 하는

데, 이것이 바로 돈의 독에 중독된 것이다. 돈의 독에 중독되어 이 독이 흘러 자자손손에게 넘어가면서 천추만대로 중독되어 가는 것이다.

내가 이전에 여러 번 이야기한 적이 있는데, 사람은 모두 돈을 저축하는 것을 좋은 일로 여긴다. 그런데 우리 수도인은 돈을 그렇게 중하게 여기지 말아야 할 것이며, 따라서 돈을 저축할 필요가 없다. 우리는 법을 천명과 같이 여기고 한시도 떠나면 안 될 것이다. 이 법은 무엇인가? 일반적으로 불법승의 '법'이라고 말하면서 안다고 한다. 당신은 아직 모르고 있다. 당신이 만약 정말로 안다면, 당신은 당신의 그 법을 잃어버리지 않을 것이다.

도대체에 법(法)은 무엇인가? 법은 바로 기(氣)이다. 우리들의 이 기는 천지에 통하며 모든 부처와 보살들도 우리와 하나의 체이다. 왜냐하면 이 기는 통하는 것이기 때문이다. 이 기는 마치 우리의 호흡의 기와 같이 볼 수 있는 것이며, 그 기 속에서 지배하는 기가 바로 법이다.

따라서 우리는 반드시 기를 함양해야 한다. 기를 밖으로 내보내게 되므로, 화를 내면 안 된다(중국어로 화를 낸다는 것을 生氣라고 한다). 당신이 기를 함양하려고 하면 기를 잃어버리지 않아야 한다. 내가 여러분들에게 가장 중요한 것을 알려주겠다. 당신이 기를 함양하려면 그렇게 많은 말을 하면 안 된다. 수행인이 말을 많이 하면 수행을 할 수 없다. 그러면 당신은 기를 함양할 방법이 없다. 당신이 마음껏 말을 많이 하면 마음대로 법을 잃게 되는 것이다. 법을 잃게 되면 무슨 도를 닦을 수 있겠는가?

■

阿難起立, 幷其會中同有學者, 歡喜頂禮, 伏聽慈誨. 佛告阿難及諸大衆. 汝等當知. 有漏世界十二類生, 本覺妙明覺圓心體, 與十方佛無二無別. 由汝妄想迷理爲咎, 痴愛發生. 生發遍迷, 故有空性. 化迷不息, 有世界生, 則此十方微塵國土, 非無漏者, 皆是迷頑, 妄想安立.

■

아난은 즉시 일어나 아울러 법회 가운데의 유학의 대중들도 기뻐하여 절을 하고 자비로운 가르침을 일심으로 들었다. 부처님은 아난과 모든 대중들에게 말씀하셨다. "너희들은 마땅히 알아야 한다. 유루세계의 12류의 중생은 본각의 묘명하며 깨달음이 원만한 심체는 시방의 부처와 차별이 없다. 너의 망상으로 진리를 미혹한 것이 잘못되어 어리석음과 애욕이 발생하였으며, 모든 것에 미혹함을 내는 까닭으로 허망한 공성을 가지게 되었다. 미혹의 변화가 쉬지 않아 세계가 생겼으며, 이 시방의 미진같이 많은 국토는 새지 않는 것이 아니며, 모두 어리석고 완고한 망상이 안립한 것이다."

■

伏聽慈誨 엎드려서 듣는 것이 아니라 마음속의 생각을 조복하고 일심으로 듣는다는 뜻이다.

由汝妄想迷理爲咎, 痴愛發生 너의 자성과 12류의 중생의 자성과 부처는 차별이 없다. 그러나 너는 참됨을 의지하여 허망을 일으켜 진정한 진리를 미혹하였다. 그래서 잘못이 된 것이다.

가장 큰 잘못은 무엇인가? 바로 어리석음과 애욕이다. 어리석음과 애욕은 두 가지로 말을 하지만 하나로 말할 수 있다. 무명으로 인하여 아무것도 이해하지 못하고 단지 사랑만 안다. 하루 종일 이 애욕만 생각하고 시시각각으로 놓지 못한다.

당신이 만약 불법연구에 대하여 이렇게 주의하면서 시시각각으로 잊지 않으면 매우 빨리 성불할 것이다. 애석하게도 당신은 색(이성)을 좋아하는 이런 마음을 불법을 좋아하는 데에 놓지 못하기 때문에 불법을 배울수록 무미건조하게 느끼는 것이다. 이것은 바로 어리석은 사랑의 잘못으로 그렇게 되는 것이다.

生發遍迷, 故有空性 당신에게 어리석음과 애욕이 있기 때문에 따라서 모든 것에 미혹한다. "지옥에 떨어지면 떨어지지 뭐! 그렇게 많이 생각해서 무얼 해!" 이렇게 생각하면서 아무것도 돌아보지 않는다. 따라서 허망한 공성을 낸다는 것이다.

化迷不息, 有世界生 이러한 미혹이 변화하여 하나의 미혹에서 두 개의 미혹으로 변화하며, 두 개의 미혹이 네 개의 미혹으로 변화하는 것이 쉬지 않는다. 총명한 사람은 이 문단에 마땅히 주의해야 할 것이다. 이것을 당신의 골수 속으로 들어가게 해야 할 것이다.

則此十方微塵國土, 非無漏者, 皆是迷頑, 妄想安立 시방의 모든 세계의 미진같이 많은 국토는 무너지지 않는 것이 아니다. 무루가 아니다. 그것은 근본적으로 체성이 없으며 망상으로부터 이루어진 것이기 때문이다. 이 모두 이해하지 못하고 완고하여 변화하지 못하는 것인데, 이것은 망상이 세우는 것이다.

■

當知虛空, 生汝心內, 猶如片雲點太淸裏. 況諸世界在虛空耶? 汝等一人發眞歸元, 此十方空皆悉銷殞. 云何空中所有國土而不振裂? 汝輩修禪飾三摩地, 十方菩薩, 及諸無漏大阿羅漢, 心精通㳷, 當處湛然. 一切魔王及與鬼神諸凡夫天, 見其宮殿無故崩裂. 大地振坼水陸飛騰, 無不驚慴. 凡夫昏暗, 不覺遷訛.

■

"마땅히 알아야 한다. 허공은 너의 마음 안에서 생하는 것이며, 마치 구름이 태청(푸른 하늘) 안에서 발생하는 것과 같다. 하물며 모든 세계가 허공 안에 있는 것이겠느냐? 너희들 한 사람이 참됨을 발하여 근원으로 돌아가면 이 시방의 허공이 모두 소멸되고 없어지는데, 어찌 허공 가운데의 모든 국토가 갈라지지 않고 존재하겠는가? 너희들 선정을 수행하는 사람이 삼매를 얻으면 시방의 보살과 무루의 대아라한의 마음이 서로 통하고 부합되며, 당처가 담연하다. 일체 마왕과 귀신, 범부의 천상은 그들의 궁전이 아무런 이유도 없이 붕괴되고 갈라지며, 대지가 흔들리고 무너지며 바다와 육지가 비등하는 것을 보고 놀라고 두려워하지 않음이 없다. 우리 세간의 범부들은 어리석고 어두워 이러한 변화를 느끼지 못한다."

■

況諸世界在虛空耶 하물며 모든 세계가 허공에 있는 것이겠는가? 허공은 너의 마음속에 있다. 마치 한 조각 구름이 허공 속에 있는 것과 같다. 한 조각 구름은 허공 속에서 매우 작은 것이지만, 이 허

공은 매우 큰 것이다. 그러나 허공이 너의 마음속에 있는 것도 마치 한 조각 구름과 같이 작은 것이다. 따라서 이것은 우리의 깨달은 성품이 일체의 곳에 두루 가득한 것을 형용한 것이다.

發眞歸元 부처를 이루거나 아라한을 증득하는 것도 발진귀원이라고 한다.

云何空中所有國土而不振裂 허공이 소멸하고 없는데 허공 안의 국토가 어떻게 존재할 수 있겠는가? 그러면 어떤 사람은 이렇게 생각할 것이다. '이미 성불하여 허공이 모두 사라졌는데, 지금 허공은 어째서 여전히 소멸하지 않고 있는가?' 중생의 분상에서는 있는 것이지만, 모든 부처의 분상에서 보면 일체의 허공은 없는 것이다.

心精通㳷 삼매를 얻으면 모든 시방의 보살과 무루의 대아라한의 마음은 서로 통하고 부합된다. 보살·아라한과 우리가 닦는 정이 같은 것이며, 모두 돌이켜 자성을 듣는 능엄대정을 닦기 때문이다.

當處湛然 이러한 청정본연의 모습은 다른 곳에 가서 찾지 말고 당처가 바로 그것이라는 뜻이다. 당처란 바로 청정본연하며 법계에 두루한 여래장성이다.

凡夫昏暗, 不覺遷訛 세간의 범부들은 어리석고 어두워 대지가 여섯 가지로 진동하는 변화를 느끼지 못한다.

이전에 내가 중국 동북에 살 때 어린 제자가 하나 있었는데, 대략 14세 정도 되었다. 비록 나이는 어렸지만 그의 신통이 작지 않아서 하늘에도 오르고 땅으로도 들어갔다. 그는 다섯 가지의 신통을 얻었지만 누진통은 얻지 못하였다.

어느 날 그는 천상으로 놀러갔다. 천상으로 가니 마왕이 좋아하면서 그를 궁전 안에 가두어버렸다. 마왕의 궁전은 영롱한 투명체이며 모두 마치 유리로 만든 것처럼 매우 아름답다. 그는 그곳에 머물게 되었으며, 그가 보니 그의 법신이 그곳에 이르자 마왕이 그를 돌아가지 못하게 하였다. 그래서 그는 나에게 알려주었다.

"스님! 저는 천상으로 갔는데, 지금 돌아갈 수 없습니다."

"누가 너보고 그곳에 가라고 하든가?"

"저는 그곳이 놀기 좋다고 생각하고 가서 보려고 생각했습니다. 천상의 사람이 저를 돌아가지 못하게 합니다."

"그런 곳에 가서 놀면 안 된다. 그곳 육욕천의 천마는 전문적으로 수행인의 선정력을 파괴하려고 생각해. 그래 두려워하지 말고 기다려. 곧 내가 너를 돌아오게 할테니."

이때 그는 매우 두려워하면서 말하였다.

"돌아가지 못하면 어떡해요?"

내가 말했다.

"너는 겁내지 마라. 지금 돌아오게 할게."

그래서 나는 능엄신주의 오대심주(五大心呪: 츠토니 아쟈라 미리주 보리다 라예 닝제리)를 사용하여 그를 돌아오게 하였다. 전에 설명한 적이 있는데, 이 오대심주는 마의 주술을 깨뜨리는 것이다. 마왕의 궁전은 즉시 분쇄되면서 그는 돌아온 것이다. 이것은 진실한 일이다.

■
彼等咸得五種神通, 唯除漏盡, 戀此塵勞. 如何令汝摧裂其處? 是故鬼神及諸天魔, 魍魎妖精, 於三昧時, 僉來惱汝.

■
"그들은 모두 다섯 가지의 신통을 얻고 오직 누진통을 얻지 못하여 이러한 진로(음욕)를 연연해하는 것이다. 그러므로 어떻게 너로 하여금 그들이 사는 곳을 파괴하고 갈라지게 하겠는가? 그러므로 귀신과 모든 천마, 이매망량, 요정들은 네가 삼매에 있으면 모두 와서 너를 괴롭게 한다."

■
唯除漏盡 이 누진은 쉽게 얻을 수 있는 것이 아니다. 무엇이 누진(漏盡)인가? 내가 다시 너희들에게 참되게 말해 주겠다. 남녀를 막론하고 남자는 여자를 생각하고, 여자는 남자를 생각하는 것이 바로 새는[漏] 것이다. 당신이 이러한 생각을 끊지 못하면 그것이 누진을 얻지 못한 것이다.

누진의 경계

나는 지금 정말 진짜를 설명해 주려고 한다. 만약 진짜를 설명하지 않는다면, 마치 덮개를 덮은 것처럼 하면 너희들도 그 안에 무엇이 있는지 모른다. 진짜는 너희들의 정(精)이 새어 나가지 않게 하는 것이다. 너의 정이 새어 나간다면 그것이 바로 새는 것이다. 지금 나는 천지의 비밀을 너희들에게 알리는 것이다. 정이 새 나가지 않아야 할 뿐 아니라 생각이나 마음조차도 없어야 하며, 미세한 염두도 없어야 그것이 누진이다. 지금 이해하였는가? 천마(天魔)는 왜 누진이 되지 못하는가? 바로 음욕심이 있기 때문이다.

戀此塵勞 이 진로(塵勞)는 무엇인가? 바로 음욕이다. 음욕이 바로 진로이며, 진로가 바로 음욕이다. 그(천마)는 바로 이러한 물건을 탐하여 연연하는 것이다.

於三昧時, 僉來惱汝 네가 삼매에 있을 때 그들 모두 와서 무엇을 하려고 하는가? 당승(唐僧)의 고기를 먹으려고 한다.

당승은 누구인가? 바로 당나라의 현장(玄奘) 법사다. 많은 요정들이 그의 고기를 먹으려고 하였다. 이것이 바로 그의 정을 뇌란(惱亂)시키는 것이다. 따라서 당신이 만약 수행하여 선정력이 있으면, 일체의 요마귀괴들도 당신의 고기를 먹으려고 올 것이다. 너의 살을 먹는 것이 아니라, 내가 다시 여러분들에게 진짜를 설명하는데, 오늘 조금도 남기지 않고 전부 드러내는데, 바로 너의 정을 먹으러 오는 것이다. 당신이 음욕심이 없어 정이 충족하기 때문이다.

당신의 정(精) · 기(氣) · 신(神)이 충족하면 이때 그들은 당신이 이렇게 많은 보배를 가지고 있는 것을 보고 말하기를 "나는 반드시 너의 보배를 빼앗아 올거야!"라고 한다. 이것을 위하여 그들은 와서 당신을 파괴하려는 것이다. 그들이 당신을 파괴하려는 원인은 바로 너의 보배를 빼앗아 가기 위함이다. 당신에게 여자친구가 있으면 그 여자친구가 당신의 보배를 빼앗는다. 여자에게 남자친구도 마찬가지이다.

당신 생각에 무엇을 한다고 생각하는가? 당신은 말한다. "나는 불법을 배우며, 불법은 보시를 중시하는데, 나는 나의 보배를 다른 사람에게 주어야지." 그러면 당신은 가난한 귀신으로 변한다. 장래 가난한 귀신은 지옥에 떨어질 것이다. 그때 당신의 보배를 빼앗아 간 사람은 절대로 이렇게 말하지 않을 것이다. "내가 너에게 보배를 조금 줄게, 너는 다시 나갈 수 있어." 그러나 당신을 도울 방법은 없다. 그때 당신은 스스로 생각해 보아라.

■

然彼諸魔雖有大怒, 彼塵勞內, 汝妙覺中. 如風吹光, 如刀斷水, 了不相觸. 汝如沸湯, 彼如堅氷, 煖氣漸隣, 不日銷殞. 徒恃神力, 但爲其客. 成就破亂, 由汝心中五陰主人. 主人若迷, 客得其便. 當處禪那, 覺悟無惑. 則彼魔事無奈汝何. 陰銷入明, 則彼群邪咸受幽氣. 明能破暗, 近自銷殞, 如何敢留擾亂禪定?

■

"그러나 저 모든 마들은 비록 크게 노하지만, 저들은 진로의 오염 가운데 있고 너는 묘각의 가운데에 있어 마치 바람이 빛을 부는 것과 같고, 칼이 물을 베려고 하는 것과 같아서 전혀 서로 접촉할 수 없다. 너는 마치 끓는 물과 같고 저들은 견고한 얼음과 같아서 뜨거운 기운이 점차 얼음을 가까이 하면 하루 만에 얼음을 녹게 할 수 없는 것과 같다. 그들은 헛되이 신통력을 의지하지만 객일 뿐이다. 삼매를 성취하고 파괴되어 어지러워지는 것은 너 마음속의 오음의 주인이며, 주인이 만약 미혹하면 객이 그 틈을 얻어 들어오게 된다. 네가 당처에서 삼매를 얻어 깨달아 미혹함이 없으면, 저 마들의 재능도 너를 어떻게 할 수가 없다. 마의 음기가 소멸하면 너의 지혜는 밝아지며, 저들의 삿된 재주는 모두 어두운 기운을 받은 것으로서 밝음은 어두움을 깨뜨릴 수 있으므로 가까이 가면 저절로 소멸되고 없어질 것이다. 그러므로 어떻게 감히 머물면서 선정을 괴롭히고 어지럽게 할 수 있겠는가?"

陰銷入明 마는 음에 속하는 것이며, 음이 소멸하면 너의 지혜가 밝아진다. 마치 마는 얼음이며 너 자신은 뜨거운 물인 것과 같아서 뜨거운 물이 얼음을 녹이는 것이 음소(陰銷)이다. 마들의 삿된 재능은 모두 어두운 기운을 받은 것이다. 입명(入明)은 너의 지혜의 불이 높게 걸리면 밝음으로 들어가는 것이다.

則彼群邪咸受幽氣 사마외도, 요마귀괴들의 모든 재주는 바로 어두운 기운을 받은 것이다.

음마는 무엇인가?

이 음마는 사실 오십 가지에 그치는 것이 아니라 수없이 많다. 무엇이 음마인가? 본래 아무것도 없는 것인데, 그것이 바로 음기(陰氣)이다. 이 음기는 어디로부터 오는가? 또한 우리 각 사람의 음으로부터 온다. 이 음의 생각이 바로 탐·진·치에 속하는 생각이다. 따라서 색·수·상·행·식의 오음이 나온다. 오음의 각 온(蘊, 오랫동안 쌓여 있는 총체) 속에서 갖가지 음의 모습이 나오는 것이다. 이러한 음의 모습은 공부가 어느 수준에 이르게 되면 반드시 나타나는 정황이다. 당신이 만약 공부가 수준에 이르지 못하면 이러한 음마를 아무리 생각해도 나타나지 않는다. 나타나는 것도 중요하지 않으며, 마에 빠지는 것을 두려워한다고 말할 필요도 없다.

음의 모습이 나타날 때 당신은 태연하게 대처하여 마치 아무 일이 없는 것처럼, 보고도 보지 않은 것처럼, 듣고도 듣지 않은 것처럼 하기만 하면 될 것이다. 당신이 색·성·향·미·촉·법에 들어가지 않을 수 있으면, 이 음마는 조금도 방법이 없을 것이다. 당신이 만약 탐·진·치가 없으면 음마를 항복시킬 수 있을 것이다. 사사롭지 않고, 이기적이지 않고, 구하지 않고, 탐하지 않고, 다투지 않으면 어떤 마도 당신을 어떻게 하지 못할 것이다.

따라서 우리들은 지금 음마를 연구하면서 마가 두렵다고 말하면 안 될 것이다. 거친 비유를 하자면 이 음기는 무엇과 같은가? 마치 물을 끓이는 것과 같다. 물이 끓게 되면 열기가 나오며, 열기가 나오면 물이 끓는다. 당신이 수행하는데 나타나는 마가 있으면 이것도 바로 너의 자성 속의 그 음의 생각이, 음기가 환화(幻化)되어 나오는 것이다. 비록 환화되어 나오지만 당신이 그것에 움직이지 않으면 아무런 일도 없다. 물이 끓을 때 뜨거운 열기가 나오는 것은 무슨 이상한 일이 아니며, 열기가 식으면 그 물을 마실 수 있는 것과 같다.

그리고 사람에게 마의 기가 나타나는 것은 마치 금을 제련하는 것과 같다. 정미한 금이 나오면 찌꺼기는 나가는 것이다. 수도도 진금을 단련하는 것과 같이 금강의 무너지지 않는 몸을 만들려면 시시각각으로 수행하여 어느 정도 높은 경지에 이르면 기뻐하지도 말고 두려워하지도 않아야 한다. 이것이 수도인의 마장을 해결하는 가장 중요한 방법이다.

■
若不明悟, 被陰所迷. 則汝阿難必爲魔子, 成就魔人. 如摩登伽, 殊爲眇劣, 彼唯呪汝破佛律儀. 八萬行中祇毀一戒. 心淸淨故, 尙未淪溺. 此乃隳汝寶覺全身, 如宰臣家, 忽逢籍沒. 宛轉零落, 無可哀救.

■
"만약 네가 깨닫지 못하여 오음의 마에 미혹이 되었으면, 너 아난은 반드시 마의 자식이 되어 마의 일을 성취하는 사람이 된다. 마치 마등가와 같이 매우 열등한 류의 마이지만, 그녀는 단지 선범천주를 사용하여 너의 부처의 율의를 파괴하였으며, 팔만의 행 가운데 단지 하나의 계를 헐었지만, 너의 마음이 청정하였기 때문에 오히려 타락하지 않은 것이다. 이 마는 너의 보각의 전체 몸을 무너지게 한다. 마치 재상이나 대신(大臣)의 집이 갑자기 나라의 죄를 받아 몰락하는 것과 같아서 그 슬픔을 구제할 길이 없다."

2
■
색음(色陰)의 마

■
阿難當知 汝坐道場, 銷落諸念. 其念若盡, 則諸離念, 一切精明, 動靜不移, 憶忘如一. 當住此處, 入三摩地. 如明目人, 處大幽暗, 精性妙淨, 心未發光. 此則名爲色陰區宇.

■

"아난은 마땅히 알아야 한다. 너는 돌이켜 자성을 듣는 공부에서 일체의 생각이 사라지고 없어져 그 생각이 만약 다하게 되면 모든 것이 너의 생각을 떠나며, 일체의 정명한 지혜와 선정력이 동정(動靜)에도 바뀌지 않으며, 기억하고 잊는 것이 여일하다. 이러한 청정한 경계에 머물러 삼매를 얻으면, 마치 눈이 밝은 사람과 같이 어두운 방에 머물면서 비록 정명한 성품이 묘하고 청정하지만, 마음은 아직 진정한 지혜의 광명을 얻지 못하였다. 이것을 색음이 관리하는 곳이라고 한다."

■

汝坐道場, 銷落諸念 네가 돌이켜 자성을 듣는 공부를 닦아서 일체의 모든 생각이 소멸되면 일체의 생각이 없어질 것이다.

其念若盡, 則諸離念, 一切精明, 動靜不移, 憶忘如一 이 생각이 만약 없어질 때 모든 것은 너의 이 생각을 떠나며, 모든 일체의 정명, 모든 지혜와 선정력은 동과 정에도 움직이지 않으며, 기억하고 잊는 것이 같다.

精性妙淨, 心未發光 비록 이러한 정명한 성품이 미묘하고 청정할지라도 마음속에서 아직 진정한 지혜의 광명을 얻지 못하였다.

■

若目明朗, 十方洞開, 無復幽黯, 名色陰盡. 是人則能超越劫濁. 觀其所由, 堅固妄想以爲其本.

■

"만약 눈이 밝으면 시방세계가 모두 툭 터져 다시는 어두움이 없게 된다. 이것을 색음이 없어짐이라고 하며, 이 사람은 겁탁을 초월할 수 있다. 이 사람이 행동하는 원인을 관찰해 보면 견고한 망상으로 근본을 삼는다."

■

시방동개(十方洞開)는 눈으로 시방세계를 보는 것이 아니라 자기가 허공과 합일되는 것처럼 느끼며 시방이 모두 큰 광명을 놓는다. 이것은 그의 눈으로 보는 것은 아니지만, 그는 이러한 광명을 보는 것이다. 이것은 일종의 경계이며, 결코 우리 사람이 상상하는 것과 같은 것은 아니다. 항상 이런 경계를 얻은 사람이 있으며, 어떤 사람은 10년을 수행하여 그의 공부가 이와 같았다. 이것은 불가사의한 경계이며, 일종의 감각이다.

이러한 것들은 모두 환화의 경계이며 참된 것이 아니다. 여기에서 말하는 오십 가지의 음마는 모두 일종의 경계이며, 결코 참된 것이 아니기 때문에 그것을 진짜로 보지 말아야 한다. 이것은 실재하지 않은 것이므로 그것을 참된 것으로 보면 안 된다. 많은 사람들이 이런 경계를 만나 자기가 대단하다고 느낀다.

너희들은 오십 종류의 음마를 보는 데 있어서, 내가 근본적인 개념을 알려주는데 그것을 환타지 소설처럼 보고 비현실적인 것으로 생각해야 할 것이다. 이것은 모든 사람이 얻게 되는 일이 아니며, 따라서 너는 범부의 이러한 모습으로 보고 듣고 하는 것은 안 되며 적합하지 않다. 하지만 이 모두는 잠복된 것이며, 환타지 소설의 내용은 반드시 존재하는 것이 아니다. 수행에 힘쓰는 사람은 이러한 경계가 생긴다.

내가 한 가지 예를 들어 유추하자면, 마치 대마초를 피운 후에 보이는 경계와 같은 것이다. 너희들은 이해가 되었는가? 마약을 흡입한 후 나타나는 경계가 참된 것인가? 객관적인 태도로 이것을 번역해야 한다. 너는 이러한 도리를 이해하게 되면 이 경전을 번역하기가 매우 쉽다. 하지만 이것은 너희들로 하여금 마약을 흡입하고 이것을 번역하라는 것은 아니다.

1) 몸의 장애를 벗어나는 경계

阿難! 當在此中, 精研妙明, 四大不織, 少選之間, 身能出碍. 此名精明流溢前境. 斯但功用暫得如是, 非爲聖證, 不作聖心, 名善境界. 若作聖解, 卽受群邪.

"아난아! 색음이 장차 없어지려고 할 때 광명이 나오기 때문에 이러한 묘한 광명을 정밀하게 연마하면 사대가 서로 작용을 일으키지 못하며 조금 지나면 이 몸의 장애를 벗어난다. 이것을 정명함이 앞의 경계를 흘러넘치는 것이라고 한다. 이것은 단지 잠시 이와 같은 공용일 따름이며, 성스러운 과를 증득한 것이 아니다. 성스러운 과를 증득한 것이라는 마음을 가지지 않으면 좋은 경계라고 할 수 있지만, 만약 성스러운 견해를 가진다면 곧 여러 가지의 삿된 마의 기운을 받을 것이다."

當在此中, 精研妙明, 四大不織 색음이 장차 없어지려고 할 때 광명이 나오기 때문에 이러한 묘한 광명을 정밀하게 연마하면 사대가 서로 작용을 일으키지 못한다.

少選之間, 身能出碍 조금 지나면 이 몸이 장애가 없어진다. 마치 허공과 같아서 육체의 장애를 벗어나는 것이다. 이때를 무엇이라고 하는가? 의생신(意生身)이라고 한다. 이 신능출애(身能出碍)는 바로 이 육체를 떠나 별도의 몸이 더 있다는 것이다. 앞에서 말한 나의 어린 제자와 같이 그가 천상에 간 것은 법신이며, 또 의생신이라고 한다. 이 뜻[意]은 육근의 그 뜻이며, 뜻으로부터 나온 몸이다. 이것을 장애를 벗어난[出碍] 것이라고 한다.

此名精明流溢前境 이것을 정명함이 앞의 경계를 흘러넘치는 것이라고 한다.

제자 정명(精明)의 '명(明)'의 뜻은 광명이라는 뜻인지, 아니면 이해한다는 뜻인지?

상인 이 명은 청정하다는 뜻이다. 정(精)이 극에 이르다는 것이다. 수도하는데 자만(自滿)을 두려워해야 한다. 만약 네가 증득하였다고 생각하면 자만하게 될 것이다. 한 번 자만하면 아만 등이 나올 것이다. 자만하게 되면 지혜수가 적시지 못하며 다시 진보하지 못한다. 진보하지 못하면 이것이 바로 사견에 떨어지는 것이다.

即受群邪 이때 일체의 마가 올 것이며, 마가 오게 되면 이것은 장래 지옥에 떨어지는 것이다.

2) 몸 안을 비추는 경계

■

阿難! 復以此心, 精研妙明, 其身內徹. 是人忽然於其身內, 拾出蟯蛔. 身相宛然, 亦無傷毀. 此名精明流溢形體. 斯但精行暫得如是, 非爲聖證. 不作聖心, 名善境界. 若作聖解, 卽受群邪.

■

"아난아! 다시 이 마음으로 미묘하고 밝은 광명이 그의 몸 안을 투철하게 비추는 것을 정미하게 연마하면, 이 사람은 갑자기 그의 몸 안에서 요충이나 회충을 집어내지만, 그의 몸은 완연하며 손상됨이 없다. 이것을 정명함이 형체를 흘러넘치는 것이라고 한다. 이것은 단지 그의 수행이 정미하여 묘한 행을 발생하는 것으로 잠시 이와 같은 경계가 나타나는 것이며, 성스러운 과를 증득한 것이 아니다. 성스러운 마음을 짓지 않으면 좋은 경계라고 할 수 있으나, 만약 성스러운 견해를 지으면 즉시 삿된 마의 기운을 받을 것이다."

■

이것은 오음 가운데 색음의 두 번째 경계이다. 이러한 마의 경계는 무엇 때문에 오는가? 바로 당신이 수행을 하고 열심히 수련을 하기 때문에 비로소 오는 것이다. 만약 당신이 노력을 하지 않으면 이러한 마의 경계를 찾으려고 해도 찾을 수 없으며, 마는 당신을 거들떠보지도 않는다. 왜 그러한가? 당신은 가난한 사람이기 때문에 마가 와도 가지고 갈 것이 없기 때문이다. 지금 당신이 수행을 열심히 하여 보배를 가지고 있기 때문에 그가 와서 당신의 보배를 빼앗아 가려고 하는 것이다.

그러면 마가 올 때 당신은 어떻게 해야 하는가? 당신은 여여부동하고 또렷이 항상 깨어 있어야 하며, 모습에 집착하지 않고 집착하는 마음을 내지 않아야 한다. '아, 이 경계는 정말 좋아! 다시 한번 오라!' 이렇게 생각하지 말아야 할 것이며, 그것을 환영하지 않으면 그런 일이 없는 것과 같다. "성스러운 증득이 아니다[非爲聖證]"는 것은 과를 증득한 경계가 아닌 것이다. 만약 과를 증득하였다는 생각을 짓지 않으면 이것은 좋은 경계이다.

당신이 만약 성스러운 견해를 지으면서 생각하기를 '아, 나는 지금 정말로 대단해. 내 몸 속의 벌레도 모두 끄집어낼 수 있어!' 이렇게 자기가 신통자재함을 얻었다고 여기면 잘못된 것이다. 당신이 단지 한 생각의 아만심을 가지면 마는 곧 오게 된다. 마는 당신의 아만심을 따라 너의 마음속으로 뚫고 들어온다. 그러면 어떻게 되는가? 너를 이리 저리 흔들면서 선정력을 얻지 못하게 한다.

따라서 도를 닦는 데는 반드시 이러한 도리를 진정으로 이해해야 비로소 구덩이에 떨어지지 않으며, 잘못된 길로 가지 않게 된다. 당신이 만약 불법을 이해하지 못하면 아주 쉽게 잘못된 길로 들어서게 될 것이다. 당신에게 공부가 없으면 문제가 되지 않지만, 공부가 있을 때는 마왕은 시시각각으로 너를 살피면서 들어올 기회를 엿보면서 너를 괴롭힐 것이다.

復以此心, 精硏妙明, 其身內徹 다시 이 마음으로 이러한 미묘하고 광명의 정황을 깊이 연구하면, 그 몸의 안이 통철하게 밝아진다. 이 사람은 수행하여 자기의 몸 안을 볼 수 있게 된다. 만약 항상 몸 안을 볼 수 있으면 괜찮으나, 만약 항상 볼 수 있는 것이 아니고 단지 가끔씩 볼 수 있으면, 이것은 일종의 경계이며, 색음의 경계이다.

3) 정(精)과 넋[魄]이 떨어지고 합하는 경계

▬

又以此心, 內外精硏, 其時魂魄意志精神, 除執受身, 餘皆涉入, 互爲賓主. 忽於空中, 聞說法聲. 或聞十方同敷密義. 此名精魄遞相離合. 成就善種, 暫得如是, 非爲聖證. 不作聖心, 名善境界. 若作聖解, 卽受群邪.

▬

"그리고 이 마음으로 안과 밖을 정미하게 연마하면 그때 혼(魂)·백(魄)·의(意)·지(志)·정(精)·신(神)이 몸을 집지하는 것을 제외하고 남은 기타의 것이 모두 서로 섭입되며, 서로 주인이 되거나 손님이 된다. 그러면 갑자기 허공 가운데에서 설법하는 소리가 들리거나, 혹은 시방의 허공으로 가서 경의 밀의를 듣게 된다. 이것을 정과 백이 서로 떨어졌다 합하는 것이라고 이름하며 선근의 종자를 성취한다. 이것은 잠시 이와 같은 경계를 얻는 것이며, 성스러운 과를 증득한 것이 아니다. 성스러운 마음을 가지지 않으면 좋은 경계이지만, 만약 성스러운 견해를 가지면 즉시 많은 삿된 마의 기운을 받게 된다."

■ **其時魂魄意志精神, 除執受身** 이때 자기의 혼(魂) · 백(魄) · 의(意) · 지(志) · 정(精) · 신(神)이 몸을 집지하는 것을 제외한다.

餘皆涉入, 互爲賓主 혼(魂) · 백(魄) · 의(意) · 지(志) · 정(精) · 신(神)들이 서로 섭입하여 서로 주인이 되거나 손님이 된다.

이전에도 설명한 적이 있는데, 우리의 몸에는 혼(魂)이 셋, 백(魄)이 일곱이 있다. 어떤 것은 단지 귀만 있고, 어떤 것은 단지 눈만 있고, 다른 오근이 없다. 이 삼혼칠백은 각각 하나의 근을 가지고 있으며 기타의 다섯 근은 없다. 그래서 단독으로는 성립할 수 없어 반드시 모두가 공동으로 협력해야 한다. 그리하여 서로가 통할 수 있다. 따라서 당신이 수행을 이루면 육근을 서로 쓸 수 있다. 즉 귀로써 말을 할 수 있다는 것이다. 이렇게 되면 생각할 수 없는 많은 경계가 나온다.

상인 삼혼칠백은 마치 어린아이의 모습과 같다. 하지만 그것은 단지 하나의 근(根)을 가지고 있으며, 많은 근을 가지고 있지 않다. 그것은 사람의 몸에서 사람이 말하고 행동하는 것을 모두 지배하고 있다. 혼백이 함께 모인 연후에 수행을 이루면, 불교에서는 부처[佛], 도교에서는 신선[仙]이라고 한다. 어떤 것은 단지 눈만 있고 어떤 것은 단지 귀만 있어 서로 돕는다. 들을 수 있는 어린아이가 볼 수 있는 어린아이를 도우면서 서로 통할 수 있는 것이다. 따라서 당신이 수행을 이루게 되면 육근을 서로 함께 사용할 수 있다. 귀로서도 밥을 먹을 수 있으며 말을 할 수도 있다. 당신이 생각할 수 없는 경계가 많이 나타난다.

제자 당신은 이전에 어린 제자가 천상에 놀러가서 마왕에게 붙잡혔다고 하였는데, 그 제자가 당신에게 말하기를 "어떻게 할까요? 저는 돌아갈 수 없습니다."라고 하면, 이 경우 그의 혼백이 그곳으로 간 것입니까?

상인 그것은 삼혼칠백 중에서 혹은 하나가 가고 혹은 둘, 셋, 넷이 간 것으로써 모두 일정하지 않다. 밖으로 나가서 그것이 다시 함께 모이는데, 일곱 개의 백(魄)으로 돌아가는 것이 아니고, 혹은 세 개의 혼이 나가서 하나로 합쳐진다. 이것은 묘한 것이며, 그것은 신령한 기운이다.

제자 이것은 수행의 정도에 따라 같지 않은 것입니까? 어떤 것은 적게 나가고 어떤 것은 많이 나갑니까?

상인 나가지 않는 것이 좋다. 힘써 몸 밖으로 나가 노는 것도 위험한 일이다. 어떤 때는 마를 만나 붙잡히기도 한다. 혼백을 붙잡아 가면 이 사람은 멍청해진다. 백치와 같이 되어 사람이 마치 식물과 같이 되는데, 이 모두 혼백이 없는 것이며, 혼백이 마에게 잡혀간 것이다. 혼은 바로 귀(鬼)이며, 수행을 이루면 양(陽)에 속한 것은 신(神)에 속하게 된다. 다시 잘 닦으면 바로 신선이 되며, 다시 잘 닦으면 바로 부처이다. 이것은 모두 이 혼백이 이루는 것이다.

제자 비유하면 하나의 식물인은 그의 삼혼칠백이 나간 것이라면, 비록 그의 신체는 아직 살아 있을지라도 나간 혼백은 다시 다른 한 사람으로 변하는 것은 아닙니까?

상인 다른 한 사람으로 변한 것이 아니면 마를 따라 간 것이다.

따라서 이 사람은 어떤 때는 약간 정신이 있지만 어떤 때는 매우 어리석다.

제자 어떤 수행인의 삼혼칠백이 몸 밖으로 나가서 만약 불보살을 만난다면.

상인 네가 만약 참된 수행을 하면 보이지 않는 가운데 호법신장이 있을 것이다. 나는 이상한 사람들을 너무 많이 만나보았다. 너희들은 이러한 경계를 만나보지 못했으며, 인식하지 못하고 알지 못한다. 대만의 뛰는 동자와 같은 사람들은 모두 오십 가지의 음마의 작용이다.

제자 그들의 수행은 어떤 수준입니까?

상인 그들도 이전에는 수행도 하고 공을 세웠다. 마치 사람과 같이 어떤 것은 잘 배웠고 어떤 것은 잘 배우지 못하였다. 잘 배우지 못하면 곧 마왕의 권속이 된다.

忽於空中, 聞說法聲 허공 속에서 경을 강의하고 법을 설하는 소리를 듣게 된다. 누가 강의하는 것인가? 단지 그 소리만 들을 수 있고 그 사람은 보이지 않는데, 사실은 수행인 자신의 혼(魂)·백(魄)·의(意)·지(志)·정(精)·신(神)이 서로 주빈이 되어 강의하는 것이다.

或聞十方同敷密義 혹은 시방 허공 가운데서 경을 강의하고 법을 설하는 것을 듣는다. 이것은 무슨 도리인가? 이것은 바로 그 수행인이 인지(因地, 전생)에서 경을 들은 적이 있거나 법을 들은 적이 있기 때문에 수행인의 혼(魂)·백(魄)·의(意)·지(志)·정(精)·신(神)이 잊지 않고 있다가 금생에 수행 정진이 극에 이르게 되자 이러한 것들이 비집고 나오는 것이다. 그래서 마치 경을 강의하고 법을 설하는 소리

를 듣는 것처럼 들리는 것이다.

4) 마음의 광명으로 부처님이 나타나는 경계

▪

又以此心, 澄露皎徹, 內光發明, 十方遍作閻浮檀色. 一切種類, 化爲如來, 於時忽然見毘盧遮那, 踞天光臺, 千佛圍繞, 百億國土及與蓮華, 俱時出現. 此名心魂靈悟所染. 心光硏明, 照諸世界, 暫得如是, 非爲聖證. 不作聖心, 名善境界. 若作聖解, 卽受群邪.

▪

"또 이 마음으로 맑음이 드러나 아주 깨끗하고 명철하면 안에서 광명이 나와 시방세계가 두루 염부단금 색이 되며, 모든 태·난·습·화의 사생(四生)의 어떤 종류든지 모두 여래로 변한다. 이때 홀연히 비로자나부처님께서 천광대에 앉아 계시며 그 주위로 천 분의 부처가 둘러싸고 있음을 보게 된다. 백억의 국토와 아울러 연꽃이 동시에 출현한다. 이것을 마음과 혼이 신령스런 깨달음에 물든 것이라고 이름하며, 마음의 광명이 밝음을 연마하여 모든 세계를 비추게 되는 것이다. 이것은 잠시 이와 같이 되는 것이며, 성스러운 과를 증득한 것이 아니며, 성스러운 과를 증득하였다는 마음을 짓지 않으면 좋은 경계이지만, 만약 성스러운 견해를 지으면 즉시 많은 삿된 마의 기운을 받게 된다."

一

　잠시 이와 같음을 얻는다[暫得如是]는 것은 이런 경계는 가끔 나타나는 경계이기 때문이다. 왜 이러한 경계가 있게 되는가? 수행의 정진이 극에 이르면 가끔 허망하고 진실하지 않은 경계가 나타난다. 비록 허망하고 진실한 것이 아니지만, 그러나 당신이 정진하여 상당한 정도에 이르렀기 때문에 이런 그림자의 상이 생기는 것이다.

　이런 그림자의 모습은 단지 일시적인 것이며 잠시 이와 같은 것으로서 오랫동안 그런 것이 아니다. 만약 오랫동안 지속되어 이러한 경계가 언제나 나타나면 이것도 반드시 참된 것이 아닌데, 하물며 가끔 그러한 경계가 나타나는 것이겠는가? 그러므로 이 모두는 도적을 자식으로 인식할 필요가 없으며, 이런 경계를 성스러운 경계로 여길 필요가 없다.

　이것은 구경의 법이 아니며, 아직 도의 가장자리에도 이르지 못했는데 무슨 증과를 논할 대상이 아니다. 당신은 진정한 지혜를 얻지 못하고 얻었다고 생각하는 것은 일종의 잘못된 감각이다. 따라서 이런 경계를 집착하면 안 되는 것이다. 집착하지 않으면 그것이 무엇이든지 간에 큰 문제는 없다.

　영오소염(靈悟所染)의 염(染)은 드러난다[顯]고 말할 수 있으며, 또 그림자의 영상이라고 말할 수 있으며, 한 층의 운무(雲霧)의 모습이라고 할 수 있다. 따라서 그것은 참된 것이 아니다. 당신이 이것을 알려고 이리 말하고 저리 말해도 모두 구경의 것이 아니며, 잠시 이와 같은 것이다.

　당신은 이러한 경계를 대단하다고 여기지 말아야 하며, 이것은 매우 평상한 것이므로 수행하는 데 자만하지 않아야 할 것이다. 다시 당신이 과를 증득하여 성인을 이루고 아라한을 이루고 보살을 이루었다고 해도 자만하지 않아야 할 것이며, "아, 나는 보살이야! 너희들은 이해하는가?"라고 말하면 안 될 것이다. 이렇게 말하면 바로 무뢰한이며, 바로 불교의 망나니에 불과하다.

무릇 다른 사람이 그를 활불이니, 대보살이라고 칭호하는 것은 괜찮지만, 만약 자기 스스로 공공연히 자기는 활불이며, 보살·아라한·출세의 성인이라고 인정하면 이 모두 요마기괴가 세상에 출현하여 아무것도 알지 못하는 일반인을 어지럽게 하고 불법을 모르는 사람을 어지럽게 하는 것이다. 그리하여 이것은 가짜를 진짜로 속이는 것으로서 문제가 발생할 것이다.

왜 이런 말을 하는가? 사람들이 도적을 자식으로 착각하는 것이 걱정되고 이러한 경계를 보고 집착할까 걱정되기 때문이다. 중요한 것은 이러한 경계에 집착하지 않고 관여하지 않으면 무슨 문제가 되지 않는다는 것이다.

5) 허공이 보배의 색을 이루는 경계

又以此心, 精研妙明, 觀察不停, 抑按降伏, 制止超越. 於時忽然十方虛空, 成七寶色, 或百寶色. 同時遍滿, 不相留碍, 靑黃赤白, 各各純現. 此名抑按功力逾分. 暫得如是, 非爲聖證. 不作聖心, 名善境界. 若作聖解, 卽受群邪.

"또 이 마음으로 마음의 묘명함을 정미하게 연마하여 관찰함을 쉬지 않으면, 마음을 억눌러 조복시키고 초월하지 못하도록 제지한다. 이때 홀연히 시방의 허공이 칠보의 색, 혹은 백 가지 보배의 색으로 이룬다. 동시에 허공에 두루 가득 차 서로 장애하지 않는다. 청·황·적·백의 색이 각각 순수하게 자기의 색을 나타낸다. 이것은 마음을 억눌러 공력이 평소의 분량을 넘어선 것이라고 한다. 이것은 잠시 이러한 경계를 얻은 것이며, 성스러운 증득이 아니다. 성스러운 증득이 아니라고 생각하면 좋은 경계이지만, 만약 성스러운 경계라는 견해를 가지면 즉시 많은 삿된 마의 기운을 받게 된다."

■

抑按降伏, 制止超越 억눌러 조복시키고 그것이 초월하지 않도록 제지한다는 뜻이다.

此名抑按功力逾分 마음을 억눌러 망상을 짓지 않도록 하여 오래되면 정진하는 공력이 평상시의 분량을 넘어서게 된다.

6) 어둠 속에서 사물을 볼 수 있는 경계

■

又以此心, 研究澄徹, 精光不亂. 忽於夜半, 在暗室內, 見種種物, 不殊白晝. 而暗室物, 亦不除滅. 此名心細密澄其見, 所視洞幽. 暫得如是,非爲聖證. 不作聖心, 名善境界. 若作聖解, 卽受群邪.

■

"그리고 이 마음으로 연구하는 것이 청정하고 투철하여 정미한 광명이 어지럽지 않으면, 갑자기 한밤중에 어두운 방 안에서 갖가지의 사물을 볼 수 있으며, 대낮과 차이가 없다. 그리고 어두운 방 안의 사물뿐 아니라 바깥의 사물도 볼 수 있다. 이것은 마음이 세밀하여 그 보는 것도 청정하여 어두운 곳의 물건도 꿰뚫어 볼 수 있는 것이라고 한다. 이것은 잠시 이러한 경계를 얻은 것이며, 성스러운 증득이 아니다. 성스러운 증득이 아니라고 생각하면 좋은 경계라고 하지만, 만약 성스러운 경계라는 견해를 가지면 즉시 많은 삿된 마의 기운을 받게 된다."

■

而暗室物, 亦不除滅 방 안에 본래부터 있던 물건도 볼 수 있을 뿐 아니라 방의 바깥에서 오는 물건도 볼 수 있다는 뜻이다.

此名心細密澄其見, 所視洞幽 이것은 마음이 세밀하여 그 보는 것도 청정함이라 하며, 어두운 곳의 물건도 꿰뚫어 볼 수 있다.

어떤 수도인은 청정함이 극에 이르면 광명이 두루 비친다. 갑자기 그는 일체의 사물을 볼 수 있다. 이것은 무엇이 보는 것인가? 바로 그는 부처의 눈[佛眼]을 열어 보는 것이다. 이러한 부처의 눈은 결코 사람마다 열 수 있는 것이 아니다. 그리고 한번 열렸다고 해서 영원히 열리는 것은 아니다. 그는 어두운 방 안의 사물을 볼 수 있을 뿐 아니라 바깥에서 오는 사물도 볼 수 있다. 바깥에서 오는 것은 무엇인가? 혹은 귀신을 보기도 하고 보살을 보기도 하고 혹은 부처를 보기도 한다.

이상에서 설명한 이런 경계도 일정한 것은 아니며, 사람마다 생기는 것도 아니다. 부처의 눈에 이야기가 이르러 말하는데, 어떤 사람은 불안(佛眼)을 열면 영원히 열 수 있는데, 이것을 과보로 신통을 얻는 것[報得通]이라고 한다. 즉 그가 전생에 수행 정진하여 천수천안(千手千眼)의 법을 닦으므로 세세생생 부처의 눈을 여는 것이다. 어떤 사람은 임시로 열리며, 영원한 것이 아니다. 왜 영원한 것이 아닌가? 사람의 마음이 언제나 청정하지 않기 때문이다. 만약 너의 마음이 언제나 청정하고 전생에 천수대비의 법을 닦은 적이 있으면 영원히 열 수 있다.

7) 몸이 초목과 같아지는 경계

■

又以此心, 圓入虛融, 四肢忽然同於草木, 火燒刀斫曾無所覺. 又則火光不能燒爇. 縱割其肉, 猶如削木. 此名塵幷, 排四大性, 一向入純. 暫得如是, 非爲聖證. 不作聖心, 名善境界. 若作聖解, 卽受群邪.

■

"또 이 마음이 원만하여 텅 비고 융합되면, 신체의 사지가 갑자기 초목과 같아져서 불로 태우고 칼로 베어도 지각이 없으며, 또 불이 태워도 뜨겁지 않으며 설령 그 살을 베어도 마치 나무를 깎는 것과 같다. 이것은 모든 진(塵)이 합병되어 사대의 성질이 하나로 합성되어 줄곧 순수함으로 들어가는 것이라고 한다. 이것은 잠시 이러한 경계를 얻은 것이며, 성스러운 증득이 아니다. 성스러운 증득이 아니라고 생각하면 좋은 경계라고 하지만, 만약 성스러운 경계라는 견해를 가지면 즉시 많은 삿된 마의 기운을 받게 된다."

8) 두루 보는 데 장애가 없는 경계

又以此心, 成就淸淨, 淨心功極, 忽見大地十方山河皆成佛國, 具足七寶, 光明遍滿. 又見恒沙諸佛如來遍滿空界, 樓殿華麗. 下見地獄, 上觀天宮, 得無障碍. 此名欣厭, 凝想日深, 想久化成. 非爲聖證, 不作聖心, 名善境界. 若作聖解, 卽受群邪.

"또 이 마음으로 성취함이 청정하고 청정한 마음의 공부가 극에 이르면, 홀연히 시방의 모든 산하대지가 모두 불국토를 이루고, 칠보를 구족하며 광명이 두루 가득함을 보게 된다. 또 항하사의 제불 여래가 허공계에 가득 차고 누각과 궁전이 화려함을 보며, 아래로는 지옥을 보고 위로는 천궁을 보는데 아무런 장애가 없다. 이것은 좋아하고 싫어하는 생각이 응결됨이 나날이 깊어지고 생각이 오래되어 이러한 경계를 이루게 된 것이라고 한다. 이것은 잠시 이러한 경계를 얻은 것이며, 성스러운 증득이 아니다. 성스러운 증득이 아니라고 생각하면 좋은 경계라고 하지만, 만약 성스러운 경계라는 견해를 가지면 즉시 많은 삿된 마의 기운을 받게 된다."

■

此名欣厭, 凝想日深, 想久化成 평소 수행자가 좋아하고 싫어하는 생각이 응결되어 마치 닭이 알을 품듯이 한마음으로 뜻을 모으며 일심으로 생각하는 것을 말한다. 좋아하는 것은 불국토를 좋아하며, 지옥은 고통스러우니 싫어하는 것이다. 그러한 전일한 생각이 오래되고 오래되면 이러한 경계를 이루게 된다.

9) 먼 곳의 모습이 보이고 소리가 들리는 경계

■

又以此心, 硏究深遠. 忽於中夜, 遙見遠方市井街巷, 親族眷屬, 或聞其語. 此名迫心逼極飛出, 故多隔見. 非爲聖證, 不作聖心, 名善境界. 若作聖解, 卽受群邪.

■

"그리고 이 선정을 닦는 마음으로 연구함이 심원하면, 갑자기 한밤중에 먼 곳의 시가지의 모습과 친족권속을 보게 되며, 혹은 그들의 말을 듣게 된다. 이것은 마음으로 하여금 망상을 짓지 못하도록 핍박함이 극에 이르러 이러한 경계가 날아 나온 것이라고 한다. 따라서 멀리 떨어져 있어도 보이는 것이다. 이것은 잠시 이러한 경계를 얻은 것이며, 성스러운 증득이 아니다. 성스러운 증득이 아니라고 생각하면 좋은 경계라고 하지만, 만약 성스러운 경계라는 견해를 가지면 즉시 많은 삿된 마의 기운을 받게 된다."

10) 허망한 견해를 내고 설하는 경계

■

又以此心, 研究精極. 見善知識, 形體變移. 少選無端種種遷改. 此名邪心含受魑魅, 或遭天魔入其心腹. 無端說法, 通達妙義. 非爲聖證, 不作聖心, 魔事銷歇. 若作聖解, 卽受群邪.

■

"또 이 마음으로 연구함이 정미하고 극에 이르면, 과거의 선지식의 형체가 변이하는 것을 보게 되며, 얼마 지나지 않아서 무단으로 갖가지의 모습으로 변천하고 바뀐다. 이것은 삿된 마음속에 이매(魑魅) 귀신이 있거나 혹은 천마가 그의 마음속으로 들어간 것이라고 한다. 그는 묘한 도리를 통달한 것처럼 무단으로 법을 설하는데, 이것은 성스러운 증득이 아니다. 성스러운 증득이 아니라고 생각하면 마의 일이 소멸하지만, 만약 성스러운 경계라는 견해를 가지면 즉시 많은 삿된 마의 기운을 받게 된다."

■

見善知識, 形體變移 그는 이때 선지식을 보게 되는데, 이것이 무엇인가 하면, 과거에 그가 따르면서 법을 배우던 선지식을 말한다. 이 선지식의 형체가 변화되면서 그는 삿된 지견을 낸다. 사실 그가 보는 견은 진정한 견이 아니다. 이러한 바뀌는 모습은 그의 망상이 변한 것이다.

少選無端種種遷改 얼마 지나지 않아서 두서없이 갖가지의 이상하게 변화하는 모습이 나온다. 하지만 이런 경계는 어떤 때는 좋게 변하고 어떤 때는 나쁘게 변하는데, 이것은 수행자가 선근이 충족하면 좋은 쪽으로 변하며, 선근이 부족하면 좋지 않은 쪽으로 변한다. 따라서 갖가지로 변천하고 바뀐다고 말하는 것이다.

말법시대에는 사람들이 빠르고 첩경인 길을 탐하기 때문에 이런 것이 무슨 요행의 수확이라고 생각하며, 마치 도박에서 돈을 딴 것처럼 생각한다. 따라서 어떤 사람은 도처로 다니면서 기웃거리는데, 밀종을 연구했다가, 또 이것을 하다가 저것을 해 보다가 한다. 이렇게 왔다 갔다 하면서 길에서 시간만 헛되이 보내고 결과적으로는 아무 것도 이해하지 못한다. 우리는 지금 이러한 경계를 인식해야 하며, 이것을 인식하지 못하면 다른 길로 빠져들기 쉽다.

阿難! 如是十種禪那現境, 皆是色陰用心交互, 故現斯事. 衆生頑迷, 不自忖量, 逢此因緣, 迷不自識, 謂言登聖, 大妄語成, 墮無間獄. 汝等當依如來滅後, 於末法中宣示斯義. 無令天魔得其方便, 保持覆護, 成無上道.

■

"아난아! 이와 같은 열 가지의 선정에서 나타나는 경계는 모두 색음이 마음으로 연구하기를 극에 이르면, 이런 일들이 나타난다. 중생은 완고하고 어리석어 스스로의 수준을 헤아리지 못하고 이러한 인연을 만나면, 미혹하여 스스로 인식하지 못하고 성스러운 과를 증득하였다고 말한다. 이것은 큰 거짓말을 하는 것으로 무간지옥에 떨어진다. 너희들은 마땅히 내가 말한 가르침에 의지하여 여래가 멸도한 후 말법시대에 이러한 도리를 널리 알려 천마가 그 틈을 얻지 못하도록 할 것이며, 진정한 불법을 보호하고 지녀서 무상의 도를 이루도록 하여야 한다."

■

우리는 무슨 일을 하든지 간에 삼가고 조심해야 한다. 소위 "털끝만큼의 차이가 나중에는 천 리나 차이가 난다."고 하는 것이다. 불법을 배우면서 잘못하면 지옥에 떨어지는데, 무엇 때문인가? 바로 가르침에 따라 행하지 않고 진정으로 오계를 지키지 않기 때문이다. 오계조차도 지키지 못하면서 언제나 성불하려고 하는데, 어찌 이런 도리가 있겠는가?

따라서 이 점을 우리들 불법을 배우려고 하는 사람은 곳곳에서 점검하여 조금도 잘못되면 안 될 것이며, 한시라도 대충해서는 안 된다. 이것을 매우 주의하고 주의해야 할 것이다. 하지만 또한 너무 고지식하게 해도 안 되며, 활발발하게 하여 계율을 살아나게 해야 할 것이다. 이것은 오계로써 몸을 움직일 여지도 없게 자기를 꽉 묶으라는 것이 아니다.

3
수음(受陰)의 마

阿難! 彼善男子, 修三摩提, 奢摩他中色陰盡者, 見諸佛心, 如明鏡中顯現其像. 若有所得, 而未能用. 猶如魘人, 手足宛然, 見聞不惑, 心觸客邪而不能動. 此則名爲受陰區宇.

"아난아! 저 선남자가 선정을 닦을 때 삼매 가운데서 색음이 다하려는 것은 모든 부처를 보는 마음이 마치 밝은 거울 가운데 그 상이 나타나는 것과 같다. 마치 얻은 것이 있는 것 같지만 그것을 쓸 수가 없다. 마치 염매귀에 가위 눌린 사람과 같아서 수족도 완연히 존재하고, 보고 듣는 것도 미혹하지 않았는데, 마음이 삿된 기운을 받아 움직일 수 없는 것이다. 이것을 수음이 관리하는 범위라고 한다."

若魘咎歇, 其心離身, 反觀其面, 去住自由, 無復留碍, 名受陰盡. 是人則能超越見濁. 觀其所由, 虛明妄想以爲其本.

■

"만약 염매귀에 가위 눌리는 것이 쉽게 되면 이러한 현상이 없어지는데, 너의 마음이 신체를 떠나게 되면 너는 자기의 얼굴을 돌이켜 볼 수 있으며, 가고 머무는 것이 자유로우며, 다시는 장애가 없게 된다. 이것을 수음이 다한 것이라고 한다. 이런 사람은 견탁(見濁)을 초월할 수 있다. 수음이 나온 내력을 살펴보면, 허명한 망상을 근본으로 삼는다."

■

허명망상(虛明妄想)에서 허(虛)란 거짓이라는 뜻이고, 명(明)이란 이해한다는 뜻이다. 이것은 정말로 이해하는 것이 아니라 거짓으로 이해한다는 것이다. 망상은 본래 거짓이며, 그것이 망상인지를 모르고 자기가 망상을 하고 있는 것을 모르는 것이다. 이것은 마치 거울 속에 상이 나타나는 것과 같다. 이것이 허명이다. 하지만 사용할 수 있는 무엇이 없는 것이다. 거울 속에 나타나는 물건의 상을 어디에 사용할 수 있겠는가?

무엇에도 쓸 수가 없는 것이 바로 허명이다. 마치 어린아이가 매우 총명하여 그에게 "너는 몇 살이지?"라고 물으면, "나는 여덟 살입니다."라고 대답한다. 다시 묻기를 "너는 왜 아홉 살이 아니지?"라고 하면 그는 왜 아홉 살이 아닌지를 모른다. 여러분이 보기에 그가 비록 매우 총명하지만 그는 "나는 다시 일 년이 지나면 아홉 살이 됩니다."라고 말할 줄을 모른다. 내가 다시 묻기를 "너는 왜 항상 일곱 살이 아니지?"라고 물으면 그는 어떻게 말해야 할지를 모른다. 이것을 허명이라고 부른다. 매우 간단한 일을 이해하지 못하는 것이다. 만약 어른이라면 그는 반드시 대답할 수 있을 것이다. 어린아이이기 때문에 이해하지 못하는 것이다. 이것이 허명이다. 마치 수음과 같이 그는 이것이 망상이라는 것을 이해하지만, 또한 이것이 망상이라는 것을 이해하지 못한다. 이 시기에서 허명망상이라고 부른다.

첫 번째의 망상(색음)은 견고한 망상이며, 마치 나무토막처럼 견고하다. 그리고 수음의 망상은 투명하지 않은 유리의 모습이다. 따라서 허명하다고 하는 것이다. 융통망상(상음)은 유리 속이 보이는 것이다. 융통(融通)이란 안에서 바깥을 볼 수 있는 투명한 유리와 같은 것이다. 행음의 유은(幽隱)망상은 유리 속의 미세한 것들이 모두 보이는 것과 같은 것이다. 식음의 전도(顚倒)망상은 아무것도 없으며 모두 보이는 것이지만 안에는 여전히 망상이 있는 것이다.

견고망상은 철선으로 된 깨지지 않는 유리, 창으로 때려도 깨지지 않는 이것을 견고망상이라고 한다.

1) 슬픔의 마[悲魔]

阿難! 彼善男子, 當在此中得大光耀. 其心發明, 內抑過分. 忽於其處發無窮悲. 如是乃至觀見蚊虻, 猶如赤子, 心生憐愍, 不覺流淚. 此名功用抑摧過越. 悟則無咎, 非爲聖證. 覺了不迷, 久自銷歇. 若作聖解, 則有悲魔入其心腑. 見人則悲, 啼泣無限. 失於正受, 當從淪墜.

"아난아! 저 선남자는 이러한 가운데서 큰 광명을 얻어 그 마음을 안으로 억제함이 과분하여 갑자기 그 마음에서 다함이 없는 슬픔이 나온다. 이와 같이 내지 모기나 파리를 마치 어린애와 같이 보며, 마음에서 연민이 생겨 자기도 모르게 눈물이 흐른다. 이것은 정진하면서 억제함이 너무 과하여 발생하는 것이라고 한다. 만약 이러한 잘못을 이해하면 허물이 없으며, 이것은 동체대비라는 성스러운 증득이 아니다. 만약 깨달아 미혹하지 않으면, 시간이 오래 지나면 저절로 없어진다. 만약 성스러운 증득이라는 견해를 가지면, 슬픔의 마가 그의 마음으로 들어와 사람을 보면 슬퍼하며 한없이 울게 된다. 그리하여 바른 선정을 잃게 되어 당연히 마왕을 따라 지옥으로 떨어지게 된다."

내가 중국 동북에 있을 때 류금동이라는 여자가 있었다. 그녀는 사람을 보면 울기 시작하면서 말하기를 "너로구나, 이전에 나의 몇번째 아들이었다. 너는 지금 돌아왔구나. 너는 엄마를 찾았어!"라고 했다. 그녀가 울면 이 사람도 무슨 영문인지 모르고 정말로 엄마를 찾은 것인지 생각한다. 사실은 마왕을 만난 것이다.

2) 용맹의 마

阿難! 又彼定中諸善男子, 見色陰銷, 受陰明白. 勝相現前, 感激過分. 忽於其中生無限勇, 其心猛利, 志齊諸佛. 謂三僧祇一念能越. 此名功用陵率過越. 悟則無咎, 非爲聖證. 覺了不迷, 久自銷歇. 若作聖解, 則有狂魔入其心腑. 見人則誇, 我慢無比. 其心乃至上不見佛, 下不見人.

失於正受, 當從淪墜.

■

"아난아! 그리고 저 선정 가운데서 모든 도를 닦는 선남자는 색음이 소멸되면 수음이 분명하게 된다. 그리하여 수승한 모습이 현전하며 그러한 모습에 너무 감격하여 갑자기 그 가운데서 무한한 용맹심이 나오면서 그의 마음은 용맹하고 날카로우며 모든 부처와 같다고 생각하게 된다. 그래서 삼 아승기의 겁을 일념에 초월할 수 있다고 말하는데, 이것은 정진함이 남을 초월하고 능가하는 것이라고 한다. 만약 이러한 잘못을 이해하면 허물이 없으며, 이것은 성스러운 증득이 아니다. 만약 깨달아 미혹하지 않으면, 시간이 오래 지나면 저절로 없어진다. 만약 성스러운 증득이라는 견해를 가지면, 미친 마가 그의 마음속으로 들어와서 사람을 보면 자기를 과장하고 아만의 마음이 누구보다도 높게 된다. 그의 마음은 위로는 부처를 보지 않고, 아래로는 사람을 보지 않는다. 그리하여 바른 선정을 잃고 당연히 마를 따라 지옥으로 떨어진다."

■

其心猛利, 志齊諸佛. 謂三僧祇一念能越 그의 마음이 용맹하고 날카로우며 모든 부처와 같다고 생각하면서 삼 아승기겁을 한 생각으로 초월한다고 말한다. 따라서 그는 자기가 바로 부처라고 말한다. 자기가 부처일 뿐 아니라 또 모든 사람도 바로 부처라고 말하는데, 이러한 사람이 삿된 지견에 떨어진다.

그래, 모든 사람이 부처다. 하지만 수행을 해야 한다. 수행이 한 생각 사이에 부처를 이루는 것이 아니다. 이 수행은 장원(長遠)한 시간을 요한다. 당신이 만약 불법을 이해하면 불법에 따라 수행하는데, 시간이 오래되지 않으면 한 생각에 부처를 이룰 수 없다.

이러한 사람은 수행하는 데 가르치는 선지식이 없기 때문에, 그리고 자기도 지혜가 없기 때문에 힘든 수련을 하지만 일종의 삿된 지견을 내는 것이다.

위삼승기일염능월(謂三僧祇一念能越)이란 내가 너희들에게 일러주는데, 이러한 경계, 즉 문득 초월하는[頓超] 것이 가능하다. 그러나 문득 초월하는 사람은 이러한 경계를 얻어도 사람들에게 선전하지 않으며, 도처에 광고하지 않는다. "나는 이미 어떻다!"라고 말하지 않는다.

영가 대사의 「증도가」에서 말씀하기를 "찰나에 삼 아승기의 겁을 없애네[刹那滅卻三祇劫]."라고 하신 것도 이 모두 일념간이다. 그러나 그가 이러한 경계를 얻지만, 각지로 다니면서 속이지는 않는다.

왜 이렇게 선전하는가? 다른 사람들로 하여금 그에게 믿음을 내게 하려는 것이다. 당신이 만약 정말로 이러한 경계를 얻었다면 사람들이 당신에게 믿음을 내지 않는 것에 무엇을 겁낼 것이 있는가? 여전히 탐할 것이 있고 구할 것이 있는가! 탐하고 구할 것이 있기 때문에 바로 삿되다고 하는 것이다. 이것이 마(魔)인 것이다. 마의 경계는 바로 이러한 것이다. 마는 자기를 선전하고, 부처는 자기를 선전하지 않는다. 차이는 바로 이곳에 있다.

功用陵率過越 정진을 하면서 남을 앞서려는 마음으로 제일을 다투는 것이다. 그리하여 급하게 진보하려는 것이다. 그의 마음속에는 언제나 제일을 다투는 마음을 가지고 있다. 수행자가 정진을 하면서 이러한 작용이 발생하는데, 자성 속에서 서로 이렇게 변화하여 앞서

나가려는 마음이 과하여 비로소 큰 용맹심이 생긴다. 용맹심을 발하여 불법을 닦는 것은 괜찮으나, 하지만 아만의 마음을 내어서는 안 된다는 것이다. "아, 내가 바로 부처다."라고 이렇게 말해서는 안 된다.

당신이 바로 부처인가? 부처님은 삼장십이부의 경을 설하셨는데, 당신은 몇 부의 경을 설하였는가? 당신은 불법을 이해하는 것조차도 이해하지 못하면서 부처라고 말하는데, 어찌 그런 도리가 있겠는가?

其心乃至上不見佛, 下不見人 마가 든 수행자는 위로는 부처도 없으며, 그 자신이 부처이다. 아래로는 사람도 보이지 않는다. 그의 아만심이 이렇게 치성하다는 것이다. 이 마는 정말로 미치고 발광하는 것이다. 이것은 마가 수행자를 지배하여 말을 하는 것이다. 마치 모모라는 사람이 바로 미친 마이다. 그는 간이 커서 이렇게 말하고 다닌다. "내가 바로 활불이다. 나는 세존이다." 그러나 원래 그는 한 마리의 뱀이 그곳에 들어와서 수작을 부리는 것이다. 그들 각각의 발광하는 사람은 모두 뱀의 머리에 쥐의 눈을 한 모습이며, 그들은 스스로 자기의 얼굴에 금을 붙이고, 지옥으로 가서 사람을 구하러 간다고 말한다. 여러분이 그에게 어떻게 지옥으로 내려가는지를 물어보아라. 그는 지옥으로 가서 사람을 구하기를 원하며 지장왕보살을 배운다고 말할 것이다. 자세히 살펴 보라. 그가 말하는 것이 정말로 도리가 있지.

지금은 『능엄경』에서 오십 종류의 음마를 설명하는데, 이것은 가장 중요한 곳이다. 도를 닦는 사람이 만약 이것을 이해하지 못하면 반드시 길을 잘못 갈 것이다. 길을 잘못 가지 않는 사람은 매우 적다. 따라서 만약 음마의 경계를 인식한다면, 자기를 대단한 사람으로 보면 안 된다.

3) 기억의 마[憶魔]

■

又彼定中諸善男子, 見色陰銷, 受陰明白. 前無新證, 歸失故居. 智力衰微, 入中隳地, 迥無所見. 心中忽然生大枯渴, 於一切時沉憶不散, 將此以爲勤精進相. 此名修心無慧自失. 悟則無咎, 非爲聖證. 若作聖解, 則有憶魔入其心腑. 旦夕撮心, 懸在一處. 失於正受, 當從淪墜.

■

"다시 저 선정 가운데서 모든 선남자가 색음이 소멸하면 수음이 분명해지는데, 앞으로 나아가려고 해도 새로운 증득이 없고 뒤로 돌아가고자 해도 이전의 머물던 곳을 잃어버렸다. 지혜의 힘이 쇠미하여 타락하는 곳으로 들어가며 아주 아무것도 보이는 것이 없게 된다. 그리하여 마음속에서 홀연히 매우 무미건조하고 적막함을 느끼는 마음이 나와서 언제나 깊이 생각하면서 잊지 않는다. 그러나 그는 이러한 현상을 부지런히 정진하는 모습으로 생각한다. 이것은 수행하는 마음이 지혜가 없어 스스로 잃는 것이라고 말한다. 만약 이러한 잘못을 이해하면 허물이 없으며, 이것은 성스러운 증득이 아니다. 만약 성스러운 증득이라는 견해를 가지면, 기억하는 마가 그의 마음속으로 들어와서 아침저녁으로 마음을 모으면서 한곳에 마음을 걸어두게 된다. 그리하여 바른 선정을 잃고 오래되면 마를 따라 지옥으로 떨어진다."

■

心中忽然生大枯渴 그의 마음속에 갑자기 크게 고갈된 느낌

을 낸다. 너무 단조롭고 무미건조하다고 느끼는 것이다. 또 너무 목마른 느낌, 무엇에 목마른가? 불법이 필요하며, 부처님의 법수로 그를 윤택하게 하는 것이 필요하다. 이때는 너무 적막하고 무료하여 무엇이 필요한 것 같다. 본래 내가 이야기를 안 하려고 했는데, 아마도 사람들이 이해하지 못할까봐서 그래도 이야기를 해야 할 것이다. 바로 마치 남자가 여자를 생각하는 것이 조급하기 그지없게 된다. 마치 물건을 잊어버린 것처럼 찾으려고 해도 찾을 수 없다. 이것이 적막하고 무료한 것이라고 한다.

沉憶不散 일체 시에 남녀가 상사병이 있는 것과 같이 언제나 생각하면서 잊지 못하는 것이다. 침억(沉憶)이란 사유와 비슷한 뜻이며, 바로 깊이 생각한다는 뜻이다. 생각하고 생각하면서 마치 입정에 든 모습과 같이 그렇게 깊이 생각하고 기억하는 것이다.

4) 날뛰는 지혜의 마[狂魔]

■

又彼定中諸善男子, 見色陰銷, 受陰明白. 慧力過定, 失於猛利. 以諸勝性, 懷於心中, 自心已疑是盧舍那, 得少爲足. 此名用心亡失恒審, 溺於知見. 悟則無咎, 非爲聖證. 若作聖解, 則有下劣易知足魔, 入其心腑, 見人自言. 我得無上第一義諦. 失於正受, 當從淪墜.

■

"다시 저 선정 가운데의 모든 선남자는 색음이 소멸되면 수음이 분명하게 드러나는 것을 본다. 지혜의 힘이 선정의 힘을 초과하여 용맹하고 날카로운 마음을 내며, 이러한 경계에서 모든 수승한 성질을 마음 가운데 품으면서 그는 마음속으로 이미 자기가 노사나불이라고 의심하며, 적은 것을 얻어 만족한다. 이것은 마음으로 항상 살피는 것을 잃어버리고 지견에 빠진 것이라고 한다. 만약 이러한 잘못을 이해하면 허물이 없으며, 이것은 성스러운 증득이 아니다. 만약 성스러운 증득이라는 견해를 가지면, 하열하고 쉽게 만족함을 아는 마가 그의 마음속으로 들어와서 사람을 보면 스스로 나는 무상의 제일의제를 얻었다고 말한다. 그리하여 바른 선정을 잃고 그 마를 따라 마땅히 떨어지게 된다."

■

以諸勝性, 懷於心中 자기를 대단하다고 여기면서 항상 이러한 경계를 마음속에서 기억하면서 자기가 노사나 부처를 이룬 것이 아닌지를 의심하는 것이다. 그는 아직 정확한 인식이 없이 여전히 그런 것인지 아닌지를 의심하는 것이다. 이것은 미친 마가 몸에 들어온 것이다. 이것도 무슨 경계가 아니며, 바로 도적을 자식으로 착각하는 것이다. 그는 이런 경계를 좋은 것이라고 여기는 것이다. 그는 이미 성스러운 견해를 지어 삿된 기운을 받게 된다.

이것은 불꽃놀이 가운데서 연꽃을 만드는 것과 같다. 이 연꽃은 진짜인가? 마가 든 수행자는 이렇게 만든 연꽃을 진짜라고 착각하는 것이며, 이것도 같은 이치이다. 여러분은 이런 이치를 이해해야 한다.

어떤 종교이든지 간에 만약 다투지 않고, 탐하지 않고, 구하지 않고, 사사롭지 않고, 이기적이지 않고, 거짓말을 하지 않으면 진정한 종교이다. 여기서 구하지 않는다는 것은 어떤 뜻인가? 바로 음란하지 않는다는 뜻이다. 즉 남자는 여자를 추구하지 않고 여자는 남자를 추구하지 않는다는 뜻이다. 여러분은 이해하는가! 명리를 구하는 것을 말하는 것이 아니다. 그것은 작은 일이지만, 이것은 큰일이다. 내가 말하는, 구하지 않는다는 것은 바로 남자를 구하고 여자를 구하는, 가장 해서는 안 될 일이다.

此名用心亡失恒審 이 마음으로 참선을 하는 사람은 화두를 참구하는데, 바로 그 화두를 잃어버린 것을 뜻한다. 화두를 잃어버리면 그는 곧 지견상에 떨어진다. 그래서 그는 자기가 제일의제를 얻었다고 말한다. 이것이 바로 익어지견(溺於知見)이다.

참선은 불립문자로서 내가 제일의제, 제이의제를 얻었다고 말하지 않는다. 무릇 언설이 있으면 모두 진실한 의의[實義]가 없으며, 그가 든 화두가 다시 지견 위로 달려간 것이다. 그가 화두를 잊어버리면 명상(名相)을 생각하게 된다. '이것이 제일의제로구나, 대략 나는 이미 얻었다.'라고 생각하면서 자만의 마음을 내게 되면 마가 곧 오게 된다. 그가 이렇게 생각하는 것은 이미 하열한 것이며, 하열한 행위는 수단을 가리지 않고 사람을 기만한다. 하지만 수행은 명리를 추구하면 안 된다. 조그만 것을 얻고 만족하다고 여기면서 크게 허풍을 떠는 것이다.

見人自言, 我得無上第一義諦 지금 샌프란시스코의 상업 중심의 거리에서 매일 화려한 옷을 입고 서서 큰 소리로 말하는 사람이 있다. 그는 말하기를 "나는 5년 동안 산에서 머물렀으며, 나는 깨달았다. 지금 나는 어떠어떠하며, 나는 신통을 가지고 있다." 그 사람은 원래 나를 스승으로 삼았으며, 나의 귀의제자이다. 그러나 그는 나의 가르침을 듣지 않았다. 내가 미국에 오기 전에 그는 큰 조롱박을 매고 다녔는데, 조롱박 위에 그는 도륜 법사의 제자라고 쓰고 다녔으며, 많은 재주를 배웠으며, 어떤 사람에게 무슨 일이 생기면 문제를 해결해 주곤 하였다. 내가 미국에 오기 전에 그는 이곳에서 자기를 과장하면서 남의 명의로 사기를 치고 다녔다. 지금 내가 미국에 온 후에도 그는 여전히 사기를 치고 있으며, 하지만 지금은 나의 이름은 쓰지 않는다. 이것이 이러한 마이며, 그는 제일의제를 얻었다고 말하는 것이다.

入其心腑 그의 영혼이 나갔다는 것을 말하는 것이 아니며, 결코 나간 것이 아니고 단지 그를 미혹시켰으며, 그로 하여금 실권을 잡지 못하게 한 것이다. 마가 수행자의 마음속에서 그를 대신하는 것이다. 마치 한 나라에 정변이 일어나 옆에 대통령을 연금해 두고 다른 사람이 대통령을 맡는 것과 같다. 따라서 수행자의 영혼이 결코 그의 몸 밖으로 나간 것이 아니다.

5) 근심걱정의 마[憂魔]

又彼定中諸善男子, 見色陰銷, 受陰明白. 新證未獲, 故心已亡. 歷覽二際, 自生艱險. 於心忽然生無盡憂. 如坐鐵床, 如飮毒藥, 心不欲活. 常求於人, 令害其命, 早取解脫. 此名修行失於方便. 悟則無咎, 非爲聖證. 若作聖解, 則有一分常憂愁魔, 入其心腑. 手執刀劍, 自割其肉, 欣其捨壽. 或常憂愁, 走入山林, 不耐見人. 失於正受, 當從淪墜.

■

"그리고 저 선정 가운데의 모든 선남자는 색음이 소멸되고 수음이 분명하게 드러나는 것을 보며, 새롭게 증득해야 할 것을 아직 얻지 못한 까닭으로 원래의 마음이 이미 죽어 전제(前際)와 후제(後際)가 없어짐을 보고 자기 스스로 어렵고 위험하다는 것을 느끼고 갑자기 마음속에서 무한한 걱정이 발생하게 된다. 마치 쇠 침상에 앉은 것과 같고, 독약을 마신 것과 같아서 마음속으로 살고 싶지 않게 되어 항상 남에게 자기의 목숨을 죽여서 하루 빨리 해탈을 얻게 해달라고 부탁한다. 이것은 수행하는 데 방편을 잃어버린 것이라고 한다. 만약 이러한 잘못을 깨달으면 허물이 없으며, 이것은 성스러운 증득이 아니다. 만약 성스러운 증득이라는 견해를 가지면, 항상 근심걱정하는 마아 그의 마음속으로 들어와서 손으로 칼을 잡고 스스로 자기의 살을 베면서 목숨을 버리기를 좋아한다. 혹은 항상 근심걱정하면서 깊은 산림 속으로 들어가 사람을 만나는 것을 싫어하고 참지 못한다. 그리하여 바른 선정을 잃어버리고 마땅히 마를 따라서 지옥으로 떨어진다."

■

이야기가 이곳에 이르러 내가 다시 너희들에게 말하는데, 자살을 하는 사람에게는 모두 귀신이 관여한다. 그 귀신은 이 사람에게 절을 하면서 주(呪)를 외우고 말하기를 "너는 죽는 것이 좋다, 죽는 것이 좋아, 너는 빨리 죽어라, 죽는 것이 빠를수록 좋아!"라고 하면서 죽기를 부추긴다. 비록 귀로 들리지는 않지만 심령으로 통한다. 그로 하여금 죽는 것이 좋다는 생각을 하게 하는 것이다. 그리하여 독약을 먹는다든지, 목을 매달든지, 혹은 바다에 뛰어들든지, 금문교에 가서 뛰어내리게 하는 것이다. 따라서 자살하는 사람 대다수는 그 속에 마귀가 들어 있다.

샌프란시스코에서 유키아로 오는 이 도로에는 교통 사고가 많이 발생하여 많은 사람이 죽었다. 그래서 이 도로상에는 죽은 귀신들이 많이 있다. 그러므로 너희들이 이 도로를 운전할 때는 반드시 염불을 해야 한다. 이 도로에는 의외의 사고가 발생하기 매우 쉽다. 이후 너희들이 한 사람이든지, 두세 사람이 차를 몰고 올 때는 반드시 염불하면서 정신을 바짝 차리고 운전을 해야 할 것이다. 언제든지 사고가 발생할 수 있다. 사고가 발생한 후에는 후회해도 이미 늦다. 이 도로뿐 아니라 어떤 도로에서도 차를 운전할 때는 모두 함께 염불해야 한다.

염불하면 불광(佛光)이 널리 비치므로 흉함이 길함으로 변화한다. 이 모두 그런 곳에서 귀신들은 자기의 몸을 바꿀 사람을 찾고 있는 것이다. 당신이 염불하지 않으면 그는 당신을 잡아갈 것이다. 이것은 너희들을 겁주는 것이 아니며, 농담하는 것이 아니다.

手執刀劍, 自割其肉 이전에 왕효자의 이야기를 한 적이 있는데, 바로 상인(常仁) 대사의 이야기를 하고자 한다. 왕효자는 부모님의 묘에서 시묘살이를 하는데, 한번은 선정 중에 그의 생질(외조카)이 토적에게 잡혀가는 것을 보았다. 잡혀가서 그 토적이 총으로 쏴서 죽이려고 하였다. 15리 정도 떨어진 길에서 토적이 생질에게 총으로 쏘려고 할 때 그는 선정 가운데서 손으로 이렇게 밖으로 막으니 그의 생질을 쏘지 못했으며 생질은 도망을 갈 수 있었다.

그러나 보이지 않는 가운데 그의 목숨을 요구하는 귀신이 있었던 것이다. 토적이 생질을 잡아간 것도 바로 목숨을 요구하는 귀신이 있었기 때문으로 이러한 인과가 있었던 것이다. 지금 생질을 죽이지 못하자 그 귀신은 왕효자를 찾아갔다. 그러나 왕효자를 어찌할 방법이 없었다. 그래서 그 귀신은 왕효자의 동생을 찾아간 것이다. 이 귀신이 왕효자의 동생 몸에 붙자 동생은 스스로 큰칼을 들고 묘지로 왕효자를 찾아가 죽이려고 하였다.

묘지에 도착하자 매우 이상하게도 귀신이 붙은 동생은 칼을 들고 자기의 목을 베려고 하였다. 그러나 칼을 잡은 손이 떨어지지 않는 것이었다. 왕효자는 이때 한마음으로 『금강경』을 독송하였으며, 그 당시 말을 하지 않았다. 바로 이때 나의 스승이신 상지(常智) 대사께서 그 당시 아직 출가하기 전이었는데, 집에 있다가 마음이 매우 조급해지면서 무슨 일이 꼭 발생할 것같이 편안하지 못함을 느꼈다. '아마 왕효자의 묘지에서 무슨 일이 있지?'라고 생각하면서 묘지로 달려갔다. 가서 보니 과연 왕효자의 동생이 칼을 들고 왕효자의 목을 베려고 하는 것이 아닌가! 왕효자는 몇 자의 글을 써서 말하였다.

"너는 가서 태우는 종이(중국인이 죽은 사람에게 태워주는 종이)를 사 오거라. 나는 그에게 경을 독송하여 천도해 주어야겠어. 그의 안에 귀신이 하나 들어있어서 이렇게 하려고 한다."

그리하여 왕효자는 경을 읽어 천도를 해 주자 비로소 아무 일도 없게 되었다. 따라서 이것이 바로 마이다. 하지만 이 귀신은 목숨을 요구하기 때문이며, 수행해서 이러한 마가 생긴 것은 아니다. 그러나 왕효자가 수행을 하면서 불필요한 일에 많이 관여하였기 때문에 이런 마를 불러들인 것이다. 그 귀신은 왕효자가 선정력이 있고 망상을 피우지 않기 때문에 그를 죽일 수 없자 그의 동생을 찾아간 것이다.

주입산림(走入山林)은 은퇴하여 산림으로 물러나는 것도 아니고 수행도 아니다. 그는 괴상한 행위로 괴팍한 성정으로 산림으로 들어가 수행하는 척 가장하는 것이며, 괴이한 기운으로 마의 기를 짓는 것이다. 그는 그곳으로 수행을 하러 가는 것이 아니라 인지상정에 어긋나는 모습을 짓는 것이다. 그가 수행하러 그런 곳으로 달려간 것이라고 생각하면 잘못이다. 그는 괴상한 모습으로 도대체 자기에게 보여 주기 위해서인지, 아니면 다른 사람에게 보여 주기 위해서인지 자기도 모른다. 그는 바로 마가 붙어서 마의 기운을 내는 것이다.

그의 모습은 마치 수행을 하는 것 같지만 실제로는 아무것도 하지 않는다. 그는 바른 선정을 잃었기 때문에 당연히 삿된 기가 감돈다. 그러므로 마땅히 윤회에 떨어진다. 그가 만약 깊은 산속에서 열심히 수행에 정진하려고 사람을 만나기를 원하지 않으면 어떻게 타락하겠는가? 그는 절대로 바른 선정을 잃지 않을 것이다.

오십 가지의 음마 속에는 모두 이러한 결점을 가지고 있고, 모두 삿된 기를 가지고 있으며, 정상이 아니다. 그는 사람을 만나면 매우 불쾌한 모습을 드러내며, 혹은 두려운 모습을 나타내며, 혹은 신경질적인 모습을 보인다. 그는 사람을 만나면 참지 못하고 화를 낸다. "당신은 무엇 하러 왔는가?" 그리고 말한다. "나는 이곳에서 수도를 하고 있으며, 막 선정에 들어가려고 하는데 당신이 와서 나를 시끄럽게 하는군!" 이 모두 사람을 만나기를 원하지 않으며, 참지 못하는 것이다.

6) 기쁨의 마[喜魔]

■

又彼定中諸善男子, 見色陰銷, 受陰明白. 處淸淨中, 心安隱後, 忽然自有無限喜生, 心中歡悅, 不能自止. 此名輕安無慧自禁. 悟則無咎, 非爲聖證. 若作聖解, 則有一分好喜樂魔, 入其心腑, 見人則笑, 於衢路傍自歌自舞, 自謂已得無碍解脫. 失於正受, 當從淪墜.

■

"또 저 선정 가운데의 모든 선남자는 색음이 소멸하고 수음이 분명하게 드러나는 것을 보고 청정한 선정 가운데 처하여 마음이 안온한 후에 갑자기 스스로 무한한 기쁨이 생하며, 마음속의 기쁨과 환희를 스스로 억제할 수 없게 된다. 이것은 경안의 경계에서 스스로 자기의 즐거움을 억제할 지혜가 없는 것이라고 한다. 만약 이러한 잘못을 깨달으면 허물이 없으며, 이것은 성스러운 증득이 아니다. 만약 성스러운 증득이라는 견해를 가지면, 기쁘고 즐거움을 좋아하는 마가 그의 마음속으로 들어와서 사람을 보면 웃으며, 길거리에서 스스로 노래하고 춤추면서 자기는 이미 무애의 해탈을 얻었다고 말한다. 그리하여 바른 선정을 잃고 마를 따라 지옥으로 떨어진다."

■

無限喜生 그의 이러한 기쁨은 진정한 기쁨이 아니라 발광하는 기쁨이다. 자기는 기쁘게 느끼지만 옆의 사람이 보면 발광하는 것이다. 경안(輕安)의 경계는 즐거운 것은 사실이지만 노래를 부르고 춤을

추면서 발광할 정도의 즐거움은 아니다. 마치 모모 교수가 말하는 깨달음을 얻었다는 한국의 그 스님같이 밤중에 비구니의 암자로 찾아가서 행음을 하고 혹은 개하고도 행음을 하면서 그는 해탈하였다고 말하는 것이다. 이것이 바로 발광하는 것이며, 근본적으로 정당하지 못한 것이다. 경안은 본래 발광하지 않는 것이며, 단지 일종의 느낌이다. 그가 발광하는 것은 자기를 억제할 지혜가 없기 때문이다.

경안은 발광하듯이 뛰는 것이 아니다. 이런 경계는 형체를 잊는다. 경안은 지혜를 가지는 것이지만, 발광하는 것은 지혜가 없는 것이다. 그는 신이 온다거나 귀가 온다고 말하며, 또 춤을 추고 물구나무를 서곤 한다. 모모도 이러한 무리이다. 내가 시애틀에서 만난 그도 마의 자식이다. 그의 제자가 돌아가서 그에게 알리자 그는 크게 위엄을 드러내면서 반드시 법술을 사용하여 나를 죽게 하겠다고 말하였다. 그는 법술을 3일간이나 사용하여 나를 죽이려고 하였으나, 나는 죽지 않을 뿐 아니라 도리어 그에게 두통이 매우 심하게 일어났다.

7) 큰 아만의 마[慢魔]

又彼定中諸善男子, 見色陰銷, 受陰明白. 自謂已足, 忽有無端大我慢起. 如是乃至慢與過慢, 及慢過慢, 或增上慢, 或卑劣慢, 一時俱發. 心中尙輕十方如來, 何況下位聲聞緣覺. 此名見勝無慧自救. 悟則無咎, 非爲聖證. 若作聖解, 則有一分大我慢魔, 入其心腑, 不禮塔廟, 摧毀經像, 謂檀越言. 此是金銅或是土木, 經是樹葉, 或是氎花, 肉身眞常,

不自恭敬, 却崇土木, 實爲顚倒. 其深信者, 從其毀碎, 埋棄地中, 疑誤
衆生入無間獄. 失於正受, 當從淪墜.

■

"다시 저 선정 가운데의 모든 선남자는 색음이 소멸되고 수음이 명백
하게 드러나는 것을 보고 자기는 이미 만족한다고 말하면서 갑자기 아
무런 이유도 없이 큰 아만의 마음이 일어난다. 이와 같이 내지 아만,
과도한 아만, 아만 중의 아만, 증상만, 비열만이 일시에 함께 나타나
며, 마음속에서 오히려 시방의 여래도 경시하는데, 하물며 하위의 성
문과 연각은 어떻게 보겠는가? 이것은 특별한 견해를 가지면서 스스
로를 구제할 지혜가 없는 것이라고 한다. 만약 이러한 잘못을 깨달으
면 허물이 없으며, 이것은 성스러운 증득이 아니다. 만약 성스러운 증
득이라는 견해를 가지면, 큰 아만의 마가 그의 마음속으로 들어와서
탑이나 절을 보고도 절을 하지 않고, 경전과 불상을 파괴한다. 시주들
에게 말하기를 '이것은 금이나 구리, 혹은 흙이나 나무이며, 경전은 나
뭇잎 혹은 비단이다. 이 육신이 참되고 항상한 것이니, 자기에게 공경
하지 않고 도리어 흙이나 나무를 숭배하는 것은 실로 전도된 것이다.'
라고 말한다. 그를 깊이 믿는 자는 그를 따라 불상을 부수고 경전을 훼
손하여 땅에 묻거나 버린다. 그리하여 중생을 무간지옥으로 들어가게
한다. 그는 바른 선정을 잃어 마땅히 마를 따라 지옥으로 떨어진다."

■

則有一分大我慢魔, 入其心腑 여기서의 대아만마는 바깥
에서 들어온 마이다. 앞에서는 자기의 마음속에서 아만의 마음이 일

어나는 것이다. 자기의 마음속에서 삿된 생각이 일어나기 때문에 바깥에서 이런 마를 불러들이는 것이다.

8) 경청(輕淸)의 마

又彼定中諸善男子, 見色陰銷, 受陰明白. 於精明中, 圓悟精理, 得大隨順. 其心忽生無量輕安, 己言成聖, 得大自在. 此名因慧獲諸輕淸. 悟則無咎, 非爲聖證. 若作聖解, 則有一分好輕淸魔, 入其心腑. 自謂滿足, 更不求進. 此等多作無聞比丘, 疑誤衆生墮阿鼻獄. 失於正受, 當從淪墜.

"그리고 저 선정 가운데의 모든 선남자는 색음이 소멸하고 수음이 분명하게 드러나는 것을 보고 정명한 가운데서 정미한 도리를 원만히 깨달아 큰 수순함을 얻는다. 그의 마음은 갑자기 무량한 경안을 생하면서 자기는 성스러운 과를 이루었으며, 큰 자재를 얻었다고 말한다. 이것은 지혜를 열었기 때문에 모든 경청(輕淸)함을 얻은 것이라고 한다. 만약 이러한 잘못을 깨달으면 허물이 없으며, 이것은 성스러운 증득이 아니다. 만약 성스러운 증득이라는 견해를 가지면, 일종의 경청함을 좋아하는 마가 그의 마음속으로 들어와서 스스로 자기는 모든 것을 만족한다고 말하면서 다시 앞으로의 진보를 구하지 않는다. 그리하여 이러한 사람들의 다수는 무문 비구가 되며, 중생을 그르쳐서 아비지옥으로 들어가게 한다. 그는 바른 선정을 잃고 마땅히 마를 따라 지옥으로 떨어지게 된다."

無聞比丘 불법에 대하여 들은 것이 없어 수행하는 과정에서 사선(四禪)의 정을 얻고는 사과(四果)의 아라한을 얻은 것으로 착각하는 비구를 말한다.

自謂滿足, 更不求進 그는 말하기를, 자기는 수행이 이미 충분하다고 한다. 그에게 수행을 하라고 하면 그는 말하기를, "나는 불필요하다"고 한다. 이것은 바로 교만이며, 자기를 대단하다고 여기는 것이다. 그러나 실제로는 자기는 아무것도 없다. 정말로 지혜가 있는 사람은 아무리 해도 이렇게는 하지 않는다. 자기를 활불이라고 생각하지 않는다. 이 활불은 그 자기 혼자만의 활불이지 왜 다른 사람들에게 '자기는 활불이다'라고 알리는가? 이렇게 알리는 데는 무슨 의도가 있는가? 부처님께서 세상에 계실 때 결코 나는 활불이라고 말하지 않았다.

9) 단멸의 마[空魔]

又彼定中諸善男子, 見色陰銷, 受陰明白. 於明悟中, 得虛明性. 其中忽然歸向永滅, 撥無因果, 一向入空. 空心現前, 乃至心生長斷滅解. (此名定心沉沒, 失於照應) 悟則無咎, 非爲聖證. 若作聖解, 則有空魔, 入其心腑. 乃謗持戒, 名爲小乘. 菩薩悟空, 有何持犯? 其人常於信心檀越, 飮酒噉肉, 廣行婬穢. 因魔力故, 攝其前人不生疑謗. 鬼心久入, 或食屎尿與酒肉等. 一種俱空, 破佛律儀, 誤入人罪. 失於正受, 當從淪墜.
【(此名定心沉沒, 失於照應) 이 구절이 원문에는 빠져있는데, 당초 경문을 적으면서 빠진 것 같다. 마땅히 이 두 구절을 삽입해야 할 것이다.】

■

"그리고저 선정을 수행하는 모든 선남자는 색음이 소멸되고 수음이 분명하게 드러나는 것을 보고 밝은 깨달음 가운데서 허명한 성질을 얻어 그 가운데서 갑자기 영원히 단멸한다는 견해로 귀향하여 인과가 없다고 부정하며, 줄곧 공으로 들어가 공의 마음이 현전하며, 내지 마음에서 영원히 단멸한다는 견해를 낸다. 이것은 선정의 마음이 침몰하여 비추고 응하는 마음을 잃어버린 것이라고 한다. 만약 이러한 잘못을 깨달으면 허물이 없으며, 이것은 성스러운 증득이 아니다. 만약 성스러운 증득이라는 견해를 가지면, 공마가 그의 마음속으로 들어가 계를 지니는 것을 소승법이라고 비방하며, 보살은 공을 깨달았는데 어떻게 계를 지니고 범하는 것이 있는가 하고 말한다. 그 사람은 항상 그를 믿는 단월의 집에서 술을 마시고 고기를 먹으며, 널리 음욕의 더러움을 행한다. 마의 힘이 있는 까닭으로 그를 믿는 사람들을 포섭하여 의심하고 비방하지 않게 한다. 이 귀신의 마음이 오래도록 그의 몸에 들어가 있으면, 혹은 똥오줌과 술, 고기 등을 먹으면서 그것들이 모두 공하다고 말하면서 부처의 율의를 깨뜨리고 사람들을 그르쳐 죄를 짓게 한다. 그리하여 바른 선정을 잃고 마땅히 마를 따라 지옥으로 떨어지게 된다."

鬼心久入, 或食屎尿與酒肉等. 一種俱空 그 또한 더럽지도 않으며 청정하지도 않다. 더러운 것을 그도 두려워하지 않고 깨끗한 것과 같이 먹는다. 마치 이전에 내가 말한 모모와 같이 그는 사람들이 그에게 개똥을 공양하자 그는 먹었다. 공마가 들어간 것과 같다. 이것도 구경(究竟)이 아니며, 아울러 그는 아직 그런 정도에 이르지도 못하였다.

이 경문은 모두 예를 들어 말하는 것이다. 이것은 그의 사견을 형용하고 있다. 왜 그는 이렇게 할 수 있는가? 바로 공마가 들어와서 그를 돕는 것이며, 결코 그 자신이 어떤 경계를 증득한 것은 아니다. 그는 모두 바깥의 인연, 바깥의 힘을 빌려 이러한 능력이 있게 된 것이다. 일반인이 볼 때 그를 대단하다고 여기거나 정말로 과를 증득한 것으로 생각한다. 마치 깨달았다는 그 법사는 무엇이든지 먹었다. 사실 이것은 마가 붙은 것이며, 그는 인식하지 못하고 깨달았다고 말한다. 모모라는 그 교수는 문장으로 이 법사를 찬탄하였다. 그 교수가 이 사람을 찬탄하였기 때문에 나는 이후로 영원히 그가 나의 문에 들어오는 것을 허락하지 않는다.

여러분은 마의 기운을 발하는 사람을 상상할 수 있다. 그는 술을 마시거나 고기를 먹거나, 똥을 먹고 오줌을 먹는데, 모두 같지 않은 곳에서 그렇게 하는데, 이것이 바로 마의 기운을 발하는 모습이다. 무엇 때문에 그는 그렇게 하는가? 이 모두 공하다는 것이다. 더럽고 깨끗함이 없다는 것이며, 그는 그런 것에 집착하지 않는다는 것이다. 이것은 그가 큰 해탈을 얻었다는 것을 표시하는데, 그러나 이것은 그의 힘이 아니며, 바로 마가 그를 통제하여 그로 하여금 그렇게 하도록 하는 것이며, 자기도 주인이 되지 못하는 것이다. 그래서 어떤 것도 같은 모양으로 먹을 수 있는 것이다.

이 모두 사람을 속이는 연극이며, 일반인도 그가 마에 미혹된 것을 모르며, 공마가 마음속에서 공하다는 것을 표현하는 것이다. 사실 부처님께서는 왜 그가 마에 미혹되었다고 말씀하시는가? 왜냐하면 그는 인정을 위배하고 도리를 벗어났기 때문이다.

어떤 수행인이 이렇게 하는 것은 바로 그곳에서 기이한 것을 드러내려는 것이며, 이것은 일종의 삿된 짓[邪命]이다. 그러므로 그는 마이고, 비정상이며, 미치고 인정을 위배하고 도리를 벗어난 것이며, 도를 등지고 경을 떠난 것이다. 무릇 그가 과를 증득하였다고 말하는 것은 바로 이미 마가 붙었다는 것이다. 혹은 그가 무슨 신통이 있다고 표현하는 것은 이것도 마가 붙은 것이다.

10) 음욕의 마[淫魔]

又彼定中諸善男子, 見色陰銷, 受陰明白. 味其虛明深入心骨. 其心忽有無限愛生, 愛極發狂, 便爲貪欲. 此名定境安順入心, 無慧自持, 誤入諸欲. 悟則無咎, 非爲聖證. 若作聖解, 則有欲魔入其心腑, 一向說欲爲菩提道. 化諸白衣平等行欲, 其行婬者, 名持法子. 神鬼力故, 於末世中攝其凡愚, 其數至百. 如是乃至一百二百, 或五六百多滿千萬. 魔心生厭, 離其身體. 威德旣無, 陷於王難. 疑誤衆生, 入無間獄. 失於正受, 當從淪墜.

■

"다시 저 선정을 닦는 모든 선남자는 색음이 소멸되고 수음이 분명하게 드러나는 것을 보고 허명한 경계가 마음속으로 깊이 들어가 그의 마음은 갑자기 무한한 애욕이 생기며, 애욕이 극에 이르러 발광하게 되어 곧 탐욕이 된다. 이것은 선정의 경계가 경안하고 수순하여 그의 마음으로 들어가는 것이라고 한다. 그는 자기의 음욕심을 통제할 지혜가 없어 모든 애욕의 속으로 잘못 들어간다. 만약 이러한 잘못을 깨달으면 허물이 없으며, 이것은 성스러운 증득이 아니다. 만약 성스러운 증득이라는 견해를 가지면, 음욕의 마가 그의 마음속으로 들어가서 줄곧 음욕이 보리도라고 말하며, 재가의 사람들이 평등하게(남과 나의 배우자를 구분하지 않고) 음욕을 행하게 한다. 그리고 그와 음욕을 행하는 자를 자기의 전법제자라고 이름한다. 삿된 귀신의 힘이 있는 까닭으로 어리석은 범부를 포섭하는데, 그 수가 백, 이백, 혹은 오백, 육백, 많게는 천, 만을 채운다. 시간이 오래 지나 마왕의 마음이 싫어함을 내어 그의 신체를 떠나게 되면, 그의 위덕(즉 신통)이 없어지며, 국가의 법을 범하게 된다. 그는 중생을 그르쳐 무간지옥으로 들어가게 하며, 바른 삼매를 잃고 마땅히 마를 따라 떨어진다."

■

此名定境安順入心 선정의 경계는 매우 자재하며 매우 좋은 경계처럼 느끼지만 이 경계를 명료하게 인식하지 못한다. 대다수의 사람이 모두 이런 잘못을 범한다. 애욕이 극에 이르러 발광하게 된다. 따라서 모모 교수가 찬탄한 그 사람은 축생이고 사람이고 닥치는 대로 문란하게 음욕을 행하였는데, 이것이 바로 애욕이 극에 이르러 발

광한 것이다.

안순(安順)이란 그가 느끼기에는 매우 좋고 자재한 것이며, 자기 마음대로 음욕을 행하는 것이다. 모두 이런 잘못을 범하며 발광한다. 그는 규칙을 지키지 않고 아무것도 개의치 않는다. 그리하여 갑자기 무한한 애욕이 생긴다. 애욕이 생겨 무엇이고 다 사랑한다. 그는 무엇과도 다 음욕을 행하려고 한다. 이것이 바로 애욕이 극에 이르러 발광하는 것이다. 인성(人性)이 없어진 것이다.

마음으로 들어간다[入心]는 것은 애욕의 마가 그의 마음속으로 들어간 것이다. 무릇 규칙을 지키지 않으면 모두 이것에 미혹된다.

■

阿難! 如是十種禪那現境, 皆是受陰用心交互, 故現斯事. 衆生頑迷, 不自忖量. 逢此因緣, 迷不自識, 謂言登聖. 大妄語成, 墮無間獄. 汝等亦當將如來語, 於我滅後傳示末法. 遍令衆生開悟斯義, 無令天魔得其方便, 保持覆護, 成無上道.

■

"아난아! 이와 같은 열 가지의 선정에서 나타나는 경계는 모두 수음이 공부하는 마음으로 정진하기를 극에 이르면, 이런 일들이 나타난다. 중생은 완고하고 어리석어 스스로의 수준을 헤아리지 않고 이러한 인연을 만나면, 미혹하여 스스로 인식하지 못하고 성스러운 과를 증득하였다고 말한다. 이것은 큰 거짓말을 이루는 것으로 무간지옥에 떨어진다. 너희들은 마땅히 여래의 말씀을 여래가 멸도한 후 말법시대에 이러한 도리를 널리 전하고 알려 중생들이 이러한 뜻을 두루 깨닫도록 하여 천마가 그 틈을 얻지 못하도록 할 것이며, 진정한 불법을 보호하고 지녀서 무상의 도를 이루도록 하여야 한다."

■

用心交互 용심(用心)이란 애를 써서 노력하는 것을 뜻하며, 노력하는 것이 맞지 않고 너무 과하다. 교호(交互)란 무슨 경계가 아니며, 선과 악이 투쟁하는 것이며, 바른 생각과 삿된 생각이 서로 다투면서 무엇이 정념인지, 무엇이 사념인지를 인식하지 못한다. 그에게 이러한 갖가지의 마장이 발생하는 것은 바로 그가 탐하는 마음을 가지고 있고, 남을 이기기를 좋아하는 다투는 마음을 가지고 있기 때문이다. 그가 탐하고 구하는 바는 또한 사사로운 것이며 이기적인 것이므로 따라서 거짓말하는 마가 되는 것이다.

4
■
상음(想陰)의 마

■

阿難! 彼善男子修三摩提, 受陰盡者, 雖未漏盡, 心離其形, 如鳥出籠, 已能成就, 從是凡身上歷菩薩六十聖位. 得意生身, 隨往無碍. 譬如有人, 熟寐癮言. 是人雖則無別所知, 其言已成音韻倫次, 令不寐者, 咸悟其語. 此則名爲想陰區宇.

■

"아난아! 저 선남자가 선정을 닦으면서 수음이 다 없어진 자는 비록 누진을 얻지 못했을지라도 마음은 그의 형체를 떠난 것이 마치 새가 새장을 벗어난 것과 같으며, 그는 이미 성취하여 범부의 몸으로부터 위로 보살의 육십의 성스러운 과위를 지나 의생신을 얻어 가는 데 장애가 없이 마음대로 할 수 있다. 비유하면 어떤 사람이 깊은 잠을 자면서 잠꼬대를 하는데, 이 사람은 비록 자기가 무슨 말을 하는지 모르지만, 그가 한 말은 이미 음성과 언어를 이루어서 옆에서 잠을 자지 않은 사람은 그가 무슨 말을 하는지 다 아는 것과 같다. 이것을 상음이 관리하는 영역이라고 한다."

■

上歷菩薩六十聖位 이것은 보살을 이룬 것도 아니고, 반드시 정식으로 깨달은 것도 아니며, 모두 허망한 경계이다. 이것은 참된 것이 아니고 아직 오음 속에서 돌고 있는 것이다. 이 모두 자기의 환상이며, 결코 참된 증득이 아니다. 그는 신통은 있지만 그러나 진정한 과위를 증득한 것은 아니다. 수행은 이곳에서 반드시 진정한 지혜를 가져야 하며, 법을 보는 안목이 있어야 한다. 그렇지 않으면 도적을 자식으로 착각하기 쉽다.

得意生身, 隨往無碍 이 의생신은 그가 정진하면서 그의 몸 밖에 별개의 다른 몸이 있는 것을 관상하는 것이다. 이 의생신은 이 몸과 같은 것은 아니며, 그것은 또한 형상이지만, 그림자는 있지만 형체는 없는 것으로 일반인은 볼 수 없는 것이다. 이것은 신식, 혼백이며, 부처를 이루는 것도 이것이며, 귀신이 되는 것도 이것이며, 축생이 되는 것도 이것이다. 양에 속하며 바른 것은 보살·부처를 이루고, 삿된 것은 아귀·지옥에 떨어진다.

이 의(意)는 바로 그가 이러한 경계가 출현하는 것을 관(觀)을 지어 어린애가 나오는 것을 관상하여 몸을 벗어나 허공으로 들어간다 [出玄入牝]. 이것을 의생신이라고 한다. 이것은 마치 닭이 알을 품는 것과 같이 뜻을 지어 관상하면서 알에서 병아리가 나오기를 생각하는 것과 같다. 하지만 이 의생신은 형체가 없어 일반인은 볼 수 없으며, 오안(五眼)이 열린 사람이라야 비로소 볼 수 있다. 그러나 수행 정진하는 많은 사람들이 자기의 몸이 허공으로 나가면 이 모두 의생신이라고 부르는데, 이것은 매우 평상한 일이다.

어떤 오래 수행한 분은 자기가 천백만억 화신으로 변하여 동시에 많은 가정에서 그를 청하여 공양하며 그는 모두 그 공양에 응하였으며, 각 가정에서는 모두 그를 보았다. 이 모두 의생신이라고 부르지만, 이것은 일시적인 것이며, 마치 연극을 하는 것과 같이 일시적으로 그렇게 할 수 있지만 영구적인 것은 아니다.

■
若動念盡, 浮想銷除. 於覺明心, 如去塵垢. 一倫生死, 首尾圓照, 名想陰盡. 是人則能超煩惱濁. 觀其所由, 融通妄想以爲其本.

一

"만약 움직이는 생각이 다하면 뜨는 생각도 소멸된다. 제8식의 각명심은 마치 먼지와 때를 제거한 것과 같아서 십이류 중생의 모든 생사와 전후의 인과를 원만히 비추어 안다. 이것을 상음이 다하는 것이라고 한다. 이 사람은 번뇌탁을 초월할 수 있으며, 그가 행하는 모든 원인을 관찰해 보면, 융통망상을 근본으로 삼는다."

一

若動念盡, 浮想銷除 이 동념은 제6식 안의 미세한 생각이다. 제6식의 미세하고 미세한 그 모습을 동념이라고 한다. 이 미세한 생각이 다하면 동념이 없어지고 따라서 뜨는 생각[浮想]도 소멸된다.

於覺明心, 如去塵垢 이 각명심은 바로 제8식의 마음이며, 이것은 마치 먼지와 때를 제거하는 것과 같다.

一倫生死, 首尾圓照 십이류의 중생이 있는데, 난생부터 시작하여 비무상에 이르기까지 한 바퀴를 도는 것을 일륜이라고 한다. 십이류의 중생 가운데서 어떤 류의 중생의 전후의 인과를 모두 안다는 뜻이다.

名想陰盡 이때 이 사람은 숙명통을 얻으며, 따라서 그는 일체 중생의 전후 인과를 알고 비추어 남음이 없게 되며, 이때 상음이 다하게 된다고 말한다.

1) 중생교화의 선교방편을 탐하여 오는 마

■

阿難! 彼善男子受陰虛妙, 不遭邪慮, 圓定發明. 三摩地中, 心愛圓明, 銳其精思貪求善巧. 爾時天魔候得其便, 飛精附人, 口說經法. 其人不覺是其魔著, 自言謂得無上涅槃. 來彼求巧善男子處, 敷座說法. 其形斯須, 或作比丘, 令彼人見. 或爲帝釋, 或爲婦女, 或比丘尼. 或寢暗室身有光明. 是人愚迷, 惑爲菩薩, 信其敎化, 搖蕩其心. 破佛律儀, 潛行貪欲.

■

"아난아! 저 선정을 닦는 선남자는 수음이 텅 비고 미묘하여 삿된 염려가 침범할 수 없으며, 원만한 선정의 경계가 밝음을 발하여 삼매 가운데서 마음으로 원명함을 좋아하는 마음이 나오며, 그러한 정미한 생각을 더욱 추구하여 선교방편으로 중생교화를 탐하게 된다. 이때 천마는 그 틈을 기다려서 그의 권속으로 하여금 다른 사람에게 붙어 입으로 경법을 설하게 한다. 그 사람은 마가 붙은 것을 느끼지 못하고 스스로 무상의 열반도를 얻었다고 말하면서 저 선교방편을 구하는 선남자의 처소로 와서 법좌에 앉아 법을 설한다. 그의 몸은 짧은 시간에 비구의 모습으로 나타나 저 선남자로 하여금 보게 하며, 혹은 제석의 몸으로 혹은 부녀의 몸으로 혹은 비구니의 몸으로 나타나며, 혹은 잠자는 어두운 방에서 그(마)의 몸에서 광명이 나오기도 한다. 선정을 닦는 이 선남자는 이때 매우 어리석고 미혹하여, 그 마를 보살이라고 생각하여 그의 교화를 믿고 그의 마음이 흔들리게 되어, 부처의 율의를 깨뜨리고 몰래 탐욕(음욕)을 행한다."

受陰虛妙, 不遭邪慮 이곳은 수음은 지나가고 상음 속에 있는 것이며, 본래 매우 미세하고 묘하다. 이러한 묘함은 만약 당신이 잘못이 없으면 이러한 삿된 생각[邪慮]을 만나지 않을 것이다.

사려(邪慮)란 근심걱정하고 두려워하는 느낌을 말한다. 즉 하늘이 무너질까 쓸데없이 걱정하는 것이다. 수음이 허묘하다는 것은 바로 그에게는 이러한 경계가 없으며, 이러한 경계를 만나지 않지만, 그러나 비록 그 자기는 마음 속에서는 삿된 생각이 없지만, 방비하는 힘이 부족하여 바깥의 귀찮음이 찾아오는 것이다.

왜 바깥에서 귀찮은 일이 오는가? 바로 그 마음속에서 탐하는 것이 있고, 좋아하는 것이 있고, 구하는 것이 있기 때문이다. 또한 사사로운 마음, 이기심이 마음속에 감추어져 있으므로 밖에서 이러한 경계가 오는 것이다. 그 자신에게는 이러한 생각이 없지만 바깥의 귀찮음이 오면 그는 또 경계에 움직이게 된다. 따라서 이 삿된 생각[邪慮]은 생각[念]일뿐만 아니라 또한 걱정하고 두려워하는 느낌이다. 마치 우리들이 이것도 걱정되고 저것도 걱정되는 것이 바로 사려(邪慮)이다. 사람에게 압박받으면 두려워 감히 공개하지 못하는데, 이것이 바로 두려워하는 것이고, 사려(邪慮)이다. 이러한 압력을 견디기 힘들어 한다.

우리는 지금 오십 가지의 음마를 연구하고 있는데, 아마 오백 가지의 음마도 올 수 있으므로 여러분은 문을 열고 환영해야 할 것이다. 비록 그것이 마(魔)라고 말하지만 그는 수도를 돕는 것이다. 하지만 상반된 면에서 우리를 돕는다. 당신이 수도를 하는데 뜻이 견고한지를 보는 것이다. 당신이 만약 정말로 견고하여 천마가 와도 뜻을 바꾸지 않고 만마가 와도 물러나지 않는다면, 아무것도 두려울 것이 없다. 왜냐하면 당신은 구하는 바가 없기 때문이다. 당신이 수행하는데 구하는 바가 없으면 아무것도 두렵지 않을 것이다.

마는 우리 수도인들에게는 일종의 시험이다. 따라서 여러분은 두려워하는 마음을 가져서는 안 된다. 당신이 만약 두려워하는 마음을 가지면 마가 오지 못하게 하려고 생각해도 그는 올 것이다. 그러나 당신이 두려워하지 않는다면, 마는 오라고 해도 올 수 없을 것이다. 이것이 가장 중요한 비결이다.

爾時天魔候得其便 이때 육욕천의 천마가 이 수행인의 선정력이 장차 성공하려고 하는 것을 보고 그의 결점을 찾으면서 때를 기다린다. 그에게 구멍이 생기는 때, 구멍이란 바로 수행시 선정력이 견고하지 않거나 가끔 다른 망상을 낼 때를 가리킨다. 망념이 나오면 곧 구멍이 생긴다. 선정력이 견고하지 못하므로 천마(天魔)가 그 틈을 노리는 것이다.

飛精附人, 口說經法 비(飛)란 격문을 날린다[飛檄]는 뜻으로서 천마가 그의 권속에게 명령하여 수행인에게로 가서 그의 선정력을 파괴하라고 명하는 것이다. 색음과 수음이 다하지 않았을 때는 이 삿된 마는 수행인의 몸으로 들어가서 미혹하게 하지만, 수음과 색음이 모두 다하고 상음에 있을 때는 마가 수도인의 몸에는 붙을 수 없다. 그는 다른 사람을 찾아서 몸에 붙어 수행인에게로 와서 법을 설하는 것이다. 그래서 다른 사람에게 붙는다고 하는 것이다. 그러나 마가 붙은 사람이 설하는 법은 모두 일종의 삿된 법이다. 그러므로 그 마를 알아차려야 한다.

或寢暗室, 身有光明 혹은 어두운 방 안에서 잠을 잘 때 그의 몸에서 광명의 빛이 나온다. 만약 불법을 이해하지 못하는 사람이 보면, '와, 이 사람의 몸에서 빛이 나오는구나! 이것은 반드시 부처님이 아니면 보살이거나 혹은 아라한일거야!' 이렇게 생각할 것이다. 그러나 누가 알리요. 이것은 마왕이 와서 신통을 드러내는 것이다. 마왕이 몸에 붙은 이 사람은 고의로 이 수행인을 유혹하여 삿된 지견을 내게 하는 것이다.

그러므로 일반인이 비록 불법을 진정으로 이해 못하여 무엇을 만나더라도 그를 따라가면 안 되고, 이러한 경계에 마음이 움직이면 안 될 것이다. 그러면 어떻게 해야 하는가? 그러한 경계를 보아도 보지 않은 것처럼 할 것이며, 좋아하는 마음을 내지도 말고 싫어하는 마음도 내지 말아야 한다. 당신이 마를 보고 만약 환희심을 내면 마의 경계를 따라 움직이는 것이며, 만약 싫어하는 마음을 내면 이것도 마의 경계를 따라 움직이는 것이다. 바로 중도를 유지하는 것이다.

破佛律儀 여러분이 수도하는 사람을 관찰하는 데 있어서 어떤 방면을 관찰해야 하는가? 바로 그가 부처님의 계율을 지키는지를 관찰해야 한다. 그가 만약 계율을 지키지 않으면 반드시 마(魔)이다. 그가 만약 계율을 엄정하게 잘 지키면 바로 참된 불교도이다.

쌍신법(雙身法, 일반적으로 남녀가 함께 닦는 '탄트라'라고 부르는 수행법)은 일반인이 닦는 법이 아니며, 어떤 사람이 수행인에게 이런 삿된 법을 전하여 그로 하여금 닦게 하는데, 이것은 부처님의 계율을 파괴하는 것이다. 수도인이 계율을 잘 지키고 있기 때문에 삿된 마가 와서 그에게 말하기를 "당신이 만약 이것을 닦으면 성불을 할 수도 있고 또 음욕을 행할 수도 있다. 이것은 하늘이 내려 준 것이며, 당신은 계율을 지킬 필요가 없으며, 이것을 닦아야 비로소 성불할 수 있다. 이 얼마나 좋은 것인가?"라고 하면서 그로 하여금 음욕을 행하고 계율을 파괴하게 한다. 수행인이 선정력이 없으면 이러한 삿된 말을 듣고 삿된 법을 닦아 성불하려고 한다.

■

口中好言災祥變異, 或言如來某處出世, 或言劫火, 或說刀兵, 恐怖於人, 令其家資, 無故耗散. 此名怪鬼, 年老成魔, 惱亂是人. 厭足心生, 去彼人體. 弟子與師, 俱陷王難. 汝當先覺, 不入輪回. 迷惑不知, 墮無間獄.

■

"그 마는 입으로는 재난, 길상함, 이상한 일들을 말하기를 좋아하며, 혹은 여래가 어디에서 세상에 출현하였다거나, 혹은 삼재팔난을 말하고, 혹은 전쟁이 언제 일어난다고 말하면서 사람들을 두렵게 한다. 그리하여 그를 믿는 사람들의 재산이 아무런 이유도 없이 흩어지고 없어지게 한다. 이것은 괴귀(怪鬼)가 나이가 들어 마로 변한 것이라고 하며, 이 도를 닦는 사람을 걱정하고 괴롭힌다. 시간이 오래 지나면 싫어하고 만족하는 마음을 내어 저 사람의 몸에서 떠난다. 그러면 스승과 제자는 함께 국가의 법을 위반하여 잡혀가게 된다. 너는 마땅히 먼저 깨달아서 윤회 속으로 들어가지 않아야 할 것이며, 미혹하여 알지 못하면 무간지옥에 떨어질 것이다."

■

口中好言災祥變異 삿된 마가 붙은 사람은 무엇을 말하기를 좋아하는가 하면, 바로 재난·변괴 등 흉한 일을 말하기를 좋아한다. 즉 어떤 지방에 재난이 있고, 어떤 지방에 길상한 일이 있는가를 말하면서 사람들로 하여금 두려워하게 하는 것이다.

令其家資, 無故耗散 그리고 사람들의 재물을 내게 하면서 아무런 이유도 없이 사람을 속여 재물을 편취한다. 여러분이 진짜인지, 가짜인지를 알아차리려고 한다면, 다음과 같은 점을 살펴보면 된다.

첫째, 그는 음욕심이 있는지 없는지? 둘째, 그는 탐욕심이 있는지 없는지? 여기서 탐하는 것은 재물이다. 그가 만약 재물을 탐하고 기만하여 색을 탐하면 참된 사람이 아니다.

어떻게 재물을 탐하는가? "지금 큰 겁이 임박하였다. 이 세계는 곧 없어질 것이다. 원자탄이 곧 어떤 지방에서 터질 것이다." 그는 이렇게 말하면서 사람으로 하여금 공포스럽게 한다. 결과적으로 그의 목적은 바로 그에게 돈을 내게 하는 것이다. 그러면 여러분은 알아야 한다. 그가 만약 이러하다면 그가 비록 방광을 하고 대지를 움직이더라도 그를 믿지 않는 것이 좋다.

우리들이 만약 탐욕이 없으면 어떤 귀찮음도 없을 것이다. 당신에게 탐욕이 있으면 무슨 일도 발생할 것이다. 세계상의 만사만물은 모두 탐욕으로부터 발생되어 나온다. 따라서 "한 생각이 일어나지 않으면 전체가 드러난다[一念不生全體現].”라고 하는 것이다. 만약 탐하는 생각이 없으면 불성이 현전하는 것이다. 그리고 “육근이 홀연히 움직이니 구름에 가린다[六根忽動被雲遮].”라고 한다. 이 육근이 경계상에서 움직이는 것은 마치 하늘에 구름이 가리는 것과 같이 태양의 빛이 나타나지 못한다.

이 육근은 근본적으로 어느 곳에 있는가? 바로 탐욕 때문이다. 탐욕을 놓지 못하므로 육근이 여섯 도적으로 변하며 육식(六識)이 나오는 것이다. 당신이 만약 탐욕이 없으면 육근의 이 도적도 도적이 아니고 식도 식이 아니다. 어떤 것도 모두 반본환원하게 되어 어떤 번뇌도 없게 된다. 따라서 각자는 이 점을 주의해야 할 것이며, 바로 당신에게 탐욕이 있는지 없는지를 잘 살펴야 한다. 당신이 탐욕이 있으면 마와 떨어지지 못하며, 탐욕이 없으면 부처님과 합쳐진다.

2) 몸을 벗어나 두루 다니기를 탐하여 오는 마

阿難! 又善男子, 受陰虛妙, 不遭邪慮, 圓定發明. 三摩地中, 心愛遊蕩, 飛其精思, 貪求經歷. 爾時天魔候得其便, 飛精附人, 口說經法. 其人亦不覺知魔著, 亦言自得無上涅槃. 來彼求遊善男子處, 敷座說法. 自形無變, 其聽法者, 忽自見身坐寶蓮華, 全體化成紫金光聚, 一衆聽人, 各各如是, 得未曾有.

"아난아! 또 이 선정을 닦는 선남자는 수음이 허묘하여 삿된 생각을 받지 않으며 원만한 선정이 발명되어 삼매 가운데서 마음으로 신식이 몸을 벗어나 돌아다니며 구경하는 것을 좋아하여 그의 정미한 생각[精思, 신식]을 날려 두루 다니는 것을 탐하게 된다. 이때 천마는 그 틈을 기다려 그의 권속을 날려 보내 어떤 사람에게 붙게 하며, 입으로 경과 법을 설한다. 마가 몸에 붙은 이 사람은 마가 붙은 사실을 느끼지 못하고 또한 자기는 무상의 열반을 얻었다고 말한다. 그리하여 저 신식으로 구경다니기를 구하는 선남자의 처소로 와서 법석에 앉아 법을 설한다. 자기의 형체는 변하지 않으면서 법을 듣는 사람들은 갑자기 자기의 몸이 보배의 연꽃에 앉아 있고 전체가 자금 빛으로 변화되는 것을 보게 되며, 법을 듣던 일반 대중들도 각각 이와 같은 모습을 보고는 이전에 없던 희유한 일을 얻었다고 말한다."

心愛遊蕩, 飛其精思, 貪求經歷 여기서 비기정사(飛其精思)는 요정이나 도깨비[精怪]가 아니라 매우 미세한 생각이다. 이러한 망상은 알아차리기가 쉽지 않은 것으로서 그것은 갑자기 하늘로 갔다가 갑자기 땅으로 가며, 그것은 어떤 힘이 아니라 바로 미세하고도 미세한 망상이다.

그는 왜 그러한 미세한 망상을 가지고 있는가? 바로 돌아다니기를 좋아하는 마음이 있기 때문이다. 마음속으로 '아, 도처로 산수를 구경해 보자'고 생각하면서 몸을 벗어나서 곳곳으로 다니면서 산수를 구경하는 것이다. 바로 이러한 경계를 보기를 탐한다. 한 생각의 미세한 생각이 그곳에서 생각하기를 '그래, 이러한 모습이구나!'라고 느낀다. 그래서 돌아다니는 것을 탐한다[貪求經歷]고 하는 것이다. 마치 명승고적을 여행하는 것과 같은 것이다. 이것은 미세한 혼[神], 생각이 다니는 것이며, 일종의 탐착이다.

어제 어떤 사람이 말하기를, 모모라는 사람이 염불을 하면서 춤을 추는 것과 같이 튀어 올랐다고 하였는데, 이것이 정을 날려 사람에게 붙게 하는[飛精附人] 것이다. 이 사람 자신은 모르고 삼매에 든 것이라고 생각한다. 그가 염불하면서 손과 발로써 춤을 추는데, 이것은 그가 원숭이로 변한 것이며, 다른 말을 할 것이 없다. 그는 보살이 그와 함께 있다고 말한다. 아무것도 모르는 무식한 사람은 공자님께서 오셨다거나 제석천께서 오셨다고 말하면서 춤을 추는 것이다. 보살은 춤을 출 리가 없으며, 보살은 그렇게 천박하게 굴지 않는다. 지금 그는 매 주말마다 사람들에게 병을 봐 준다. 투시력으로 병을 볼 줄 아는 능력이 있어서 사람들의 신체에 무슨 병이 있는지를 보는 것이다. 많은 사람들이 가서 그에게 병 치료를 구한다. 이것이 바로 자기의 재주를 드러내 보이는 것이다.

비록 그는 잠시 동안은 무슨 큰 탐심을 드러내거나 무슨 문제가 없지만, 서서히 말할 수 없는 점이 생기게 된다. 따라서 여러분은 특별히 조심해서 조금이라도 탐하지 말아야 한다. '아, 모모인은 무엇을 볼 수 있고, 어떤 사람은 무슨 영감이 있어!'라고 생각하게 된다. 요마귀괴는 모두 영감을 가지고 있으며, 쥐조차도 영감이 있는데 다른 것은 말할 필요도 없다.

정을 날려 사람에게 붙게 하는[飛精附人] 것은 바로 마[魔]의 정이며, 마의 혼백이며, 마의 성품이며, 또한 바로 신령한 귀신이며, 천마이다. 그는 그의 본체가 오는 것이 아니며, 그는 신통이 있어서 앉은 곳에서 그의 영혼을 보내 사람의 몸에 붙는 것이다. 그리하여 말하기를 "나는 제석천이다. 나는 여래이다. 나는 관세음이다."라고 한다. 왜 그는 다른 사람을 사칭하는가? 바로 그는 자기의 이름으로는 명성이 안 나기 때문이다. 마치 당신이 부시 대통령의 이름을 제기하면 누구나 아는 것과 같은 것이다.

그 마(魔)의 영혼은 본래 세력이 없기 때문에 다른 사람을 사칭한다. 그의 본래 몸은 가짜이기 때문에 따라서 최대한 거짓의 일을 하는 것이다. 그 마들은 모두 미래를 예언하며, 그러한 재주를 가지고 있다.

■

是人愚迷, 惑爲菩薩, 婬逸其心, 破佛律儀, 潛行貪欲, 口中好言諸佛應世. 某處某人, 當是某佛化身來此. 某人卽是某菩薩等, 來化人間. 其人見故, 心生傾渴, 邪見密興, 種智銷滅. 此名魖鬼, 年老成魔, 惱亂是人. 厭足心生, 去彼人體. 弟子與師, 俱陷王難. 汝當先覺, 不入輪迴. 迷惑不知, 墮無間獄.

■

"법을 듣는 이 사람들은 어리석고 미혹되어 이 마(魔)를 보살로 생각하게 되며, 그 마음이 방일하고 음욕을 탐하면서 부처의 율의를 깨뜨리고 몰래 음욕을 행한다. 그리고 입으로는 제불이 세상에 오셨다고 하며, 어떤 지방의 어떤 사람은 어떤 부처님께서 화신으로 이곳에 오신 것이며, 어떤 사람은 어떤 보살이 인간을 교화하기 위하여 오신 것이라고 말하기를 좋아한다. 그리하여 선정을 닦는 이 사람은 그러한 모습을 보는 까닭으로 마음에 갈앙하는 마음이 생기면서 삿된 견해가 비밀리에 자라게 되며, 그의 종지를 소멸하게 된다. 이것은 발귀가 나이가 들어 마를 이룬 것이라 하며, 이 사람을 괴롭히며, 싫어하고 만족하는 마음이 생기면 저 사람의 몸에서 떠나간다. 그런 후에 제자와 스승은 함께 왕난에 빠져 감옥에 들어가게 된다. 너는 마땅히 먼저 알아차리면 이 마왕의 윤회 속으로 들어가지 않을 것이며, 미혹하여 알지 못하면 무간지옥에 떨어질 것이다."

■

某人卽是某菩薩等, 來化人間 말하기를 "이것은 보살께서 인간을 교화하시러 오신 것이야! 지금 말법시대로서 그는 우리들을 구하러 오신 분이야!"라고 하면서 사람을 속인다. 내가 여러분들에게 말하는데, 불보살은 자기가 불보살이라고 승인하지 않으며, 제자로 하여금 도처로 다니면서 선전하게 하지 않는다.

이 진리와 진리 아닌 것의 차이는 얼마 되지 않는다. 단지 매우 미세한 차이이다. 따라서 우리들은 법을 보는 안목을 가지기가 쉽지 않다. 어떤 것이 정법이고 어떤 것이 삿된 법인지를 인식하는 것은 분별하기가 쉽지 않다. 그러나 바른 법은 그가 행하는 것 모두 광명정대하며, 삿된 법은 최대한 요행을 행하며 면목이 없는 일을 저지른다는 점을 알아야 한다. 착한 사람은 남을 돕는 사람이며, 악한 사람은 남을 해치는 사람이다. 우리들은 이런 점에서 인식하고 이해해야 한다.

3) 부처의 법과 계합하기를 탐하여 오는 마

■

又善男子, 受陰虛妙, 不遭邪慮, 圓定發明. 三摩地中, 心愛綿㳷, 澄其精思, 貪求契合. 爾時天魔候得其便, 飛精附人, 口說經法. 其人實不覺知魔著, 亦言自得無上涅槃. 來彼求合善男子處, 敷座說法. 其形及彼聽法之人, 外無遷變. 令其聽者, 未聞法前, 心自開悟, 念念移易. 或得宿命, 或有他心, 或見地獄, 或知人間好惡諸事, 或口說偈, 或自誦經. 各各歡娛, 得未曾有.

■

"또 저 선정을 닦는 선남자는 수음이 허묘하여 삿된 염려가 침범할 수 없으며, 원만한 선정이 발명되어 삼매 가운데서 마음으로 암암리에 부처의 법과 부합되기를 좋아하여 억지로 그의 정미한 생각을 맑게 하여 계합하기를 탐한다. 이때 천마는 그 틈을 살펴서 자기의 권속을 날려 보내 어떤 사람에게 붙게 하며 입으로 경법을 설하게 한다. 마가 붙은 사람은 실제로 마가 붙은 사실을 느끼지 못하고 또한 자기는 무상의 열반의 깨달음을 얻었다고 말한다. 그리하여 계합을 구하는 저 선남자가 있는 곳으로 와서 법석에 앉아 법을 설한다. 마가 붙은 저 사람의 형상과 법을 듣는 사람들의 형상은 밖으로 아무런 변화가 없지만, 저 법을 듣는 자들로 하여금 법을 듣기 전에 마음이 저절로 깨달음이 열려 생각생각이 천이하여 혹은 숙명통을 얻는 사람이 있으며, 혹은 타심통이 열리는 사람이 있으며, 혹은 지옥을 보는 사람이 있으며, 혹은 인간의 좋고 나쁜 모든 일을 아는 사람이 있으며, 혹은 입으로 게송을 설하며,

혹은 스스로 경을 송하는 사람이 있다. 그들 각각은 미증유를 얻은 것이라고 매우 기뻐한다."

■
心愛綿㵧 신통을 탐하고 깨달음을 탐하는 것이다. 큰 깨달음을 얻어 부처를 이루기를 탐하는 것이다. 애(愛)란 그 안에 탐하는 것이 들어 있다. 당신은 이것을 명료하게 알아차릴 법이 없다. 그는 두서없이 어지럽게 탐하고 생각하며, 아무것도 계통이 없다. 당신이 그에게 무엇을 탐하는지 물으면 그도 무엇을 탐하는지를 모른다. 그는 순서가 없으며, 마에 미혹된 경계는 어찌 그렇게 명료할 수가 있겠는가? 여러분들이 도처로 가서 지금 삿된 스승들이 법을 설하는 곳으로 가보면 매우 붐비며, 그곳에 가서 법을 들으려면 모두 표를 사야하며 모두 무엇을 하려고 한다.

澄其精思, 貪求契合 노력하면서 그의 생각을 청정하게 하려고 하는데, 탐하면서 신통을 구하고 큰 지혜를 열기를 구하는 것이다. 계합이란 깨달음을 탐하고 신통을 탐하여 구하는 것이다.
마치 어떤 곳에서 참선정진을 하는데, 모두 울기 시작하였다. 머리를 감싸고 통곡을 하는데 사실 이 모두 마가 붙은 것이다. 알지 못하는 선지식은 말한다. "아, 이것은 경계다. 우리가 있는 이곳에는 이렇게 깨달은 사람이 많이 있습니다!"
일반의 무지한 사람은 그곳의 참선정진에서 그렇게 많은 사람이 깨달았다고 생각한다. 원래 깨달은 것은 우는 깨달음, 웃는 깨달음을 연 것인가? 이것은 도대체 무슨 깨달음을 연 것인가? 이것은 정말로 사람으로 하여금 울지도 웃지도 못하게 한다. 사실 그것은 여우의 정이 몸에 붙은 것이며, 천상의 여우가 그곳에서 기다리고 있다가 사람들이 참선을 하면 "좋아, 내가 너를 도와 깨닫게 해 주지!"라고 하여 모두가 흐리멍덩하게 뒤섞이는 것이다.

■

是人愚迷, 惑爲菩薩. 綿愛其心, 破佛律儀, 潛行貪欲. 口中好言佛有大小, 某佛先佛, 某佛後佛, 其中亦有眞佛假佛, 男佛女佛, 菩薩亦然. 其人見故, 洗滌本心, 易入邪悟. 此名魅鬼, 年老成魔, 惱亂是人. 厭足心生, 去彼人體. 弟子與師, 俱陷王難. 汝當先覺, 不入輪回. 迷惑不知, 墮無間獄.

■

"이 사람들은 어리석어서 마가 붙은 사람이 보살이 아닌가 의혹하여 계속하여 그를 좋아하는 마음이 생겨 (마를 따라) 부처의 율의를 파괴하고 몰래 탐욕을 행한다. 이 마(魔)가 붙은 사람은 입으로 부처에는 크고 작은 부처가 있으며, 어떤 부처는 이전의 부처이며, 어떤 부처는 나중에 오실 부처라고 말하기를 좋아한다. 그 가운데는 또한 진짜 부처가 있고 가짜 부처가 있으며, 남자 부처, 여자 부처가 있으며, 보살도 또한 그러하다고 말한다. 그리하여 저 선정을 닦던 사람은 그러한 현상을 보는 까닭으로 본래 닦아오던 진정한 바른 마음을 바꾸어 삿된 깨달음으로 쉽게 들어간다. 이것은 매귀가 나이가 들어 마를 이룬 것이라고 하며, 선정을 닦는 사람을 괴롭히고 어지럽게 한다. 시간이 오래 지나 이 마(魔)가 싫어하고 만족하는 마음이 생기면 저 사람의 몸에서 떠난다. 그런 후에 제자와 스승은 함께 왕난에 빠져 감옥에 들어간다. 너는 마땅히 먼저 깨달으면 마의 윤회 속으로 들어가지 않을 것이며, 미혹하여 알지 못하면 무간지옥에 떨어진다."

4) 물질의 근본을 분석하기를 탐하여 오는 마

▪

又善男子, 受陰虛妙, 不遭邪慮, 圓定發明. 三摩地中, 心愛根本, 窮覽物化性之終始, 精爽其心, 貪求辯析. 爾時天魔候得其便, 飛精附人, 口說經法. 其人先不覺知魔著, 亦言自得無上涅槃. 來彼求元善男子處, 敷座說法. 身有威神, 摧伏求者, 令其座下, 雖未聞法, 自然心伏. 是諸人等, 將佛涅槃菩提法身, 卽是現前我肉身上, 父父子子遞代相生, 卽是法身常住不絶, 都指現在卽爲佛國, 無別淨居及金色相. 其人信受, 亡失先心. 身命歸依, 得未曾有.

▪

"그리고 저 선남자는 수음이 허묘하여 삿된 생각이 침범할 수 없으며, 원만한 정이 발명되어 삼매 가운데서 마음으로 물질의 근본을 좋아하여 물질이 변화하는 성질의 시작과 끝을 궁구하며 그의 마음을 더욱 정미하게 이해하려고 분석하고 변별하는 것을 탐한다. 이때 천마는 그 틈을 탐색하여 그의 권속을 날려 보내 어떤 사람에게 붙어 입으로 경법을 설하게 한다. 그 사람은 마가 붙은 사실을 느끼지 못하고 자기가 무상의 열반도를 얻었다고 말한다. 그리하여 물질의 근원을 구하는 저 선남자가 있는 곳으로 와서 좌석에 앉아 법을 설한다. 그의 몸에는 마의 위신력이 있어 선정을 닦는 선남자를 굴복시킨다. 그러면 그의 밑에 있던 사람들도 비록 법을 듣지는 않았지만, 자연히 마음으로 믿고 따르게 된다. 이 사람들은 부처의 열반과 보리의 법신을 지금 앞에 있는 내 육신 상에서 아버지와 자식이 대대로 낳는 것이 바로 법신이 상주하며 끊어지지 않는 것이라고 알며, 지금 현재 우리가 살고 있는 이곳이 바로 불국정토이며 별다르게 머무는 정토와 금색상은 없다고 가르친다. 그 사람들은 이런 마의 말을 믿고 받아들이며 이전의 바른 정견을 잃게 되며, 신명을 바쳐 그 마에게 귀의하며, 미증유를 얻은 것으로 생각한다."

受陰虛妙, 不遭邪慮 수음이 다하면 텅 비며, 그러면 비로소 묘하다. 묘하여야 비로소 텅 빌 수 있다. 수음의 이러한 경계에서는 매우 자재로움을 느낀다. 삿된 생각을 만나지 않는다는 것은 비유하면 이 수음 속에서 이미 공부가 있어서 본래 삿된 생각을 만날 수가 없지만, 그러나 아무런 연고도 없이 삿된 생각을 만나게 된다.

이 삿된 생각은 바로 바깥의 적이며, 바깥의 사마귀괴가 오는 것이다. 본래 이런 물건을 만나지 않을 것인데, 그는 마음속에 좋아하는 것이 있고, 구하는 것이 있고, 탐하는 것이 있으면, 이런 것을 만나게 되는 것이다. 만약 일체의 경계가 오는 것을 이해하면 그것에 요동되지 않을 것이며, 삿된 생각을 만나지 않을 것이다. 그럼 어떻게 그것에 움직이는가? 바로 그가 도적의 문을 열어 애욕의 마음을 내기 때문이다. 그래서 몰래 탐욕을 행하게 된다.

　　飛精附人　여기서 정은 정신으로서 음도 아니고 양도 아니다. 왜냐하면 이 정은 그 안에 음양의 정신이 아직 나누어지지 않았다. 그 마의 이러한 물건은 일종의 이상한 것이다. 따라서 그 마가 음이거나 양이라고 말할 수 없다. 그의 정신은 바로 마의 분령(分靈)이며, 마의 일부분이며 전체가 아니다. 마는 매우 큰 힘을 가지고 있기 때문에 그도 화신(化身)이 있다. 이것도 바로 그의 화신이다. 하지만 정령일 따름이다.

　　정령은 매우 신령하므로 그는 변재가 무애하여 게송을 설하고 그의 도리도 조리가 있다. 만약 당신이 법을 보는 안목이 없고 지혜의 눈이 없으면, 당신은 들어도 인식하지 못한다. 이 사람은 마의 힘에 의하여 가피되는 것이며 마가 그를 돕는 것이다. 그러므로 그의 재주도 큰 것이다.

　　여러분은 모두 모모라는 사람은 어떤 여인을 매우 두려워하여 기둥을 타고 올라간 이야기를 들은 적이 있을 것이다. 왜냐하면 그는 바로 뱀의 힘을 가지고 있었기 때문이다. 또한 머리를 흔들던 어떤 사람도 마가 붙은 사람이다. 그는 왜 그렇게 하는가? 이것도 바로 당초 수행할 때 조심하지 않아서 정당하지 못한 오염된 생각을 내었기 때문에 이러한 마가 기회를 틈타 들어온 것이다.

　　그러므로 도를 닦는 데 있어서 우리들은 절대로 생각을 바르게 해야 한다. 어떤 사람이든지 만약 음욕의 생각을 가지면 마가 붙기가 매우 쉽다. 당신이 만약 음욕의 생각이 없으면 불보살께서 당신을 지지할 것이다. 마와 부처의 구별은 바로 하나는 삿되고 하나는 바르며, 하나는 오염되고 하나는 청정한 것이다. 더욱이 지금의 시대는 마가 강하고 법이 약한[魔强法弱] 시대이다. 기이하고 이상한 것을 표방하고 드러내면 이 모두 마의 경계이다.

　　身命歸依, 得未曾有 여러분 보라. 사람들이 마왕의 도를 믿는 것이 부처님의 정법을 믿는 것보다 대단하다. 마왕의 사마외도는 자기를 믿는 사람으로 하여금 이것도 하고, 저것도 하라고 하는데, 그는 감히 안할 수 없다. 마왕은 그를 미혹시키는 힘을 가지고 있기 때문에 시키는 대로 한다.

■

是等愚迷, 惑爲菩薩. 推究其心, 破佛律儀, 潛行貪欲. 口中好言眼耳鼻舌, 皆爲淨土. 男女二根, 卽是菩提涅槃眞處. 彼無知者, 信是穢言. 此名蠱毒, 魘勝惡鬼, 年老成魔, 惱亂是人. 厭足心生, 去彼人體. 弟子與師, 俱陷王難. 汝當先覺, 不入輪回. 迷惑不知, 墮無間獄.

■

"이들은 어리석어 이 마(魔)가 붙은 사람을 보살이라고 의혹하며, 마와 더불어 그 마음을 닦으면서 부처의 율의를 파괴하고 몰래 탐욕을 행한다. 그 마는 입으로는 안·이·비·설이 모두 정토이며, 남녀의 음근이 바로 보리 열반의 참된 곳이라고 말한다. 저 무지한 자들은 이러한 더러운 말을 믿는다. 이것은 고독(蠱毒)과 염매귀가 나이가 들어 마를 이룬 것이라고 하며, 이 선남자를 괴롭고 어지럽게 하며, 오래 지나 싫증이 나면 저 사람의 몸에서 떠난다. 그러면 제자와 스승은 함께 왕난에 빠져 감옥에 들어간다. 너는 마땅히 먼저 깨달아 마의 윤회 속으로 들어가지 않아야 할 것이며, 미혹하여 알지 못하면 무간지옥에 떨어진다."

∎

마(魔)는 안·이·비·설이 모두 정토이며, 남녀의 이근이 보리열반의 참된 곳이라고 항상 입으로 삿된 지견의 사설을 말한다. 정당한 설을 말하는 것이 아니다. 완전히 틀린 이론을 말하면서 아닌 것을 가지고 억지로 이론을 만들어 말한다. 그들이 말하는 것은 모두 사람을 어지럽게 하여 바른 생각을 잃게 하는 삿된 설이다. 모르는 사람은 그가 이렇게 말하는 것이 맞다고 생각한다. 그가 이렇게 말하는 것은 그가 몰래 음욕을 행하려고 하기 때문이다.

제자 기왕 그는 공개적으로 맞다고 말하면서 왜 몰래 음욕을 행하려고 합니까?

상인 그는 아직 감히 드러내 놓고 그렇게 하지 못한다. 삿된 것은 바른 것을 이길 수 없으며, 하늘을 대하여 면목이 없는 것이다. 지금은 공개적으로 행하는 사람도 매우 많다.

제자 그도 자기의 말을 믿지 않습니다.

상인 그 자신? 근본적으로 그 자신은 없다. 마가 붙은 몸이 아닌가! 이것은 마가 붙어서 그 사람을 지배하고 있는 것이다. 모모 교수가 그 발광하는 사람을 찬탄하면서 그가 깨달았으며, 어떠하다고 말하는 것이 모두 이것을 말하는 것이다. 그들은 모두 안·이·비·설이 모두 정토이며, 남녀의 근이 보리열반의 참된 곳이라고 말한다. 그는 깨달았다고 말하며, 그는 공개적이며, 두려워하지 않는다. 따라서 모모 교수가 문장으로 그를 찬탄하는 것은 모두 이런 류이다.

5) 보이지 않는 감응을 탐하여 오는 마

■

又善男子, 受陰虛妙, 不遭邪慮, 圓定發明. 三摩地中, 心愛懸應, 周流精研, 貪求冥感. 爾時天魔候得其便, 飛精附人, 口說經法. 其人元不覺知魔著, 亦言自得無上涅槃. 來彼求應善男子處, 敷座說法. 能令聽衆, 暫見其身如百千歲. 心生愛染, 不能捨離. 身爲奴僕, 四事供養, 不覺疲勞. 各各令其座下人心, 知是先師本善知識, 別生法愛, 黏如膠漆, 得未曾有.

■

"그리고 또 저 선남자는 수음이 허묘하여 삿된 생각을 만나지 않으며, 원만한 선정이 발명되어 삼매 가운데서 마음으로 보이지 않는 감응을 좋아하며, 반복하여 정밀하게 연구하여 보이지 않는 감응을 탐한다. 이때 천마는 그 틈을 찾아서 자기의 권속을 날려보내 어떤 사람에게 붙어 경법을 설하게 한다. 그 사람은 원래 자기에게 마가 붙은 것을 느끼지 못하고 또한 무상의 열반도를 얻었다고 말한다. 그리하여 감응을 구하는 선남자가 있는 곳으로 와서 좌석에 앉아 법을 설한다. 청중으로 하여금 잠시 그의 몸이 백, 천 세나 되는 노수행자의 모습을 보게 하여 마음으로 사모하고 오염되어 떨어질 수 없게 한다. 몸은 그의 노복이 되어 네 가지의 일로 공양하면서 피로함을 느끼지 않는다. 그들은 각각 그의 좌하의 사람으로 하여금 이 마(魔)가 전생의 스승이거나 본래의 선지식이라는 것을 알게 하여 특별히 그의 법을 사랑하는 마음을 내어 아교나 옻칠과 같이 함께 붙어 떨어지지 않게 하며, 미증유를 얻었다고 생각한다."

■

三摩地中, 心愛懸應 이 선정 가운데서 갑자기 마음속으로 애욕을 낸다. 무엇을 현응(懸應)이라고 하는가? 아무리 멀리 떨어져 있어도 알 수 있는 것이다. 마치 지금 샌프란시스코에서 뉴욕의 일을 알려고 하면 알 수 있는 것을 말한다. 그리고 미래의 일을 점을 치지 않고 먼저 아는 것이다.

貪求冥感 이 명감(冥感)은 앞 구절의 현응에 대하여 말하는 것이며, 특별한 것은 아니다. 보이지 않는 가운데 아는 것이다. 이 명감은 명료하게 말할 법이 없다. 혹은 유형의 것이며, 혹은 무형의 것이다. 혹은 보이지 않는 가운데 알고 혹은 두 눈을 뜨고 무엇을 보고 곧 이것이 무슨 일인지를 안다. 이 모두 추측하는 것이며, 보이지 않는 가운데 일반인은 볼 수 없지만 그는 아는 것이다. 혹은 눈으로 어떤 사물을 보고 어떤 일을 추측하려는 것이다. 이 모두 명감이다. 그는 이렇게 생각하면서 명감을 구하는 것을 탐하는 것이다. 본래 아무런 일이 없는데 그는 할 일을 찾는 것이다.

이 모두 참된 것이 아니며, 여러분은 이런 곳에서 힘을 쓰면 안 된다. 명감에 무슨 증거가 있는가? 아무런 증거도 없으며, 무슨 증거를 낼 수도 없다. 이것을 명감이라고 부른다. 마치 삼보일배를 하면서 길에서 도둑이 그의 물건을 훔쳐갔는데 그는 '아, 이것은 보살께서 나를 시험하는 것이야!'라고 생각하는 것과 같은 것이다. 이것이 명감이다. 원래 그는 도둑인데 당신은 그를 보살로 생각하는 것이다.

飛精附人 여러분은 이런 도리를 이해하지 못한다. 나는 정[飛精]은 삿된 괴물이다. 비유하면 여우, 족제비, 뱀, 거북 등이 그곳에서 마치 선정에 든 것처럼 그의 신통을 써서 선정에 들어가는데, 또한 그들의 혼백, 정령이 그들의 몸에서 날아 나와서 다른 사람의 몸으로 들어가는 것을 비정부인(飛精附人)이라고 한다.

그의 정이 날아 나오는데, 그의 정령의 본래의 몸은 움직이지 않고 마치 선정에 든 것과 비슷하다. 그는 그곳에서 선정에 들지만 이곳에서 다시 수작을 부릴 수 있다. 그의 본래의 몸이 이곳에 있는 것처럼 말을 하고 신통을 나타내어 무엇이든 할 수 있다. 이것이 비정부인(飛精附人)이다. 너희들은 이러한 뜻을 이해하는가!

제자 신통이 있는 동물과 천마는 어떤 관계가 있습니까?

상인 이 동물은 비유이며, 저 천마도 그렇다. 천마의 대다수는 인간의 정이 하늘로 달려간 것이며, 모두 인간세상의 이러한 동물들이 수행하는 시간이 오래되면 천상으로 가서 천마가 된다. 이것이 바로 이런 것이다. 그는 천상에서 인간의 모습과 같지 않다. 그도 변화를 부릴 수 있다. 당신이 진정으로 알려고 해도 알 방법이 없다. 천지간에는 이러한 비밀의 일들을 이해할 방법이 없으며, 당신은 우리 사람의 생각으로 천마가 어떤 모습일 것인지를 추측하지 않아야 할 것이다.

서방에서는 이러한 많은 일들을 믿지 못한다. 이것도 완전히 글로써 묘사할 방법이 없으며, 사람으로 하여금 정말로 어떻게 이해시킬 방법이 없다. 그러나 나는 서방인도 몸에 귀신이 붙은 사람들이 많다는 것을 알며, 서방인은 이것을 정신병이 발작한 것으로 말하며, 그것이 무슨 마인지, 귀신인지, 삿된 것인지를 인정하지 않으려고 한다.

중국인은 표면상으로는 많이 인정하지 않으려고 하지만 마음속으로는 많이 받아들인다. 관리가 된 사람들도 이것을 두려워하여 점을 보러 가기도 한다. 마치 진제당(陳齊堂)이 쿠데타를 일으키려고 할 때 부란(扶鸞, 점을 치는 방법으로 알려고 하는 것이 글자로 쓰여 나타난다)으로 점을 쳐 보니, 네 개의 글자가 나타났다. 즉 '기불가실(機不可失)'이라는 글자가 나타났는데, 그는 지금 이 기회를 잃으면 안 된다고 생각한 것이다. 그래서 쿠데타를 일으켰는데, 일으키자마자 삼십여 기의 비행기가 동시에 날아서 상대방에게로 가서 항복한 것이다.

원래 '기불가실(機不可失)'이라는 글자는 비행기를 잃을 수 없다는 뜻을 나타낸 것으로, 만약 비행기를 잃게 되면 소용없다는 것이다. 결과적으로 보세요. 비정부인은 단지 일념지간에 도달할 수 있다. 이 난다는 비(飛)는 그만큼 빠르다는 것을 형용한 것이다.

身爲奴僕, 四事供養, 不覺疲勞 몸소 그의 노복이 되어 음식, 의복, 와구, 탕약 등을 공양하면서 피곤한 줄을 모른다. 무엇 때문에 그렇게 되는가? 정말로 도를 닦는 사람, 진정한 불제자는 이렇게 진정으로 그를 가까이하고 공양하는 사람은 없다. 이 마(魔)는 사람을 미혹시키는 힘이 있기 때문에 사람들이 그를 가까이하고 그를 좋아하게 하는 것이다.

특별히 그의 법을 사랑하는 마음을 내는[別生法愛] 이것은 반드시 그 법을 사랑한다는 것이 아니고 이 사람은 그 사람과 그의 법을 사랑한다는 것이다. 그가 만약 단지 법을 사랑하고 무슨 음욕의 행위가 없으면 관계가 없다. 이 법애(法愛)는 또한 스승을 사랑하는 것도 포함하며, 또한 와서 법을 설하는 그 사람을 사랑하는 것이다. 그 마는 사람으로 하여금 그가 백천 세의 노인으로 변하는 것을 보게 하여 법애를 내게 할 수 있다. 당신이 만약 단지 법을 사랑하는 것은 문제가 없지만, 이것은 법에 대한 집착이 아니라 사람을 사랑하는 것이다.

마(魔)는 사람으로 하여금 신명을 바쳐 그를 공양하게 하고 그와 음욕을 행하게 한다. 차이가 나는 점은 바로 음욕을 행한다는 점이다. 음욕이 있으면 이 모두 삿된 것이며, 음욕이 없으면 비로소 바른 것이다. 당신은 언제라도 그 마가 하는 말을 들으면 안 될 것이다. "깨달으면 무엇이든 할 수 있으며, 음욕을 행하는 것도 할 수 있다." 이런 말은 그야말로 큰 마왕이 하는 말이다.

당신이 깨닫지 못하여 규칙을 지키지 않는 것은 당신이 알지 못해서 그런 것이지만, 당신이 깨달아 이해하면서 도리어 알면서 고의로 범하여 규칙을 지키지 않고 계율을 지키지 않는다면, 당신이 깨달은 것은 무슨 깨달음인가? 이것은 반대로 가는 차를 몰면서 돌아가는 것과 같은 것이다.

그러므로 지금의 사람은 이러한 진리를 연구하지 않고 단지 남들이 깨달았다고 말하는 것을 알고 무슨 규칙을 지킬 필요도 없다고 하면서 그를 따라 말하기를 "규칙을 지킬 필요가 없어!"라고 한다. 깨달았다고 하면서 담배 피우고, 술 마시며, 여인과 놀면서 무엇이든지 저지른다. 그러므로 가장 중요한 점은 바로 음욕이 있는가 없는가 하는 점이다. 그가 음욕심이 있어 마음껏 깨끗하지 못한 행을 하면 그는 바로 마이며, 돈을 탐하지 않고 음욕이 없으면 바로 진짜로 수행하는 사람이다.

그 마는 전문적으로 모두에게 공개하여 말하기를 "당신은 전생에 나의 무슨 부인이다. 나의 어머니다. 혹은 당신은 나의 무엇이야! 나는 황제가 된 적이 있는데, 그 당시 당신은 무엇이었어!"라고 한다. 그리하여 음욕의 마음을 내게 유혹한다. 그리고 사람을 속이면서 반연을 찾는 것이다.

■

是人愚迷, 惑爲菩薩. 親近其心, 破佛律儀, 潛行貪欲. 口中好言. 我於前世於某生中, 先度某人. 當時是我妻妾兄弟, 今來相度, 與汝相隨歸某世界, 供養某佛. 或言別有大光明天, 佛於中住, 一切如來所休居地. 彼無知者, 信是虛誑, 遺失本心. 此名魑鬼年老成魔, 惱亂是人. 厭足心生, 去彼人體. 弟子與師, 俱陷王難. 汝當先覺, 不入輪回. 迷惑不知, 墮無間獄.

■

"이들은 어리석어 그 마가 붙은 사람을 보살이라고 의혹하여 그 사람을 가까이하며, 그 마는 부처의 율의를 깨뜨리고 몰래 탐욕을 행한다. 그는 입으로 나는 전세에 어떤 생에서 먼저 어떤 사람을 제도하였으며, 당시 나의 처첩이고 형제들이었으며, 금생에 내가 와서 제도하려고 너와 항상 따르면서 어느 세계로 돌아가서 어떤 부처님을 공양할 것이라고 말한다. 혹은 별도로 대광명천이 있는데, 부처님은 그 가운데 머물고 계시며, 일체의 여래께서 쉬면서 머무는 곳이라고 말한다. 저 무지한 자들은 그러한 거짓의 미친 말을 믿고 본래의 바른 마음을 잃게 된다. 이것은 여귀가 나이가 들어 마를 이룬 것이라고 하며, 선정을 닦는 사람을 괴롭고 어지럽게 하며, 그것이 오래되면 싫증이 나서 저 사람의 몸에서 떠나간다. 그러면 제자와 스승은 함께 왕난에 빠져 감옥에 들어간다. 너는 마땅히 먼저 깨달아 마의 윤회 속으로 들어가지 않아야 할 것이며, 미혹하여 알지 못하면 무간지옥에 떨어진다."

6) 적막하고 고요함을 탐하여 오는 마

又善男子, 受陰虛妙, 不遭邪慮, 圓定發明. 三摩地中, 心愛深入, 剋己辛勤, 樂處陰寂, 貪求靜謐. 爾時天魔候得其便, 飛精附人, 口說經法. 其人本不覺知魔著, 亦言自得無上涅槃. 來彼求陰善男子處, 敷座說法. 令其聽人, 各知本業. 或於其處語一人言. 汝今未死, 已作畜生. 勅使一人, 於後蹋尾, 頓令其人, 起不能得. 於是一衆傾心欽伏.

"또 저 선남자는 수음이 허묘하여 삿된 생각을 만나지 않으며 원만한 선정이 발명되어 삼매 가운데서 마음으로 깊은 도리에 들어가기를 좋아하여 극기하고 매우 고생스럽게 정진하면서 매우 적막한 심산계곡을 즐기며 고요함을 탐한다. 이때 천마는 그 틈을 찾아서 자기의 권속을 날려 보내 어떤 사람에 붙어 경법을 설하게 한다. 그 사람은 자기에게 마가 붙은 것을 본래 느끼지 못하고 또 자기는 무상의 열반도를 얻었다고 말한다. 그리하여 그는 적막함을 탐하는 선남자가 있는 곳으로 와서 법좌에 앉아 법을 설한다. 그의 법을 듣는 사람으로 하여금 각자의 본래의 업을 알게 하거나, 혹은 어떤 곳에서 한 사람에게만 말하기를 '너는 지금 아직 죽지 않았지만, 이미 축생이 되었다.'고 한다. 그러면서 다른 사람에게 이 사람의 뒤를 밟게 하는데, 갑자기 이 사람은 일어서지를 못하게 된다. 그래서 그곳에 있는 대중들은 마음을 다하여 믿고 존경하게 된다."

■

심애심입(心愛深入)이란 그는 음적한 곳을 좋아하며, 무슨 공부를 하든지 깊이 추구하기를 좋아하고 더욱 진보하려고 생각한다. 그는 자기를 매우 억제하면서 고생하지만, 그러나 그에게는 일종의 집착이 있는데, 바로 음적한 곳을 좋아한다는 것이다. 음적(陰寂)이란 바로 사람이 없는 곳, 어떤 소리도 없는 곳이다. 그는 이때 그의 공부가 더욱 진보될 수 있다고 생각하므로 고요한 곳을 탐하는 것이다. 그래서 그는 깊이 들어가기를 생각하는데, 이것은 반드시 삼매를 뜻하는 것은 아니며, 그가 하는 공부를 말한다.

■

有人起心, 已知其肇, 佛律儀外, 重加精苦. 誹謗比丘, 罵詈徒衆, 訐露人事, 不避譏嫌. 口中好言未然禍福, 及至其時, 毫髮無失. 此大力鬼年老成魔, 惱亂是人. 厭足心生, 去彼人體. 弟子與師, 俱陷王難. 汝當先覺, 不入輪迴. 迷惑不知, 墮無間獄.

■

"이때 어떤 사람이 의심하는 마음을 일으키면 마가 붙은 사람은 이미 그 사람의 마음을 안다. 그 마는 부처님의 율의 외에 더 정미하고 힘든 계율을 추가하여 지키게 하며, 비구를 비방하고 제자와 신도들을 욕하며, 사람들의 개인적인 비밀을 폭로하며 다른 사람의 비난과 의심을 개의치 않는다. 입으로는 일어나지 않은 미래의 화와 복을 말하기를 좋아하며, 그때에 이르러 조금도 틀리지 않는다. 이것은 대력귀가 늙어 마를 이룬 것이라고 하며, 수행하는 이 사람을 괴롭히고 어지럽게 하며, 그것이 오래되면 싫증이 나서 저 사람의 몸에서 떠나간다. 그러면 제자와 스승은 함께 왕난에 빠져 감옥에 들어간다. 너는 마땅히 먼저 깨달아 마의 윤회 속으로 들어가지 않아야 할 것이며, 미혹하여 알지 못하면 무간지옥에 떨어진다."

■

有人起心, 已知其肇 이때 어떤 사람이 생각하기를 '아, 어떻게 이럴 수 있는가? 이런 도리는 있을 수 없어?'라고 하여 마음속으로 의심하는 마음을 내면, 이 마(魔)는 알아채고 말하기를 "당신은 지금 내가 말하는 것을 믿지 않군요."라고 한다. 이것이 이지기조(已知其肇)

이다. 바로 그의 마음속에서 일어나는 생각을 아는 것을 뜻한다. 그래서 이 사람은 마가 자기의 마음속을 안다고 느끼면서 그 마를 보살이라고 생각하게 된다. 그리하여 이후에는 다시는 믿지 않는 마음을 내지 못한다.

佛律儀外, 重加精苦 마는 부처님의 계율도 부족하다고 말하면서 부처님의 계율과 위의 외에 새로운 계율을 세워서 지키게 한다. 이전의 것은 오래된 것이기 때문에 소용이 없고 지금의 과학시대에는 무슨 일이든지 새롭게 개량해야 하며, 원자시대에는 예전의 낡은 두뇌로는 소용없으며, 이전의 불교도 사용하면 안 된다고 말한다. 그는 불교를 모두 바꾼다.

誹謗比丘, 罵詈徒衆 그 마는 출가한 비구들을 자주 비방하며, 함부로 제자들을 욕한다. "너는 개고 너는 고양이다." 혹은 "넌 쥐새끼다, 너는 돼지다." 이렇게 함부로 제자를 욕하는데, 이 제자는 이런 소리를 듣고 이것은 보살이 나를 욕하는 것이니, 나 또한 받아들인다. "당신이 돼지라고 하면 저는 돼지입니다." 따라서 감히 반박하지 못한다. 이것은 마왕의 힘으로서 사람들을 미혹시켜 무엇이든지 믿게 하는 것이다.

訐露人事, 不避譏嫌 남의 사사로운 일을 드러내는 것이다.

종교에는 오래된 종교와 새로운 종교가 있다. 오래된 종교는 믿는 사람이 없고 최신의 종교는 사람마다 미친듯이 따라간다. 부처님께서 말씀하신 법에서 가장 중요한 것은 바로 계율이다. 지금의 사람들은 불교를 정말로 오래된 것으로 인식하고 최신의 것을 찾으려고 한다. 그리하여 찾고 찾다 보니 마왕의 굴속으로 들어가는 것이다. 어떤 방문외도를 막론하고 그들은 탐욕을 떠나지 못한다. 끝없이 탐하는 이러한 욕심은 남을 해치며 자기만을 위하려고 한다.

나는 우리 만불성이 반드시 정법이라고 말할 수 없지만 여러분이 여러 해 동안 나를 따르면서 내가 여러분 어느 누구에게 재산을 요구한 적이 있는가? 내가 여러분의 어떤 재산을 절에 헌납하게 한 적이 있던가? 왜 나는 그렇게 하지 못하는가? 바로 나는 매우 오래된 낡은 사람이기 때문이며, 나는 계율을 지키려 하고 계율을 존중하기 때문이다.

우리 만불성의 모든 경제의 근원은 모두 매우 자연스러우며, 어떠한 수단으로 남에게 돈을 모금한 적이 없다. 우리는 수단을 사용할 필요가 없으며, 우리에게 오는 경제는 이미 사용하기에 충분하다. 당신이 다시 수단을 사용하여 남의 돈을 속이면 이것은 마의 법이 아니고 무엇인가? 사람의 모든 재산과 심지어 남의 신명까지도 도량에 바치게 하는 것은 완전히 삿된 지견이다.

내가 그들과 다른 원인은 나는 사람의 재산을 탐하지 않고 어떤 아름다운 여인도 탐하지 않기 때문이다. 그리고 어떤 명예도 탐하지 않으며, 어떤 이름도 요구하지 않는다. 밖에서는 나는 나쁜 이름이 있지 좋은 이름이 아니다. 누가 나의 이름을 들으면 두통을 느낀다. 더욱이 요마귀괴들은 더욱 그렇다.

7) 숙명통 얻기를 탐하여 오는 마

又善男子, 受陰虛妙, 不遭邪慮, 圓定發明. 三摩地中, 心愛知見, 勤苦硏尋, 貪求宿命. 爾時天魔候得其便, 飛精附人, 口說經法. 其人殊不覺知魔著, 亦言自得無上涅槃. 來彼求知善男子處, 敷座說法. 是人無端於說法處, 得大寶珠, 其魔或時化爲畜生, 口銜其珠, 及雜珍寶. 簡冊符牘, 諸奇異物, 先授彼人, 後著其體. 或誘聽人藏於地下, 有明月珠照耀其處. 是諸聽者, 得未曾有.

"다시 저 선남자는 수음이 텅 비고 미묘하여 삿된 생각을 만나지 않으며, 원만한 선정이 발명되어 삼매 가운데서 마음으로 지견을 좋아하여 매우 힘써 정진하고 연구하면서 숙명통을 얻기를 탐한다. 이때 천마가 그 틈을 찾아서 자기의 권속을 날려 보내 어떤 사람에게 붙어 입으로 경법을 설하게 한다. 그 사람은 마가 붙은 것을 전혀 알거나 느끼지 못하며, 또한 자기는 무상의 열반도를 얻었다고 말한다. 그리하여 지견을 구하는 저 선남자가 있는 곳으로 와서 법좌에 앉아 법을 설한다. (숙명을 탐하는) 이 사람은 아무런 이유도 없이 법을 설하는 곳에서 큰 보주를 얻으며, 그 마는 혹은 어떤 때는 축생으로 변화하여 그 구슬을 입에 물거나, 여러 가지 값진 보물, 서책, 부적 등 이상한 물건을 먼저 숙명을 구하는 선남자에게 주며, 그 후에 그의 몸에 붙는다. 혹은 마의 법을 듣는 사람을 유혹하여 땅 밑에 구슬을 묻고 밝은 구슬로 그곳을 밝게 비추는데, 그의 설법을 듣는 모든 사람들은 미증유를 얻었다고 생각한다."

근고연심(勤苦研尋)에서 근고는 고생하는 것을 두려워하지 않는 것이 아니라 숙명을 알기 위하여 그는 열심히 수련하는 것을 말한다. 그가 구하는 것은 숙명통이며 신통을 얻기를 원한다. 결코 고생을 겁내지 않는 것이 아니다.

수행에서 하나는 근본을 버리고 지엽을 쫓는[捨本逐末] 수행이며, 하나는 지엽을 버리고 근본을 쫓는[捨末逐本] 수행이다. 근본을 버리고 지엽을 쫓는[捨本逐末] 수행은 명리를 도모하면서 남들이 자기를 알아주지 않을까를 겁내는 것이며, 하루 종일 반연을 찾으면서 사람들과 관계를 맺으려고 하며, 모든 것이 자기를 위하여 명리를 구한다. 그는 복과 지혜가 있고 없고를 불문하고 단지 마치 아편을 피우는 사람처럼 현재의 이익을 얻으면 즉시 중독이 되는 것이다. 그러므로 그는 명리를 구하면서 다른 일체는 돌아보지 않으며, 복을 닦고 지혜를 닦는 것을 모두 잊어버린다.

그는 자기의 지혜가 남보다 못하다고 생각하지 않고 여전히 흐리멍덩하게 힘써 추측하면서 어리석은 사상으로 생각하고 분별한다. 덕행을 배양하고 복과 지혜를 닦는 것은 알지 못한다. 그러므로 일반 세속인의 생각으로 공부를 하므로 세속인과 구별할 수 없다. 이것을 근본을 버리고 지엽을 쫓는[捨本逐末] 수행인이라고 한다.

지엽을 버리고 근본을 쫓는[捨末逐本] 수행은 하루 종일 고생스럽게 수행에 정진하면서 복을 닦고 지혜를 닦는다. 참된 수행인은 복과 지혜를 닦아야 한다. 나의 복보가 부족하므로 나는 복을 닦아야겠다고 생각한다. 복과 지혜를 닦는 것은 세속인과 같지 않다. 세속인이 구하는 것은 현실적인 것이다. 우리 수행인이 닦는 것은 영원한 것을 구하는데, 마치 부처님의 만덕으로 장엄하신 것과 같이 단지 자기의 복혜를 배양하는 것을 안다.

복을 배양하려면 남을 이롭게 하여야 하며, 자기를 이롭게 하는 것이 아니다. 당신이 만약 자기를 이롭게 하려고 하면 자기는 복이 없다. 당신이 자기를 이롭게 하는 것은 바로 자기가 복을 누리는 것을 탐하는 것이다. 복을 누리는 것은 복을 소모하는 것이다. 복혜를 배양하는 것은 자기의 복과 지혜를 모으는 것으로서 마치 돈을 은행에 저축하는 것과 같다. 당신의 이 복을 어느 곳에 저축하는가? 대공무사(大公無私)한 보배창고에, 지극히 바르며 기울지 않은 은행에 보관하는 것이다. 당신이 수행을 이해하지 못하면 바로 명예를 구하고 이익을 구하게 되며, 수행을 이해하면 바로 복과 지혜를 배양한다. 차이가 나는 점은 바로 이런 점이다.

그러므로 어떤 사람은 잘못된 길로 가면서 힘써 명예를 구하고 이익을 구하러 간다. 선행을 사람에게 보이려고 하면 참된 선행이 아니며, 악행을 남들이 아는 것을 두려워하면 곧 큰 악행이다. 우리 가운데 누가 무슨 잘못이 있으면 마땅히 솔직하게 말하고, 숨기지 말아야 한다. 우리들이 진정으로 불교를 위하려면 모두가 부처를 이루도록 장려해야 하며, 그러면 우리는 비로소 진정으로 불법을 널리 알리는 사람이 될 것이다.

그러므로 우리들 각자는 명리상에서 공부를 하면 안 될 것이며, 진실하고 근본상에서 모색해야 한다. 진실한 근본을 얻으면 지엽적인 것은 걱정할 필요가 없다. 그리고 자만하지 말고 적은 것을 얻고 만족하지 않아야 한다. 당신이 적은 것을 얻고 만족하면 마가 붙은 것이라고 한다. 석가모니 부처님은 삼 아승기의 겁을 복과 지혜를 닦았으며,

백겁을 상호를 닦으시면서 결코 명리를 구하신 것이 아님을 우리들은 인식해야 한다.

그러면 무엇을 근본이라고 하는가? 근본이란 바로 일체의 욕념이 없는 것이다. 당신이 만약 욕념을 끊을 수 있으면 바로 근본을 얻은 것이다. 당신이 욕념을 끊지 못하면 근본을 얻었다고 말할 수 없다. 재물·색욕·명예·식욕·수면욕 등 일체의 욕망을 떠나면 어떤 사람도 의지할 필요가 없으며, 어떤 사람과도 반연의 관계를 맺을 필요가 없으면, 이것이 비로소 진정으로 수도하는 사람이라고 할 수 있다.

이 근본을 인식하여도 다시 한 걸음 더 앞으로 나가야 한다. 자기를 대단하다고 여기지 말아야 하며, 우리 모두는 박지범부(薄地凡夫)이다. 자기 스스로 범부가 아니라고 여기면 그것은 모두 마가 붙기 쉬우며, 바로 비정부인(飛精附人, 마의 정령이 사람에게 붙는 것)하게 되어 당신으로 하여금 전도되어 울고불고하게 하면서 조금의 선정력도 없게 한다.

是人無端於說法處, 得大寶珠

상인 이 사람은 아무런 이유도 없이 법을 설하는 곳에서 큰 보주를 얻는다고 하는데, 여기서 이 사람[是人]은 숙명을 구하기를 탐하는 사람을 가리킨다. 무단(無端)이란 아무런 이유가 없다는 뜻이다.

제자 지견을 구하는 저 선남자가 있는 곳으로 와서 법좌에 앉아 법을 설한다[來彼求知善男子, 敷座說法]고 하는 것은 무엇입니까?

상인 이것은 마가 숙명통을 구하는 그 사람이 있는 곳으로 온다는 것이다.

제자 법을 설하는 곳에서 큰 보주를 얻으며, 그 마는 혹은 어떤 때는 축생으로 변화하는 것은 다른 하나의 마입니까?

상인 아니지, 바로 그 마이지.

제자 이 마가 붙은 사람이 다시 축생으로 변화합니까?

상인 모두들 그를 축생처럼 보며, 괴상한 모습을 드러내지. 먼저 숙명을 구하는 선남자에게 주며, 그 후에 그의 몸에 붙는다[先授彼人, 後著其體]에서 그 사람[彼人]이란 바로 숙명을 구하는 사람이다.

제자 숙명을 구하는 사람은 이미 마가 몸에 붙어서 축생으로 변화하고 입에 보주를 물고 합니까?

상인 당시 법을 듣는 사람에게 보여 주는 것이지. 이것은 한 사람이 아니고, 혹은 그가 그 가운데서 선택한 사람이며, 이 모두 가설의 말이며, 반드시 그러한 일이 있다는 것은 아니다. 이것은 단지 하나의 예를 드는 것이다. 그는 무엇으로도 변할 수 있는 것이다. 보주라는 것도 반드시 그런 것이 아니고 당신이 무엇을 좋아하면 그것으로 변하는 것이다. 당신의 마음속에 집착하는 물건을 만들어내는 것이다.

그러므로 이것은 모두 진짜가 아니고 말을 하자면 이러한 뜻이라는 것이다. 이 모두 비유이다.

제자 그 후에 그의 몸에 붙는다[後著其體]는 마가 다시 누구의 몸에 붙는 것입니까?

상인 다시 각각의 사람에게 붙는다.

제자 다른 마가 와서 각각의 사람에게 붙는 것입니까?

상인 바로 그 마이며, 마는 무수한 몸으로 나눌 수 있으며, 이 사람 저 사람에게 붙을 수 있어.

제자 마의 힘이 그렇게 큽니까?

상인 마와 부처의 힘은 비슷하지. 하지만 하나는 삿되고, 하나는 바르지. 마가 하는 일은 삿된 것이며, 부처가 하는 일은 바른 것으로 차이가 나는 점은 바로 이것이지. 대만에 한 분의 거사가 있는데, 그는 많은 것을 겪어서 이런 경험이 있으니, 지금 그로 하여금 그의 경험을 말하게 하려고 한다. (그 거사에게 말하기를) 당신이 마가 당신에게 전한 심법을 전부 이야기 해 보세요.

    거사 상인, 여러 법사, 여러 선지식들! 제가 지금 이야기하려고 하는 것은 제가 대만에서 외도의 도장을 둘러보면서 그곳에서 나타난, 그리고 제가 이해한 바를 말하려고 합니다. 제가 이해한 바로는 부처님께서 말씀하신 천마와 그렇게 같지 않는 것은 천마는 천변만화하기 때문이 아닌가 합니다. 제가 본 것은 단지 그들이 나타나는 방법의 하나일 뿐이며, 전부의 경계는 아니기 때문에 단지 참고하시기 바랍니다.

    천마가 드러나는 방식은 여러 가지이며, 영매(靈媒)를 통하는 것과 통하지 않는 방식이 있습니다. 보통 외도를 배우면서 만약 당신의 마음이 바르지 않을 때 외도는 영매를 통하지 않고 당신이 좌선을 할 때 천마는 직접 사람의 모습으로 나타납니다.

    이 『능엄경』의 경문 "이 사람은 아무런 이유도 없이 법을 설하는 곳에서 큰 보주를 얻는다[是人無端於說法處, 得大寶珠]."라고 하는데, 제가 본 바로는 영매, 설법자, 청법자의 세 종류의 사람이 존재한다고 생각합니다. '이 사람[是人]'이란 이 경에서는 마에 미혹된 사람이라고 번역하지만, 또한 아직 마가 붙지 않은 사람일 수도 있습니다. 왜 이렇게 말하는가 하면, 부처님께서 『능엄경』을 설하신 것은 아직 마가 붙지 않은 사람이지만 마음이 이미 약간 마에 기운 사람을 경계하기 위한 것입니다.

당신은 경각심을 가져야 하며, 만약 경각심을 가지지 않으면 곧 마가 붙을 수 있다는 것입니다. 색음·수음·상음이 이미 다하려고 할 때는 특별히 주의해야 합니다. 이런 일들이 일어날 수 있으며, 부처님께서는 만약 마가 모습을 드러낸다면 너희들은 어떻게 예방해야 한다고 사람들에게 경계심을 가지게 하시는 것입니다.

2년 전 저는 어떤 재가인의 집에 갔었는데, 그는 스님처럼 머리를 깎았으며, 그가 집에서 좌선을 할 때 천마가 그의 몸에 붙어서 말하였다. "모모라는 사람이여, 나는 너에게 『무자천서(無字天書)』한 권을 보내며, 어떤 경을 보내려고 한다." 처음에는 당신의 마음이 바르지 않아 신속하게 증득할 방법을 얻으려고 하기 때문에 그 도장에 가면 그는 각종 방법으로 변화합니다. '오십 가지의 음마' 앞부분의 삼십 가지의 음마의 경계는 매일, 여러 곳에서 저는 대략적으로 본적이 있으며, 또한 그들이 말하는 것을 들은 적이 있습니다.

마치 간책(簡冊), 진보(珍寶)와 같은 것과 무슨 감춘 물건들을 저는 모두 본 적이 있습니다. 혹은 한 끼의 식사, 한 알의 마(麻), 보리 등 많은 음식을 먹을 수 있는 한 끼의 식사의 모습 등 모두 보았습니다. 마치 대보주를 주는 것처럼 당신이 좌선을 할 때 그는 말하였습니다. "모모라는 사람이여, 나는 너에게 보주를 수여하겠다. 좋은가?" 만약 당신의 마음이 움직여서 그 물건을 얻으려고 생각하면 (이것은 영매를 통하여) 당신은 손을 뻗어 받을 수 있으며, 받은 후에는 문제가 발생하게 됩니다.

저는 직접 경험한 바를 이야기하는데, 2년 전 어떤 곳에 갔는데, 그는 말하였습니다. "나는 너에게 『무자천서(無字天書)』한 부를 주는데, 너에게 3년의 수련기간을 줄 테니, 3년 후에 너는 큰 신통을 얻을 수 있다." 그날 저는 약간 마음이 동하였기 때문에 이렇게 생각하였습니다. "당신이 나에게 『무자천서(無字天書)』 한 부를 보내면 좋지!" 저는 곧 받으려고 하는데, 그는 또 말하였습니다. "네가 받으려고 하면 두 손으로 받으면 내가 줄게!" 저는 받은 후 집에 돌아가 그 다음 날 하루 종일 읽어보았지만, 무슨 말인지 이해하지 못했습니다. 제가 생각건대, 이 『무자천서(無字天書)』가 바로 경에서 말하는 간책이 아닌가 합니다.

　이 경문에서 '설법처'라는 것도 두 가지의 정황이 있습니다. 하나는 당신의 본래 몸에 아직 마가 붙지 않은 사람은 그 서책을 볼 방법이 없으며, 수음이 다하지 않아도 볼 방법이 없습니다. 또 하나는 당신이 정좌를 하고 있을 때 천마가 붙은 사람은 볼 수 있으며, 당신도 볼 수 있습니다.

　그러므로 이 경문에 두 가지의 모습이 있다고 하는 것은 하나는 천마가 붙은 사람과 당신 모두 선정 가운데 있을 때는 그가 당신에게 무슨 물건을 주면 당신도 바깥의 모습을 볼 수 있는데, 사실 이것은 단지 환화의 모습이며, '이 사람'이 변한 것입니다.

　다른 하나의 모습은 당신은 본래 볼 수 없는데, 단지 마음이 동하여 마가 당신에게 말하기를 "내가 너에게 무슨 물건을 주려고 하는데, 좋은가?"라고 할 때 당신이 "좋다"고 말하면 마가 붙게 되며, 천마도 사실 천마의 규칙이 있기 때문에 당신이 만약 필요없다고 말하면 그도 너의 몸에 붙지 않는다는 것입니다. 제가 아는 바로는 모든 대만의 외도는 모두 앞부분의 삼십 가지의 음마의 경계 안에 있으며, 이것은 아직 상음과 식음이 다하지 않은 경계입니다.

　제가 말씀드린 사실은 이 경의 경문과 약간의 차이는 있을지라도, 천마는 이러한 방식으로 나타나 당신을 해치고 도를 이루지 못하게 합니다. 당신의 도행에 높고 낮음의 차이에 따라 마가 나타나는 방식도 각각 같지 않을 것입니다. 여러분은 참고하시기 바랍니다. 아미타불!

■

多食藥草, 不餐嘉饌, 或時日餐一麻一麥, 其形肥充, 魔力持故. 誹謗比丘, 罵詈徒衆, 不避譏嫌. 口中好言他方寶藏, 十方聖賢潛匿之處. 隨其後者, 往往見有奇異之人. 此名山林, 土地城隍, 川嶽鬼神, 年老成魔. 或有宣婬破佛戒律, 與承事者潛行五欲. 或有精進純食草木. 無定行事, 惱亂是人. 厭足心生, 去彼人體. 弟子與師, 俱陷王難. 汝當先覺, 不入輪回. 迷惑不知, 墮無間獄.

■

"이 마가 붙은 사람은 항상 약초를 먹고 밥을 먹지 않으며, 혹은 하루에 참깨나 보리 한 알을 먹고 지내도 그의 신체는 살이 찌는데, 이것은 마의 힘이 지탱하는 까닭이다. 그 마는 비구를 비방하고 그의 제자들을 욕하면서 다른 사람의 비난이나 혐의를 개의치 않는다. 입으로는 어떤 지방에 보배가 묻혀 있으며, 시방의 성현들이 어떤 곳에서 수행하는가를 말하기를 좋아한다. 그를 따르는 사람은 간혹 기이한 사람을 보게 된다. 이것은 산림신, 토지신, 성황신, 하천이나 산악의 귀신이 나이가 들어 마로 변한 것이라고 한다. 그 마는 음욕이 좋은 것이라고 선전하면서 부처님의 계율을 깨뜨리고, 그를 섬기고 따르는 사람과 더불어 몰래 오욕[財·色·食·名·睡]을 행한다. 혹은 정진하면서 순전히 초목을 먹으며, 하는 일이 일정하지 않으면서 수행하는 사람을 괴롭히고 어지럽게 한다. 이 마는 싫어하고 만족하는 마음이 나면 저 사람의 몸을 떠나가며, 제자와 스승은 함께 왕난에 빠져 감옥에 들어간다. 너는 마땅히 먼저 깨달아 마의 윤회 속으로 들어가지 않아야 할 것이며, 미혹하여 알지 못하면 무간지옥에 떨어진다."

가장 중요한 것은 "그 마는 음욕이 좋은 것이라고 선전하면서 부처님의 계율을 깨뜨리고, 그를 섬기고 따르는 사람과 더불어 몰래 오욕[財·色·食·名·睡]을 행한다[或有宣婬破佛戒律, 與承事者潛行五欲]"는 것이다.

그가 만약 이러하다면, 바른 사람도 삿되며, 만약 그렇지 않다면, 삿된 사람도 바르다. 중요한 것은 바로 이곳에 있다. 당신이 진정한 의의가 어느 곳에 있는지를 인식해야 한다. 그가 기묘한 것을 보고 가령 그가 바르고 음란함을 좋은 것이라고 선전하지 않으면, 이것도 아무런 이상할 것이 없으며, 매우 평상적인 일이다. 바로 음란함을 좋은 것으로 선전하느냐 하지 않느냐 하는 점이 가장 중요한 것이다.

그를 따라 배우는 사람들이 몰래 행한다는 것은 마치 모모라는 사람과 같은 것이다. 이 모두 명백하게 말하고 있는 것이다. 당신이 중요한 곳을 알아차리지 못한다면 영원히 번역하는 것이 좋지 않을 것이다. 마는 힘써 음욕을 제창하면서 쌍수법을 말하며 음욕이 바로 보리(菩提)라고 말할 것이다.

그는 반드시 이렇게 수행해야 비로소 성불할 수 있다고 말하는데, 이것이 바로 사견(邪見)이다. 그에게 이러한 결점이 있으면서 도리어 그의 죄과를 덮고 계를 범한 행위를 덮어 보호하면서 남들이 모르게 하며, 이것이 진정한 불법이라고 말하는 것이다. 마치 모모라는 사람이 하루 종일 한 무리의 여인들을 데리고 다니면서 먹고 마시고 하며 도처에서 어지럽게 굴면서 공개적으로 음욕을 선전하면서 쌍수법을 닦는다고 한다.

마치 캐나다에 사는 어떤 사람이 자기는 라마이며, 또 신부이며, 또 목사이며, 또 비구라고 말하면서 결과적으로 한 무리의 여인 이십여 명과 아이들도 이십여 명을 데리고 다닌다. 이 사람들은 모두 그의 것이며, 그는 그들 모두 함께 수행한다고 말한다. 여러분은 본 적이 없을 것인데, 이것이 바로 괴상하게 사는 것들이다. 그는 바다에서 배 한 척이 와서 가는 것을 보고 저 곳에서 배 한 척이 온다고 말하면, 그를 따르는 사람들은 "이것은 정말 영험이며, 정말로 감응이 있구나!"라고 말하는 것이다.

내가 처음으로 캐나다에 갔을 때 그는 한 무리의 여인들을 데리고 손위에 무엇을 가지고 마치 그의 법보인양 언제나 이렇게 들면서 괴상하게 놀리면서 내 앞에 꿇어앉아 계를 받으려 한다고 말하였다. 이후 그들은 다시는 감히 오지 못했다.

그는 나에게 그가 반찬[班禪]라마라고 인증해 달라고 하였다. 그는 반찬라마가 죽었는지 살았는지도 모르며, 지금 그를 따라 배우는 사람들은 그를 반찬라마라고 말한다고 하였다. 그들은 먹을 쌀도 없어서 트럭으로 도처로 다니면서 물건을 훔치거나 밥을 사 먹는다고 하였다. 여러분 생각해 보라. 이것이 얼마나 불가사의한 것인가. 몬트리올에서 나는 그들을 보러가면서 그들이 물건을 훔치지 않도록 이백 파운드의 쌀을 사서 그들에게 보냈다.

그는 캐나다의 내가 있는 곳에 와서는 나에게 매우 공경스럽게 대하였으며, 내가 그의 있는 곳에 가자 그는 매우 허세를 부렸으며,

입은 옷도 매우 위풍스럽게 하면서 한 무리의 여인들을 데리고 나에게 절을 하게 하였지만, 그러나 그는 절을 하지 않았다. 그는 말하기를, 이들 여인들과 아이를 낳은 것은 수행이라고 하였다. 바로 이런 것이다. 아이 낳은 것을 공개하면서 모두 그를 따르며, 그도 큰 재주를 가지고 있는데, 그들 여인들이 서로 질투하지 않고 모두 대범하게 군다는 것이다.

제자 토지신이나 성황신, 하천 산악의 귀신들은 왜 늙으면 마를 이룹니까?

상인 그들은 사람들이 바치는 닭, 오리, 돼지고기 등의 공양을 마음껏 받으면서 바르지 못함을 배운 것이다. 마치 사람들이 아편을 흡입하는 것을 배우고도, 어떤 사람은 바른길로 가고 어떤 사람은 삿된 길로 가는 것과 같은 것이다. 이것을 너는 이미 이해하지 않는가? 귀신이 사람의 공양을 탐하면서 괜찮다고 느끼므로 무슨 일이든지 하게 되면서 곧 마가 되며, 장래에 타락하게 된다. 너는 이해하는가? 매우 간단한 것이다.

부처님께서 말씀하신 법은 모두 이 세상에 널려있으니 너는 그것으로 유추해 보면 이해하지 못할 것이 없다. 심지어 어린애들이 개구쟁이로서 말을 잘 듣지 않은 것 모두 묘법을 연설하는 것이다. 네가 알아차리면 모습 모습이 모두 묘법이며, 알아차리지 못하면 모습 모습이 모두 말법이다.

십여 년 전에 모모라는 사람이 십여 명을 데리고 내가 있는 곳으로 와서 나에게 그가 반찬라마라는 것을 인증해달라고 요구하였다. 그는 그의 제자라는 사람들에게 말하였다. "너희들이 만약 내가 반찬라마라는 것을 믿지 못한다면, 우리들은 선화 법사에게 가서 물어보자. 그 분이 만약 내가 반찬라마라고 말하면 내가 바로 반찬라마이며, 그가 아니라고 말하면 나는 반찬라마가 아니다." 그래서 캐나다로부터 이곳으로 달려와 나에게 절을 하면서 말하였다. "당신이 반찬인지 나도 모르며, 당신이 반찬이 아닌지는 더욱 모른다. 하지만 나에게 하나의 방법이 있는데, 반찬라마는 티베트인이므로 당신이 만약 티베트 글을 배우지 않고 티베트 말을 할 수 있으면, 나는 대충이나마 당신이 반찬이라고 승인할 수 있다. 당신이 티베트 말을 할 줄 모르면 나는 당신을 따라 거짓말을 할 수 없다." 그는 이런 말을 듣더니 곧바로 캐나다로 돌아가 버렸다. 그들은 지금은 물건을 훔치지 않는데, 그를 따르는 여인들로 하여금 집에서 수공업을 하면서 생계를 유지하고 있다고 한다. 하지만 이것도 매우 고생스러운 것이지만 그는 그들이 함께 수행한다고 말한다.

여러분이 번역을 할 때 그들의 이름을 거론할 필요는 없다. 사람을 그리면서 창자까지 그릴 필요는 없는 것이다. 경전을 번역하는 데 있어서는 올바르고 명쾌한 견해를 가져야 하며, 법을 보는 안목이 있어야 하며, 상상력으로 해서는 안 된다. 당신은 왜 법을 보는 진정한 안목과 지혜가 없는가? 그것은 당신이 평소 수행에 힘쓰지 않기 때문에 중요한 고비에 이르면 바른 생각이 없게 되며, 그래서 어떻게 번역해야 할지를 모르는 것이다.

캐나다의 그는 짐짓 수행인처럼 가장하면서 사람을 속여서 재물을 편취하고 여색을 취하는 것이 수행이라고 말할 수 있는가? 그는 삿된 견해를 가지고 있으므로 마가 와서 붙는 것이다.

8) 신통력 얻기를 탐하여 오는 마

■

又善男子, 受陰虛妙, 不遭邪慮, 圓定發明. 三摩地中, 心愛神通, 種種變化, 硏究化元, 貪取神力. 爾時天魔候得其便, 飛精附人, 口說經法, 其人誠不覺知魔著, 亦言自得無上涅槃. 來彼求通善男子處, 敷座說法.

■

"다시 저 선남자는 수음이 텅 비고 미묘하여 삿된 생각을 만나지 않으며, 원만한 선정이 발명되어 삼매 가운데서 마음으로 신통의 갖가지 변화를 좋아하여 변화의 근본 도리를 연구하면서 신통력을 얻기를 탐한다. 이때 천마가 그 틈을 찾아서 자기의 권속을 날려 보내 어떤 사람에게 붙어 입으로 경법을 설하게 한다. 그 사람은 마가 붙은 것을 정말로 알거나 느끼지 못하며, 또한 자기는 무상의 열반도를 얻었다고 말한다. 그리하여 신통을 구하는 저 선남자가 있는 곳으로 와서 법좌에 앉아 법을 설한다."

■

是人或復手執火光, 手撮其光, 分於所聽四衆頭上. 是諸聽人頂上火光, 皆長數尺, 亦無熱性, 曾不焚燒. 或水上行, 如履平地. 或於空中安坐不動. 或入甁內, 或處囊中. 越牖透垣, 曾無障礙, 唯於刀兵不得自在. 自言是佛, 身著白衣, 受比丘禮. 誹謗禪律, 罵詈徒衆, 訐露人事, 不避譏嫌. 口中常說神通自在, 或復令人傍見佛土. 鬼力惑人, 非有眞實, 讚歎行婬, 不毀麤行. 將諸猥媟, 以爲傳法.

∎

"마에 붙은 사람은 혹은 손으로 불빛을 잡고 법을 듣는 대중의 머리 위에 나누며, 이 모든 법을 듣는 사람의 정수리 위의 불빛은 모두 수 척(尺)으로 자라며, 또한 뜨거운 성질이 없어 다시 다른 것을 태우지 않는다. 혹은 물 위를 마치 평지와 같이 걸어가며, 혹은 공중에 편안히 앉아 움직이지 않으며, 혹은 병의 속으로 들어가기도 하며, 혹은 주머니 속으로 들어가며, 혹은 닫힌 창문을 넘고 담장을 통과하는 데 아무런 장애가 없다. 그러나 오직 칼이나 창에만 자재하지 못하다. 자기는 부처라고 말하면서 재가불자의 옷을 입고 비구의 예를 받으며, 선과 계율을 비방하고 자기의 제자들을 욕하며, 사람의 사적인 비밀을 폭로하고 남들의 조소와 혐의를 피하지 않는다. 입으로는 항상 신통자재함을 말하고 혹은 사람들에게 불극토를 보게 한다. 이것은 모두 귀신의 힘이 있기 때문에 사람을 미혹시키는 것이며, 결코 진실한 수행의 공부가 아니다. 그 마는 음욕을 행하는 것을 찬탄하고 거친 행을 그만두지 않으며, 이러한 모든 청정하지 못한 일로써 전법의 일로 삼는다."

∎

此名天地大力, 山精, 海精, 風精, 河精, 土精, 一切草木積劫精魅. 或復龍魅, 或壽終仙, 再活爲魅. 或仙期終, 計年應死, 其形不化, 他怪所附, 年老成魔, 惱亂是人. 厭足心生, 去彼人體. 弟子與師, 多陷王難. 汝當先覺, 不入輪迴. 迷惑不知, 墮無間獄.

■

"이것은 천지의 대력귀신, 산의 정령, 바다의 정령, 바람의 정령, 강의 정령, 땅의 정령이거나 혹은 일체 초목이 오랜 겁을 쌓은 늙은 요괴이거나, 혹은 용의 괴물이거나, 혹은 수명이 다한 신선이 다시 살아서 귀매가 되었거나, 혹은 신선이 기한을 마치고 마땅히 죽을 해에 그의 형체가 변환되지 못하자 다른 괴물이 붙은 것들이 나이가 들어 마를 이룬 것이다. 이 마는 수행을 하는 사람을 괴롭히고 어지럽게 하며, 싫어하고 만족하는 마음이 나면 저 사람의 몸을 떠나가며, 제자와 스승은 함께 왕난에 빠져 감옥에 들어간다. 너는 마땅히 먼저 깨달아 마의 윤회 속으로 들어가지 않아야 할 것이며, 미혹하여 알지 못하면 무간지옥에 떨어진다."

■

여기서 큰 힘을 가지고 있다는 것은 삿된 힘으로써 권력이 아니다. 마치 토적이 사람을 죽이는 것처럼 이것은 단지 일종의 강권한 힘을 말하며, 그가 사람을 죽일 수 있는 권력을 가지고 있다고 말할 수 없는 것이다. "산의 정, 바다의 정 등이 나이가 들어 늙어 마를 이루어 세상 사람을 뇌란(惱亂)시킨다."라고 하는데, 내가 다시 너희들에게 비유하자면, 어떤 사람이 젊을 때는 바르고 규칙을 잘 지키는 사람이었는데, 늙어 자손들이 많아지고 재산이 많아지자 규칙을 지키지 않게 되는 것과 같다.

이 미국이라는 나라에서 여러분들은 8~90세의 늙은 노인들이 그의 손녀를 강간하는 신문보도를 자주 볼 것이다. 그는 늙어서 교활하고 간사하게 되어 마를 이루는 것이다. 그가 만약 여전히 규칙을 잘 지켜 젊을 때와 마찬가지로 바르고 사사로움이 없다면 신이 될 것인데,

그러나 그렇지 못하기 때문에 신이라고 부를 수 없으며, 그를 요괴라고 부르는 것이다.

　　이 정(精)은 중국에서는 늙었다는 뜻이 함축되어 있으며, 늙어서 정령과 요괴를 이룬 것이다. 이 정은 본래 늙은 요정[老妖精]이라고 말해야 한다. 능엄주에는 전문적으로 산과 물의 요괴를 부르는 것이 있는데, 나는 이것을 시험해 본 적이 있다. 그 요정들을 보면 머리가 수백 개, 손이 수백 개, 또는 다리가 수백 개, 다리에 많은 머리가 달린 것들이 있는데, 정말로 괴상한 모습들이 다 있다.

9) 깊은 공의 이치를 탐하여 오는 마

又善男子, 受陰虛妙, 不遭邪慮, 圓定發明. 三摩地中, 心愛入滅, 硏究化性, 貪求深空. 爾時天魔候得其便, 飛精附人, 口說經法. 其人終不覺知魔著, 亦言自得無上涅槃. 來彼求空善男子處, 敷座說法.

"다시 저 선남자는 수음이 텅 비고 미묘하여 삿된 생각을 만나지 않으며, 원만한 선정이 발명되어 삼매 가운데서 마음으로 멸하는 도리로 들어가기를 좋아하여 멸하는 변화의 성질을 연구하면서 깊은 공의 이치를 탐한다. 이때 천마가 그 틈을 찾아서 자기의 권속을 날려 보내 어떤 사람에게 붙어 입으로 경법을 설하게 한다. 그 사람은 마가 붙은 것을 끝내 알거나 느끼지 못하며, 또한 자기는 무상의 열반도를 얻었다고 말한다. 그리하여 공(空)을 구하는 저 선남자가 있는 곳으로 와서 법좌에 앉아 법을 설한다."

∎

탐구심공(貪求深空)은 깊은 공의 이치를 구하기를 탐한다는 뜻인데, 무엇을 깊은 공이라고 하는가? 깊은 공이란 또한 진공(眞空)을 얻으려고 하지만 여기서는 참된 것이 아니므로 깊은 공이라고 말하는 것이다. 그는 연구하여 멸함으로 들어가서 어떻게 되는가? 가고 오는 것이 자유롭게 되기를 원한다. 즉 살기를 원하면 살고, 죽기를 원하면 죽는 그런 자유를 원하는 것이다. 그는 이러한 방법을 얻으려고 원하며, 이러한 방법으로 공의 도리를 이해하면 비로소 이렇게 될 수 있을 것이라고 생각한다.

바로 이러한 때에 삿된 견해가 생긴다. 사견이 생기면 '어떠한 것을 참된 공[眞空]이라고 하는가?' 그는 대략 신통이 생기게 되면 생사가 자유로울 것이라고 생각한다. 이러한 때 천마가 그에게 틈이 생기는 것을 보고 이런 구멍이 있는 것을 보고 정을 날려 사람에게 붙게 되는[飛精附人] 것이다.

정을 날려 사람에게 붙게 되는[飛精附人] 것은 앞에서도 많이 나왔는데, 바로 그의 정령, 즉 천마의 정이며, 그의 영성(靈性)이 이곳으로 와서 사람에게 붙는 것이다. 그러므로 그는 마치 신통이 있는 것 같기도 하다. 갑자기 있었다가 갑자기 없어지게 되는데, 숨고 나타나는 것이 자유로움이 매우 불가사의하여 마치 마술을 부리는 것과 같다.

그가 손을 아래로 하면 전단향을 방출하는데, 그렇다고 해도 당신은 그 사람이 도가 있다고 생각하지 않아야 한다. 천마는 무슨 신통이든지 가지고 있다. 대소변도 마치 사탕과 같이 달다. 일반인들은 이런 경계를 보면 정말로 대단하다고 여기거나 수행이 있다고 생각하는데, 실제로는 이것은 마술이며, 마가 그곳에서 불가사의한 힘을 부리는 것이다.

어느 곳에서 그가 마(魔)라는 것을 알 수 있는가? 바로 그가 부처님의 계율을 지키지 않거나, 계율을 비방하거나 계율이 잘못되었다고 말하거나, 출가인을 경시하거나 공경하지 않으면, 이것으로부터 그가 마(魔)라는 것을 알며, 천마가 그곳에서 그를 돕고 있다는 것을 알 수 있다. 바로 이것이다.

그러므로 이 '깊은 공'을 대단한 무엇이 있다고 생각하지 않아야 한다. 이 깊은 공은 그가 진공을 구하려고 하나 진공(眞空)은 아니다. 그러므로 깊은 공이라고 부르는 것이다. 이것은 그가 옆길로 잘못 들어가 탐하고 구하는 마음에 마가 붙은 것을 형용하는 것이다. 그가 만약 탐구하는 마음이 없으면 마에 미혹되지 않을 것이다. 그에게 탐구하는 마음이 있기 때문에 수행인의 본분에 합치되지 않는다. 그러므로 무상의 도를 구하는 데 마땅히 탐하고 구하는 마음으로 해서는 안 된다. 그러면 이때 천마가 그 틈을 타고 오는 것이다.

於大衆內, 其形忽空, 衆無所見. 還從虛空突然而出, 存沒自在. 或現其身洞如瑠璃, 或垂手足作旃檀氣, 或大小便如厚石蜜. 誹毀戒律, 輕賤出家. 口中常說無因無果. 一死永滅, 無復後身, 及諸凡聖, 雖得空寂, 潛行貪欲. 受其欲者, 亦得空心, 撥無因果.

"그 마는 대중 가운데서 그의 형체가 갑자기 텅 비어 대중들에게 보이지 않는다. 또 허공으로부터 갑자기 나타나며, 모습을 나타내고 없어지는 것이 자유롭다. 혹은 그의 몸이 투명하기가 유리와 같이 나타내며, 혹은 손을 아래로 드리우면 전단의 향기가 방출되며, 혹은 그의 대소변이 마치 꿀과 같이 달다. 그 마는 계율을 비방하고 출가인을 천시하며, 입으로 항상 인과가 없으며, 한 번 죽으면 영원히 소멸하여 다시는 후신을 받지 않으며, 범부도 없고 성인도 없다고 말하는 것을 좋아한다. 비록 그 마는 공적함을 얻었지만, 몰래 탐욕을 행하며, 그와 음욕을 행한 자는 또한 그 마의 공적한 기운을 받아 인과가 없다고 부정한다."

此名日月薄蝕精氣, 金玉芝草, 麟鳳龜鶴, 經千萬年, 不死爲靈, 出生國土, 年老成魔, 惱亂是人. 厭足心生, 去彼人體. 弟子與師, 多陷王難. 汝當先覺, 不入輪回. 迷惑不知, 墮無間獄.

"이것은 일월의 정화(精華)에서 떨어져 나온 정기가 금·옥·지초·기린·봉황·거북·학 등의 몸에 떨어져 천만 년을 지나도 죽지 않아서 정령이 되어 이 국토에 출생하여 나이가 들어 마를 이룬 것이다. 이 마는 수행을 하는 사람을 괴롭히고 어지럽게 하며, 싫어하고 만족하는 마음이 나면 저 사람의 몸을 떠나가며, 제자와 스승은 함께 왕난에 빠져 감옥에 들어간다. 너는 마땅히 먼저 깨달아 마의 윤회 속으로 들어

가지 않아야 할 것이며, 미혹하여 알지 못하면 무간지옥에 떨어진다."

■

상인 너는 법을 보는 안목으로 관찰해야 하며, 또한 묘관찰지로써 이러한 경계의 문제를 관찰해야 한다. 관찰하는데 이 경계에 집착하지 않아야 한다. 이러한 묘관찰지는 마치 거울과 같이 대원경지와 비슷한 것이다. 하지만 대원경지는 동요하지 않고 일체의 제법실상을 나타내며, 묘관찰지는 일종의 관찰력을 써서 명료하게 알 수 있는 것이다. 그러므로 너는 객관적인 태도로써 관찰함에 있어서 편견에 떨어지지 않아야 한다. 네가 이러한 경계를 인식하면 그것에 움직이지 않을 것이다.

제자 저에게 하나의 문제가 있습니다. 손오공은 돌 속에서 나온 것입니다. 왜 돌 속에서 원숭이가 나올 수 있습니까? 이 돌은 몇 만 년의 일월의 정화를 흡수하였기 때문에 이후에 이러한 현상이 발생하는 것입니까? 손오공과 같은 이러한 정황은 이 경문에서 말하는 것과 같은 것입니까? 금·옥·지초·기린·봉황·거북·학 등이 이러한 해와 달의 정기를 흡수한 후 마로 변한다고 하였습니다. 손오공처럼 이 경에 비추어 본다면 그는 그래도 약간의 선근이 있어서 생사윤회가 매우 고통스러운 것을 알고 따라서 팔백 년 후에 도를 구하러 나와 각종 법술을 배워 나중에는 불교의 호법으로 변했습니다.

손오공은 좋은 예지만, 이 경에서 이러한 정령, 귀괴는 늙어서 마로 변한다고 합니다. 그러면 어떤 정황 하에서 그들은 늙어 마로 변합니까? 이러한 정황 하에서 마는 마치 불량배와 같이 나쁜 일을 많이 저지릅니다. 제가 생각하기로는 어떤 것은 마로 변하지 않고 어떤 것은 변한다고 생각됩니다. 왜냐하면 어떤 것은 좋은 마이며, 어떤 것은 좋은 마가 아니기 때문입니다.

상인 손오공은 단지 마의 일부분이며, 이와 비슷한 정황은 매우 많다. 손오공도 대략 상음의 수행에서 문제가 생긴 것이다. 그러므로 원숭이로 변하여 하늘과 땅으로 들어가는 것이다. 이것은 바로 『능엄경』에서 말한 것이며, 마의 대표적인 것이다. 그러면 그 밖의 마에 관하여 당연히 그는 충분히 마로 변해야 할 것이지만, 그도 삼보에 귀의할 수 있는 것이다.

언제 그는 회광반조하여 잘못을 깨달았으며, 부처님의 제자가 되는 기회를 잃지 않았는가? 그가 만약 깨닫지 못했으면 바로 마가 되었을 것이다. 이 마는 늙을수록 신통이 더욱 커진다. 그가 젊으면 그렇게 큰 힘이 없으며 그렇게 큰 신통이 없을 것이다. 이 마는 귀(鬼)에 비하여 더욱 사납다. 마귀라고 하는데 이 귀는 마로 변할 수 있는 것이다.

너희들은 이전에 내가 말한 여의마녀를 들어본 적이 있지 않는가? 그녀는 중국 주(周)나라 때 하나의 귀신이었는데, 그녀는 규칙을 지키지 않아서 벼락에 의하여 쪼개졌다. 그러나 완전히 그녀를 소멸시키지 못하여 그녀는 다시 정신을 모아 하나로 모아졌으며, 수행을 하여 마가 되었으며, 도처로 다니면서 사람의 목숨을 빼앗았다.

왜 그녀는 사람의 목숨을 요구하였는가? 바로 자기의 세력과 권속의 세력을 증가시키기 위해서이다. 이 마녀가 한 사람을 죽일 때마다 다른 마들은 그녀를 칭찬하면서 "너는 정말로 재주가 있어!"라고 한다. 마치 관리들이 승진하는 것과 같다. 마는 한 사람을 더 많이 죽이면 일종의 세력이 증가하기 때문에 이 귀신의 세력도 마의 부름을 듣는다. 여의마녀는 이후 나를 만나 삼보에 귀의하였으며, 이것도 마가 부처에게 귀의한 하나의 예다.

이 세간의 모든 일은 미묘하고 불가사의한 것이다. 이 경에서는 단지 일부분만 이야기하고 있으며, 만약 상세하게 이야기하고자 하면 각각의 하나의 음마에도 수만 가지나 될 것이다. 따라서 하나의 예를 들면 여러분은 유추하여 이해하고 탐하는 마음을 내어서는 안 될 것이다. 욕념이 없으면 어떤 마도 두렵지 않다. 욕념이 없으면 어떤 마도 당신을 어떻게 할 방법이 없다. 마는 바로 너희들이 문을 여는지를 보고 들어올 것이다. 너희들이 언제나 문을 열지 않으면 그들은 들어오지 못할 것이다.

왜 마가 천상에 가는가 하면 그는 많은 복을 닦았기 때문이다. 경에서 말하는 천마는 하늘에 있다고 생각하지 않아야 한다. 그는 하늘로 갈 수 있지만 반드시 항상 하늘에 있는 것은 아니다. 인간의 이러한 모든 신통을 가진 마는 모두 천마가 될 수 있다. 천상의 마가 만약 그들을 필요로 한다면 언제든지 그들은 갈 수 있다. 그들이 천상에 태어나지만 욕념이 있을 뿐 아니라 근본적으로 성미가 가장 크고 강한 것은 그들이 용감하게 싸우기를 좋아하기 때문에 마가 된 것이다. 그가 만약 투쟁하기를 좋아하지 않고 성미가 없으면, 바로 부처의 권속이다. 성미가 있고 무명이 매우 중한 이는 모두 마의 권속이 된다.

그들이 장래 어떤 과보를 받을 것인가에 관하여는 매우 먼 미래의 일이며, 연구할 필요가 없다. 그들 가운데 신통이 큰 마를 만나 교화의 말을 듣지 않으면 그들을 훼멸시켜 허공과 같이 변하게 할 수 있다. 어떤 마는 분쇄되지 않고 그가 많은 악을 지어 고치지 않으면, 여전히 깨달음을 등지고 번뇌와 합쳐 미혹하면 당연히 장래 과보를 받을 것이다. 그 과보는 매우 고통스러우며, 혹은 여우가 되거나 족제비가 되어 모두 축생의 길로 떨어지는데, 이 모두 마의 정령이다. 혹은 뱀이나 쥐로 변하며, 혹은 각종 괴상한 축생이 되는데, 이 모두 마의 기운이 치성한 물건이 변한 것이다.

그러므로 너희들은 만약 매우 악한 중생을 보면, 마치 호랑이와 같은 중생은 모두 그 속에서 그를 돕는 약간의 마의 힘이 있으므로 그것이 비로소 그렇게 큰 재주를 가지고 있는 것이다.

10) 장생불사를 탐하여 오는 마

又善男子, 受陰虛妙, 不遭邪慮, 圓定發明. 三摩地中, 心愛長壽, 辛苦研幾, 貪求永歲, 棄分段生, 頓希變易, 細相常住. 爾時天魔候得其便, 飛精附人, 口說經法. 其人竟不覺知魔著, 亦言自得無上涅槃. 來彼求生善男子處, 敷座說法.

"다시 저 선남자는 수음이 텅 비고 미묘하여 삿된 생각을 만나지 않으며, 원만한 선정이 발명되어 삼매 가운데서 마음으로 장수(長壽)를 좋아하여 매우 고생스럽게 오묘한 기미(幾微)를 연구하고 장생불사를 탐하면서 분단생사를 버리고, 갑자기 변역생사의 영원히 머무는 미세한 모습을 희망한다. 이때 천마가 그 틈을 찾아서 자기의 권속을 날려 보내 어떤 사람에게 붙어 입으로 경법을 설하게 한다. 그 사람은 마가 붙은 것을 끝내 알거나 느끼지 못하며, 또한 자기는 무상의 열반도를 얻었다고 말한다. 그리하여 장생(長生)을 구하는 저 선남자가 있는 곳으로 와서 법좌에 앉아 법을 설한다."

■

辛苦硏幾 힘들게 오묘한 기미를 연구한다. 여기서 기(幾)란 가장 미세한 곳을 뜻하며, 기미·낌새·조짐이라고 말할 수 있다.

貪求永歲, 棄分段生 그는 장생불로를 구하고 분단생사를 버리려고 한다. 분단생사란 우리 각 사람의 생사를 말하며, 각 사람은 한 분(分)을 가지고 있으며, 각자의 신체를 뜻한다. 그리고 우리는 태어나서 죽을 때까지를 하나의 단락이라고 하며, 발바닥부터 머리끝까지 이것도 하나의 단락이라고 한다. 그러므로 분단생사라고 부르는 것이다.

頓希變易, 細相常住 범부에게는 이러한 분단생사가 있으며, 사과의 아라한을 증득하면 분단생사는 없지만 변역생사가 있다. 변역생사란 생각생각이 천류하면서 생각이 생겼다가 소멸하는데, 이 생각생각은 변하는 것이다. 이것을 변역생사라고 한다. 그는 변역생사도 없이 미세한 상이 상주하여 영원히 살면서 장생불로를 얻기를 바란다.

원만한 선정이 발명된다[圓定發明]는 것은 그는 마음속으로 변화하는 것이 아니라, 그는 그곳에서 애를 쓰면서 망상을 짓는 것이다. 망상도 그의 수행으로부터 나온 일종의 망념이며, 결코 무슨 변화를 하는 것이 없다. 그는 수행을 할 때 당연히 모든 것이 좋았는데 망상을 피운 것이다.

이 원정(圓定)이란 땅에 비유하자면 당신이 땅에 곡식을 뿌리면 양식이 나오는데, 어떤 때는 잡초가 나오는 것이다. 그는 수행하여 당연히 진정한 과위를 얻으려고 하지만, 그는 일종의 탐하고 구하는 마음, 즉 일종의 망상을 내기 때문에 그래서 마에 미혹되어 오음 속에서 마의 경계를 내는 것이다.

사실 이 오음은 각 하나의 음마다 열 가지가 있어 오십 가지가 있다는 것이다. 그러나 결과적으로 말하면 이 경계에서는 열 종류에 그치지 않고 각 하나의 음속에는 심지어 백천만 가지가 변화되어 나올 수 있다. 하지만 부처님께서 일반인들이 쉽게 볼 수 있고 쉽게 이해할 수 있는 것을 말씀하신 것이다.

우리들이 수행하면서 마의 경계를 따라가서는 안 될 것이며, 탐하는 마음을 내서는 안 될 것이다. 신통을 탐하고 지혜를 탐하고, 또 이것을 탐하고 저것을 탐하거나, 장수를 탐하는 등 이상한 것을 탐해서는 안 된다. 수행은 탐하는 것이 아니며, 탐하면 모두 주화입마에 빠지기 쉽다. 장차 그곳에 이르려고 할 때, 즉 그곳이란 음양이 교차되는 곳이라고 말할 수 있으며, 또한 범부와 성인이 나눠지는 분야라고 말할 수 있는데, 그때 매우 쉽게 길을 잘못 들어설 수 있다.

제자 기분단생(棄分段生)이란 이 선남자는 이미 분단생사를 마친 것을 뜻합니까?

상인 그는 분단생사를 마친 것이 아니다. 기(棄)란 없다, 버린다는 것이다. 그는 분단생사를 마치려고 하면 버릴 필요가 없다. 이 모두 일체의 망상이 그곳에서 허망하게 계교하기 때문이다. 그는 근본적으로 모두 거짓이며, 그는 아무런 과도 얻은 것이 아니며, 마에 미혹된 사람이 어떻게 과를 증득할 수 있겠는가? 과를 증득하면 어찌 마에 미혹될 수 있겠는가? 단지 증득하고 증득하지 못한 중간단계에서 마에 미혹되는 것이다.

그는 아직 과를 증득하는 것을 이야기할 수준이 아니며, 너희들은 그를 너무 높게 보는 것은 도적을 자식으로 여기는 것이다. 이 모두 허망한 집착이며 허망한 사량분별이다. 큰 집착을 내어 자기가 어떻다고 생각하는 것이다. 만약 과를 증득하면 천마는 근본적으로 그를 어떻게 할 방법이 없다.

그는 갑자기 변역생사를 희망하여[頓希變易] 분단생사를 버리려고 하는 것이다. 이 모두 망상이며, 그는 아직 변역생사를 마쳤다고 말할 수 없다. 그는 이렇게 희망하는 것이다. 그가 희망하는 것은 참된 것이 아니다. 이것은 변역생사에 집착하는 것이 아니며, 근본적으로 그는 무엇이 변역생사인지를 이해하지 못하고 변역생사를 마치려고 바라는 것이다. 그는 그곳에서 마치 꿈을 꾸는 것과 같으며, 집착이 아니다. 그가 변역생사를 마치려고 한다면 희망할 필요가 없다. 그는 모르기 때문에 비로소 희망하는 것이다. 그가 만약 이미 변역생사를 마쳤다면 더욱 희망할 무엇도 필요하지 않다.

범부는 분단생사가 있고 보살은 변역생사가 있다. 그는 바로 보살처럼 장생불로하기를 희망하는데, 이것은 일종의 허망한 환상이다. 그는 근본적으로 아무것도 얻은 것이 없으며, 아무것도 이해하지 못하고 있다. 너희들은 먼저 큰 제목을 이해해야 한다. 이 큰 제목은 '오십 가지의 음마'이며, 그가 만약 과를 증득하였다면 이 음마에 미혹되지 않을 것이며, 음마에 미혹된 것은 바로 아무것도 얻지 못했다는 것이다.

제자 : 오십 가지의 음마 가운데서 가장 마지막 부분에서 말하는 것은 아라한과 벽지불의 경계입니다. 이것은 마에 미혹된 것이 아닌 것이죠?

상인 : 가장 마지막에 그가 만약 진정으로 아라한이라면 마에 미혹되지 않을 것이다. 그는 모두 허망한 것으로서 네가 만약 그 문장을 보면 알 것이다. 그가 이미 무슨 과를 증득하였다고 말할 수 없으며, 이렇게 조금의 차이로 그는 증득하지 못하고 마의 경계로 들어가는 것이다. 이것이 바로 머리카락같이 작은 차이가 나중에는 천 리나 크게 잘못된다는 것이다. 그는 부처와 마의 한 생각 가운데서 길을 잘못 가는 것이다. 이 모두 사람으로 하여금 잘못된 길로 가지 않게 지시하는 것이며, 결코 그가 과를 증득하였다는 것을 뜻하는 것이 아니다. 그렇게 미세한 차이로 조심하지 않으면 마에 미혹되는 것을 말한다.

그가 희망하는 것은 바로 분단생사가 없는 것 장생하는 것이다. 그의 목적은 장생이며 결코 변역생사가 아니다. 이것이 바로 머리카락같이 작은 차이가 나중에는 천 리나 크게 잘못된다는 것이다. 그러므로 음마라고 부르며, 이러한 탐구하는 마음으로부터 비로소 이런 마에 미혹되는 것이다.

따라서 경에서 이르시기를 "성스러운 마음을 짓지 않으면 좋은 경계이지만 만약 성스러운 견해를 지으면 즉시 많은 삿됨을 받게 된다."라고 하는 것이다. 네가 만약 이것이 과를 증득한 것이라고 생각하지 않으면 좋은 것이며, 좋은 경계라고 말할 수 있다. 그러나 네가

"아, 이것은 대단한 것이야."라는 아만심을 내면 마가 찾아오는 것이다. 마치 오달(悟達) 국사와 같이 십 생을 고승이 되어 수행하였으나 그후 황제가 그에게 침향의 보좌를 하사하자 아만심이 생겨 말하기를 "세상에 나와 같은 수행인이 몇이나 있을 것인가?"라고 하여 그의 목숨을 요구하는 귀신이 그를 찾아와서 그는 사람 얼굴 모양의 창[人面瘡]을 앓게 된 것이다. 이것도 마가 붙은 것이다.

■

好言他方往還無滯, 或經萬里, 瞬息再來. 皆於彼方取得其物. 或於一處, 在一宅中, 數步之間, 令其從東詣至西壁. 是人急行, 累年不到. 因此心信, 疑佛現前. 口中常說, 十方衆生, 皆是吾子. 我生諸佛, 我出世界, 我是元佛. 出生自然, 不因修得.

■

"그 마는 먼 곳을 왕래하는 데 걸림이 없으며, 혹은 만 리를 지나가서 순식간에 다시 돌아오며, 올 때는 모두 그 지방의 물건을 가지고 온다. 혹은 한 곳에서, 하나의 방 안에서 몇 걸음밖에 되지 않는 거리지만, 어떤 사람으로 하여금 동쪽에서 서쪽 벽으로 가게 하지만 이 사람은 급하에 가는 데도 몇 년이 걸려도 이르지 못한다. 이러한 까닭으로 믿는 마음이 생겨 부처님이 나타나신 것이 아닌가 하고 의심한다. 입으로는 항상 시방의 중생은 모두 나의 자식이며, 나는 모든 부처를 생하며, 나는 세계를 만들어내며, 나는 근원의 부처이며, 내가 자연스럽게 세상을 만들어내는 데는 수행을 하여 얻은 것이 아니라고 말한다."

■

此名住世自在天魔, 使其眷屬, 如遮文茶, 及四天王毗舍童子, 未發心者, 利其虛明, 食彼精氣. 或不因師, 其修行人親自觀見, 稱執金剛與汝長命, 現美女身, 盛行貪欲. 未逾年歲, 肝腦枯竭. 口兼獨言, 聽若妖魅, 前人未詳, 多陷王難. 未及遇刑, 先已乾死, 惱亂彼人, 以至殂殞. 汝當先覺, 不入輪迴. 迷惑不知, 墮無間獄.

■

"이것은 세상에 머무는 자재천마가 차문다나 사천왕의 비사동자와 같은 자기의 권속과 아직 발심하지 않은 귀신들로 하여금 허명한 때를 이용하여 사람들의 정기를 빼앗아 먹는 것이라고 한다. 혹은 스승이 없이 수행하는 자가 친히 보게 하면서 그에게 자기는 금강의 호법이라고 칭하면서 너에게 긴 수명을 준다고 말한다. 그리하여 미녀의 몸으로 나타나 탐욕(음욕)을 왕성하게 행하면서 일 년도 지나지 않아 간과 뇌의 정기가 고갈되게 한다. 이때 입으로는 혼자 말하는데 듣기로는 마치 요정과 귀매를 대하고 말하는 것과 같다. 앞에서 언급한 이러한 사람들은 이러한 정황을 알지 못하여 대다수는 왕난에 빠지며, 아직 형벌을 받지 않은 자는 이미 먼저 정기가 고갈되어 죽으며, 선정을 닦는 사람을 괴롭히고 어지럽게 하여 죽음에 이르게 한다. 너는 마땅히 먼저 깨달아 마의 윤회 속으로 들어가지 않아야 할 것이며, 미혹하여 알지 못하면 무간지옥에 떨어진다."

■

盛行貪欲. 未逾年歲, 肝腦枯竭 탐욕, 음욕을 많이 행하니

일 년이 지나지 않아 간과 뇌의 정수가 고갈된다는 것이다. 그의 정·기·신이 모두 마른다. 왜 그러한가? 음욕을 행함이 매우 대단하였기 때문이다. 이 미녀는 반드시 다음과 같이 말할 것이다. "남녀의 일을 당신은 많이 할수록 더욱 장수할 것이다." 그러나 누가 알리오. 오래 살려고 생각했는데 일 년이 지나지 않아서 간과 뇌의 정수가 고갈된 것이다.

口兼獨言, 聽若妖魅 이때 이 사람은 입으로 혼자 이야기하며, 옆 사람이 들어도 마치 요귀가 하는 말과 같다. 사실 그는 자기에게 말하는 것이 아니라 마귀에게 이야기하는 것이다. 하지만 옆 사람은 이 마귀를 볼 수 없다. 이러한 마귀를 나는 이미 만난 적이 있다.

내가 만난 어떤 사람은 매일 저녁 어떤 여인이 그를 찾아왔으며, 낮에는 오지 않았다. 이 여인이 올 때는 집안의 모든 사람들은 이 여인이 걸어가는 소리를 들을 수 있었다. 마치 높은 구두를 신고 딸각거리는 소리를 내며 마루를 걸어가는 소리가 들리는 것이다. 그러나 소리를 들을 수 있지만 보이지는 않았다. 그러면 그는 이 여인이 오면 사람이 있든지 없든지 옷을 벗고 침대에 올라가 한바탕 소란을 피우는 것이다. 이것이 바로 이러한 귀신이다.

이후 어떤 무당이 그의 집에 가서 그의 이러한 마의 병을 치료해 주었다. 이 병을 치료하자 마귀가 와서 이 무당에게 말하였다. "좋아! 당신은 지금 그의 병을 치료해 주었지? 그는 오늘부터 좋아질 것이다. 그러나 나는 지금 너의 집으로 가서 너와 법으로 싸울 것이다." 과연 그 후 무당의 집으로 갔으며, 그의 오빠는 밤마다 이 마귀가 오면 그와 부정당한 행위를 하는 것이었다. 이 마는 어떠한가? 이렇게 대단한 것이다.

如遮文茶, 及四天王毗舍童子 본래 비사와 차문다는 호법이며, 능엄주 안에 모두 언급되는 것이다. 그러나 이곳의 그들은 아직 정법을 보호하는 호법신장이 아니므로 수행인이 허명할 때 그 기회를 타고 들어온다. 무명이 아직 타파되지 않았을 때 허함을 타고 들어오는 것이다. 이때 당신의 한 생각이 바르면 불과를 증득할 수 있고, 한 생각이 삿되면 마왕이 될 수 있다. 허명(虛明)이란 바로 정확하게 이해하지 못하는 것이다. 따라서 비사, 차문다가 와서 그의 정기를 먹는다.

내가 젊었을 때 전문적으로 마와 싸우기를 좋아하였다. 삼천대천세계의 마의 무리들이 모두 나를 대응하려고 하였다. 그래서 여러번 거의 생명을 잃을 뻔하였다. 그리하여 그 후 나는 무슨 법으로 마와 싸우는 것을 감히 하지 않게 되었다. 그래서 지금은 많은 마들이 와서 나를 모욕해도 나는 인욕을 닦으면서 그들을 다루지 않고 단지 자비심으로 그들을 섭수하고 감화시키려고 하며, 항복법으로 그들을 항복시키지 않는다.

내가 기억하는데, 중국 동북지방에 살 때 이런 일이 있었다. 도덕회에서 강습반 주임인 서모라는 사람이 있었는데, 도덕회 학생 5~60명의 학생 가운데 마가 붙은 학생이 있었다. 즉 삿된 마가 그 학생의 몸에 붙은 것이다. 서 주임은 자기가 지위, 권력이 있다고 생각하여 마가 붙은 여자아이를 위하여 마를 치료하려고 하였다. 그녀가 입으로 물을 한 입 머금고 여자아이에게 뿜었다. 그러나 그 마는 도망가지 않고 말하였다. "좋아, 당신이 나를 다스리려고 해? 그럼 나는 지금 너의 집으로 가서 너의 몸에 붙을 것이니, 당신은 어떻게 하는지 보자?" 그리하여 마가 붙은 여자아이의 병은 좋아졌지만, 서 주임이라는 여자의 몸에 마가 붙게 된 것이다.

서 주임의 몸에 붙은 마는 물을 뿌리는 것을 겁내지 않았으며, 서 주임 자신이 마의 기를 발하기 시작하였다. 그래서 도덕회에 머물 수가 없어 집으로 돌아갔다. 집에 돌아가자 매일 마가 와서 그녀를 괴롭히기 시작하여 집안이 평안하지 못하였다. 이 마는 어떤 마인가? 말 원숭이 정(精)이었는데, 매우 큰 말 원숭이 정이 와서는 그녀와 성행위를 하는 것이다. 성행위를 끝내면 서 주임은 몸의 일곱 개의 구멍에서 피를 흘렸으며, 눈·귀·코·입에서 모두 피가 흘러나왔다. 이렇게 그 말 원숭이 정은 그녀의 정기를 모두 흡수하였으며, 그녀는 거의 죽을 지경이 되었다.

도덕회에서 사람을 우리 절의 방장 스님께로 보내어 도움을 요청하였다. 우리 절의 방장 스님은 매우 유명한 분으로서 동북 지방에서는 왕효자로 불렸다. 삼연사의 방장 스님은 도덕이 있었기 때문에 이런 마를 항복시킬 수 있었다. 방장 스님께서는 무슨 일이 생기면 본인이 가지 않고 모두 나를 보내 해결하게 하였다. 이번에도 방장 스님은 나를 불러 가게 하여서 내가 그곳으로 갔다.

이 말 원숭이는 어떻게 말했는지 여러분 추측해 보세요. 그는 말하였다. "이봐, 당신이 그를 청한 것은 괜한 헛고생이며, 소용없어! 당신은 그를 청하지 말 것이며, 제공 활불이 와도 나는 겁나지 않아!" 내가 도착하자 말 원숭이도 정말 왔다. 그런 연후에 법술로 싸우기를 이틀 동안이나 싸우고 나서 비로소 그를 항복시켰다. 그러자 서 주임의 병도 좋아지고 죽지 않게 되었다. 이러한 문제를 나는 너무도 많이 겪었다.

지금 나는 다른 사람들의 불필요한 일에 관여하기를 원하지 않는다. 왜 그렇게 하려고 하는가? 나는 인욕을 닦는 공부를 하기 때문이다. 어떤 사람은 내 머리 위에 오줌을 싸도 나는 화를 내지 않고 참는다. 그러므로 지금 나의 종지는 이러하며, 어떠한 사람과도 다투지 않는다. 너는 이후 절대로 기억해야 한다. 다시는 귀찮은 일을 일으키지 말 것이며, 이것은 그래도 너에게 약간의 선근이 있는 셈이다. 그렇지 않으면 이 마는 쉽게 너의 몸으로 가서 붙을 것이다. 그러므로 이것은 놀기 좋은 일이 아니다.

■

阿難當知. 是十種魔, 於末世時, 在我法中, 出家修道. 或附人體, 或自現形. 皆言已成正遍知覺. 讚歎婬欲, 破佛律儀. 先惡魔師與魔弟子, 婬婬相傳. 如是邪精, 魅其心腑. 近則九生, 多逾百世, 令眞修行總爲魔眷, 命終之後, 必爲魔民. 失正遍知, 墮無間獄.

■

"아난은 마땅히 알아야 한다. 이 열 가지의 마는 말법시대에 나의 불법 가운데서 출가하여 수도하거나, 혹은 사람의 몸에 붙거나, 혹은 자기 스스로 형체를 드러내거나 하면서 모두 자기는 이미 정변지각(부처의 깨달음)을 이루었다고 말한다. 그들은 음욕을 찬탄하고 부처의 율의를 파괴한다. 먼저 악한 마의 스승과 마의 제자는 서로 음욕을 전한다. 이와 같은 삿된 정령과 귀매가 그의 마음속에 들어가면, 가까이로는 아홉 생(즉 900년, 일생은 10년), 많기로는 백 세(3000년, 일세는 30년)를 초과하여 참된 수행자로 하여금 모두 마의 권속이 되게 하며, 목숨을 마친 후에는 반드시 마의 백성이 되며, 바른 지견을 잃고 무간지옥에 떨어진다."

正遍知覺 정변지란 부처를 가리키며, 각(覺)에는 정지(正知)와 변지(遍知)가 있다. 정지란 무엇인가? 마음이 만법을 포함하고 있다는 것을 아는 것을 정지라고 하며, 만법은 오직 마음이라는 것을 아는 것이 변지이다. 진정한 바른 지견을 가지고 있으면 부처이며, 정변지라고 부른다. 그러나 마는 부처로 사칭하여 그도 정변지라고 말한다.

석가모니 부처님께서 열반에 들어가려고 할 때 부처님은 마왕을 불러 분부하였다. "너는 착실하게 규칙을 지켜라!" 그러자 마왕이 말하였다. "나로 하여금 규칙을 지켜? 좋아, 너의 불법이 말법에 이르면 나는 너의 의복을 입고 너의 밥을 먹으면서 너의 밥그릇에 똥과 오줌을 넣어 너의 불법 안에서 너의 법을 파괴하러 올 것이다." 부처님께서는 이런 말을 듣고는 걱정하며 눈물을 흘리면서 말씀하셨다. "나는 정말로 너를 어찌할 방법이 없구나. 너의 이런 방법이 가장 독하구나." 이것은 소위 말하기를 '사자 몸속의 벌레가 사자고기를 먹는다'고 하는 것이다. 이것이 바로 말법시대에 마는 강하고 법은 약하며 마왕이 가장 많다는 것을 나타낸다.

그러므로 우리 수도하는 사람은 절대로 조심해야 한다. 무엇이 마왕인가? 이 마왕은 바로 사람과 같지 않으며 그의 모습은 보면 마의 기운이 치성하다. 마왕은 매우 특별한데 이것도 마왕의 겉으로 드러나는 모습이다.

近則九生. 多逾百世 무엇을 일생이라고 하는가? 여기서 일생이라고 하는 것은 태어나서 죽을 때까지를 일 생이라고 하는 것이 아니고 일백 년을 일 생이라고 하며 구 생이면 구백 년이다. 일 세는 몇 년인가? 삼십 년을 일 세라고 한다. 일백 세이면 삼천 년을 말한다.

令眞修行總爲魔眷 만약 가까이로는 구백 년 안에 이 수도인은 곧 마의 권속이 되며, 멀리로는 삼천 년 후에 마의 권속이 된다는 것이다. 그는 마에 미혹되었기 때문에 비록 미혹되었을지라도 많은 생을 경과하여 정식으로 마의 권속이 되는 것이다. 만약 시기가 충분하지 않으면 그의 성질은 아직 완전히 마의 성질로 변하지 않는다. 마는 무엇이 변한 것인가? 마도 이러한 부정당한 사람이 변한 것이다. 그러나 그렇게 빨리 변하는 것이 아니라 마왕이 그를 쫓아가고 미혹시켜 가까이로는 구생, 멀리로는 백세의 시간이 소요된다.

■

汝今未須先取寂滅, 縱得無學, 留願入彼末法之中, 起大慈悲, 救度正心, 深信衆生, 令不著魔, 得正知見. 我今度汝已出生死. 汝遵佛語, 名報佛恩.

■

"너는 지금 먼저 열반에 들어가지 말고, 설령 무학의 과위를 얻더라도 남아서 저 말법의 가운데로 들어가, 큰 자비의 마음을 내어 모든 바른 마음의 중생을 제도하여 중생들로 하여금 너를 깊이 믿게 하여, 마에 집착하지 않게 하고 바른 지견을 얻게 하여라. 내가 지금 너를 제도하여 너는 이미 생사를 벗어났으니, 너는 부처의 말씀을 준수하여라. 이것을 부처님의 은혜를 갚는 것이라고 한다."

■
阿難! 如是十種禪那現境, 皆是想陰用心交互, 故現斯事. 衆生頑迷, 不自忖量, 逢此因緣, 迷不自識, 謂言登聖, 大妄語成, 墮無間獄. 汝等必須將如來語, 於我滅後, 傳示末法. 遍令衆生, 開悟斯義. 無令天魔得其方便, 保持覆護, 成無上道.

■
"아난아! 이와 같은 열 가지의 선정공부에서 나타나는 경계는 모두 상음[不正]과 공부하는 선정의 마음[正]이 서로 교차하는 까닭으로 이러한 일들이 나타나는 것이다. 중생은 완고하고 어리석어 스스로의 수준을 헤아리지 않고 이러한 인연을 만나면, 미혹하여 스스로 인식하지 못하고 성스러운 과를 증득하였다고 말한다. 이것은 큰 거짓말을 이루는 것으로 무간지옥에 떨어진다. 너희들은 마땅히 여래의 말씀을 여래가 멸도한 후 말법시대에 이러한 도리를 널리 전하고 알려 중생들이 이러한 뜻을 두루 깨닫도록 하여 천마가 그 틈을 얻지 못하도록 할 것이며, 진정한 불법을 보호하고 지녀서 무상의 도를 이루도록 하여야 한다."

■
皆是想陰用心交互, 故現斯事 이러한 경계는 어디에서 오는 것인가? 모두 오음 가운데의 상음으로부터 변화되어 나온다. 당신의 정진이 극에 이르면 이러한 현상이 나타난다. 이러한 경계가 나타나도 당신은 도적을 자식으로 착각하지 않아야 하며, 이러한 경계에 움직이지 않아야 한다.

이때 용심교호(用心交互)한다는 것은 좌선을 할 때 마음을 쓰는 것을 말한다. 당신이 마음을 쓰면서 상음 속의 음과 당신의 정진의 힘이 서로 싸우는 것이다. 마치 전쟁을 하는 것과 같은 것이다. 만약 너의 선정력이 이기면 상음을 물러나게 하고, 상음이 만약 이기면 너의 공부는 존재하지 않고 흩어지며 선정력이 없게 되며, 너는 곧 마의 경계에 집착하게 된다. 그러므로 이러한 현상이 나타나는 것이다.

逢此因緣, 迷不自識 이러한 마의 경계를 만나면 가장 중요한 것은 미혹하여 인식하지 못하는 것이다. 만약 당신이 알아차리면 경계에 움직이지 않는다. 여기서 식(識)이란 인식하는 것이며, 인식한다는 것은 깨달아 미혹되지 않는 것이다. 그러므로 당신이 만약 이해하면 미혹되지 않으며, 이해하지 못하면 미혹되는 것이다.

謂言登聖 마(魔)에 미혹되어 말하였다. "아, 당신은 아는가? 나는 지금 이미 성불하였다. 내가 성불하는 것은 매우 쉬운 것이다. 두모의 두부를 살 돈조차도 들지 않고 나는 부처를 이루었다. 당신 봐, 이 얼마나 쉬우냐!" 이렇게 자기가 성불했다고 말하는 것이다.

마치 오늘 온 미국인과 며칠 전에 온 '미국의 육조(六祖)'라는 사람과 같은 것이다. 이미 자기가 깨달았다고 하면서 그는 부처님께도 예배하지 않고 탑에도 절하지 않았다. 그는 불법도 듣지 않고 여기서 식사를 하고는 가버렸다. 여러분 생각에 그는 왜 떠났는가? 바로 마가 그를 끌고 간 것이다. 온몸에 마의 기운이 퍼져 이곳에 머물고 싶어도 그의 마음이 불편한 것이다. 그래서 밥만 먹고는 도망간 것이다.

왜 그는 불법을 듣지 않는가? 그에게는 마의 기운이 몸에 있기 때문이다. 그는 듣고 싶지만 그러나 온몸이 안락하지 못하여 이곳에 앉아도 앉아 있지 못하고, 서도 서 있지 못하였다. 여러분들은 이후 어떤 절에 가더라도 반드시 그 절의 규칙을 준수하여 따라야 할 것이다. 남들은 부처님께 예배하는데 자기 혼자만 그곳에 서 있는 것은 가장 보기 안 좋은 광경이다. 불법을 배우는 데는 반드시 겸손하게 자기를 낮추고 남을 공경해야 한다.

말법시대는 마의 세력이 강하고 불법이 약한 시기로서 영가(永嘉) 대사의 「증도가(證道歌)」에서 분명하게 말하고 있다.

말법의 나쁜 시대를 한탄하노니
중생은 박복하여 조복하기 어렵고
성인이 가신 지 오래되어 사견이 깊구나.
마가 강하고 법이 약하여 원한과 손해가 많으며
여래의 돈교의 법문을 듣고는
그것을 기와와 같이 부수지 못한 것을 한탄하네.
嗟末法, 惡時世, 衆生薄福難調制,
去聖遠兮邪見深, 魔强法弱多怨害,
聞說如來頓教門, 恨不滅除令瓦碎.

컴퓨터는 이 시대의 가장 큰 요괴이며, 텔레비전은 작은 요괴이다. 작은 요괴는 큰 요괴를 돕고 있으며, 큰 요괴는 모든 사람을 잡아먹으며, 모든 사람으로 하여금 업을 잃게 한다. 즉 일을 없게 한다는 것이다. 말법의 시대는 정말로 악하고 열등하여 중생은 복이 없으니 하루 종일 그렇게 긴장하고 살게 되어 사람마다 심장병이 생기게 한다. 심장병이 없으면 간장병이 있으며, 간장병이 없으면 폐병이 있고, 폐병이 없으면 위장병이 있으며, 위장병이 없으면 신장병이 있다. 이 오장의 무슨 병도 다 와서 요괴의 이러한 삿된 기운에 중독되었다. 중독됨이 너무 깊어서 중생을 이렇게 많은 병통으로 만들고 복이 없게 만들었다.

당신은 텔레비전을 보고, 전화기를 듣고, 녹음기를 듣고, 컴퓨터를 가지고 노는 것을 매우 좋은 일이라고 생각하면서 심장, 간장, 등 오장이 상처를 입는 것은 모른다. 장래 사람을 사람이 아닌 것으로 만들고 귀신도 귀신이 아닌 것으로 만들 것이다. 이러한 상황이면 이 세계는 마땅히 무너질 것이다. 따라서 우리는 이 중생들이 복이 없고 조복하기 어려운 시기에 태어나 교화하기가 쉽지 않은 것이다. 당신이 그에게 TV를 보지 못하게 해도 그는 반드시 보며, 녹음기를 듣지 못하게 해도 그는 다시 듣는다. 이 시대가 이렇게 나쁘니 중생이 전도되고 교화하기 어렵게 되는 것이다.

부처님께서 가신 지 오래되니 사람마다 모두 삿된 지견을 가지고 바른 지견이 없다. 사견이 너무나 깊은 것이다. 이때는 마가 매우 강성하고 불법은 매우 연약하다. 그리하여 서로가 서로를 원한으로 해치며, 부처님께서 말씀하신 정법안장의 돈교(頓敎)의 법문을 소멸시키지 못해서 안달이다. 마치 기와를 부수듯이 깨뜨리려고 하며, 불법에 대하여 원수를 보듯이 한다. 우리의 지금의 모습이 이렇다는 것이다.

따라서 우리 만불성에 머무는 사람과 각 불교도의 가정에서 우리는 TV나 노래, 컴퓨터게임 등을 하지 말고 모두 바꾸어야 할 것이다. 만불성에 머무는 사람은 어떻게 바쁘더라도 모두 아침저녁 예불에는 꼭 참가하고 경의 강의가 있을 때는 결석하면 안 될 것이다. 재가불자가 만약 절에 오지 못할 경우에는 집에서 아침저녁 예불을 하고 경을 읽고 불법을 연구해야 할 것이다. 시간이 있다고 해서 TV를 보거나 녹음기를 듣고 컴퓨터와 놀면 안 될 것이다.

만불성과 바깥의 세계는 같지 않으므로 통속의 유행을 따라 움직이지 않아야 할 것이다. 따라서 만불성에서는 불법을 위주로 하고 불경을 공부하는 것을 위주로 해야 할 것이다. 누가 『능엄경』을 외울 수 있으면 나는 특별히 기쁘며, 집에서도 『능엄경』을 독송하고 『법화경』을 독송하고 『화엄경』을 독송해야 할 것이다. 그렇지 않으면 당신이 만불성으로 달려와도 아무런 의의가 없다. 당신이 불법에 대하여 조금도 이해하지 못하고 무엇을 말할 수 있겠는가? 아무것도 모르면서 이곳에 있는 것은 너무 애석한 일이다.

5
행음(行陰)의 마

阿難! 彼善男子, 修三摩地想陰盡者. 是人平常夢想銷滅, 寤寐恒一, 覺明虛靜, 猶如晴空, 無復麤重前塵影事. 觀諸世間大地山河, 如鏡鑑明, 來無所黏, 過無蹤跡. 虛受照應, 了罔陳習, 唯一精眞. 生滅根元, 從此披露. 見諸十方十二衆生, 畢殫其類. 雖未通其各命由緒, 見同生基, 猶如野馬, 熠熠淸擾, 爲浮根塵究竟樞穴, 此則名爲行陰區宇.

■

"아난아! 저 선남자가 선정을 닦을 때 상음이 다한 자는 평상시에 꿈이 소멸되어 깨어 있을 때나 잠을 깊이 잘 때나 항상 같다. 깨달아 밝으며 텅 비고 적정함이 마치 맑은 하늘과 같으며, 거칠고 무거운 번뇌의 그림자와 일체의 일들이 모두 없어진다. 세간의 모든 산하대지를 보는 것이 마치 거울이 사물을 밝게 비추는 것과 같아서 와도 경계에 머무는 것이 없고, 가도 가는 종적이 없다. 텅 비어 비추고 응함을 받아도 이전의 묵은 습기가 남아 있지 않으며, 오직 유일한 정미하고 참된 제8식뿐이다. 생멸의 근원은 이것으로부터 드러나며, 시방의 모든 십이류의 중생을 보면 각각의 중생의 도리를 다 궁구한다. 비록 각 생명의 유래와 두서를 통달하지는 못했지만, 같은 생명의 근원을 보면 마치 야생의 말과 같고 흐릿한 빛이 맑으면서도 탁한 모습이다. 이것이 부근(浮根) 육진의 구경의 중추혈이다. 이것을 행음이 관장하는 구역이라 한다."

■

修三摩地 선정을 닦는다는 것이다. 좌선을 하면서 선정력을 기른다. 계로부터 정이 생기므로 먼저 계를 지녀야 할 것이다. 따라서 너희들은 지금 모두 계를 받아야 한다. 계를 지키면서 사음의 행위가 없어야 할 것이다. 남자나 여자나 얌전하게 규칙을 지키는 것이다. 관운장은 평생 두 여인을 접하지 않았다. 그래서 그의 얼굴은 불그레하게 홍조를 띠며 호연의 정기를 지니고 있었다.

지금 너희들이 계를 받았으므로 나는 먼저 너희들에게 알리는데, 단지 자기의 부부간에만 성행위를 할 수 있으며, 밖에서 함부로 굴면 안 될 것이다. 함부로 군다는 것을 너희들은 이해하는가? 규칙을 지

키지 않으면 안 되며, 규칙을 지키면서 일을 하는 데 있어서 광명정대
해야 비로소 선정력이 생기게 된다. 그러면 지혜가 생길 것이다.

지금 왜 마가 생기는가? 바로 선정력은 있으나 지혜의 힘이 부족
하기 때문에 마장이 발생하는 것이다. 당신이 만약 선정의 공부가 깊
어지면 마를 물리칠 수 있을 것이다.

是人平常夢想銷滅 이 사람은 어떤 경계를 얻게 되는가? 밥
을 먹지 않는 경계가 아니고, 또 잠을 자지 않는 경계도 아니다. 잠을
자지만 꿈이 없는 것이다. 꿈을 꾸지 않는다.

그래서 공자께서 말하였다. "내가 많이 늙었구나! 오래도록 나
는 꿈에서 주공을 보지 못했다." 그 당시 공자는 거의 꿈이 없었다. 그
는 왜 꿈이 없었는가? 그 당시 상음이 타파되었을 것이다. 그러나 그
는 이것이 상음이 타파된 것인지를 모른다. 공자께서도 수행의 공부
가 있었으며, 상음이 없어졌지만 자기는 이해하지 못한 것이다. 따라
서 그는 늙어서 꿈이 없다고 하신 것이다.

寤寐恒一 깨어 있을 때나 잠을 잘 때나 항상 여일하다는 것이
다. 왜 이렇게 되는가? 그는 전도되지 않고 꿈이 없기 때문이다. 상음
을 타파하면 비로소 전도몽상을 멀리할 수 있으며, 비로소 열반의 경
계를 얻을 수 있다. 당신이 만약 상음을 타파하지 못하면 이 전도됨은
없어질 수가 없으므로 이곳을 마땅히 주의해야 한다.

우리가 불법을 연구하는 데 있어서 『능엄경』의 오음의 마는 매우
중요한 것이다. 또 중요한 것이 있는데 여섯 매듭이다. 여섯 매듭을
당신이 어떻게 풀 것인가? 당신이 만약 안다면 풀 수 있으나, 모르면

어쨌든 풀 수 없으며 그 매듭이 당신을 묶고 있으며 결박하고 있는 것이다. 그래서 당신은 자유롭지 못한 것이다.

覺明虛靜 각명이 허정할 이때 그는 잠을 자도 깨어 있으며, 깨어있는 것과 잠자는 것이 같은 것이다. 이것은 무슨 경계인가? 그는 잠이 매우 적으며 매우 가볍다. 이렇게 눈을 잠시 감으면 그의 정신이 충족되는 것이다. 보통 사람들과 같이 하루 종일 잠을 자도 언제나 부족한 것과는 다르다. 왜 잠이 부족한가? 상음이 타파되지 않아서 혼침이 중한 것이다. 상음이 타파되면 맑게 깨어나며 또렷해진다. 잠자는 것과 깨어있는 것이 같아진다. 오매가 항일한 것이다. 이러한 경계는 매우 미묘한 것이다.

虛受照應, 了罔陳習 진습이란 오래된 습기를 뜻하며, 요망(了罔)이란 없으며 공하다는 뜻이다. 텅 비어 비추고 응함을 받아도 이전의 오래된 습기가 없다는 것이다.

唯一精眞 유일한 것은 바로 정미하고 참된 생각이다. 이 생각은 바로 제8식이다. 이때는 전6식과 7식은 없으며, 제8식에 이른 것이다. 이것(제8식)을 한번 돌이키면 부처의 대원경지이다. 따라서 지금 이곳에 이르러 그는 아직 돌리지 못하고 있다.

生滅根元, 從此披露 생멸의 근원은 바로 생사의 근원이다. 생사의 근원은 무엇인가? 바로 제7식과 제6식의 미세하게 움직이는 모습이다. 상음이 타파되고 지금은 행음에 이르렀기 때문에 이것으로부터 드러난다고 말한다.

猶如野馬, 熠熠淸擾 이 12류의 중생의 생명의 근원을 보면 마치 야생의 말과 같다. 무엇을 야생의 말이라고 하는가? 이 야생의 말은 바로 양염(陽焰)을 가리킨다. 양염이란 봄에 먼 곳을 보면 마치 불이 타오르듯 하는 것을 말한다. 『장자(莊子)』에서는 야생의 말이라고 하는데, 『능엄경』에서는 양염(陽焰)이라고 한다. 이것은 봄철 땅의 증기(蒸氣)를 말하며, 땅 밑에 이러한 증기가 있는 곳은 풍수도 좋다. 습습(熠熠)이란 미미한 불빛이 있으나 명료하지 않은 모습을 뜻한다. 청요(淸擾)란 맑으면서도 탁한 모습이다.

爲浮根塵究竟樞穴 이것도 일종의 부근진의 구경의 중추혈이다. 부근육진은 안·이·비·설·신·의를 말하며, 이것 모두 부근(浮根)이며, 실재하는 것이 아니다. 추(樞)란 문을 설치하는 지도리, 축을 말한다. 혈이란 문의 축을 설치하는 곳으로서 이것 때문에 문을 열고 닫을 수 있는 것이다.

방금 과지(果地)가 말하기를, 바른 선정은 계를 지켜야 한다고 하였는데, 이것도 정확한 이론이다. 당신이 만약 바른 선정을 가지려고 하면 반드시 먼저 계를 지녀야 하며, 계를 지니는 것은 무엇을 하려고 하는가? 바로 기초를 닦는 것이다. 땅의 기초를 닦아 견고해진 연후에 그곳에 기둥을 세울 수 있다. 기둥은 바로 선정력이다. 기초가 잘 되지 않으면 기둥을 세울 수 없으니, 삿된 선정으로 변하는 것이다.

그러면 지혜는 무엇인가? 기둥을 세우고 난 연후에 벽을 만들어

집을 지을 수 있는 것이다. 집은 어떤 용도가 있는가? 이 안에서 부처님께 예배하고 경을 강의하고 법을 설하여 사람들의 잘못을 바꿀 수 있는 것이다. 이것이 바로 지혜의 쓰임이다.

계는 체(體)이고 정은 상(相)이며, 혜는 용(用)이다. 따라서 우리들은 반드시 이러한 도리를 명료하게 이해해야 한다. 계·정·혜는 하나도 부족하면 안 된다. 이것을 세 가지 무루학이라고 부르며, 이점을 특별히 주의해야 한다.

∎

若此淸擾熠熠元性, 性入元澄, 一澄元習, 如波瀾滅, 化爲澄水, 名行陰盡. 是人則能超衆生濁. 觀其所由, 幽隱妄想以爲其本.

∎

"만약 이러한 맑으면서도 탁하며 희미한 빛이 있는 원래의 성질이 오래되면 원래의 맑음으로 들어가며, 한번 맑아지면 원래의 습기는 마치 파도가 소멸하면 맑은 물로 변하듯이 없어진다. 이것을 행음이 다한 것이라고 한다. 이 사람은 중생탁을 초월할 수 있으며, 그의 행동하는 원인을 살펴보면 그윽하게 숨어 잘 보이지 않는 미세한 유은망상(幽隱妄想)을 근본으로 한다."

∎

一澄元習, 如波瀾滅 성품이 맑아지면 본래의 성질이 나타나고 습기는 없어진다. 즉 본래의 청정한 성질이 나타나니 습기가 없어지는 것이 마치 물결의 파도가 소멸하는 것과 같다.

상음은 마치 폭류(暴流)와 같다. 지금 말하는 파도도 폭류를 뜻하며 물의 흐름이 매우 급하다는 것이다. 이 파도는 소멸되고 맑은 물로 변하게 된다. 행음은 미세한 물결과 같으며, 식음에 이르면 물에 미세한 물결도 없어진다. 그래서 맑은 물로 변한다고 말하는 것이며, 파도가 없어지는 모습을 행음이 다한다고 한다.

1) 두 가지의 무인론(無因論)

阿難當知. 是得正知奢摩他中諸善男子, 凝明正心, 十類天魔不得其便, 方得精研窮生類本. 於本類中生元露者, 觀彼幽淸, 圓擾動元. 於圓元中起計度者, 是人墜入二無因論.

"아난은 마땅히 알아야 한다. 정지(正知)를 얻어 선정 가운데에 있는 모든 선남자는 응결된 밝고 바른 마음이 나타나므로 열 가지의 천마가 그 틈을 얻지 못하며, 따라서 그는 정미하게 연구하는 선정력을 얻어 12류 중생의 근본을 모두 다 궁구하며, 각각의 종류 가운데에서 중생의 근원을 다 드러내었으며, 모든 중생의 그윽한 맑음을 관찰하니, 원만하면서 어지럽게 움직이는 모습의 근원이 원만한 본래의 자성 속에서 갑자기 알음알이를 일으키는 자는 두 가지의 무인론으로 떨어진다."

■

凝明正心 응이란 응결된다는 뜻이며, 응결되어 밝다는 것은 또한 선정 가운데서 밝은 바른 마음이 나온다는 것이다.

觀彼幽淸, 圓擾動元 그는 일체중생의 유청함을 관찰하는데, 유청이란 매우 보기 어려운 경계를 뜻한다. 원만하면서도 어지럽게 움직이는 근원[圓擾動元]은 바로 제7식 안에 있는 미세하게 움직이는 모습을 뜻한다.

於圓元中起計度者 원만한 본래의 자성 속에서 갑자기 변화를 내는데, 일종의 사량분별을 일으키는 것이다.

■

一者, 是人見本無因. 何以故? 是人旣得生機全破, 乘於眼根八百功德, 見八萬劫所有衆生, 業流灣環, 死此生彼. 祇見衆生輪回其處, 八萬劫外, 冥無所觀. 便作是解. 此等世間十方衆生, 八萬劫來, 無因自有. 由此計度, 亡正遍知, 墮落外道, 惑菩提性.

■

"첫째, 사람은 중생의 근본은 본래 원인이 없이 그런 중생이 되었다고 보는 것이다. 무슨 까닭인가? 이 사람은 망상이 생기는 기미를 전부 타파하였기 때문에 안근의 팔백공덕을 타고 팔만대겁 안의 모든 중생의 업의 흐름이 돌고 돌며 이곳에서 죽어 저곳에서 나는 것을 보니, 단지 중생이 그 곳에서 윤회하는 것만을 보고, 팔만대겁 밖의 윤회는 아득하여 보이지 않아서 곧 이러한 견해를 낸다. 이 세간의 시방의 중생은 팔만대겁이래로 아무런 인연이 없이 스스로 생긴다고 생각한다. 이와 같은 사량분별부터 바른 지혜를 잃고 외도에 떨어져 보리심의 성품에 대하여 미혹하게 된다."

■

是人旣得生機全破 이 사람은 상음을 끊었기 때문에 기미가 생하는 것을 완전히 타파했다고 하는 것이다. 행음은 마치 미세한 파도와 같아서 그가 상음을 타파한 후에 기미가 생하는 것이 전부 타파된다. 무슨 기를 내는가? 바로 망상을 내는 기회가 전부 타파되는 것이다. 그래서 망상이 없어진다. 왜 앞에서 상음을 타파하면 꿈이 없어진다고 하는가? 이것도 망상을 내는 기미가 타파되기 때문이다.

■

二者, 是人見末無因. 何以故? 是人於生旣見其根. 知人生人, 悟鳥生鳥, 鳥從來黑, 鵠從來白. 人天本竪, 畜生本橫. 白非洗成, 黑非染造. 從八萬劫無復改移. 今盡此形, 亦復如是. 而我本來不見菩提. 云何更有成菩提事? 當知今日一切物象, 皆本無因. 由此計度, 亡正遍知, 墮落外道, 惑菩提性. 是則名爲第一外道, 立無因論.

■

"둘째, 이 사람은 모든 중생의 지엽적인 현상은 원인이 없다고 보는 것이다. 무슨 까닭인가? 이 사람은 중생의 근본을 살펴보니 사람은 사람으로만 태어나고, 새는 새로만 나고, 까마귀는 종래로 검으며, 고니는 종래로 희다는 것을 알았다. 사람과 천상인은 본래부터 서서 다니고, 축생은 본래부터 기면서 다니며, 흰 것은 씻어서 이루어지는 것이 아니며, 검은 것은 염색을 해서 만들어지는 것이 아니며, 팔만대겁이래로 다시 바뀌지 않으며, 현재의 이런 모습도 또한 이와 같은 것으로 본다. 그리하여 나는 본래부터 보리의 깨달음이 어떤 것인지 보지 못하였으니, 어찌 다시 깨달음을 이루는 일이 있겠는가? 오늘의 일체의 사물의 모습은 모두 본래 어떤 인연으로 생긴 것이 아니라고 생각한다. 그는 이러한 사량분별로부터 바른 지혜를 잃고 외도에 떨어져서 보리심의 성품을 미혹한다. 이것을 첫 번째의 외도라고 하며, 무인론(無因論)을 세운 것이다."

제자 이 사람은 이미 팔만대겁 안의 일을 다 볼 수 있는데, 왜 그는 사람이 육도 안에서 윤회하는 것을 보지 못합니까?

상인 이 문제를 묻는 것이 재미있다. 그가 보는 것이 비록 팔만대겁 안의 일을 본다고 말하지만, 사실 그는 단지 허망한 경계 안에서 도는 것이며, 망상이 그를 지배하여 이러한 허망한 경계가 나오는 것이다. 모두 실재하지 않은 것이다. 일념이 무량겁이고 무량겁이 일념이다. 그가 이만 겁이라고 느끼는 것은 사실 반드시 그런 것은 아니다. 그가 이렇게 느끼는 것은 정확하지 않은 것이다. 만약 정확하게 본다면 당연히 돼지는 육도윤회 속에서 돌고 돌았을 것이다. 이것은 이미 그의 모든 것은 거짓이라는 것을 증명하는 것이다. 이것은 단지 그 개인의 감각에서 그렇게 느끼는 것이다.

대만에서 온 그 사람이 말하였다. "내가 느끼기로는 나와 모모라는 사람은 당나라 시절 육조 대사가 계실 때 함께 그 법회에 있었다." 이것도 사실은 경계이며, 그가 느낀다는 것은 바로 모든 일이 참된 것이 아니라는 것을 나타낸다. 참된 것은 증거가 있어야 하며, 도처로 다니면서 그렇게 자기를 선전할 것은 아니다.

당신이 수행을 하지 않으면 타락하여 귀신이 되는 것은 같다. 그러므로 여러분은 참되고 밝은 지견을 가져야 하며, 진정한 지혜를 가져야 그 사람이 하는 말이 구경에 무슨 의도로 그런 말을 하는지를 알 수 있다. 그는 모모라는 사람이 만불성과 금산사에서도 약간의 영향력이 있음을 보고 그 사람을 끌어들이려는 것이며, 그 사람도 묵인하면서 말하였다. "그래, 나는 그와 함께 육조 대사의 문하에서 불법을 배웠지!"

여러분 보세요. 보이지 않는 가운데 그의 몸값이 올라갑니다. 마치 어떤 사람이 만불성으로 달려와서 우리는 어떻게 그를 보호하였는지 말하는 것과 같다. 하지만 사람을 속이는 방법이 같지 않을 뿐이다. 그러므로 여러분은 이 점을 특별히 주의해야 한다.

"상반된 것은 도의 움직임이며, 약한 것은 도의 쓰임이며, 맑은 것은 탁함의 근원이며, 움직임은 고요함의 기초이다(反者道之動, 弱者道之用, 淸者濁之源, 動者靜之基)."

이 도는 상반된 것이므로 우리들이 불법을 배우는 데 있어서 법을 보는 진정한 눈을 가져야 하고, 옳고 그름을 인식해야 한다.

우리들이 이곳에서 『능엄경』을 연구하는데, 우리 이곳의 산문의 대련에 "화엄법회 능엄단장(華嚴法會 楞嚴壇場)"이라고 걸려있듯이 이곳은 능엄도량이다. '오십 가지의 음마'를 연구하고 난 후에는 다시 '이

십오 성인의 원통'을 연구하고, 그런 연후에는 다시 '사종청정명회'를 연구하면서 한 단락 한 단락씩 명료하게 이해해야 할 것이다. 지금 마의 자손들, 요마귀괴들은 전문적으로 『능엄경』을 가짜라고 말한다. 그들이 이렇게 말하는 것은 사람들로 하여금 의심을 품게 하고 신심을 없게 하려는 것이다.

　우리들은 도리를 이야기하는 것으로 그가 가짜든, 진짜든지 그가 말하는 것이 도리가 있으면 우리는 믿는다. 말하는 것이 도리가 없으면, 정법에 부합되지 않으면, 계율에 부합되지 않으면, 그는 가짜이다. 따라서 우리들이 진짜와 가짜를 어디에서 구별하는가? 검은 법과 흰 법으로부터 구분하는 것이다. 당신이 삿된 지견을 옳다고 하고, 바른 지견을 옳지 않다고 말하면 이것은 정말로 흑백이 전도된 것이며, 옳고 그름이 전도된 것이다.

　우리가 이러한 생각을 가지면 장래에 눈이 없고 안목이 없게 될 것이다. 이러한 삿된 지견의 사람은 장래 과보를 받을 것이며, 또한 눈이 없는 과보를 받을 것이다. 왜냐하면 그는 사람으로 하여금 바른 길로 가지 못하게 하였기 때문이다.

　그러므로 이 점을 여러분은 특별히 주의해야 하며, 이 인과는 특별히 대단하여 조금도 틀리지 않는다. 내 일생의 경험으로부터 비추어 보면, 잘못된 일은 조금도 짓지 않아야 할 것이며, 약간이라도 잘못된 일을 지으면 과보가 올 것이다.

　當知今日一切物象, 皆本無因 그는 일체의 물상이 본래 어떤 인연으로 나오는 것이 아니라고 생각한다. 사실 그는 단지 팔만 겁 이내의 일만 알지, 팔만 겁 밖의 일은 모르기 때문에 이렇게 생각하는 것이다.

부처님께서 세상에 계실 때 어떤 노인이 절에 와서 출가를 하려고 하였는데, 그때 부처님께서는 밖에 외출하시고 절에 계시지 않았다. 당시 절에 있는 아라한들은 그 노인이 대략 팔십여 세가 되고 걸음걸이도 불편한 것을 보았다. 무릇 출가하러 오면 모든 아라한들이 그의 전후의 인과를 살펴본다. 이 노인의 팔만대겁 이내의 인과를 살펴보니 조그만 선근도 심은 적이 없고, 조금도 좋은 일을 한 적이 없었다.

그래서 이들 대아라한들이 말하였다.

"당신은 선근을 심지 않았기 때문에 출가할 수 없습니다."

그래서 출가를 하는 것이 쉽다고 생각하지 말아야 한다. 세세생생 보리의 선근을 심어야 비로소 출가할 수 있는 것이다. 그리하여 아라한은 이 노인에게 말하였다.

"지금 당신이 비록 출가하려고 생각하지만 선근이 없으므로 당신을 거두어 출가를 시킬 수가 없으니 돌아가십시오!"

이 노인은 그가 선근이 없어 출가할 수 없다는 말을 듣고는 울면서 돌아갔다. 가면서 생각하니, 자기의 운명도 좋지 않고 이 나이에 출가하려고 해도 부처님의 제자들이 거두어 주지 않으니 살고 싶지 않아서 자살을 하려고 생각하였다. 그의 한 생각이 진실하여 석가모니 부처님을 감동시켜 부처님께서는 그에게 왜 우는지를 물었다. 그 노인이 말하였다.

"저는 부처님을 따라 출가하려고 하였으나, 부처님께서는 절에 안 계시고 제자들이 말하기를 저는 팔만 겁 이내에 선근을 심은 적이 없어 저의 출가를 받아줄 수 없다고 하였습니다. 그래서 저는 사는 것도 재미가 없고 차라리 죽는 것이 좋겠다고 생각하여 이렇게 슬픕니다."

부처님께서 말씀하셨다.

"당신은 울지 마세요. 내가 당신의 출가를 허락하겠습니다. 당신은 돌아오십시오."

그래서 이 노인은 부처님을 따라 돌아와 출가하였다. 부처님의 제자들은 의심을 품고 말하였다.

"이것은 매우 이상합니다. 부처님께서는 제자를 받아들이는데 모두 선근이 있으며, 이 노인은 근본적으로 선근이 없는데 어떻게 그를 받아들입니까?"

부처님께서 제자들에게 말씀하셨다.

"너희들 아라한들은 단지 팔만대겁 안의 일만 알고, 팔만대겁 밖의 일은 알지 못한다. 이 노인은 팔만대겁을 벗어난 그 이전에 산에서 나무를 하다가 하루는 호랑이를 만나 급히 나무 위로 올라갔으며, 호랑이는 그 나무를 물어 그를 잡아먹으려고 하였다. 마침 이 나무가 부러지려고 할 때 그는 급한 나머지 '나무불(부처님께 귀의합니다)' 하고 염하였다. 그러자 호랑이도 가버렸다. 그래서 무사히 집으로 돌아갈 수 있었다. 그러므로 그가 지금 출가하려고 하는 것은 바로 팔만대겁 밖의 그 당시 '나무불' 하고 염불한 선근종자가 지금 마땅히 발아하여 열매를 맺으려고 하기 때문에 그는 도를 닦기 위하여 출가하려고 한다."

이런 말씀을 듣고 제자들은 의혹이 해소되었다. 따라서 앞에서 언급한 선정을 닦는 사람이 "일체의 물상은 모두 본래 인과가 없다."고 말한 것은 그가 팔만대겁을 벗어난 시기의 일은 모르기 때문이다.

2) 네 가지의 변상론(遍常論)

■

阿難! 是三摩中諸善男子, 凝明正心, 魔不得便, 窮生類本, 觀彼幽淸常擾動元. 於圓常中起計度者, 是人墜入四遍常論.

■

"아난아! 선정 가운데에 있는 모든 선남자는 응결된 선정의 마음으로부터 지혜의 바른 마음이 나와서 마가 그 틈을 얻지 못하며, 그는 각 중생들의 근본을 궁구하고 저 그윽하게 맑은 항상 어지럽게 움직이는 근본의 성품을 관하여 이 미세하게 움직이는 원상함 가운데서 사량분별을 일으킨다. 그리하여 이 사람은 네 가지의 변상론(遍常論, 상주불변함에 치우친 이론)에 떨어진다."

■

凝明正心, 魔不得便 이 선정 가운데서 선정력을 닦는 모든 선남자는 정으로부터 지혜의 바른 마음이 나온다. 지금 마왕은 그의 선정력을 어지럽게 할 방법이 없다. 그러나 그는 자기의 행음 가운데서 어떤 때는 변화를 일으켜 삿된 지견 속으로 떨어져 들어간다. 이것은 바깥에서 오는 것이 아니라 자기의 마음에서 나오는 자심마(自心魔)이다.

窮生類本, 觀彼幽淸常擾動元 그는 각각의 중생의 근본을 궁구하고, 일체중생의 가장 유청한 근본의 성질이 항상 어지럽게 움직이는 근원, 즉 미세하게 움직이는 모습[動相]을 관찰한다는 뜻이다.

於圓常中起計度者 미세하게 움직이는 모습, 이 원만하고 항상하는 근원 가운데서 일종 사견을 일으키는 것이다.

一者, 是人窮心境性, 二處無因. 修習能知二萬劫中, 十方衆生, 所有生滅, 咸皆循環, 不曾散失, 計以爲常.

"첫째, 이 사람은 마음과 경계의 성질을 궁구하여 이 두가지에는 원인(근본)이 없다고 생각한다. 그는 선정을 수습하기 때문에 이만 겁 가운데 시방 중생의 모든 생멸은 모두 순환하면서 잃어버리는 것이 없다는 것을 알고 이것을 상주불변하는 것으로 생각한다."

二者, 是人窮四大元, 四性常住. 修習能知四萬劫中, 十方衆生, 所有生滅, 咸皆體恒, 不曾散失, 計以爲常.

"둘째, 이 사람은 사대(지·수·화·풍)의 근원을 궁구하니, 사대의 성질은 상주불변하다고 생각한다. 그는 선정을 수습하기 때문에 사만 겁 가운데의 시방 중생의 모든 생멸은 모두 체성이 항상하고 잃어버리지 않는 것으로 알고, 이것을 상주불변하는 것으로 생각한다."

■

是人窮四大元, 四性常住 그는 사대의 성질이 상주불괴(常住不壞)하다고 생각하는데, 실제로는 이 사대(지·수·화·풍)는 모두 중생의 망상이 조성한 것으로서 체성이 없다. 체성이 없는데 어떻게 상주할 수 있겠는가? 이것은 잘못된 관념이다.

■

三者, 是人窮盡六根末那執受, 心意識中本元由處, 性常恒故. 修習能知八萬劫中, 一切衆生, 循環不失, 本來常住, 窮不失性, 計以爲常.

■

"셋째, 이 사람은 육근의 식, 제7식, 제8식을 다 궁구하여 마음과 뜻과 식의 가운데서 본래의 근본이 유래하는 곳은 그 본성은 항상하고 불변하는 까닭으로 그는 선정을 수습하기 때문에 팔만 겁 가운데의 시방의 모든 중생은 순환하면서 잃어버리지 않고 본래로 상주불변하는 것을 알고, 그 잃어버리지 않는 본성을 연구하여, 이것을 상주불변하는 것으로 생각한다."

■

是人窮盡六根末那執受 육근은 제6의식을 가리키며, 말나는 제7식을, 집수(執受)는 제8식을 뜻한다. 말나식은 오염식이라고 부른다.

■
四者, 是人旣盡想元, 生理更無流止運轉, 生滅想心, 今已永滅. 理中自然成不生滅, 因心所度, 計以爲常.

■
"넷째, 이 사람은 이미 생각의 근원[想陰]이 다하여 망상을 생하는 이치도 다시는 없으며, 이 행음이 흐르고 그치며 움직일 때 생멸하는 생각의 마음이 이미 영원히 소멸되었기 때문에 그러한 이치 가운데서 자연히 불생멸이 이루어진다. 이와 같이 마음으로 사량분별하기 때문에 항상불변하는 것으로 생각한다."

■
生理更無流止運轉 수행자가 상음이 타파될 때는 망상이 생기는 이치는 없으며, 염하는 생각도 선정력이 있으며, 응결되어 밝아지며 바른 마음이 나와서 다시는 망상이 생기는 일은 없다. 그가 행음의 흐름이 그치게 되면,

生滅想心, 今已永滅. 理中自然成不生滅 생멸하는 생각의 마음은 이미 소멸되고 망상을 일으키지 않는다. 이러한 이치 가운데서 자연히 불생멸을 이룬다.

■
由此計常, 亡正遍知, 墮落外道, 惑菩提性. 是則名爲第二外道, 立圓常論.

"그가 이렇게 항상하다고 사량하기 때문에 바른 지견을 잃고 외도에 떨어져서 보리의 성품에 대하여 미혹하게 된다. 이것을 두 번째의 외도라고 하며, 원상론(圓常論)을 세운다."

3) 네 가지의 전도된 견해

又三摩中諸善男子, 堅凝正心, 魔不得便, 窮生類本, 觀彼幽淸常擾動元. 於自他中起計度者, 是人墜入四顚倒見, 一分無常, 一分常論.

"그리고 선정 가운데의 모든 선남자는 견고한 선정력으로 바른 마음을 얻어 마아 그 틈을 얻지 못하며, 그는 12류 중생의 근본을 연구하고 저 유은(幽隱)하고 청정한 근성(根性)을 관찰하니 바로 상주불변하며 어지럽게 움직이는 근원이며, 자기와 타인의 가운데서 사량분별을 일으켜 이 사람은 네 가지의 전도된 견해에 떨어진다. 일부분은 무상하다[無常]는 이론이며, 일부분은 항상하다[常]는 이론이다."

一者, 是人觀妙明心遍十方界, 湛然以爲究竟神我. 從是則計, 我遍十方, 凝明不動. 一切衆生, 於我心中自生自死. 則我心性名之爲常, 彼生滅者, 眞無常性.

■

"첫째, 이 사람은 묘명한 마음이 시방세계에 편만(遍滿)한 것을 보고 담연히 청정함을 구경의 신아(神我)로 여긴다. 이러한 생각으로부터 그는 나의 이 마음이 시방에 편만하며 응결되고(선정) 밝으며(지혜) 여여부동하다고 생각하게 된다. 일체중생은 나의 마음 가운데서 스스로 생하고 스스로 죽으며, 그러나 나의 마음의 성품은 생멸하지 않으므로 이것을 항상함이라고 한다. 저 생멸하는 것은 정말로 항상하는 성질이 없다."

■

二者, 是人不觀其心, 遍觀十方恒沙國土. 見劫壞處, 名爲究竟無常種性. 劫不壞處, 名究竟常.

■

"둘째, 이 사람은 그 마음을 관하지 않고 시방의 항하사와 같이 많은 국토를 두루 관하여 보니, 겁이 무너지는 곳을 보고 구경에 무상한 종성(種性)이라고 하며, 겁이 무너지지 않는 곳은 구경에 항상함이라고 한다."

■

三者, 是人別觀我心, 精細微密, 猶如微塵流轉十方, 性無移改. 能令

: 제 21 부 : 오십 가지의 음마(陰魔)　　　　　　　　　　　　　　727

此身卽生卽滅. 其不壞性, 名我性常. 一切死生, 從我流出, 名無常性.

■

"셋째, 이 사람은 자기의 마음을 분별하고 관찰하니, 마음은 정미하고 세밀하여 마치 미진이 시방세계를 흘러다니는 그 성질을 바꾸지 않는 것과 같으며, 이 몸으로 하여금 생하고 멸하게 한다. 그러한 유동성이 무너지지 않는 성질을 내 자성의 항상하는 성질이라고 하며, 일체의 죽고 나는 것이 나로부터 흘러나오는 것을 무상한 성질이라고 한다."

■

精細微密 정미하고 세밀하다는 것은 행음의 모습이다. 그가 이러한 마치 미세한 파도와 같은 번뇌의 경계를 관찰해 보니, 마치 미진과 같이 시방세계에 흘러다니며 이러한 움직이는 성질이 바뀌지 않고 변하지 않은 것을 보고, 이 몸이 생하기도 하고 멸하기도 하며, 멸하기도 하고 생하기도 한다. 이러한 유동성이 파괴되지 않는 성질을 나의 자성이 항상하다고 이름한다.

■

四者, 是人知想陰盡, 見行陰流. 行陰常流, 計爲常性. 色受想等, 今已滅盡, 名無常性.

■

"넷째, 이 사람은 상음이 다하고 행음이 미세하게 흐르는 것을 보고 지금의 행음은 항상 흐르므로 항상하는 성질이라고 생각하며, 색음 · 수음 · 상음 등은 지금 이미 없어졌으므로 이것은 무상한 성질이라고 생각한다."

由此計度, 一分無常, 一分常故, 墮落外道, 惑菩提性. 是則名爲第三外道, 一分常論.

"이러한 네 가지의 정확하지 않은 이론으로부터 한편으로는 무상하고 한편으로는 항상하다고 사량하는 까닭으로 외도에 떨어져서 보리의 성품에 대하여 미혹하게 된다. 이것을 세 번째의 외도라고 하며, 일부분의 항상하다는 이론과 일부분의 무상하다는 이론이라고 한다."

4) 네 가지의 유변론(有邊論)

又三摩中諸善男子, 堅凝正心, 魔不得便, 窮生類本, 觀彼幽淸常擾動元. 於分位中生計度者, 是人墜入四有邊論.

"다시 선정을 닦는 모든 선남자는 견고한 선정으로부터 바른 지혜의 마음을 가지므로 마가 그 틈을 얻지 못하며, 그는 12류 중생의 근본을 연구하고 저 유은(幽隱)하고 청정한 근성(根性)을 관찰하니 바로 상주불변하며 어지럽게 움직이는 근원이며, 위치를 나누는 가운데서 사량분별을 일으켜 이 사람은 네 가지의 유변론(有邊論)에 떨어진다."

■

堅凝正心, 魔不得便 그는 색음·수음·상음이 타파되어 이때 그의 선정력은 견고하고 바른 마음을 가지고 있다. 그러므로 천마외도가 그 틈을 찾지 못한다. 색음과 수음이 있을 때는 천마가 그의 심성을 어지럽게 할 수 있으며, 상음에 이르면 천마는 직접적으로 그의 심성을 어지럽게 할 수 없기 때문에 다른 사람의 몸에 붙어서 그 수행인의 선정력을 어지럽힌다. 지금 행음에 와서는 천마는 다른 사람의 몸에 붙어도 그의 선정력을 어지럽힐 수 없다.

■

一者, 是人心計生元, 流用不息. 計過未者, 名爲有邊. 計相續心, 名爲無邊.

■

"첫째, 이 사람은 마음으로 사량하기를 중생의 본원은 과거·현재·미래 삼제(三際)의 분위에서 유용(流用)함이 쉬지 않는다고 생각한다. 과거와 미래를 사량하면 '변이 있다[有邊]'고 이름하며, 서로 이어지는 현재의 마음을 사량하면 '변이 없다[無邊]'고 이름한다."

計過未者, 名爲有邊 이때 그는 과거와 미래를 계교하는데, 과거도 변(邊, 가장자리·한계)이 있고 미래도 변이 있다고 말한다. 이러한 이론은 근본적으로 이치에 맞지 않으며 이러한 도리가 없다. 과거와 미래가 어떻게 변이 있는가? 변이 없는 것이다. 그러나 그는 변이 있다고 생각하는 것이다. 지금 그는 행음상에서 바른 길을 잃고 있다.

과거제·현재제·미래제를 삼제라고 하며, 삼제에서 이 마음을 구하여도 찾을 수 없다. 그래서 『금강경』에서 과거심도 얻을 수 없고, 현재심도 얻을 수 없으며, 미래심도 얻을 수 없다고 한 것이다. 과거는 이미 흘러갔으니 이미 과거심을 얻을 수 없으며, 현재는 천류함이 그치지 않으니, 현재의 마음은 어디에 있는가? 미래심은 아직 오지 않았으니, 오지 않은 것은 지금 시점에서 보면 없는 것이다. 마음이 없는데 어디에 다시 망상이 있을 것인가? 그래서 다음의 게송이 있다.

삼제에서 마음을 구하여도 마음은 있지 않으며,
마음이 없는 곳에는 망상은 원래 없는 것이네.
三際求心心不有
心不有處妄原無

당신이 이러한 도리를 알면 근본적으로 없는 것이다. 여래장성에서는 아무것도 없는 것이다. 따라서 지금 이 수도인은 일종의 집착을 내는 것이다. 무엇을 집착하는가? 있다고 생각하고 없다고 생각하는 것이다. 즉 있다는 데에 집착하고 없다는 데에 집착하는 것이다.

二者, 是人觀八萬劫, 則見衆生, 八萬劫前, 寂無聞見. 無聞見處, 名爲無邊. 有衆生處, 名爲有邊.

"둘째, 이 사람은 팔만대겁 이내에서 중생의 생사를 살펴보니, 팔만대겁 이전은 분명하게 볼 수 있는데, 팔만대겁을 초과해서는 적막하게 듣고 볼 곳이 없으므로 '끝이 없다[無邊]'라고 하며, 중생이 있어서 볼 수 있는 곳은 '끝이 있다[有邊]'고 이름한다."

三者, 是人計我遍知, 得無邊性. 彼一切人現我知中, 我曾不知彼之知性, 名彼不得無邊之心, 但有邊性.

"셋째, 이 사람은 내가 두루 아는 지혜를 가진 것을 무변의 성질을 얻었다고 사량하며, 저 모든 사람들은 나의 아는 가운데 나타난다. 나는 일찍이 저 중생들의 아는 성질을 모르므로 이것을 중생이 무변의 마음을 얻지 못하고 단지 유변의 성질을 가지고 있는 것이라고 한다."

四者, 是人窮行陰空, 以其所見, 心路籌度, 一切衆生一身之中, 計其咸皆半生半滅. 明其世界一切所有, 一半有邊一半無邊.

"넷째, 이 사람은 행음이 공하다고 연구하여 그가 연구한 견해의 마음으로 다음과 같이 헤아린다. 일체중생의 하나의 몸 가운데는 모두 반은 생하고 반은 멸한다고 사량하며, 이 세계의 모든 것은 반은 끝이 있고 반은 끝이 없다고 이해한다."

由此計度有邊無邊, 墮落外道, 惑菩提性. 是則名爲第四外道, 立有邊論.

"이러한 네 가지의 사량분별로부터 유변이 아니면 무변이라고 사량하며 외도에 떨어져서 보리의 참된 성품에 대하여 인식하지 못하게 된다. 이것을 네 번째의 외도라고 하며, 유변론(有邊論)을 세운다."

5) 네 가지의 변계허론(遍計虛論)

又三摩中諸善男子, 堅凝正心, 魔不得便, 窮生類本, 觀彼幽清常擾動元. 於知見中生計度者, 是人墜入四種顚倒, 不死矯亂, 遍計虛論.

■

"다시 선정을 닦는 모든 선남자는 견고한 선정으로부터 바른 지혜의 마음을 가지므로 마아 그 틈을 얻지 못하며, 그는 12류 중생의 근본을 연구하고 저 유은(幽隱)하고 청정한 본성을 관찰해 보니, 바로 상주를 변하며 어지럽게 움직이는 근원이며, 지견의 가운데서 사량분별을 일으켜 이 사람은 네 가지의 전도된, 죽지 않고 억지로 어지러움을 바로 잡는, 변계허론(遍計虛論)에 떨어진다."

■

是人墜入四種顚倒, 不死矯亂, 遍計虛論 변계란 바로 변계집성(遍計執性)을 말하며, 그는 일종의 변계집성을 낸다. 이것은 허망한 집착이며, 근본적으로 그러한 일이 아닌 것을 그는 그러하다고 집착하는 것이다.

여기서 계탁(計度)한다는 것은 망상이 많아서 여러 가지로 헤아리고 사량분별하는 것을 말한다. 이것은 화두를 참구할 때의 참구하는[參] 것과는 다르다. 참구하는 것은 생각을 전일하게 하는 것이다.

선종에서는 "염불하는 자는 누구인가?"라고 참구하게 한다. 이 참구하는 것은 내가 여러 번 이야기한 적이 있는데, 바로 전일하기 위해서이다. "전일하면 신령하고, 생각이 흩어지면 막힌다[專一則靈, 分馳則弊]." 전일하다는 뜻은 마치 송곳으로 구멍을 뚫는 것과 같다. 언제 구멍이 뚫리는가? 바로 깨달을 때이다.

"염불하는 자는 누구인가?"에서 염한다는 것은 마음에서 염하는 것이고, 참구한다는 것은 찾는 것이다. 이 찾는 것과 사량분별[計度]하는 것은 같지 않다. 찾는다는 것은 전일하게 오로지 찾는 것이다. 한 곳으로 향하여 염불하는 것이 누구인지를 찾는 것이다. 이것이 참구하는 도리이다. 그러면 사량분별하는 것은 하나의 염두가 아니고 그것은 이리저리 생각하면서 서로 비교하고 분별하는 것이다. 즉 망상이 너무 많은 것이다.

참구하는 것도 단지 하나의 망상이며, 사량분별하는 것은 여러 개의 망상이다. 그러므로 참구하는 것은 행음도 아니고 색·수·상·행·식도 아니다. 이 생각[念]은 바로 당신 마음속에서 염하는 것이며, 하나의 전일한 생각이다. 비유하면 "나무아미타불" 하고 염하는 염불은 단지 하나의 생각으로 다른 망상을 없게 하는 것이다. 이것은 독으로 독을 공격하는 법이다. 당신이 만약 망상이 너무 많으면 독이 너무 많아 반드시 죽는 것이다.

一者, 是人觀變化元, 見遷流處, 名之爲變. 見相續處, 名之爲恒. 見所見處, 名之爲生. 不見見處, 名之爲滅. 相續之因, 性不斷處, 名之爲增. 正相續中, 中所離處, 名之爲減. 各各生處, 名之爲有. 互互亡處, 名之爲無. 以理都觀, 用心別見. 有求法人來問其義. 答言, 我今亦生亦滅, 亦有亦無, 亦增亦減. 於一切時, 皆亂其語, 令彼前人遺失章句.

"첫째, 이 사람은 행음이 변화하는 근원을 관찰하는데, 행음이 천류하는 곳을 보고 변한다고 하며, 행음이 끊임없이 이어지는 것을 보고 항상하다고 한다. 미세한 움직임이 보이는 곳을 보고 생한다고 하며, 미세한 움직임이 보이지 않는 것을 보고 멸한다고 한다. 끊임없이 상속하는 원인의 성질이 끊어지지 않은 곳을 증가한다고 하며, 상속되는 가운데서 떨어진 곳을 줄어든다고 한다. 행음이 각각 생하는 곳을 있다[有]고 하며, 서로 없어지는 곳을 없음[無]이라고 한다. 그는 이러한 도리로 모두 관찰하면서 마음으로 다른(잘못된) 견해를 낸다. 법을 구하는 어떤 사람이 와서 그 뜻을 물으면, 그는 답하기를 '나는 지금 생하기도 하고 멸하기도 하며, 있기도 하고 없기도 하며, 증가하기도 하고 감소하기도 한다.'라고 말한다. 어떠한 때에도 그가 하는 말은 어지럽고 두서가 없으며, 저 법을 구하러 온 사람으로 하여금 장구(章句, 도리)를 잃게 (전도되게) 한다."

二者, 是人諦觀其心, 互互無處, 因無得證. 有人來問, 唯答一字, 但言其無. 除無之餘, 無所言說.

"둘째, 이 사람은 그 마음을 깊이 관하여 중생의 행음이 서로 서로 없는 곳을 보고 없음으로 인하여 증득하였다고 생각한다. 그래서 어떤 사람이 와서 물으면, 오직 한 마디 '없다[無]'고 답한다. '없다'는 말 외에는 하는 말이 없다."

■

三者, 是人諦觀其心, 各各有處, 因有得證. 有人來問, 唯答一字, 但言其是. 除是之餘, 無所言說.

■

"셋째, 이 사람은 그 마음을 깊이 관하여 중생의 행음이 서로 서로 있는 곳을 보고 있음[有]으로 인하여 증득하였다고 생각한다. 그래서 어떤 사람이 와서 물으면, 오직 한 마디 '이다[是]'라고 답한다. '이다'라는 말 외에는 하는 말이 없다."

■

四者, 是人有無俱見, 其境枝故, 其心亦亂. 有人來問, 答言. 亦有卽是亦無, 亦無之中, 不是亦有. 一切矯亂, 無容窮詰.

■

"넷째, 이 사람은 있음과 없음을 함께 보고 그러한 경계에서 지엽을 내는 까닭으로 그의 마음 또한 어지럽다. 어떤 사람이 와서 물으면 답하기를 '있기도 하고 없기도 하다. 또한 없는 가운데 있는 것이 아니다.'라고 말한다. 이것은 일체를 바로 잡으려다가 오히려 나쁘게 되는 것으로서 그와는 궁구하고 질문할 여지가 없는 것이다."

■

由此計度, 矯亂虛無, 墮落外道, 惑菩提性. 是則名爲第五外道, 四顚倒性, 不死矯亂, 遍計虛論.

■

"이와 같은 네 가지의 변계집성의 도리로부터 어지럽고 허무한 도리를 사량분별하며, 외도에 떨어져서 보리의 깨달음에 대하여 미혹하게 된다. 이것은 다섯 번째의 외도라고 하며, 네 가지의 전도된 성질로 죽지 않고 억지로 어지러움을 바로잡으려는 변계허론(遍計虛論)을 세운다."

■

遍計虛論 그는 두루 허무하다고 계교한다는 뜻이다. 이전에 변계집성, 의타기성, 원성실성을 설명한 적이 있는데, 여러분은 이러한 도리를 이해하였는지 모르겠다.

무엇이 변계집성(遍計執性)인가? 마치 밤중에 달빛도 없어 캄캄한데 땅에 하나의 노끈을 보고 놀라며 뱀이라고 생각하는 것이다. 근본적으로 그것은 노끈이지 뱀은 아닌데, 그는 망령되게 생각하여 뱀이라고 말하는 것이다. 또 밤중에 나무의 검은 그림자를 보고 귀신이 아닌가 하고 두려워하는 것이다. 혹은 밤중에 개를 보고 늑대나 호랑이가 아닌가 생각을 하는 것이 변계집성을 내는 것이다. 결과적으로 자세히 보고나면 그것이 개라는 것을 아는 것이다.

이것이 의타기성(依他起性)이다. 이 개를 의지하여 변계집성을 내기 때문이다. 당신에게 변계집성이 있기 때문에 개를 늑대나 호랑이라고 생각하는 것이다. 노끈을 뱀으로 착각하였다가 자세히 보니 원래 하나의 노끈인 것을 아는 것을 의타기성이라고 한다.

그러면 이 노끈은 무엇으로 만든 것인가? 삼으로 만든 것이며, 이 삼을 원성실성(圓成實性)이라고 부른다. 삼으로 노끈을 만들 수 있는데 이것을 의타기성이라고 부른다. 원성실성에 의하여 의타기성을 일으킨다. 의타기성이 나중에 명료하게 보지 않고 분명하게 알지 못하면 곧 변계집성을 내는 것이다. 지금 이 외도는 근본적으로 그러한 것이 아닌데, 변계집의 허망한 이론을 내는 것이다.

6) 열여섯 가지의 유상(有相)

▬

又三摩中諸善男子, 堅凝正心, 魔不得便, 窮生類本, 觀彼幽清常擾動元. 於無盡流生計度者, 是人墜入死後有相, 發心顛倒.

▬

"다시 선정을 닦는 모든 선남자는 견고한 선정으로부터 바른 지혜의 마음을 가지므로 마아 그 틈을 얻지 못하며, 그는 12류 중생의 근본을 연구하고 저 유은(幽隱)하고 청정한 본성을 관찰해 보니, 이 가운데 상주불변하며 어지럽게 움직이는 모습이 있으며, 행음이 무궁무진하게 흐르는 것에서 사량분별을 일으켜 이 사람은 죽은 후에도 있다는 상에 떨어져서 전도된 마음을 낸다."

■

或自固身, 云色是我. 或見我圓含遍國土, 云我有色. 或彼前緣隨我回復, 云色屬我. 或復我依行中相續, 云我在色. 皆計度言死後有相, 如是循環, 有十六相. 從此惑計, 畢竟煩惱, 畢竟菩提, 兩性並驅, 各不相觸.

■

"혹은 자기의 견고한 몸을 집착하여 사대(지·수·화·풍)의 색(色)이 나라고 말하며, 혹은 나의 자성이 시방의 국토에 두루함을 보고 내가 색을 가지고 있다고 말하며, 혹은 앞의 대상이 나를 따라 회복되므로 색이 나에게 속하는 것이라고 말하며, 혹은 내가 의지하는 행음 가운데서 상속되므로 내가 색 속에 있다고 말하면서 모두 죽은 후에도 상이 있다고 사량분별한다. 이와 같이 순환하여 열여섯 가지의 모습이 있다. 이것으로부터 사량분별하여 번뇌는 영원히 번뇌이고, 깨달음은 영원히 깨달음이며, 두 가지의 성질은 병행하는 것이며 각각은 서로를 침범하지 않는다고 한다."

■

如是循環, 有十六相 색·수·상·행의 네 가지 속에 각각 네 종류의 이론이 있으므로 열여섯 가지가 된다. 색·수·상·행과 지·수·화·풍의 사이에 그는 열여섯 종류의 모습으로 나누는데, 그의 이러한 이론은 이치에 맞지 않고 이런 도리는 없는 것이다. 따라서 그는 근본적으로 이치를 분명하게 이해하지 못하고 있는 것이다.

兩性並驅, 各不相觸 병구(並驅)란 병행하다는 뜻이다. 두 가지의 성질이 병행하며 서로 저촉되지 않는다고 하는데, 이것은 근본적으로 맞지 않으며, 이러한 도리는 없는 것이다.

由此計度, 死後有故, 墮落外道, 惑菩提性. 是則名爲第六外道, 立五陰中死後有相, 心顚倒論.

"이러한 분별로부터 죽은 후에 형상이 있다고 헤아리는 까닭으로 외도에 떨어져서 보리의 깨달음을 미혹하게 된다. 이것을 여섯 번째의 외도라고 하며, 오음 가운데서 죽은 후 상이 있다는 심전도론(心顚倒論)을 세운다."

7) 여덟 가지의 무상(無相)

又三摩中諸善男子, 堅凝正心, 魔不得便, 窮生類本, 觀彼幽淸常擾動元. 於先除滅色受想中, 生計度者, 是人墜入死後無相, 發心顚倒.

"다시 선정을 닦는 모든 선남자는 견고한 선정으로부터 바른 지혜의 마음을 가지므로 마가 그 틈을 얻지 못하며, 그는 12류 중생의 근본을 연구하고 저 유은(幽隱)하고 청정한 본성을 관찰해 보니, 이 가운데 상주불변하며 어지럽게 움직이는 모습이 있으며, 먼저 소멸한 색음·수음·상음 가운데서 사량분별을 일으켜 이 사람은 죽은 후에 없다는 상에 떨어져서 전도된 마음을 낸다."

■

見其色滅, 形無所因. 觀其想滅, 心無所繫. 知其受滅, 無復連綴. 陰性銷散, 縱有生理, 而無受想, 與草木同. 此質現前猶不可得, 死後云何更有諸相? 因之勘校, 死後相無. 如是循環, 有八無相. 從此或計涅槃因果, 一切皆空. 徒有名字, 究竟斷滅.

■

"그 색음이 소멸되니 몸의 형질이 의탁할 곳이 없음을 보며, 그 상음이 소멸되니 마음이 묶일 곳이 없음을 보며, 그 수음이 소멸되니 다시는 외부와 무슨 연결되는 것이 없음을 알게 되었다. 색·수·상의 음의 성질이 소멸되고 흩어지니, 설령 생하는 도리, 즉 행음은 있을지라도 받아들이고 생각하는 것이 없으므로 그는 초목과 같다고 느낀다. 살아있을 때 이러한 형질이 있는 마음이 현전하여도 오히려 얻을 수 없는데, 죽은 후에 어떻게 다시 모든 실재하는 형상이 있을 수 있겠는가? 그러므로 이러한 것을 참조해 보면, 죽은 후에는 형상이 없다. 이와 같이 순환하여 유추하면 여덟 가지의 무상이 있다. 이것으로부터 유추하면 열반과 인과가 모두 공하며, 단지 이름만 있고 구경에는 모두 단멸한다고 사량분별한다."

▬
　　如是循環, 有八無相　색·수·상·행의 네 가지 무상이 생
(生)에도 네 가지, 사(死)에도 네 가지가 있으므로 여덟 가지가 된다.

▬
由此計度, 死後無故, 墮落外道, 惑菩提性. 是則名爲第七外道, 立五
陰中, 死後無相, 心顚倒論.

▬
"이것으로부터 그는 죽은 후에는 아무것도 없다고 사량분별하기 때문
에 외도에 떨어져서 보리의 성품을 미혹한다. 이것을 일곱 번째의 외
도라고 하며, 오음 가운데서 죽은 후 형상이 없다는 심전도론(心顚倒論)
을 세운다."

8) 여덟 가지의 구비론(俱非論)

▬
又三摩中諸善男子, 堅凝正心, 魔不得便, 窮生類本, 觀彼幽淸常擾動
元. 於行存中, 兼受想滅, 雙計有無, 自體相破, 是人墜入死後俱非, 起
顚倒論.

■

 "다시 선정을 닦는 모든 선남자는 견고한 선정으로부터 바른 지혜의 마음을 가지므로 마가 그 틈을 얻지 못한다. 그는 12류 중생의 근본을 연구하고 저 유은(幽隱)하고 청정한 본성을 관찰해 보니, 이 가운데 상주불변하며 어지럽게 움직이는 모습이 있으며, 행음이 존재하는 가운데서 아울러 색음·수음·상음이 소멸한 이때 그는 사량분별을 일으켜 있다[有]고 말하기도 하고 없다[無]고 말하기도 하면서 자기의 체상도 타파하며, 이 사람은 죽은 후에 있고 없음이 모두 없다는 데에 떨어진 전도된 이론을 일으킨다."

■

色受想中, 見有非有. 行遷流內, 觀無不無. 如是循環, 窮盡陰界, 八俱非相. 隨得一緣, 皆言死後有相無相. 又計諸行, 性遷訛故, 心發通悟, 有無俱非, 虛實失措.

■

 "그는 색음·수음·상음이 소멸된 가운데서 있음과 있지 않음을 보며, 행음이 천류하는 미세한 움직임 속에서 또 없음과 없지 않음을 본다. 이와 같이 순환하면서 색·수·상·행의 네 가지의 음계를 연구하여 보니, 여덟 가지가 모두 형상이 없으며, 하나의 연(緣, 답안·결론)을 얻어, 죽은 후에 형상이 있기도 하고 없기도 한다고 말한다. 또 사량분별하기를 모든 행음의 성질이 천류하고 변화하는 까닭으로 마음속에서 삿된 통달과 삿된 깨달음으로 유와 무가 모두 아니라고 판단한다.

따라서 그는 허(텅 빈 것)와 실(실재하는 것)에 대하여 어찌할 줄을 모르고 당황한다."

■

性遷訛故, 心發通悟 와(訛)는 변하는 것이라고 말할 수 있고, 잘못되는 것이라고 말할 수 있다. 그는 행음의 성질을 연구하면서 행음이 미세하게 움직이는 모습이 있는 까닭으로 그것이 천류하고 변하여[性遷訛] 그의 마음속에서 일종의 삿되게 통달하고 삿되게 깨달아 판단하기를 유와 무가 모두 잘못되었다고 생각하는 것이다.

■

由此計度死後俱非, 後際昏瞢, 無可道故, 墮落外道, 惑菩提性. 是則名爲第八外道, 立五陰中死後俱非, 心顚倒論.

■

"이것으로부터 그는 죽은 후에 형상이 있는 것도 아니고 없는 것도 아니라고 사량분별하기 때문에 행음의 후제에서 어둡고 어리석어 할 말이 없는 까닭으로 외도에 떨어져서 보리의 성품을 미혹한다. 이것을 여덟 번째의 외도라고 하며, 오음 가운데서 죽은 후 형상이 있는 것도 아니고 없는 것도 아니라는 심전도론(心顚倒論)을 세운다."

9) 일곱 가지의 단멸론(斷滅論)

又三摩中諸善男子, 堅凝正心, 魔不得便, 窮生類本, 觀彼幽淸常擾動元. 於後後無, 生計度者, 是人墜入七斷滅論.

"다시 선정을 닦는 모든 선남자는 견고한 선정으로부터 바른 지혜의 마음을 가지므로 천마외도가 그 틈을 얻지 못하며, 그는 12류 중생의 근본을 연구하고 저 유은(幽隱)하고 청정한 본성 가운데 상주불변하며 어지럽게 움직이는 모습이 있음을 관한다. 그러나 그는 행음의 후편에서(행음이 없어지려고 할 때) 아무런 경계도 관찰하지 못하여 사량분별하는 마음을 내어 이 사람은 일곱 가지의 단멸론(斷滅論)에 떨어진다."

或計身滅, 或欲盡滅, 或苦盡滅, 或極樂滅, 或極捨滅, 如是循環, 窮盡七際, 現前銷滅, 滅已無復.

"혹은 그는 몸이 소멸한다고 생각하며, 혹은 욕망이 다 소멸한다고 생각하며, 혹은 괴로움이 다 소멸한다고 생각하며, 혹은 지극한 즐거움이 소멸한다고 생각하며, 혹은 지극히 버리는 마음이 소멸한다고 생각한다. 이와 같이 순환하면서 일곱 곳의 중생을 궁구하여 현전하는 어떤 형상도 소멸하며, 소멸한 후에는 다시 회복되지 않는다고 생각한다."

■

或計身滅 이것은 인간 · 축생 · 육욕천(六欲天)의 모든 몸이 있는 중생을 관찰하여 이렇게 생각하는 것이다.

或欲盡滅 이것은 초선천을 가리킨다. 초선천은 이생희락지(離生喜樂地)로서 중생의 오염을 떠나 즐거움을 생한다는 뜻이다.

或苦盡滅 이선천을 가리키며, 이선천은 정생희락지(定生喜樂地)로서 이때 선정력을 가지므로 즐거움이 나온다.

或極樂滅 삼선천을 가리키며, 삼선은 이희묘락지(離喜妙樂地)로서 즐거움을 떠나 묘한 즐거움을 낸다.

或極捨滅 사선천의 사념청정지(捨念淸淨地)를 가리킨다.

■

由此計度死後斷滅, 墮落外道, 惑菩提性. 是則名爲第九外道, 立五陰中死後斷滅, 心顚倒論.

■

"이것으로부터 그는 죽은 후에 단멸한다고 사량분별하기 때문에 외도에 떨어져서 보리의 성품을 미혹한다. 이것을 아홉 번째의 외도라고 하며, 오음 가운데서 죽은 후 단멸한다는 심전도론(心顚倒論)을 세운다."

10) 다섯 가지의 열반론(涅槃論)

■

又三摩中諸善男子, 堅凝正心, 魔不得便, 窮生類本, 觀彼幽淸常擾動元. 於後後有生計度者, 是人墜入五涅槃論.

■

"다시 선정을 닦는 모든 선남자는 견고한 선정으로부터 바른 지혜의 마음을 가지므로 천마외도가 그 틈을 얻지 못하며, 그는 12류 중생의 근본을 연구하고 저 유은(幽隱)하고 청정한 본성 가운데 상주불변하며 어지럽게 움직이는 모습이 있음을 관한다. 그러나 그는 행음이 없어지려고 할 때 행음이 천류하며 쉬지 않는 것을 보고 있다[有]는 허망한 사량분별을 낸다. 그리하여 이 사람은 다섯 가지의 열반론에 떨어진다."

■

或以欲界爲正轉依, 觀見圓明生愛慕故. 或以初禪, 性無憂故. 或以二禪, 心無苦故. 或以三禪, 極悅隨故. 或以四禪, 苦樂二亡, 不受輪回, 生滅性故. 迷有漏天, 作無爲解. 五處安隱, 爲勝淨依. 如是循環, 五處究竟.

"혹은 그는 욕계의 천상을 정당하게 돌아갈 의지처로 여기는데, 왜냐하면 욕계천의 원명한 체상을 보고 애모하는 마음을 내기 때문이다. 혹은 초선천은 근심걱정이 없기 때문에 그곳에 나기를 좋아하며, 혹은 이선천은 마음에 괴로움이 없는 까닭으로 돌아갈 곳으로 삼으며, 혹은 삼선천은 지극한 즐거움이 마음대로 따르는 까닭으로 그의 열반처로 생각하며, 혹은 사선천은 괴로움과 즐거움의 두 가지 모두 없어 매우 청정하여 윤회의 생멸하는 성질을 받지 않는 까닭으로 그는 열반의 귀의처로 삼으면서 유루(有漏)의 천상에 미혹하여 그것을 무위(無爲)의 열반처라는 견해를 짓는다. 그리하여 그는 이 다섯 곳을 매우 안온하여 수승하고 청정한 의지처로 삼는다. 이와 같이 순환하면서 연구하여 다섯 곳을 구경처로 인식한다."

由此計度五現涅槃, 墮落外道, 惑菩提性. 是則名爲第十外道, 立五陰中五現涅槃, 心顚倒論.

"이것으로부터 그는 다섯 곳의 현전하는 열반을 사량분별하기 때문에 외도에 떨어져서 보리의 성품을 미혹한다. 이것을 열 번째의 외도라고 하며, 오음 가운데서 다섯의 현전하는 열반이라는 심전도론(心顚倒論)을 세운다."

■

阿難! 如是十種禪那狂解, 皆是行陰用心交互, 故現斯悟. 衆生頑迷, 不自忖量. 逢此現前, 以迷爲解, 自言登聖, 大妄語成, 墮無間獄.

■

"아난아! 이와 같은 열 가지의 선정공부에서 나타나는 경계는 모두 행음과 공부하는 선정의 마음이 서로 교차하면서 다투는 까닭으로 이러한 날뛰는 깨달음이 나타나는 것이다. 중생은 완고하고 어리석어 스스로의 수준을 헤아리지 않고 이러한 경계가 현전하는 것을 만나면, 미혹함을 깨달은 견해로 삼고 스스로 성스러운 과를 증득하였다고 말한다. 이것은 큰 거짓말을 이루는 것으로 무간지옥에 떨어진다."

■

汝等必須將如來語, 於我滅後傳示末法. 遍令衆生覺了斯義. 無令心魔自起深孽. 保持覆護, 消息邪見. 敎其身心開覺眞義. 於無上道, 不遭枝歧. 勿令心祈得少爲足. 作大覺王, 淸淨標指.

■

"너희들은 반드시 여래의 말씀을 여래가 멸도한 후 말법시대에 이러한 도리를 널리 전하고 알려 중생들이 이러한 뜻을 두루 깨닫도록 하고, 자기 마음의 마가 깊은 죄업을 일으키지 못하도록 할 것이며, 진정한 불법을 보호하고 지녀서 삿된 견해를 소멸하여라. 너희들은 말법의 모든 중생을 가르쳐 몸과 마음이 진정한 요의를 깨닫도록 하여 무상의 도에 대하여 지엽과 잘못된 길로 빠지지 않도록 할 것이며, 무상의 깨달음을 구하려는 사람으로 하여금 적은 것을 얻고 만족하지 않도록 하여 마땅히 대각의 왕이 되는 청정한 지표를 삼도록 하여야 한다."

6
식음(識陰)의 마

阿難! 彼善男子修三摩地行陰盡者, 諸世間性, 幽淸擾動同分生機, 倏然隳裂沉細綱紐, 補特伽羅酬業深脈, 感應懸絶.

"아난아! 저 선남자가 선정을 닦으면서 행음이 다할 때는 모든 세간의 중생의 성품은 유은하고 맑으며, 미세하게 움직이는 모습에서 중생의 동분이 생하는 곳[生機]에서 갑자기 깊고 미세한 대강(大綱)이며 중추가 파괴되며, 유정(有情)이 서로 업을 갚고 업과(業果)가 교류되는 깊은 맥락 속에서 감응(인과)이 끊어진다."

■ 諸世間性, 幽淸擾動同分生機 행음이 다할 때는 모든 세간

의 12류 중생의 성품이며, 유은하고 경청한 미세하게 움직이는 모습인 동분의 생기가 갑자기 타파된다. 즉 깊고 미세한 대강(大綱)이며 중추인 곳이 파괴되는 것이다. 또한 중유신이 서로 과보를 받고 업과(業果)가 교류하는 깊고 깊은 맥락속에서 이미 인과가 끊어지고 없어지는 것이다. 동분생기의 기(機)는 바로 그곳을 말한다.

補特伽羅   번역하면 삭삭취취(數數取趣)라고 하는데, 태어나고 또 태어나는 것을 말한다. 즉 중유신(中有身)이며, 또 유정(有情)이라고 한다. 우리 모든 유정의 중생은 살아있을 때의 몸은 중유신이라고 하며, 죽으면 중음신이라고 한다.

感應懸絶   감응은 바로 인과를 말하며, 현절이란 마치 공중에서 갑자기 끊어지는 것을 뜻한다. 행음이 다하면 생사는 이미 끝마치기 때문에 인과도 단절된다는 것이다. 이곳에서 행음이 그치고 식음이 시작되는 시기이다.

■
於涅槃天, 將大明悟. 如鷄後鳴, 瞻顧東方, 已有精色. 六根虛靜, 無復馳逸. 內外湛明, 入無所入. 深達十方十二種類受命元由. 觀由執元, 諸類不召. 於十方界已獲其同. 精色不沈, 發現幽秘. 此則名爲識陰區宇.

■
"자성의 열반천에서 장차 크게 깨달음을 열려고 한다. 마치 새벽에 날이 밝으려면 닭이 세 번 우는데, 최후에 우는 것과 같아서 이때 동방을 바라보면 이미 날이 밝으려는 광명이 있게 된다. 수음이 다할 때는 육근이 받아들일 것이 없어서 텅 비며[虛], 상음이 다하면 망상이 없으므로 고요하며[靜], 행음이 다하면 다시는 천류변화하는 모습이 없어진다. 이때는 단지 식음이 남아서 이미 안과 밖에 광명이 있으며, 육근과 육진이 모두 끊어졌기 때문에 들어가도 들어가는 바가 없다. 시방의 12류 중생들이 생명을 받게 되는 근원을 깊이 통달하여 이러한 근본의 유래를 관찰해 보니, 모든 중생의 유혹을 받지 않으며, 시방세계에서 이미 허공과 같은 몸을 얻어서 정미한 색[精色]이 침몰하지 않고 가장 그윽하고 비밀한 경계가 발현된다. 이것을 식음(識陰)이 관리하는 영역이라고 한다."

已有精色 정색이란 하늘이 곧 밝아지려는 때를 가리킨다.

六根虛靜 수음이 다할 때는 육근이 받아들이지 않으므로 텅 비고[虛], 상음이 다하면 망상이 없어지며, 망상이 없으므로 맑고 고요한[靜] 것이다. 그러므로 육근이 허정하다고 말한다.

無復馳逸 행음이 다하면 이미 천류하고 변화함이 없다. 마치 파도와 같은 행음의 미세하게 움직이는 근원이 없어진 것이다. 그러므로 다시는 달리지 않는다.

內外湛明, 入無所入 이때 단지 식음이 남아서 타파되지 않았으나, 이미 안으로는 광명이 있으며 밖으로도 광명이 비친다. 근(根)과 진(塵)이 모두 끊어져서 육근과 육진이 합하여 하나로 되었기 때문에 근도 없고 진도 없으며, 근과 진이 상대되지 않는다. 이미 인연하는 바가 없으므로 근과 진이 짝이 되지 않으며 상대적인 곳이 없다. 상대적인 곳이 없기 때문에 육근과 육진이 서로 구별이 없다. 따라서 흐름에 들어가도 들어가는 바가 없다.

觀由執元, 諸類不召　이러한 근본의 유래를 살펴보니, 이때 12류의 중생들의 유혹을 받지 않으며, 그들이 끌어당기지 못하며, 12류의 중생과는 다시는 내왕하지 않는다.

精色不沈, 發現幽秘　이러한 정색, 즉 지혜가 침몰하지 않는다. 가장 유은하고 가장 비밀하며, 가장 발현하기 쉽지 않은 경계가 발현된다.

■

若於群召, 已獲同中, 銷磨六門, 合開成就. 見聞通鄰, 互用淸淨. 十方世界及與身心, 如吠瑠璃, 內外明徹, 名識陰盡. 是人則能超越命濁. 觀其所由, 罔象虛無, 顚倒妄想以爲其本.

■

"만약 모든 중생들의 부름에 이미 같은 몸을 얻은 가운데 육근의 문이 소멸되고 육근의 합일되고 열려짐이 성취되어 보고 들음이 서로 통하게 되며, 육근을 서로 사용함[互用]이 청정하여 시방세계와 이 몸과 마음이 마치 투명한 유리의 안과 밖이 명철한 것과 같다. 이것을 식음이 다 없어진 것이라고 한다. 이 사람은 명탁을 초월하며, 식음의 유래를 살펴보면 유(有)와 무(無)가 허무하고 전도된 망상을 근본으로 삼는다."

■

若於群召, 已獲同中 12류 중생의 인과가 이미 끊어져서 12류의 중생과 비록 같지만 그것에 응하지 않으며, 그것과 이미 내왕을 끊고 윤회를 단절하였다.

銷磨六門, 合開成就 이때 육근의 문은 쓰임이 없게 된다. 사라진다. 쓰임이 없다는 것은 눈이 보지 않는다는 것이 아니라 육근을 서로 사용할 수 있다는 것이다. 당신이 만약 행음을 타파하면 이러한 경계가 현전한다.

육근의 호용(互用)이란 눈이 비록 보는 것이지만, 또 들을 수도 있다는 것이다. 그래서 육근의 매 하나의 근마다 모두 여섯 가지의 작용을 가진다. 합(合)이란 육근이 하나로 합쳐지는 것이며, 개(開)란 하나의 근이 여섯 가지의 작용을 열 수 있다는 것이다.

見聞通鄰, 互用淸淨 보고 듣는 것이 통하며 이웃한다는 것이다. 그러므로 서로 도울 수 있으며 출입하며 친구가 되어 육근을 서로 같이 쓸 수 있으며, 같이 써도 여전히 청정하다는 것이다. 이러한 경계가 얼마나 미묘한가!

1) 인이 아닌데 인으로 생각하는 집착 [因所因執]

■

阿難當知. 是善男子, 窮諸行空, 於識還元, 已滅生滅, 而於寂滅精妙未圓.

■

"아난은 마땅히 알아야 한다. 이 선남자는 행음이 공함을 궁구하여 식음에서 여래장성으로 반본환원하여 이미 생멸이 소멸하는 경계에 이르러 적멸의 성품에서 정묘함이 아직 원만함을 얻지 못하였다."

■

能令己身, 根隔合開, 亦與十方諸類通覺, 覺知通㳷, 能入圓元. 若於所歸, 立眞常因, 生勝解者, 是人則墮因所因執. 娑毗迦羅所歸冥諦, 成其伴侶. 迷佛菩提, 亡失知見. 是名第一, 立所得心, 成所歸果. 違遠圓通, 背涅槃城, 生外道種.

■

"그는 식음에서 망상을 일으켜 자기의 몸으로 하여금 육근 사이의 막힘이 합일되고 열려서 시방의 모든 중생과 서로 느낌이 통하며, 이러한 느끼고 아는 성질은 시방의 일체중생의 근성을 알고 원만한 근원의 본성으로 들어갈 수 있다. 만약 그가 돌아가고자 하는 곳에서 허망한 집착을 내면, 참된 항상함[眞常]의 인(因)을 세우면서 뛰어난 지견을 낸다. 그리하여 이 사람은 진상(眞常)을 인으로 삼지만, 이것은 근본적으로 이치에 맞지 않은 것이다. 이러한 '인이 아닌데 인으로 생각하고 집착하는[因所因執]' 것에 떨어진다. 이것은 황발외도가 귀의처로 삼는 명제(冥諦, 아무것도 없다는 진리)로서 그들과 반려가 되어, 부처의 깨달음을 미혹하고 진정한 지견을 잃게 된다. 이것은 첫 번째로서 얻을 것이 있다는 마음을 세워 돌아갈 과를 이루는데, 이러한 종지는 원통의 도리에 어긋나고 열반의 성을 등지며, 외도의 종자를 생기게 한다."

■ **能令己身, 根隔合開** 그는 식음에서 일종의 망상을 내어 앞의 정묘하고 원만하지 못한 경계상에서 자기의 육근이 서로 통용(通用)되게 한다. 따라서 하나의 근이 여섯 가지의 능력을 가지게 된다. 그리하여 육근이 합하여 하나로 되고 육근이 하나의 근으로 변한다. 이것을 합(合)이라고 한다. 그러면 비록 하나의 근이 육근의 작용을 가지고 가질 수 있으면 이것은 신통인가 아닌가? 과학이 아무리 발달해도 이러한 능력을 가질 수 없을 것이다. 그러나 자성의 과학을 발명하면 이러한 작용을 가지게 되는 것이다.

2) 할 수 없는 일을 할 수 있다는 집착[能非能執]

■ 阿難! 又善男子, 窮諸行空, 已滅生滅, 而於寂滅精妙未圓. 若於所歸, 覽爲自體, 盡虛空界十二類內所有衆生, 皆我身中一類流出, 生勝解者, 是人則墮能非能執. 摩醯首羅現無邊身, 成其伴侶. 迷佛菩提, 亡失知見. 是名第二立能爲心, 成能事果. 違遠圓通, 背涅槃城, 生大慢天, 我遍圓種.

■

"아난아! 이 선남자는 행음이 공함을 궁구하여 이미 생하고 멸함이 소멸하는 경계에 이르러 적멸의 성품에서 정묘함이 아직 원만함을 얻지 못하였다. 만약 그가 돌아갈 곳(제8식)에서 본래 자기의 것이 아닌 것을 가지고 자기의 몸이라고 인식한다면, 허공계를 다하여 12류의 일체중생은 모두 나의 몸 가운데서 흘러나온다고 생각하면서 (자기 나름의) 수승한 견해를 낸다. 그리하여 이 사람은 일체중생을 낼 수 있다는 생각을 하면서 근본적으로 '할 수 없는 것을 할 수 있다고 생각하는 집착[能非能執]'에 떨어진다. 이것은 마혜수라(대자재천)가 무변한 몸을 나타내는 것으로 그의 반려가 된다. 그는 부처의 진정한 깨달음에 대하여 인식하지 못하고 진정한 지견을 잃게 된다. 이것은 두 번째로서 능히 중생을 낼 수 있다는 마음을 세워 능히 할 수 있다는 과를 이룬다. 이것은 원통의 도리에 어긋나고 열반의 성을 등지며, 장래 큰 아만의 하늘에 태어나 내가 두루 원만함을 이룰 수 있다는 종자를 만든다."

■

이 식은 진여와 약간의 차이가 있는데, 식은 생하고 멸함이 있는 것이며, 진여는 생멸하지 않는 것이다. 그러면 지금 제8식에서는 생멸하는 미세한 상이 있으며, 진여의 불생멸과 화합하는데, 이것을 화합식(和合識)이라고 한다. 이러한 화합식은 정묘함이 아직 원만함을 얻지 못한 상태이다.

　이러한 수승한 견해는 정당하지 않은 견해이며, 삿된 지견이다. 억지로 이름을 붙여 승해(勝解)라고 한 것이다. 만약 정말로 수승한 견해라면 불법에 부합할 것이다. 이 사람은 자기가 할 수 없는 일을 할 수 있다고 집착하는 것이다. 마혜수라는 자기가 무변한 몸을 나타낼 수 있다는 것을 집착하여 일체중생도 모두 자기가 만들어 내는 것이라고 말한다. 이것은 허망한 집착이다.

3) 항상하지 않는 것을 항상한다는 집착[常非常執]

又善男子, 窮諸行空, 已滅生滅, 而於寂滅精妙未圓. 若於所歸, 有所歸依, 自疑身心, 從彼流出. 十方虛空咸其生起, 卽於都起, 所宣流地, 作眞常身, 無生滅解. 在生滅中, 早計常住. 旣惑不生, 亦迷生滅. 安住沈迷, 生勝解者, 是人則墮常非常執, 計自在天, 成其伴侶. 迷佛菩提, 亡失知見. 是名第三立因依心, 成妄計果. 違遠圓通, 背涅槃城, 生倒圓種.

"이 선남자는 행음이 공함을 궁구하여 이미 생하고 멸함이 소멸하는 경계에 이르러 적멸의 성품에서 정묘함이 아직 원만함을 얻지 못하였다. 만약 그가 돌아갈 곳에서 귀의할 곳이 있으면, 스스로 이 몸과 마음이 귀의처로부터 흘러나오며, 시방의 허공도 모두 그의 귀의처로부터 생긴다고 의심한다. 즉 모든 것이 일어나는, 그가 나오는 곳을 참되고 상주불변하는 몸[眞常身]으로 삼아, 그곳은 생멸함이 없다는 견해를 낸다. 생멸하는 식의 가운데서 상주불변하는 것이라고 사량분별한다. 그리하여 그는 나지 않는[不生] 도리를 이해하지 못할 뿐 아니라 생멸하는 도리도 미혹한다. 그는 그러한 경계에 안주하고 깊이 빠져 미혹하여 뛰어난 견해(집착)를 낸다. 이 사람은 상주불변하지 않은 것을 상주불변하는 것으로 집착하는[常非常執] 것에 떨어진다. 그의 이러한 사량분별은 자재천과 반려가 되며, 부처의 깨달음을 미혹하여 진정한 지혜를 잃게 된다. 이것은 세 번째로서 의지하는 마음을 귀의처로 삼아 과(果)가 아닌데 과로서 사량하는 허망한 과를 성취하고, 원통의 도리에 어긋나고 열반의 성을 등지며, 원만함을 전도(顚倒)한 종자(지견)를 낸다."

4) 모르는 것을 안다고 생각하는 집착[知無知執]

又善男子, 窮諸行空, 已滅生滅, 而於寂滅精妙未圓. 若於所知, 知遍圓故, 因知立解. 十方草木皆稱有情, 與人無異. 草木爲人, 人死還成十方草樹. 無擇遍知, 生勝解者, 是人則墮知無知執. 婆吒霰尼, 執一切覺, 成其伴侶. 迷佛菩提, 亡失知見. 是名第四計圓知心, 成虛謬果. 違遠圓通, 背涅槃城, 生倒知種.

"이 선남자는 행음이 공함을 궁구하여 이미 생하고 멸함이 소멸하는 경계에 이르러 적멸의 성품에서 정묘함이 아직 원만함을 얻지 못하였다. 만약 그가 아는 곳에서 아는 것이 두루 원만한 까닭으로 이 앎으로 인하여 하나의 견해를 세운다. 즉 시방의 초목을 모두 유정(有情)이라고 칭하면서 사람과 다름이 없다고 말한다. 초목은 사람이 될 수 있으며 사람은 죽어서 다시 시방의 초목이 된다고 한다. 그는 일체를 두루 아는 것을 선택할 지혜가 없어 자기만의 특이한 견해를 낸다. 그리하여 이 사람은 사실상 자기가 모르는 것을 안다고 하는 집착[知無知執]에 떨어진다. 이것은 파탁과 산니의 두 외도가 일체각(一切覺, 무엇이든 모두 안다는 것)에 집착하는 것과 같아서 그의 반려가 된다. 그는 부처의 깨달음을 미혹하고 바른 지견을 잃게 된다. 이것은 네 번째로서 모르는 것이 없다는 마음에 집착하여 허무하고 잘못된 과를 이룬다. 이것은 원통의 도리에 어긋나고 열반의 성을 등지며, 아는 것을 전도한 종자를 낸다."

■

어떤 수목이 신령한 것은 정령이 그 나무에 붙어서 그런 것이지 결코 그 나무 자체가 아는 것이 있는 것은 아니다.

5) 생사를 그칠 수 없는 것을 그칠 수 있다는 집착[生無生執]

■

又善男子, 窮諸行空, 已滅生滅, 而於寂滅精妙未圓. 若於圓融, 根互用中, 已得隨順. 便於圓化一切發生, 求火光明, 樂水淸淨, 愛風周流, 觀塵成就, 各各崇事, 以此群塵發作本因, 立常住解. 是人則墮生無生執. 諸迦葉波幷婆羅門, 勤心役身, 事火崇水, 求出生死, 成其伴侶. 迷佛菩提, 亡失知見. 是名第五計著崇事, 迷心從物, 立妄求因, 求妄冀果. 違遠圓通, 背涅槃城, 生顚化種.

"이 선남자는 행음이 공함을 궁구하여 이미 생하고 멸함이 소멸하는 경계에 이르러 적멸의 성품에서 정묘함이 아직 원만함을 얻지 못하였다. 만약 원융한 경계에서 육근을 호용(互用)하는 가운데 이미 마음을 따라 원이 이루어지는 수순함을 얻는다면, 이러한 원만하에 일체의 조화(造化)가 발생하는 속에서 불의 광명을 구하고 물의 청정함을 좋아하며, 바람이 두루 흐르는 것을 사랑하며 땅의 성취를 보고 각각에 대하여 그것을 숭배하고 섬긴다. 이러한 지·수·화·풍 사대의 모습을 자기의 본래의 인으로 삼아서 이 모두가 상주한다는 견해를 세운다. 그리하여 이 사람은 생사를 그칠 수 없는 것을 그칠 수 있다는 집착[生無生執]에 떨어진다. 이것은 모든 가섭 형제와 바라문이 몸과 마음을 힘들게 하여 불을 섬기고 물을 숭배하면서 생사를 벗어나기를 구하는 것과 같아서 그들의 반려가 되며, 부처의 깨달음을 미혹하여 바른 지견을 잃게 된다. 이것은 다섯 번째의 전도된 종으로서 이러한 집착을 사량분별하여 사대를 숭배하고 상주하는 진심을 미혹하여 사물을 따르는 것이며, 허망하게 생사를 벗어남을 구하는 인을 세워 허망하게 생사를 벗어나는 과를 구하는 것으로서 원통의 도리에 어긋나고 열반의 성을 등지며, 전도된 조화(造化)의 종자를 낸다."

6) 귀의할 수 없는 것을 귀의처로 삼는 집착[歸無歸執]

■

又善男子, 窮諸行空, 已滅生滅, 而於寂滅精妙未圓. 若於圓明, 計明中虛, 非滅群化, 以永滅依, 爲所歸依, 生勝解者, 是人則墮歸無歸執. 無想天中諸舜若多, 成其伴侶. 迷佛菩提, 亡失知見. 是名第六圓虛無心, 成空亡果. 違遠圓通, 背涅槃城, 生斷滅種.

■

"이 선남자는 행음이 공함을 궁구하여 이미 생하고 멸함이 소멸하는 경계에 이르러 적멸의 성품에서 정묘함이 아직 원만함을 얻지 못하였다. 만약 원명한 경계에서 그는 밝은 광명 가운데서 텅 빈 것을 사량분별하여 변화되는 일체의 몸과 땅을 무너지고 소멸시켜 미세한 먼지도 서지 못하게 하여, 영원히 소멸하는 것을 의지하여 귀의처로 삼고자 하면서 이상한 견해를 낸다. 그리하여 이 사람은 귀의할 수 없는 것을 귀의처로 삼는 집착[歸無歸執]에 떨어진다. 이것은 네 가지 공처(空處)의 비비상천 가운데의 모든 허공신과 같아서 그의 반려가 되며, 부처의 깨달음을 미혹하여 바른 지견을 잃게 된다. 이것은 여섯 번째의 전도된 견해로서 원만하고 허무한 마음으로 공망의 과를 이루어 원통의 도리에 어긋나고 열반의 성을 등지며, 단멸의 종자를 낸다."

7) 탐하지 않아야 할 것을 탐하는 집착[貪非貪執]

■

又善男子, 窮諸行空, 已滅生滅, 而於寂滅精妙未圓. 若於圓常, 固身常住. 同於精圓, 長不傾逝, 生勝解者, 是人則墮貪非貪執. 諸阿斯陀求長命者, 成其伴侶. 迷佛菩提, 亡失知見. 是名第七執著命元, 立固妄因, 趣長勞果. 違遠圓通, 背涅槃城, 生妄延種.

■

"이 선남자는 행음이 공함을 궁구하여 이미 생하고 멸함이 소멸하는 경계에 이르러 적멸의 성품에서 정묘함이 아직 원만함을 얻지 못하였다. 만약 원만하고 상주함에서 그는 견고한 몸으로서 늙지 않고 오래 살기를 원한다면, 정미하고 원만한 수명 속에서 길이 죽지 않으려고 삿된 견해를 낸다. 그리하여 이 사람은 장생을 탐하지만 장생을 얻지 못하는 집착[貪非貪執]에 떨어진다. 이것은 아사타(無比라고 하며, 천상의 외도)가 장수를 구하는 것과 같아서 그의 반려가 되며, 부처의 깨달음을 미혹하여 바른 지견을 잃게 된다. 이것은 일곱 번째의 전도된 견해로서 생명의 근원을 집착하여 견고한 허망한 인을 세워 장생불사(長生不死)의 과를 얻으려고 하는 것으로써 원통의 도리에 어긋나고 열반의 성을 등지는 것이며, 망상으로 수명을 연장하려는 종자를 낸다."

8) 참되지 않은 것을 참된 것으로 구하는 집착[眞無眞執]

又善男子, 窮諸行空, 已滅生滅, 而於寂滅精妙未圓. 觀命互通, 卻留塵勞, 恐其銷盡. 便於此際坐蓮華宮, 廣化七珍, 多增寶媛, 恣縱其心, 生勝解者, 是人則墮眞無眞執. 吒枳迦羅, 成其伴侶. 迷佛菩提, 亡失知見. 是名第八發邪思因, 立熾塵果. 違遠圓通, 背涅槃城, 生天魔種.

"이 선남자는 행음이 공함을 궁구하여 이미 생하고 멸함이 소멸하는 경계에 이르러 적멸의 성품에서 정묘함이 아직 원만함을 얻지 못하였다. 그는 자기의 생명과 일체중생이 서로 통하는 것을 보고 도리어 진로(번뇌)를 남기려고 하고 그것을 다 없애는 것을 염려하여 곧 이때 그는 연화궁 속에 앉아 널리 칠보를 변화하여 내고 그의 비빈, 미녀들을 많이 늘리려고 생각하여 그의 애욕의 마음을 제멋대로 하여 삿된 견해를 낸다. 그리하여 이 사람은 참됨을 구하려다 참된 것을 구하지 못하는 집착에 떨어지며, 이것은 탁지(결박이라는 뜻)와 가라(내가 짓는 것이라는 뜻)의 두 외도의 권속이 된다. 그는 부처의 깨달음을 미혹하여 바른 지견을 잃게 된다. 이것은 여덟 번째의 전도된 견해로서 그는 삿된 생각의 인을 발하여 번뇌가 매우 치성한 과를 이루게 되는 것이며, 원통의 도리에 어긋나고 열반의 성을 등지며, 천마의 종족에 난다."

9) 정성성문(定性聲聞)

■

又善男子, 窮諸行空, 已滅生滅, 而於寂滅精妙未圓. 於命明中, 分別精麤, 疏決眞僞, 因果相酬, 唯求感應, 背淸淨道. 所謂見苦, 斷集, 證滅, 修道, 居滅已休, 更不前進, 生勝解者, 是人則墮定性聲聞. 諸無聞僧增上慢者, 成其伴侶. 迷佛菩提, 亡失知見. 是名第九圓精應心, 成趣寂果. 違遠圓通, 背涅槃城, 生纏空種.

■

"이 선남자는 행음이 공함을 궁구하여 이미 생하고 멸함이 소멸하는 경계에 이르러 적멸의 성품에서 정묘함이 아직 원만함을 얻지 못하였다. 그는 생명의 허명한 가운데서 미세하고 거친 것을 분별하고, 참된 것과 거짓의 것을 선택하여 인과가 서로 갚는 것을 알고, 오직 인과의 감응만을 구하여 청정한 도를 위배한다. 소위 괴로움을 보고 번뇌를 끊으며, 열반의 멸함을 증득하기 위하여 도를 닦는다. 그는 멸함을 증득할 때 다시 앞으로 나아가지 않고 날뛰는 승해를 낸다. 그리하여 정성성문(定性聲聞, 작은 마음을 돌이켜 큰 마음으로 향하지 않는 성문)에 떨어지며, 이것은 모든 무문비구와 증상만을 증가시키는 사람의 반려가 된다. 부처의 깨달음을 미혹하여 바른 지견을 잃게 된다. 이것은 아홉 번째의 전도된 견해로서 원정하고 감응이 있는 마음으로 적멸의 과를 이루려는 것이며, 원통의 도리에 어긋나며, 열반의 성을 등지고 공적함에 얽히는 종을 낸다."

10) 정성벽지불(定性辟支佛)

又善男子, 窮諸行空, 已滅生滅, 而於寂滅精妙未圓. 若於圓融, 淸淨覺明, 發硏深妙, 卽立涅槃, 而不前進, 生勝解者, 是人則墮定性辟支. 諸緣獨倫, 不回心者, 成其伴侶. 迷佛菩提, 亡失知見. 是名第十圓覺 湣心, 成湛明果. 違遠圓通, 背涅槃城, 生覺圓明不化圓種.

"이 선남자는 행음이 공함을 궁구하여 이미 생하고 멸함이 소멸하는 경계에 이르러 적멸의 성품에서 정묘함이 아직 원만함을 얻지 못하였다. 그가 만약 원융하고 청정하며 각명한 경계에서 심묘한 이치를 연구하여 식음이 타파되기도 전에 열반이라는 견해를 세우면서 앞으로 나아가지 않고 날뛰는 지혜를 낸다. 그리하여 이 사람은 정성벽지(定性支)에 떨어지며, 이 사람은 모든 연각, 독각으로써 마음을 돌리지 않은 자와 반려가 된다. 부처의 보리(깨달음)에 미혹하여 바른 지견을 잃게 된다. 이것을 열 번째의 전도된 견해라고 하며, 원각이 참된 마음과 부합되려고 할 때 청정광명한 과를 이루는 것으로서 원통의 도리에 어긋나고, 열반의 성을 등지며, 원명함을 깨달았지만 원명함을 투철하게 변화시키지 못한 종자를 내는 것이다."

阿難! 如是十種禪那, 中途成狂, 因依迷惑, 於未足中生滿足證. 皆是識陰用心交互, 故生斯位.

■

"아난아! 이와 같은 열 가지의 선정의 법문에서 마땅히 알아야 한다. 수행자가 중도에서 날뛰는 견해를 이루어 그것에 의지하는 까닭으로 미혹하게 되며, 아직 충족되지 못했을 때 증득하였다고 만족하는 마음을 낸다. 이것은 모두 식음이 공부하는 마음과 서로 다투는 까닭으로 이런 경계를 내는 것이다."

■

방금 과지(果地)가 말하기를 우리 일반인은 오온의 경계를 타파하는 것은 너무 높은 경지라고 하였는데, 이것은 맞는 말이다.『반야심경』에서 이르기를 "관자재보살이 깊은 반야바라밀다를 행할 때 오온이 모두 공한 것을 비추어 보고 일체의 고액을 벗어난다."라 하였다.

이 관자재(觀自在)는 또한 그곳에서 좌선을 하는 사람을 가리키기도 한다. '행심반야바라밀(行深般若波羅蜜)'이란 선(禪)의 공부가 한 걸음 한 걸음 지혜로 나아가서 오온(五蘊, 색·수·상·행·식)이 모두 공하다는 것을 이해하는 것을 말한다. 오온이 모두 공하다는 것을 알게 되므로 오온에 가리지 않는다. 이것이 바로 지혜가 현전하는 것이다.

이때는 아직 무슨 과를 증득했다느니, 삼계를 벗어났다고 이야기할 단계가 아니다. 지혜가 있으므로 고통을 벗어나 즐거움을 얻을 수 있으나, 아직 이고득락(離苦得樂)을 얻은 단계에 있는 것은 아니며, 아직 가야 할 길이 있다. 경장으로 깊이 들어가 지혜가 바다와 같이 되어 경계에 움직이지 않아야 한다. 그가 여전히 색·수·상·행·식의 경계에 움직이면 아직 사과(四果)의 아라한을 증득하지 못했을 뿐 아니라 초과의 아라한조차도 말할 수 없다. 사람이 초과의 아라한을 증득하면 길을 걸어가는데 발이 땅에 닿지 않고 걸을 수 있다. 초과의 아라한이 어째서 그렇게 할 수 있는가? 그는 팔십팔품의 견혹을 끊었기 때문에 그렇게 되는 것이다.

무엇이 견혹(見惑)인가? 바로 경계를 만나 탐애를 일으키는 것이다. 즉 경계에 미혹되어 탐애심을 내는 것을 견혹이라고 한다. 과를 증득한 사람은 눈으로 형색을 보아도 안으로 유가 없으며, 귀로 번뇌의 일을 들어도 마음이 알지 못한다[眼觀形色內無有, 耳聽塵事心不知]. 무엇이든 공하고 집착하는 바가 없으니, 그가 어떻게 주화입마가 될 수 있겠는가? 근본적으로 어떤 마도 들어갈 수 없다.

그리고 이치에 미혹하여 분별을 일으키는 것을 사혹(思惑)이라고 한다. 이과(二果), 삼과(三果)의 성인은 사혹을 끊으려고 한다. 여러분 생각해 보세요. 오온의 단계에서 수도하여 만약 사혹을 끊으면 어찌 망상이나, 사량분별을 하겠습니까? 무슨 일이 오면 그는 분별할 필요가 없이 순조롭게 푼다. 분별망상은 모두 식이며, 더욱이 식은 분별함이 더욱 미세하고 미세한 곳에서 분별한다. 그의 신체도 근본적으로 간파하지 못하고 놓지 못하면서 여전히 더러운 가죽 주머니 위에서 공부를 하고 전전한다.

그러므로 여러분은 오온을 타파한 것으로 과를 증득하였다고 생각하는데, 무슨 과를 증득해? 오온을 타파하는 것은 단지 도를 닦는 데 마땅히 가야 할 길이며, 그 길에서 가고 있는 것이다. 따라서 여러분은 이러한 경계를 명백하게 인식하여 무문비구처럼 사선천을 사과의 아라한으로 인식하면 안 된다. 오온을 타파하는 것도 초선, 이선의 경계에 있는 것이다. 이것을 만약 수행의 단계에 따라 말하자면, 아직 이른 시기이며 이것은 방금 입문한 것이라고 말할 수 있다. 이제 막 글을 배운 소학생을 대학을 졸업한 것으로 생각하면 안 된다. 그러므로 법에 대하여 명료하게 인식하여 내가 일찍이 여러분의 지혜가 어떠하다고 말하지 않던가? 오늘 내가 여러분에게 알리는데, 견혹과 사혹을 끊지 않고 어떻게 과를 증득하였다고 말할 수 있겠는가? 언급할 수 없는 것이다.

따라서 당신이 과를 증득하지 못하면 모두 허망한 경계이며, 모든 것은 진실한 것이 아니다. 그가 색·수·상·행·식의 오음을 모두 타파했어도 아직 과를 증득한 것은 아니며, 단지 수도(修道)의 길에서 가고 있는 것이다. 만약 과를 증득하면 그는 불퇴전을 얻을 것인데, 어떻게 마에 미혹될 리가 있겠는가? 초과를 증득해도 마에 미혹되지 않는다.

『반야심경』에서 하신 말씀과 같이 오온을 타파하면 그는 단지 이러한 공의 도리를 이해한 것이며, 무슨 생사를 마치거나 무슨 과를 증득하였다고 언급할 수 없다. 그는 아직 집에 도착한 것은 아니므로 생사를 마쳤다고 말할 수 없는 것이다. 그가 만약 공에 치우친 도리에 떨어져 수도를 그만둔다면 곧 외도에 떨어진다. 만약 다시 앞으로 나아간다면 깨달을 수 있으며 과를 증득할 수 있다. 하지만 정진해야 한다. 그러므로 수행은 당신이 어떤 정도에 이르렀든지 만약 적은 것을 얻고 만족하면 이것은 중도에서 그만두는 것이라고 한다.

■

衆生頑迷, 不自忖量. 逢此現前, 各以所愛先習迷心, 而自休息. 將爲畢竟所歸寧地, 自言滿足無上菩提. 大妄語成, 外道邪魔所感業終, 墮無間獄. 聲聞緣覺, 不成增進.

■

"중생은 완고하고 어리석어 스스로의 수준을 헤아리지 않고 이러한 경계가 현전하는 것을 만나면, 각각은 애욕을 탐착하는 이전 습기의 미혹된 마음으로 그러한 경계에서 스스로 휴식하면서 구경에 돌아가 쉴 곳이라고 생각하며, 스스로 무상의 깨달음을 증득하였다고 말한다. 이것은 큰 거짓말을 이루는 것으로 외도와 삿된 마는 감응하는 업이 끝난 후에는 무간지옥에 떨어지며, 성문과 연각은 더 이상 증진하지 못한다."

■

이러한 경계를 만나 애착을 내는 것은 그가 이전에 어리석은 마음으로 이곳에서 쉬고 싶어한다. 그는 이곳을 보배가 있는 곳이라고 생각하는데, 사실은 변화로 만든 화성(化城)이다. 이 사람은 보배를 얻으려고 앞으로 가다가 길에서 너무 힘들어 보배를 취하러 가지 않는다. 그래서 신통이 있는 사람이 변화로 성을 만들어 말한다. "앞에 있는 저곳이 바로 보배가 있는 곳이다. 우리가 저곳에 가면 보배를 얻을 수 있으며, 모든 진기한 보배를 가지고 갈 수 있다." 그러나 그곳에 이르러 휴식을 취한 후에는 다시 앞으로 가야 한다.

大妄語成 성불을 하지 않고 성불했다고 말하는 것이다. 마치

민주국가에서 사람마다 모두 대통령이 될 수 있다. 그러나 사람마다 모두 대통령인 것은 아니다. 선거에 뽑혀야 대통령이 될 수 있다. 아무나 대통령이 되는 것이 아니다. 부처가 되는 것도 당신이 수행을 하지 않으면 어떻게 부처를 이룰 것인가?

■

汝等存心秉如來道, 將此法門, 於我滅後, 傳示末世. 普令衆生, 覺了斯義. 無令見魔, 自作沉孽, 保綏哀救, 消息邪緣. 令其身心入佛知見, 從始成就, 不遭歧路.

■

"너희들은 여래가 말한 이러한 도리를 마음에 간직하고 받들어 이 원통의 법문을 내가 열반에 든 후 말법시대에 전하고 가르쳐서 일체중생으로 하여금 이러한 도리를 깨닫고 이해하게 해야 할 것이다. 그리하여 애견마(愛見魔)로 하여금 너 자신이 죄업을 짓지 않도록 할 것이며, 일체중생을 보호하고 불쌍히 여겨서 구제하며, 삿된 인연을 소멸하고 그치게 하여 그들의 몸과 마음이 부처의 지견으로 들어가게 할 것이며, 처음 시작으로부터 성취할 때까지 갈림길을 만나지 않게 해야 할 것이다."

7
마의 경계에 빠지지 않는 법

如是法門, 先過去世恒沙劫中, 微塵如來, 乘此心開, 得無上道.

"이와 같은 법문은 과거세의 항하사의 많은 겁 가운데서 미진같이 많은 여래들이 이 능엄대정의 법문을 받들어 마음이 깨닫고 무상의 도를 얻었다."

識陰若盡, 則汝現前諸根互用. 從互用中, 能入菩薩金剛乾慧. 圓明精心, 於中發化. 如淨瑠璃內含寶月. 如是乃超十信, 十住, 十行, 十迴向, 四加行心, 菩薩所行金剛十地, 等覺圓明, 入於如來妙莊嚴海. 圓滿菩提, 歸無所得.

"식음이 만약 다하게 되면 너는 육근을 서로 사용할 수 있는 경지가 현전하며, 육근을 호용(互用)하는 가운데로부터 보살의 금강의 건혜지로 들어갈 수 있다. 원명한 정심(精心)을 얻어 이 가운데서 신통변화가 발생된다. 마치 깨끗한 유리 안에 보배달을 머금은 것과 같다. 이와 같이 십신·십주·십행·십회향·사가행심·보살이 행하는 금강십지·등각원명의 이러한 경계를 초월하여 여래의 묘장엄의 바다로 들어가며, 깨달음을 원만히 하고 얻는 것이 없는 데로 돌아간다."

■ 識陰若盡 식음이 본래 8식의 자리에 있으면 이때 마치 깨끗한 유리와 같이 장애 없이 시방세계를 볼 수 있다. 그러나 지금 이 식음은 결코 완전한 제8식이 아니며, 제7식의 미세하게 움직이는 생멸의 근원이 아직 그치지 않았다. 따라서 만약 제7식의 미세하게 움직이는 모습이 없어지면 순수하게 제8식이다. 이때는 삼천대천세계를 깨끗한 유리와 같이 그렇게 볼 수 있으며, 다시 제8식을 돌리면 바로 부처의 대원경지이다. 그러나 제7식이 다 타파되지 않았을 때는 이러한 경계가 있을 수 없다.

圓滿菩提, 歸無所得 왜 얻은 바가 없다고 하는가? 보리는 본래 스스로 가지고 있는 것이며, 결코 바깥에서 오는 것이 아니다. 이 여래장성은 밖에서 오는 것이 아니고 자기가 본래 갖추고 있는 것이기 때문에 무소득(無所得)이라고 한다.

제자 여기에서 능엄묘정의 사마타를 말하고 있는데, 그러나 앞에서는 사마타를 삼지삼관(三止三觀)이라고 말하였습니다.

상인 삼지삼관 이 모두 비유이며, 도리는 비슷하다.

제자 그러나 그것은 결코 능엄묘정은 아닙니다.

상인 뒷부분에서 증득하여 능엄묘정에 들어간다고 하는데, 이것은 하나의 도리이지만, 어떤 곳에서는 설명하는 법이 같지 않다. 이 모두 전후의 문장과 관련이 있는 것을 보고 한층 더 깊이 설명하는 것이다. 같은 사람이 어린아이일 때와 커서 어른이 되었을 때는 작용이 다르다. 이 모두 변화하는 것이며, 다른 무엇이 아니다. 그러므로 이곳에서는 이렇게 말하고 저곳에서는 저렇게 설명하는 것이다. 네가 만약에 반드시 그것을 집착한다면 통하지 않게 된다.

제자 그러나 상인의 이러한 지혜가 있어야 비로소 방법이 있을 것입니다.

상인 마치 내가 선종의 법문을 묻는 것과 같다. "빈손으로 호미를 잡고, 걸어가면서 물소를 타네. 사람이 다리 위를 지나가는데, 다리는 흐르고 물은 흐르지 않네[空手把鋤頭, 步行騎水牛, 人在橋上過, 橋流水不流]." 이것은 무슨 뜻인가? 내가 이전에 설명한 적이 있다. 이것은 무슨 특별한 것은 아니다. 당연히 빈손이라야 호미를 잡을 수 있다. 손에 물건을 잡고 있으면 어떻게 호미를 잡을 수 있겠는가? 일반 사람이 볼 때 '빈손이 어떻게 호미를 잡지?'라고 말할 것이다. 이해하지 못하면 이 굽은 것을 돌릴 수 없을 것이다. 선종은 이러한 것이다.

제자 선사들이 하시는 말씀은 줄곧 이상합니다. 사실 그분들이 하시는 말씀은 조금도 이상하지 않으며, 매우 논리에 들어맞을 때도 무슨 말인지 이해가 되지 않습니다.

상인 이것은 당시의 근기에 따라 말하는 것으로써, 바로 조롱박에 따라 만드는 표주박이 달라지는 것이다. 선사가 고의로 이렇게 말하여 당신으로 하여금 이해하지 못하게 하고, 조롱박 속에서 무슨 약을 파는지 모르게 하는 것이다.

제자 그러면 당사자의 근기에 따라 말씀하신다면 옆에 있는 사람은 근기에 맞는 사람이 아닙니다.

상인 따라서 후세의 사람이 그것을 가지고 공안으로 삼아 말하는데, 이것은 모두 그곳에서 밥을 말하고 보배를 세는 것이다(즉 자기의 배는 부르지 않고, 자기의 돈은 한 푼도 생기지 않는다).

제자 당시 그 사람이 막 깨달으려고 하면 그 선사께서 그를 한 대 때리면 그는 곧 깨달았습니다. 그런데 이후에는 함부로 때려도 깨달음을 열 수가 없습니다.

상인 때리면 화를 내지. 당신이 정진하여 때가 이르면 무엇에 부닥치거나 만나도 모두 깨닫지만, 아직 때에 이르지 않으면, 당신이 깨달으려고 해도 깨달음을 열 수가 없다. 더욱 깨달으려고 생각하면 더욱 깨닫지 못하게 되는데, 이것은 단지 망상이기 때문이다. 당신이 망상을 인식하지 못하면 이 사람의 마음을 따라 생각하고 생각한다. 생각하여 어떤 때에 이르려고 해도 이르지 못한다.

■

此是過去先佛世尊, 奢摩他中, 毗婆舍那, 覺明分析微細魔事. 魔境現前, 汝能諳識, 心垢洗除, 不落邪見. 陰魔銷滅, 天魔摧碎. 大力鬼神, 褫魄逃逝. 魑魅魍魎, 無復出生. 直至菩提, 無諸少乏. 下劣增進, 於大涅槃心不迷悶. 若諸末世愚鈍衆生, 未識禪那, 不知說法, 樂修三昧, 汝恐同邪, 一心勸令持我佛頂陀羅尼呪. 若未能誦, 寫於禪堂, 或帶身上, 一切諸魔, 所不能動. 汝當恭欽, 十方如來究竟修進, 最後垂範.

"이것은 과거의 부처님, 세존께서 능엄묘정 가운데서 관조(觀照)의 공부로써 미세한 마의 일을 분석한 것이다. 마의 경계가 현전하면 네가 인식할 수 있고 마음의 때를 씻으면 사견에 떨어지지 않는다. 음마가 소멸되고 천마를 굴복시켜 부수며, 대력귀신도 혼비백산하여 도망가며, 이매망량은 다시는 나타나지 않는다. 곧바로 보리의 깨달음에 이르기까지 조금의 곤란도 없으며, 하열한 근기는 증진하여 대열반의 묘과로 나아가는데 마음이 미혹하고 담담하지 않다. 만약 모든 말세의 우둔한 중생이 정려(靜慮)를 인식하지 못하고 설법을 알지 못하고 삼매를 닦기를 좋아하면, 너는 그런 사람들이 삿된 지견에 들어가는 것이 걱정되면, 일심으로 그들에게 권하여 나의 불정다라니주(능엄주)를 지송하게 하여라. 만약 독송할 수 없으면 선당(禪堂)에 써서 걸어두거나 혹은 몸에 지니게 하면 일체의 마가 그들을 움직일 수 없을 것이다. 너는 마땅히 시방 여래의 가장 구경이며, (가장 철저하고, 가장 미묘한) 닦아 나아가는 법문, 그리고 최후의 가장 중요한 가르침(법칙)을 공경하여라."

心垢洗除, 不落邪見 이 마의 경계는 어떤 것은 바깥의 마이며, 어떤 것은 안의 마이다. 바깥의 마는 쉽게 항복시킬 수 있지만, 내심의 마는 조복시키기가 매우 어렵다. 왜냐하면 당신이 삿된 지견을 일으키면 없애기가 쉽지 않은 것이다.

따라서 바깥의 마는 인식하면 되지만, 자기 마음의 마는 자기 마음의 때를 씻어 제거해야 한다. 가장 중요한 것은 바로 탐심이며, 이리 설명하고 저리 설명해도 이 탐욕은 바로 음욕이다. 만약 음욕을 없애면 마음의 때를 씻은 것이다[心垢洗除]. 그러면 사견에 떨어지지 않는다. 만약 음욕을 씻지 못하면 많은 결점들이 올 것이다. 이 모든 문제는 이러한 탐욕으로부터 오는 것이다. 그리하여 갖가지의 문제, 갖가지의 번뇌, 무명이 모두 생겨나서 사견에 떨어진다.

若諸末世愚鈍衆生 말법시대에 어리석은 중생은 당신이 그에게 잘 가르쳐도 그는 여전히 나쁜 길로 간다. 왜 그렇게 나쁜 길로 가려고 하는가? 바로 습기가 너무 중하기 때문이며, 탐욕이 너무 많으며, 묵은 업장, 숙세의 원한이 맺힌 죄업과 빚이 너무 많기 때문이다. 그래서 당신이 위로 올라가려고 해도 그것이 당신을 아래로 잡아당기는 것이다. 잘 배우는 것은 하늘에 오른 것만큼이나 어렵고, 잘 배우지 않는 것은 산을 내려가는 것만큼이나 쉽다. 왜 그러한가? 중생은 지혜가 없어 어리석기 때문이다.

마가 붙은 사람이 만약 능엄주를 염하면 마가 떠나가는가, 그렇지 않은가? 당신이 능엄주를 염할 수 있으면 무슨 마도 모두 떠나갈 것이다. 하지만 그 마음을 전일하게 하여 염해야 한다. 당신이 만약 마음을 전일하게 염하고 다른 망상을 짓지 않고 무슨 탐하는 마음이 없으면, 어떤 마도 모두 멀리 피하려고 할 것이다. 단지 당신이 한편으로는 염하면서 한편으로는 망상을 피우는 것을 걱정한다. 망상을 피우면서 염하면 어떤 주를 염해도 영험하지 못할 것이다.

二十二

오음(五陰)의 생멸상

1
오음이 발생하는 근본원인

阿難卽從座起, 聞佛示誨, 頂禮欽奉, 憶持無失. 於大衆中重復白佛. 如佛所言五陰相中, 五種虛妄爲本想心. 我等平常, 未蒙如來微細開示. 又此五陰, 爲倂銷除, 爲次第盡? 如是五重, 詣何爲界? 惟願如來發宣大慈, 爲此大衆淸明心目. 以爲末世一切衆生, 作將來眼.

아난은 즉시 자리에서 일어나 부처님의 가르침을 듣고 정례하고 공경히 받들었으며, 모두 다 기억하고 잃지 않았다. 대중 가운데서 거듭 다시 부처님께 말하였다. "마치 부처님께서 말씀하신 바와 같이, 오음의 상 가운데 다섯 가지의 허망함은 본래 망상심입니다. 저희들은 평소 공부하는 과정에서 여래의 이와 같은 미세한 가르침은 아직 듣지 못했습니다. 또 이 오음은 함께 동시에 소멸하는지, 아니면 순서대로 없애는 것인지, 이와 같은 다섯 겹은 어떻게 한계를 지을 수 있는 것입니까? 오직 원하오니, 여래께서는 대자비의 마음을 내셔서 우리 대중들을 위하여 청정하고 밝은 마음의 눈이 되어 주시며, 말세의 일체중생을 위하여 장래의 눈이 되어주시기 바랍니다."

■

佛告阿難. 精眞妙明本覺圓淨, 非留生死及諸塵垢, 乃至虛空, 皆因妄想之所生起, 斯元本覺妙明眞精, 妄以發生諸器世間. 如演若多, 迷頭認影.

■

부처님께서 아난에게 말씀하셨다. "정진묘명한 본각의 원만하고 청정함은 생사와 일체의 먼지, 때를 남기지 않는다. 내지 허공도 모두 망상으로 인하여 생긴 것이다. 이 근원의 본각의 묘명정진함에서 허망하게 모든 산하대지, 건물 등의 기세간이 발생하였는데, 이것은 마치 연약달다가 거울을 보고 머리가 없다고 놀라 미친 것과 같다."

■

非留生死及諸塵垢 정진묘명한 본각의 원만하고 청정함 속에는 생사가 없으며, 생사를 남기지 않는다. 생사가 없을 뿐 아니라 먼지와 때도 없다. 이것이 바로 여래장성이며, 진여의 본체이며, 또한 우리가 함께 가지고 있는 불성이다. 이 속에는 하나의 법도 세울 수 없다. 당신이 반본환원하여 이곳에 이르면 무명도 없고 음욕도 없고, 탐욕도 없고, 어리석은 마음, 망상도 없고 아무것도 없이 청정하다. 따라서 우리가 지금 수행하는 것은 본래 있는 그곳으로 돌아가려고 하는 것이다.

乃至虛空, 皆因妄想之所生起 우리 사람들은 모두 이 허공을 보며, 허공은 어느 곳으로부터 온 것인가? 허공은 바로 우리의 망상속에서 나오는 것이다. 따라서 이 망상으로부터 오음이 있으며, 또 오탁이 있고 여섯의 매듭이 생겨서 여러 가지의 번뇌스러운 것들이 나온다. 이것은 바로 일이 없는데 일을 찾아서 하는 것이다.

왜 그러한가? 바로 당신은 일이 없기 때문에 일을 찾는 것이다. 그런데 애석하게도 일을 할수록 더욱 손해를 본다. 마치 장사를 하는데 장사를 할수록 밑지는 것과 같다. 손해를 본다는 것은 당신의 여래장성이 오음의 산 밑에 압박받는다는 것을 뜻한다. 그래서 육근·육진이라는 강도에게 점거당하는 것이다. 그들은 오음산을 점거하여 아지트를 만들어 도처로 가서 물건을 강탈한다. 당신은 도적을 지금까지도 불러들이고 있다. 당신이 이런 도리를 이해하는가? 이해하면 내가 이번 경을 강의하는 것이 헛되지 않을 것이다.

■

妄元無因, 於妄想中, 立因緣性. 迷因緣者, 稱爲自然. 彼虛空性, 猶實幻生. 因緣自然, 皆是衆生妄心計度. 阿難! 知妄所起, 說妄因緣. 若妄元無, 說妄因緣元無所有. 何況不知, 推自然者? 是故如來與汝發明, 五陰本因, 同是妄想.

■

"망상의 근원은 인(因, 기초)이 없으며, 망상의 가운데서 인연의 성질을 세운다. 인연을 이해하지 못하는 자는 그것을 자연이라고 칭한다. 저 허공의 성질은 마치 환화로 생기는 것과 같으며, 인연과 자연은 모두 중생의 망상심으로 사량분별하는 것이다. 아난아! 이 망상이 어떻게 일어난 것을 알면, 비로소 망상의 인연을 진정으로 말할 수 있다. 만약 망상이 원래 없다면, 망상의 인연도 원래 있는 바가 없다고 말할 것이다. 하물며 인연조차도 모르면서 자연을 추구하는가? 그러므로 여래와 네가 발하는 오음의 근본원인[因]은 다 같이 망상이다."

■ 五陰本因, 同是妄想 색·수·상·행·식의 근본 원인은 무엇인가? 이 망상은 만약 당신이 그것을 추구해 봐도 스스로의 체가 없다. 오음은 바로 망상의 어머니다. 망상은 그곳으로부터 오는 것이다. 오음은 망상으로부터 오는 것이며, 망상도 오음으로부터 오는 것이다. 이것이 참됨에 의지하여 허망함을 일으킨다[依眞起妄]는 것이다.

따라서 이 오음의 산이 당신을 압박하며, 다시 여섯 도둑이 생겨 강탈하는 것이다. 오음산은 당신의 여래장성을 덮어 드러나지 못하게 한다. 오음산이 있는 것은 그렇게 중요하지 않으나, 여섯 도적이 나와서 강도짓을 하는 것이 문제이다. 당신이 만약 육적과 오음을 모두 항복시키면 당신의 여래장성도 드러날 것이다.

오늘 우리 이 자리에 있는 사람들은 새로운 생명이 시작된다. 기왕 새로운 생명이 시작되었으니, 우리는 반드시 몸과 마음을 씻고 이전의 청정하지 못한 것을 모두 놓아야 한다. 이후 가지는 물건은 모두 청정해야 한다. 청정함이라고 하는 것은 바로 '탐·진·치·만·의'라는 다섯 가지의 탁한 번뇌를 없애는 것이다.

그러면 오늘 이 계를 주는 것은 미국에서 미국인 가운데서 이전에 없었던 최초의 일이라고 말할 수 있다. 그러므로 너희들은 모두 불교의 선구적인 사람이다. 선구적인 사람은 무슨 좋은 점이 없고 고생을 감수해야 한다. 무엇 때문인가? 너의 이전에는 없었기 때문에 어떻게 해야 할지를 너도 모른다. 어떤 때는 머리가 멍해서 동서남북도 모르고 잘못을 해도 자기는 모를 수 있다. 왜 그런가 하면 근본적으로 이해하지 못하며, 배우러 갈 곳이 없기 때문이다.

일본의 불교는 비록 미국으로 온 지 오래되었지만, 그러나 일본의 불교는 일종의 화학적인 변화를 많이 한 불법으로 변하였다. 소위 화학적인 변화란 무슨 뜻인가? 바로 허무맹랑하다는 것이다. 그들이 행하는 것이 불법이라고 말할 수 있는가? 또 불법과 같지 않다. 그럼 세간법이라고 말할까? 그러나 그들은 불법이라고 말한다.

그래서 그야말로 그것이 무엇인지 명확하게 인식하지 못한다. 말을 바꾸어 하자면, 그것은 당나귀 같은데 당나귀가 아니고, 말 같은데 말이 아니고, 소 같은데 소도 아니고, 양 같은데 양도 아니다. 그것이 무엇인지 모른다. 이것은 왜 그러한가? 그들의 불교는 근본적으로 무슨 근거를 가지고 있지 않기 때문이다.

너희들은 지금 정통적인 불교의 계율을 받았으며, 정통적인 불법을 받았다. 이것은 방문외도와 같이 내가 너에게 이 법을 전해 주면 너는 나에게 얼마를 달라면서 도를 빙자하여 재물을 편취하는 것이 아니다. 지금 너희들이 걸친 이 옷은 이후 어떠한 법회에서도 모두 마땅히 걸쳐야 한다. 이 가사를 걸치는 것은 부처님과 법과 스님을 공경하는 것이다. 우리의 이번 법회는 내일 원만히 끝난다. 이후 어떤 법회가 있으면 이 옷을 입은 사람은 앞에 서고, 이 옷을 입지 않은 사람은 뒤에 서야 한다. 계를 받은 지 오래된 사람은 앞에 서고 뒤에 받은 신참자는 뒤에 선다. 이것이 불교의 차례이다.

오늘 여러분들을 축하한다. 삼 개월의 기간 동안 이미 학업을 원만히 마쳤다. 학업을 원만히 마쳤지만 여러분의 업무는 새로 시작된다. 무슨 업무인가? 세계의 모든 인류의 고통을 해소시키는 것이다. 인류의 고통은 반드시 도와주는 사람이 있어야 해소할 수 있다. 인류의 고통은 어떤 하나의 국가에만 있는 것이 아니라 전 세계의 인류가 모두 고통을 가지고 있다. 그러므로 반드시 큰 지혜를 가진 사람이 각 사람의 고통을 일깨워야 하며, 그런 연후에 진정한 즐거움을 찾는 것을 알 수 있다.

인류 최대의 고통은 무엇인가? 바로 인류에게 탐하는 마음이 있다는 것이다. 탐하는 마음이 있다는 것이 가장 괴로운 것이다. 성내는 마음이 있는 것도 가장 고뇌스러운 일이며, 어리석은 마음이 있는 것도 가장 괴로운 일이다. 각 사람은 탐·진·치의 세 가지 독이 가장 좋은 친구라고 생각한다. 그러므로 그것과 관계가 떨어지지 않으려고 한다. 무엇 때문인가? 바로 그는 이해하지 못하기 때문이다. 만약 이해한다면 인류의 고통은 없어질 것이다.

이번 이 '능엄경강습법회'는 6월 16일부터 시작하여 매일 아침 6시부터 저녁 9시까지 쉬지 않고 배우고 수행하였다. 삼 개월의 시간은 매우 귀중하다. 그러나 지금 그런 귀중한 시간이 이미 지나가고, 고귀한 학업도 여러분들 것이 되었다. 여러분은 배운 불법을 전 세계에 알려 세계의 모든 사람으로 하여금 고통을 떠나 즐거움을 얻게 할 것이며, 진정한 큰 지혜를 얻어서 다시는 어리석은 일들을 하지 않고 다시는 인류에게 무익한 일을 저지르지 않게 해야 할 것이다.

전 세계에서 이번이 불교에서 최초라고 말할 수 있다. 이전에 없었던 일이다. 경을 강의하는 시간이 많았지만 하루 종일 쉬지 않고 하였기 때문에 원만히 마칠 수 있었다. 여러분들은 지금 그 동안 배운 불법의 도리로 전 세계의 고해 속에 있는 사람을 구제하여 그들로 하여금 모두 이고득락하고 조속히 부처를 이루게 해야 할 것이다. 이것이 내가 바라는 바이다.

우리가 매일 이곳에서 불법을 연구하는 데 있어서 매일 그렇게 해야 하며, 그렇지 않으면 기회를 놓칠 것이다. 그리하여 여러분이 얻을 이익을 잃게 될 것이다.

마치 고양이가 쥐를 잡듯이, 그곳에서 며칠을 기다린 연후에 쥐가 나오기를 기다렸다가 잡는 것이다. 만약 고양이가 인내심이 없어서 가버리면 쥐가 나와도 잡을 수 없을 것이다. 물고기를 낚을 때도 낚싯대를 드리우고 오랫동안 기다려야 물고기를 낚을 수 있다. 그렇지 않으면 한 마리도 잡을 수 없을 것이다.

이것은 본래 살생의 일이지만, 우리의 수도(修道)도 이곳에서 살생하는 것이다. 무엇을 잡는가? 바로 '안·이·비·설·신·의'의 여섯 도적을 잡는 것이다. 이 여섯 도적을 계속 지켜보면 이 도적도 그 틈을 얻지 못한다. 그러나 막 감시를 풀면 도적이 다시 수작을 부리면서 반란을 일으킨다. 이 여섯 도적은 이렇게 지독한 것이다.

그러므로 여러분이 수행하는 데는 시시각각으로 생각하면서 한 시라도 방일할 수 없다. 여러분이 한번 방일하면 마도 오게 된다.

부처님이 세상에 계실 때도 마가 있었는가? 부처님께서 열반에 드신 후에 경장을 결집할 때 아난 존자가 법좌에 올랐을 때 아난 존자의 모습이 불가사의하게 단엄한 모습을 나타내자, 법회에 참석한 어떤 아라한도 어찌된 일인지 몰라 '어떻게 아난이 부처를 이루었는가?' 또 생각하기를 '다른 세계에서 오신 부처님인가?' 어떤 아라한은 생각하기를 '이것은 마인가?' 여러분 생각해 보세요. 만약 부처님이 세상에 계실 때 마가 출현하지 않았다면 어째서 부처님께서 열반에 드시자마자 아라한들이 어떻게 이러한 의심을 내었겠는가? 부처님이 계실 때에도 항상 마가 출현한 것이다.

그러므로 여러분은 수행 정진함에 있어서 한 시각이라도 대충 대충 넘겨서는 안 될 것이며, 시시각각 진지하게 실천해야 할 것이다. 우리가 진리를 추구하는 데 조금이라도 정진하지 않으면 곧 업장이 현전하게 된다.

1) 색음의 망상

■

汝體先因父母想生, 汝心非想, 則不能來, 想中傳命. 如我先言, 心想醋味, 口中涎生. 心想登高, 足心酸起. 懸崖不有, 醋物未來. 汝體必非虛妄通倫, 口水如何因談醋出? 是故當知, 汝現色身, 名爲堅固第一妄想.

■

"너의 신체는 먼저 너의 부모의 생각(또는 정)으로 인하여 생긴 것이며, 너의 마음에 정감이 없으면 올 수 없으며, 정(情)을 가진 생각 가운데서 너의 생명을 전승하는 것이다. 마치 이전에 내가 한 말과 같이, 마음으로 신맛을 생각하면 입안에 침이 생기고, 마음으로 높은 낭떠러지를 생각하면 발이 후들거린다. 이렇게 되는 것은 낭떠러지가 있는 것도 아니고 신맛이 나는 물건이 온 것도 아니다. 너의 몸이 반드시 허무한 망상과 동류가 아니라면, 입안의 침은 어찌하여 신맛을 말하는 것으로 인하여 나오겠는가? 그러므로 마땅히 알아야 한다. 너의 지금의 색신(신체)은 견고한 제일의 망상이라고 한다."

■

汝體先因父母想生 너의 이 신체는 어디로부터 온 것인가? 부모의 생각[想]으로부터 온 것이다. 이러한 생각은 사실 바로 정(情)인데, 이렇게 말하면 분명하게 드러난다. 왜 정이라고 말하는가? 난생은 생각으로 생기고 태생은 정으로 생긴다고 하였다. 그래서 이 생각은 바로 정이다.

이것을 거칠게 말하면, 바로 망상이며, 깊게 말하면 바로 생각이다. 다시 더 깊게 말하면 바로 정이다. 부친과 모친은 정욕을 가지고 있기 때문에 남녀의 문제가 발생하며, 그래서 아이가 생기게 된다. 이 어찌 정으로 인하여 생기는 것이 아닌가?

汝心非想, 則不能來 비록 너의 부모가 정의 생각이 있을지라도 네가 중음신에 있을 때 만약 너에게 정감이 없으면, 너의 신체는 생기지 않을 것이다. 따라서 너의 중음신이 정감을 가지고 있으므로 태에 뛰어드는 것이다. 그러므로 너에게 정의 생각이 없으면 너는 태에 뛰어들 리가 없으며, 몸이 생기지 않을 것이다. 이것은 일정한 도리로서 네가 부정하려고 해도 부정할 수 없는 것이다.

想中傳命 정(情)으로부터 너의 생명을 계속 이어가는 것을 전

승하는 것이다. 너의 생명은 모두 피차의 정이 서로 전하여 생기는 것이다. 따라서 이것을 '상중전명(想中傳命)'이라고 하는 것이다.

전명이란 너의 생명을 계속한다는 뜻이다. 너에게 이러한 생각이 있으므로 비로소 생명을 계속 이어가는 것이다. 만약 너에게 이러한 생각이 없으면, 너의 생사는 곧 마치게 된다. 따라서 상음이 끊어질 때 일체의 전도된 몽상(夢想)이 없어진다.

왜 너에게 생사가 있는가? 바로 너에게 망상이 너무 많기 때문이다. 마치 파도가 일어나듯이 앞생각이 멸하면 뒷생각이 일어나며, 뒷생각이 소멸하면 뒷생각이 다시 일어나면서 그치지 않는다. 이렇게 물의 흐름이 끊어지지 않는 것도 바로 '상중전명(想中傳命)'의 도리이다.

이 『능엄경』의 철리(哲理)는 가장 철저하다. 이것은 구경의 철학이며 구경의 진리이다. 그러나 구경의 진리는 또한 구경의 망상이므로 당신은 이것을 구경의 진리라고 말하지 않아야 한다. 내가 말하는 이 진리는 바로 이러한 정황이 있다고 설명하는 것이다. 이러한 정황은 어디로부터 오는가? 바로 망상으로부터 오는 것이다. 따라서 내가 그것이 구경의 진리를 갖추고 있다고 말하는 것이며, 이런 도리는 어디로부터 오는가? 망상으로부터 오는 것이다. 네가 망상을 내면 망상은 있으며, 망상이 없으면 없는 것이다.

2) 수음의 망상

卽此所說, 臨高想心, 能令汝形, 眞受酸澁. 由因受生, 能動色體, 汝今現前順益違損, 二現驅馳, 名爲虛明第二妄想.

"바로 앞에서 내가 말한 것과 같이, 높은 절벽에 서 있다고 생각하는 마음이 너의 신체로 하여금 정말로 다리가 후들거리는 느낌을 받게 한다. 생각하는 마음으로부터 생을 받기 때문에 너의 색신을 이끌어올 수 있는 것이다. 너는 지금 너에게 도움이 되는 일과 너에게 손해를 끼치는 일이 현전하는데, 이 두 종류의 일이 서로 달리는 것을 허명한 제이의 망상이라고 한다."

眞受酸澁 만 장이나 높은 절벽 위에 서면 망상의 마음이 자기의 몸으로 하여금 다리가 덜덜 떨리고 밑으로 떨어져 내릴 것 같은 느낌을 받게 된다. 이런 느낌을 들게 하는 것은 바로 망상이 조성하는 것이다. 같은 길이라도 평지라면 이런 느낌이 생기지 않는다. 이것은 바로 발밑에 절벽이 아닌 평지라는 생각 때문에 이렇게 되는 것이다. 그러므로 가장 중요한 점은 바로 망상을 짓지 않는 것이다. 발밑에 절벽이 있다는 망상을 짓지 않으면 다리가 그렇게 후들거리지 않을 것이다.

名爲虛明第二妄想 허명이란 실재하지 않은 광명이란 뜻이다.

3) 상음의 망상

▬

由汝念慮, 使汝色身. 身非念倫, 汝身何因隨念所使? 種種取像, 心生形取, 與念相應. 寤卽想心, 寐爲諸夢. 則汝想念, 搖動妄情, 名爲融通第三妄想.

▬

"너의 생각으로 말미암아 너의 신체를 부린다. 몸은 생각과 같은 부류가 아닌데, 너의 몸은 어째서 생각을 따라 부려지는가? 갖가지의 모습을 취하는 속에서 마음이 생하면 형체는 생각과 상응한다(행동을 일치한다). 깨어 있으면 생각하는 마음이고, 잠을 자면 모든 꿈으로 변하여 너의 상념이 망정(妄情)을 움직인다. 이것을 융통하는(서로 협력하는) 제삼의 망상이라고 한다."

▬

心生形取, 與念相應 마음속으로 하나의 생각을 내면 모습이 곧 하나의 물건을 취하게 되는데, 몸과 마음이 상응하여 행동을 일치시킨다. 너의 몸은 왜 생각과 행동을 일치하는가? 무엇을 생각[念]이 된다고 하는가? 념이란 상념(想念)이다.

『인왕호국반야경』에 이르기를 한 생각[念] 속에는 구십 개의 찰나가 있으며, 한 찰나 속에는 구백 개의 생사가 있다고 한다. 구백 개의 생사가 있다는 것은 또한 구백 개의 생멸이 있다는 것이다. 그래서 한 생각이 일어나지 않으면 천체가 드러나고, 육근이 갑자기 움직여 구름에 가린다고 하는 것이다.

　　전체란 무엇인가? 바로 전체대용이며, 여래장성이며, 본래 가지고 있는 가보이며, 본지의 풍광이며, 본래의 면목이다. 그러므로 사람이 한 생각도 생하지 않을 수 있으면 그때는 귀신도 당신을 어찌할 방법이 없다. 육근이 다시 움직이면 구름에 가리는 것이다.

　　寤卽想心. 寐爲諸夢　잠자지 않고 깨어 있을 때는 상음이 지배할 때이며, 잠을 잘 때는 꿈으로 변하게 된다.

　　名爲融通第三妄想　융통이란 서로 협력한다는 뜻이다.

4) 행음의 망상

化理不住, 運運密移. 甲長髮生, 氣銷容皺. 日夜相代, 曾無覺悟. 阿難! 此若非汝, 云何體遷? 如必是眞, 汝何無覺? 則汝諸行念念不停, 名爲幽隱第四妄想.

"변화의 도리는 정지하지 않으며 움직이면서 느끼지 못하는 가운데 변한다. 손톱이 길어지고 머리카락이 자라며, 기가 쇠하고 얼굴에 주름이 지면서 낮과 밤으로 계속되지만 전혀 느끼고 깨닫지 못한다. 아난아! 이러한 것이 네가 아니라면 어찌하여 너의 신체는 변천하며, 만약 이것이 반드시 너라고 하면 너는 어찌하여 느끼지 못하는가? 너의 행음은 생각생각에 머물지 않는다. 이것을 유은(幽隱)한 제사의 망상이라고 한다."

■

化理不住, 運運密移 행음은 마치 물의 파도와 같이 끊임없이 흐르며 정지하지 않는 것이다. 앞 생각과 뒷 생각이 서로 생멸을 되풀이하는 것이다. 이러한 변화의 도리는 정지되지 않으며, 언제나 이렇게 쉬지 않고 변해간다. 그런 운행이 돌고 돌면서 쉬지 않는다. 밀이(密移)란 보이지 않고 느끼지 못하게 변천한다는 뜻이다.

此若非汝, 云何體遷 너의 신체에서 손톱과 머리가 자라고 기가 쇠약해지고 얼굴에 주름이 지는 것이 만약 네가 아니라면, 어떻게 너의 신체가 변천할 수 있겠는가?

名爲幽隱第四妄想 이러한 생각생각이 그치지 않고 흐르는 것은 느끼기가 쉽지 않은 것이다. 그것은 미세하게 움직이는 모습을 가지고 있다. 유은(幽隱)이란 쉽게 알아차리기 힘든 변화를 가리킨다. 변화가 보이지 않게 천이하므로 조금도 느낄 수 없다. 이것이 행음의 망상이다.

5) 식음의 망상

■

又汝精明湛不搖處, 名恒常者. 於身不出見聞覺知. 若實精眞, 不容習妄. 何因汝等, 曾於昔年覩一奇物, 經歷年歲憶忘俱無, 於後忽然覆覩前異, 記憶宛然, 曾不遺失? 則此精了湛不搖中, 念念受熏, 有何籌算?

■

"또 너의 정명하고 담청하며 움직이지 않는 곳을 항상함이라고 한다면, 이것은 너의 몸에서 보고 듣고 느끼고 아는 지각성을 벗어나지 않는다. 만약 그것이 정말로 순수하고 참되다[精眞]면 습기와 망상이 발생하는 것을 용납하지 않을 것이다. 어째서 너희들은 이전에 기이한 물건을 본 후에 많은 세월이 지나면 기억하고 잊어버리는 것이 모두 없어졌다가, 그 후 갑자기 이전의 기이한 물건을 다시 보게 되면, 기억이 완연하고 잊어버리지 않는가? 이전의 일을 기억하는 이러한 정미하게 아는 것은 담청하고 움직이지 않는 가운데 생각생각에 훈습을 받는 정황은 무엇이 있어 기록하여 기억을 하는가?"

■

則此精了湛不搖中, 念念受熏, 有何籌算 이전의 일을 기억하는 정료는 고요히 움직이지 않는 가운데 생각생각이 훈습하는 정황이 어떻게 계산되어 나오는가? 이미 잊은 일을 후에 다시 이런 일을 만나면 어째서 다시 생각이 나는가? 그러면 다시 이런 일을 만나지 않을 때 이미 잊어 생각이 나지 않다가 그런 일을 만난 후에 다시 생각이 나는가? 이것으로 증명되는데, 8식 속에서 기억이 되었다가 어느 때 그것을 다시 보게 되면 기억이 난다는 것은 결코 그것을 기록하는 사람이 있는 것이 아니며, 8식 안에 자연히 존재하는 것이다.

▬

阿難當知. 此湛非眞, 如急流水, 望如恬靜, 流急不見, 非是無流. 若非想元, 寧受妄習? 非汝六根互用合開, 此之妄想無時得滅. 故汝現在, 見聞覺知中串習幾, 則湛了內, 罔象虛無, 第五顚倒細微精想.

▬

"아난은 마땅히 알아야 한다. 이러한 담청(湛淸)한 것은 참된 것이 아니며, 마치 급하게 흐르는 물과 같아서 보기에는 맑고 고요한 것 같지만 흐름이 급하여 보이지 않는 것이지, 결코 흐름이 없는 것이 아니다. 만약 식음이 생각의 근원이 아니라면, 어찌 허망한 습기의 훈습을 받겠는가? 만약 네가 육근을 호용하고 개합할 수 있는 경지에 이르지 않는다면, 이 망상은 소멸할 때가 없다. 그러므로 너는 지금 견문각지의 육근의 작용 가운데서 가장 미세한 습기의 기미를 꿰면, 너의 맑고 또렷한 성품 안에서 없고[無] 있음[有]이 허무(虛無)하다. 이것을 제오의 전도된 미세한 정상(精想)이라고 한다."

2
오음의 한계와 돈오점수(頓悟漸修)

■

阿難! 是五受陰, 五妄想成. 汝今欲知因界淺深. 唯色與空, 是色邊際. 唯觸及離, 是受邊際. 唯記與忘, 是想邊際. 唯滅與生, 是行邊際. 湛入合湛, 歸識邊際.

■

"아난아! 이 색·수·상·행·식의 다섯 가지의 오음을 너는 받아들이는 정황을 가짐으로써 다섯 종류의 망상이 이루어진다. 너는 지금 각각의 음의 한계가 얕은지, 깊은지를 알고자 하는데, 오직 색이 공을 대하는 것은 색의 한계이며, 오직 촉진이 합하고 떨어지는 것은 수(受)의 한계이며, 오직 기억하고 잊는 것은 상(想)의 한계이며, 오직 멸하고 생하는 것은 행의 한계이며, 청정함이 다시 청정함과 합하는 것은 식으로 돌아가는 한계이다."

■

此五陰元, 重疊生起. 生因識有, 滅從色除. 理則頓悟, 乘悟倂銷. 事非頓除, 因次第盡. 我已示汝劫波巾結, 何所不明, 再此詢問?

■

"이 오음의 근원은 중첩해서 생기하며, 생함[生]은 식(識)으로 인하여 존재하게 되며, 멸함[滅]은 색음으로부터 없어진다. 이치상에서는 문득(갑자기) 깨달으며, 깨달음을 타고 깨달음조차도 아울러 소멸하지만, 사상(事相)상에서는 일은 갑자기 제거되는 것이 아니며 순서에 따라 다하게 된다. 내가 이전에 이미 접파라의 수건으로 매듭을 보여 주었는데, 너는 어째서 아직 이해하지 못하고 다시 묻는가?"

■

理則頓悟, 乘悟併銷. 事非頓除, 因次第盡 이치상에서 말하면 이러한 도리를 문득 깨달으나, 네가 깨달으면 이 깨달음을 타고 깨달음도 없어진다. 즉 네가 만약 깨달으면 깨달음조차도 소멸한다는 것이다. 그러나 사상(事相)상에서 말하면 너는 여전히 차례에 따라 오음을 타파해야 한다는 것이다. 마치 옷을 벗듯이 한 겹을 벗고, 다시 한 겹을 벗고 해야 한다. 지금 너는 이러한 도리를 이해하였지만, 너는 아직 수행이 없어서 여전히 수행을 해야 비로소 이 오음을 타파할 수 있다는 뜻이다.

이 오음은 단지 일종의 음기이며, 이 음기도 양기로 변할 수 있다. 음마도 양마로 변할 수 있는데, 이것은 당신이 오음을 쓸 수 있느냐 없느냐에 달려 있다. 당신이 만약 쓸 수 있어 수행상에서 그것에 움직이지 않으면 이 경계는 좋지 않은 것이 아니다. 당신이 신통을 탐하고 좋은 경계를 탐하면 이것은 그것에 움직이는 것이다.

따라서 소위 오음은 또 오온(五蘊)이라고 한다. 오음은 다섯 가지의 음기로서 음기를 가지고 있으므로 마에 미혹되는 것이다. 양기를 가지면 곧 보살이다. 하지만 가장 중요한 것은 집착하지 않는 것이다. 진정으로 정진하는 사람은 이러한 바깥 경계에 집착하지 않는다.

사실 오음의 근본은 그곳에서 수작을 부리는 기(氣)이다. 이 기에는 삿된 기, 바른 기가 있다. 삿된 기는 바로 음기이며, 바른 기는 양기이다. 당신이 만약 그것을 쓸 줄을 모르면 음마로 변할 것이다. 이때 선도 생각하지 말고 악도 생각하지 않아야 한다. 좋은 경계도 탐하지 말고 나쁜 경계도 겁내지 않아야 한다. 이러한 경계를 만나 아무 일도 없는 것처럼 대하여 집착하는 마음을 내지 않아야 한다.

■

汝應將此妄想根元, 心得開通, 傳示將來末法之中諸修行者, 令識虛妄, 深厭自生. 知有涅槃, 不戀三界.

■

"너는 마땅히 이 망상의 근원을 가지고 마음을 깨달아 미래의 말법시대의 모든 수행자들에게 전하여, 그들로 하여금 허망한 망상을 인식하게 하여 깊이 싫어하는 마음이 스스로 나오도록 할 것이며, 열반이 있다는 것을 알게 하고, 삼계에 연연하지 않도록 하여라."

二十三

유통분 (流通分)

1
능엄경을 가르치는 공덕

阿難! 若復有人, 遍滿十方所有虛空, 盈滿七寶. 持以奉上微塵諸佛, 承事供養, 心無虛度. 於意云何? 是人以此施佛因緣, 得福多不? 阿難答言. 虛空無盡, 珍寶無邊, 昔有衆生施佛七錢, 捨身猶獲轉輪王位. 況復現前, 虛空旣窮, 佛土充遍, 皆施珍寶. 窮劫思議, 尙不能及, 是福云何更有邊際?

"아난아! 만약 또 어떤 사람이 시방의 모든 허공 전체에 칠보를 가득 채우고 그것을 미진같이 많은 부처님께 공양을 올리고 절을 하면서 마음으로 헛되이 보내지 않는다면, 어떻게 생각하는가? 이 사람은 이것을 부처님께 보시한 인연으로 얻게 되는 복이 많지 않겠는가?" 아난이 답하였다. "허공은 다함이 없으며 값진 보배도 끝이 없습니다. 이전에 어떤 중생이 부처님께 일곱 개의 동전을 보시하여 목숨을 마치고 난 후 오히려 전륜왕위를 얻었는데, 하물며 현생에서 허공이 다하도록, 극토에 가득하도록 모두 값진 보배를 보시한다면, 다함이 없는 무량겁을 궁진하여도 그의 복덕을 다 계산할 수 없습니다. 그러므로 이 복은 어찌 끝이 있다고 말할 수 있겠습니까?"

: 제 23 부 : 유통분(流通分)

■
佛告阿難. 諸佛如來, 語無虛妄. 若復有人, 身具四重, 十波羅夷, 瞬息卽經, 此方他方阿鼻地獄, 乃至窮盡十方無間, 靡不經歷. 能以一念將此法門, 於末劫中開示未學. 是人罪障, 應念銷滅. 變其所受地獄苦因, 成安樂國. 得福超越前之施人, 百倍千倍, 千萬億倍, 如是乃至算數譬喩, 所不能及.

■
부처님께서 아난에게 말씀하셨다. "제불 여래는 허망함을 말하지 않는다. 만약 또 어떤 사람이 몸에 네 가지의 중죄와 열 가지의 바라이죄를 가지고 있으면, 순식간에 이곳과 타방의 아비지옥을 거치고 내지 시방의 무간지옥을 거치면서 죄를 받지 않는 것이 없을 것이다. 그러나 만약 일념으로 이 『능엄경』의 법문을 말법시대에 아직 배우지 못한 사람들에게 가르치면, 이 사람의 죄장은 한 생각에 소멸될 것이며, 그가 지옥에서 받게 될 괴로움의 인(因)은 극락국으로 변할 것이다. 그리고 『능엄경』을 가르치는 이 사람의 복은 앞의 부처님께 칠보를 보시한 사람보다 백 배, 천 배, 천만억 배나 초월할 것이다. 이와 같이 산수로 계산하는 것은 비유로도 얼마나 되는지 말할 수 없을 것이다."

2
능엄경과 능엄신주를 독송하면 마업을 떠난다

▬

阿難! 若有衆生, 能誦此經, 能持此呪, 如我廣說, 窮劫不盡. 依我教言, 如教行道, 直成菩提, 無復魔業.

▬

"아난아! 만약 어떤 중생이 이 경을 독송하고 능엄신주를 지송하는 공덕을 내가 널리 상세하게 말하고자 하면 겁을 다하여도 다 말할 수 없다. 나의 가르침에 의하여 가르침과 같이 도를 행하면 곧바로 무상의 깨달음을 성취할 수 있을 것이며, 다시는 모든 마업이 없을 것이다."

▬

佛說此經已. 比丘, 比丘尼, 優婆塞, 優婆夷, 一切世間天人, 阿修羅, 及諸他方菩薩, 二乘, 聖仙童子, 并初發心大力鬼神, 皆大歡喜, 作禮而去.

▬

부처님께서 이 경을 마치시자, 비구·비구니·우바새·우바이와 일체 세간의 천인·아수라와 모든 타방의 보살과 이승·성선동자, 아울러 초발심의 대력귀신들이 모두 크게 기뻐하면서 절을 하고 돌아갔다.

■

지금 우리는 이 경의 설명을 다 들었다. 천상의 사람이든지, 인간의 사람이든지, 지옥·아귀·축생이든지, 모두 보살의 마음을 내어야 하고 보살도를 행하여 모두 보살이 되어야 한다. 다시는 다른 종류의 중생이 되어서는 안 될 것이며, 보살의 인을 심고 부처의 인을 심어서 보살의 과, 부처의 과를 맺어서 장래 성불해야 한다. 일체의 중생은 석가모니 부처님께서 우리들에게 수기를 주셨다. 즉 "나무불이라고 한 번이라도 칭하여도 모두 불도를 이룰 것이다."라고 하신 것이다.

우리는 지금 이 『능엄경』을 듣고 여러분은 불법을 많이 이해하였으며, 이런 공덕은 불가사의하다. 그러므로 당신이 허공에 가득한 칠보로 부처님께 공양하여도 당신이 『능엄경』을 설명한 공덕보다 크지 않다고 말씀하신 것이다. 따라서 우리들이 이번에 이 『능엄경』을 다 들은 것은 여러분의 괴로움도 그치고, 나의 괴로움도 없어졌다. 왜 그런가? 그렇게 고생할 필요가 없어졌기 때문이다. 그럼 장래 보살도를 행할 때는 괴로움이 있을 것이지만, 그때는 자기가 원해서 받는 것이지 남들이 당신에게 고통을 받게 하는 것은 아니다. 그때는 당신 자신이 이러한 문제를 받아들이기를 원하는 것이다.

이 법회를 원만히 마친 후 두 주간의 휴식을 하면, 다시 계속해서 「관세음보살보문품」을 강의할 것이다. 관세음보살의 출가일이 곧 다가오는데, 음력으로 9월 19일이다. 오늘이 8월 초하루이니 아직 한 달 하고도 19일이 남아 있다. 「관세음보살보문품」은 바로 『법화경』의 제

25품이며,「보문품」을 다 설명하면, 만약 진심으로 듣기를 원하는 사람이 있으면 『법화경』을 강의할 수 있다. 휴식하는 두 주의 기간에 누구라도 이 불당에 와서 불법을 연구하려고 하면 와도 된다.

지금은 과전(果前)이 이곳에 있는데, 모두들도 과전과 같이 와서 서로 연구할 수 있으며, 단지 불법을 배우기를 원하면 언제라도 오면 된다. 나는 끝내지 못한 일이 있어 처리를 해야 한다. 그래서 두 주간이 지난 후에 나는 과지(果地)에게 부탁하여 수고를 좀 하게 하여 모두를 위하여 불법을 연구하게 할 것이지만, 지금은 아직 무엇을 연구할지는 결정하지 못하였다.

과박(果璞)도 보살심을 발하여 모두에게 다시 이『능엄경』을 더 깊이 연구할 것이다. 그는 중국어를 할 줄 알기 때문이다. 중국어를 알지라도 중국어의 뜻을 영어로 번역하는 것은 매우 어려운 일이기도 하고 또한 매우 쉬운 일이기도 하다. 왜냐하면 그는 이해하기 때문에 쉬우며, 그가 만약 이해하지 못하면 매우 어려운 일이다. 따라서 보살심을 발하고 보살도를 행하여야 하며, 나는 우리들이 『능엄경』을 들은 후에 각 사람이 보살심을 내기를 바란다. 지금 나는 다시 한번 말하지만, 어떤 중생이든지 모두 깨달으려는 마음을 내어 다시는 어리석지 않아야 한다. 깨달은 자는 부처이며, 미혹한 자는 중생이므로 우리는 지금 빨리 깨닫기를 희망해야 한다.

(1968년 9월 22일 경을 마칠 때의 법문)

광음은 너무나 빨리 지나가 부지불식간에 여름방학이 지나갔다. 중국의 공자님께서 말씀하신 적이 있는데, 인생은 마치 흐르는 물과 같이 끊이지 않으며, 지나간 시간은 되돌아오지 않는다고 하였다. 옛 사람이 또 말씀하시기를 "한 촌의 시간은 한 촌의 금이며, 한 촌의 금으로 한 촌의 시간을 사기 어렵다[一寸光陰一寸金, 寸金難買寸光陰]."라고 하였다. 황금은 잃어버리면 다시 찾을 수 있지만, 시간은 지나가면 다시 찾아올 방법이 없다. 이렇게 본다면 이 시간은 황금보다도 더욱 소중하다. 불교에서 말하기를 일 분의 시간은 일 분의 수명이라고 한다. 이 시간이 지나가면 이 수명도 그 만큼 적어지는 것이다. 따라서 우리는 이 시간에 대하여 반드시 중요하게 여겨서 함부로 시간을 낭비해서는 안 될 것이다.

이번 여름방학 기간 동안 우리는 아침 6시부터 시작하여 저녁 9시까지 혹은 좌선하고 혹은 불경을 연구하면서 보냈다. 아침부터 저녁까지 각자는 모두 진지하게 수행에 정진하였다. 나는 이 기간이 황금보다도 더 귀중하고 다이아몬드보다도 더욱 가치가 있다고 믿는다. 따라서 모두는 함께 듣는 것을 훈습함으로써 각자의 생명 속에서 가장 소중한, 가장 가치 있는 일단의 시간을 보냈다고 말할 수 있을 것이다. 그러나 애석하게도 이런 시간이 그다지 길지 않아서 눈 깜짝할 사이에 지나가 버렸다는 것이다. 지나가 버렸지만 우리들 각자가 배운 불법은 각자의 머릿속에서 각자의 8식의 밭에서 모두 소중한 금강 종자를 심게 되었다. 이 종자를 심어서 장래 반드시 금강같이 파괴되지 않는 과실을 맺게 될 것이다. 금강불괴의 과실은 바로 부처의 과이며, 바로 성불이다.

그러면 언제 부처를 이루는가? 이것은 각자가 어떻게 물을 주고 가꾸느냐에 달려 있다. 이 종자는 마치 밭에 곡식의 씨를 뿌리는 것과 같아서 당신은 반드시 물을 주고 잡초를 제거해 주어야 한다. 그러면 어떻게 하는 것이 잡초를 제거하는 것인가? 바로 우리들이 시시각각으로 미세한 곳을 방비하는 것이다. 즉 미세한 생각이 일어나는 것을 방비하고, 일체의 망상을 없애는 것이다. 그러므로 우리들의 마음은 망상을 짓지 말고 잡념을 내지 않게 하는 것이다.

매일 이렇게 애를 쓰고 수행하면서 물을 주고 재배하면 곧 보리의 싹이 나올 것이다. 당신의 보리의 싹이 나오면, 이것이 바로 보리수가 나오는 것이며, 보리수가 자라면 장래 보리의 열매가 열릴 것이다. 그러나 당신은 보리의 싹을 보호하고 보리의 열매를 보호해야 할 것이다. 그것을 가꾸고 보호하지 않으면 말라 죽을 것이다.

그러면 어떠한 것을 관개(灌漑)하는 것인가? 당신은 매일 불법을 배워서 불법의 법수(法水)로써 보리의 싹에 물을 주는 것이다. 그렇게 하기를 오래하고 오래되면 당신의 금강의 과는 성취될 것이다.

만약 당신이 시간을 보내면서 그것을 관리하지 않으면 금강의 종자를 심기는 심었지만, 자라기가 쉽지 않을 것이다. 당신은 반드시 당신의 금강종자를 좋게 보호하여야 한다. 다시는 이전에 좋아하던 나쁜 일을 해서는 안 될 것이다. 바로 규칙을 지키고 다시는 이전과 같은 삶을 살아서는 안 된다. 그러므로 우리가 사람이 되려면 반드시 규칙을 지키고 규칙에 따라 행동을 하고 너무 방일하지 않고 너무 낭만적이지 않아야 한다. 이것은 내가 여러분 각자에게 바라는 것이다.

이 여름방학 기간 『능엄경』을 강의한 것은 소위 "이근을 한번 스쳐 지나가면, 영원히 도의 종자가 된다[一歷耳根, 永爲道種]."고 한 것과 같이, 여러분이 이근으로 한번 듣기만 하여도 영원히 8식의 밭에 보리의 종자가 남아 있을 것이다.

(1968년 9월 29일 법문)

선화 상인과 능엄경 하계연수 및
만불성성의 모습

1968년 여름 샌프란시스코 불교강당의 〈능엄경 하계연수반〉 졸업식

1968년 여름 샌프란시스코 불교강당의
능엄경 강의를 인연으로 출가한 미국인 5명의 출가 직후

1982년 10월 만불성성 산문 개광식

1991년 7월 만불성성에서 삼단대계(三壇大戒) 전수 후 산문 앞

선화 상인 소개

선화 상인의 18대원(大願)

법계불교총회 소개

편역자 후기

선화 상인 소개

중국 동북시대

선화(宣化) 노스님의 법명은 안자(安慈), 자는 도륜(度輪)이다. 허운(虛雲) 노스님의 법맥을 이어 중국 위앙종(潙仰宗)의 제9대 법손(法孫)이 되었으며, 사호(賜號)는 선화(宣化)이다. 노스님은 일생 동안 명예와 이익을 구하지 않고 더욱 다른 사람과 승부 다투기를 원하지 않았다.

노스님은 중국 길림성 쌍성현(雙城縣) 출생으로 민국(民國) 7년(1918년) 음력 3월 16일 태어나셨다. 부친의 성은 백(白) 씨이며 모친은 호(胡) 씨이며, 부친은 근검하고 성실한 사람으로 농사를 지었으며, 모친은 일생 채식하며 염불하였다. 4남3녀를 낳은 후 밤에 아미타 부처님께서 큰 광명을 놓고 천지를 비추는 꿈을 꾸고 아들을 낳았다.

스님은 어릴 때부터 어머니를 따라 채식하며 염불하였다. 나이 11세가 되었을 때 우연히 황야에서 죽은 아기를 보고 생사의 무상함을 느끼고 출가수행의 뜻을 가지게 되었다. 12세 때 과거 부모님께 불효한 것을 참회하기 위하여 매일 아침저녁으로 부모님께 절을 하기로 결정하고 실행하였으며, 스님은 부모에 대한 효가 지극하여 인근에 널리 알려져 사람들은 "백효자(白孝子)"라고 칭하였다.

15세 때 스님은 부모님을 떠나 사방으로 선지식을 찾다가 마침

내 하얼빈시 교외의 삼연사(三緣寺) 상지(常智) 노스님께 귀의하여 삼보의 제자가 되어 선정(禪定)을 닦았다. 선정수행으로 득력을 한 스님은 책을 한 번 훑어보면 외울 수 있었다.

16세에 발심하여 불경을 강의하고 불법을 널리 펴는 것을 자기의 임무로 삼고, 불법을 배우려고 하나 글을 모르는 사람들을 도와주었다. 17세에 유가(儒家)의 사서오경(四書五經)·제자백가(諸子百家)·의학·천문·점술 등 일체의 세간법에 통달하였다. 그리고 쉬지 않고 정진하고 참선하며 경전을 연구하여 출세간법에 투철하였다.

18세에 모친께서 병이 들어 집으로 돌아와 노모를 극진히 보살폈다. 아울러 집에 봉사학교를 열어 집이 가난하여 학교에 가지 못하는 학생들을 가르쳤다. 또한 만국도덕회 등 자선단체에 가입하여 가난한 사람들을 도와주었다.

19세 때 모친이 왕생하자 모든 인연을 놓아버리고, 사월초파일 불탄일(佛誕日)에 삼연사(三緣寺) 상지(常智) 노스님께 청하여 삭발 출가하였다. 사미계를 받은 후 모친의 묘 옆에 초막을 짓고 3년간 시묘살이를 하면서 효를 다했는데, 하루 한 끼만 먹고 저녁에는 눕지 않고 『화엄경(華嚴經)』에 절하고 정토참법(淨土懺法)으로 참회하였으며, 선정을 닦고 교관을 수습하였다. 그리하여 선정 공부가 나날이 순일해지고 자비의 마음이 더욱더 깊어졌으며, 인근 마을 사람들의 존경을 받았으며, 불보살과 호법천신과 용을 감동시켜 신령하고 기이한 일들이 셀수 없을 정도로 많아 사람들이 기이한 스님[奇僧]이라고 칭하였다.

어느 날 하루 좌선을 하는데 육조 대사(六祖大師)께서 초막으로 찾아와 말씀하시기를 "장래 너는 서방으로 가서 무수한 사람들을 만나 항하사 같은 많은 중생을 교화할 것이다. 이것은 서방세계에 불법이 일어날 징조이다."라고 하셨다. 말씀을 마치고는 홀연히 사라져 보이지 않았다. 그 후 백두산 지맥인 미타동(彌陀洞) 안에서 선정을 닦았다. 그 후 삼연사로 돌아와 사미로서 수좌(首座, 방장 다음의 직위)가 되었다.

19세였던 그해 6월 19일 관세음보살 성도일(成道日)을 맞이하여 불전에서 18대원(大願)을 발하였으며, 원에 따라 독실하게 행하고 일체중생의 질병과 고난을 구제하시고자 발원하였다. 중생의 무명, 번뇌 등 모든 업장을 자신의 몸이 떠맡고 짊어지고자 발원하였다. 그리고 수많은 용과 뱀, 여우, 귀신들을 감화시켜 삼보에 귀의하게 하고, 계를 받게 하여 악을 고치고 선을 닦게 하였다. 스님은 일생에 단지 중생을 도울 줄만 아시고 자기를 위하는 것은 하시지 않았으며, 힘써 실천하여 열여덟 가지 대원[十八大願]을 원만히 하려고 노력하였다.

28세 때인 1946년 스님은 행각하면서 남하하여 선지식을 참방하였다. 1947년 보타산에서 구족계를 받았으며, 1948년 만 리 길을 걸어 광동성 조계(曹溪) 남화사(南華寺)에 도착하여 당시의 선종의 태두이신 허운 노스님을 참례하였다. 허운 노스님과 만날 때 일찍이 마음으로 마음을 전한 담화가 있었고, 스님은 그에 따라 게를 지었다.

    허운 노스님이 나를 보고 이와 같다고 하시니
    나는 노스님을 뵙고 이와 같음을 증하였네.
    노스님과 내가 모두 이와 같으며
    중생도 모두 이와 같기를 두루 원하네.
    虛公見我云如是　我見雲公證如是
    雲公與我皆如是　普願衆生亦如是

당시 109세였던 허운 노스님은 선화 스님이 용상의 법기임을 아시고 율학원의 감학(監學)을 맡기고 아울러 삼단대계의 증명아사리로 삼았다. 허운 노스님께서는 선화 스님을 "이와 같다! 이와 같다[如是 如是]"라고 인가하였다.

홍콩에서 가르침을 열다

1949년 봄철수계를 원만히 마치고 허운 노스님을 떠나서 홍콩으로 가서 널리 교화하면서 평등하게 불교의 다섯 종파, 즉 선종·교종·율종·밀종·정토종을 고루 선양하면서 문호파벌을 타파하였다. 아울러 고찰을 중건하고 불경을 인쇄하고 불상을 조성하였다. 서낙원사(西樂園寺), 불교강당(佛敎講堂), 자흥선사(慈興禪寺) 등을 건립하였다.

홍콩에서 10여 년을 머물면서 중생의 간절한 청에 응하여 널리 불법의 인연을 맺었다. 몇 부의 대승경전을 강의하고 염불정진[佛七], 참선정진[禪七], 참회정진[拜懺] 등의 법회를 거행하면서 종일 불법의 큰 법을 널리 펴는 데 동분서주하였다. 그 기간 동안 태국·미얀마 등 지역을 방문하여 남전불교(南傳佛敎)를 시찰하며 대승과 소승불교의 회통에 뜻을 두었다.

1956년 4월 9일 허운 노스님께서 특별히 운거산(云居山)에서 와서 위앙종 조사맥의 원류를 선화 스님께 맡기고, 석가모니 부처님께서 전승하신 법의 제46대, 중국 위앙종 제9대의 사법인(賜法人)으로 임명하고 '선화(宣化)'라는 이름을 내렸다.

대법을 서방에 전하다

1959년 스님께서는 서방세계에 기연이 성숙함을 관찰하고, 불교의 진실한 이치를 세계 각지에 전파하기 위하여 제자로 하여금 미국에 중미불교총회(법계불교총회의 전신)를 세우게 하였다.

1961년 호주에 가서 1년간 법을 펼쳤지만, 기연이 성숙되지 않아 다음해에 홍콩으로 돌아오셨다.

1962년 인연이 성숙하여 미국 불교인사의 요청에 응하여 미국으로 건너가 샌프란시스코에서 불교학당을 설립하여 계속해서 정법을 서방세계에 전하였다. 처음 몇 년간은 창이 없는 반 지하의 방에서 거주하였는데, 마치 묘지와 같다고 해서 '묘 가운데의 스님[墓中僧]'이라고 스스로 불렀다. 그 당시 미국과 소련의 쿠바분쟁으로 인하여 전쟁을 막고 세계평화를 위하여 5주간의 단식을 감행하였으며, 단식을 마친 후 위기도 해소되었다.

1968년 시애틀 워싱턴대학 학생의 요청에 응하여 '능엄경 하계 연수반'을 만들었다. 96일간의 연수 후 스님의 감화를 받고 많은 사람들이 귀의하여 수계를 받았으며, 그중 5명의 미국인이 발심 출가하여 미국불교사상 처음으로 스님이 되는 기록을 세웠다.

1974년 선화 스님은 미국 캘리포니아 주 유키아에 만불성성(萬佛聖城)을 건립하였다. 만불성성이란 이곳에서 만 분의 생불(生佛)을 기른다는 뜻이 담겨 있다. 원래 이곳은 캘리포니아 주정부가 공립요양원 건물 70여 동을 건립한 곳이었으나, 물이 부족하여 싸게 팔려고 내놓았다. 불가사의한 것은 스님께서 이곳을 매입한 후 곧 수원(水源)을 찾은 것이다. 그 후 계속하여 미국 각지와 대만·동남아시아 등지에 절을 세워 20여 개의 도량을 건립하였으며, 북미불교의 깊고 두터운 기초를 다지게 되었다.

노스님은 일생 계율을 엄정하게 지키고 부처님의 제도를 준수하였으며, 참선과 염불 예참, 경전 연구, 계율 수지, 대중 화합 등을 특히 강조하였다. 이러한 스승의 정신을 이어받아 만불성성에 출가한 제자는 "하루 한 끼만 먹고 가사가 몸을 떠나지 않게 한다[日中一食, 袈裟不離身]."는 스승의 가르침을 이어받아 수행에 정진하면서 수행가풍을 지켜나갔다.

스님의 제자들은 노스님이 세운 육대종지(六大宗旨) 즉 "다투지 않고[不爭], 탐하지 않고[不貪], 구하지 않으며[不求], 사사롭지 않고[不自私], 이기적이지 않으며[不自利], 거짓말을 하지 않는다[不打妄語]."를 수행의 지표로 삼고, 쉬지 않고 정진하여 정법이 세상에 상주하게 하였다.

또한 선화 스님은 경전 번역은 천추만세에 길이 남을 성스러운 사업이라고 하면서 1973년 국제역경원을 설립하였다. 국제역경원에서 역경의 인재를 배양하였고, 지금까지 백여 종의 영역본을 출판하였으며, 스페인어 · 베트남어로 불경을 번역하여 출판하였다.

스님은 일찍이 "모든 공양 중 법공양이 제일이다."라고 하시면서 평생을 홍법(弘法)에 노력하였으며, 수십 년을 하루같이 하였다. 또한 "나의 원력은 한숨이라도 숨쉴 힘만 있어도, 경을 강의하고 법을 설할 것이다."라고 하시면서 미국을 위시해서 영국 · 폴란드 · 프랑스 등 서방세계뿐만 아니라 대만 · 홍콩 · 인도 · 싱가포르 · 베트남 · 말레이시아 · 태국 등지를 다니면서 홍법하였으며, 귀의한 사람이 수만 명이나 되었다.

스님께서 서방에 법을 펴신 30여 년 동안, 서방의 윤리도덕이 무너지고 물욕이 횡류(橫流)하고, 인심이 들떠 있어 교육이 파괴되고 인문의 자취를 찾아보기 어렵고 세계의 위기가 날로 깊어지는 데 상심하였다. 그리하여 적극 교육혁신을 제창하여 중국 전통의 여덟 가지

덕[八德]-효(孝)·제(悌)·충(忠)·신(信)·예(禮)·의(義)·염(廉)·치(恥)-으로 세계의 인심(人心)을 구제하려고 하였다.

스님께서 일찍이 말씀하시기를 "가장 철저하고 가장 근본적인 국방은 바로 교육이다. 교육이 잘되지 않으면 어떤 국방도 소용이 없다."라고 하였다. 그래서 초등학교에서는 효도를 제창하고, 중고등학교에서는 애국충정을 강조하고, 대학에서는 충효인의를 제창하였다. 전문기능 외에 고상한 인격을 배양하여 국가의 동량이 되며 사회에 이바지하고 중생을 이롭게 하고자 하였다.

스님은 일생 동안 위법망구하고 힘든 괴로움도 사양하지 않고 부지런히 국내외로 다니면서 보살의 자비원력으로 중생을 구제하시다가 1995년 6월 7일 오후 미국 로스앤젤레스에서 원적(圓寂)하였으며, 그때 세수 78세였다. 7월 28일 만불성성에서 거행한 다비식에서 4,000여 과의 사리가 나왔다. 하지만 스님께서는 어떤 사리탑이나 기념관도 만들지 못하게 하셔서 "나는 허공에서 와서 허공으로 돌아간다."는 스님의 말씀과 같이 사리를 포함한 모든 유해는 허공에 뿌려졌다.

[『선화 노화상약전(宣化老和尙略傳)』
(북경 영광사 발간)에서 발췌 수록]

선화 상인의 18대원(大願)

1. 진허공, 변법계, 시방삼세 일체 보살 등이 만약 하나라도 성불하지 못하면, 나는 정각(正覺)을 취하지 않겠습니다.
2. 진허공, 변법계, 시방삼세 일체 연각 등이 만약 하나라도 성불하지 못하면, 나는 정각(正覺)을 취하지 않겠습니다.
3. 진허공, 변법계, 시방삼세 일체 성문 등이 만약 하나라도 성불하지 못하면, 나는 정각(正覺)을 취하지 않겠습니다.
4. 삼계의 모든 천인(天人) 등이 만약 하나라도 성불하지 못하면, 나는 정각(正覺)을 취하지 않겠습니다.
5. 시방세계의 모든 인간 등이 만약 하나라도 성불하지 못하면, 나는 정각(正覺)을 취하지 않겠습니다.
6. 하늘, 인간, 모든 아수라 등이 만약 하나라도 성불하지 못하면, 나는 정각(正覺)을 취하지 않겠습니다.
7. 일체의 축생계 등이 만약 하나라도 성불하지 못하면, 나는 정각(正覺)을 취하지 않겠습니다.
8. 일체의 아귀계 등이 만약 하나라도 성불하지 못하면, 나는 정각(正覺)을 취하지 않겠습니다.
9. 일체의 지옥계 등이 만약 하나라도 성불하지 못하면, 나는 정각(正

覺)을 취하지 않겠습니다.

10. 무릇 삼계의 모든 하늘, 신선, 인간, 아수라, 날고 기는 동식물, 영계의 용과 축생, 귀신 등의 무리, 일찍이 나에게 귀의한 자들이 만약 하나라도 성불하지 못하면, 나는 정각(正覺)을 취하지 않겠습니다.

11. 내가 마땅히 누릴 일체의 복락을 모두 법계의 중생에게 회향하며 널리 베풀기를 원하옵니다.

12. 법계중생의 모든 고난을 나 한 사람이 대신 받기를 원하옵니다.

13. 무수한 영(靈)을 나누어 불법을 믿지 않는 일체의 중생의 마음에 들어가, 그들로 하여금 악을 고쳐 선으로 나아가게 하며, 허물을 뉘우쳐 자신을 새롭게 하고, 삼보에 귀의하여 구경에는 부처가 되기를 원하옵니다.

14. 일체중생이 나를 보거나 나의 이름을 들으면, 모두 보리심을 발하고 속히 불도를 이루기를 원하옵니다.

15. 부처님의 제도를 철저히 준수하고, 하루 한 끼 먹는 것을 실행하기를 원하옵니다.

16. 모든 유정들을 깨닫게 하고 모든 근기의 중생을 널리 섭수하기를 원하옵니다.

17. 이 생에서 오안육통(五眼六通)을 얻고 비행자재(飛行自在)하기를 원하옵니다.

18. 일체의 구하는 원이 반드시 이루어지기를 원하옵니다.

결론지어 이르기를:
가이 없는 중생 모두 제도하기를 서원하며

다함 없는 번뇌 모두 끊기를 서원하며
무량 법문 다 배우기를 서원하며
위가 없는 불도 다 이루기를 서원합니다.
衆生無邊誓願度
煩惱無盡誓願斷
法門無量誓願學
佛道無上誓願成

법계불교총회 소개

법계불교총회(法界佛敎總會, 이하 법총으로 칭함)는 불법의 연구·수행·교화와 실천을 적극적으로 추진하기 위하여 선화 상인께서 창립한 국제적인 종교 및 교육조직이다. 법총은 모든 사부대중의 지혜와 자비의 역량을 응집하여 불법을 홍양하고 경전을 번역하며, 도덕교육을 제창하고 유정중생을 이롭게 하는 것을 임무로 하며, 개인·가정·사회·국가, 나아가 세계로 하여금 모두 불법의 훈습을 받아 점점 지극한 진선미(眞善美)의 경지로 나아가게 하려는 것이다.

법총에 참가하는 각각의 사부대중들은 뜻을 세워 상인께서 제창하신 육대종지(六大宗旨)를 봉행해야 한다.

다투지 않고[不爭], 탐하지 않고[不貪], 구하지 않으며[不求], 사사롭지 않고[不自私], 이기적이지 않으며[不自利], 거짓말을 하지 않는다[不打妄語].

출가한 승려는 부처님께서 제정하신 일중일식(日中一食)과 가사가 몸에서 떨어지지 않게 하는[衣不離體] 규칙을 엄격히 준수하고, 아울러 계를 지니면서 염불하고[持戒念佛], 교학을 배우고 참선하며[習敎參禪], 대중들은 화합하여 함께 거주하고[和合共住], 불교에 헌신해야[獻身佛敎] 할 것이다.

법총은 1959년 설립한 이래로 샌프란시스코 북부에 세운 만불성성을 주축으로 하여 미국·아시아·호주·대만·베트남 등지에 20여 곳의 도량을 세웠다. 각 지부의 도량은 상인께서 세우신 엄격한 가풍을 다함께 지켜나가야 한다.

얼어 죽어도 반연을 구하지 않으며, 굶어 죽어도 화연을 구하지 않으며, 가난하여 죽어도 인연을 구하지 않는다.

우리는 다음의 삼대(三大) 종지를 가슴에 품는다.

목숨을 바쳐 부처의 일[佛事]을 하며, 운명을 개척하여 본분의 일[本事]을 하며, 운명을 바르게 하여 승려의 일[僧事]을 한다.

일에 임하여 이치를 밝히고[卽事明理], 이치를 밝혀 일에 임하면서[明理卽事] 조사(祖師)께서 전하신 이심전심(以心傳心)의 법맥을 널리 이어가게 한다.

법총의 교육기구로는 국제역경원, 법계종교연구원, 승가거사훈련반, 법계불교대학, 배덕(培德)중고등학교, 육량(育良)초등학교 등이 있다. 이곳에서는 홍법, 번역 및 교육의 걸출한 인재를 적극적으로 배양하는 외에 아울러 각 종교 간의 교류와 대화를 넓혀나가서 종교 간의 단결과 협력을 촉진하여 세계평화의 중대한 대임을 공동으로 힘써 나간다.

법총 산하의 도량과 기구는 문호를 개방하여 나와 남, 국적, 종교를 구별하지 않으며, 무릇 각국의 종교인사가 인의도덕(仁義道德)을 실천하고, 진리를 추구하며[追求眞理], 마음을 밝혀 성품을 보는데[明心見性] 주력하기를 원하면, 모두 와서 수행하고 공동으로 연구하는 것을 환영한다.

법계불교총회 인터넷 홈페이지 www.drba.org
만불성성 인터넷 홈페이지 www.cttbusa.org

● 편역자 후기 ●

깨달음을 열고 성불의 길을 밝힌 능엄경

불교에는 팔만사천의 많은 가르침들이 삼장, 십이부의 경전으로 집대성되어 있다. 불교에 귀의하고부터 조금씩 경전을 보면서 불법에 대한 이해를 넓혀가고 깊어졌다.『아함경』부터 보기 시작하여 방등부, 반야부의 경전을 보면서 불법의 대해를 건너가다가『능엄경』을 만나 비로소 불법의 심오함을 느끼기 시작하였다. 20대에 처음 한글로 해석된『능엄경』을 읽었지만, 그 당시에는 불법에 대한 이해가 깊지 않아서 그런지 큰 감동을 받지 못하였다.

 그러다가 2007년부터 능엄주를 독송하면서 능엄주의 수승함을 느끼기 시작하여『능엄경』을 반드시 정독을 해야겠다고 생각하였다. 그러던 중 중국 청도에서 근무할 때 자주 가던 담산사(潭山寺)에서 한 권으로 된 선화 상인께서 해설하신『능엄경』을 만나게 되었다. 처음에 선화 상인 해설본을 읽어보니,『능엄경』의 이치가 많이 이해되면서 환희심이 생겼다. 그러나 해설이 누락된 부분이 많아서 아쉽게 여기고 있었는데, 상해에서 근무할 때 인터넷을 검색하다가 대만에서 발행된 신판의 『선화 상인 해설 능엄경』이 있다는 것을 알게 되었다. 너무나 기뻐 바로 대만으로 전화하여 9권으로 된 한 질을 구입하였다. 틈틈이 선화 상인의 해설을 보면서 능엄법문이 야말로 대승불법의 진수이며, 불법의 요체와 최상승의 성불의 길을 밝혀놓았다는 것을 알게 되었다.

능엄법문의 수승한 점과 주요한 도리를 살펴보면 다음과 같다.
첫째, 먼저 진여본성, 즉 여래장성을 깨닫게 하는 것이다. 불교에서 흔히 일체유심조(一切唯心造)라고 말하기를 좋아한다. 그럼 이 마음이란 무엇이며, 마음은 어디에 있는가? 견성(見性)하신 도인이 아니면 이 질문에 답하기 어려울 것이다. 『능엄경』에서 부처님께서는 아난으로 하여금 이 마음이 어디에 있는지 찾게 하신다. 우리 범부들은 이해하고 분별하는 식심(識心)을 마음이라고 착각하고 있다. 부처님께서는 아난에게 허망한 식심은 마음이 아니라고 질책하신다. 경의 앞 부분에서 보는 성품으로 하나하나 아난의 집착일 뿐 아니라 우리 중생의 집착을 깨뜨린다. 보는 성품은 상주불변하는 진여본성(眞如本性)이며 여래장성이라는 것을 깨닫게 하시면서 중생은 자기를 물질로 인식하여 본래의 참된 마음을 잃어버렸다고 하였다. 그리하여 청정한 실상을 깨달아 묘각의 길로 가게 하였다.

깨달음에는 세 종류가 있다고 한다. 해오(解悟), 행오(行悟), 증오(證悟)를 말한다. 해오란 시각(始覺)으로서 허망함을 깨달아 참됨을 통달하게 되며, 견도위(見道位)라고도 하는데 깨달음 가운데서 수행자의 관념(지견)이 바뀌고 그에 따라 행위가 바뀐다. 이 단계에서는 일체의 사견과 악지견을 모두 끊게 된다.

행오는 마음을 밝혀 견성(明心見性)하는 것이다. 이 단계는 수도위(修道位)에 해당하는 것으로서 단계에 따라 무명을 끊고 부처의 지견을 얻게 된다. 이 지위에서는 아직 무명을 완전히 다 끊지 못하며, 아직 현량의 지혜(現量智)가 아니고 비량의 지혜(比量智)이다.

증오는 구경각(究竟覺)이며, 증도위(證道位)를 가리킨다. 이 단계에서의 지혜는 현량의 지혜(現量智)이다.

따라서 조그만 깨달음에 머물고 만족하면 큰 깨달음을 얻지 못한다. 증오하여 구경의 깨달음을 얻을 때까지 쉬면 안 될 것이다.

경에서 아난으로 하여금 오음·육입·십이처·십팔계와 칠대(七大)의 근원을 일일이 분석하면서 모두 원융한 여래장성으로 돌리며, 모두 일승(一乘)의 적멸한 중도이치를 설하신다.

둘째, 어떻게 깨달아 부처의 지견으로 들어가는가를 밝히신 것이다. 보리심을 발하여 무루(無漏)의 업을 닦아야 한다는 것이다. 번뇌에서 벗어나려면 번뇌의 근본 매듭을 풀어야 한다. 전도된 곳을 알지 못하면 무명의 번뇌를 항복시킬 수가 없다. 경에서 시방의 부처님께서 이구동성으로 아난에게 생사의 근원은 바로 너의 육근(六根)이지 다른 것이 아니라고 하였다. 안이비설신의(眼耳鼻舌身意)의 육근이야말로 우리의 보배를 빼앗는 여섯 도적이다. 이 여섯 도적을 막지 못하면 우리는 생사의 윤회에서 벗어날 수 없다. 그리고 열반을 증득하게 하는 것도 육근이며 다른 것이 아니라고 하였다. 따라서 생사를 벗어나기 위해서는 육근의 문 가운데에서 하나의 문으로 깊이 들어가서 생사의 맺힌 매듭을 풀어야 한다는 것이다. 그러면 여섯의 매듭도 일시에 풀어진다. 어떤 근이 원만한 근인지를 알고 그 근을 따라 수행해야 하며, 원만하지 않은 근을 따라 수행하는 것과는 성취하는 데 하루와 일겁의 차이가 난다고 한다. 그리하여 스물다섯 분 성인(聖人)의 깨달은 과정을 설하게 하여, 최종적으로 관세음보살의 '돌이켜 자성을 듣게 하는' 이근원통(耳根圓通)의 법문이 가장 수승하다고 하시면서 말법중생들로 하여금 이 법문을 닦아 무생법인을 깨닫게 하신 것이다.

셋째, 수행을 하는데 전제조건으로 먼저 계정혜의 세 가지 무루학[三無漏學]을 닦게 한 것이다. 섭심하는 것이 계이며, 계로부터 선정이 생기고 선정으로부터 지혜가 생긴다고 하였다. 여기서의 계는 심계(心戒)를 말하며, 심계를 지니는 것을 부처의 계[佛戒]라고 한다. 그리고 네 가지의 근본계율[殺盜淫妄]을 지켜야 하는데, 마음에서조차도 살생의 마음, 훔치려는 마음, 음욕의 마음, 거짓말하려는 마음을 끊어야 하며, 이것을 끊지 못하면 삼매를 얻어도 모두 삿된 삼매를 얻게 되어 마의 무리에 빠지게 된다는 것이다.『능엄경』에서는 음욕의 마음을 생사의 근원이라고 하면서 가장 경계하는 것이다. 또한 수행의 점차에 있어서 먼저 청정한 계를 지니면서 윤회를 돕는 원인을 제거하고, 업장의 식성을 바르게 하며, 자기에게 나타나는 업을 따르지 말고 즉 육진의 경계를 따르지 말고 반본환원(返本還元)해야 한다는 것이다. 지금 우리의 불교현실을 보면 근본상에서 수행하는 것을 잊고, 지엽상에서 너무나 많은 에너지를 낭비하고 있다. 이런 에너지를 자성(自性)으로 되돌려야 할 것이다.

넷째, 일곱 종류의 중생계를 설명하면서 윤회하게 되는 인과(因果)의 원인을 자세하게 밝힌 것이다. 지옥에 떨어지는 열 가지의 원인과 지옥에 떨어져서 받는 여섯 가지의 과보에 대하여 설명하며, 귀신·축생·인간·신선·천상·아수라의 세계를 설명하여 윤회의 실상을 알게 한다. 결국 중생들로 하여금 열 가지의 악을 짓지 않게 하고 열 가지의 선을 짓게 한다. 윤회에서 벗어나려면 먼저 윤회의 실상과 윤회에 떨어지는 인과를 명확하게 이해해야 한나. 그리하여 윤회에서 벗어나려는 마음을 내어 보리심을 발하고 닦아나가야 할 것이다. 생사윤회는 중생의 별업망견과 동분망견의 전도된 견해를 내기 때문이다. 각자의 견해가 다르기 때문에 짓는 업도 다른 것을 별업망견이라고 하며, 동분망견은 동일한 망상으로 업을 지으므로 공업(共業)이라고도 하며, 한 지역이나 나라에서 같은 과보를 받는 것이다. 중생은 허망한 미혹을 일으켜 업을 짓고 과보를 받게 된다.

다섯째, 수행을 하는 과정에서 나타나는 색·수·상·행·식의 마장(魔障)에 대하여 상세하게 밝힌 것이다. 이 경의 중요한 점은 너무나 상세하게 마의 경계를 설명하여 마의 무리들이 설 곳을 없게 한 것이다. 이 마의 경계는 또한 선정의 관문이며, 선정 중에 나타나는 경계라고 말할 수 있다. 이런 난관을 돌파하지 못하면 결코 깨달음의 길로 나아가지 못한다. 이 모든 경계에서 단지 자기가 대단하다고 여기지 않고, 이런 경계에 집착하지 않으면 문제는 발생하지 않을 것이다. 그러므로 수행자는 필수적으로 이 경의 오십 가지의 마에 대하여 명확하게 이해해야 중도에서 수행을 그르치지 않을 것이며, 삿된 스승에게 속지 않을 것이다. 지금의 한국의 현실에서 볼 때 애석하게도 삿된 길로 빠지는 경우가 많이 보인다.

여섯째, 능엄주를 설하여 마장을 없게 하고, 능엄대정을 닦게 한 것이다. 능엄법문의 정수(精髓)는 바로 수능엄삼매를 닦는 것이다. 여러 경전에서 갖가지의 삼매를 닦는 방법을 이야기 하지만, 가장 견고하고 원만한 구경의 삼매는 수능엄삼매이다. 선화 상인께서도 『능엄경』은 능엄주를 위하여 설하였다고 하였다. 중국의 전통 선원에서는 참선정진에 들어가기 전에 먼저 7일 내지 49일 동안 능엄주를 독송하게 하였다고 한다. 그만큼 능엄주는 수행하는 데 있어서 너무도 중요한 것이다. 경에서도 말법시기에 중생이 수행을 하는 데 만약 능엄주를 지송하지 않고 마의 장애에서 떠날 수 있는 자는 없다고 하였다. 또한 수행에서 마의 일에서 떠나지 않고서 증득하고 성취할 수 있는 것도 없다.

네 가지의 근본율의를 철저하게 지니면, 현행하는 번뇌를 끊는 것은 비교적 쉽지만, 숙세의 습기 즉 혹업(惑業) 종자는 팔식에 깊이 함장되어 있어 매우 미세하기 때문에 제거하기가 매우 어려우므로 불가사의한 능엄주의 힘을 의지하여야 제거할 수 있다. 그러므로 구경의 견고한 능엄대정(楞嚴大定)을 닦으려면 반드시 능엄주를 지송해야 할 것이다. 불법을 듣기만 하고 선정력이 부족하면, 경계가 현전할 때 파악하지 못하고, 경계에 움직이게 되어 계체(戒體)를 보전하지 못하며, 그것으로 인하여 타락하고 마의 일을 이루게 된다. 우리는 능엄주에 의지하여 참된 보리(菩提)의 길로 가야 할 것이다.

불교를 믿는 사람들은 너무나 많은 경전 속에서 어떻게 수행해야 하는지를 모르는 경우가 많다. 그래서 불교가 어렵다고 하는 것이다. 『능엄경』을 보면 이 경이 너무나 중요한 경이며, 불교 수행의 대전(大全)이라고 해도 과언이 아니다. 현교와 밀교를 포괄하고, 성(性)과 상(相)의 중요한 도리를 모두 밝히고 있으며, 선(禪)·정(淨)·밀(密)·율(律)을 모두 섭수하고 있는 경이다. 그리고 수행의 차제(次

第)에 대하여 상세하게 설하고 있으며, 성불의 단계인 묘각에 이르는 길을 밝혀 수행자로 하여금 보리도(菩提道)에 대하여 향상해 갈 수 있게 하였다. 또한 보리도의 길에서 발생하는 오음 마(魔)의 경계를 상세히 밝혀서 수행자로 하여금 그런 경계를 알아차려 삿된 마의 길에 떨어지지 않게 하였으며, 삿된 마의 장애를 면하기 위하여 능엄주를 설하여 수행상의 장애를 극복하고 보리도를 원만히 성취할 수 있게 하신 것이다.

그러므로 『능엄경』은 매우 얻기 어려운 무상의 대법보이며, 어느 쪽으로도 치우치지 않은 원만법문이다. 근세 중국의 대선지식이신 허운(虛雲) 대사께서도 말법시대에는 선지식을 만나기 어려우니 『능엄경』을 선지식으로 삼아 수행하라고 하셨다. 말법시대의 수행자들에게 없어서는 안 될 귀중한 보전(寶典)이며, 여래의 정법에 대하여 바른 믿음, 바른 지견, 바른 수행을 하게 하는 지침서로서 사마외도에게 미혹되지 않게 할 것이다.

이번에 나온 『능엄경』 해설서는 두 권으로 되어 있는데, 1권은 상주불멸하는 진여자성(眞如自性)을 깨달아 들어갈 수 있는 중도이치와 중생이 윤회하는 근본원인과 생사해탈을 할 수 있는 도리를 밝히는 내용으로 되어 있으며, 2권은 윤회의 일곱 세계, 생사를 벗어나는 데 필요한 근본계율, 구체적으로 수증(修證)하는 행문(行門)과 부처(묘각)의 지위에 이르는 수행차제, 능엄신주, 수행과정에서 나타나는 오십 가지 음마(陰魔) 등을 담고 있다. 아무리 중도의 이치를 이해하였다고 해도 수행하지 않으면 증득할 수 없다. 그래서 『능엄경』에서는 먼저 일승의 여래장의 중도이치를 듣고[聞], 깊이 사유하며[思] 여래장에 의지하여 바른 수행을 해야 하는[修] 것을 일관되게 설명하고 있다.

　하지만 이렇게 수승한 경전이라도 이해하기 어려운 부분이 많기 때문에 역대 대덕께서 많은 주석을 하였지만, 여전히 어려운 경으로 인식되어 왔다. 선화 상인께서 서방에 불법을 전하면서 미국의 대학생을 위하여 처음으로 『능엄경』을 해설하신 것이다. 상인께서는 깊은 이치를 너무 어렵지 않게 해설하셔서 지금 중국에서는 선화 상인의 『능엄경』 해설서가 불자들로부터 가장 많이 읽혀지는 경서 중의 하나가 되었다.

　이러한 현상을 보면서 하루빨리 한국에 번역·소개하여 불자들로 하여금 대승불법의 진수(眞髓)를 맛보게 하려는 염원을 품고, 조금씩 번역을 하기 시작하였다. 중국 근무를 마치고 2011년 초에 한국으로 귀국하여 바쁜 업무 속에서도 『능엄경』의 번역은 빠뜨릴 수 없는 중요한 일과가 되었다. 선화 상인의 『능엄경』 해설을 한국에 소개하려는 열망 때문에 저의 능력은 돌아보지 않고 번역을 시작한 점 너그러이 이해하여 주시고, 방대한 작업이라 잘못된 부분이 많을 것이며, 여러 제현께서는 번역에 잘못된 부분이 있으면 지적하여 바로잡아 주기 바란다.

　그리고 원본의 모든 내용을 다 번역하는 것이 도리이나 한국의 출판현실을 감안하여 일부의 내용을 번역하지 못한 것이 아쉽다. 하지만 마지막 부분의 '오십 가지 음마' 부분은 말법시대 마의 힘은 강하고 불법은 쇠약하여 용과 뱀을 구분하기 힘든 시기라 특별히 중요하기 때문에 선화 상인의 해설 대부분을 번역 수록하였다.

　출판을 위하여 2011년 9월 타이페이에 있는 법계불교총회 대만분회로 가서 항운(恒雲) 비구니 스님과 법계불교총회에서 출판을 책임지고 있는 미국의 담모결(譚慕潔) 여거사를 만나 상의하였다. 그 후 그분들이 서울의 불광출판사로 와서 선화 상인의 『능엄경』 해설서를 출판하기로 원만히 합의하였다. 이 책의 출판을 결정해 주시고 책이 나오기까지 수고해 주신 불광출판사의 모든 분들께 감사드린다. 아울러 한국의 모든 불자들이 대승불법의 정수를 받아 하루빨리 명심견성(明心見性)하여 부처님의 정법이 계속 널리 펴지기를 바라며, 다 같이 불법을 깨달아 성불의 길로 나아가기를 기원한다.

2012년 9월
참회제자 각산 정원규 삼가 쓰다

회향게 (廻向偈)

이 책의 번역 출판 공덕으로
불국정토를 장엄하며
위로는 네 가지의 무거운 은혜를 갚고
아래로는 삼악도의 고통을 구제하기를 원하옵니다.
만약 이 경을 보고 듣는 자는
모두 보리심을 발하고
이 보신이 다하면
다함께 극락세계에 왕생하기를 원하옵니다.

願以此功德　莊嚴佛淨土
上報四重恩　下濟三塗苦
若有見聞者　悉發菩提心
盡此一報身　同生極樂國

● 강설 **선화 상인**(宣化上人, 1918~1995)

선화(宣化) 상인의 법명은 안자(安慈), 자는 도륜(度輪)이다. 중국 위앙종(潙仰宗)의 제9대 법손이며, 사호(賜號)는 선화(宣化)이다. 29세 되던 1947년 보타산에서 구족계를 받았다. 1949년 홍콩으로 건너가 선종, 교종, 율종, 밀종, 정토종의 다섯 종파를 고루 선양하며 문호파벌을 타파하였고, 서낙원사(西樂園寺), 불교강당(佛敎講堂), 자흥선사(慈興禪寺) 등을 건립하였다. 허운 선사(虛雲 禪師, 1840-1959)가 1956년 운거산(云居山)에서 석가모니 부처님께서 전승하신 법의 제46대, 중국 위앙종의 제9대 사법인(嗣法人)으로 임명하고 '선화(宣化)'라는 호를 내렸다. 1962년 미국으로 건너가서 샌프란시스코에서 불교학당을 설립하여 불법을 전했다. 1973년 국제역경원을 설립하여 역경의 인재를 배양하였고, 1974년 캘리포니아주 유키아에 만불성성(萬佛聖城)을 건립한 후 미국 등 세계 각지에 27개의 도량을 건립하였다. 상인은 평생토록 계율을 엄정하게 지키고 부처님의 제도를 준수하였으며, 참선과 염불 예참, 경전 연구, 계율 수지, 대중화합 등을 특히 강조하였다.

● 편역 **각산**(覺山) **정원규**(鄭源奎)

경남 진주에서 출생하여 경북대 중어중문학과를 나온 뒤 경남도청에서 근무하면서 2002년부터 중국의 북경, 청도, 상해 등지에서 연수와 파견근무를 하였다. 지금은 경남도립남해대학에서 근무하고 있다. 대학교 다닐 때부터 불교 수행에 심취하여 경전을 즐겨 읽고 좌선, 염불을 열심히 하였다. 중국에서 근무할 때 중국 선지식들의 법문을 찾아 읽으면서 선화 상인의 『능엄경』 해설과 능엄신주 법문을 접하고 큰 믿음을 일으켜 능엄신주 독송을 일과로 삼고 있다. 또한 바쁜 업무 속에서 부처님의 가르침을 전하기 위해 틈틈이 큰스님들의 법문을 번역하고 있다. 옮긴 책으로 『오대산 노스님의 인과이야기』(2006), 『오대산 노스님의 그 다음 이야기』(2007), 『염불, 모든 것을 이루는 힘』(2008), 『선화 상인 능엄신주 법문』(2009)이 있다.

선화 상인
능엄경
강설 (하)

2012년 9월 25일 초판 1쇄 발행
2024년 8월 12일 초판 6쇄 발행

지은이 선화 상인 | 옮긴이 정원규 | 발행인 박상근(至弘) | 편집인 류지호
편집이사 양동민 | 편집 김재호, 양민호, 김소영, 최호승, 하다해, 정유리
디자인 김소현 | 제작 김명환 | 마케팅 김대현, 이선호 | 관리 윤정안
콘텐츠국 유권준, 정승채, 김희준

펴낸곳 불광출판사(03169) 서울시 종로구 사직로 10길 17 인왕빌딩 301호
대표전화 02)420-3200 편집부 02)420-3300 팩시밀리 02) 420-3400
출판등록 제300-2009-130호(1979.10.10.)

ISBN 978-89-7479-654-9. 04220
ISBN 978-89-7479-652-5. 04220 (세트)

• 책값은 뒤표지에 있습니다.
• 잘못된 책은 구입하신 서점에서 바꾸어 드립니다.
• 독자의 의견을 기다립니다. www.bulkwang.co.kr
• 불광출판사는 (주)불광미디어의 단행본 브랜드입니다.